[행정철학시리즈]

일상적
공공철학하기 1

[행정철학시리즈]

일상적
공공철학하기

박정택 지음

1

한국학술정보㈜

머리말

　국가나 조직과 같이 '더불어 사는 공동체'에서 그 공적 목적을 달성하기 위하여 전개되는 각종 공적 직무의 수행 활동이 '공공활동'이다. 정부기관의 각종 공공활동(행정)이 그 대표적인 예이지만, 사기업, 언론사, 사립학교, 아파트 관리사무소, 종교기관 등 사적 공동체에서의 민간부문 나름의 공적 성격을 내포하고 있는 활동도 여기서 말하는 공공활동이다. 그렇다면 정부부문과 사부문의 공공활동의 현장에서 공직자를 비롯하여 경영인, 근로자, 언론인, 교육자, 종교인 등 공공활동을 수행하는 사람(공공활동가)이 도대체 무엇을 어떻게 해야 본질적인 의미에서 올바로 직무를 수행한다고 말할 수 있을까? 공적 영역 또는 공공영역에서 무엇을 어떻게 해야 진정 '좋은 공공활동'이라고 할 수 있을까? 이 책은 바로 '좋은 공공활동'을 구현하기 위한 '철학하기', 즉 '공공철학하기'를 어떻게 하는가를 보여주는 책이다. 좁게는 좋은 행정을 위한 '행정철학'이지만, 넓게는 정치·경제·사회·문화의 모든 다양한 분야의 공공활동을 포괄하므로 정치철학·경제철학·경영철학·법철학·사회철학·교육문화예술철학 등 공·사 부문에 두루 적용되는 '공공철학'의 이론서이자 실천적 지침서다.

　우리는 가정교육과 학교교육을 통하여 삶을 영위하는 데 필요한 기본적인 지식을 얻고, 불쑥 '사회에 나가' 공적 성격의 직책을 맡아 직무를 수행하는 사회생활을 시작한다. 그렇다 보니, '좋은 공공활동이 무엇인가'에 대하여 정말 깊이 고민하고 심사숙고하며, 많은 시행착오를 겪은 끝에 깨우쳐 얻어진 지혜의 정수(精髓)를 바탕으로 충분하게 준비된 상태에서, 현실의 직무수행에 임하고 있다고는 말할 수 없는 형편이다. 그렇다고 중견 공공활동가들이 오랫동안 많은 시행착오를 겪으면서 정말 실감나게 배우고 깨우쳐 알게 된 후 얻은 지식·경험·지혜도 부족한 점이 없는 것은 아니다. 그것들은 중요하기는 하되 개별적이고 단편적인 것들이어서, 전체로서 체계적으로 정리되고 종합되어 널리 전수되지 못하기 때문이다. 그래서 온갖 경험을 통하여 얻은 지혜의 구슬들이 하나의 보배로서 꿰어지는 때는 정신없이 바쁘게 일하는 현직에 있을 때가 아니라 은퇴하여 조용하고 차분하게 생각하고 정리할 수 있는 때라고 해도 틀리지 않을 것이다.

우리는 대부분 이처럼 개별적·단편적·전문적인 데 매달려 정작 세상사(世上事)와 공공활동을 관통하는 종합적·전체적·일반적 원리와 지혜를 소홀히 하고 충분하게 준비를 갖추지 않은 채, 그러면서도 '그것은 어쩔 수 없는 일'로 받아들이며 '주어진 여건에서 그때그때 성실하게 최선을 다해 자기 직무를 수행하면 되지 않겠는가'라고 생각하며 직무 수행에 임한다. 바로 이러한 상황에서 '좋은 공공활동'을 위한 하나하나의 구슬을 꿰어 '보배로서의 공공철학'을 도출·정립하고 그에 의한 공공철학하기를 실천할 수 있는 길에 대하여 심충적으로 연구하고 보급할 만한 긴요하고도 중요한 이유가 있다고 하겠다. 나는 그렇게 모든 공공활동가들이 공공철학하기를 배우고 올바로 실천해야 함을 철저히 인식하고 준비하는 것이 꼭 필요하다고 확신한다.

나는 기본적으로 우리 삶의 어떤 문제에 대하여 넓고 깊은 문제의식을 갖고 그에 대하여 본질적(근본적)이고 규범적인 탐색적 숙고와 성찰하기, 즉 '문제의식을 갖는 것에 대한 본질(근본)사유와 규범사유'를 '철학하기'라고 생각한다. [그런 사유를 통하여 얻어진 진수(眞髓)·원리·지혜 자체를 '철학'이라고 하기도 하므로, '철학하기'는 그 역동적인 실천 과정을 강조하는 의미를 갖는다.] 그리고 '좋은 공공활동'을 구현하기 위한 본질적인 문제를 붙들고 깊이 고민하고 궁리하며 탐구하는 것이 '공공철학하기'(공공철학하는 것)라고 생각한다. 그것은 '정부행정'을 포함하여 '어떤 공동체 단위에서든 수행되고 있는 모든 공적 성격의 활동'을 위한 철학하기를 말한다.

그렇다면 먼저 좋은 공공활동의 길을 탐구하는 공공철학하기는 학문적으로 '공공활동'의 가장 핵심적인 개념인 '공공'의 개념을 정립하는 데서부터 시작해야 한다. 그 다음으로는 공공활동을 수행하는 사람이 공적 직무수행의 현장에서 일상적으로 개별적 문제에 대처하여 씨름할 때, 어떤 기본적인 문제의식을 갖고 구체적으로 무엇을 어떻게 해야 좋은 것인가, 잘하는 것인가, 옳은 것인가에 초점을 맞춰 고민하고 탐구하여 바른 길을 실천해 가야 한다. 그래서 제1부에서 공공철학하기의 예시적 사례를 살펴본 후 '공공'의 개념부터 탐구하면서, 책 전체의 주제를 관통하고 대표하는 공공철학하기의 목적·방법·자세, 즉 '올바른 공공철학하기'에 대하여 '일상인의 수준에서' 총론적으로 논하고 있다. 그리고 그 다음 제 2부에서는 중요한 공공철학적 주제를 설정하고 이에 대하여 하나씩 장(章)별로 논의하는 형식을 취하고 있다.

그런데 공공철학하기의 목표는 공공활동가가 머리 속으로 공공철학적 지혜·원리·이론·지식을 탐구하고 아는 데 그치는 것이 아니라, 이를 철저히 의식화·체질화하고 현실 삶의 구체적인 문제를 해결하는 행동 하나하나에 녹여내 그야말로 '앎과 행함을 통합한 실천'에 있다. 그래서 나는 각 주제의 논의에서 하나의 사례를 통하여 질문하고 답변하는 것으로 시작하여, 좋은 공공활동을 위한 구체적인 실천행동의 준거원칙까지 제시할 때, 일부러 가능한 한 많은 사례를 골라 예시하는 방법으로, '일반 공공활동가의 일상적인 수준'에서 공공철학하기를 체험해 보고, 나아가 그에 맞는 구체적인 행동으로 실천할 수 있도록 철학적 행동을 촉구하고 독려하고자 노력하였다. 일반인이 이해할 수 있는 수준에서 전통적인 방법에 의한 전문적·학술적인 논의를 전개하면서도, '지금 여기에서 살아 숨쉬는 사람들의 활동'을 전달하는 신문·잡지 등 대중매체의 생생한 기사나 거기에 실린 우리 이웃 사람들의 글(독자 기고문)도 참고사례로 활용한 것도 그 이유에서다. 중요한 것은 최신의 사례 여부보다도 적절한 과거의 사례에서 얻는 교훈이고 철학하기의 체험일 것이다.

끝으로 아는 만큼 보이고, 보이는 만큼 느끼며, 느껴 사무친 만큼 행하지 않겠는가 하는 생각을 하면서, 그렇게 직무 현장에서 행동으로 실천하고 구현할 수 있는 '일반 공공활동가에 의한 일상적 수준의 공공철학하기'를 나는 진심으로 원한다. 공공철학하기의 과정에서 누구든 자신의 견해·관점·논리가 하나의 오류도 없고 부족한 점이 없다고 주장한다면, 그것은 올바른 공공철학하기에서 한참 벗어난 것이다. 이 책도 예외가 아니다. 아무쪼록 함께 치열하게 본질사유와 규범사유를 하는 과정에서, 우리의 공공활동을 좀더 높은 수준에서 올바로 수행하고, 그리하여 우리의 삶을 좀더 바람직하게 바꿔나갈 수 있기를 바랄 뿐이다. 주변 많은 사람과 가족의 도움을 받아 이렇게 독자 앞에 내 1단계 연구결과를 선보이게 해 주신 하나님께 감사드린다.

2007년 7월   저자 씀.

목 차

제2부 일상적 공공철학하기를 위한 주제별 접근

제1장 인간존중의 공공활동

제2장 주관적 이익과 객관적 이익

제1부

일상적
공공철학하기를
위한 총론

우리는 일상의 삶 속에서 어떤 일을 하려고 할 때 아무 생각 없이 하기보다는 무엇을 어떻게 할까 등을 생각하면서 한다. 일을 올바로, 더 잘 처리하려고 하면 할수록, 그만큼 더 곰곰이 생각하면서 행동에 옮긴다. 그렇게 올바른 일 처리에 관한 문제의식(問題意識)을 갖고 숙고(熟考)하면서, 올바른 일 처리의 기본·원칙 등을 정립한 후, 가능한 한 최대한 이를 적용하고 그에 맞게 일련의 행동을 취하는 것이 바람직한 일 처리 방식이라고 할 것이다.

이러한 바람직한 일 처리의 방식은 각종 공공부문이나 사부문의 '공공활동'을 수행하는 데 있어서도 그대로 적용된다. '좋은 공공활동'이란 무엇을 어떻게 수행하는 공공활동인가? 왜 그렇게 해야 하는가? 그것을 언제 어디서 누가 하는 것이 좋은가? 이처럼 좋은 공공활동을 수행하기 위한 문제의식을 갖고 좋은 공공활동의 본질(근본)에 대하여 심층적으로 성찰하고 바람직한 길(규범)을 탐구하는 학문분야이자, 그런 탐구활동으로 얻어진 공공활동에 관한 지혜·원리·이론 그 자체, 혹은 그러한 탐구의 사유활동을 '공공철학'이라고 할 수 있다. 그리고 특히 본질적(근본적)이고 규범적인 사유에 의하여 좋은 공공활동을 탐색하는 역동적인 사유과정을 강조하여 '공공철학하기'라고 할 수 있다.

그렇다면 공공활동가는 '좋은 공공활동'을 수행하기 위하여 '공공철학'에 대하여 관심을 갖는 것뿐만 아니라, 그 자신 일상적으로 직접 '공공철학하기'를 실천하는 것이 얼마나 중요하고 필수적인가를 투철하게 인식해야 한다. 그리하여 그는 공공철학하기에 의하여 현실의 개별 구체적인 공공문제를 잘 해결할 수 있어야 한다. 그래서 좋은 공공활동은 '공공철학과 공공활동을 통합하여 수행하는 철학적 공공활동'이라고도 말할 수 있다. 요컨대, 좋은 공공활동을 탐구하고 수행하고자 할 때 가장 기본적으로 해결해야 할 첫 번째 과제는 '어떻게 공공활동과 공공철학을 통합한 공공철학하기를 일상적으로, 그리고 올바로 실천할 것인가'를 확고하게 이해하는 일이 된다. 이처럼 좋은 공공활동의 길을 찾는 공공활동가를 위하여 일상적 공공철학하기의 방법을 예시하고, 깊이 있게 논의한 것이 제1부이다. 이는 제2부 각 장의 주제에 접근하는 총론적 성격의 일반적 방법론이기도 하다.

이 제1부는 구체적으로 다음과 같은 질문을 제기하고, 이에 대한 답변 형식으로 논의하고 있다. 즉 좋은 공공활동을 탐구하는 처지에서 '공공'이란 과연 무엇을 의미하는가, 그리고 '공공'의 개념에 바탕을 두고 있는 '공공활동'은 과연 또 무엇인가, 그러면 무엇이 '좋은 공공활동'인가, 공공활동에서 왜 '공공철학'이 필요한가, 공공철학과 공공활동을 어떻게 통합할 수 있는가, 그리고 올바른 '일상적 공공철학하기'에 의하여 좋은 공공활동을 수행하기 위해서 어떤 행동원칙을 지니고 구현해 나가는 것이 필요한가 등의 질문과 답변이다. 이를 위하여 다음 제1장의 사례부터 살펴보기로 하겠다.

제 1 장

일상적 공공철학하기의 사례 예시

공공활동가가 공공철학하기를 올바로 이해하고 자신의 직무수행에서 일상적으로 실천·적용하기 위해서는 실제 그런 사례를 직접 다뤄보고 스스로 체득하는 것만큼 좋은 방법이 없다. 그런 의미에서 다음에서는 하나의 사례를 선택하여 이에 대하여 깊이 검토해 보기로 하겠다.

1. 사례의 상황과 질문

인천국제공항 건설이 한창이던 1999년 3월 29일 오후, 영종도 건설현장에서 작업하던 50대의 노동자가 뇌출혈로 쓰러졌다. 그런데 긴급수송용 119헬기가 당시 현장시찰을 나온 장관 일행에 의해 사용되는 바람에, 1시간 넘게 그 환자의 병원 이송이 늦어지고 말았다. 다음은 한 일간지가 사설에서 이에 대하여 비판한 내용이다. 이를 읽고 질문에 답해 보기 바란다.

······영종도 인천국제공항 건설현장에서 119헬기를 둘러싸고 벌어진 일은······일상의 늪에 빠져 있는 우리의 의식을 아프게 때려주는 죽비와 같은 것이었다. 공항 건설현장에서 일어날 수 있는 화재나 중환자 발생 등을 대비해 파견된 119헬기는 당

연히 그런 목적으로만 운행해야 함은 상식이다. 긴급한 상황은 예고 없이 돌발하기 때문이다. 그런데 소방본부는 ㅇㅇㅇ행정자치부장관의 공항 시찰 편의를 위해 이 헬기를 운행하도록 일선에 지시했고, 인천소방항공대는 그 지시를 지키느라 응급환자 수송을 미루었다는 것이다. 그 바람에 콘크리트 굳히기 작업을 하다 뇌출혈로 쓰러진 노동자가 한 시간 이상 늦게 병원에 후송되는 일이 일어났다.……ㅇ장관은 사후에 그렇게 위중한 일이 있었음을 알고 크게 불쾌해 했다고 한다. 자신 때문에 응급환자가 사경에 빠지게 되었다는 것은 장관으로서 부끄러운 일이겠고, 자초지종을 알려주지도 않은 소방항공대가 불만스러웠을 것이다.……[1]

위 상황에서 만약 귀하가 해당 장관이었다면, 시찰에 제공되는 교통편이 119헬기라는 사실을 아는 즉시 단호하게 거부했겠는가? 그뿐만 아니라, 관계자들에게도 직무수행의 과오를 질책하고 향후 재발하지 않도록 엄중하게 지시했겠는가? 또 만약 귀하가 행정자치부의 실무 관계자의 한 사람이었다면, 119헬기를 이용한 장관의 시찰계획을 알고 어떻게 대처했겠는가? 귀하가 소방항공대 관계자이거나 인천국제공항 건설현장 책임자였다면 어떻게 대처했겠는가?

2. 사례와 관련된 관계자별 상황의 검토

우선 장관은 어쩌다 말썽을 빚은 현장시찰을 하게 되었을까? 그 사실관계를 정확하게 알 수는 없으나, 교육 목적상 우리 공직사회의 일반적인 업무수행 관행을 고려하여 이를 추론해 보기로 하겠다. 먼저 현장시찰계획은 장관 자신의 제안, 공항건설 관계당국과 같은 외부의 요청, 또는 내부건의 등에 따라 발의된다. 어느 경우에 해당하든 현장시찰을 하겠다는 장관의 의향(意向)이 확인되면, 장관을 보좌하는 부처의 실무관계자들은 구체적인 현장시찰계획을 수립하고 준비한다. 그것은 현장시찰의 일시, 주요 방문 장소, 안내자 및 면담자, 이동 교통편 등 시간

---

1) 한겨레, 1999. 3. 31, "인명에 앞서는 행정편의" 제하의 '사설'의 일부를 인용함. 인용문 내용 중 실명(實名)은 본문의 주제와 관계가 없으므로 밝히지 않았다. 이는 이하 이 시리즈 책 전체에 적용한다.

대별 장소와 행동까지 구체적인 행사계획을 담고 있는 것이 보통이다. 중앙과 현장의 관계기관·부서 및 관계자들과 협의를 통하여 계획안이 만들어지면, 그것은 장관에게 보고되고 조정을 거쳐 확정된다. 그에 따라 관계 부서마다 필요한 일련의 준비를 갖추고, 정해진 일시에 이르면 장관은 계획대로 시찰업무를 수행하게 된다.

그러면 말썽을 빚은 직접적 원인과 관련, 해당 장관은 어떤 생각으로 119헬기를 이용하였을까? 시찰계획을 확정하는 과정에서나 아니면 늦어도 시찰하는 도중에, 그는 소방헬기를 이용한다는 사실 자체를 몰랐을까? 그의 헬기 이용 배경은 다음 몇 가지 중 하나일 것으로 추정된다.

그는 막중한 공무를 수행하는 장관이기 때문에 당연히 환자보다 우선하여 이용할 특권이 있다는 생각으로 헬기를 이용했을 수 있다. 그러나 이는 한 국가의 장관으로서의 기본 자질마저 의심할 만한 상식 이하의 발상이기 때문에 그럴 리는 없을 것이다. 그렇다면 장관은 현실적으로 119소방헬기의 이용계획에 관한 보고를 받거나 이용할 당시, 잠시 마음에 거리끼기는 하지만 잠깐 이동하는 사이에 긴급 상황이 발생할 것 같지도 않으므로, 별일 없겠지 하는 생각으로 이용했을 수 있다. 혹은 장관이 시찰계획을 확인하는 과정에서, 처음에는 잘못된 내용을 지적하고 교체토록 요구하였으나, '관행'이라는 실무자들의 해명과 강한 권유 때문에 마음을 바꿔 이용했을 수도 있겠다. 이상의 경우 그는 명백히 119소방헬기임을 알고도 이용했으므로 그 과오에 상응한 책임을 피하기 어렵다.

그런가 하면 장관은 어떤 용도의 헬기인지 몰랐을 수 있고, 설령 알았더라도 그 점에 크게 관심을 두지 않았을 수도 있겠다. 그는 교통편 문제를 중요한 사항이 아니라고 생각했기 때문에, 바쁜 일과 중 보고를 받는 자리에서 관계자들이 검토·협의한 대로 승인하고, 당일 시찰에서도 관계자들이 안내하는 대로 별생각 없이 탑승했을 수도 있는 것이다. 또 헬기에 탑승하러 가거나 탑승 중에도 큰 글씨로 새겨진 119소방항공대의 표지를 보았을 수 있지만 그냥 지나쳤을 수도 있다. 현장 상황에 대하여 보고를 받고 확인하며, 협의하고 지시하느라, 한가롭게 헬기에 관심을 두고 생각할 상황이 아니어서 지나쳤을 수도 있는 것이다. 이렇게 장관이 자신도 잘 모른 채 당한 경우 그에 대한 비판은 좀 억울하다고 느낄 수도 있을 것이다.

그러나 여러 가지 상황을 종합해 볼 때, 장관이 계획 단계부터 시찰이 끝날 때까지 소방헬기 이용 사실을 전혀 몰랐고, 그런 만큼 그에 대한 책임이 없다고 수장하는 것은 비현실적이다. 그것은 충분히 일반인의 '합리적 의심'의 대상이 된다. 설령 관심 없이 지나쳐서 몰랐다는 주장을 인정하더라도, 그와 같은 종류의 일에 대한 올바른 '철학'만 갖추고 있다면 결코 지나칠 수 없는 중요한 '기본'에 관한 사항을 관심 없이 간과했으므로, 그것은 자신의 과오에 해당된다고 하겠다.

다음으로, 행정자치부 실무자들은 무슨 생각으로 119헬기를 동원하는 시찰계획을 준비하고 협의하였을까? 그들은 장관의 현장시찰 시 지금껏 소방헬기를 이용했던 '관례'에 따라 그저 관행대로 그렇게 처리했을 수 있다. 특별히 지리적으로 너무 넓은 시찰범위인 데다 마침 관할 소방대의 헬기가 있으므로 잠시 이용하는 것도 좋겠다고 별생각 없이 그렇게 했을 수도 있다. 혹은 산하 기관과 관계자들, 심지어는 장관의 반대에도 불구하고, 그날 장관이 수행해야 할 하루 업무상 꼭 필요하므로 그들은 헬기 이용을 강하게 주장하여 관철했을 수도 있다. 어떤 사유가 됐든 그들은 시찰목적에 소방헬기를 이용해서는 곤란하다는 생각을 하고, 그런 의견을 제기했어야 했다. 현장 도착 후 장관을 안내하는 일이 전적으로 현장 책임자에게 위임돼 있어서 그들은 헬기 이용 사실을 전혀 모르고 있을 수 있다. 그러나 그 경우, 장관이 본부에서부터 대동한 수행직원이라도 현장에서 헬기 이용에 대하여 이의를 제기했어야 했다. 결국 어떤 형태로든 헬기동원을 알고 적극적으로 주선했거나 소극적으로 동조했다면, 그들도 책임을 면할 수 없다고 하겠다. 그렇게 장관, 수행직원을 비롯한 자신들이 관련된 상급 기관의 처지에서, 어떻게 다음과 같이 하급 기관의 관련자만을 문제 삼는 듯한 발언이 가능한지 모르겠다.

행정자치부는 인천소방항공대의 119 헬기가 응급환자 수송에 쓰이지 못하여 이 환자의 이송이 1시간 동안 늦어진 사건과 관련해, 앞으로 119헬기를 응급상황 이외의 다른 용도로 사용하는 것을 금지하도록 지시하는 한편, 이번 사건 관련자를 엄중 문책하기로 했다. 행자부는 "119헬기가 다른 이유 때문에 정작 응급상황에 신속히 대처하지 못한 것은 유감스러운 일"이라며 "이번 일을 계기로 전국 소방본부에 응급환자에 대한 조처를 최우선으로 하도록 소양교육을 강화하겠다"고 덧붙였다. 또 인천소방본부는 "이 사건에 대한 자체 감찰을 실시해 공무수행 과정에 문제가 있는 것이 밝혀지면 소방항공대장 등 관련자들을 엄중 문책할 것"이라고 밝혔다.……2)

---

2) 한겨레, 1999. 3. 31, "'119헬기' 딴 용도로 못 쓰게, 환자이송 늑장 문책키로" 제하의 기사 중 일부 인용(이하 일부 인용 등의 문구는 생략함. 또 인용 기사 내 연월일 표시는 필요에 따라 생략하거나 구체적으로 표시함).

그러면 인천공항 건설현장의 소방항공대 관계자나 공항건설 관계자들은 어떤 생각으로 119헬기를 제공하고 운행했을까? 그들은 119헬기의 파견·대기 목적을 잘 알고 있었을 것이다. 그렇지만 그들은 그동안 중앙의 상부 관계자들이 방문 시찰할 경우 헬기를 제공하고 별 탈 없이 넘어갔으므로 이번에도 관례대로 조치했을 수 있다. 혹은 다소 불안했지만 설마 그사이 무슨 일이 있으랴 하는 생각으로 상부 요청에 마지못해 동의했을 수도 있다. 혹은 직속 상부의 하나인 중앙부처 장관의 공무수행이므로 적극 지원함이 마땅하다고 생각하여 적극적으로 나서서 헬기를 배정·운행했을 수도 있다. 그 어떤 경우든 그들이야말로 119헬기의 파견·대기 목적을 잘 알고 있는 기관의 담당자들이므로, 그들 중 누구의 반대도 없이 소방헬기를 배정·운행했다면 그들은 엄중한 비판과 책임을 면하지 못할 과오를 범했다고 하겠다.

3. 사례에 대한 논의와 시사점

앞에서 장관과 중앙 실무자들, 현장의 소방 및 건설 관계자들이 처한 다양한 상황과 처지를 추정해 보았다. 그 경우 그들 각자 나름대로 이유가 있었으므로, 그들의 행동이 온통 일방적인 비난만 받을 일은 아니라고 할 수도 있을지 모른다. 그러나 이유가 어떠했든, 환자 발생 등 긴급 상황에 대비한 헬기를 시찰목적으로 이용한 데 대하여 반대하지 않은 관련자는 누구도 그 사태에 따른 책임을 피할 수는 없다. 특히 119소방 관련 업무를 직접 감독하고 수행할 부서의 최고 책임자인 장관과 소방항공대장으로서는 더욱 그러하다고 할 것이다. 그러면 무엇이 잘못되어 이런 결과가 빚어졌을까? 다음은 앞에서 인용한 신문 '사설'의 후속 부분이다.

　　그렇다고 그 장관이 온전히 면책 받아도 좋을 성질의 사안은 아니다. ○장관이 애초 119헬기가 자신의 시찰을 위해 동원되어서는 안 된다는 점에 주의해야 했다 ……행정편의를 위해 인명보다 우선하는 사고방식이 여전한 현실에서 근본이 바로서 있지 않은 공직사회의 현주소를 본다. 근본 세우기란 특별한 능력이나 재주로써가 아니고, 각자가 자기 몫의 본분을 충실히 지킴으로써 저절로 이루어지는 일일 뿐이다. 그것은 해야 할 일과 해서는 안 될 일을 분명히 구분 짓는 일이기도 하다.……모두 다 본분을 내팽개친 대표적인 사례들이다.……공직의 근본을 잊은 채 제 밥그릇 챙기기에만 열중하는 탓이다. 119헬기 사건도 바로 이것을 잊은 데서 비롯된 일이다.[3]

이 사설은 이 사건이 '인명'보다 '행정편의'를 우선하는 사고방식이 공직사회에 만연해 있는 현실에서 비롯된 대표적인 사건이라고 규정한다. 그러면서 본분을 충실히 지키지 않고, 해야 할 일과 해서는 안 될 일을 분명히 구분하지 못함으로써 '공직의 근본을 잊은' 공직자들이 많은, '근본이 바로 서 있지 않은 공직사회'에 근본적인 문제가 있다고 진단한다. 그렇다면 이 사건 하나가 전체 공직사회가 심각한 질병을 앓고 있는 것처럼 가혹한 진단을 내릴 만한 근거가 있는 것인가? 왜 '근본' '본분'과 같이, 비판할 수 있는 가장 강도 높은 용어를 구사하면서 질타하는 것일까? 우리는 이에 대하여 논의하면서, 이 사안의 교훈을 도출하고자 한다.

만약 이 사건이 특정 장관의 실책에서 비롯된 것이라면 공직사회 전체가 이렇게까지 호된 비판을 들을 일은 아니라고 할 것이다. 그것은 특정 공직자의 문제를 우리 공직사회 전반으로 일반화한 지나친 논리적 비약이기 때문이다. 그러나 그렇지 않고 그 당시 장관과 여러 관계기관의 관계자들이 모두 잘못 판단한 데서 이 사건이 발생했고, 또 널리 공직사회 전반에서 언제든 발생할 소지가 있는 문제라고 한다면 이 비판에 동의할 수밖에 없다. 이제 앞 사례에서 드러난 근본적인 문제점에 대하여 좀더 분석적으로 살펴보기로 하겠다.

① 먼저 119헬기를 시찰 목적에 이용하거나 제공하는 것이 얼마나 큰 과오에 해당하는가를 우리 공직자들이 올바로 인식하지 못하고 있음이 드러났다. 만약 이 사례와 관련된 공직자 중 한 사람이라도 일의 기본성격을 올바로 인식하고 있었다면, 아마 그의 설득에 의하여 일의 진행과정에서 잘못이 가려지고 그런 큰 과오도 발생하지 않았을 것이기 때문이다. 그러나 그렇지 못해서 이런 불미스런

---

3) 당시 건설현장의 노동자는 이송 후 사흘 만인 4월 1일 숨졌다. 병원 관계자는 "병원 도착 당시 이미 뇌출혈이 심해 생명이 위태로운 상태였다. 이송 지연이 사망의 직접적인 원인이 됐는지는 정확하게 판단할 수 없다"고 밝힌 내용은 한겨레, 1999. 4. 5, "119 늑장 후송 신공항 인부 끝내 숨져" 제하의 기사 참조.

일이 발생하였고, 공직자들이 본분을 망각하고 생각 없이 직무를 수행하고 있다는 가혹한 비판을 받고 만 것이다.

그러면 이 사례에서 일의 기본성격, 우선순위, 또는 본분이란 무엇일까? 그것은 '생명존중을 포함한 인간존중'과 같은 가치를 공공활동과정에서 가장 중요한 가치로 인식하고 그 중요성에 맞게 가려서 모든 직무를 수행하는 것을 말한다. 공공활동의 근본가치(fundamental value), 근원규범(ground norm)이 '생명존중을 포함한 인간존중'이라는 것에 대해서는 다음 제2부의 제1장에서 자세히 논의하겠지만, 공공활동을 올바로 수행하는 공공활동가라면, 그는 그런 근본·본분·철학을 철저히 내면화하고 자신의 직무수행과정에서 그것을 항상 성찰하고 환기하면서 구현해야 한다. 그런데 우리 공직자들은 그렇지 못하고 있다는 데 문제가 있다.

우리 공직자들에게 질문을 던져보자. '행정편의'와 '인명보호' 둘 중 어느 것이 우선하는가? 아마 이 질문에 대하여 열이면 열, 모두 다 너무나도 당연하게 '인명보호'라고 대답할 것이다. 그러면 그렇게 당연한 대답을 하는 사람들은 그들이 알고 있는 것을 정말 그대로 실천하고 있는가? 만약 '구체적 직무수행의 현장에서' 위의 답변을 그대로 실천하지 못하고 있다면, 그런 인식이나 지식은 무슨 소용이 있는가?

상부나 상사의 요구에 의하여, 또는 하급 부서나 부하의 강권에 의하여, 아니면 관행대로 그렇게 '인명보호'의 가치를 쉽게 무시해 버리고 별생각 없이 행동하고 있다면, '인명보호'가 우선한다는 것과 같은 답변은 '살아 있는 지식'이 아니다. 그것은 단지 탁상에서 시험 답안지 작성할 때나 중시되는, 아무짝에도 쓸모없는 '죽은 지식'에 불과하다. 그렇게 해서 공직자 대부분이 근본 또는 본분을 망각할 정도의 심각한 '근본가치의 결여' 또는 '공공철학의 빈곤'을 보여주고 있다면, 이는 그냥 지나칠 수 없는 정도의 심각한 병리(病理) 현상임을 올바로 인식해야 한다.

② 다음으로 관계자들이 119헬기를 이용하는 것 자체가 '행정편의'를 추구하는 행위라는 사실을 인식하고 있었는가? 이에 대하여도 그렇지 못했다고 대답할 수밖에 없다.

현장시찰은 정말 필요한 계제에, 필요한 목적과 방법으로 이루어지지 않으면 형식적인 행사로 비판받기 쉽다. 그것은 실질적인 목적을 추구하기 위한 꼭 필요한 현장방문이어야 하고, 그것도 그 목적에 어긋나지 않는 가장 합당한 방법으로 수행되어야 한다. 그렇다면 그 당시 현장시찰이 얼마나 중요한 실질적인 목적의 시찰이었는지가 중요하다. 만약 그것이 현장점검과 관계자들의 독려 정도의 방문이었다면 실질적인 목적의 필수적인 방문은 아니었다고 할 것이다. 설령 실질적인 목적의 필수적 방문이었다고 해도 비상 대기용 헬기의 이용과 동원은 안 된다. 하물며 그렇지 않은 방문목적이라고 한다면, 거기에 그런 헬기의 동원은 그야말로 근본과 본분을 망각한 행정편의적인 조치라는 비판을 들어도 항변할 수 없는 중대한 과오라고 하겠다.

공공활동가들은 가장 적은 시간, 비용, 노력을 들여 최대의 산출, 성과, 실적을 내놓아야 한다. 이 사건에서도 그와 같이 시간, 노력, 비용을 절약하여 능률적으로 일했는데 '행정편의'라는 비난을 받았다는 생각을 하는 공직자가 있을지 모른다. 그러나 최고도의 능률적인 직무수행이 공공활동가 자신의 입장에서 필요한 능률성인가, 아니면 직무수행의 봉사 대상자의 입장에서 필요한 능률성인가에 따라 다른 평가를 받는다. 공공활동가는 기본적으로 공공활동 대상자의 의사를 존중하는 공공활동이 중요함을 알아야 한다. 그렇지 않고 공공활동가들이 자기가 판단한 바 자기 방식대로 일하게 되면, 공공활동 대상자들은 그들대로 '행정편의'를 비판하고 공공활동가들은 그들대로 애꿎은 비난만 듣는다고 느끼는 답답한 현실이 계속된다.

③ 당국은 당초부터 '인명구조' '화재진압'과 더불어, 중요 인사의 '교통편의'를 제공하는 복수 목적을 가지고 119헬기를 도입·운영하고 있다고 항변할 수 있다. 헬기를 처음 도입·운행하려고 한 관계당국은 예산을 확보하기 위하여 헬기 도입으로 가급적 많은 목적을 수행할 수 있는 것처럼 해야만, 관계기관과 일반시민의 설득에 큰 도움이 된다고 생각했을 것이다. 그래서 처음부터 인명보호와 아울러 고위 공직자의 교통편의가 헬기 도입의 떳떳한 공식적·공개적 목적이었을 가능성도 있다. 다음은 그런 발상을 보여주는 사례이다.

> ㅇㅇㅇ경기지사가 한 지역 문화행사에 참석하면서 긴급구조용인 소방헬기를 이용해 구설수에 올랐다. ㅇ지사는 오전 9시 40분경 소방본부 항공대 소속 구조용 헬기……를 타고 경기 파주시……자운서원에서 열린 '제15회 율곡문화제' 개막식에 참석했다. 경기도 관계자에 따르면 ㅇ지사는 승용차로 가려면 최소 2시간 이상이 걸려 20여 분이면 충분한 헬기를 택했다는 것.
> 소방헬기의 사용의 우선순위를 규정한 운영규칙에 따르면 1순위는 인명구조 및 화재진압, 2순위는 응급환자 이송, 3순위는 소방 활동에 필요한 업무, 4순위는 기타

(도민행정업무지도 등)로 정해져 있다. 경기도 측은 ㅇ지사의 헬기 이용이 4순위에 해당한다고 설명했다. 그러나 일부에서는 문화제 개막식 참석이 소방헬기를 이용해야 할 정도로 중요한 행정업무에 해당하는지 의문을 나타냈다.[4]

이처럼 근본을 망각한 처사라는 비판을 받기에 딱 알맞은 일이 또 발생했다. 여기서 문제의 핵심은 언론이 지적한 대로 "중요한 행정업무"인가 그렇지 않은가의 문제가 아니다. 촌각(寸刻)을 다투는 인명구조·화재진압 업무와 고위층의 교통편의 제공이라는 복수 목적은 근본적으로 양립하기 어려운 관계에 있음을 알아야 한다. 따라서 그런 양립할 수 없는 목적을 규정한 운영규칙의 규정은 옳지 않다. 아무리 짧은 시간이라고 해도 그렇다. 그동안에 인명구조·화재진압의 업무는 발생하지 않는다는 발상이 도대체 가능한 일이고, 그래서 교통편의를 위해 전용하는 것이 옳은 일인가? 무엇 때문에 소방관들은 근무 중 신발도 벗지 않고 만일의 사태에 대비하고 있겠는가? 시민봉사를 최고로 여기는 시대에 다음과 같이 잠긴 문을 열어 달라는 시민의 요청을 좀 들어주면 어떻다고 야박하게 사절해야만 하겠는가? 그것은 옳지 않기 때문에 정당하게 거절할 수 있는 것 아니겠는가?

　'119는 열쇠수리점?' 119구조대가 잠긴 문을 열어 달라는 신고 전화로 골머리를 앓고 있다. 정작 긴급사고가 났을 때 인명구조나 사고수습 출동이 늦어질 수 있는 데다, 구조대원들이 단순히 문을 열어주기 위해 고층아파트 옥상에서 외줄을 타고 집 안으로 들어가야 하는 등 위험도 적지 않기 때문이다. 실제 2000년 문 개방 신고에 따른 119 출동건수는 1만 1827건으로 전체 구조 출동건수 3만 4692건의 34%에 이른다. 특히 이 가운데 인명구조나 위해요인 제거 등을 뺀 '단순한 문 열기' 출동건수가 5131건으로 1999년 3989건에 비해 28.6%나 늘었다. 이에 따라 서울시소방방재본부는 앞으로 '문을 열어 달라'는 신고가 들어올 경우 가까운 열쇠수리점 전화번호를 알려주거나 아파트 경비실에 만능열쇠를 비치하도록 권유할 방침이다.……[5]

열쇠가 없어 잠긴 문을 열어 달라고 잠시 119구조대의 도움을 얻겠다는 것과 공무 출장을 위해 소방헬기를 이용하겠다는 것이 질적으로 다르다고 할지 모른다. 그렇지만 119구조업무의 특성상 그런 일들에 동원돼서는 안 되는 밑바탕의

---

4) 동아일보, 2002. 10. 5, "경기지사 납시오, 헬기 타고 문화행사 참석, 구조용 탈 사안이냐 빈축" 기사.
5) 한겨레, 2001. 8. 29, "'문 열어 주세요' 119 '신고사절'" 기사.

논리, 본질은 기본적으로 동일하다.

이처럼 조금만 생각해 보면 알 수 있는 기본적인 사항에 대해서도 우리 공직사회는 거의 타성적으로, 깊은 생각 없이 일을 하고 관행대로 처리한다. 119헬기를 이용하거나 제공할 만큼 공적 감수성이 둔감하고 공공철학적 바탕이 허약한 인식, 정서, 문화, 분위기를 갖고 있는 것이다. 그래도 소수이지만 '근본을 바로 보는 공직자'가 있었다면, 그중 누구라도 그 문제점을 발견하고 시정할 수 있었을 것이다. 그러나 그런 일은 일어나지 않았다. 이러한 근본적 규범문제(normative problem)에 대한 판단과 성찰, 즉 공공철학적 기반(public-philosophical foundation)이 부실한 우리 공직사회는 '규범위기'(normative crisis)를 겪고 있다. 그래서 이는 아주 중대한 문제인 것이다.

이상의 논의를 통하여 우리는 무엇을 알 수 있는가? 어떤 특정 개인의 과오나 실책을 트집 잡고 비난하자는 것이라면, 이는 이런 종류의 사건이 주는 교훈을 올바로 받아들인 것이 아니다. 지금 이 시대 공공활동의 철학적 기초가 튼튼하지 못한 사람이라면, 그 누구라도 이번 사건의 주인공이 될 개연성이 아주 높은 것이 현실이기 때문이다. 그렇다면 이런 사례를 교훈 삼아 무엇이 문제이고 어떻게 예방할 것인가에 초점을 맞추고 성찰해 보는 것이 아주 중요하고 시급하다.

위 사례들은 공공활동가들에게 공공활동 과정에서 '근본 세우기' '본분 지키기' '해야 할 일과 해서는 안 될 일 구분하기'와 같은 규범 철학적 기반을 올바로 탐구하고 인식하며 실천할 과제를 제기하고 있다. '좋은 공공활동'을 위해서는 공공활동가가 구체적인 시간적·공간적 직무수행 현장에서 무엇을 어떻게 하는 것이 중요한 일인가에 관한, 공공활동의 철학적 기반·기초·토대를 바로 세우고 실천하기를 요구하고 있는 것이다. 한마디로 올바른 공공철학하기를 요구하고 있다.

앞의 사례에서 최고 실무자인 장관은 나중에 실무자들에게 불쾌함을 표시했다. 그러나 그는 그 이전에 먼저 문제를 알고 시정했어야 했다. 또 서로 상대방에게 책임을 전가하거나 화풀이를 할 일도 아니다. 우리 공직자들은 모두 이 사건의 주인공이 될 개연성이 높다. 그러한 상황에서 다른 누구를 탓하기 전에 올바로 근본가치, 근원규범을 내면화하고 깊이 숙고하고 성찰하지 못한 데 대하여 누구든 자신부터 겸허하게 반성해야 옳을 일이다. 다른 사람이나 부하 직원을 비난하고 질책하기 전에 공공활동가는 우선 자신부터 공공활동의 철학적 기반을 올바로 정립·구현해야 한다. 공자(孔子, 기원전 551~479)도 그래서 「논어」 '자로'(子路) 편에서 스스로 바르게 하여야 남을 탓할 수 있다고 하였다. 다산(茶山) 정약용(丁

若鏞) 또한 「목민심서」 '이전 육조'(吏典 六條) 편의 '속리'(束吏)의 장에서 그와 비슷한 맥락의 말을 하였다. 다음이 그것이다.

> 진실로 자신을 바르게 하면, 정치를 하는 데 무슨 어려움이 있겠는가? 자신을 바르게 하지 못한다면 다른 사람은 어떻게 바르게 하겠는가?[6]

> 아전을 단속하는 근본은 자기 자신을 규율함에 있다. 자기의 몸가짐이 바르면 명령하지 아니하여도 일이 행하여질 것이요, 자기의 몸가짐이 바르지 못하면 비록 명령을 하더라도 행하여지지 아니할 것이다.……자기에게 허물이 없고서야 비로소 다른 사람을 나무랄 수가 있는 것이 천하의 일반 이치이니, 수령의 소행이 족히 다른 사람을 신복(信服)시키지 못하면서 오직 아전 단속하기를 위주로 한다면, 명령해도 반드시 행하여지지 않으며 금지해도 반드시 그쳐지지 않고 위엄이 떨치지 않을 것이며 법이 서지도 않을 것이다.[7]

이처럼 공공활동가는 "자신의 몸가짐을 바르게 함" "자기 자신의 규율"과 같은 '좋은 공공활동을 위하여 필수적인 공공활동의 근본 이치'를 철저히 이해하고 내면화하며 구체적인 행동으로 실천하지 않으면 안 된다. 이는 바로 공공활동에서 공공철학하기를 실천하는 일이다. 또한 이는 행동으로 연결되는 살아 있는 철학으로서, 공공활동의 구체적 현장에서 실제로 좋은 공공활동이 구현되도록 '공공활동과 공공철학을 통합'하는 일이기도 하다. 좋은 공공활동의 근본은 공공활동의 철학을 일상에서 실천하는 올바른 '공공철학하기'에서 시작된다.

어떤 공동체에서 실시되고 있는 여러 가지 제도·정책·법령·사업 등의 공공활동은 우연히 그런 형태와 내용을 갖게 된 것이 아니다. 그 공공활동은 그 공동체구성원이 만들어 낸 공공의식의 산물이다. 구체적으로 특정 공동체의 특정 공공활동의 모습은 그 공동체구성원의 공적인 감수성과 역지사지의 자세, 공적인 고민과 상상력의 산물인 것이다. 또 그것들은 공공문제에 대한 개인과 사회의 공

---

6) 子曰 苟正其身矣 於從政乎 何有 不能正其身 如正人何. 홍승직(역해), 논어, 고려원, 1994, 225쪽. 이하 특별히 필요한 경우를 제외하고는 '쪽'(page) 표시는 생략한다.
7) 정약용, 목민심서, 다산연구회(역주), 역주 목민심서 II, 창작과 비평사, 1979, 68-69. '속리'는 지방관청의 수령 밑에 있는 공무원인 아전을 단속하는 방법을 말한다. '수령'(守令)은 조선까지 지방의 각급 관청의 장(長)인 부사(府使), 부윤(府尹), 목사(牧使), 군수(郡守), 현감(縣監), 현령(縣令) 등 관리의 총칭으로 원(員: 공대이로 '원님')이라고도 하였다. 그리고 '신복'(信服)은 '믿고 복종함'을 뜻한다.

적 학습과 각성의 산물이기도 하다. 이는 곧 한 공동체 사회의 '공공활동의 철학적 기반'이 어떠한가에 따라 공공활동의 겉모습과 속 내용이 달라짐을 의미한다. 공공철학이 얼마나 튼튼하게 정립돼 있고 내면화되어 실천되고 있는가에 따라 공공활동의 과정·결과에 큰 차이가 생겨나는 것이다.

결국 우리는 '좋은 공공활동'을 지향하고 있는데, 좋은 공공활동을 위해서는 기본적·근본적·본질적으로 무엇을 어떻게 하는 것이 규범적으로 올바르고 좋으며 바람직한가를 성찰하고 정립하며 구현하는 일이 필수 불가결하다. 이는 곧 '공공활동에 공공철학을 통합'하는 것이다. 그렇다면 그 본격적인 논의에 앞서 우선 '공공철학'이나 '공공활동'에서 말하는 '공공'이 무엇인가? 다음 장에서 이에 대한 기본적인 개념을 검토하기로 하겠다.

제 2 장

'공공'의 본질과 공공활동

공통의 이해관계를 갖는 사람들의 집합체(결사체)가 '공동체'이다. 이 공동체를 구성하는 '공동체구성원'은 각자 자신의 삶을 영위하는 과정에서, 자신의 문제(개인문제)가 발생하면 이를 자기 스스로 해결하는 사적인 활동(사사활동, private activity)을 수행한다. 그런데 그런 사사활동을 수행할 때 각자는 혼자 살지 않고 더불어 모여 사는 공동체의 구성원이기 때문에, 다른 사람과 공동체를 고려하여 공동체가 정한 공적 규범에 맞게 행동해야 한다. 그런가 하면 다른 한편으로, 각자는 다른 구성원들과 공동으로 대처하는 것이 더 나은 공동체의 문제(공공문제)를 해결하기 위하여 공동활동(공공활동, public activity)에 참여하기도 한다. 예컨대, 각자는 시민의 일원으로서 대표자나 대리인을 선출하고, 그 대표자·대리인들이 시민을 위하여 정당하게 위임받은 권한의 일을 수행하도록 감시·감독하는, '국가공동체' 내 각급 정부라는 공공조직의 구성과 통제에 참여한다. 그런가 하면, 자신이 직접 그런 대표자·대리인인 공직자가 되어 시민을 위하여 정부의 공공활동을 수행하기도 한다. 그리고 그보다 더 많은 사람들은 국가공동체 내 다양한 사기업이나 이익집단과 같은 크고 작은 수많은 공동체에서 '그 공동체 나름의 공공활동'에 참여하여 일한다.1) 바로 이러한 각종 공동체에서 좋은 공공활동을

---

1) '공동체'(community)는 '동일한 정부를 둔 동일한 지역에 사는 사람들의 집단'이란 의미와, '공통 이해관계를 갖는 사람들의 집단'이란 의미의 두 가지 뜻이 있다. 보통 두 가지 의미를 모두 포함하는 넓은 의미로 사용된다. 본문에서도 '공동체'는 그런 넓은 의미로 쓰이는데, 흔히 공·사 개념에 관한 논의는 '국가공동체'에 그치는 경우가 대부분이다. 그러나 많은 전문가들도 명시적·묵시적으로 인정하듯이, 국가공동체 내 가족공동체·사적 경제공동체(사기업)·이익집단·학교와 같은 여러 다양한 공동체에도

전개하려면 공공활동을 수행하는 사람, 즉 공공활동가가 올바른 공공철학을 정립하고 실천하는 것이 필수 불가결하다.

이상과 같이 '공동체' '공공문제' '공동활동' '공공활동' '공공활동가' '공공철학' 등의 개념을 구성하는 공통개념은 다름 아닌 '공공'(公共) 혹은 '공'(公)이라는 중요한 개념이다. 이에 좋은 공공활동을 위해서, 그리고 좋은 공공활동을 위한 철학적 기반을 깊이 있게 논의하기 위해서는 먼저 '공공' 개념을 분명하게 이해하지 않으면 안 되는 것을 알 수 있다.

1. 공공 개념의 정의와 일상적 적용

'공공'의 개념은 '사사'의 개념과 짝을 이루면서, 우리 삶의 모든 측면, 즉 정치·경제·사회·문화 등 모든 분야, 그리고 사회생활, 직장생활, 가정생활, 사생활 등 모든 종류의 생활에 걸쳐서 우리의 생각과 행동을 지배하고 영향을 미치는 핵심적인 기본 개념이 되고 있다. 그리하여 '공·사 이원론'(二元論)의 구분은 '인류의 사고와 행동을 지배하는 거대한 이분법(二分法)의 하나'이자 '사회사상과 사회생활의 가장 중요한 조직원리'의 하나로 여겨지고 있다.2)

그러면 공·사 개념이란 각각 무엇을 의미하는가? 우선 '공공'의 개념에 대한 우리말 사전의 풀이를 보자. 이는 '국민·공중(公衆)과 같은 사회 일반의 사람'과 '국가나 사회의 구성원에게 공동으로 딸리거나 관계됨'을 의미하는 것으로서, 명

공·사 개념이 적용된다. 그런 다양한 종류의 공동체에 적용되는 공·사 개념은 '다원공동체주의의 공·사 개념'이라고 할 수 있다. 아울러 '공동체'는 '공공 개념을 대신하는 말'(a stand-in)이 된다는 지적은 Alan Wolfe, "Public and Private in Theory and Practice: Some Implications of an Uncertain Boundary", J. Weintraub and K. Kumar(eds.), *Public and Private in Thought and Practice: Perspectives on a Grand Dichotomy,* Chicago: Ill, The University of Chicago Press, 1997, 193 참조.

2) 공·사 이원론적 구분(distinction of public and private dichotomy)은 '서양사상의 거대한 이원론들 중 하나'(one of the grand dichotomies of western thought)이고 '사회사상과 사회생활의 조직원리의 하나'(one of the organizing principles of social thought and social life)라는 것은 Jeff Weintraub, "The Theory and Politics of the Public / Private Distinction", Jeff Weintraub and Krishan Kumar(eds.), 앞의 책, 1쪽 참조.

사나 관형사적으로 쓰이게 돼 있다. 그리하여 이는 '개인에 관계됨'이란 의미의 '사사'(私私), 더 간단하게는 사(私)의 개념과 대비된다.[3]

한편 '공공'에 해당하는 영어의 'public'은 기본적으로 세 가지 의미로 쓰인다. ① 공중, 인민, 국민과 같이 공동체나 국가를 구성하고 있는 사람들, 또는 (공통의 흥미·관심·목적 따위를 가진) 한 무리의 사람들·계층과 그런 공중의, 사람들 무리의 ② 사회(공공)를 위하여 행하거나 일하는, 국사(國事)(공무)의, 국사(공무)에 종사하는, 공동체·사회·국가 전체에 관계가 있는(영향을 미치는), 공립의, 공영(公營)의 ③ 공개의, 모든 사람에게 개방된, 누구나 보고 듣고 할 수 있는, 공공연한 등의 명사나 관형사의 의미가 그것이다. 이에 대비되는 'private'는 ① 어떤 특정한 개인(사람들)에 속하거나 관계되는 ② 사유의, 사용의, 사적인, 공직에 있지 않은 ③ 당사자에 국한된, 내부끼리의, 비공개의, 비밀의 등의 의미를 갖는다.[4]

이렇게 보면 영어의 'public'의 의미는 우리말 '공공'의 정의에 '공개(公開)나 개방'의 의미가 추가되는 정도이다. 그러나 '공개나 개방'의 의미는 원래부터 '공공'의 관념에 필수적으로 따라붙는 개념적 요소의 하나라고 할 수 있다(이에 대해서는 후술한다). 결국 우리말 '공공'이나 영어의 'public'의 개념은 일정한 공동

---

3) 김민수·고영근·임홍빈·이승재(편), 국어대사전, 금성출판사, 1991, 240 및 1467. 한편 이희승(편저), 국어대사전(제3판, 민중서림, 1994년)에는 '공공'이 ① 일반 사회의 여러 사람과 정신적이나 물질적으로 공동의 이익을 위하여 힘을 함께 함 ② 일반 사회. 공중. 공동으로 정의돼 있고, '공'(公)은 '여러 사람에게 관계되는, 국가나 사회의 일'이라고 풀이돼 있다.(292 및 294쪽) 그리고 '사'(私)는 ① 사사로운 일. 자기 한 몸이나 집안에 관한 일 ② 개인적인 욕심과 이익만을 꾀하는 일 ③ 숨기어 비밀로 하는 일로 정의돼 있고, '사사롭다'는 '공적이 아니고 개인적인 관계의 성질을 띠고 있다'로 풀이돼 있다.(1786 및 1814쪽). 그래서 '사사'는 사사로이, 사사로운, 사사롭다, 사삿집[私家], 사삿일, 사사사람(사적 자격의 사람) 등의 뜻으로 쓰인다. 결국 공·사 사이의 정확한 대칭어는 공과 사, 공적인 것과 사적인 것, 공공과 사사(私私), 공사(公事)와 사사(私事), 공공성과 사사성, 공공화(公共化)와 사사화(私私化) 등이다.

4) *The Random House Dictionary of the English Language: the Unabridged Edition*; 시사영어사/랜덤하우스 영한대사전, 시사영어사, 1992, 1825-1826 및 1856쪽 참조. 영어 'public'은 어원상 사춘기의 성적 특징인 라틴어 'pubes'(음모, 陰毛)에서 나왔다고 한다. 그 사춘기의 성징이 나타난 것이 성년(成年)이 되는 것을 의미하고, 그때부터 사람은 비로소 '공동의 것' '공중의 지배'인 공화국의 국정에 참여할 자격이 있고 가치 있는 인간으로 인정되는 '시민'이 되었다고 한다. '공화국'의 영어 'republic' 자체도 '공적인 것' '공동의 것' '공중의 지배'(public thing, 라틴어 res publica)를 의미하였다고 한다. Agnes S. Ku, "Revisiting the Notion of 'Public' in Habermas's Theory", *Sociological Theory,* 18:2 July 2000, 216-240 및 J. Weintraub and K. Kumar(eds.), 앞의 책, 10-16, 167, 305 309 참조.

체나 사회를 전제로, 공동체의 개인(개체, 부분)에 관계되는 '사사'와 비교하여, '국민·인민·공중과 같은 공동체구성원'이나 '국가나 사회와 같은 공동체(구성원)에 공동으로 딸리거나 관계됨'의 의미를 담고 있는 것으로 이해할 수 있다. 그리하여 공동체의 구성원이 '공공'의 이름으로 어떤 개인이나 집단의 사사활동을 지원·보호하는가 하면, 억제·통제·제재를 가한다. 이때 적용되는 공공 개념의 구체적 내용, 즉 공동체(구성원)에 공동으로 딸리거나 관계된 바는 현실의 개별 사안에 따라 구체적으로 결정된다(이를 '구체적 결정성'이라고 한다).

일단 이렇게 규정하였으니, 우리 주변의 일상사에서 공·사의 관념·용어·개념이 얼마나 많이, 어떤 경우 어떻게 쓰이고 있는가를 살펴보기 바란다. 그러면 아마 꼭 '공공'(이하 '공공'과 '사사'에는 특별히 강조하는 경우를 제외하고는 간명함을 위하여 따옴표를 붙이지 않음)이라는 표현이나 용어가 쓰이지 않더라도, 누구든 공공의 개념이 얼마나 많이, 그리고 얼마나 중요하게 이용되고, 그래서 또 얼마나 자주 논쟁의 대상이 되고 있는가를 보고 놀랄 것이다. 그렇게 공공의 개념을 둘러싼 우리 일상 주변의 구체적인 논쟁 사례는 아주 많다.

우선 공·사 조직의 일터에서 직장인이 공(公)과 사(私)를 구별하여 행동해야 하는 것은 기본이다. 어떤 형태든 일단 하나의 공동체에 소속된 사람은 기본적으로 다음의 예(여기에서는 회사라는 사적 공동체)와 같이, 공·사를 분별하는 의식을 가지고 일해야 한다. 만약 이를 혼동하는 사람이 있다면, 그에게 '공과 사를 구별하지 못한다' 혹은 '공은 공이고 사는 사다'라는 질책이 따른다.

기자는 워싱턴 특파원으로 근무하면서 대학(원)생들을 시간제 인턴사원으로 채용해 일을 시켰다. 기사를 작성하는 데 도움이 되는 자료를 찾거나 관련 인사와의 면담을 주선하는 일을 맡기기 위해……존스홉킨스 국제대학원(SAIS)과 조지워싱턴대학에 다니는 학생 4명을 채용했다. 학생들마다 정도의 차이는 있었지만 대부분 공통적인 특징을 발견할 수 있었다.

첫째, 근무시간만큼은 개인적인 일을 하지 않는다는 점이다. 근무시간 동안에 자신이 인턴으로 채용된 목적에 맞는 일을 한다. 그게 기본이다. 중간에 점심식사를 하기 위해 자리를 비운다면 정확히 그 시간만큼 더 근무한다. 시키지 않아도 그렇게 초과근무 한다. 그래서 대부분은 간단한 샌드위치와 음료수를 출근할 때 갖고 온다. 하루 근무시간이 주로 2, 3시간으로 그리 길지 않아서 그러려니 생각했는데 담배를 피기 위해 흡연구역에 가거나 화장실을 찾는 일도 거의 없는 편이었다. 그것 역시 100% 관련된 일을 해야 한다는 개념이 머릿속에 꽉 박혀 있기 때문이었다. 휴대폰은 출근하면서 끈다. 근무시간에 사적인 전화를 받을 수 없다는 생각에서다. 간혹 실수로 휴대폰이 켜져 있어서 벨이 울릴 때도 있다. 그러면 기자는 그냥 전화를 받으라고 하는데 본인은 대부분 '아니다'고 하면서 끊어버린다. 나중에 발신자 번호를 체크해 전화를 걸면 된다고 하면서. 물론 사무실 전화를 사적인 용도로 사용하는 것은 상상조차 하지 않는다. 둘째, 실제 근무시간이 시작되기 전부터 일하고 끝나고도 마무리가 있다.……5)

　　……대다수 독일인에게 직장은 '자신에게 주어진 공적인 업무를 처리하는 곳'이라는 인식이 확고하다. 사적인 의미가 끼어들 틈이 거의 없다. 독일에서 직장생활 하는 한국인들에게서 "삭막하다", "재미없다"는 얘기를 심심찮게 듣는다.……독일 직장에서는 한국에서와 같은 '끈끈하고 즉흥적인' 친목 문화를 기대하기 힘들다. 그러나 따지고 보면 직장은 결국 이익창출이라는 공동의 목표를 위해 협조하는 것이 가장 중요한 목표 아니던가. 때론 지나치게 인간적인 정(情)을 중시하는 한국의 직장문화에 공적 업무를 최우선시하는 독일인의 사고방식을 가미하면 좋을 듯하다. 독일 직장은 효율성과 생산성을 중시하지만 삭막하지는 않은 곳이다. 그들 나름대로 축하의 문화, 초대의 문화가 있으며 돈독한 동료애도 있다.……6)

　그러면 직장인이 퇴근하여 직장을 벗어나면, 그 후 시간은 모두 개인의 사적인 시간이고, 활동하는 공간은 사적인 공간인가? 그렇지 않고, 퇴근 후 회식하고 술 마시는 행위에도 공·사의 문제가 걸려 있다. 다음은 술을 마신 행위에 대하여 한 편에서는 '공적 행위'라고 주장하고 다른 한 편에서는 '사적 행위'로 주장하여 다투는 상반된 처지를 보여준다.

　　대법원2부는 광고대행사 직원 원 모 씨(34)가 "회사 업무를 홍보하기 위해 어쩔 수 없이 오전 4시까지 술 마시다 사고를 당했는데 업무상 재해로 인정하지 않은 것은 부당하다"며 근로복지공단을 상대로 낸 소송에서 원고승소 판결한 원심을 확정했다고 밝혔다. 재판부는 판결문에서 "언론사 홍보를 담당하는 원고 입장에선 시간이 늦었다고 먼저 술자리를 끝내기 곤란했을 것이고, 접대비용도 법인카드로 치른 만큼 원고가 오전 4시까지 가진 술자리는 접대 업무가 이어졌던 것으로 보는 게 타당하다"고 밝혔다.

---

5) 매일경제, 2003. 9. 3, "워싱턴 인턴사원의 경우, 출근하면 휴대폰 꺼 개인적인 전화 안 해" 기사.
6) 황지나(독일 바이엘사 아태지역 홍보담당 매니저), "독일 직장인들의 '냉정과 열정'", 동아일보, 2004. 4. 17.

원씨는 2003년 3월 모 경제신문 기자와 저녁식사 후 오전 4시를 넘긴 시간까지 술을 마신 뒤 여관에 들어가 혼자 잤다. 곧이어 갑자기 몸이 뒤틀리는 증세가 나타나 병원으로 옮겨져 뇌출혈 진단을 받았다. 이후 근로복지공단 측이 "오전 4시까지 모두 3차례에 걸쳐 술 마신 것은 회사 업무가 아닌 개인적 차원으로 봐야 한다"는 이유로 업무상 재해를 인정하지 않자 소송을 냈다. 1심 법원인 서울행정법원은 2004년 6월 "저녁식사 뒤 한 차례 정도 술자리를 갖고 자정 전에 자리를 마쳤다면 홍보업무의 일환으로 볼 수 있지만 오전 4시까지 이어진 술자리는 이에 해당되지 않는다"며 원고패소 판결했다.[7]

(이라크에서 이라크 저항단체가 한국군의 철수를 요구하면서 인질로 납치한—저자 주) 김선일 씨 피살로 온 국민이 충격에 휩싸인 가운데 전국 시·도교육감 등 교육계 수장들이 ○○의 한 고급 한정식 식당에서 수입산 양주로 폭탄주를 돌리는 등 술판을 벌인 것으로 드러났다. 이 자리에는 ○○○부총리 겸 교육인적자원부 장관도 참석했으나 ○부총리는 "폭탄주가 돌기 전 자리를 떠났다"고 해명했다. 행사를 주최한 ○○시교육청은 술값과 식사비를 정상 가격보다 대폭 낮춘 계산서를 끊는 등 파문 축소 시도까지 한 것으로 밝혀졌다. ○부총리와 전국 시·도교육감 일행은 이날 저녁……호텔에서 전국 시·도교육감협의회 회의를 연 뒤,……자리를 옮겨 1병에 20만~25만 원(시가) 하는 수입산 발렌타인 12병으로 폭탄주를 돌린 것으로 확인됐다. 만찬 비용은 500여만 원으로 추정된다.……[8]

또 2004년 국회 과반수 의석을 확보한 여당이 사학(私學) 비리의 차단과 공공성 향상을 목적으로 교원 임면권의 교장 부여, 비리 임원의 취임 제한의 강화 등을 골자로 한 사립학교법의 개정안을 발표하였다. 그러자 주요 야당, 사학법인 대표, 사립학교 교장들이 사적 재산권의 침해와 교육의 사회주의화(社會主義化)라고 크게 반발함으로써 큰 논쟁이 벌어졌다. 그것도 사학재단에 대하여 공·사의

---

7) 중앙일보, 2006. 5. 8, "새벽 4시 넘긴 접대 술자리, 대법원 '업무의 연장 맞다'" 기사. '사적 행위'라는 서울행정법원의 원고패소 판결과 '공적 행위'라는 2심의 원고승소 판결에 대하여 대법원이 '공적 행위'라고 최종적으로 확정 판결한 이 판결은 해당 근로자의 손을 들어주고 보호해 준 판결이기는 하지만, 현실에서는 경영자나 관리자가 소속 근로자에게 상식 이상으로 무한 봉사를 요구하는 논리로 악용되거나 오용될 여지를 남긴다. 바람직한 판결은 몇 차례 자리를 바꿔가며 자정을 훨씬 넘긴 시각까지 술자리를 갖는 과도한 접대 업무는 원칙적으로 공적 업무의 연장이라고 볼 수 없다는 대원칙을 천명하고, 다만 여러 가지 구체적인 정황으로 볼 때 이 사건은 예외로서 인정할 수 있다는 판결이라고 하겠다.

8) 한겨레, 2004. 6. 26, "전국 '김씨 죽음' 슬픔에 잠긴 날, 교육계 수장들 폭탄주 파티" 기사.

개념을 왜, 얼마만큼 적용해야 하는가의 철학적·이념적·교육적 측면의 논쟁의
예를 보여준 것이다. 그런가 하면 다음 사례도 우리 주변의 중요 건물에서 보는
조각 작품이나 설치 미술작품에 대한 공·사의 성격을 두고 벌이는 논쟁이다. 서
로 대립되는 주장에서 보듯이, 공·사 어느 쪽으로 보는가에 따라 그 문제에 대
한 접근과 해결책이 달라진다.

　　미술계에 최근 '건축물 미술장식제도'가 뜨거운 감자로 등장했다. 전국 대도시에
일정 규모 이상의 건물을 세우는 건축주에게 강제적으로 건축비의 0.7%에 해당하는
비용의 미술작품을 설치하게 하는 이 제도는 2004년으로 시행된 지 20년째가 된다.
참여정부 출범 후 문화관광부가 개혁의 일환으로 이 제도의 개선을 검토하고 있는
가운데 구체적 대안을 놓고 미술계 내부의 의견이 엇갈린다. 제도개선책으로 중개업
체 등록제 도입 등을 주장하는 미술협회 공공미술제도 개선대책위원회 오형태(54·
조각가) 위원장, 건축주들의 비용을 0.7%에서 0.5%로 낮추는 대신 현금으로 거둬
이를 기금화해 전담기구를 통해 집행하자는 미술평론가 박찬경(39·대안공간 풀 디
렉터) 씨가 만나 토론을 벌였다.
　　(박찬경) 건축물 미술장식제도의 취지는 예술가들을 후원하고 도시환경을 개선하
자는 것이다. 그러나 공정하지 못한 절차 때문에 일부 작가에게만 일이 몰리고 여
기에 중개수수료, 리베이트 때문에 일을 맡은 작가들도 덤핑 제작을 하는 경우가
많다. 이러다 보니 작품의 질이 떨어져 도시환경을 개선하는 것이 아니라 악화시키
고 있다.
　　(오형태) 일부 문제가 있는 것은 인정한다. 그러나 많이 개선되었다. 도시환경을
악화시켰다는 주장은 지나치다.
　　(박) 시민단체의 여론조사에서도 여러 차례 부정적 의견들이 나왔다. 작품 관리
실태만 봐도 알 수 있다. 건축주는 세워놓고도 관심이 없고, 시민들은 눈여겨보지도
않는다. 이를 전담할 전문기관이 없기 때문이다. 미국에선 공공시설청이 있고 지역
마다 문화부 소관 아래 전문가그룹들이 있다. 공공미술을 코디네이터하고 감리 평
가하는 기관을 만들어야 한다.
　　(오) 개인 건축물 앞에 세우는 미술품을 공공개념으로 본다는 것부터 반대다. 이미
현 제도가 사유재산권을 침해한다며 부산에서는 위헌 소송이 진행 중이다. 이런 마
당에 공공미술전담기구를 만들고 건축주들에게 돈을 내라고 하면 누가 응하겠는가.
　　(박) 대형건물은 이미 공공성이 내재되어 있다. 사용하는 이, 보는 이의 문화적 향수
권도 인정해야 한다. 더구나 현행 건축비의 0.7%를 0.5%로 낮춰 돈으로 내자는 제도개
선 사항은 강제가 아니라 권고사항이다. 건축주들에겐 오히려 선택의 폭이 넓어지는 것
이다.⋯⋯9)

이와 같이 우리 주변에서 흔히 사용되고 있고, 그렇기 때문에 아주 빈번하게 논쟁의 대상이 되는, 다층적(다중적)이고 다차원적이며 불확정적인 의미를 지니는 복잡한 개념이 공공의 개념이다.

그러면 공공의 개념은 왜 그렇게 논쟁의 소지가 많은 다층적이고 다차원적이며 불확정적인 의미의 개념이 되었을까? 이에 관심을 갖고 탐구하는 것은 판도라의 상자를 여는 것과 같은 위험을 자초하는 일이라고도 한다.[10] 그럼에도 불구하고 '좋은 공공활동'에 관한 공공철학하기를 실천하는 마당에서, 이는 도저히 회피하거나 우회하고 나아갈 수 없는 과제에 해당한다. 공공의 의미도 온전히 파악하지 못하면서 어떻게 올바로 공공철학하기를 하고, 철학적 공공활동을 수행한다고 말할 수 있겠는가? 그런 의미에서 공공의 개념에 대한 학자들의 주요 연구 성과를 토대로, 전체적으로 논의가 부족한 부분을 찾아내 보충하고, 논리적으로 서로 잘 맞지 않은 부분을 찾아내 논리적으로 연결·정합(整合)시킴으로써, 공공 개념에 대하여 가능한 한 최대한 종합적·체계적으로 설명하고자 한다. 다만 일반 독자가 이해하는 데 다소 부담스러울 수 있는 전문적인 내용(공·사 개념의 실체적·절차적 본질)은 따로 제1부 마지막 [부록] 편에 연결하여 설명하였으므로, 관심 있는 독자와 연구자는 이를 정독하면 더 깊은 이해와 통찰력을 얻을 수 있을 것이다.

2. 공·사 관념의 연원과 본원적 공공 개념의 형성

공공의 개념도 다른 말처럼 삶 속에서 어떤 특정한 의미를 나타내는 말로서

---

9) 동아일보, 2004. 6. 7, "'건축물 미술품' 정부개입 어디까지……"의 대담 기사.
10) 미국의 저명한 언론인이자 저술가였던 리프맨은 잃어버린 '시민의식·교양'(civility)을 복원하고자 한 공공철학의 저서에서, "공공철학을 거론하는 것은 마치 판도라의 상자를 여는 것처럼 위험한 질문을 제기하는 것"이라고 하면서, '공공' 개념에 대한 정의부터 어려운 점을 지적하고 있다. Walter Lippmann, *The Public Philosophy*, Boston, Little, Brown and Company, 1955, 96-97 참조. '판도라'는 그리스신화에 나오는 인류 최초의 여성이고, '판도라의 상자' (Pandora's box)는 최고의 신(神)인 제우스가 판도라에게 인간의 모든 죄악과 재앙을 싸서 넣어주었다는 상자를 말한다.

등장하였는데, 오랜 세월을 거치면서 오늘날과 같은 의미의 말이 되었다고 할 것이다. 이를 이해하기 위하여 약간의 상상력을 발휘해 보기로 하겠다.

본래 인간사회의 '공공'이란 관념이 존재하는 근원적인 기반은 '한 사람'만 살고 있는 고립적·독립적 상황(조건, 맥락, 지위)이 아니라, '여러 사람과 더불어 사는 공동체적·상호 의존적 상황'에 있다. 나 혼자만 사는 세상이라면 공공이란 관념 자체가 존재할 이유도 없기 때문이다. 기본적으로 공공의 개념은 개인을 포함하되 개인을 넘어서는, 개인 이외에 더 넓게, 더불어 사는 집합적 의미의 공동체와 다른 공동체구성원 일부나 전체가 있다는 개념이다.[11] 그래서 사람은 숙명적으로 공동체 속에서 하나의 개체로서 삶을 영위하는 '개인적(개체적) 존재'이면서, 동시에 다른 공동체구성원의 삶에 영향을 주고받으면서, 더불어 살아야 하는 '공동체적(사회적·정치적) 존재'라고 할 수 있다.

이처럼 인간은 누구도 예외 없이 각자 '개인적·공동체적 존재의 조건'을 타고나기 때문에, 우리의 삶에서는 본질적으로 '나와 남', '개인과 공동체', '개체와 전체'가 동시에, 함께 고려돼야 한다는 하나의 공리적 명제(an axiomatic proposition)가 성립한다. 바로 이와 같이 서로 연계되어 더불어 의존하면서 사는 공동체적 상황에서, 사사 개념과 함께, 이와 짝을 이루는 공공 개념이 생겨났고, 삶의 복잡성이 증대되면서 그 개념들도 더 복잡한 의미를 띠게 되었다. 그 연원(淵源)은 다음과 같이 원시시대 이래 인류의 삶 속에서 능히 추정하고 도출할 수 있다고 하겠다.

이 지구상에 사람이 살기 시작하면서, 초기 원시시대 사람들은 각각 홀로 살아가기보다는 다른 여러 사람과 함께 가깝게 뭉쳐서 적당한 무리(공동체)를 이루며 사는 것이 생존전략상 여러모로 유리하다는 지혜를 터득했을 것이다. 생존의 필수품을 얻기 위한 사냥(수렵)·채취·어로 등에서 공동협력은 물론이고, 맹수나 재난 등 위험요소를 공동으로 방어하고 대비하며 자신과 가족을 보호하는 데에도 무리를 이루며 사는 것이 더 유리했을 것이기 때문이다. 당시 사냥의 예를 생각해 본다면, 사람들은 이웃과 협력하여 공동사냥에 나서는 것이 위험을 줄이면서 손쉽게 더 좋은 사냥감을 사냥하는 방법임을 터득하고 가급적 공동사냥에 나서고, 그렇게 공동노력

---

11) 그런 점에서 "공공 관념은 무엇보다도 더 넓은 정치적 공동체가 있음을 주장하는 유력한 방식의 하나이다"(The 'public' is an influential mode, among others, of claiming a broader political community.)라는 주장을 이해할 수 있다. Craig Calhoun, *Critical Social Theory*, Cambridge: MA, Blackwell, 1995. Agnes S. Ku, 앞의 논문, 225에서 재인용.

에 의하여 잡은 짐승에 대해서는 틀림없이 사냥에 참여한 자나 공동체 무리 전체가 나눠 먹었을 것이다.

이와 같이 원시시대 때부터 사람들은 한 무리의 공동체를 이루며 생활하는 가운데 자연스럽게, 오늘날과 같이 뚜렷하고 선명하지는 않을지 모르지만 어느 정도 '공동의 몫' '참여자 전체' '공동체' '공동협력'이라는 관념을 가지게 됐을 것이다. 이와 상대적인 관념으로서, 사람들은 각자 사냥에 참여한 사람 수, 역할, 참여자의 가족 수 등의 요소를 고려하여 나눠 가진 '개인'(개체) '개인의 몫'이라는 관념도 가지게 됐을 것이다. 이처럼 인류역사의 초창기부터 비록 희미할지 모르지만, 공동체의 삶 속에서 구성원 '개인과 그에 관계된 것'의 '사사'라는 개체적 관념과 아울러, '개인을 포함하여 한 무리를 이루고 사는 공동체구성원 전체와 그렇게 더불어 사는 데 관련된 것'의 '공공'이라는 집합적 관념이 생겨났을 것이라고 충분히, 그리고 합리적으로 추정할 수 있다고 하겠다.[12)

그리고 사람들은 자연스럽게 공동사냥의 결과로 얻은 공동의 몫이나 공유물(共有物)에 대해서는, 공개하거나 개방할 필요가 없는 개인의 몫이나 개인 소유물과는 다르게, 사냥 참여자인 공동체구성원에게 공개하고 개방하여 투명하게 처리해야 한다는 관념을 가지게 됐을 것이다. 이는 어떤 공동체에서도 공적인 일은 그 구성원에게 원칙적으로 공개하고 개방하며 접근할 수 있게 해야 하는 관념의 기반이 됐을 것이다.

그런데 공동체의 규모와 기능이 점차 확대되면서, 공동체의 무리 속에 구성원

---

12) 중국 문헌에 의하면, 한자의 '公'자도 평등하게 나누는(平分) 공유(公有)와 공평(公平)을 의미한다고 한다. 원래 갑골문에서 '公'자의 위쪽 '八'(여덟 팔)자는 두 쪽으로 나누어 서로 등을 대고 있는 수박의 모양에서, '나눈다'(分)와 '등지고 멀어진다'(背)의 뜻을 갖는 것으로 시작했다고 한다. 그리고 '公'자의 아래 쪽 'ㅿ'(사사 사)자는 원래 '나눈 물품'을 의미하는 'ㅁ'(원래 3개의 그릇으로 '많다'를 나타내는 '品'자 중 하나)였는데, 점차 변해서 지금의 'ㅿ'자가 되었다고 한다. 그리고 '共'자는 두 손으로 정방형의 물건을 들고 있는 모양의 갑골문에서 나와, '받들고 있음'(供)이나 '공동'의 뜻으로 쓰였다고 한다. 그리하여 비슷한 의미의 '公'과 '共'이 합쳐져 '公共'이라는 단어가 만들어졌다고 한다. 다음 '私'자는 원래 갑골문에는 없었는데, 금문체(金文體)부터 오른쪽 'ㅿ'자만 '간사하다'의 뜻으로 쓰였다고 한다. 그 뒤 한나라 시대 소전체(小篆體)부터 왼쪽 벼 화(禾)자와 함께 쓰여 '곡물'과 '사사로움'의 뜻을 갖게 되었다고 한다. 이상은 李樂毅(編), 漢字演變五百例, 北京語言文化大學, 1992, 108과 그 속편(2000년 편)의 336쪽 참조. 한편, 八과 ㅿ가 합쳐진 회의문자(會意文字)인 '公'자에 대하여 한비자(韓非子)가 "사사로움을 등지고 멀어지는 것"이라고 말한 것은 東漢 許愼, 湯可敬(撰), 說文解字今釋(上), 兵麓書社, 1997, 161 참조.

의 일원으로 사는 개인은 각자 자신의 개인적(사적) 자유·권리·몫을 주장하는 것도 중요하지만, 다른 개인의 그것도 보호해 주는 것이 필요함을 깨달았을 것이다. 따라서 그 이해관계의 상호 충돌을 조정하는-그래서 공동체가 부과하는-공동체적(공적) 통제·제약·의무도 필수 불가결하다는 사실을 더 뚜렷하게 이해하고 수용하였을 것이다. 그런 공적 통제·제약·의무가 개인의 사적 자유·권리·몫을 제약하는 것 같지만, 사실은 장기적으로, 또 결과적으로는 자신은 물론 다른 구성원의 이득과 복지도 증진시켜 준다는 사실을 깨닫는 데 많은 시간과 큰 지혜가 필요한 것도 아니었을 것이다. 그리고 공동체가 커질수록 구성원 공동의 힘·노력·능력을 합쳐 공적인 일(공공문제)을 해결해 나가야 한다는 것도 더 분명하게 이해하고 서로 협력하게 됐을 것이다.

그처럼 공동체에 대두하는 각종 공공문제를 해결하는 과정에서, 공동체구성원들은 구성원 사이의 이해관계를 합리적·효율적·안정적으로 조정하는 것과 같은, 공정한 '기준이나 원칙'과 같은 '공동체의 규범'이 필요하다는 관념도 갖게 되고, 각종 규범을 형성하고 적절하게 적용(집행)하였을 것이다. 그리고 그러한 정당성을 지닌 공동체의 규범을 정하고 해석·판정하고 집행하는 과정에서, 공동체의 원로(元老)·제사장(祭司長)과 같은 '권위 있는 지도자'의 관념이 생겨나서 그 역할을 수행하는 사람이 있고, 필요한 경우 그에 의한 강제력의 발동도 있었을 것이라고 추정할 수 있다. 이를 조금 더 조직화·체계화·전문화하기 위하여 공적 규율 권한을 갖고 구성원을 보호하고 통제하는 임무를 맡아 처리하는 공공권위의 실체로서, 최고 대표자와 소수 보조자로 구성된 '공공당국'(공동체당국, public authorities, governing body)의 존재도 등장할 수 있었을 것이다.

이처럼 인류역사가 시작된 이래로 공동체를 이루며 사는 곳에서는 필연적으로 공·사 관념이 대두하고, 현실적으로 그 관념에 적합한 일정한 제도나 기제(메커니즘)가 생겨나서 진화해 왔다고 할 것이다. 그것이 바로 어떤 형태이든 공동체에서 공동체구성원의 복지를 증진하고 공동체의 유지·발전을 위하여 공공문제를 해결하는 공공활동으로서의 '통치·지배·관리'(governance, administration)의 관념과 제도라고 하겠다.[13] 이는 인간의 본성, 능력과 환경여건, 과거 역사적 경험 등

---

13) 통치·지배·관리를 의미하는 거버넌스(governance)는 분석의 수준에 따라 한 지방문제를 다루는 지방(local)거버넌스, 한 국가 차원의 국가(national)거버넌스, 지역 국가 간의 지역(regional)거버넌스, 세계 각국과 관계되는 세계(global)거버넌스가 있다. 그리고 거버넌스의 대상을 고려한 환경거버넌스, 의료거버넌스, 회사(corporate)거버넌스,

에 비추어 충분히, 그리고 합리적으로 추정할 수 있는 사실이라고 할 수 있다. 요컨대, 하나의 '공동체'라고 일컬어지는 인간의 결사체(집합체, 집단, 사회)가 존재하는 곳에서는, 그 공동체구성원의 '개념적 사유세계' 안에 '공공과 사사'라는 가장 기본적인 관념이 없을 수 없고, 어떤 내용과 형태로든 이를 구현하는 일정한 제도가 없을 수 없다고 할 것이다.

이와 같이 인류역사의 초창기부터 원시공동체의 삶 속에서 생겨난 원초적인 공·사 관념은 그 후 공동체사회의 구조와 기능의 변화에 맞춰 공동체구성원 사이에 일정한 의미를 띤 용어와 개념으로 통용되고 정착되기에 이르렀다고 보겠다.[14) 즉 공·사 개념은 인류가 삶 속에서 그와 비슷한 관념으로 생각하고 소통

그 활동방식을 고려한 전자거버넌스(e-governance), 네트워크거버넌스 등도 있다. 또 공공부문의 거버넌스(공공거버넌스, public governance)와 사부문의 거버넌스(private governance)로도 분류할 수 있다. 공공부문의 거버넌스는 정부(government)라는 공공당국의 실체를 중심으로, 혹은 정부를 포함하는 방식으로 이루어지고, 사부문의 그것은 대표적으로 회사라는 공공당국의 실체를 중심으로 시장의 자율적 작동기제에 의하여 이루어진다. 이와 같이, 거버넌스는 국가나 정부에만 고유한 용어가 아니고, 널리 집단활동을 조정하고 규율하며 해결하는 복합적인 의미, 즉 통치를 비롯하여 지배나 관리의 의미를 함축하는 'governing의 방식(기제)'이다.

1980년대 영국의 대처(M. Thatcher, 1979년부터 1991년까지 수상 역임)가 이끈 보수당 정부는 국가공동체의 일하는 방식으로서 전통적인 행정국가 정부관료제의 대응력 부족과 시장의 무책임성 모두를 부정·탈피하고, 정부-시장-시민사회를 네트워크로 연결한 다양한 주체가 상호 의존적이고 자율적으로 연결하여 함께 참여하고 협력하면서 공동으로 복잡하고 불확실한 공공문제를 풀어나가는 협력적 관리방식을 도입하기 시작하였다. 이에 '더 작은 정부 더 많은 거버넌스'(Less Government, More Governance)나 '정부 없는 거버넌스'(Governance without Government)의 구호와 같이, 전통적인 통제 중심의 정부를 극복하고, 또 신공공관리(New Public Management, NPM)에서 나타날 수 있는 공백(민영화나 민간위탁 후 책임이 방임되는 부분)까지를 대체·보완하는 새로운 대안적 개념으로 1990년대 들어 학문적 주목을 받게 된 것이 '새로운 거버넌스'(뉴거버넌스)이다. 이는 외형적 규모와 역할을 강조한 '작은 정부'와 정부관리의 효율화를 강조한 '작지만 강한 정부'보다 한발 더 나아가 '적정 규모와 역할의 유연한 정부'를 지향하고 있다고 본다. 결국 '뉴거버넌스'(new governance)는 종래 정부 단독으로, 혹은 정부 중심으로 하고 나머지는 시장에 맡기는 방식, 그리하여 정부와 동의어 수준인 '구(舊, old)거버넌스' 방식과 구별하기 위하여 붙여진 이름으로서, 그 특성을 고려하여 '협치'(協治)라고도 번역되고 있다. 이에 관하여 유민봉, 한국행정학, 박영사, 2005, 161-168; 김석준 외, 뉴거버넌스 연구, 대영문화사, 2000 참조.

14) 따라서 영어 'public'이 고대 그리스 로마시대의 '성년인 시민'을 나타낸 말로 시작되었다는 어원 풀이는, 어디까지나 특정 언어로서 정착된 어원을 따져 그렇게 설명하는 것이라고 할 수 있다. 사사 개념에 대비되는 공공의 관념은, 본문에서 설명한 바와 같이, 인류역사가 시작된 이래로, 그러니까 서양에서도 고대 공화국 시대인 고대 그리스 도시국가나 로마공화국 이전부터 존재했었다고 해야 옳을 것이다.

하며 행동하지 않을 수 없는 필요에 따라 만들어 낸, 다음과 같은 의미를 띤 언어체계의 하나가 되었다. 그것은 '하나의 공동체에서 이를 구성하는 개인(개체, 부분)과 그에 딸리거나 관련된 것을 의미하는 사사'의 개념과, '그 개인을 포함하여 그보다 더 큰 범위를 상정하고 고려하지 않을 수 없는 공동체구성원 전체와 그에 딸리거나 관련된 것을 의미하는 공공'의 개념의 이분법적 짝을 말한다.

이는 원시 인류의 원초적 공·사 관념을 계승하여, 어떤 역사적 단계의 어떤 공동체 단위에도 적용되고, 어떤 차원의 공·사 개념의 준거 개념으로서의 지위와 역할을 수행하는, 그야말로 본원적·원형적·유전자적 개념의 지위를 갖는다. 그래서 이는 인간의 개인적·공동체적 삶의 본질을 표현해 주는, 일종의 본원적·원형적·핵심적인 개념으로서의 특성을 감안하여 '본원적 개념'(original concept)이라고 규정할 수 있겠다.[15] 그리고 그 본원적 공공 개념에는 그 개념의 속성상 그 속에 원칙적으로 '공개나 개방'의 의미가 포함되고 항상 수반(隨伴)하고 있다고 볼 수밖에 없다고 하겠다.

'개인'은 개인적 존재이자 공동체적 존재이기 때문에, 국가나 다른 하위 공동체에 소속된 한 구성원으로서, 그의 지위·성격·업무·결정·행동 등이 공동체구성원 그 자체나 그에 공동으로 딸리거나 관련된 한에서 공공 개념의 적용 대상이 된다. 즉 개인은 개인생활·가정생활의 '사적 생활'과 함께 사회의 다른 구성원과 관련되는 한에서 '공적 생활'을 영위한다.[16] 또 법적으로 '개인'과 같은 자격을 부여

---

15) 그래서 벤과 가우스는 공·사 구분은 "근본적으로 인간이 세계를 경험할 때 동원하고, 언어를 습득할 때 획득하고 그 사용법을 배우는 개념적 장비(conceptual equipment)처럼, 한 사회의 제도·관행·활동·열망을 규율하는 방법에 관한 이론이고, 사회 환경 속에서 행동의 틀을 지워주는 실천적 구분이며, 사회의 필요에 따라 창조하고 개혁하는 개념적 틀(conceptual framework)이자 사회재산(social endowment)의 일부"라고 한다. Stanley I. Benn and Gerald F. Gaus(eds.), *Public and Private in Social Life,* New York, St. Martin's Press, 1983, 5-6.

16) 웨인트롭은 사회적·정치적 분석에 있어서 공·사 개념은 주로 다음 네 가지 중 어느 하나의 모형을 구분하여 서로 다르게 사용하고 있다고 주장한다.
　즉 ① 공적인 국가행정 대 사적인 시장경제로 구분하는 자유주의 경제학적 모형(liberal-economistic model) ② 정치공동체·시민을 공적인 것으로 본다면, 시장을 포함하여 국가를 사적인 것으로 구분하는 시민적 관점의 공화주의적(republican) 모형 ③ 공개되고 가시적이며 유동적인 여러 형태의 사회적인 활동을 공적인 것으로 본다면, 비밀스럽게 감춰진 친밀성과 가정 내 사생활은 사적인 것으로 보는 사회성(sociability) 모형 ④ 남성은 정치나 경제에 관한 공적인 활동을 담당하고, 여성은 가정의 가사와 같은 사적인 활동을 담당해야 한다는 차별적이고 억압적인 이분법을 비판하는 여권주의자(feminist) 분석모형으로 나눌 수 있다고 주상한다.
　이 중 문화인류학이나 사회학이 관심을 갖는 공·사 구분 모형이 '사회성 모형'인

받는 기업·단체 등의 '법인'도 공동체의 구성원의 지위에서 공공 개념의 적용을
받음은 물론이다. 오늘날 국가나 사회의 구성원에서 차지하는 시민(citizen)과 같
은 역할을 기업에 부여하는 '기업시민'(corporate citizen)의 개념이 대두하고 있다.
사실 이는 사회구성원의 지위에 있는 기업이, 한 구성원으로서 당연히 짊어지고
있는 사회적·공적 책임을 새삼스럽게 강조하는 개념일 뿐이다. 일찍이 저명한
경영학자 드러커(P. Drucker, 1909−2005)도 다음과 같이 말한 바 있다.

> 기업의 목적이 고객의 창조에 있으며, 또 그러한 목적은 기업이 사회의 일 기관
> 인 이상 사회 가운데에 있어야 한다.[17]

이처럼 원래 공공의 관념은 '개인을 포함하여 그보다 더 큰 범위의 공동체와
공동체구성원'의 더불어 사는 공동생활을 정당하게 규율(더불어 사는 관계의 상
황을 관리)할 필요성 때문에 나왔다. 그렇다면 어떤 공동체에도 그것이 '공동체'
인 한 '공동체 내부적으로' '그 공동체 나름의 공공' 개념이 필요하고 존재한다는
논리가 성립한다. 이에 따라 각 '공동체'에는 그 공동체를 위하거나 관련된 공동
체 나름의 공적 업무와 그 소속 개인의 사적인 일이 있다. 오늘날 국가공동체 이
외에 다른 대표적인 공동체가 사기업(회사)과 같은 사적인 경제공동체이다. 기타
이익집단, 사립학교, 언론기관, 종교기관, 아파트관리사무소 등 사부문의 하위 공
동체들이 많이 있다. 이들 사적 지위를 갖는 공동체들에서도 그 나름대로 그 공
동체구성원의 공동생활을 정당하게 규율할 필요가 있는 내부영역, 즉 '내부 공공
영역'에서 그 공동체와 구성원을 위한 통치·지배·관리의 활동이 전개되고 있다.
거기에서도 적용되는 개념이 바로 '본원적 공공' 개념인 것이다.[18]

데, 이는 개인생활·사생활·일차집단적이고 친밀한 가정생활의 사적 영역과 시장·
관료조직의 비개인적이고 도구적이며 이익사회적인 공적 영역의 구분이다. 여기서
'시장'은 공적 영역이다. 한편 이를 여성의 성차별적 구조와 이념의 관점과 결부시켜,
가정 내 가사영역에 묶어두는 사적 여성의 영역(woman's sphere) 대 가정 밖 경제적·
정치적 활동의 공적 남성의 영역으로 구분하는 사회구조와 이데올로기를 비판한 모
형이 여권주의자(페미니스트) 모형이다. 웨인트롭의 모형은 박정택, "Jeff Weintraub의
공·사 개념의 구분모형", 오석홍(편), 행정학의 주요이론, 제3판, 법문사, 2005, 144−
158 및 J. Weintraub, 앞의 논문, 4−7, 16−34 참조.

17) Peter Drucker, *The Practice of Management*, 6th ed., N.Y.: Harper, 1976(1954), 37.

18) 국가공동체 단위에만 초점을 맞춘 공공 개념을 '국가공동체주의의 공공' 개념이라고
한다면, 이처럼 국가공동체 단위를 포함하여 그 아래 다양한 공동체 단위에도 두루
적용되는 공공 개념을 '다원공동체주의의 공공' 개념이라고 할 수 있다. 본원적 공공

결국, 언제 어느 때 어떤 대상에도 보편적으로 통용되는 본원적 의미의 공공 개념은 크게 세 가지를 의미한다고 종합 정리할 수 있겠다. 즉 ① 공동체구성원 ② 공동체나 공동체구성원에 공동으로 딸리거나 관계됨 ③ 공개나 개방이 그것이다. 이는 ① 개인(개체, 부분) ② 개인에 딸리거나 관계됨 ③ 비밀로 하거나 개방하지 않음을 의미하는 사사 개념과 대비된다. 이 공공 개념은 모든 공동체의 모든 계층과 차원에 걸쳐 모든 '공공', '공적인', '공공성' 등과 같은 관련 개념을 포괄할 수 있는 대표성 있는 의미라고 할 수 있다.

그래서 이는, 구체적인 용어나 표현은 조금씩 다를지 모르지만, 어떤 임의(任意)의 공동체(집합체, 집단) 내에서 그 개개 구성원(개인, 개체, 개별 집단)을 포함하면서도(이 '포함'한다는 개념적 요소가 중요함), 그에 머무르지 않고 그 개개 구성원보다 '더 넓고 더 큰, 더불어 사는 공동체 영역의 다른 구성원(국민·시민·사원 등의 구성원) 일부나 전체'를 고려해야 하고, 그것을 기준으로 판단해야 한다는 서술적이거나 규범적인 관념을 표현하는 데 어김없이 적용되는 개념이 되고 있다.

3. 국가 중심의 국가주의적 공공 개념의 확립

인류역사에서 원시공동체가 커져 '국가'라는 규모·형태를 갖춘 공동체로 확대되자, 국가가 다른 모든 하위의 공동체를 총괄·지배하면서, 모든 문제가 국가공동체의 관점에서 규정되고 처리되기에 이르렀다. 국가공동체를 통치·지배·관리하는 군주(君主)를 정점으로 그에 충성하는 관료, 군, 경찰 집단(관료집단)이 공적 권위를 갖는 '정부'(government)라는 공공당국을 구성하고, 국가구성원을 보호하고 통제하는 법령·정책·제도·사업 등을 만들고 집행하게 된 것이다.[19] 이제

개념은 바로 다원공동체주의의 관점에서 각급 공동체 단위에 적용하는 데 적합한 공공 개념이다.

19) '당국'이란 '일을 맡아 처리(결정하고 집행)하는 곳'이란 뜻이다. 그리하여 '공공당국'은 공동체구성원의 정당한 위임을 받아 정당성(또는 성통성) 있는 권한(권위)을 지닌 일단의 수임자(受任者, 대표자, 대리인)가 공동체의 일을 맡아 처리하는 곳으로서, 국가공

'국가'는 국가의 전체 구성원이 공동의 이익을 위하여 결성하고 그 통제를 받아들이기로 동의한 것으로 여겨지는[의제(擬制)되는] 가장 강력한 실체가 되었다. 그런 공동체의 이익을 도모할 공적 권위를 확보하고 지배·통치 권한을 행사하는 법적 기구(state machinery)는 '정부'라는 존재였다. 그리고 그 정부의 우두머리가 군주이고 그 구체적인 업무의 실행자들이 관료집단인 셈이었다.

그러한 논리에서 역사적으로 강력한 중앙집권적 권한을 갖고 행사하는 군주주권시대에 이르러, 본원적 의미의 공공 개념은 그런 시대 변화에 따르게 되었다. 즉 자연스럽게 국가, 국가의 실체를 보여주는 기관으로서의 정부, 정부의 활동을 대표하는 절대군주와 그의 관료집단 등의 존재·지위·기능 수행과 뗄 수 없는 의미를 강조하게 되었다. 무엇보다도 '정부'라는 존재 자체와 그 기능 수행이 곧 공공의 개념과 동일시되기에 이르렀다.

그래서 본원적 의미의 ① 공동체구성원은 '국가'나 '정부'로 대치되고, ② 공동체나 공동체구성원에 공동으로 딸리거나 관계됨은 '국가나 정부에 딸리거나 관계

동체의 경우 '정부'를 말한다. 서양에서는 이러한 권한당국을 '손'(a hand)으로 묘사하는 경우가 많다. 경제공동체의 수요공급의 거래질서를 담당하는 '시장의 손'은 각 경제주체의 개별이익 추구에 의하여 자율적으로 작동되는 의미의 손(시장경제의 자동조정기제)인데, 근대 경제학자 스미스(A. Smith)는 이를 '보이지 않는 손'(an invisible hand)이라고 한 것으로 유명하다.

이에 비하여 국가공동체의 구성원의 공공이익을 실현하고 공공질서를 유지하는 '정부의 손'은 '보이는 손'(a visible hand) 또는 단순히 '손'이라고 일컫는다. 그런데 보이는 손은 조직원리상 계층제(계서제)의 형태를 취하고 있으므로, 그 기능적 특성에 초점을 맞춰 '계층제'라고도 부른다.(시장과 정부 대신, 시장과 계층제의 비교는 윌리엄슨의 동일 제목의 책으로 유명해졌다. Oliver Williamson, *Markets and Hierarchies*, New York: Free Press, 1975 참조.) 그리고 이태리 범죄집단 '마피아'와 유착된 정치인, 관료, 기업인을 소탕한 것으로 유명한 '깨끗한 손'(a clean hand)은 부패를 척결하는 공공당국을 의미한다.

과거에는 한 사회를 지배·관리하는 손은 수직적·일방적인 권한 행사의 정부(government)라는 손이었고, 중앙정부 및 지방정부와 같이 수직적 상·하 관계에 놓여 있는 '동일한 손들'(same hands)이었다. 그런데 현대 시민사회와 시장의 발달로 오늘날 한 사회를 지배·관리하는 손은 시장의 민간기업, 이익집단, 시민사회단체 등이 참여하여 정부와 함께 서로 수평적·쌍방적 동반자(partner)로 연계(network)된 공동 지배·관리(co-government)를 담당하는 복수의 '서로 다른 손들'(different hands)이라고 부른다. 이와 같은 서로 다른 손들에 의한 지배·통치·관리의 개념이 새로 대두하고 있는 '새로운 거버넌스'(new governance, 국정관리, 협치 등의 번역어가 있음) 개념이고, 그 '서로 다른 손들의 문제'(이 표현은 Annie Hondeghem, "Introduction" in *Ethics and Accountability in a Context of Governance and New Public Management*, edited by A. Hondeghem and European Group of Public Administration, Amsterdam, 1998, 1 참조)가 학문적으로 집중 조명되고 있다.

됨’을 의미하게 되었으며, ③ 공개나 개방도 ‘국가나 정부가 판단하는 바의 공개
나 개방’의 의미로 대치되었다. 오늘날 공공 개념이 무엇보다도 ‘국가나 정부의,
국사(國事)의, 국사(공무)에 종사하거나 관계됨’을 의미하는 것은 바로 이에서 비
롯된다. 곧 군주주권시대 ‘국가공동체’를 중심으로 국가(정부)가 특정 구체적인
내용의 공공 개념을 규정하고 적용하는 주체로 등장하여, 다른 모든 주체보다 우
월한 지위에서 가장 강력하게 통용되는, 권위 있는 공공의 개념을 규정하고 적용
하기에 이르렀던 것이다. 이와 같이 국가, 정부, 국가행정의 관점에서 그 존재 및
활동과 동일시한 공공(즉 국가, 정부 또는 국가행정＝공공) 개념을 ‘국가주의적
(國家主義的) 공공’(statist public) 또는 ‘국가(정부) 중심적인 공공’(state-centered
public)의 개념이라고 부른다.[20]

그리고 오랜 세월 동안 가장 중요하게 쓰여 왔던 국가주의적 공공의 개념은
국민주권의 민주주의시대로 바뀐 오늘날까지도 그대로 계승되고 있다. 다만, 국가
와 정부의 성격은 적어도 이념적으로는 완전히 바뀌었으므로, 불가피하게 국가주
의적 용례 그대로 사용되고는 있지만, 그것은 국민주권의 민주주의시대에 합당한

---

20) 이는 웨인트롭(Jeff Weintraub)의 공·사 구분 중 자유주의 경제학적 모형에 의한 구분에
해당한다. 많은 행정학자나 정치학자들은 이 개념에 준거하여 행정학(public administration)
의 대상 범위·영역인 ‘공공행정’을 ‘정부행정’(government administration)과 동일시하고
있다. 행정학자 보즈맨(B. Bozeman)은 이를 ‘정부 관점의 공공’(public-as-government)
개념이라고 규정하고, 이를 비판한다. 사실 ‘정부행정’은 ‘공공행정’의 가장 전형적·대
표적이고 중요한 형태이기 때문에, 공공행정에서 정부행정을 주된 연구 대상으로 삼는
것 자체는 하등 문제될 것이 없다. 물론 공기업·공사혼합조직의 포함 여부와 같이, ‘정
부’의 범위를 두고도 이견이 있다. 그래서 공·사조직을 연구할 경우, 순수한 정부나 기
업 조직에 대해서 ‘순수’(pure) 또는 ‘핵심’(core) 등의 용어를 사용하기도 한다. 이상
Barry Bozeman, *All Organizations Are Public*, San Francisco: Cal., Jossey-Bass
Publishers, 1987, 33 참조.
그러나 행정학의 연구 대상 자체를 정부에 한정하는 것이 옳다고 주장한다면 이는 다
른 문제로서, 너무 협소한 관점이라고 하지 않을 수 없다. ‘공공행정’은 정부행정을 비롯
하여, 공공단체, 공·사 혼합기관, 그리고 비영리(nonprofit) 조직의 행정을 모두 포함한
다. 사회에는 정부부문에 속하지도 않고 그렇다고 사기업과 같은 영리 목적의 민간부문
에 속한다고도 볼 수 없는, 공적 목적을 위하여 존재하는 ‘비영리’의 단체나 조직이 많다.
대한적십자사, 대한체육회, 사립학교, 종교기관, 문화·복지단체(장학회, 사회복지기관),
그리고 공단(산업안전관리공단, 국민건강보험관리공단) 등이 그 예이다. 또 정부와 개인이
일부씩 투자한 주식회사와 같이, 반관반민(半官半民)·반공반사(半公半私, semipublic·
semiprivate) 형태의 ‘공·사 혼합적(hybrid) 성격’의 조직이나 단체도 많다. 이들 ‘공·
사의 구분이 모호한(sector-blurring) 부문’은, 정부부문을 ‘제1부문’, 민간 사기업 부문
을 ‘제2부문’이라고 할 때, ‘공·사 부문’을 공유하고 있으므로 ‘제3부문’(제3섹터, the
third-sector)이라고 일컬어진다.

개념으로 완전히 탈바꿈해야 하는 개념이 되고 있다. 국민이 주인인 민주국가에서, 국민이 대표자를 선출하여 정당하게 수임된 권한을 행사하고 책임도 지는 '대의정부'(代議政府, representative government)가 국민을 위하여 국민의 의사를 수렴하여 민주적인 성격의 공공 개념을 규정하고 적용해야 되는 것이다.

그런데 절대군주시대에는 물론이고 국민주권의 민주주의시대에도, 하나의 공동체로서 존속하기 위하여 국가공동체를 중심으로 그 아래 각급 하위 공동체가 위계질서를 이루고 있어야 한다. 따라서 국가공동체 단위의 '국가주의적 정부 중심의 공공' 개념이 다른 모든 공공 개념의 최상위에 존재하는 것으로, 국가의 구성원에 의하여 수용되고 있다. 그 국가주의적 공공 개념 아래, 그에 위배되지 않고 그에 의하여 인정되는 '하위 공동체 단위의 공공당국 중심의 공공' 개념도 존재하는 것이다. (이는 국가의 정부 내에서도 중앙정부와 지방정부 사이에, 또 지방정부 사이에서도 상·하급 지방정부 사이에 적용된다.) 그래서 국가(정부)가 규정하고 적용하는 공공의 개념은 국가 내 다른 모든 공동체가 규정하고 적용하는 공공의 개념보다 더 우월하고 더 상위의 효력을 갖는 최고 기속력(羈束力, 구속력)을 갖는다.

그렇게 대내적으로 최고이자, 대외적으로 독립의 정당한 권한(주권)을 갖고, 다른 많은 하위(下位) 공동체를 합법적인 공권력으로 정당하게 규율할 수 있는 최상위의 공동체가 '국가공동체'라는 정치적 공동체(정치체, polity, body politic)이다.(물론 국가공동체보다 더 상위에 국제공동체 또는 세계공동체가 있으나, 아직까지는 그런 세계공동체의 의식과 제도가 매우 약하므로 여기 논의에서는 일단 이를 제외하기로 하겠다. 그러나 앞으로 좀더 평화롭고 인간다운 세계를 실현하기 위해서는 세계공동체의 의식과 제도가 확립되고, 그 의식 아래 수많은 국가공동체가 정당하게 규율되어야 한다.)[21]

이 국가공동체와 더불어 그 아래에는 가족공동체[22]를 비롯하여 수많은 하위(이

---

[21] 국가공동체도 세계공동체를 구성하는 '구성분자'의 지위에서, ㅡ비록 느슨하기는 하지만ㅡ협약·협정 등 조약에 의한 국제사회의 공적 통제를 받는 대상이다. 따라서 국제사회의 실체를 더 강력하게 인정할수록 국가공동체 중심의 설명을 탈피해야 한다. 그렇지만 21세기 초 현재까지 현실적으로는 국제기구와 같은 공공당국의 권능이 그 정도에 이른 것이라고는 규정하기 어려우므로, 잠정적으로 가장 큰 권위와 정당성과 강제력을 지닌 공동체로서 국가공동체 중심으로 설명한다. 이에 관한 깊이 있는 논의는 박정택, 국제행정학, 1996, 495ㅡ560, 제4부 세계행정론 참조.

[22] 가정(a family)은 더 큰 공동체와는 특수한 성격의 '사적' 관계를 맺고 있지만, 하나의 작은 유기체적 결사체(전체, a small organic whole)이기도 하다. 가정 내부적으로도 가

하 '부분'의 뜻 포함) 공동체(subcommunity)가 존재한다. 모든 하위 공동체는 국가공동체를 구성하는 '사적 지위의 일원'(개체, 구성분자)으로서 국가의 '공적 통제'를 받아야 한다. 개인은 그 개인으로서는 '사적' 존재이지만, 외부적으로 국가의 '공적' 보호와 통제를 받아야 하는 것과 동일한 논리이다. 회사를 생각해 보면 쉽게 알 수 있다. 하위 공동체는 국가의 규율에 저촉되거나 상충되지 않는 범위 내에서 그 내부 구성원의 활동을 '공적으로 규율'(통치·관리)한다. 거기에서 하위 공동체의 공공당국(회사의 경우에는 주주총회와 임직원으로 구성된 회사)은 일종의 '사적 정부'(private government)[23]가 된다. 그리고 하위 공동체는 외부적으로 국가의 '사적' 구성 집단으로서 국가의 '공적' 보호와 통제의 대상이 된다.

이와 같이 국가 내에서 하위 공동체는 외부적으로 더 상위의 공동체의 공적 통제를 받아야 하고, 내부적으로는 그 내부 구성원을 공적으로 통제하는 '이중의 지위'(dual capacity)를 갖는다. 그 경우 국가주의적 공공 개념 내에서 하위 공동체는 개인과 마찬가지로, 본원적 의미의 공·사 개념이 다층적·다차원적으로 적용되고 있음을 알 수 있다.

그러면 오늘날에도 국가주의적인 공공(statist public) 개념은 실제 어떻게 적용되고 있는가에 대하여 살펴보자. 국가주의적 공공 개념에 의하여, '국가나 정부'의 부문은 '공공부문'(public sector)이고, 공공부문은 정부활동의 영역인 '정부부문'(government sector)이라고 부르고 있다. 이 공공부문과 비교되는 국가공동체의 구성원 개개인과 개인들의 사적 경제활동(시장)의 '비국가'(nonstate) 부문은 '사부문'(private sector)이라고 구별하고 있다. 이 사부문은 민간 시장(市場)의 기업활동 영역이므로 '민간부문' 또는 '비정부부문'(nongovernment sector)이라고도 한다. 그리고 이러한 공·사 영역이 혼합된 영역은 제3부문(third sector), 준공공부문이라

족구성원 '개개인'과 하나의 공동체 단위로서의 '전체 가족'이 동시에 고려되어야 한다. 이에 따라 가족의 한 구성원은 다른 가족구성원과의 관계에서 자신만의 '사적' 관심사항을 가지고 있고, 다른 내부 가족구성원과는 경험과 관심을 공유하는 '일종의 공적 생활'(a sort of public life)로서의 가정생활을 영위한다. 거기에서 가족은 '일종의 작은 공중'(a sort of small public)이며, 더 큰 공동체의 유기체적 생활에 참여하여 공동생활과 공동목표에 헌신하는 것을 처음 배우는 학습의 터전이다. 이처럼 사적 영역인 가정에도 그 '자체 내부적인 공·사의 구분'(its own internal version of the public / private distinction)이 존재한다. 그래서 가정은 사적 영역의 사적 제도이기만 한 것이 아니라, 자체의 규칙과 제재를 갖춘 일종의 '준공공사회'(a quasi-public society)라고도 일컬어진다. Alan Wolfe, 앞의 논문, 192 및 S. Benn and G. Gaus(eds.), 앞의 책, 15-16, 55-56 참조.

23) Jeff Weintraub의 앞의 논문, 9쪽.

고 한다.

이에 따라 오늘날 일반적으로 공공기관은 정부기관, 공공당국은 정부당국, 공공업무(공무)는 정부업무, 공권력은 정부권력, 공무담임권(公務擔任權)은 정부업무담임권, 공공정책은 정부정책, 공공규제는 정부규제, 공직자나 공무원은 정부기관 종사자를 의미하는 것으로 이해된다. 또 공법(公法)은 국가(정부)와 국민의 관계를 규율하는 법, 공공시설은 정부시설, 공직윤리는 정부업무 수행 직책상의 윤리, 공공서비스는 정부서비스, 공립학교는 각급 정부가 설립·운영하는 학교, 그리고 공기업은 정부가 소유·운영하는 기업을 의미하는 것으로 이해되고 있다.

이 관점에 따라, '공공성'(publicness)은 '정부'에 의한 국가공동체생활의 규율(통제·관리·통치·지배·간섭·규제·개입)의 필요성·목적·방법·형식·효과·영향·참여자 등과 관련된 정도 또는 성격을 의미한다고 여겨진다. 그리고 '사사성'(사적 성격, privateness)은 정부의 그런 규율에서 자유로운, 개인(개별 집단)의 사사로운 정도나 성격을 의미한다. 또한 '공공화'(publicization)는 사부문을 정부가 개입하는 공공부문으로 바꿔, 국유화나 공유화, 국영화나 공영화, 국립화나 공립화, 또는 정부규제의 대상으로 하는 것을 말한다. 그리고 '사사화'(privatization)는 정부부문을 민간 사부문으로 바꾸는 민영화, 민간화, 사립화, 사유화를 말한다.

한편, 공공 개념은 그 속에 원칙적으로 '공개나 개방'의 의미를 내포하고 수반(隨伴)하고 있다고 하였다. 그렇다면 군주주권시대에는 그렇지 않았더라도, 국민주권시대의 정부는 국가주의적 공공 개념을 결정하고 집행하더라도 공개하고 개방해야 하는 것이 원칙이다. 정부는 공적 관심사를 개방하는 '공개 의무'와 공공재·공유재·공공시설의 이용을 개방하는 '개방 의무'를 지니고 있다. 그리고 국민은 공동체의 공적 관심사에 대하여 '알권리'와 '접근권'을 가지고 있다. 다음은 공공 개념에 부수되는 공개성·개방성을 확인해 준 대법원 판결과 정부의 결정이다.

> 대법원 2부(주심 이강국 대법관)는 참여연대가 "업무추진비 사용내역의 열람만 허용하고 복사를 해주지 않는 것은 부당하다"며 서울시를 상대로 낸 사본공개거부처분 취소청구소송에서 "공공기관은 '열람'이나 '복사' 등 정보공개 방법을 선택할 재량권이 없으므로 복사를 허용해야 한다"고 판결한 원심을 확정했다고 밝혔다. 이번 판결에 따라 참여연대는 서울시로부터 3만 9천여 쪽에 이르는 업무추진비 사용내역을 복사물로 받을 수 있게 됐다.
>
> 재판부는 판결문에서 "서울시가 공개를 거부하고 있는 업무추진비 등의 집행내역

과 증빙서류는 널리 알려진 사실이 아니기 때문에 '국민의 알권리'를 위해 공개되어야 하며, 단순히 열람을 허용하는 것만으로 정보공개의 목적이 달성됐다고 보기 어렵다"고 밝혔다. 재판부는 '시민들이 계속해서 방대한 양의 복사를 요청해 올 경우 행정력의 막대한 낭비가 발생할 우려가 있다'는 서울시의 주장에 대해서는 "복사를 요청하는 것을 시민들의 권리남용으로 볼 수 없다"고 지적했다. 재판부는 이와 함께 "공개 대상에 특정 법인이나 단체·개인에 대한 정보가 있다고 하더라도, 현저한 불이익이 예상되는 경우가 아니라면 비공개 대상으로 보기 어렵다"고 판단해, 앞으로 공개를 거부하는 사례도 줄어들 것으로 예상된다. 참여연대는 "지금도 정부 각 부처 등에서는 '열람'을 허가하면서도 사본을 제공하지 않는 방식으로 정보접근을 막는 일이 많다"며 "이번 판결로 해당 분야 전문가들이 정부자료 사본을 제공받아 분석할 수 있게 되면 시민감시의 수준도 한층 높아질 것"이라고 기대했다.[24]

각급 기관장의 업무추진비 사용내역과 정책 추진과정에서 나오는 연구보고서 등 국민생활과 관련된 정보나 예산집행 내역 등이 2004년 7월 30일부터 공개청구가 없더라도 정기적으로 공개된다. 또 정보공개 결정 기간이 종전 15일에서 10일로 단축되며 전자우편을 통해서도 정보공개가 가능해진다. 정부는 이런 내용을 뼈대로 한 공공기관의 정보공개에 관한 법률과 시행령을 개정해 국무회의에서 의결했다고 밝혔다. 새 법과 시행령을 보면, 공공기관은 국민들이 필요한 정보의 소재를 알 수 있도록 정보목록을 작성해 비치해야 하고, 비공개 대상 정보는 대통령령이나 헌법기관 규칙, 조례에 명시하는 것에 국한된다.[25]

4. 국민(시민) 중심의 공화주의적 공공 개념의 확립

국가주의적 공공 개념은 국가(정부)에 의하여 국민에게 부여하는 의미에서 '위로부터의 공공(public−from−above) 개념'이라고 할 수 있다.[26] 이는 민주주의시

---

24) 한겨레, 2004. 6. 29, "'현저한 불이익' 초래할 사유 없다면 행정정보 완전공개해야" 기사.
25) 한겨레, 2004. 7. 21, "기관장 업무추진비 자동 공개" 기사.
26) 서양의 정치직·학문직 사고방식에는 그리스 로마시대에 생겨난 공·사에 관한 두 가지 서로 다른 줄기의 개념적·지적 전통이 있다고 한다. 특히 로마공화국(the Roman

대 대의정부의 경우에 있어서도 동일하다. 이와 같이 '소수의 지배자'에 의한 국가주의적 공공 개념의 결정이라는 본질적인 성격 때문에, 그것이 중시될수록 그에 대항한 '국민(시민) 중심적인 공공' 개념도 그만큼 더 요구되었다. 이는 시민이 국가공동체의 주인이 되어 적극적으로 의견을 제기하고 토론하여 집합적 의사결정의 형태로서, '아래로부터의 공공(public-from-below)개념'을 결정하고자 하는 요구를 의미한다.27) 이와 같이 '다수의 피지배자'에 의한 국민 중심적인 민주적인 공공 개념을 '공화주의적(共和主義的) 공공'(republican public) 개념이라고 부른다.

절대군주시대에 전제군주와 소수 특권 지배계층의 정부는 지배기구와 제도를 앞세워 국민에게 자의적·일방적으로 '국가(또는 정부) 중심적 공공' 개념을 강요하고

Republic)과 로마제국(the Roman Empire)이란 이질적인 체제와 이념을 거치면서 두 갈래의 유산이 전해졌다고 한다. 그래서 'public'과 'private'란 말 자체도 로마시대의 말이고, 그 개념도 그리스 로마시대의 개념이라고 주장되기도 한다.(이는 본문에서 설명한 바와 같이 고대 원시시대로 거슬러 올라가는 저자의 견해와 다르나, 서양의 사상과 개념을 이해하는 데 필요하므로 그대로 소개한다.)
　　먼저 공·사에 관한 한 줄기의 전통은 '국가 대(對) 시장'을 공·사로 구분하는 이원론'(the state / public versus market / private duality)이다.(다른 한 줄기의 전통은 후술한다.) 여기서 '공공'은 로마제국의 절대군주(황제)의-사회에 공통적인 것을 대표하는 것이 주권이므로-절대적 '주권'(sovereignty)을 표방하는 개념에서 시작되고, '사적 개인'으로서의 신민(臣民)에 대한 국가(군주)의 관할권을 강조한 개념이었다. 이는 특히 로마법(the Roman law)에 구현되어 오늘에 이르고 있는데, 절대주의(absolutism)시대의 사법재판권과 합법적인 강제력의 독점적 사용권을 지닌 국가기구(state apparatuses)의 작동을 표현하는 관념이 '공공'의 개념이었다. 17-18세기에 이르자 신흥 '시민사회'(civil society)는 Locke, Smith, Bentham 등 자유주의 계몽사상가들의 사상에 힘입어, 절대군주의 공적 권위에 대항하기 시작하였다. 그들은 자본주의 시장이-국가권력의 지시로부터 독립된 자치·자율 능력을 갖는 공동체인-시민사회를 형성하는 데 본질적인 역할을 수행했다고 보았다.
　　이와 같이, 홉스가 극적으로 이론화한 것처럼, 절대주의 '주권' 사상이 '위로부터' 공공 개념을 창조하고 그런 '국가 중심적 틀'(state-centered framework)에서 '국가'와 '공공'을 동의어로 보는 개념이 형성되고, 이에 저항하는 계몽주의사상으로부터 시장경제(market economy)의 시민사회라는 비국가(nonstate)의 '사사' 개념이 형성됨으로써, 공·사 이원적 구분의 사고방식이 생겼다고 한다. 이는 웨인트롭(J. Weintraub)의 '자유주의 경제학적 모형'에 해당하는 공·사 구분임을 알 수 있다. 이상 Agnes S. Ku, 앞의 논문, 216-240 및 J. Weintraub and K. Kumar(eds.), 앞의 책, 10-16, 167, 305-309 참조.
27) 국가주의적 '위로부터의 공공' 개념과 공화주의적 '아래로부터의 공공' 개념에 대한 언급은 Marc Garcelon, "Public and Private in Communist and Post-Communist Society", J. Weintraub and K. Kumar, 앞의 책, 306-307 참조.

적용하는 경우가 많았다. 그것은 공동체구성원을 위하여 존재하는 본원적 공공의 개념을 훼손·왜곡·타락시키는 것이었다. 그들은 군대와 경찰을 창설·장악하고 강압에 의하여 권한을 남용하면서, 자신들의 사사로운 이익(사익)을 추구하는 정부활동과 공권력의 발동마저도 공공의 이익(공익)을 추구하는 것이라고 호도하고 정당화하는 경우가 적지 않았던 것이다.

이렇게 되자 그 반작용으로 전통적인 군주주권사상에 반대하고 저항한 민주주의사상·국민주권사상이 대두하게 되었다. 근대민주주의사상은 곧 군주와 소수 지배집단이 독점적으로 규정하고 적용하는 '국가 중심적 틀에 의한 공공' 개념을 견제하고, 주권자인 국민의 의사가 반영된 '민주적인 공공' 개념을 요구함으로써 국민의 권익을 옹호하고자 하였다. 상업과 무역, 그리고 산업화를 통하여 경제적 부를 축적한 신흥 중산층 시민계급의 각성된 민권의식이 이를 받쳐주기도 하였다.

그리하여 시민이 공동체 안에서 자신들의 문제를 스스로 토론하고 심의하며 자주적으로 결정하는, 평등하고 적극적인 시민으로서의 공동체구성원 자체(공중) 또는 공동체구성원에 공동으로 딸리거나 관련됨을 의미하는 공화주의적 공공 개념이 확립되었다. 이제 본원적 의미의 ① 공동체구성원은 국가공동체의 구성원으로서의 '시민' '민중'이나 '공중'의 의미가 강조되고, ② 공동체나 공동체구성원에 공동으로 딸리거나 관계됨은 '국민이나 시민에 공동으로 딸리거나 관계됨'의 의미가 중요시되었으며, ③ 공개나 개방도 '국민이나 시민이 판단하는 바의 공개나 개방'의 의미가 강조되었다. 오늘날 공공 개념이 무엇보다도 '국민, 시민, 공중'이나 '그에 공동으로 딸리거나 관계됨'을 강조하는 것은 바로 이에서 비롯된다. 이와 같이 국가의 존립목적이자 정부의 봉사대상인 '주권자인 국민'이 주체이자 목적인 의미의, 국민 중심적(people-centered) 공공 개념을 '공화주의적 공공' 개념이라고 한다.

이제 공화주의적 공공의 개념을 뒷받침해 주는 이념은 민주주의 이념이다.[28]

---

28) '공화'(共和)란 '두 사람 이상이 공동으로 함께 화합하여 일을 행함'을 의미한다. 그리고 주권이 인민에게 있고 인민이 직접 혹은 간접 선출한 일정한 임기의 대표자가 인민의 인권과 이익을 위하여 국정을 담당하는 정치체제를 '공화제', 그런 국가를 '공화국'(republic)이라 한다. 이는 세습 군주가 주권자로서 권력을 행사하는 군주제(monarchy)와 군주국, 혹은 전제적이거나 과두제적 지배(aristocratic or oligarchical rule)의 개념에 대칭되고 이를 부정하는 개념이다. 또 '공화주의'(republicanism)는 개인보다는 공공의 이익을 위하여 자립적이고 공민적 덕성(civic virtue)을 갖춘 공민(시민)이 공화적 공동체(res public)의 평등한 주체가 되어 지배권력을 형성하고 공동체구성원의 권리와 이익을 위하여 그 권력을

그리고 민주주의 이념은 어느 국가에서나 다른 모든 이념보다도 우선하여 채택되고 있다. 현대 사회주의국가나 독재국가에서와 같이, 실질적으로는 그렇지 못하더라도 적어도 형식적으로는 그렇게 하려고 하는 것만 보아도 이를 알 수 있다. 그렇다면 이제 적어도 이념적으로 볼 때, 구성원 자신들의 자유로운 의사표현과 합의에 의하여 '실질적으로' 국민의 의사·요구·기대를 실현하는 것을 표방하는 공화주의적 공공 개념은 민주정부하의 국가주의적 공공 개념보다 더 우위에 서고 더 큰 '기속력'(羈束力, 구속력)을 갖는다고 할 수 있다.[29]

행사하는 일련의 자유주의적·국민국가적·반독재적 평등사상을 총칭한다.

공화주의는 서양 고대 그리스의 도시국가의 폭군이나 페르시아의 동양적 전제정치에 대한 투쟁, 고대 로마공화국 초기에 왕권과의 투쟁에서 비롯되어, 근대에는 1776년 미국이 성립할 때(미국혁명), 1789년 프랑스혁명이 발발할 때 등을 통해 확고하게 확립되었다. 또 이는 민주주의와 동의어는 아니지만(민주주의를 실천했다는 로마공화국에서도 상위계층만 국정에 참여하는 계급구조가 있었음), 군주의 전제·독재를 비판하는 의미로 민주적인 사상을 대표하였으나(그래서 신생국까지 모두 ○○공화국을 표방하고 나왔음), 현대에 들어 위세를 떨치다가 붕괴되고 만 구 소련과 동유럽의 공산권 소비에트공화국이나 인민공화국에서 보듯이 공화제라도 독재국가가 있고, 군주제라도 민주주의 국가가 있어 그 의미가 희석된 측면이 있다. David Robertson, *A Dictionary of Modern Politics*, 3rd ed., London, Europa Publications, 2002, 425; 정치학대사전편찬위원회(편), 21세기 정치학대사전, 아카데미아리서치, 2002, 113-114; 정인흥·김성희·강주진(편), 정치학대사전, 증보판, 박영사, 1983, 135-136 참조.

29) 공·사 관념에 관한 다른 한 줄기의 서양사상의 전통은 '시민권(citizenship) 대(對) 국가·시장의 이원론'의 전통이다. 아리스토텔레스, 루소, 페인(Paine) 등의 정치철학자들이 견지하는 '공화주의'(republicanism) 사상이 공·사 구분의 중심에 자리 잡고 있는 전통이다. 이는 자치적 정치공동체, 즉 공화국에서 평등하고 적극적인 시민들이 공동체의 집합적 결정에 참여하여 자신들의 문제를 스스로 토론하고 심의하며 자주적으로 결정하는 공공시민(public citizens, 따라서 '시민권'은 공동체의 문제에 능동적으로 참여하는 시민으로서의 지위나 자격을 일컬음)의 영역을 '공공'으로 보는 입장이다.

'공화국'(republic) 자체가 '공적인 것(일)' '공동의 것' '공중의 지배'(public thing, 라틴어 res publica, 그 반대는 res privata)를 의미하는데, 이는 공적 생활을 중시한 로마공화국에서의 시민의 지위와 활동을 이상으로 삼은 것[그래서 '공화주의적 미덕'(republican virtue)이라고 함]이다.(어원상 'public'은 사춘기의 징후가 나타나서 성년이 되는 것을 의미하는 라틴어 'pubes'에서 나왔고, 그때부터 비로소 '공동의 것' 공중의 지배'인 공화국의 국정에 참여할 자격이 있고 가치 있는 인간으로 인정되는 '시민'이 되었음은 앞에서 언급했다.) 이 영역은 국가행정(state administration)으로부터, 그리고 '사사 영역'인 '시장경제'로부터도 모두 독립한 영역이다. 여기에서는 시민의 '아래로부터의' 정치적 공론형성이 '공공'인 반면에, 시장은 물론 국가도 '사사'의 영역이 될 수 있다. 이는 웨인트롭(J. Weintraub)의 '공화주의 (미덕) 모형 또는 시민권 모형'에 해당하는 공·사 구분임을 알 수 있다.

이상과 같이, 서양에서 공공에 관한 개념은 '주권' 대 '시민권', '국가주의' 대 '공화주의'란 서로 다른 전통적 개념과 사상을 계승하면서 형성돼 왔다. 그런데 두 전통 그런데 바로 거기에 문제가 생긴다. 간접민주정치의 원리에 따라 수립된 민주적인 대의정부 아래, 국가주의적 공공 개념과 직접민주정치의 원리에 충실하고자 하는 공화주의적 공공 개념 사이에 괴리·격차·간극이 존재할 수 있고, 서로 대립·갈등을 빚을 수 있는 것이다. 정부 공직자는, 국민의 통제·감시를 받는다고 하지만 여타 이익집단들처럼, 특권적 지배집단으로서 사사로운 특수이익을 추구할 수 있기 때문이다. 요컨대, 공화주의적 공공 개념은 국민과 정부(국가) 사이에 상호 대립·갈등을 빚을 수도 있음을 상정한다(민주공화국을 표방하면서도 공산독재나 군사독재의 체제를 유지하는 바와 같이, 최악의 경우 국민과 정부는 공·사로 엇갈려 대변하는 주체가 된다.). 그 경우 민주주의 이념에 따르면, 국민이 정부 당국자보다 더 우월한 지위를 갖고 공공 개념을 최종 결정하는 주체가 되어야 한다.

그러한 상황에서 이념적으로 우위에 있는 공화주의적 공공 개념을 구현할 수 있도록 어떻게 그에 맞게 국가주의적 공공 개념을 도출할 것인가가 현대 민주주의시대에는 가장 중요한 목표가 된다. 정부가 그 형식적 지위와 역할 때문에 '국가주의적 공공' 개념을 규정(결정)하고 적용한다고 하더라도, 그것은 반드시 국민의 위임을 받아 정당한 권한(권위)을 지닌 대표자·대리자(공직자)가 자신들의 이념적 주체인 국민을 위하여 국민의 의사를 수렴하고 반영하는 '공화주의적 이념'에 적합한 공공 개념을 구현하는 것이어야 하기 때문이다.[30]

하위 공동체 단위에서 공화주의적 공공 개념에 해당하는 것은 '구성원 중심의 공

에 따라 '시민사회'의 개념 규정에 대해서도 논란이 있다. 계몽주의자들의 영향을 받은 측은 시장경제를 '시민사회'의 '사적 영역'으로 보는 데 비하여, 공화주의자들은 시장경제와 구별되는 시민사회의 적극적 시민참여를 '공적 영역'으로 취급한다. 대체적으로는 '시민사회'를 '시민공동체 내의 자유로운 결사와 담론에 의한 조직적 정치생활의 존재'로 정의하고, 가족·시장·국가·기타 사회 영역과는 구별되는 공적 영역으로 보는 편이 우세하다고 한다.(Ku의 견해) 이상 앞의 문헌 참조.

30) 근대 이후 민주사회의 공공 관념은 대체로 공화주의적 목표를 국가주의적인 방식으로 달성하게 되므로, '공공영역'의 관념은 거의 항상 두 가지 의미로 해석될 여지를 갖는다. 하나는 공화주의적으로 '정치적 공동체의 집합적 관심사'를 지칭하고, 다른 하나는 국가주의적으로 '그런 정치적 공동체의 일을 규정하는 데 중심적인 역할을 하는 국가의 활동'을 동시에 지칭하는 함축성을 갖는다. 이에 상응하는 '사사' 관념도 한편으로는 '정당한 공적 관심사와 구별되는 개인적 목적'과, 다른 한편으로는 '국가의 범위에 종속되지 않는 것'이라는 함축적 의미를 갖는다. 이런 언급은 Craig Calhoun, "Nationalism and the Public Sphere", Jeff Weintraub and Krishan Kumar(eds.), 앞의 책, 80-81 참조.

공' 개념이라고 할 수 있다. 이는 하위 공동체의 '공공당국 중심의 공공' 개념에 이념적 기준을 제시하고 감시하는, 하위 공동체 단위의 구성원의 자유로운 의사표현과 합의를 강조하는 공공 개념이라고 하겠다.

이러한 '공화주의적 공공'의 개념에 따라, 공공의견(여론, 공론, public opinion)은 국민·시민·주민 등 공동체구성원의 의사를 뜻한다. 또 공공이익(공익, public interest)은 공동체구성원인 국민·시민·주민이 정당하다고 합의한 이익을 의미한다. 이는 정부가 실현하고자 하는 공동체의 공동이익이므로 정부가 주장(규정하고 적용)하는 이익과 일치할 수도 있지만, 일치하지 않을 수도 있다. 그래서 정부가 주장하는 모든 것이 무조건 자동적으로 공익인 것은 아니라는 논리가 성립한다. 또 공공시설(공원, 공설운동장, 공공도서관 등)은 공동체구성원인 시민이 이용할 수 있게, 시민에게 개방된, 시민을 위한 시설이어야 한다.(그래서 이는 민간 개인이나 사기업보다는 정부가 소유·운영하는 시설인 경우가 대부분이다.) 다음은 공화주의적 관점에서 '공공건물'에 대하여 평가하고 요구하는 의견이다.

청사 건물을 새로 지을 때 가장 많이 내거는 슬로건은 '열린 마당, 열린 행정'이라는 말이다. 말만으로는 주민의 의사를 처음부터 충분히 반영하여 언제라도 마당놀이나 주민의 자발적인 문화행사가 곁들일 것처럼 들린다. 그러나 정작 건물이 완성되고 나면 위압적인 모습과 편리한 행정기능이 우선할 뿐, 주민의 정다운 교류는 마당에서 이루어지지 않는다. 나는 공공건축 설계경기에서 시민의 다양한 요구를 설계조건으로 제시했다거나 시민 간담회를 통해 공공건물이 만들어지는 중간 과정을 설명했다는 예를 들어본 적이 없다. 사정이 이러한데도 '열린 마당, 열린 행정'이라는 공허한 상투어는 여전히 되풀이되고 있다.

공공건물이 형식적인 닫힌 건물이 되는 원인은 자유롭게 이용해야 할 주민 다수의 다양한 행위를 충분히 이해하려 하지 않고, 효율과 크기만으로 건물을 판단하는 데 있다. 공공건물에서 생기 있는 홀은 좌석이 몇 개이고 처음 성능이 어떤가 하는 것보다 훨씬 중요한 과제임을 잊고 있는 것이다. 시민의 일상생활에 깊숙이 관여하는 공공건물이 참으로 열린 공공건물이다. 그러려면 미술관이나 도서관이니 하는 구별을 넘어 정보화 사회에 걸맞게 기능을 자유로이 선택할 수 있도록 공간을 다시 배열하지 않으면 안 된다. 그렇다면 역설적으로 24시간 열려 있는 편의점과 같은 것이 새롭게 요구되는 공공건물의 기준일지 모른다.[31]

---

31) 김광현(서울대 교수, 건축가), "닫힌 마당, 닫힌 행정", 조선일보, 2004. 5. 18.

이렇게 보면, 기본적으로 공동체구성원에 공동으로 딸리거나 관계된 것은 원칙적으로 '공개하거나 개방하고, 가시적이거나 접근하기 쉬운 것'을 수반해야 한다는 뜻에서, 본질적으로 공공 개념에는 공개성·개방성·투명성·가시성·접근성이 뒤따른다.32) 여기서 '원칙적으로'라고 표현한 것은, 공개나 개방의 본래 목적인 구성원 중심의 이익을 위한 기준에서 볼 때, 공개나 개방을 하지 않거나 제한하는 것이 오히려 더 좋겠다고 공동체구성원이 합의하면 '예외적으로' 전면적으로나 제한적으로 비공개·비개방(非開放)을 선택할 수도 있음을 의미한다. 국가안보나 외교에 관한 일정한 공공업무에 대하여 공개하지 않기로 합의할 수 있는 것이 그 예이다. 다음은 공공기록의 원칙적인 공개, 예외적인 비공개를 옳다고 하고, 그것도 원본 그대로 공개해야 한다는 대법원의 판결이다.

검찰이 1979년 일어난 12·12사태 및 1980년 5·18 광주민주화운동 관련 수사기록을 공개하지 않는 것은 부당하다는 대법원 확정 판결이 나왔다. 검찰의 수사기록은 A4용지 30만 장 분량으로 박정희 전 대통령 서거부터 전두환 당시 보안사령관 집권까지의 과정이 상세하게 기록돼 있다.

대법원 1부(주심 이용우 대법관)는 정동년 전 광주민중항쟁연합 상임의장이 서울중앙지검장을 상대로 낸 정보공개 청구소송에서 "검찰이 두 사건의 수사·재판 기록을 공개하지 않은 처분은 위법"이라고 판결한 원심을 확정했다고 밝혔다. 재판부

---

32) 웨인트롭(J. Weintraub)은 공·사를 구분하는 유형의 심층적·일반적인 밑바탕에는 공·사를 근본적으로 대비시키고 있는 '가시성'(可視性, visibility)과 '집합성'(集合性, collectivity)이라는 두 종류의 기본 기준이 놓여 있고, 이 기준을 적용하여 앞의 네 가지 공·사 구분 모형을 도출할 수 있다고 한다. 즉 하나는 ① 공개되거나 드러나 있거나 접근이 개방돼 있는 공적인 것과, 숨겨져 있거나 드러나지 않고 물러나 있는 사적인 것의 '가시성'의 구분 기준이다. 다른 하나는 ② 집합적이거나 개인들의 집합체의 이해관계에 영향을 주는 공적인 것과, 개인적이거나 한 개인에게만 관련된 사적인 것의 '집합성'의 구분 기준이다. 이는 사회집합체의 경우 전체(whole)와 부분(part)의 구분에 해당한다고 한다. Jeff Weintraub의 앞의 논문, 4-6 참조.

또 Benn과 Gaus는 접근(access), 행위자(행위주체, agent), 이익(interest)의 차원에서 공·사 개념을 분석할 수 있다고 한다. 누구에게나 신체적으로 활동·정보·자원에 대한 접근이 허용되고 공개되는 점, 도시·지역사회·공동체·국가의 담당자로서의 행위와 관계되는 점, 많은 사람의 이익과 관계되는 점에서는 공공의 개념으로, 그리고 그렇지 않은 점에서 사사의 개념으로 이해하는 식이다. Stanley I. Benn and Gerald F. Gaus, 앞의 책, 7-11. 이렇게 보면, 공·사 개념에 있어서 공개와 개방을 의미하는 '가시성'이나 '접근성'의 기준은 아주 중요한 것을 알 수 있겠다. 그렇지만 기본적으로 그것은 공동체구성원에 공동으로 딸리거나 관련된 '집합성'의 속성 때문에 그런 특징을 지니고 있다고 볼 수 있겠다.

는 판결문에서 "피고(검찰)는 검찰 보존사무규칙의 관련 규정을 들어 기록의 열람
및 복사를 거부했지만 이 규칙은 행정기관 내부준칙에 불과해 법률에 의한 규정이
라고 보기는 어렵다"며 "'기록이 공개될 경우 국가안보 및 국방·외교에 악영향이
우려된다'는 피고의 주장도 구체적 입증이 부족하다"고 밝혔다. 재판부는 그러나
"피고는 개별정보에 대해 공개거부 사유를 구체적으로 내세울 경우 다시 공개를 거
부할 수 있을 것"이라고 언급, 검찰이 납득할 만한 이유를 제시한다면 일부 기록은
공개하지 않아도 무방하다는 단서를 달았다. 정 전 의장은 검찰이 1994년 10월 12·
12 관련자를 기소유예 처분한 데 이어 95년 7월 5·18 관련자에 대해 '공소권 없
음' 결정을 내리자, 같은 해 12월 국가를 상대로 손해배상 청구소송을 제기한 후
98년 2월 사건기록의 정보공개를 청구했다.[33]

시민들의 정보공개 청구를 받은 기관은 해당 자료를 가공해 제공해서는 안 되며,
예산 사용 내용을 증빙하는 자료도 공개해야 한다는 대법원의 판결이 나왔다. 대법
원 2부(주심 배기원 대법관)는 참여연대가 "1999년 국회예비비와 위원회운영비 등
을 공개하면서 자료를 가공하고 증빙서류를 뺀 것은 부당하다"며 국회 사무총장을
상대로 낸 정보공개거부처분 취소소송 상고심에서 원고승소 판결한 원심을 확정했
다고 밝혔다. 재판부는 판결문에서 "특수활동비나 여비 등에 관한 서류는 국가안보
상 기밀에 해당하는 정보라고 할 수 없고, 국회가 관리하는 문서를 가공하고 취합
해 공개하는 것은 정당한 정보공개로 볼 수 없다"고 밝혔다.……[34]

결국 이념적으로 우위에 있는 '공화주의적 공공' 개념은, '국민 위에' 군림하는
의미의 오·남용도 가능한 국가주의적 공공 개념의 위치를 모두 '국민 아래'에
놓고 재규정(再規定)할 수 있다. 즉 공공기관은 국민을 위한 정부기관이고, 공공
당국은 국민을 위하여 공동체 일을 맡아보는 곳이며, 공권력은 국민을 위하여 행
사돼야 하는 정부권력을 의미하는 식으로, 각 공공 관련 개념이 국가(정부)존립의
목적적 의미를 강조할 수 있게 된다. 그리고 '공공성'도 국가공동체구성원인 국민
의 이익·복지·의견·요구 등과 관련된 정도 또는 성격을 의미하는 것으로 이해
된다. 이는 개인의 사사로운 이익·복지·의견·요구 등의 속성을 나타내는 '사
사성'과 비교된다.

---

33) 경향신문, 2004. 10. 4, "12·12-5·18 檢조사, 수사기록 공개하라" 기사.
34) 한겨레, 2004. 10. 30, "정보공개는 원본으로 해야" 기사.

5. 공공 개념의 실체적 · 절차적 본질

이상에서 보듯이, 공공 개념은 사사 개념과 함께 우리 삶과 사회 속 곳곳에 널리 적용되고 있기 때문에, 어디에나 존재한다는 '편재성'(遍在性, ubiquity)을 갖는 개념이다. 그런 공공 개념은 기본적으로 세 가지의 의미, 즉 ① 공동체구성원 ② 공동체나 공동체구성원에 공동으로 딸리거나 관계됨 ③ 공개나 개방의 의미를 지닌다.(따라서 이를 본원적 공공의 개념이라고 규정하였다.) 그런데 역사적으로 국가공동체가 확립되면서 거기에 국가, 국사(國事), 또는 그에 종사하거나 관계가 있는 등의 국가주의적 의미가 덧칠되어 그것이 우선하게 되었다. 그러면서도 다른 한편으로는 그에 대항하여 국민, 인민, 또는 사회나 국가 전체에 관계가 있는 등의-국가공동체 차원이기는 하지만-본원적 의미를 되살리려는 공화주의적 요구가 강조되었다.

그리하여 오늘날 공공 개념은 그런 역사적 · 이념적 · 문화적 유산을 계승하여, 본원적, 국가주의적, 공화주의적 의미가 뒤섞여 있는 혼합체로서 정의되고 있다.[35] 그리고 공공 개념은 복잡다단한 우리 삶과 사회의 필요에 맞춰, 때로는 본원적 공 · 사 개념의 내포적(內包的) 의미와 외연적(外延的) 의미가 그대로,[36] 혹은 때로는 국가주의적이거나 공화주의적으로 그 의미가 변주(變奏)되어 사용돼 왔다. 그래서 예컨대 사기업의 사회적(공적) 책임, 사립학교의 공교육과 같이 '사'

---

35) 오늘날 우리말 '공공'이나 영어의 'public'의 정의를 잘 분석해 보면, 그것은 본원적, 국가주의적, 공화주의적 의미가 뒤섞여진, 그 세 의미의 혼합체로 정의되고 있음을 알 수 있다. 그러할 때 주로 국가 차원에만 적용되는 것이 국가주의적이거나 공화주의적인 공 · 사의 개념이다. 그렇다면 국가나 전체사회 차원 이외에 개인, 가정, 직장 등 각급 하위 공동체 차원에 적용할 수 있는 본원적 공 · 사의 개념이 필요하고 중요한 것도 이제 명백해졌다고 하겠다. 이처럼 본원적 공 · 사의 개념은 국가 이전에도 필수적으로 존재할 수밖에 없었고, 오늘날에도 여전히 필요하고 중요한 것은 말할 것도 없다. 그런데도 앞의 여러 문헌에서 보듯이, 지금까지 공 · 사 개념은 국가 차원에서만 논의하거나, 아니면 그 밖의 다른 차원에서 논의하더라도 모호하게 설명돼 왔다.

36) 내포적 의미(intensional meaning, connotation)란 그 표현으로 불리는 대상들에 공통된 특질 · 성질 · 속성의 집합을 말한다. '사람'의 내포적 의미는 '동물적임', '이성적임' 등이 될 것이다. 그리고 외연적 의미(extensional meaning, denotation)는 그 표현의 내포적 의미가 적용되는 대상들의 총합을 말한다. '사람'의 외연적 의미는 동물적 · 이성적 성질을 가진 대상들, 즉 사람들 모두가 된다. 김광수, 논리와 비판적 사고, 철학과 현실사, 1990, 358.

부문 내에 '공공'의 개념이 존재하는 형태로 사용된다. 그런가 하면 때로는 공직자의 사생활, 정부의 사경제적 활동과 같이 '공공'부문 내에 '사적' 활동이 포함되는 식으로, 언뜻 보기에 공·사 개념이 혼란스럽게 사용되기도 한다.

그러나 이것은 공공(따라서 사사) 개념이 역사적·이념적·문화적으로 여러 겹, 층위 또는 차원(level, layer, dimension)의 중층적 의미(multi-levelled, multi-layered, multi-dimensional meanings)를 갖도록 형성된 개념인 데서 비롯된 현상이다. 공·사 구분은 우리 삶과 사회 속에 씨줄과 날줄로 얽혀서 여러 겹으로 짜여진 우리의 복잡다단한 공·사적 삶의 결을 반영하는 개념이다. 가정 차원, 직장 차원, 국가 차원에서 공·사 개념이 적용되는가 하면, 가정 차원 안에서도 거실(居室)이란 '공'의 개념이 적용되는 장소(그래서 공개·개방돼 있다)와 각자의 방(房, 室)이란 '사'의 개념이 적용되는 장소(그래서 노크나 허가받고 출입한다)가 우리 의식과 사고 안에 구별돼 자리 잡고 그에 맞춰 행동하고 있는 것이 그 예이다. 또 우리가 일상 말하는 데 있어서도, 공적인 자리에서 하는 공적인 말씨와 사석에서 하는 사적인 말씨를 구별한다. 또한 공·사립학교의 용례에서와 같이 설립주체에 따라 공·사를 구분하는데, 다시 공·사립학교에서 실시하는 제도권 공식 교육은 모두 '공'교육이고, 학교라는 제도권 밖 사설 학원에서 실시하는 비공식 교육은 '사'교육이라고 구분한다. 이와 같이 공·사 개념은 어떤 적용 대상 사안에 한번만(단일 구분, single dichotomy)으로 끝나지 않고, 필요에 따라 두 번 세 번(겹, 층위, 차원)에 걸치는 '이중 또는 다중 구분'(double or multiple separation)으로 적용된다.[37] 그래서 공·사 개념은 다중적·다차원적인 '복잡한 구조의 개념'(a complex-structured concept)이라고도 일컬어지는데, 그 복잡한 구조의 가닥을 잘 추려서 이해하면 그렇게 혼란스럽거나 어려운 것만은 아니다.[38]

---

37) 이 표현은 Jeff Weintraub, 앞의 논문, 31쪽 참조.

38) 비유적으로 어떤 사람이 자신은 '아버지'이기도 하고 '아들'이기도 하다고 말하면, 그가 아버지와 아들을 뒤섞여 모순된 말을 한다고 하기보다는, 그의 자녀 및 부모와 맺고 있는 중층적 관계에서 그렇게 말한다고 올바로 알아듣고 혼란스럽게 느끼지 않는 바와 같다. 이에 비해 사기업의 국가사회 내 구성원으로서의 공적 성격의 활동과 사기업 내 구성원에 대한 지배·통제로서의 공적 성격의 활동, 즉 '사기업의 공공활동'이라고 하면 혼란스럽게 느낀다. 이는 다분히 관습에 얽매인 언어·사고·인식의 문제임을 알 수 있다. 공·사립학교에서 실시하는 교육이 공교육이므로, '사립학교의 공교육'에 대해서는 그다지 혼란스럽게 느끼지 않을 텐데, 이는 앞의 용례와 본질적으로 동일한데도 우리가 많이 들어서 익숙한 바에 따른 현상이라고 하겠다. 그래서 어떤 사회의 공·사 개념에 관한 설명은 그에 관한 특정 역사·문화 등의 언어학적 의미론(semantic theory)을 검토하는 일에 해당한다고 한다. 거기에 역사적·이념적·문

본래부터 사람은 고유한 개인적 존재이면서도, 그와 동시에 다른 사람들과 더불어 살아가지 않을 수 없는 공동체적 존재이다. 사람은 이 '개인적·공동체적 존재의 조건' 중 어느 하나의 조건이 아니라, 두 가지 조건을 동시에 지니고 태어난다. 여기서 사람의 '개인적 존재'의 속성(맥락, 지위)은 사사 차원이고, 남과 더불어 사는 '공동체적 존재'의 속성은 공공 차원에 해당한다. 이러한 실존적 조건 때문에, 사람은 삶을 영위하는 과정에서 사사 차원과 함께 공공 차원, 혹은 사사 개념과 함께 공공의 개념을 고려해야 한다. 또 그런 사람들이 모여 사는 공동체(사회)에도 당연히 공·사 차원의 목적과 활동이 함께 어울려 존재한다. 그래서 공공 개념은 사사 개념을 기반으로 하고(사사 기반성), 궁극적으로 사사 개념을 보호하고 두텁게 할 목적으로 사사 개념에 귀속되며, 사사 개념과 동시에 공존 양립하고 수반하는 개념이다.

이와 같이 공공 개념은 사사 개념과 맞물려 상호 작용을 하면서, 우리 삶의 모든 측면에 영향을 주게 된다. 그렇다면 공·사 개념의 관계에 관한 핵심적인 질문은 '공동체(구성원)를 위하여 어떻게 적절한 공·사 간 균형과 조화를 이룰 수 있는가'라는 것이 된다. 공·사 개념의 균형과 조화의 관계는 공동체의―자연생태계에 비유되는―사회생태계를 위하여 여하히 '적정한' 둘 사이의 관계·역할·기능을 정하고 적용할 수 있는가의 문제인 셈이다. 그 둘 사이가 어떤 적절한 범위·정도·비중·수준 등으로 균형·조화를 이룰 수 있게 된다면, 그런 적정한 공공 개념이나 사사 개념은 사회생태계에 긍정적·순기능적으로만 작용하고 적용되는 개념이 된다. 그래서 공·사 개념의 적정한 경계나 범주를 설정하는 문제는 곧 현실적으로 공동체구성원 전체나 공공당국(정부)이 적절한 공공 개념의 경계나 범주를 결정하는 문제가 된다. 그리고 그것은 그 특성상 공동체구성원의 '사회적 합의'의 대상이라고 할 수 있다.

이처럼 공·사의 개념을 이해하고 보면, 공·사 개념은 시공(時空)을 초월한 고정불변의 절대적·확정적 개념이 아니고, 인간의 삶의 필요에 따라 시공의 제약 속에서 현실적으로, '무엇이 공공인가', 즉 '공동체(구성원)에 공동으로 딸리거나 관계된 바(주체·대상·범위·형식·절차·방법·정도·효과 등)'의 구체적인 내용이 규정되고 적용되며 구현되는 합목적적인 상대적·불확정적 개념이라는 것도 알 수 있다. 기본적으로 그것은 공동체구성원이 사회생태계를 위하여 적절하

화적·언어적 의미가 배어 있기 때문이다. S. Benn and G. Gaus(eds.), 앞의 책, 3-5 참조.

게 균형·조화를 이룬다고 합의하는, 공·사 개념의 관계·역할·기능 등을 설정하고 적용하기에 달려 있는 개념인 것이다.

이와 같이 공·사의 개념은 현실에서 역사적·이념적·체제적·정치적·경제적·사회적·문화적 요소가 개입되어, 사안에 따라 구체적인 내용·형식·방법·과정·절차 등으로 규정되고 적용된다. 그래서 공·사 개념은 일련의 과정·절차를 거쳐 그 구체적인 실체가 드러나는 만큼, 역사적·이념적·정치적·경제적·사회적·문화적으로 '구성되는 개념'이라고 한다.39) 이 공·사 개념의 실체적 본질이 구현되는 기본적이고 필연적인 과정·절차의 속성을 통틀어 '공·사 개념의 절차적 본질'이라고 할 수 있다.

그렇다면, 공동체구성원의 좋은 삶을 위해 공공활동을 수행하는 공공활동가는, 현실의 다양한 공·사적 현상을 설명하고 처방하는 데 필수적으로 중요한 만큼, 역사적·이념적·정치적·경제적·사회적·문화적으로 구성되고 결정되는, 다층적·다차원적인 복잡한 구조의 공·사 개념에 대하여, 최소한 이상 논의한 바와 같은 기본적인 사항 정도를 올바로 이해하고 그 목적에 맞게 적용할 수 있어야 한다. 그리고 더 나아가 학문적으로 논의되고 있는 좀더 전문적·심층적인 공·사 개념의 실체적·절차적 본질에 대해서도 충분히 이해하고 직무수행에 적용하면 더 좋은 것은 말할 나위가 없을 것이다. 그렇지만 이는 일반적인 공공활동가에게는 너무 전문적인 내용일 수 있으므로, 그와 같은 좀더 전문적인 내용의 공공 개념의 실체적·절차적 본질에 대해서는 제1부 마지막 [부록] 편에 싣기로 한다. 관심 있는 연구자와 공공활동가는 이에 대해서도 정독하면 좋은 공공활동을 수행하는 데 큰 도움을 얻을 수 있을 것이다.

---

39) 행정학자 파머는 public과 private 개념이 사회적으로 구성된 개념(a socially constructed concept)이라고 지적하는데, 그 '사회' 속에는 역사적·이념적·체제적·정치적·경제적·사회적·문화적인 요소들이 포함돼 있다고 보는 것이 좋겠다. David John Farmer, *The Language of Public Administration: Bureaucracy, Modernity, and Postmodernity*, Tuscaloosa: Alabama, The University of Alabama Press, 1995, 59-63 참조.

6. 공공영역과 공공활동

그러면 이상 설명한 기본적인 공공 개념을 적용하여, 우리 삶의 세계에서 '공공영역'의 '공공활동'이 무엇이고, 얼마나 보편적인 현상인가를 살펴보기로 하겠다.

1) 공공영역의 합리적 설정과 적용

국가주의적이거나 공화주의적인 공공의 개념에 의하면, 공공영역(공적 영역, public domain, public sphere, public realm)은 어떤 회사나 단체와 같은 사적 공동체를 제외하고 '국가나 국민에 공동으로 딸리거나 관계된 영역'이라고 하게 된다. 그러나 본원적 공공 개념에 따라 '공공영역'을 정의하면, '국가·사회·조직과 같은 임의의 공동체의 구성원에 공동으로 딸리거나 관계된 영역'이라고 넓게 풀이할 수 있다. 이는 '개인의 사사로운 영역'인 '사사영역'(사적 영역)과 개념적으로 구별되고 비교되는 정의이다. 따라서 이는 후술하는 아렌트(H. Arendt)나 하버마스(J. Habermas)가 '자율적·적극적 시민의 참여에 의한 정치적인 공론 형성과 집합적 의사결정의 장' 곧 공론장(公論場)과 같은 의미로 사용하는 공공영역보다 훨씬 더 넓은 의미의 정의이다.

인간은 공동체를 이루며 더불어 살아가는 개인적·공동체적 존재이므로, 행복한 삶을 위해서 적절한 사사영역과 공공영역을 설정하고, 사생활과 아울러 공동생활을 영위할 수밖에 없다. 그러한 상황에서 공동체는 구성원의 사사로운 삶의 영역은 '사적 영역'으로 규정하고, 개인의 자유·자치·자율에 맡겨 그것대로 최대한 보호하고 보장한다. 그리고 공동체에 공동으로 딸리거나 관계되는 구성원의 삶의 영역은 '공공영역'으로 규정하고, 공공목적을 위하여 구성원의 삶에 개입하여 일정한 방향·내용·형태 등으로 규율(規律)하는 것이 일반적이다.

그렇다면 공공영역에서 공동체의 목적을 위하여 전개되는 공적 성격의 활동·행동이 모두 '공공활동'이다. 공공활동의 목적은 공동체 내 사적 자치와 공공개입 사이에 바람직한 '사회적 균형'을 이루는 좋은 사회생태계를 건설함으로써, 구성원 각자의 복지와 행복을 증진하는 데 있다. 그런데 공동체는 공·사 영역을 합리적으로 설정하고 규율하는 일을 주관하기 위하여 일반적으로 구성원으로부터 정당한 권위와 권한의 '공권력'을 부여받은 '공공당국'을 두고 있다. 그리고 헌법이나 정관과 같은 '기본규범' 아래 구성원의 다양한 의견을 수렴하여 '합의'를 추구하는 방식으로 여러 가지 법령·규칙·제도·정책·사업 등을 형성하고 집행하게 된다. 그래서 한 공동체의 공공당국이 구성원의 사사영역을 보호·지원·권장·육성하거나, 제한·억제·금지·강제하는 등의 통제·통치·지배·관리의 공공활동이 중요한 학문적·실천적 연구의 대상이 된다.

일반적으로는 공공영역을 너무 넓게 설정하면, 사사영역의 창의성, 주도성, 자율성, 인격성 등을 훼손하게 된다. 그렇다고 너무 좁게 설정하면, 사사영역의 무질서, 방종, 불공평, 부정의 등을 부추기게 된다. 따라서 한 공동체사회에서 사사영역과 공공영역의 '사회적 균형점'을 어떻게 맞추는 것이 좋은가는 인류가 지금까지 탐색해 온 가장 중요한 과제에 속한다. 그리하여 21세기 초인 지금 현재로서는 국가공동체의 경우, 가능한 한 공공영역을 불가피한 최소한에 그치고자 하는 '자유민주주의 이념'과 '시장경제체제'에 따라 '작은 정부'를 지향하고 있다. 그것이 가능한 한 공공영역을 확대하고자 하는 '사회주의이념'과 '통제경제체제'에 따른 '큰 정부'를 지향하는 것보다 우월하다는 관점이 대세를 이루고 있는 실정이다. 그렇지만 이는 어디까지나 일반론에 불과하고, 각 공동체는 공동체 고유의 실정과 목적에 따라 구체적 사안별로 최적의 공·사 영역을 결정하고 규율할 필요가 있다.

공공·사사의 개념과 영역은 '역사적·문화적·사회적으로 구성되는 개념'이므로, 우리의 삶의 필요·시대·장소에 따라 변할 수 있다. 즉 공공영역과 사적 영역은 선험적으로 명확히 구분된 것도 아니고, 절대적으로 변하지 않는 구분이 있는 것도 아니다. 그것은 어느 시대, 어느 사회의 공동체구성원의 현실적 목적과 필요에 합당하게, 즉 '합목적적 필요'에 따라 분야와 사안별로 합리적으로 구별하여 적용해야 할 개념적 도구이고 구분인 것이다. 공공부문의 개혁의 일환으로 전통적인 정부영역이 사적 영역으로 '사사화'하고 있고, '가정폭력'과 같이 전통적으로는 사사영역인 것을 공공영역으로 새롭게 규정하고 정부가 개입하는 '공공화' 현상도 나타나고 있는 것이 그 예이다.

이처럼 공·사 영역의 구분은 정치·경제·사회·문화의 모든 영역에 걸쳐 있는 사안이다. 그렇기 때문에 여러 가지 관련 이념·이론·가치·원칙 등을 망라한 종합적이고 균형적인 집합지성(집합지혜)과 판단을 요구한다. 그래서 구성원과 공공당국 직무수행자(공공활동가)의 공공의식(공공마인드)과 공공철학이 필요하고 중요하다. 그리고 한 사람 또는 소수보다는 공적 토론을 통하여 구성원 대다수가 합의하는 방식으로 구성원 전체의 공공이익을 추구하는 민주적인 방식이 선호된다.

이제 공공영역을 실제 현실에서 합리적으로 적용하기 위하여 '공공영역'의 개념을 세분화하여 더 구체적으로 이해할 필요가 있다.

① 규범적 공공영역과 현실적 공공영역

규범적인 측면에서 공공영역으로 설정하고 대응하는 것이 바람직한 영역이 규범적 공공영역이고, 현실적으로 설정하고 대응하고 있는 공공영역이 현실적 공공영역이다. 그런데 규범적인 영역과 현실적인 영역 사이에는 괴리(차이, 불일치)가 있다. 그래서 이 개념적 구별은 학문적으로나 실무적으로 유용하다. 예컨대, 일반적으로 기업인은 시민단체들보다 경제적 측면의 규범적 공공영역을 좁게 설정하고, 너무 넓은 현실적 공공영역을 비판하면서 경제적 규제완화나 탈규제(deregulation)의 사사화를 요구한다.

② 법률상의 공공영역과 사실상의 공공영역

공동체구성원의 행동규범인 법률에서 규정하고 규제하는 영역이 법률상(de jure) 공공영역이다. 이에 비하여, 법률의 규정과는 상관없이 사실로서 존재하는 공공영역이 사실상(de facto) 공공영역이다. 사실상의 공공영역과 법률상의 공공영역은 반드시 일치하지 않는다. 예컨대, 도덕·예의범절 등 사회윤리규범이나 풍속에 의하여 존재하는 공공영역은 사실상의 공공영역이다. 그러나 이를 모두 법령에 수용하여 규정하고 공권력으로 집행하지는 않는 것이 일반적이다. 그리고 법률상 공공영역에서도 개인 사이의 이해관계를 관할하는 관계는 '사법'이 적용되고, 개인과 국가 사이를 관할하는 관계는 '공법'이 적용된다고 구분한다.

③ 추상적 공공영역과 구체적 공공영역

공공영역 중에는 구체적 공간 영역처럼 우리가 쉽게 볼 수 있는 구체적인 공공영역과, 눈에 보이지 않지만 공동체구성원으로서 함께 지키고 존중하는 추상적 공공영역이 있다. 구체적 공공영역 중 가장 대표적인 것이 '공공장소'이다. 시민들이 공동으로 이용하는 대중교통수단 실내의 공간 영역은 공적인 영역이다. 그래서 기차나 버스의 실내 구역을 '금연구역'으로 지정할 수 있는 것이다. 대중식당, 대중목욕탕, 공원, 엘리베이터, 길거리와 같이 다수 대중이 이용하는 시설이나 장소도 공공영역이다. 그런데도 소란을 피우고 아무렇게나 행동하는 자녀를 감싸는 부모의 행태가 비판의 대상이 되기도 한다.

그런데 회사나 관공서의 구성원에 대한 업무평가나 인사, 정책·제도·법령 규칙·사업 등의 형성과 집행같이, 대부분의 공공영역은 우리가 눈으로 볼 수 없는 비가시적인 추상적 공공영역이다. 정치철학자 아렌트와 사회철학자 하버마스의 공공영역(public sphere)은 추상적 공공영역의 예로서 유명하다. 아렌트는 인간이 공동으로 행동하고 논의할 때마다 나타나는 독특한 행동의 장을 공공영역이라고 하였다.[40] 이에 영향을 받은 하버마스도 공동체의 개인들이 서로 토론하는 가운데 합리적인 대안을 이끌어내는 '개방적 의사소통의 장'(an open communicative space)을 공공영역, 즉 공론장이라고 하였다. 하버마스는 본시 국가 통제에 저항할 만큼 강력한 정치적 자율성을 가진 시민사회가 왜곡되지 않고 방해받지 않은 합리적인 토론문화의 장(네트워크)을 구축하기를 희구한다. 그래서 그는 공동체의 공공문제에 대하여 구성원들의 민주적인 의사결정의 메커니즘, 즉 바람직한 여론을 형성하는 의사소통망의 발생과 작동구조의 측면에 초점을 맞춘 추상적 공공영역을 연구한 것인데, 이것이 큰 주목을 받고 있다.[41]

---

40) Hannah Arendt, *The Human Condition*, Chicago: University of Chicago Press, 1958.
41) 하버마스의 이론적 출발점인 '공공영역'—그 특성 때문에 '공론장'(公論場)이나 '공론영역'이라고도 번역되는데—혹은 '공공성'(publicity)에 관한 연구는 근대사회에서 국가권력, 시장경제제도, 공공담론의 실천 등과 관련하여 민주적 실천이 가능한 문화영역을 대상으로 하고 있는 독특한 연구로서, 그 연구업적이 높이 평가되는 것과 함께 수많은 논쟁의 대상도 되고 있다. 그는 유럽 중세 말과 18세기 사이에 근대국가의 발달과 자본주의의 발흥이 시민사회를 발달시키고, 동시에 신문과 잡지·다방·살롱 등 공공생활의 의사소통적 하부구조를 발달시키면서, 사적 개인들에 의하지만 국가 권위로부터 독립된 공공성격을 띠는 합리적 토론의 장(the scene of rational debate)인 "부르주아 공공영역"(bourgeois public sphere)이 창출됐다고 본다.
　　그런데 자본주의가 발달하면서 점차 사기업과 국가가 이 공공영역을 차지하게 됨으로써 그것이 쇠퇴(degeneration)하고 있음을 주장하였다. 즉 자본의 집중에 의하여 계급이익이 강화되면서 공공영역이 정치화하고, 국가는 사적 영역에 더 많이 간섭하게 되었다는 것이다. 또한 그는 시장 원리가 대중매체에 침투함으로써 일반시민들은 수동적인 문화소비자로 전락했다고 한다. 요컨대, 사적인 자율성을 강조하는 현대의 경제 중심적 문화가 등장함으로써 공공영역마저 사적인 것에 의해 지배받게 되는 결과가 초래돼 공론영역의 구조가 근본적으로 변했다고 진단한다.
　　그의 공공영역과 관련된 논쟁의 하나는 그가 "부르주아 공공영역"을 시민사회의 '사적 영역'의 일부로 파악함으로써, '공공'과 '사적'인 개념과 용어가 뒤섞여 사용되고 있

④ 실질적 공공영역과 명목적 공공영역

실질적인 내용을 갖추고 공공당국의 공권력에 의하여 실질적으로 규율되는 공공영역이 실질적 공공영역이다. 이에 비하여 이름뿐인 공공영역이 명목적 공공영역이다. 후진적 사회일수록 실질적 공공영역이어야 할 부분이 명목적·형식적 공공영역으로 대치되고 사적 영역으로 변질되는 경우가 많다. 예컨대 분명히 채용·승진의 '인사 문제'는 공적 영역 내에서 능력·실적의 평가 등 공적 기준에 의하여 공공목적에 합당하게 처리돼야 한다. 그런데 그것이 실질적으로는 혈연·학연·지연 또는 외부의 압력·청탁·뇌물 등 사적 연고나 이해관계에 의하여 좌우되는 경우, 그것은 사적 영역으로 변질된 명목적 공공영역이다. 공무와 사무를 혼동하는 경우도 많다. 다음의 예와 비교해 보자.

……차관이 스스로 운전을 하는 게 전혀 '뉴스'가 안 되는 곳이 미국의 공직사회다. 본인의 일은 본인 스스로 하는 게 습성화돼 있기 때문이다.……미국 공직에서 최고의 금기사항은 사사로운 일심부름이다. 워싱턴시의 고위 공직자가 집수리를 하는데 본인 부하의 도움을 받았다고 해서 해고가 된 적도 있다. 의전이 없기는 장관도 마찬가지다. 대통령 눈치를 보고 여론을 본인에게 유리하게 끌어들이기 위해 술자리를 만들지 않는다. 그런 시간이 있으면 공부를 한다.

미국의 국무부 장관 자리는 100여 개국이 넘는 전 세계 국가들과의 외교문제를 다루는 자리다. 어느 백악관 대변인이 표현했듯이 '굶주린 사자 떼'가 먹이(기삿감)를 찾아 예상에도 없는 질문을 쏟아내는 브리핑장에서 국무장관은 막힘이 없다. 대미외교가 전체 업무의 80% 이상을 차지하는 우리나라 외교부장관보다도 한미관계를 더 훤하게 꿰뚫고 있다. 평소 공부를 하지 않으면 불가능한 일이다.

주미 대사관에 근무했던 한 고위 관리는 "한국은 의전만 있지 외교는 없다"고 한탄한 적이 있다. 정상회담이 열릴 때 한국의 장관은 대통령 아침식사 메뉴를 걱정하는데 미국의 장관은 회담에서 오갈 내용을 검토한다. 공무원의 능력은 상사에 대

는데 따른 모순·부정확성·부적절성 등의 지적이나 비판과 관련된다. 그것은 국가와 시민사회가 모두 공공영역이라는 주장이 있는 반면, 시민들이 적극 참여하는가 참여하지 않는가에 따라 시민사회도 사적 영역이라는 주장이 엇갈리는 학계의 현실과 맞물려 있다. 이처럼 공공 개념의 복합성 및 '공공'과 '사적' 영역의 혼재성 등을 놓고 관점의 차이에 따라 논쟁이 계속되고 있다. 이와 관련, Agnes S. Ku, 앞의 논문, 226. J. Habermas, *The Structural Transformation of the Public Sphere: An Inquiry into a Category of Bourgeois Society*, [1962] translated by Thomas Burger and Frederick Lawrence, Cambridge: MIT Press, 1989; 이진우(편), 하버마스의 비판적 사회이론, 문예출판사, 1996 등 참조.

한 '예우'가 아니라 그가 지닌 '실력'으로 판가름 난다. 나이 불문, 배경 불문이다. 그 자리에 적임자라면 문제될 게 없다. 콜린 파월 장관의 아들이 연방 통신위원회 위원장으로 임명되고 딕 체니 부통령의 딸이 국무부 부차관보로 들어간다고 해서 '특혜' 시비는 없다. 그들이 실력으로 그 자리에 갔다고 믿기 때문이다. 그만큼 실력자들이기도 하다.[42]

공공영역인데도 사사영역으로 바꿔 접근하면 문제 해결이 쉬워지는 경향이 심한 사회가 우리 사회이다. 국회의 공개회의에서 토론하는 것보다는 소수 중진 의원들이 밀실에서 결정한 것이 더 중요하다. 관공서에 가서 어렵게 해결해야 될 민원사항이라도 아는 사람을 통하면 쉽게 해결할 수 있는 '사적 연고주의'가 심하다. 공명정대하게 공무를 집행해야 할 경우에 사적인 연고나 이해관계 때문에 편파적·차별적 처리, 권한 남용, 불법 부당한 처리 등을 하는 것은 공공영역을 사사화한 변질·왜곡행위이다. 언론이 특정한 이해관계를 가지고 과장·왜곡 보도하는 것도 공공영역을 사적 영역으로 변질·훼손한 행위이다. 그런가 하면 습관적으로 결혼 여부·연령·아파트 평수(坪數) 등을 거리낌 없이 질문하는 바와 같이, 사생활의 사적 영역인데도 공공영역인 것으로 보는 일도 흔하다. 이처럼 우리 사회에서는 공·사적 영역에서 공공활동 또는 사사활동이어야 할 일이 혼동되는 경우가 많다.[43]

기타 합목적적 필요에 따라 다른 유용한 공공영역의 개념들을 만들어 적용할 수 있을 것이다. 예컨대, 아주 엄격하게 공적 규율의 대상으로 삼는 공공영역은 '엄격한 공공영역'이라고 할 수 있다. 이에 비하여 상대적으로 느슨하고 유연하게 공적 규율의 대상으로 삼는 경우 이를 '유연한 공공영역'이라고 구별할 수 있을 것이다. 또 사기업과 같은 하위 공동체 단위에서 그 공동체 내부적으로 적용하는 '내부적 공공영역'과 국가의 통제·지배·관리를 받는 '외부적 공공영역'의 구별은 앞에서 설명한 바 있다. 이상의 논의를 통하여, 공공영역과 사사영역은 분야와 사안에 따라 합목적적 필요와 기준에 따라 합리적으로 설정되고 적용되어야 함을

---

42) 매일경제, 2002. 3. 20, "미국, 겉치레에 시간낭비 않는다" 기사.
43) 공무원도 다른 사적인 개인과 마찬가지로 자신의 기호대로 식사하고 취미생활을 할 수 있는 '사적 영역'을 가진다. 그렇다고 그가 퇴근 후 직무와 관련된 영리행위를 하는 바와 같이 어떤 일을 제한 없이 할 수 있다고 해서도 안 된다. 그래서 공무원법령은 영리행위의 겸직 금지나 제한과 같이, 일정한 사적 영역의 행동에 대해서 공공성을 이유로 일정한 제약을 가하고 있다. 그러나 구체적인 사안과 관련, 그 규제의 타당성, 정도, 범위 등에 관한 논의가 필요하다.

알 수 있다. 이에 관해서는 사적 자치와 공공개입의 장에서 더 자세하게 검토할 것이다.

2) 보편현상으로서의 공공활동

공공 개념은 사사 개념과 함께 우리의 삶 속 곳곳에 널리 퍼져 있다. 그래서 이는 어디에나 존재한다는 '편재성'(遍在性)을 갖는 개념이라고 하였다. 그렇게 우리 주위의 공공영역에서, 자연, 사회, 인간과 관련된 모든 분야와 측면에 걸쳐, 사람이 사람답게 살 수 있는 '좋은 삶'과 '좋은 공동체'를 실현하기 위한 목적을 위하여 전개되는 공적 성격의 활동·행동이 모두 '공공활동'이다.[44]

이렇게 본다면, 어떤 시대 어떤 공동체에도 그 구성원의 좋은 삶과 좋은 공동체를 위한 여러 가지 공공활동이 있다. 현대의 잘 발달된 국가에만 공공활동이 존재하는 것이 아니라, 원시공동체에도 어떤 형태로든 공공활동이 존재하였다.[45] 또 현재 국가공동체를 위하여 수행되고 있는 정부의 활동은 대표적인 '공공활동'이다. 더 구체적으로는 국가공동체를 위한 중앙정부, 지방자치단체 등 각급 정부의 각종 기관과, 공기업, 공단(公團) 등은 정부활동으로서의 공공활동을 수행한다. 그런가 하면 사기업과 같은 사적 경제공동체, 사립학교와 같은 교육기관, 신문이나 방송과 같은 언론기관, 교회나 사찰과 같은 종교단체, 아파트와 같은 공동주택단지에도 그 '공동체 나름의 공공활동'이 존재한다. 이처럼 공공활동은 인류의 크고 작은 수많은 공동체의 다양한 공공영역에 존재하는 보편현상임을 알 수 있다.

---

44) "정부정책은 정부운영의 방향과 내용에 관한 언명"이고 "정책적 언명은 '사회 재구성'을 위한 제안이라고 할 수 있다"고 하는 바와 같이(강신택, 행정학의 논리, 2002, 박영사, 140), 공공활동도 '사회의 재구성'을 위한 활동이라고 좀더 적극적으로 강하게 표현할 수도 있다고 본다. 그러나 민주적·평화적·합의적·합리적인 방법에 의한 사회의 재구성 활동이라 하더라도, 그런 조건 없이 바로 '재구성'이라는 용어나 개념을 쓰는 경우 그것은 자칫 마르크스·레닌주의에서 보듯이, 지나친 야심과 비현실적인 환상에 사로잡혀 전제적·폭력적·교조적·전체주의적인 방법으로 사회 재구성을 시도하는 것도 배제할 수 없기 때문에 그렇게 표현하지 않기로 한다. 이와 관련, 후술하는 '사회공학'의 설명을 참고하기 바란다.

45) 공공철학자 호지킨슨은 "공공활동은 가장 오래되고 널리 퍼져있는 인간행동의 하나다"(Administration is one of the most ancient and pervasive of human behaviours.)라고 한다. Christopher Hodgkinson, *Towards a Philosophy of Administration*, New York: St. Martin's Press, 1978, preface ix.

또 개인이나 집단의 사사활동도 국가나 기타 다양한 공동체에 딸리거나 관계된 경우, 그것은 '그 공공성을 띤 만큼에 해당하는 공공활동의 성격'을 내포한다. 시민 개개인이 국민투표에 참여하거나 시민 대표로 공청회에 참여하는 행위와 같이, 공공영역에서 공공당국의 공공활동을 완성하게 하는 참여활동도 공공활동의 속성을 내포하고 있다. 또한 시민 개개인이 교통법규를 준수하고, 공공시설물 이용규칙을 준수하며, 정부의 구매업무에 선량한 거래자의 입장에서 입찰에 참여하는 개인행동도 공공활동의 속성을 내포하고 있다. 또 사기업, 언론사, 사립학교, 종교기관, 이익집단 등 각종 법인이나 단체와 같은 '집단'도, 위 개인과 같은 지위의 국가공동체의 일원으로서, 공적 성격의 활동이나 행동을 하는 경우, 그것은 공공활동의 속성을 내포하고 있다.

'집단'이 국가공동체의 일원(개체)으로서, 국가공동체에 딸리거나 관계된 의미의 활동을 수행하는 경우, 그것이 공적 성격을 띤 '공공활동'이라는 단적인 예는 사립학교의 교육활동을 생각해 보면 알 수 있다. 국공립학교는 '공공부문'의 학교이므로 '공공'의 목적과 공적 규제를 받아야 하고, 사립학교는 '사부문'이므로 '공공'과 무관하다고 공적 규제를 하지 않아야 하는 것은 아니다. 각급 국공립·사립 여부를 떠나 학교에서 동일한 목적과 방법으로 학생을 교육하는 활동은 교육에 관한 중요한 공공활동(공교육)인 것이다. 거기에는 공공 개념의 특성, 공·사적 소유의 특성 때문에, 사립학교는 사립학교대로, 국공립학교는 그들대로 그 나름의 특성을 지닐 뿐 공·사립의 차이가 없다. 그런데 그 차이를 어느 정도의 비중을 두고 보느냐에 따라 관점의 차이는 존재하고 그것이 논쟁의 대상이 된다.

또 사기업이나 민간 기관·단체가 단순히 하나의 독립된 공동체가 아니라, 국가공동체의 일원인 지위에서 공적 책임과 의무를 이행하는 것은 그 집단의 활동이 공적 성격을 띠기 때문이다. 대외적으로 환경을 오염시키고 소비자를 기만하며, 대내적으로 구성원의 성차별을 부추기고 산업안전과 재해에 무관심한 기업활동은 국가사회에 해악을 끼치므로 공공영역의 규제 대상이 되는 것도 그 때문이다. 언론사의 활동도 그것이 사회의 공기(公器)로서 언론 본연의 활동인 한, 공공활동의 속성을 내포하고 있다. 은행 등 금융기관이 사적 소유일망정 그 금융 본연의 활동은 분명 공공활동의 속성을 내포하고 있다.

이렇게 보면, '집단'(특히 공공당국을 지닌 집단)은 '하나의 공동체'이기도 하지만, 국가공동체 전체 구성원 중 '일부 구성분자'라는 이중의 지위를 갖는다고 할 수 있다. 그래서 다음의 예와 같이, 기업의 뇌물은 국가공동체로 볼 때 '공공의적'이고, 기업 내부로 볼 때 소위 지속가능경영, 윤리경영, 정도경영(正道經營)의 암적 요소이기 때문에 국가적으로나 기업 내부적으로 규제하는 것이다.

<뇌물을 줄 것인가, 말 것인가> 다국적 기업 중에서 부패문제에 대해 매우 엄격한 기업으로 손꼽히는 미국의 모토로라를 방문했다. 일찌감치 중국에서 교두보를 구축한 경쟁력 있는 회사이다. 시카고 본사에서 브루스 라모 윤리담당 부사장을 만나자마자 다짜고짜 물었다. "중국에서 공무원들에게 뇌물을 주지 않고 제대로 사업할 수 있나요?"……라모 부사장의 답변. "뇌물제공을 금지하는 행동강령은 똑같이 적용된다. 대신 무조건 '노(No)' 하지 말고 '창조적인' 방법을 생각해 내야 한다." 실제로 모토로라는 중국의 한 도시에서 공장 가동을 앞두고 소방공무원들이 대가를 요구하자 이를 거부했다. 대신 소방공무원 자녀들을 위한 장학금을 제공하는 식으로 문제를 해결했다는 것이 그의 설명. 중국 공무원들은 오히려 모토로라의 이 같은 결정에 감명을 받았다고 한다.

<갈수록 엄격해지는 다국적기업들> 오티스 엘리베이터로 유명한 미국의 유나이티드 테크놀로 지사는 얼마 전 외국 공무원에게 뇌물을 준 한 해외 지사장을 해고했다. IBM 본사는 아르헨티나 은행 간부에게 거액의 뇌물을 제공한 IBM 아르헨티나 지사를 자체 적발해 사법당국에 고발하기도 했다. 모토로라도 인도에서 공장을 설립할 때 담당 공무원들이 금품을 요구하며 전기를 공급해 주지 않자 공장 가동을 연기하면서까지 버렸다. 이후 모토로라는 인도 공무원들 사이에 '요구해도 안 주는 회사'로 인정받아 시달림을 받지 않게 됐다.

이처럼 미국의 다국적 기업들이 몸을 사리는 것은 외국 공무원들에게 뇌물을 주다 적발되면 형사처벌을 받도록 돼 있는 미 국내법 때문이다. 여기에 90년대 중반 이후 주요 기업들을 중심으로 윤리경영 바람이 불면서 이 같은 뇌물추방 관행은 더욱 엄격해지고 있다. 또 주요 기업들을 중심으로 핫라인을 개설해 놓고 회사차원에서 뇌물제공이나 수수 등에 대해 신고를 받고 있는 것도 부패 정도를 줄이는 데 기여하고 있다. '감시의 눈'이 도처에 있다는 것을 의식하기 때문이다.……[46]

또 '개인'은 정부기관이나 사기업에 소속된 경우, 그 공동체 단위의 '소속 구성원'의 지위와 함께, 국가공동체의 '전체 구성원의 구성분자'라는 이중의 지위를 갖는다. 그 개인이 어떤 기관이나 단체에 소속되지 않은 경우에는 당연히 국가공동체의 '전체 구성원의 구성분자'라는 단일 지위만을 갖는다. 어느 경우에나 개인(집단)은 그 공동체적·공적 지위의 특성에 따라 다른 점이 있겠지만, 기본적으로

---

46) 동아일보, 2003. 6. 16, "美 기업, '뇌물은 공공의 적' 전쟁 선포" 기사.

는 공적 성격의 활동이나 행동을 할 수밖에 없는 점에서는 동일하다.

이렇게 보면, 우리가 관심을 갖고 논의하는 '공공활동가'의 '공공활동'의 대상과 범위는 상식적으로 생각하는 것보다 훨씬 더 넓다. 먼저, '좋은 공공활동'의 탐구와 실천의 대상·범위에는 국가공동체를 규율하는 중앙정부, 각급 지방자치단체의 지방정부, 공기업, 공단 등 각종 정부부문의 활동이 가장 중요한 일차적 대상·범위로 포함된다. 그리고 국가공동체의 하위(부분) 공동체에 해당하는 사기업, 학교, 언론기관, 이익단체, 아파트관리사무소 등에서 전개되는 각 공동체 나름의 공적 성격의 공공활동도 포함된다. 거기에 국가공동체의 구성분자의 지위에 있는 하위 공동체(집단)와 시민 개인, 그리고 하위 공동체의 구성분자의 지위에 있는 집단이나 개인의 공적 성격을 띤 활동도 포함된다.

따라서 이 책에서 '공공활동'은 전통적 의미의 '행정'(공공행정, public administration)이나 '정부행정'(government administration)과 같은 '공공부문의 행정'에만 국한하지 않는다. 여기에 '사기업행정'이나 '사행정'(private administration)에 해당하는 민간부문의 '기업경영'(간단히 '경영', business administration or management)도 포함한다. '행정' 대신 굳이 '공공활동'(public activity, administration, management)이란 넓은 개념을 채택한 것은 이처럼 행정활동과 경영활동이 공유하고 있는 '공적 성격을 띤 활동 부분'에 초점을 맞추고자 하기 때문이다.[47]

---

47) '공공활동'은 영어로 직접 표현하면 'public activity'이지만, 사실은 앞에 아무런 형용사가 없는 'administration'이나 'management'로도 가능하다. administration나 management 앞에 (공공)행정의 public이나 (사기업)경영의 private(또는 business)를 붙이지 않으면, 그것은 공·사행정을 모두 포함하는 것을 뜻하기 때문이다. 노벨경제학상을 받은 사이몬의 책(Herbert A. Simon, *Administrative Behaviour*, N. Y.: Free Press, 2nd ed. 1957)을 비롯하여, 우리에게 많이 알려진 문헌인 디목의 책(Marshall E. Dimock, *A Philosophy of Administration*, N.Y.: Harper & Row, 1958) 및 호지킨슨의 책(Christopher Hodgkinson, *Towards a Philosophy of Administration*, New York: St. Martin's Press, 1978)에 나오는 'Administration'은 본문의 '공공활동'을 말하므로, 이들은 '행정행태'나 '행정철학'이라기보다는 '공공활동의 행태'나 '공공활동의 철학'(간단히 '공공철학')이라고 하는 것이 적절하다.

특히 호지킨슨은 그의 공공활동(administration)을, '조직을 통하여 목적을 정하고 성취하는 일반적인 인간행동의 형태'(the general form of human behaviour which defines and achieves ends through organizations)라고 규정한다. 즉 그는 특정 부문의 특정 조직에만 한정할 필요 없이, 학교·공장·병원·정부기관·회사·군 등의 공공행정과 기업경영의 공·사 부문에 걸쳐, 다양한 조직여건·종류·계층 등 형용사가 붙지 않는(non-adjectival) '공공활동 일반'(administration-in-general)에 공통으로 적용할 수 있는 '일반화된 활동형태'(a generalized form of activity), '일련의 활동'(the set of activities), '일반적 종류의 활동'(a general class of activities)이라고 한다.(본문의 '공공활동'과 관련해 그렇다고 이것이 행정학과 경영학을 구별할 필요가 없다는 식으로, 각 학문의 독자성·정체성(identity)을 부정하는 것은 아니다. 이는 공공부문의 '국가공동체'든 민간 사사부문의 각종 '하위 공동체'든, 어느 공동체나 그 공동체 단위 나름대로 공적 규율체제를 집행할 공공당국을 갖추고 공동체 목적을 달성하기 위하여 수행하는 '그 공동체 나름의 공적 성격의 활동'이란 공통적인 특성, 본질적으로 동일하게 취급할 만한 부분을 학문적으로 집중 조명하고 분석하며 탐구하겠다는 뜻일 뿐이다.48) 공·사 부문의 공공활동은 본질적으로 다르지 않으나, 역사적·정치적·사회적·경제적·문화적으로 공·사 부문을 다르게 취급하고, 또 각 부문 내에서도 존재·실제·내용·형식·방법 등 독특한 차이의 특성을 가려, 그 필요성과 비중에 적합한 하나의 독립된 분과학문으로 연구하겠다는 것은 얼마든지 가능하고 필요하다고 하겠다.49)

서, 그의 '활동'이라는 표현에도 유의할 필요가 있다. 그의 책, 3-8쪽 참조.)
　　그리고 1900년부터 1939년 사이 미국에서 각각 별도로 발전한 고전적 조직이론과 인간관계론이 흔히 영국에서도 동일하게 진행됐다고 여겨지는 것과는 달리, 영국은 그 둘을 '동시에 하나의' 공공활동철학으로 발전시켰고, 미국의 POSDCORB 대신 SLOCUS(참모와 계선, 조직, 의사소통, 통솔범위의 Staff and Line, Organization, Communication, and Span of control)의 과학적 원리가 대두한 예를 들면서, 기존 이론과는 다른 영미의 공공활동사상을 비교·검토한 토마스는 그녀의 'administration'을 '공공 및 기업의 일을 수행하는 활동에 관한 중심적인 주장이나 사상'(central doctrines, or ideas, concerning the activity of conducting public and business affairs)이라고 공·사 활동을 통합하고 있다. Rosamund M. Thomas, *The British Philosophy of Administration*, London, Longman, 1978, 4 참조.
48) 각 공동체에 동일한 점은 다 같이 공동체의 구성원을 규율하는 기능이 존재하고, 그런 동일한 기능을 수행하는 권위당국(공공당국)이란 '같은 손'(a same hand)이 있다는 것이다. 다른 점은 정부부문의 공공당국인 정부와, 회사와 같이 민간 사부문의 공공당국은 공·사의 차이 때문에, 상호 간에 서로 다른 특수하고 고유한 차이를 보이는 '서로 다른 손'(a different hand)의 성격을 갖는다는 것이다. 이에 '공공행정'과 '기업경영'의 본질에 대하여 어느 쪽을 강조하는가의 관점과 견해의 차이에 따른 논쟁이 계속되고 있다. 양자가 본질적으로 동일하고 그 독특한 차이는 중요하지 않다고 보는 '같은 손' 쪽(일반관리론자, the generic management gospel)에서 보면 양자는 구별할 필요가 없다고 주장한다. 그러나 독특한 차이점의 중요성을 강조하는 '다른 손' 쪽(공공부문 고유성론자, the public-sector uniqueness gospel)에서 보면, 양자는 서로 구별할 필요가 있다고 보게 된다. 이에 관하여 Graham T. Allison, Jr., "Public and Private Management: Are They Fundamentally Alike in All Unimportant Respects?"(1980) in J. Shafritz and A. Hyde(eds.), *Classics of Public Administration, 2nd ed.*, Chicago: Ill., The Dorsey Press, 1987, 510-529 참조.
49) '공공성'(publicness)은 공동체의 필요에 따라 공공당국이 일정한 제약을 가하고 혜택을 부여하는 일련의 공적 규율 활동과 관련되는 정도 또는 성격을 의미한다고 규정할 수 있다. 그렇다면, 공·사행정의 공·사조직은 '공공성'을 가지고 있거나 가지지

다음으로, '공공활동가'의 대상·범위는 앞의 포괄적 범위의 공공활동을 수행하

않는 것이 아니라, 단지 공공성의 정도(degree) 또는 차원(dimension)의 차이를 지니고 있을 뿐이다. 대표적으로 행정학자 보즈맨(B. Bozeman)은 '모든 조직은 공공성을 지닌다'는 그의 저서에서, 공공행정과 기업경영이 본질적으로 동일하다는 입장이나 완전히 다르다고 보는 입장 모두를 받아들이지 않는다. 그러면서 그는 '공공성'이 '정부조직'은 물론 민간 '사기업조직'에도 동일하게 적용되고 그 차이는 정도 또는 차원의 차이뿐이라는 입장을 취한다. 사기업조직도 정도 또는 차원의 차이일 뿐 '정부조직'과 마찬가지로, 그 활동과정에서(따라서 조직구성원의 행태에 있어서도) 공동체의 필요에 따라 일정한 제약(constraint)을 가하고 혜택을 부여(endowment)하는─정당한 강제력을 갖는─정치적 권위(political authority)의 영향을 받고 있다는 것이다. 그리하여 조직은 정치적 권위의 영향을 많이 받을수록 '공공성'은 증대하고, 재산권의 보장과 같이 경제적으로 자유·자율을 누리는 경제적 권위(economic authority)의 영향을 많이 받을수록 '사적 성격'은 증대한다는 것이다. 그래서 그는 '모든 조직은 공공성을 지닌다'고 주장하면서, 그의 공공성이론(a theory of publicness)을 정치적 권위의 차원과 경제적 권위의 차원을 동시에 고려하므로 '다차원적 공공성이론'(a multi-dimensional theory of publicness)이라고 한다. Barry Bozeman, 앞의 책, 특히 83-106 참조.

그런데 모든 조직은 공공성을 지니고 있다는 보즈맨의 주장은 전적으로 '공공'의 개념을 '정부'에서 도출하여, 기업조직이 법적 규율, 목표, 자원의 조달과 배분 등에 있어서 '정치적 권위'를 갖는 '정부활동'의 영향을 받는 문제(정도의 문제)로 파악하고 있음을 알 수 있다. 따라서 그는 '공공' 개념을 '정부'와 동일시하는 국가주의적 공공 개념을 반대하면서도(p.xi), 여러 공동체 중에서 '국가공동체와 관련된 국가주의적 공공' 개념만에 한정하여 공공 개념을 인식하고 있는 한계를 보이고 있다. 결국, 사기업조직도 공공성을 지니고 있다는 그의 주장은 사기업 '외부영역'에서 사기업을 규율하는 최고권위의 실체인 '정부'의 계층적 지배와 종속을 받고 있다는 의미를 설명하고 강조한 것일 뿐(그런 공동체적 존재의 의미에서는 국가 내 개인이나 법인에 모두 적용됨), 사기업의 '내부영역'에서 상대적으로 독립적인 '하위 공동체 단위 나름의 공공당국이나 구성원 중심의 공공 개념'이 존재한다는 '내부적 공·사 구분'의 의미는 전혀 포함하지 않는다.

한편, 백완기교수는 공공성의 본질을 "손해나고, 돈벌이가 되지 않고, 사회적 약자의 편에 서고, 불특정 다수의 이익을 생각하고, 먼 장래의 이익을 위해서 현재의 이익을 희생하는 자세"라고 규정한다. 그리고 공공성에 대한 학설을 ①국가나 정부기관이 하는 일은 다 공공성을 지니고 있다는 '주체설', ② 국가 또는 사회 전체의 운명이나 생존 또는 정체성과 직결되어 있는 제도·활동·강제성·상징성 및 의식 등을 일컫는다는 '구조기능설'(D. Waldo), ③ 시장의 원리에 맡겼을 때 수요와 공급에 의해서 재화나 용역의 생산이 이루어지지 않거나, 공급의 독점을 규제하거나, 경제적 효율성 이외에도 분배적 형평을 통하여 사회적 후생을 증진시키기 위한 활동이라는 경제학자들의 '시장실패설', 그리고 ④ 정치적 권위에 의해서 영향과 제약을 받고 또 정치적 권위에 영향을 끼치는 정도를 의미하며, 그 경우 모든 조직이 공공성을 띠되 정도 차이만 있을 뿐이라는 '정치적 권위설'(B. Bozeman)로 나눈다. 그리하여 공공성의 구성요인들로는 외연성(외부성)이 높은 재화나 용역의 생산활동, 국가나 공동체의 존립에 필요한 재화나 용역, 시장의 원리로 문제가 풀어지지 않는 경우, 업무의 성질이나 규모, 국민생활에 필수적인 서비스, 재생산이나 확장이 불가능한 재화, 빈번한 자연재해의 발생, 자율적 질서가 빈약한 사회 등을 제시한다. 백완기, 행정학, 박영사, 2006(신판), 4-8 참조.

는 공공행위자를 망라할 수 있다. 그러나 흔히 행정가, 법률가, 사업가와 같은 '~가(家)'라는 말은 어떤 일을 비전문적 · 일시적이기보다는 '전문적 · 계속적'으로 하는 사람을 지칭하므로, 공공활동을 수행하는 사람 중 전문적 · 계속적으로 수행하는 사람만에 한정하기로 한다. 따라서 중앙정부, 지방자치단체 등 각급 정부에 소속되어 각종 정부활동을 수행하는 사람은 물론, 사기업과 같은 민간부문에 소속되어 그 공동체 나름의 각종 공적 성격의 활동을 수행하는 사람, 그리고 아주 예외적으로는—개인적으로 사회복지시설을 운영하는 자와 같이—공적 성격을 띤 개인(집단)의 활동을 전문적 · 계속적으로 수행하는 사람을 '공공활동가'(public actor, public administrator, public manager, public worker)라고 지칭하고자 한다. 이로써 이는 '공직자'라는 개념보다 더 넓은 의미를 갖게 된다.[50]

그렇다면, 이 책에서 주된 초점을 맞춰 일반론으로 논의하는 대상의 '공공활동'은 '공공활동가의 공공활동'에 두고 있다. 그래서 결과적으로는 비교적 규모가 큰 조직을 갖추고, 전문적 · 체계적 · 계속적으로 공공활동을 수행하는 조직 단위, 공동체 단위, 사회 단위, 국가 단위의 공공활동이 주된 대상이 되겠다. 그렇다고 이에서 제외되는 개인(집단)의 공적 성격의 공공활동이 전적으로 일반론의 적용 대상이 아니라거나, 중요하지 않다는 것은 결코 아니다. 오히려 그것도 좋은 공공활동을 위해서는 필수적이다. 그래서 그에 대해서는 그 특수성을 감안하여 '시민(공동체구성원)의 공동 책임'이란 한 장을 할애하여 집중적으로 논의하고자 한다.

---

50) 앞의 '공공활동'과 마찬가지로, '공공활동가'는 'public actor'이지만, 사실은 'administrator' 나 'manager'로도 가능하다. administrator나 manager 앞에 (공공)행정을 말하는 public이나 (사기업)경영을 말하는 private를 붙이지 않으면, 그것은 공 · 사행정가를 모두 포함하는 본문의 '공공활동가'를 뜻한다. 그것은 앞의 Marshall E. Dimock와 Christopher Hodgkinson의 공공철학 문헌의 내용이 증명해 준다. 다만, 정부행정이 '공공활동'의 핵심을 구성하는 중심 부분이고, 저자의 학문적 배경이 주로 행정학이므로, 이 책에서 공공활동의 논의에는 주로 '행정'을 중심으로 한 경우가 많고, '행정학'의 문헌이나 이론을 인용하거나 '공직자' '공무원'을 중심으로 논의를 전개하고 있다. 그렇더라도 대부분의 논의는 사기업경영에 그대로 적용해도 큰 무리가 없다.

제 3 장

공공활동과 공공철학의 통합

　공공활동은 우리의 개인적·공동체적 삶을 영위하는 데 있어서 필수 불가결한 요소인 만큼 공동체사회에서는 어디에서나 발견되는 보편적 현상이라고 하였다. 그리고 우리 자신이 공·사 조직의 일원으로서, 또는 시민의 한 사람으로서, 많거나 적은, 또는 크거나 작은 공공활동을 수행하고 있다고 하였다. 그렇다면 우리는 누구나 무엇을 어떻게 하는 것이 좋은 삶과 좋은 사회를 위하여 올바로 공공활동을 수행하는 것인가에 대하여 관심을 갖고 고민해야 마땅하다. 공동체의 구성원을 위한 공공활동을 수행할 때, 무엇을 어떻게 하는 것이 가장 바람직한 공공활동일까? 우리는 이 바람직한 공공활동의 이상·이념을 반영하는 규범이상(normative ideal)이자, 공공활동가가 붙잡고 씨름할 수밖에 없는 질문을 일컬어, 포괄적으로 '좋은 공공활동'(good public activity)[1]이라 부르기로 하겠다. 그러면 먼저 좋은 공공활동의 본질부터 살펴보고자 한다.

---

1) '좋은 공공활동'의 개념은 철학에서 바람직한 삶을 추구하기 위한 포괄적인 준거 개념, 규범이상으로서 '좋은 삶'(good life)이란 개념을 설정하고 탐구하는 전통과 동일하다고 하겠다. '좋은 공공활동'에 반대되는 개념은 '나쁜 공공활동'(bad public activity), '잘못된 공공활동'(misgovernment), '공공활동의 실패'(failure of public activity) 등이 되겠다. 'misgovernment'의 개념은 Christopher Hood, "Remedies for Misgovernment", in *Ethics and Accountability in a Context of Governance and New Public Management*, 9-21 참조.

1. 공공활동의 본질

'공공활동'이란 무엇인가? 그것은 '사람이 사람답게 좋은 삶을 살 수 있는 좋은 공동체를 건설하는 활동'이다. 그래서 이 지구상에 삶을 영위할 때부터 사람들은 '좋은 삶'과 '좋은 공동체'를 실현하기 위한 활동으로서의 공공활동을 수행해 왔다. 그렇다면 공공활동의 본질은 무엇인가? 인식대상을 구성하는 일차적이고 필연적인 속성, 그 속성을 부정하면 유명무실하고 무의미해지는 정도의 것, 혹은 일차적이고 필연적으로 공유하고 있는 인식 대상의 일반적 속성을 '본질'이라고 한다. 그렇다면 좋은 삶과 좋은 공동체를 실현하는 공공활동의 본질은 그 행동성·실천성에서 찾을 수 있다.

'공공활동'은 궁극적으로 '공적 성격의 행동' 즉 '공공행동'(public action)이다. 현실을 초월한 관념적인 초월세계(transcendental world)에서 아무리 훌륭한 정치, 행정, 경제, 경영, 사회, 문화 등의 청사진을 그리고 내놓아도, 그것이 현실세계(actual world)에서 구현되는 '행동'(action)으로 나타나지 않으면 아무 소용이 없다. 중요한 것은 현실의 '실제 행동'이다. 그래서 공공문제에 대처한 '정책'을 형성하는 활동도 결국 '정책행동'(policy action)이란 집행을 위한 것이다. 그런 집행 행동을 통해서 그 정책의 의미가 살아나고 구현된다. 예컨대, '새만금 간척사업'은 국토확장과 개발의 청사진을 실현하기 위하여 역대 정권과 대통령이 나서서 추진한 것이었는데, 다음과 같이 실제 행동 단계에서 극심한 찬반 논쟁 속에 표류하고 있다.

> 1986년 서해안 간척사업의 일환으로 타당성 조사가 시작된 후, 1987년 12월 당시 여당인 민정당 노태우 대통령 후보가 농지 확보와 용수 개발 등의 목적으로 전북 부안군 새만금 간척사업을 선거 공약으로 제시하고, 대통령에 당선된 후 1991년 11월 총 길이 33km, 총 면적 1억2천만평(여의도 140배)에 달하는 세계 최대규모의 간척 공사를 착공하였다.
>
> 그러나 처음부터 주변 개펄과 해역의 오염으로 인한 환경파괴 우려 때문에 찬반 논란이 있었는데, 1996년 다른 대규모 간척지인 경기도 '시화호'의 수질오염에 따른 실패 사례가 부각되면서 새만금호 수질오염 논쟁도 거세지고, 세계무역기구(WTO) 체제하 쌀 수입 개방으로 인하여 기존 농경지마저도 휴경 해야 할 형편 때문에 농

지 확보의 명분도 사라지자 새만금사업의 타당성 논쟁은 가열됐다. 이에 환경시민운동단체의 환경영향 민관 공동조사의 요구를 수용하여 99년 5월 공사가 중단되기도 했으나, 그 후 환경영향 민관공동조사단의 조사, 대통령 직속의 지속가능발전위원회의 검토, 공개토론회, 그리고 명망가에 의한 평가회의 등 험난한 여정을 거쳐 논란 속에, 2001년 5월 정부가 최종결론 형태로 '순차적 개발방안'에 의한 '친환경적 개발'의 대안을 제시하고 공사를 재개하였다.

그러나 이에 반발한 시민단체와 일부 주민이 그해 8월 공사시행 인가처분 취소소송을 제기하고, 2003년 3월부터 65일 동안 천주교, 개신교, 불교, 원불교 성직자가 새만금에서 서울 시청 앞까지 '3보1배'(세 걸음 걷고 온 몸을 엎드려 한번 절함)의 사업중단요구 시위를 전개하는 등 찬반 세력 간 대립은 고조되었다. 그해 6월 환경단체가 공사 집행정지 가처분 신청을 하자, 7월 15일 서울행정법원이 본안 소송에 대한 판결이 나올 때까지 정지할 급박한 사정이 인정된다며 방조제 공사를 중지하도록 집행정지 결정을 내렸고, 사업찬성측인 농림부장관은 항의 표시로 사직하고 전북도민들도 항의 집회에 나섰다. 그러나 2004년 1월 서울고법이 공사재개 결정을 내리고, 2006년 3월 16일 대법원 전원합의체가 대법관 11:2로 "새만금사업의 계속"을 최종 판결함으로써 4년 7개월의 법적 다툼이 종료되었다. 그리하여 2006년 4월 21일 최종 2.7km의 물막이 공사가 완료돼 1단계 사업이 마무리되었다. 그렇지만 14년 5개월 동안 수많은 논란과 갈등을 겪었던 새만금사업은 다시 내부 개발방향을 놓고 새롭게 논란과 대립을 이어가고 있다.

공공활동은 '일련의 공공행동의 연속'으로서, 궁극적으로는 '행동'으로 분해되고 환원되는 성격의 활동이다. 마찬가지로 '법령'도 법령의 내용을 구체화하는 '집행행동'(enforcement action)을 전제하지 않고는 존재 의미가 없다. 또 '대학입시제도'와 같이 일정한 행동양식을 구조화한 '제도'도 '시행행동'(implementation action)이 없으면 빈껍데기에 불과하다. 그리고 대학이나 연구소에서 아무리 좋은 '정책제안'을 해도 정책의 수립과 집행에 의하여 그것을 행동으로 현실화하지 않으면 소용이 없다. 그래서 예컨대, 다음과 같이 정부는 다른 나라보다 앞서서 전자정부를 구현하기 위하여 박차를 가하고 있고, 그 일환으로 교육부문에서도 '교육행정정보체제'를 구축하기 위한 행동에 나섰다.

2002년 10월 미국 브라운대학 공공정책센터가 전 세계 198개 나라 가운데 한국을 대만에 이어 세계 2위 전자정부로 평가하는 등 우리나라는 대만, 미국 등과 함께 세계에서 가장 앞선 전자정부 구현 국가로 분류되고 있다.……애초 1987년부터 시작된 주민등록, 부동산, 자동차 등의 개인정보 전산화가 법률적 근거 없이 진행됐고,……2001년 '전자정부 구현을 위한 행정업무 등의 전자화 촉진에 관한 법률' 제정 이후 본격적으로 추진해온 전자정부 11대 중점과제의 목표는 '속도'와 '편리'의 극대화였다.

그 일환으로 추진해온 교육행정 정보시스템(네이스)은 학교·교육청·교육부 등의 업무를 인터넷으로 처리하는 시스템이다. 교사가 학생 정보를 컴퓨터에 입력하면 데이터가 시도교육청 서버에 모이고, 이 정보를 교사·교육청·교육인적자원부 등이 공유하게 된다.[2]

그 뿐만 아니라, 기업 활동도 제조나 영업 현장에서 실제 생산이나 영업 행동으로 나타나야 이윤을 창출할 수 있다. 또 국제사회에서도 세계시민들은 공동 실천을 위하여 합의한 일정한 '협약'이나 '협정'(Convention 또는 Agreement) 등도 그대로 선언만 하는 형태로 끝나면 안 된다는 것을 깨닫고 있다. 그래서 오늘날에는 국가들이 협약이나 협정을 채택할 때 그 집행을 위한 '행동계획'(action plan)까지 마련하는 것을 상례(常例)로 삼고 있다. 그것은 말하자면 구슬이 서 말이라도 꿰어야 보배라는 속담처럼, 아무리 좋은 것도 그것을 실현하는 '행동'이 없으면 적어도 실제 결과로는 달라진 것이 없다는 사실을 알고 노력하는 징표인 것이다. 그런 의미에서 공공활동에 종사하는 사람들은 '행동'으로 실제 결과를 얻고자 하는 '행동가'(行動家)이다. 그래서 좋은 공공활동가는 '올바른 행동'을 통하여 공공목적을 달성하고, 바람직한 가치를 구현하고자 하는 '올바른 행동가'라고 할 수 있다. 예컨대, 다음과 같은 비판을 받는 행동도 당초에는 자기 고장의 문화유산을 사랑하고, 또 자랑하고 싶은 선량한 지방정부 책임자의 마음에서 나왔음에 틀림없다.

<나의 문화유산 답사기>가 출간된 뒤 이 책에 대한 몇몇 비판 중 가장 가슴 아프게 받아들인 것은 그 책 때문에 유적지가 다 망가진다는 얘기다. 문화유산을 사랑하고 그것을 일상에서 간직하자고 쓴 책이 오히려 문화유산을 다치게 하는 결과를 가져왔다니, 그런 아이러니가 어디 있겠는가.……

내 논거를 위해 <나의 문화유산 답사기>에 언급되지 않은 곳 중 망가진 유적지 하나를 보기로 들겠다. 강원도 강릉에 굴산사터라는 하대 신라 구산선문의 폐사지

---

2) 한겨레, 2003. 6. 9, "OECD국 정보인권 보호법 운영" 기사 및 2003. 6. 10, "가출로 결석, 150㎝ 60㎏ 400명중 300등……, 동네방네 새나갈라, ②네이스 무엇이 문제인가" 기사.

가 있다. 여기에는 넓은 논 한가운데 그 옛날의 위용을 보여주는 높이 5미터의 거대한 당간지주(절 깃발 게양대)가 서 있다. 논두렁을 따라 걸으며 그 당간지주를 찾아가노라면 천년 전 선종사찰의 엄숙한 분위기가 저절로 다가오는 곳이었다. 그런데 연전에 다시 가보았더니 당간지주 코앞까지 시멘트 찻길이 생겼고, 그 옆에는 친절하게도 이동식 화장실도 세워놓았다. 망쳐도 완벽하게 망쳐놓은 것이다.[3]

이와 같이 공공활동은 궁극적으로는 '실제로' 행해진 행동, 즉 실행으로 귀결되고 실행에 의하여 평가받는다. 그래서 행동을 말할 때 굳이 '실천 행동'이라고 합쳐 부르기도 한다. 그렇다면 그 실제로 행하는 실천적 성격에 주목하여, 공공활동의 본질도 '실천'이라고 할 수도 있다. 사실 학자들 중에는 공공활동의 본질로서 단순한 행동과 구별되는 '실천'(practice)으로서의 행동을 강조하는 사람도 있다.

실천(實踐)은 일상적 의미로도 사람이 생활의 장(場)에서 무엇인가를 추구하여 '실제로 행하는 행동'과 '의식적·능동적 행동'을 강조하는 의미를 내포하고 있다. 그래서 학문적으로 실천은 아리스토텔레스 이래 칸트에 이르기까지 '이론'이나 '인식'에 대응하는 의미로 쓰여 왔다. 그런데 특별히 마르크스(Karl Marx, 1818–1883)는 역사적 유물론(唯物論)의 입장에서, 사회적·역사적 관계에 따라 생활과정, 즉 실천과정에서 인식의 주체, 대상, 진리가 바뀌고 변혁되는 것을 강조하였다. 그 후 실천은 학문적으로 다소 더 특정적인 개념으로 등장하게 되었다. 그에게서 '실천'은 서술적 의미에서의 단순한 실행 이상으로, 다음과 같이 '사회변혁의 의도적 활동'을 강조하는 제1의적(第一義的) 개념이 된다.

마르크스는 유물론적 사유를 통하여 특별히 '실천'을 강조한다. 그에게 인식의 문제는 실천의 문제가 되고, 그에 의하여 인식론에서 실천은 중요한 위치를 차지하게 된다. 그는 정해진 상황과 맥락에서 의미가 하나로 결정될 수 있다고 했다. 그렇지만 그것은 어디까지나 '그럴 수 있는 가능성'일 뿐이고, 현실적인 실천을 통하여 의미는 비로소 객관적으로 확인하고 올바르게 결정할 수 있다고 주장한다. 실천을 통해서만 지식은 '객관적인 것' '올바른 것'이 될 수 있다고 본다. 어떤 지식이나 개념이 옳은가(진리인가) 그른가는 이론과 논리만으로는 증명될 수 없고, 객관적 지식은 만들어지지 않으며, 반드시 실천이 필요하다는 것이다.

그렇다고 실천이 단순히 '검증하거나 확인해 보면 안다'는 식도 아니다. 실천은 어떤 것을 검증하고 확인할 무엇인가를 정하고 (의사)소통하는 그 이전의 문제이기

---

3) 유홍준(명지대 교수·미술사학), "유적지의 주차장 멀수록 좋다", 한겨레, 2002. 2. 26.

때문이다. 실천이 없다면, 심지어 서로 생각하고 있는 것이 같은 대상인지 다른 대상인지도 알 수 없다고 본다. 의미를 결정할 때나 칸트처럼 감성(감각)을 말할 때, 그래서 '대상과 인식이 일치하는가'의 문제, 즉 객관적인 지식, 올바른 지식의 문제는 '특정 상황이나 맥락 속에서 행해지는 실천'이 개입되지 않고는 해결되지 않는다고 주장한다.

물론 이론이나 지식은 실천의 방향을 제시해 주고 시행착오를 줄여주기 때문에 중요하다. 그러나 실천을 제쳐두고 어떤 이론이나 지식이 옳은지를 묻는 것은 무의미하다고 본다. 그래서 철저히 의심하는 철학자가 자기주장이 진리임을 입증하기 위해서는 실천에까지 나아가야 한다는 결론이 나온다. 어떤 권위 있는 이론이나 주장도 상황과 맥락 속에서 실천을 염두에 두고 다시 사고하고 검토하라고 말한다. 실천 의지가 없는 이론이나 비판은 불철저하고 올바름이 증명되지 않으므로 거짓된 것이라고 해도 항변할 수 없다는 것이다. 이는 일상생활에서도 마찬가지라고 한다. 그리하여 마르크스이론은 사회의 모든 모순을 제거하고 재구성하기 위하여 '사회변혁적 실천'이 핵심적임을 보여주고, '이제까지 철학자들은 세계를 단지 여러 가지 방식으로 해석해 왔을 뿐이다. 하지만 중요한 것은 그것을 변혁하는 것이다'라는 묘비명에 어울리게 마르크스는 공산혁명을 위해 살았다.[4]

---

4) 마르크스는 철학적으로 유물론의 입장에서, 첫째 인간이 알려고 하는 대상(사물)이 인간 의식에서 독립하여 실재한다는 사실(물질성)을 인정하고, 물질적 대상이 지식의 객관성(올바름)을 판단하는 기준이라고 본다. 즉 모든 개념이나 지식의 근거이면서 기준이 되는 것은 대상의 물질성이고, 그에 기초할 때만 지식은 객관성을 가질 수 있으며, 물질적 대상에 근거하여 지속적으로 스스로를 고쳐가는 지식만이 진리가 될 자격이 있다는 뜻에서, 물질이 진리의 기준이라는 유물론을 주장한다. 둘째, 그는 '존재가 의식을 형성한다'고 주장한다. 고대 그리스사회에서 노예는 '인간'이란 개념에 포함되지 않았으므로, 아리스토텔레스가 노예의 주인이란 위치에서 '노예는 말하는 생산수단'이라고 인식할 수 있었다. 따라서 역사적 상황과 맥락에서 떼어내어, 사람을 하나로 섞는 '인간'이란 개념이 얼마나 공허하고 추상적일 수 있는가를 안다면, 인간은 사회적 관계 속에서 구체적인 형태로 파악돼야 한다고 하게 된다.(이처럼 사람들이 그 의식 밖에 존재하는 '계급관계'라는 사회관계 속에서 생산하고 활동하며 생각하는 계급투쟁의 역사를 바탕으로, 즉 역사적 상황과 맥락 속에서 인간과 사회의 문제를 이해하려는 유물론을 '역사적 유물론'이라고 한다.)

마르크스는 생각이나 개념, 또는 지식이 올바른가 여부는 그것이 만들어지는 상황과 맥락에 의해 규정된다고 본다. 이는 대상이 오직 하나만이 아니라, 매우 다양한 의미나 측면을 가지고 있기 때문인데, 그러면서도 특정 상황과 맥락에서는 그중 어느 하나의 의미나 측면이 정해질 수 있다고 한다. 사람이 어떤 상황이나 맥락에 서 있느냐에 따라 그가 판단하는 대상의 의미, 참과 거짓의 답이 달라질 수 있음을 의미한다. 이를 학술적 관용어로는 '지식이 존재 조건에 구속된다'라고도 부른다. 이는 독단(도그마)에 빠져 대상을 하나의 개념이나 의미로 고정시키지 않고, 끊임없는 변화 속에서 '대상의 다양성'을 놓치지 않고 풍부하게 이해하게 해 주면서도, 정해진 상황이나 맥락에서는 어떤 개념의 의미가 '하나'로 결정될 수 있기 때문에 '진리란 없다' 식의 상대주의에서

　이처럼 마르크스와 그의 주장을 따르는 마르크스주의자들은 '실천'의 개념에 '사회적으로 통합된 인간이 자신의 자연적·사회적 환경을 변혁시키기 위해 행하는 일체의 활동'의 뜻을 부여하고 강조한다. 그들은 그 속에 특별히 이론·지식·의식을 규정할 수 있는 측면을 부각시키고, '급진적인 사회변혁적 의지'를 중시한다. 마르크스 이후 그를 추종하는 마르크스주의자나 비판이론가들도 '실천'을 '이론과 실제(또는 지식과 행동)의 일치 활동'으로 규정한다. 즉 실천은 이성·지식·자기 성찰을 통하여 역사적 환경(정치·경제·사회·문화·역사·제도)의 모순에 대하여 관심을 갖고 비판적으로 인식하며, 인간해방을 위한 대안을 찾아, 자기 존재의 최적 잠재력을 발휘하도록 실제 '인간화'라는 변화의 결과를 산출하는 활동인 것이다. 그리고 그런 의미의 실천은 학자에 따라 'practice'보다는, 그리스어로 이론의 'theoria'(테오리아)에 대응하는 'praxis'(프락시스)라고 구별하기도 한다.[5] 마르크스주의자가 아니더라도 이들에 의해 영향을 받은 이들은, 자기 성찰의 결과로 깨달은 지식과 가치를 주관적으로 의미 있는 행동(subjectively meaningful action)으로 전환시키는 인지적 행동(informed action)이라고, 좀더 순화하여 '실천'의 개념을 정의하기도 한다.[6]

　사실 일상적인 의미로 볼 때도, 우리는 실천을 단순히 '신체적 반사운동으로서의 행동' 정도로 이해하지는 않는다. 우리는 의식적·능동적으로 의미 있는 무엇인가를 추구하는 '~의 실천 행동'으로 이해하고 있는 것이다. 그런 만큼, '실천'의 개념을 학술적으로 특정화하거나 그렇게 강조할 경우를 제외하고는, 어떤 결과를 산출하기 위한 의식적·능동적인 행동, 실제로 행하는 행동의 측면을 강조하는 의미로 이해할 수 있겠다. 따라서 특별히 ① 비판적 의식(성찰) 활동, ② 사회적 목적을 갖는 활동, ③ 주체가 자기 현실을 변화시키는 활동의 세 요소를 특별히 강조하지 않아도 될 것이다.[7]

　결국 실천의 핵심은 여전히 '행동'인데, 어떤 내용의 행동인가가 중요한 관심일

　　벗어날 수 있다는 것이다. 이진경, 철학의 모험, 푸른숲, 2000, 267-294에서 인용 및 참조.

5) 프락시스와 관련해서는, Richard J. Bernstein, *Praxis and Action*, Philadelphia: University of Pennsylvania Press, 1971; Chris Argyris and Donald Schön, *Theory into Practice*, San Francisco: Jossey-Bass, 1974; Mihailo Markovic, *From Affluence to Praxis*: *Philosophy and Social Criticism*, Ann Arber, M.I.: The University of Michigan Press, 1974 참조.

6) Jong S. Jun, 앞의 책, 윤재풍 외(역), 276 참조.

7) 이 세 가지 사항을 강조하는 것은 Jong S. Jun, *Philosophy of Administration*, 1994, 92-96 참조.

뿐이다. 그렇다면 앞에서 정의했던 바 그대로 공공활동의 본질을, 공적 성격의 '행동'으로 규정할 수 있겠다. 그렇지만 실천의 의미를 통하여, '어떤 내용의 행동인가'가 중요하다는 문제의식이 적절하게 부각되었다. 바로 그런 문제의식으로부터 후술하는 '철학하는 행동' '행동하는 철학'의 중요성이 강조된다. 이는 자연스럽게 이 장의 주제인 공공활동과 공공철학을 통합한 '공공철학하기에 의한 공공활동'이 중요한 이유를 말해준다고 하겠다.

한편, 이상과 같이 행동의 의식적·능동적 측면을 강조하는 문제의식은 단순한 행동과 구별되는 '행위'(action)의 개념을 주장하는 데서도 나타났다. 관료제이론으로 유명한 독일의 사회학자 베버(Max Weber, 1864-1920)는 사람의 여러 가지 행동(행태, behaviour) 중에서 주관적 의미를 내포하고 있는 '목적적·의식적·의도적인 성격'의 행동을 특별히 '행위'(action)라고 구별하였다. 그는, 사회학이 주관적 의미를 내포한 사회행위(사회적 행위, social action)에 대하여 인과적 설명에 의한 해석적 이해(interpretive understanding)를 추구하는 과학이라고 주장하였다. 그렇게 사회학의 연구대상인 사회행위의 '행위'를 설명하는 가운데, 다음과 같이 행동 중에서도 주관적 의미를 내포한 행동을 특히 '행위'(action)라고 규정하였다.

> 행동하는 개인이 자기 행동에 주관적 의미(subjective meaning)를 부여할 때, 그리고 그렇게 부여하는 한, 인간의 모든 행태(behaviour)는 행위(action) 속에 포함된다. 이러한 의미의 행위는 명시적으로 드러나거나 순수하게 내향적이거나 주관적(overt or purely inward or subjective)일 수 있다. 즉 행위는 어떤 상황에 적극적으로 개입(positive intervention)하거나, 혹은 그런 개입을 의도적으로 삼가거나 소극적으로 묵인하는 행동으로 나타날 수 있다. 개인(또는 개인들)이 주관적 의미를 부여하면서 다른 사람들의 행태를 고려하여 대응해 나가는 행위라면, 그런 행위는 사회적인 행위가 된다.[8]

---

8) Max Weber, *The Theory of Social and Economic Organization*, translated by A. M. Henderson & Talcott Parsons, and edited with an Introduction by T. Parsons, N. Y.: The Free Press, 1964(독일어 원본 출판년도 1922), 88. 영어로 번역된 원문은 다음과 같다. In 'action' is included all human behaviour when and in so far as the acting individual attaches a subjective meaning to it. Action in this sense may be either overt or purely inward or subjective; it may consist of positive intervention in a situation, or of deliberately refraining from such intervention or passively acquiescing in the situation. Action is social in so far as, by virtue of the subjective meaning attached to it by the acting individual(or individuals), it takes account of the behaviour of others and is thereby oriented in its course.

이와 같이 베버는 경험적으로 명확하게 구별하기는 어렵지만, 모든 행동 중에서 특별히 주관적인 의미를 내포함으로써 주관적 이해(해석)의 대상이 되는 '의미 있는 행위'(meaningful action)로서의 행동을 추출·구별하고자 하였다. 그런데 그 후 많은 학자들은 주관적 의미를 내포한 행동을 행위(action)라고 하고, 그런 자극에 단순 반응함으로써 주관적 의미가 내포돼 있지 않은 반사적(反射的, reactive) 인 행동을 행태(behaviour)라고 단순 구별하고 대비하는 경향으로 나아갔다.[9]

이는 특히 눈부신 자연과학의 발달에 자극을 받아 인문사회과학 분야에서도 과학화를 주창하면서 더 강화되었다. 즉 20세기 전반기에 연구자(관찰자)가 연구대상(피관찰자)의 드러난 명시적인 행동, 그리하여 주관적 동기나 의도 등을 배제한 행동 즉 '주관적 의미를 배제'한 '행태'만을 결정론적·인과적·몰가치적(沒價値的)이고 객관적으로 측정할 수 있고, 그렇게 해야만 객관적인 과학적 지식을 산출할 수 있다는 실증주의적인 행태과학(행동주의, behavioral science, behaviorism, behavioralism)이 강력한 세력을 떨쳤다. 초창기 행태과학자들, 특히 행동주의 심리학자 왓슨(J. B. Watson)이나 스키너(B. F. Skinner)는 자연과학의 방법론을 찬미하면서, 인간의 행동을 '자극에 대하여 기계적으로 반응하는 행태'(behavior)로 극단화하고 실험에 의하여 그 본질을 밝힐 수 있다는 자극-반응이론(stimulus-response theory)을 전개하였다.

그러나 인간의 동기, 의도, 이유, 목적 등의 주관적 의미를 완전히 배제한 극단적인 행태주의자들의 주장은 너무 극단성을 띠고 있었기 때문에 대부분의 학자들도 그대로 수용할 수 없었다. 사실 행태주의자들 사이에서도 그 개념에 대한 이

---

9) Max Weber, 앞의 책, 90. 베버의 이 책을 번역(번역은 핸더슨과 공동작업)하고 요약 소개하며 주석 편집한 Talcott Parsons는, 베버의 독일어 Verhalten은 영어의 behaviour 로, 독일어 Handeln은 영어의 action으로 번역하였다. 그리고 파슨스는 각주에서 그 두 용어는 서로 직접적으로 관련된다고 하면서, Verhalten(behaviour)은 분석의 준거틀을 불문하고 어떤 형태로든 개인의 행태(any mode of behaviour of human individuals)를 뜻하는 '더 넓은 용어'(a broader term)라고 풀이한다. 그에 비하여 Handeln(action)은 주관적 범주의 측면을 강조하는 베버의 전문용어로서, 이해(understanding)의 대상이 되는 인간 행태의 구체적 현상(the concrete phenomenon of human behaviour)만을 뜻하는 용어라고 풀이한다. 실제로 베버의 책을 보면 그는 그런 의미로 각각의 용어를 사용한다. 따라서 베버에게 있어서 행태(behaviour)는, 의미 있는(meaningful) 곧 '주관적으로 이해할 수 있는'(subjectively understandable) 뜻의 주관적 의미의 행위(action)를 포괄하는, 행위보다 더 넓은 개념이다. 베버는 그 두 개념을 동일 차원에서 단순 구분한 것이 아니다.(비유적으로 사람 중에서 임신할 수 있는 여자를 구분한 것이지, 사람과 여자를 구분한 것이 아니다.) 위의 책, 91쪽 각주 3 참조.

견이 있었다. 또 인식론적으로도 그런 객관적 행태와 주관적 행위를 구별하기 어려운 많은 문제를 안고 있었다.

이에 20세기 후반부터 행태주의적 과학주의에 반발한 '반행태주의'가 득세하면서, '주관적 의미를 내포한 행위'(action)가 중요한 개념으로 등장하게 되었다. 특히 해석학·현상학·상징적 상호작용론·비판이론 등에서 의식적·의도적 행동인 '행위'가 중요시되었다.[10] 그래서 행위는, 연구자와 연구 대상자가 주체와 객체가 아니라 주체와 주체의 만남에 의하여 서로 교감하면서, 이유·의미·동기·감정·대화·상징 등을 공유하는 비결정론적·비인과적인 주관적·상호 주관적·책임 윤리적 의미의 해석 대상으로 부각된다. 대표적으로 사회학자 버거(P. Berger)와 행정학자 하몬(M. Harmon) 등은, 사회이론의 기본적 분석단위가 개인, 집단, 국가, 체제보다는 오히려 능동적·사회적 본성을 지닌 사람들의 '얼굴을 맞댄 만남'(대면적 만남, face-to-face encounter)이어야 한다고 주장하였다. 그들은 베버의 행위 개념과 후설, 슈츠의 현상학을 도입하여, 행동의 상호 주관적 의미, 동기, 상호성(mutuality)을 강조하는 '행위이론'(action theory)을 주창하였다.[11]

---

10) 좋거나 옳거나 바람직한 데 대한 관념인 가치, 신념, 태도 등과 같은 주관성(subjectivity)을 배제하고, '가치 중립적'(value-neutral, value-free)으로 사실-가치 이원론(the fact-value dichotomy)에 입각하여, 객관적(objective)인 현상이나 세계만을 연구 또는 논의의 주제·대상으로 삼는 접근방법이 행태과학(behavioral science) 등 실증주의(positivism) 계열의 인식론(epistemology)이다. 그러나 공공철학의 논의는 극단적인 사실-가치 이원론의 인식론상 한계를 유념하고, 사회적 현실적합성 즉 적실성(適實性, social relevance)을 위하여 명시적으로 현실의 제반 문제해결을 인간 존중, 자유, 평등, 형평, 효율, 사회적 약자의 지원 등의 가치 문제로 인식하고 '가치 개입적'(value-laden), '가치 지향적'(value-oriented), '가치 비판적'(value-critical)인 관점에서 문제해결을 도모하되, 주관성과 객관성을 절충할 수 있는 '상호 주관적'(inter-subjective)인 철학적 접근방법(philosophical approach)을 지향한다. 이와 관련, Frank Fischer, *Politics, Values, and Public Policy: The Problem of Methodology*, Boulder, Colorado: Westview Press, 1980, 19-64; 허 범, "가치인식과 정책학," 「현대 사회과학의 이해」, 성균관대학교사회과학연구소 편, 대왕사, 1982; 강신택, 행정학의 논리, 박영사, 2002 등 참조.

11) 이와 관련 Peter L. Berger and Thomas Luckmann, *The Social Construction of Reality*, Anchor Books edition, 1967(초판은 N.Y.: Doubleday & Company, 1966), 28-34 및 Michael M. Harmon, *Action Theory for Public Administration*, N. Y.: Longman, Inc, 1981[특히 4-7쪽의 18개 명제들(propositions)] 참조. 그 외 이와 같은 행동(action)의 개념과 유사한 설명은 Alfred Schutz, *The Phenomenology of the Social World*, translated by George Walsh and Frederick Lehnert, Chicago: Northwestern University Press, 1967, 15-66, 능동적(전향적) 행동과학을 주장하는 Chris Argyris, *Action Science: Concepts, Methods, and Skills for Research and Intervention*, San Francisco: Jossey-Bass, 1985; 그리고 능동적 행동기술을 주장하는 Robert Denhardt, "Action Skills in

이상과 같은 과정을 거치면서 어느덧 '형태'와 '행위'의 개념은 서로 단순 구별
되는 개념인 것으로 인식되기에 이르렀다. 그러나 심리학자들이 '행태'를 '행동'
이라고 번역하는 데서도 알 수 있듯이, 행태, 행위, 또는 행동과 같은 용어는 혼
란스럽게 사용되고 그에 대한 엄격한 구별도 어렵다.[12] 사실 막스 베버 자신도
다음과 같이, 주관적 의미를 내포한 '행위'의 구별이 명확하지 않을 수 있다고 인
정하였다. 행위이론을 주창하는 하몬도 다음과 같이, '행위' 개념을 강조하다 보
니 행위 중심으로 구별하고 규정하는 결과를 초래하였다.

　　베버는 주관적으로 이해의 대상의 되는 '행위'가, 정신물리학적 과정에서 보면 그
속에 의미가 들어있기 때문에 전혀 발견되지 않는 경우가 있을 수도 있고, 전문심
리학자만이 구별해 낼 수 있는 경우도 있다고 하였다. 또 말로 소통이 안 되는 많
은 신비적 경험은 그런 경험이 없는 사람에게는 충분히 이해될 수 없는 바와 같이,
'행위'와 '그렇지 않은 행태'의 개념이 경험적으로는 명확하게 구별되지 않을 수 있
다고 인정하였다.[13]

　　하몬은 주관적 의미와 상관없는 행태로만 서술하는 것은 그것이 반드시 틀렸다고
할 수는 없고, 단지 불충분(insufficient)할 뿐이거나, 감각기관으로 관찰된 것의 근저
에 있는 것을 보지 못하고 관찰된 것만 보고 무비판적으로 받아들이는 의미에서,
또 자연과학적 인과모형을 그대로 수용하는 의미에서, 순진하다(naive)고 표현한다.

　　Public Administration Education," Robert Denhardt, and Larry Jennings, *Renewing
Public Administration*, Columbus, MO: University of Missouri Press, 1986(특히 127쪽);
의사소통적 합리성을 갖는 행동의 중요성을 주장하는 것에 대해서는 J. Habermas,
The Theory of Communicative Action I · II, translated by Thomas McCarthy, Boston:
Beacon Press, 1987 등 참조.

12) 목적적·의도적인 의미의 형용사는 '행위'에 붙여야지 '행태'에 붙여서는 안 될 것 같
지만, 전문학자들도 그렇게 엄격하게 구별하지 않는다. 예컨대, 공공철학자 호지킨슨
은 '가치관련 용어의 도식화'를 통하여 '가치'를 설명하면서 '목적을 갖는 행태'
(purposive behaviours)라는 용어를 사용한다. C. Hodgkinson, 앞의 책, 109.

13) Max Weber, 앞의 책, 90 및 112. *"Verstehen,"*, Extract from Max Weber, *The Theory of
Social and Economic Organization*, in Raymond Boudon and Mohamed Cherkaoui(eds.),
Central Currents in Social Theory, London: Sage Publications, 2000, vol.III, 359. 베버
의 이해를 의미하는 독일어 'Verstehen'(영어의 understanding이지만, 기타 interpretation,
comprehension)은 그 일상적 의미보다 더 좁은 의미로 사용된다고 한다. 즉 그것은 일
차적으로 행위자의 주관적인 마음 상태(states of mind)의 관찰과 이론적 해석
(interpretation)의 뜻이지만, 정신이나 지적인 것이 의도하는 의미의 파악이란 뜻을 포
함한다고 한다. 이는 곧 주관적인 의미를 강조하는 '행위'란 준거 틀에 의하여 '행동에
대한 주관적인 측면의 이해나 해석'을 뜻한다. 위의 해설서, 365-367 참조.

또한 그는 '객관적 현실'(objective reality)이란 것만 해도 엄밀하게 분석해 보면 '공통적으로 이해되는 주관적―따라서 상호 주관적인―의미를 부여하여' 객관화한 (objectivated) 현실일 수 있다고 인정한다. 그래서 그는 행위와 행태는 관련이 있고, 행태는 오히려 행위의 관념에 종속되는(subordinate) 부분적 관념(a partial idea)이라고 규정한다.14)

이렇게 보면, 우리말의 '행동' '행위' '행태'나, 영어의 act, action, behavior, conduct, deed, agency 등을 구별하는 시도도 있으나, 이들 각각에 대한 사전(辭典)이나 전문가들의 의미 규정이 서로 다르다. 그렇게 차이를 엄격하게 구별하기 어려운 만큼, 그 차이에 지나치게 집착할 필요는 없다고 할 수 있다. 따라서 이 책에서는 이들 모두를 구별하지 않고 '행동'으로 통칭하기로 하겠다. 이는 학문의 실천적 목적이나 공공활동가가 일상적 공공철학하기를 하는 목적에 비추어, 너무 일상용어와 동떨어진 전문적인 용어・개념・의미에 집착하지 않고 일상인의 공공철학을 추구하는 것이 바람직하기 때문이다. 다만 학문적으로 필요한 경우, '행동' 중에서 실천적 의도를 갖는 능동적이고 주관적이며 사회적인 관계를 추구하는 행동(이 경우 특히 '행위'라고 할 수 있음)과, 그렇지 않는 행동, 또는 자율적・능동적・의도적 행동과 타율적・수동적・반사적 행동의 차이를 논할 수는 있겠다. 또 겉으로 나타난 피상행동과 속마음을 간직한 심층행동 등의 차이를 논할 수 있다고 하겠다.

결국 공공활동의 본질은 '행동'이라고 규정해도 된다는 결론에 이른다.15) 다만 실천과 행위의 개념을 통하여 그 행동의 의미가 좀더 명확해진 것은 사실이다. 공공활동과 관련하여 사용되는 '행동'은 일반적으로 '어떤 주관적 의도와 목적'을 전제한 능동적 행동이다. 따라서 후술하겠지만, 좋은 공공활동은 '철학과 통합된 행동'이라는 것이 분명해졌다. 그렇기 때문에, 공공활동가는 구체적으로 공동체구성원 각자의 존엄과 가치를 최대한 고양하고 구현하며, 더불어 사는 공동체구성원의 삶의 질을 실질적으로 향상시켜 주는 의도적・능동적인 공적 행동을 해야 한다. 공공활동과정에서 다양한 분야와 종류의 문제들에 대면하여, 그 문제가 작

---

14) Michael M. Harmon, 앞의 책, 52, 56 및 60 참조.
15) 여기서 '행동'은 주로 의식적인 의사에 의하여 적극적으로 무엇인가를 조치(예컨대, 인허가 신청에 대한 인허가나 거부의 처분)하는 '작위'(作爲, commission) 형태의 행동을 의미한다. 그렇지만, 이는 (인허가 신청에 대하여 어떤 처분도 하지 않는 것과 같이) 의식적인 의사에 의하여 어떤 조치를 하지 아니하는 '부작위'(不作爲, omission)와 같은 소극적 형태의 행동도 포함하여, 그 의미상 넓은 의미로 이해되는 행동이라고 하겠다.

든 크든, 공공활동가와 국민(시민 또는 고객)과의 외부 관계에서 대두하는 문제이
든, 공공활동을 조직화하여 관리하는 조직(기관) 내부의 문제이든 상관없다. 그로
서는 최종적으로 구체적인 사안에 대한 공공철학하기에 의하여 '행동'으로 그런
'실제 결과'를 보여주어야 하는 것이 중요하다고 하겠다.

2. 공공철학의 본질과 필요성

일반적으로 '철학'은 '자연, 인생, 지식에 관한 근본원리를 탐구하는 학문분야'
이기도 하고, '자연, 인생, 지식에 관한 근본원리를 탐구하는 그 자체'를 일컫기도
하는가 하면, '그런 탐구에 의하여 얻어진 근본원리·지혜·지식체계·이론'을 뜻
하기도 한다. 흔히 '철학'에 해당하는 'philosophy'는 라틴어에서 '사랑'(love)을 뜻
하는 'philo'와, '지혜'(참 지식, wisdom)를 뜻하는 'sophia'의 합성어에서 나온 것
으로, '지혜의 사랑'(愛智, the love of wisdom)이라는 의미를 갖는 것으로 이해되
고 있다. 그렇게 철학은 지혜의 탐구이고, 사물과 그 원인에 관한 이론적이거나
실제적인 참지식의 추구이다. 또 철학은 존재·지식·행동의 진리 및 원리에 관
한 논리적 연구로서, (감각기관에 의한) 관찰적 방법보다는 주로 (머리 속에서 추
론하는) 사변적·관념적 방법으로 가치와 실제 현실에 대한 일반적(보편적) 이해
를 추구한다.[16]

이와 같은 철학의 의미를 응용해 보면, '공공철학'(public philosophy)은 '공공활
동에 관한 근본원리의 일반적·보편적 이해를 추구하는 학문분야'이기도 하고,
'공공활동에 관한 근본적·규범적 원리의 탐구 그 자체'를 일컫기도 하며, '그런

---

16) 그리고 그 응용의 경우와 관련, 철학은 '칸트철학'처럼 어떤 특정한 '철학적 개념체
계'(a system of philosophical concepts)나, '행정철학'처럼 어떤 '특정한 학문 분야, 활
동영역, 사고영역의 바탕을 이루는 근본 원리에 관한 비판적 연구'의 의미로도 쓰인
다. 이상 *The Random House Dictionary of the English Language: the Unabridged 2nd
Edition*, 1987, Random House; 시사영어사 / 랜덤하우스 영한대사전, 시사영어사, 1996,
1723 및 *The Oxford English Dictionary*, Vol.Ⅶ, London: Oxford University Press,
1978(1933), 781－782 참조.

탐구에 의하여 얻어진 좋은 공공활동에 관한 근본원리·지혜·지식체계·이론'을 뜻하기도 한다. 그 경우 공공철학은 물론 사변적·관념적·논리적 방법으로 공공활동의 가치와 실제 현실에 대한 일반적(보편적) 이해를 추구하게 되는데, 간단히 '공공활동에 관한 근본원리의 탐구' 정도로 정의할 수 있겠다.

그리하여 공자, 노자, 플라톤, 칸트 등과 같은 위대한 철학자를 연상하게 되는 철학이란 기초철학에 대하여, 응용철학의 지위에 놓여있는 관계로 표현할 수 있는 것이 정치철학, 행정철학, 사회철학, 법철학, 경영철학, 경제철학 등을 포괄하는 '공공철학'이라고 하겠다. 그리고 그 목적은 현실에 매몰되지 않고 규범이상에 충실하고, 부분에 집착하지 않고 전체를 조감하는 규범적 가치·기준·원리를 탐구함으로써, 공공활동의 수행에 구체적인 도움을 주는 매우 실용적인 지혜·통찰·예지(叡智)·지식·원리·원칙을 얻는 데 있다고 하겠다.

이처럼 철학은 인간, 사회, 자연에 대한 근본적·규범적인 사유를 통하여 좋은 삶과 좋은 공동체를 위하여 필수적인 참된 지혜·통찰·지식 등을 탐구한다. 이를 위하여 새롭거나 당연하다고 받아들여진 명제·지식·세계를 가급적 극한(limit, ultimateness)까지 거슬러 올라가 의심하고 질문한다. 그럼으로써 그 이전에는 사고하지 못했던 것을 찾아내고, 근본적이고 본질적인 삶의 세계, 규범적으로 바람직한 가치, 탄탄하고 정당한 기반, 전체적인 측면을 새롭게 보고 알 수 있도록 일깨워 준다. 이와 같이 우리의 삶과 주변의 문제에 관련된 앎에 대하여 의심하고 그 기초가 얼마나 튼튼한가를 철저하게 검증하는 근본적·규범적·비판적 작업을 흔히 '철학하기'(philosophizing 또는 doing philosophy)라고 한다. 즉 그런 근본적·규범적인 사유활동을 직접 역동적·비판적으로 수행하고 실천하는 활동을 강조하여 '철학하기'라고 하는 것이다.[17]

동양에서 철학하기는 다음과 같이 속속들이 이치를 파고들어 지식과 지혜를 얻음을 말하는 '격물치지'(格物致知)의 개념과 방법론이 대표적이라고 할 것이다.

'격물'을 출발점으로 치지, 성의(誠意), 정심(正心)에 의하여 수신(修身)이 이루어지고, 수신을 바탕으로 제가치국평천하(齊家治國平天下)의 단계에까지 이른다. 이처럼 학문의 이상과 학문을 닦는 방법을 논한 책이 중국의 고전 「대학」이다. 이는 본시 공자 때부터 한나라에 연대와 저자가 분명하지 않은 채 전해지고 있던 예(禮)에

---

17) 칸트가 그의 철학 강의 첫 시간에 학생들에게 "나는 철학(Philosophie)을 가르치지 않는다. 나는 철학하기(Philosophieren)를 가르칠 뿐이다"라고 말했다는 '철학하기'이다.

관한 글들을 묶어놓은 「예기」(禮記) 49편 가운데 특히 주목을 받은 제42편의 글이다. 그런데 주희가 「논어」 「맹자」 「중용」과 함께 「대학」을 단행본으로 독립시켜 편찬(대학장구)하고 사서(四書)의 하나로 규정하였다. 「대학」에서 대학의 길(道)의 출발점에 해당하는 것이 '격물치지'이다. 그리고 격물치지의 이해는 동양 각 학파의 기본 사상과 직접적인 관련이 있다. 그래서 그것은 동양철학사에서 심각한 논란을 벌인 중대한 쟁점의 하나였다.

대표적으로 유가(儒家)의 도통을 계승하고 동양의 사상사에 큰 영향을 끼친 송(宋)대의 주희(朱熹, 1130-1200, 朱子로 높여 부름)는 '격'(格)을 '이른다'(至)로 풀이하고, '궁구(窮究)하여 사물의 지극한 곳 즉 이(理)에 이르지 않는 곳이 없도록 함으로써(궁리, 窮理), 지식과 밝은 지혜(명지, 明智)를 얻음'이라 이해하였다. 그는 하나하나 사물에 대하여 '이'(理)를 구명(究明)하고 그 구명된 '이'를 확대 심화시키면, 사물의 '이'와 사람의 '이'는 본시 같은 근원이므로 언제든지 서로 탁 틔어 모두가 관통케 되며 만물의 '이'에 통달하는 명지가 얻어진다고 보았다. 그뿐만 아니라, 인간 본체의 작용이 유감없이 발휘됨으로써 대인(大人) 또는 군자의 경지에서 세상의 도리(세도, 世道)를 크게 번성(흥륭, 興隆)하게 할 수 있다고 하였다. 이로써 '격물치지'에서 시작하여 이를 세상을 올바르게 다스리는 '치국평천하'에 연결시켰다.

그런데 그 후 군자뿐만 아니라 올바로 행동하려는 서민들까지도 포함시킨 사람이 양명학의 창시자 왕양명(王陽明, 1472-1528)이다. 그는 '격'을 '바로잡는다'(正)로 풀이하고, '격물'은 마음에 생겨나는 것들을 바로잡아 정의를 추구하는 '격심'이라고 하였다. 그리고 주희처럼 책을 읽어 아는 지식보다는 마음속에 내재하는 본체인 양지(良知)를 추구하는 것이 '치지'라고 풀이하였다. 이로써, '치지격물'은 천리(天理)인 내 마음의 양지를 모든 사물에 이르도록 하는 것이 된다. 이를 통하여 왕양명은 누구나 '지행합일'(知行合一)의 이상에 도달할 수 있다고 하였다.[18]

이와 같이 철학하기를 가장 치열하게 한 예는 물론 과거 유명한 철학자들에게서 찾을 수 있다. 그렇지만 철학은 결코 그런 전문적인 학자들만의 전유물은 아니다. 누구든 자기 머리로 근본적·규범적·비판적인 질문을 하고, '인간은 생각하는 동물'이라는 말에 합당하게 스스로 사고할 줄 아는 사람은 모두 '철학하기'를 할 수 있다. 그래서 '철학할 줄 안다'는 것은 과거 위대한 철학자들의 이해하기 어려운 개념과 논리를 따라잡고 익히는 것, 그리하여 유명한 철학 용어, 개념이나 문구를 어렵사리 배우고 외우는 데 있는 것이 아니다. 그것은 주변의 대상 문제에 대하여 근본적인 문제의식을 갖고, 좀더 철저하게 의심하고 질문하는 것

---

18) 김학주(역주), 대학·중용, 서울대학교출판부, 2000, 3-24, 32-40, 200 참조.

에서 출발한다. 그리고 그 질문에 대하여 가능한 한 개념적·추상적으로 사고하고 논리적으로 정당화함으로써, 슬기롭게 자신의 문제를 풀어갈 수 있는 올바른 방향을 찾고 적절한 해답을 얻어내는 것을 말한다.

이와 같은 맥락에서, '공공철학하기'도 철학하기를 공공활동에 적용한 것이다. 즉 좋은 공공활동을 위한 근본적·비판적·규범적 사유활동을 직접 수행하고 실천하는 것을 '공공철학하기'라고 할 수 있다. 공공철학자 호지킨슨(C. Hodgkinson)도 그의 「공공활동의 철학」에서 '철학'을, 본질적으로 '올바른 사유과정과 가치판단과정'(the process of correct thinking and the process of valuing)으로 파악한다. 그리고 공공활동은 이 '논리와 가치'(logic and values)라는 두 측면의 활동과 연관되므로 철학적인 성격을 지니게 된 것으로 본다.[19] 다른 인간의 활동과 마찬가지로, 공공활동도 좋은 삶과 좋은 공동체(사회)에 관한 인간의 고민, 통찰력, 지혜, 신념, 관념과 떨어질 수 없는 관계에 놓여 있는 것이다.

요컨대, 좋은 삶과 좋은 공동체(사회)를 위한다는 '좋은 공공활동의 문제의식을 갖고, 자신의 직무수행에서 근본적(본질적)·비판적·규범적인 측면에서 추상적·개념적·논리적으로 사유(고민)하고, 올바른 원리, 통찰력, 지혜, 지식을 탐구하는 일'이 바로 공공활동에 관한 철학하기, 즉 '공공철학하기'이다. 그것은 곧 공공활동에 관한 '본질사유'(本質思惟, essential thinking)와 '규범사유'(規範思惟, normative thinking)를 합쳐놓은 활동이다. 이는 공공활동가, 공동체구성원, 시민 누구든지 공공문제와 관련하여 자기 스스로 근본적·규범적·비판적인 질문을 하고 대답할 수 있는 추상적·개념적·논리적 사유능력을 가진 사람은 모두 할 수 있다.[20]

---

19) Christopher Hodgkinson, 앞의 책, 3.

20) 철학하기의 기본은 추상적으로 사고하는 추상적 사유(abstract thinking) 또는 개념적 사고(conceptual thinking)의 능력이다. 추상적 사유란 어떤 대상(현상·말·글)에 대하여 그 대상 뒤의 비가시적인 본질적 속성·측면·차원을 추려내고 연결하여 종합적으로 생각하는 사유방식이다. 개별적인 현상 사례들을 일반화할 수 있는 능력이므로, 고등동물일수록, 또 사고능력이 높을수록 더 높은 추상적 사유능력을 지닌다고 한다. 철학하기는 추상적 사유능력이 필요한데, 철학적 개념이나 용어들이 추상어(抽象語)인 것만 보아도 그 이유를 알 수 있다.

이와 반대되는, 구체적 사고(concrete thinking) 또는 구상적(具象的)·고형적(固形的) 사고는 어떤 대상에 대하여 겉으로 나타난 가시적·일회적·현상적인 것, 구체적인 것(말·문자·모양·현상)만을 그대로 그 대상의 전체라고 생각하는 사유방식이다. 그리하여 특수한 예를 일반화하지 못하고 서로 연관된 것을 아주 경직되게 사고(very rigid links between thoughts)한다면, 정신의학에서는 그런 특수한 예를 일반화하는 추상적 사고능력의 감소 증상 또는 그런 구체적 사고의 특징을 일종의 정신분열병(schizophrenia)의 증상이라고 본다. 예컨대, 낫 놓고 기억 자도 모른다거나 구르는 돌

  그러면 '좋은 공공활동'이라고 할 때, '좋은 것'(the good)이란 무엇인가? 그것
은 '좋거나 옳거나 바람직하거나 아름다운 것'을 포괄하는 규범이상을 일컫는다.
그것은 곧 우리 행동의 규범기준과 규범척도를 나타내 주는 평가용어(evaluative
term)이다. 다른 말로 그것은 '진실로 가치 있는 것'을 말한다. 그리하여 '좋은
것' 중 가장 높은 위치에 있는 규범이상, 즉 최상규범을 철학에서는 흔히 최고선
(the supreme good, *summum bonum*), 궁극선(the ultimate good) 또는 지선(至善)
이라 한다. 이에 따라 공동체가 추구하는 최상규범은 공공선(the public good)이나
공동선(the common good)이라고 일컫는다. 이렇게 보면, '좋은 것'이란 '진실로
가치 있는 것'으로서,[21] 철학은 이에 관한 문제의식을 갖고 의심하고 깊이 고민·

에는 이끼가 끼지 않는다는 속담을 놓고, 낫과 기억, 돌과 이끼를 과도하게 말(문자)
그대로, 그 말들에만 집착하여 해석(over-literal interpretation)함으로써 서로 연결시켜
그 의미를 파악하지 못하는 것은 정신질환의 하나로 본다. 이정균·김용식, 정신의학,
제4판, 일조각, 2001, 267 참조.
  추상적 사유능력이 떨어지는 사람일수록 어떤 대상에 대하여 사유하는 데, 그 대상
의 비가시적인 본질·근본·원인·의미 등은 도외시한 채 조금씩 다르게 가시적으로 드
러난 말·그림·문자·현상·결과만을 붙잡고 그것이 그 대상의 전체인 것처럼 그대
로, 협소하게, 부분적·상대적·일회적·지엽적 파악에 그치게 된다. 만약 아동이 독
서는 멀리하고 과도하게 텔레비전이나 인터넷 게임에 빠지게 되면, 그 아동은 가시적
인 것이 아니면 사유(추상적 사유)를 진행시켜 나가지 못하게 되고, 이 추상적 사유
능력의 제약은 상상력과 창의력의 배양기회를 빼앗는 결과를 가져온다. 그래서 텔레
비전과 같은 가시적 영상 매체는, 그 장점도 많지만, 비가시적인 추상적 사유를 북돋
아주는 책과 같은 문자매체에 비하여 추상적 사유능력을 제약하고 저하시키기 때문
에, 아동에게는 그 본질적인 한계를 갖는다고 한다. 그런 추상적 사유능력, 그리하여
상상력·창의력을 제약하기 때문에, 선진국에서는 유치원이나 초등학교 아동을 위한
동화책에도 함부로 그림을 넣지 않는다.(이는 후술하는 공공의 상상력과 관련하여 더
설명함).

21) T. K. Seung, *Intuition and Construction: The Foundation of Normative Theory*, New
    Haven: Yale University Press, 1993; 직관과 구성, 김주성 외(역), 나남출판, 1999, 49.
    김주성은 '번역후기'에서 'the good'을 '선'(善)이나 '좋음', 'the right'를 '옳음'을 해도
    좋으나, 그렇게 하면 추상명사인 goodness, rightness, righteousness의 그것들과 구별되
    지 않는 문제가 있다고 한다. 따라서 정관사 the가 붙은 'the good'은 goodness를 가지
    고 있는 정신적이거나 물질적인 어떤 구체적인 실체를 가리키기 때문에 고유한 개념
    어라는 뜻에서 '좋은 것'이라 하고 붙여 쓰기를 제안한다. 더구나 'the good'을 '선'(善)
    으로 하면, 보통 선악(good and evil) 개념의 '선'보다는 일반적으로 좋고 나쁜(good and
    bad) 개념의 맥락에서 사용하므로, 도덕적으로 선(morally good)을 의미하는 오해를 없애
    기 위해서도 그냥 '좋은 것'이라고 해야 한다고 주장한다.(492-494쪽 참조). 타당한 제안
    이기는 하지만, 여기에서는 다른 용어들과 일관성을 맞추기 위해 '좋은 것'이라고 띄어
    쓴다. 그리고 '좋은 것'을 특별히 번역자가 지적한 '욕망(desire)이나 취향(inclination)
    을 충족시키는 무엇'에 한정하지 않고, 여기서는 '도덕적으로 선한 것'(the morally good)
    까지 포함하는 의미의 포괄적·총체적 개념어로 사용하고자 한다.

숙고(熟考)하고 성찰(省察)하면서, 숙고 판단, 통찰력, 그리고 지혜를 탐구하는 것을 그 본령으로 삼는다.

이와 마찬가지로, 공공철학도 '공공활동에서 좋은 것' 즉 '좋은 공공활동'을 탐구하는 만큼, 공공철학의 최고 문제의식은 '좋은 공공활동'이라고 할 수 있다. 그렇게 공공활동가도 좋은 공공활동을 위하여 진실로 가치 있는 공공활동에 관한 문제의식을 붙잡고, 질문하고 의심해 보며, 고민하고 성찰하며 탐색하는 '공공철학하기'를 해야 한다. 다른 말로 앞에서 공공활동의 본질이 '공공행동'이라고 규정한 바 있으므로, 공공철학은 '좋은 공공행동'을 탐색하는 것이라고도 할 수 있겠다. 그런 만큼, 공공철학은 공공활동에서 기존 관행이나 선례, 기존 법령·정책·제도·사업 등의 목적, 목표, 수단, 절차, 방법 등을 아무런 생각 없이 당연하게 받아들이는 것을 배격한다. 그 대신 좋은 공공활동을 위하여 그것들이 하나하나 정당한 근거와 기초를 확보하고 있는가를 의심하고 가능한 한 넓고 깊고 전체적으로 따져봄으로써, 올바른 공공행동을 찾아내는 근본적·규범적·비판적 사유활동을 추구한다. 그런 측면에서, 앞의 새만금 간척사업, 교육정보체제 구축사업, 문화재 보존 등에 대하여 좀더 철저하게 공공철학하기를 했다면, 아마 다음과 같은 비판이나 평가를 받지 않아도 됐을지 모른다.

> 국회 정무위는 ○○○국무조정실장을 출석시켜 법원의 새만금 간척사업 잠정중단 결정에 따른 정부 대책을 집중 추궁했다. 여야 의원들은 새만금 사업을 둘러싸고 국론이 분열되고 막대한 비용이 낭비되는 상황에 이른 데에는 오락가락하는 정책 혼란도 주요 원인 중 하나라고 질타했다.
>
> 민주당 박주선 의원은 "정부의 국책사업에 대한 철학과 이념이 없고 추진력마저 떨어져 '무뇌(無腦)정부'라는 비판을 받고 있다"고 지적하고 효율적인 소송 대책을 따져 물었다. ○ 실장이 "다각적으로 노력하고 있다"고 답하자, 박 의원은 "이미 가처분 신청이 받아들여져 매일 2억~3억 원씩 손해가 나고 있는데 앞으로 다각적으로 노력하겠다는 게 말이 되느냐"며 범정부적 기구 구성의 필요성을 강조했다.…… ○실장은……"새만금 간척사업을 친환경적으로 계속하되 용도변경을 검토해 2004년 말까지 확정한다는 게 정부 방침인 만큼 앞으로 정부 쪽 의견이 재판 결과에 반영되도록 노력하겠다"고 밝혔다.[22]

전자정부 추진 과정에서 정부는 효율성과 생산성만 강조했지 국민들의 '정보인권'

---

22) 동아일보, 2003. 7. 19, "국책사업 철학 없는 無腦정부" 기사.

에 대해서는 개념조차 없었다는 게 정부 당국자들의 고백이다.……네이스 입력정보 27개 영역 중 국가인권위원회가 빼라고 권고한 교무학사·보건·진입학 등 3개 영역 350여 항목은 대부분 인권을 침해할 수 있는 것들이다. 교육부는 학교 안에 있던 이런 정보들을 아무런 문제의식 없이 99%나 시도 교육청에 집적한 상태다. 전교조와 인권단체들의 문제제기가 잇따르자, 교육부는 사업추진 2년여 만인 2003년 6월 1일 이 가운데 230여 항목을 없애기로 하였다.……23)

지방자치제 이후 지방정부가 이처럼 일을 한다고 하지만 안목이 부족한 탓이라고 할까, 아니면 고질적인 행정 관료적 발상 탓이라고 할까? 일을 벌이지 않느니만 못한 결과를 빚는 것이 유적 훼손의 원흉이다. 사실 유적지가 사람에 의해 망가지는 일은 그리 많지 않다. 우리 국민의 민도는 문화재를 마구 대할 정도로 낮지 않다. 원인은 대개 자동차와 찻길 때문에 일어난다.……내가 말하고자 하는 것은……찻길을 내지 말라는 게 아니라 내더라도 옛길의 정취와 정신을 해치지 않게 하라는 것이다.……24)

여기서 중요한 것은 새만금 간척사업, 교육정보체제, 그리고 문화재에 관한 직무수행에서 각각 마땅히 숙고했어야 할 '가장 기본적인 사항'인 환경, 정보인권, 보존방법의 문제에 대하여 소홀히 하거나 무시한 것을 지적한 점이다. 공공활동가가 공적 직무수행에서 아무런 '철학이나 이념, 문제의식, 개념, 안목'도 없이, 즉 '진실로 가치 있는 것이 무엇인가에 관한 넓고 깊은 생각'도 없이, 어느 한편의 생각만으로 행동한 과오에 대하여 질책과 비판을 한 것이다. 이것은 공공활동가가 행동을 하더라도 무엇이 좋거나 옳거나 바람직한가라는 기본적인 가치판단의 부족, 행동의 지침이 되는 올바른 철학적 기초의 부족 또는 결여를 지적하

---

23) 한겨레, 2003. 6. 9, "OECD국 정보인권 보호법 운영" 및 2003. 6. 10, "가출로 결석, 150cm 60kg, 400명 중 300등……, 동네방네 새나갈라, ②네이스 무엇이 문제인가" 기사. 참고로 새로 취임한 교육부장관이 신중한 검토를 위한 교육행정 정보시스템 제도의 시행 유보를 시사한 것을 기점으로, 국가인권위원회의 권고 판정, 이에 대한 반대 집단과 찬성하는 집단, 즉 전교조, 한국교총, 전국교장단협의회의 대립 갈등과 반발, 심지어 교육부 직장협의회 소속 공무원들의 집단 반대 성명 발표까지 나올 정도의 교육부 내부의 반발, 여기에 언론의 비판, 여당의 관여와 야당의 장관 해임 촉구 등 이 문제를 둘러싸고 교육계는 물론 사회가 큰 갈등 상황에 빠져들었다. 결국 대통령이 국무총리의 조정 처리를 지시하고, 거기에서 사실상 제도의 강행을 의미하는 '각 단위 학교에 위임'이 결정되었는데, 이로 인하여 엄청난 교단 갈등을 겪고 정부 신뢰가 심각하게 손상된 일이 발생하였다.

24) 유홍준(명지대 교수·미술사학), "유적지의 주차장 멀수록 좋다", 한겨레, 2002. 2. 26.

고 있다. 이는 그와 유사한 비판을 받는 수많은 사례들 중 극히 일부에 지나지 않는다. 그렇지만 이들은 공공활동가의 기본적인 가치의 지향이 공공활동의 목적·과정·결과·효과 등에 얼마나 큰 차이와 큰 영향을 주는가, 즉 '공공철학하기'가 얼마나 중요한가를 상기시켜 주기에 충분하다고 하겠다.

공공철학은 본질적으로 모든 공공활동에 필수적인 '더불어 사는 데 좋거나 옳거나 바람직한 가치를 추구하는 근원적이면서도 실천적인 사유활동의 영역'이다. 그 대상은 정부·사기업·언론기관·교육기관 등 공·사부문의 공공활동을 망라한다. 그리하여 일반 철학을 비롯하여, 행정철학, 정치철학, 사회철학, 경영철학, 법철학, 경제철학 등이 모두 공공활동에 필요한 만큼 공공철학의 영역에 포함된다. 그리고 진정한 의미의 공공철학은 아무리 관념적이고 추상적인 사유세계·관념세계를 논의하더라도, 경험적이고 구체적인 현실세계를 떠나지 않고 반드시 그와 동시에 현실세계와 함께 있으면서 '실천적으로' 논의하는 데 특징이 있다.

그래서 참다운 공공철학은 관념세계에서 추상적으로만 머물며 현실세계의 구체적인 문제해결에는 초연한 '죽은 철학'을 배격한다. 그 대신 '지나간' 공공활동에 관한 교훈과 성찰을 자양분 삼아 '지금'과 '앞으로', 그리고 '여기'의 현실 문제를 올바로 해결해 나가는 데 필요한 '살아있는 철학'을 지향한다. 이처럼 공공철학은 '행동 속의 철학'이고 '살아있는 철학'이어야 한다. 일반 철학도 그러할진대, 응용철학인 공공철학은 더 말할 나위가 없다. 현실의 공공영역에서 좋은 공공활동을 위한 본질적인 지혜를 탐구하는 공공철학은, 일반철학에 비하여 더 구체적이고 더 직접적이며, 더 현실적이고 더 실용적·실천적인 통찰력과 지혜를 추구한다. 그런 만큼, 응용철학인 공공철학은 일상 공공활동의 목적과 취지에 적절한 '일상인의 철학'을 추구한다. 다음은 언론인은 언론인대로, 사찰 문화재 담당자는 그들대로 그 나름의 공공철학이 필요한 사실을 다시 한 번 일깨워 준다.

로이터 통신 기자생활을 28년 동안 지낸 영국인 존 바트램(57) 씨가 새 학기부터 이화여대 언론홍보영상학부 교수로 강의한다.……바트램 씨는 로이터 통신의 '원칙'과 '직업윤리'에 대해서도 말했다. "언론인은 공정하고(fair) 정확하며(accurate) 균형적이고(balanced) 편견 없는(unbiased) 취재보도를 신봉해야 합니다. 9·11테러 때도 로이터는 '테러리즘'이나 '테러리스트'라는 단어를 일절 쓰지 않았습니다. 한쪽에서 '테러리스트'로 불리는 사람이 다른 쪽에서는 '자유전사'(freedom fighter)일 수 있으니까요." 바트램씨는 언론의 나쁜 관행 중 '사실과 의견을 섞어 쓰는 것'을 예로 들며 "로이터는 의견을 말하지 않으며 사실을 충분히 전달하는 데 집중한다"고 말했다. 그는 특히 "모든 기사에서 가능한 한 취재원의 실명을 밝혀야 하며, 논란 소지가 있는 기사에서는 반드시 양쪽의 의견을 기사에 반영해야 한다"고 말했다.……25)

……한국과 일본의 유적지를 비교해 보면서 문화적 디테일을 고려하는 의식이 우리에게 너무 부족함을 발견했다. 일본 유적지의 편의시설은 주변과 조화되고 '없는 듯이 존재'하도록 세심하게 고려되어 있었다. 나무로 외장된 쓰레기통은 어디 있든지 전혀 시각을 방해하거나 튀지 않았다. 사천왕상 등 문화재에 관한 설명 태그는 참한 나무판으로 만들어져 마치 옛날부터 그 자리에 있던 것 같은 인상을 주었다.
그런데 (한국의 – 저자 첨가) ○○사의 음수대엔 식수라고 쓴 파란 대형 플라스틱판이 세 개나 붙어 있었다. 음수대의 기와지붕과는 너무 어울리지 않는 디테일이었다. 이처럼 시각을 방해하는 시설물이 문화재 속에 엄청나게 방치되어 있다. 은색 알루미늄 새 시문이 수백 년 된 사찰 법당 옆에 자리 잡고 있는가 하면, ○○ ○○ 마을엔 코카콜라라는 상표가 선명한 붉은 플라스틱 의자들도 있었다. 이런 작은 것들이 바로 현재 우리 문화 콘텐츠 수준을 보여준다.……26)

지금까지 철학에서 어느 철학사상이나 철학이론도 언제 어디서나 전체적으로 적용할 수 있을 정도로 완전하고, 불변의 확정적인 이론이라고 할 수 있는 것은 없다. 거기에는 각각 어느 정도 타당하고 가치 있는 것이 들어있고, 불완전하고 제한적이며, 부분적이고 불확정적인 한계도 내포돼 있다.27) 그래서 최근의 철학사

---

25) 조선일보, 2003. 3. 12, "로이터통신 28년 英 기자, 한국 강단에" 기사.
26) 김복희(한양대 무용학과 교수), "'작은 문화' 고치기", 매일경제신문, 2004. 5. 26. 아울러 경복궁 매점 앞에 다국적 음료회사의 로고가 번듯이 찍힌 플라스틱 의자에 관한 오준식(라이프스타일 디자이너), "나를 화나게 하는 의자", 조선일보, 2004. 6. 12.
27) 철학의 전통은 연구대상에 따라, 실재하는 현실을 서술하고 탐구하는 서술철학[descriptive philosophy, 敍述 대신 기술(記述)이라고도 하나 '技術'과 혼동할 수 있어 '서술'이 더 나음]과, 규범기준(normative standard)을 탐구하는 규범철학(normative philosophy)으로 나뉜다. 서구에서 서술철학은 탈레스와 같은 고대 그리스의 자연철학자로부터 비롯해서, 갈릴레이, 뉴턴, 아인슈타인과 같은 근대 유럽의 과학자들에게 이어졌다.(그래서 뉴턴의 역학을 '자연철학'이라고 불렀다.) 이런 서술철학의 전통은 근대 과학의 발전과 함께, 인문사회과학에도 영향을 끼쳐 경험주의의 자연과학 방법론을 모방한 논리실증주의(논리실재주의, logical positivism)를 낳았고, 이는 사회과학방법론의 주류를 형성하고 있다.
그러나 다른 한 편으로, 플라톤 이래로 이데아(형상)란 초월적인 궁극규범을 추구하는 이상주의 이론, 근대 칸트의 비판철학, 그리고 원초상황(원초적 입장, original position)으로부터 기본적인 규범원리로서 공정원칙(정의원칙, the principles of justice)을 도출하려는 롤스(J. Rawls)의 현대 자유주의 정치철학과 같이, 규범철학의 전통을 계승

상이나 철학이론이 그보다 앞선 것보다 더 나은 것이라거나 발전된 것이라거나 진화된 것이라고 일률적으로 평가하는 것은 적절하지 않다. 그것이 철학의 특징이고, 과학과는 다른 점이다. 그래서 플라톤이나 칸트, 공자나 노자의 철학이 여전히 탐구할 만한 가치가 있는 것이다. 물론 시대와 공간에 따라 어떤 유행과 같은 철학사상이나 철학이론의 사조(思潮)나 흐름은 있기 마련이다. 일상인의 철학을 추구하는 공공철학도 그런 사조나 흐름으로부터 자유롭지 못하겠지만, 균형감각을 잃을 만큼 맹목적으로 이에 편승하는 것은 바람직하지 않다. 공공철학은 일반 철학의 이론이나 철학자의 사상을, 일상의 현실 공공문제의 해결에 도움이 되는 한 이용하고, 도움이 되는 만큼만 응용할 수 있다고 보면 된다.[28]

또한, 일상 공공활동에 필요한 철학, 일상인의 철학을 지향하는 공공철학은 학자들마다 다르게 사용하는 경우가 많은 철학용어나 철학개념에 너무 집착하다가

하고 복원하려는 노력 또한 강력하다. 그리하여 어느 시대 서술철학이 흥하면 규범철학이 쇠하고, 다른 시대에는 그 반대 현상이 나타나면서 논쟁은 계속되고 있다. 앞의 T. K. Seung, *Intuition and Construction*; 김주성 외(역), 직관과 구성, 42 – 45 참조.

[28] 규범철학의 입장에서 보면, 서술철학은 객관적인 경험적 근거만을 인식의 준거로 삼으므로 그것은 그 상위의 근거가 될 만한 확고한 궁극 규범, 원형(archetype)이 없기 때문에 규범무정부주의(normative anarchy), 상대주의(relativism), 감정윤리론(emotivism), 유명론(nominalism), 인습주의(conventionalism), 현실주의(positivism), 규범허무주의(normative nihilism)에 빠진다고 보고, 그 불완전한 철학방법과 그 한계에 대하여 비판한다. 반면에 서술철학의 입장에서 보면, 규범철학은 주관창조물에 불과한 초월적인 궁극규범이나 절대 진리를 설정하고 주관적인 규범근거만을 따지는 논지를 전개하므로, 완전한 철학이론을 추구하는 것은 좋으나 그것이 현실에서 동떨어진 형이상학적인 관념의 유희에서 벗어나지 못한 직관주의(직각론, intuitionism), 구성주의(constructivism), 비현실적인 완벽주의(perfectionism), 실재론(realism), 절대주의(absolutism), 보편주의(universalism), 이상주의(idealism)로 흐른다고 여기고, 그에 따른 한계에 대하여 비판한다.

기타 인지론(cognitivism)과 비인지론(noncognitivism), 방법론적 개인주의(methodological individualism)와 형이상학적 전체주의(metaphysical holism), 공리론(utilitarianism)과 의무론(deontology), 개인주의론(individualism)과 공동체주의론(communitarianism), 기초주의(기반주의, 토대주의, foundationalism)와 정합론(coherentism) 등의 대립과 같이 철학적 존재론, 인식론, 가치론 등 제 방면에 걸친 각종 첨예한 논쟁은 모두 그만한 타당한 논거를 일부 가지고 있으므로 지금껏 각축을 벌인다고 볼 때, 이상의 철학이론은 각각 부분적이고 제한적인 타당성을 갖는 불확정적이고 불완전한 이론이라고 할 수 있겠다. 과연 상기 여러 이론들은 논쟁이 진행되면서 그 앞에 '확정적이거나 불확정적 형이상학이론' '제한적이거나 무제한적인 상대주의'와 같은 한정어(限定語)가 붙는 세부 입장으로 발전하면서 논쟁은 가열된다. 이런 측면을 보더라도, 공공활동가는 어느 하나의 이론에 집착하기보다는 '철학하기'의 굳건한 자세를 갖되 '일상인의 철학' 관점에서 이들을 보완적으로 활용해야 할 도구라고 여기고, 공공활동의 목적, 사안, 여건, 방법 등에 알맞게 그때그때 그 타당한 측면을 변증법적으로 상호 보완하여 활용할 필요가 있다고 하겠다.

거기에 매몰돼 버리는 잘못을 저지르지 않아야 한다. 그렇다고 일반 철학을 온통 회피할 필요는 전혀 없다. 철학의 이론·개념이나 논쟁 중에는 유용한 것도 있는 만큼, 좋은 공공활동을 위한 공공철학의 목적과 본질에 필요하고 합당하면 그것을 이용하고 거기에서 도움을 얻어야 한다. 그리하여 분야와 직급을 불문하고, 공공활동가 나름대로 무엇이 좋은가에 관한 공공철학하기가 중요하다.

요컨대, 좋은 공공활동을 위한 '일상인의 철학' 수준에서 종합적 분별력과 균형감각을 발휘하여, 철학을 비롯한 기타 학문과 학자들의 사상, 이론, 개념 중 꼭 필요한 것이 있다면, 공공활동의 목적·사안·여건 등에 맞게 추출하고 변증법적으로 융합하여 그것을 종합적으로 활용해야 한다. 좋은 공공활동이라는 목적과 본질을 위한 것이라면, 그 투철한 목적의식 내에서 철학이든 무엇이든 모두 이용할 수 있는 도구로 알고 이용해야 하는 것이다.[29]

3. 공공활동과 공공철학의 통합

공공활동의 본질은 '공공행동'이다. 그런데 공동체구성원 각자의 삶의 질을 향상시키고 공동체를 유지·발전시키기 위해서는 '좋은 공공행동'이 필수적이고 중요하다. 그러면 '좋은 공공행동'은 무엇인가? 그것은 바로 '공공철학하기'에 의하여 얻어진다. 여기서 '철학과 행동'의 관계는 '이론과 실천'이나 '앎과 행함'의 관계와 서로 통함을 알 수 있다. 여기에 공공활동은, 그것이 '좋은 공공활동'을 지

---

29) 그런 의미에서 이 책은 전통적 논의 방식에서 탈피하여, 기본적 설명의 틀로서 '구체적'이고 '개별적'인 '특정 주제별' 공공철학을 '일상 사례'를 곁들여 논하는데, 이를 위하여 '추상적'이고 '일반론적인' 철학 논의가 필요한 경우 그것은 가급적 최소한에 그친다. 그래서 어떻게 보면, 이 책 공공철학론은 철학을 이용하는 것이지만 그보다는 '철학하는 방법'(the way of philosophizing), 더 간단히는 '철학하기'(philosophizing)만을 빌린다고 하는 것이 더 적절하다. 이는 실제 공공활동과정에서 공공활동가가 직접적·구체적으로 경험하고 씨름할 대상 문제에 대하여 '진실로 무엇을 어떻게 하는 것이 사람답게 사는 좋은 삶이고 좋은 공동체인가에 관한 넓고 깊은 사유'의 성찰적 숙고와 함께 실천행동을 하는 것이 본질적으로 중요하다는 데 초점을 맞추기 때문이다. 즉 공공활동과 공공철학을 명실상부하게 통합하는 '공공철학하기'에 초점을 맞추고자 하는 것이다.

향하고 추구하는 한, 반드시 '공공철학'과 통합되어야 한다는 결론에 이르게 된다. 공공활동에서 철학 없는 행동이나 행동 없는 철학은 안 된다. 공공활동에서 철학 없는 행동은 나침반 없이 항해하는 배와 같다면, 행동 없는 철학 역시 나침반만 가지고 있을 뿐 항해하지 않는 배와 같다. 그 두 가지가 합쳐지면 올바른 방향과 목적을 갖춘 '실천적 숙고행동'(熟考行動)으로, 현실에서 실제 규범목적을 달성하는 이상적인 결과를 낳는다. 곧 공공활동의 세계에서 무엇이 진실로 가치 있는 공공행동인가에 관한 깊은 생각 끝에 나선 '숙고행동', 즉 '공공철학하는 행동'을 통하여, 규범이상과 실천행동의 통합, 사변성(思辨性)·관념성과 행동성·실천성의 통합을 통하여 좋은 공공활동을 성취할 수 있다. 또 그런 철학과 행동의 통합은 이론과 실천의 통합, 앎과 행함의 통합이라고도 할 수 있다.[30]

공공활동가는 자신의 행동에 의하여 조금이라도 더 사람이 사람답게 '좋은 삶'을 살 수 있고 '좋은 공동체'를 건설할 수 있는 바람직한 결과를 창출하는 사람, '행동으로 실천'하는 사람이다. 그래서 그렇게 좋은 삶과 좋은 사회를 설계하고 이를 현실화하고자 하는 공공활동가는 사회디자이너(social designer)이고 사회공학도(社會工學徒, social engineer)라고도 일컬어진다. 그러한 데 필요한 지식으로서의 사회과학은, 마치 자연과 물질을 의도한 대로 변경하기 위하여 그에 대하여 설계하고 시공하는 공학(工學, physical engineering)에 비유할 수 있으므로—점진적이고 민주적이어야 하지만—일종의 사회공학(社會工學, social engineering)이라고 한다.[31] 또 좋은 삶과 좋은 공동체를 실현하는 데 장애요소·저해요소가 되는

---

30) 독일 프랑크푸르트학파에 속한 비판이론가의 한 사람인 하버마스(J. Habermas)는 '인식'을 현실적 욕구나 주관적 이해관계와는 초연한 순수 이론적 측면에서 탐구해 오던 기존 서구사상을 부정하고, 인식이 인간의 것인 한 인간의 본래적인 '관심'에서 완전히 벗어날 수 없으며, 관심은 오히려 인식을 바른 인식이 되게 하는 조건과 틀을 제공한다고 주장하였다. 그런 의미에서 본문은 그러한 관심과 인식과 더불어 '실천'과도 결합되어야 함을 의미하는 것이다. 인식과 관심이 바르게 결합할 뿐만 아니라, '실천행동'과도 결합할 때, 또 사회와 역사에 초연하고 무관한 인식이 아니라, 인간의 성숙과 해방에 관심을 가진 인식, 그리고 그 인식을 실제 행동으로 실천할 때에만 현실의 인간과 사회의 병폐를 치료하여 건강하게 만들고 역사를 발전시킬 수 있다고 하겠다.
그런데 하버마스는 관심과 인식의 차원을 셋으로 나누어, 첫째 가장 객관적이며 순수하다는 자연과학·경험적 인식에 있어서는 합목적적인 관심·기술적 유용성의 관심이 작용하고, 둘째 역사적·해석학적인 인식에서는 실천적 관심이 영향을 미치며, 셋째 비판이론적 인식에서는 인간 해방적 관심이 그 인식을 이끌어 간다고 함으로써 사회비판이론적 관심과 인식을 강조한다. 하버마스의 인식과 관심에 관한 문헌으로 Jürgen Habermas, *Knowledge and Interests*, trans. by Jeremy J. Shapiro, Boston: Beacon Press, 1968과 *Theory and Practice*, Boston: Beacon Press, 1973 참조.

사회질병을 진단하고 적절한 치유책을 처방하여 치료하는 측면에서, 공공활동에 관한 학문은 일종의 사회의학(社會醫學, social medicine)이고, 공공활동가는 사회의학도 또는 사회의사(social doctor)이기도 하다.32) 또한 공공활동은 공동체 내

---

31) '사회공학'은 협의로는, 시스템공학과 사회과학의 결합으로 얻어진 사회행동에 관한 연구성과를 현실 사회문제의 해결에 응용하여 사회구조를 체계적으로 조정하고 계획화하고자 하는 것이 공학의 원리와 유사하여 붙여진 응용사회과학의 한 분야를 일컫는다. 이는 인간관계에 관한 연구성과를 적용하여 집단의 대인적(對人的) 분쟁을 해결하거나, 작업 팀의 책임자와 구성원의 변화를 통하여 생산성을 제고하거나, 리더십 유형과 훈련방법의 효과성을 비교하여 최적 방법을 선택하는 것과 같이, 산업·교육·행정 등의 분야에서 이용된다. 그런데 널리 바람직한 사회상태를 계획(설계)하고 그 계획에 따라 실현하고자 하는 인문사회과학계의 노력도 '공학적 발상'과 유사하다고 볼 수 있으므로, 이는 광의의 '사회공학'이라고 할 수 있다. 그렇지만 사회공학의 발상과 사용에 있어서 그 대전제는, 전체주의적인 통제에 의해 유토피아 사회를 건설하고자 한 전제적·교조적·전체주의적인 마르크스 류의 사회주의 국가건설의 사회공학은 바람직하지 않고, 개인의 자유와 창의성을 존중하고 활용하는 의미의 합의적·합리적·민주주의적인 성격의 사회공학이어야 한다는 점을 명심하는 것이다.
　　그런 의미에서 철학자 칼 포퍼(1902-1994)는 마르크스의 유토피아적(utopian)·전체론적(전일론적, holistic)·(역사적 운명을 결정론적으로 정해 놓고 신봉하는)역사주의적 사회공학을 철저히 배격하고, 자신이 '점진적·단편적 사회공학'(piecemeal social engineering)이라고 명명한 사회공학을 제시하였다. 그는 계획에 따라 사회제도를 설계하고 구축하는 데 있어서 중요한 것은 그 규모와 범위(scale and scope)의 문제가 아니라, 실수에서 배워 점진적으로 조절(adjustment)과 재조절(readjustment)로 문제를 해결해 가는 조심(caution)과 준비성(preparedness)이 있는가의 관점과 자세의 문제라고 본다. 이는 결국 개별 과학자의 자유로운 추측과 반증의 방식을 통해 조금씩 과학이 발전한다고 믿은 그의 과학철학(반증주의이론)이나, 과학적이지도 않은 예언에 의해 미래사회를 설계하고 실현하는 것은 본시 가능하지 않으므로 그런 전체주의나 역사주의 대신, 개인의 자발적 결정이 복잡하게 결집된 여러 사회제도를 조심스럽게 시험해 보고 지속적으로 대안을 추구하는 그의 '열린사회'의 정치철학적 주장의 연장선상에 놓여 있다. 그렇지만 자유주의 경제학자 하이에크는 모든 지식을 한 사람의 머리에 집중하고 설계하는 자연과학에서의 공학과 같이, 그렇게 지식의 집중화에 의해 사회문제를 해결할 수는 없다는 의미에서, 점진적인 것을 포함하여 모든 '사회공학'의 발상 자체를 반대하기도 한다. Karl R. Popper, *The Poverty of Historicism*, 2nd. ed. London: Routledge & Kegan Paul, 1960(1957), 64-70 및 F. Hayek(ed.), *Collectivist Economic Planning*, London: Routledge & Kegan Paul, 1956(초판 1935), 1-12, 210 참조.

32) 그렇기 때문에 공공철학자 호지킨슨은 관료제의 가치나 조직관리상의 병리(病理, pathology)를 자주 언급하면서, "행정이 질병이라면, 철학은 그 치료제가 돼야 한다"(administration is the disease, for which philosophy must be the cure.)거나, "행정활동과 조직생활의 많은 측면이 단순히 이상에 미치지 못한 정도가 아니라 아주 병들어 있다고 단언하고 싶다. 공공철학자는 조직문화의 의사(a physician of organizational culture)이고, 그의 임무는 끊임없이 질병을 진단해 내는 일이다.……지금까지 우리는 이미 행정이라는 몸의 몇몇 이상부위를 촉진(觸診)해 왔다"고 말한다. Christopher Hodgkinson, 앞의 책, Preface x 및 132.

사회구성원이 그들의 삶을 좀더 바람직하게 영위할 수 있도록 모든 측면에서 아름다움을 창조하고 구현하는 활동이라는 측면에서 사회예술(社會藝術, social art) 활동이다. 그런 만큼 마치 예술가가 작품을 통하여 아름다움을 창조하고 표현하는 것처럼, 공공활동가도 공공활동을 통하여 얼마든지 공동체와 그 사회구성원의 삶을 좀더 아름답게 창조해 낼 수 있는 사회예술가 또는 사회아티스트(social artist)이기도 하다.[33] 그래서 다음과 같은 지적이 나온다

길을 걷다 보면 차라리 눈을 감아 버리고 싶은 충동을 느낄 때가 많다. 주변과 어울리지 않는 아파트촌을 볼 때가 그렇다. 저 아파트 숲만 없다면 산도 보이고 하늘도 보일 텐데, 그래서 좀더 많은 사람들이 자연 풍광을 즐길 수 있을 텐데 하는 아쉬움이 든다.……독일 바이마르공화국 시절에 일어난 '바우하우스 운동'이 생각난다. 당시 독일에서는 시골에서 도시로 밀려든 사람들 때문에 많은 주거 공간이 필요했다. 건축물은 최소한의 생활여건만 갖춘 채 대량으로 조잡하게 지어졌다. 상황이 최악으로 치닫자 더는 수준 낮은 건축물이 지어져서는 안 된다며 바우하우스라는 디자인학교가 문을 열었다. 이 학교를 중심으로 디자인과 조형을 중시하는 예술 건축운동이 시작된 것이다. 이 학교에서 가르치고 배운 수많은 건축가와 예술가, 디자이너들이 맨 앞에 서서 아름다운 독일 건설을 이끈 것이다.

우리도 이제는 그런 예술 건축운동이 일어났으면 좋겠다. 그래서 닭장 같은 천편일률적인 건축물, 직선 일변도의 삭막한 빌딩, 하늘을 가리는 회색 공룡 대신 색깔이 있고 자신만의 성격을 갖춘 조형적(造形的)인 건축물이 많이 들어서야 한다. 몇

---

33) 공공활동을 영어로 'art'라고 할 때, '기술'이나 '기예'(技藝)라고 번역하는 경향이 있으나, '예술'이라고 하는 것이 더 적합하거나 그런 의미를 강하게 함축하고 있는 것으로 보아야 할 때도 많다. 특히 예술이 적합할 경우는 '가치'에 바탕을 둔 '주관성' '창의성'이 강조될 때인데, 이는 '사실'에 바탕을 둔 인과론적인 '객관성'이 강조되는 'science'(과학)와 비교되어 사용될 때이기도 하다.(그 경우 '과학과 기술'이 한 묶음으로 사용되는 용례에 유의할 필요가 있다). 공공활동(행정)은 과학(과학기술)의 측면을 포함하고 있으나, 예술의 측면도 포함하고 있다. 그래서 각급 각종 실무를 두루 섭렵한 전 국무총리 고건은 "행정은 예술"이라고 규정하고 있다. 고건, 행정도 예술이다, 매일경제신문사, 2002 참조.
한편, 공공철학자 호지킨슨은 정책형성, 가치, 전략, 질적, 인간적, 성찰적, 일반행정주의(generalism) 등 조직의 상층부와 관계된 활동을 'administration'이라고 하고, 정책 집행, 사실, 전술, 양적, 물질적, 행동적, 전문행정주의(specialism) 등 조직의 하층부와 관계된 활동을 'management'라고 개념적으로 나누면서, 상층부의 활동은 'art'이고 하층부의 활동은 'science'라고 한다. 그리고 하층부 구성원은 실제로 '기술자'(technician, technologist)라고도 표현한다.(그러나 호지킨슨도 administration과 management의 구분이 명확한 것은 아니고 서로 침투하고, 영국과 미국의 어법상에도 차이가 있으며, 학자들 사이에도 서로 다르게 사용한다고 인정한다.) Hodgkinson, 앞의 책, 서문과 4−5 참조.

해 전 스페인의 바르셀로나를 방문하는 길에 기둥 두 개로 지탱하는 아주 독특한 빌딩을 본 일이 있다. 그 건물을 보면서 우리나라라면 과연 그런 건물이 들어설 수 있었을까 하는 생각을 해봤다. 아마도 허가 및 설계 과정에서부터 관련 공무원과 수없이 싸움을 벌여야 했을 것이다.……건축주 입주자 공무원 모두 이제 건축물을 보는 눈을 근본적으로 바꿔야 한다. 단순한 기능 차원을 넘어 미(美)를 중요한 요소로 감안해야 할 때가 된 것이다.……34)

그런 사회디자이너, 사회공학도, 사회의사, 사회예술가인 공공활동가가, '무엇이 좋은 삶이고 좋은 공동체인가'에 관한 것을 잘 모르거나 경시하면서 그런 일을 하겠다고 나설 수는 없는 일이다. 그래서 공공활동가는 먼 옛날부터 수많은 다양한 분야의 학자나 실무 경험자가 제시해 온 좋은 공공활동을 위한 다양한 사상·이론·원리·방법 등을 배우고 그 도움을 얻어 실제에 활용한다. 거기에는 각종 사회과학적 지식을 비롯하여, 자연과학적 지식과 인문사회과학적 지식을 망라함은 물론이다.

그렇지만 인류가 축적해 온 그런 다양한 사상·이론·원리·방법 등과 자연과학적·인문과학적·사회과학적 지식은 모두 완전하지 않고 부분적으로만 타당할 수밖에 없는 한계를 내포하고 있다. 그런 한계를 극복하고 그들 모든 지식을 종합하면서도 초월하는, 어떤 지혜·통찰력·규범이상을 찾아 좋은 공공활동에 적용하는 것이 절대적으로 필요하다. 바로 여기에 '철학하기'가 필요한 이유가 있다.35) 공공활동가는 개개 구체적인 공공문제를 해결하는 데 있어서, '좋은 공공활동의 본질'을 넓고 깊게 숙고하는 본질사유와 규범사유를 통하여, 구체적인 실천적 지혜와 행동의 준거원칙을 도출하여 적용하는 '공공철학하기'가 필요한 것이다.

공공활동가는 좋은 삶과 좋은 공동체를 위한 '행동'을 할 때, 자연, 사회, 인간을 깊이 이해하고 전망하고 설계해 보는 본질사유와 규범사유에 의한 넓고 깊은 지혜·통찰력이 절대적으로 필요하다. 사람이 사람답게 좋은 삶을 살아간다는 의미가 무엇이고, 그런 삶에는 무엇이 가장 소중하며, 그런 삶을 보장하는 좋은 공동체를 실현하기 위한 제도와 문화는 어떻게 짜내고 일궈야 하는가에 관한 깊은 고민, 성찰, 통찰력, 지혜가 절실하게 필요한 것이다. 어린애가 장난감로봇을 조립할 때도 '잘 생각해서' 하는데, 하물며 사람이 사람답게 좋은 삶을 살 수 있는

---

34) 박수룡(서양화가), "신도시 개발, 조형계획부터 세워야", 동아일보, 2005. 9. 20.
35) 동일한 뜻으로는 앞의 Christopher Hodgkinson, *Towards a Philosophy of Administration*, Preface ix, x 및 15 참조.

좋은 공동체를 건설하는 데에는 '얼마나 넓고 깊게, 그리고 얼마나 높고 또 멀리 보고 생각해서' 행동해야 하겠는가? 여기에 공공활동가에게는 개개 구체적인 이론·지식·방법 등을 배우고 적용하는 문제 이상으로, '공공철학하기'의 자세가 절대적으로 필요하고 절실한 이유가 있다.

그런 의미에서, 공공철학자 호지킨슨이 그의 저서에서 공공활동은 '행동하는 철학'(philosophy in action) 또는 '철학의 실천'이라고 규정한 의미를 되새겨 볼 만하다.36) 이는 공공철학과 공공활동의 통합의 관점에서 보아야 하기 때문에, 당연히 그리고 동시에 '철학 속의 행동'(action in philosophy)을 강조한 것이기도 하다. 이를 공공철학과 공공활동의 통합의 명제에 적용해 보면, 곧 좋은 공공활동은 '공공철학 속의 공공활동'이자 '공공활동 속의 공공철학'이 동시에 일어나는 것이다. 이로써 공공활동가는 단순한 행동가 또는 단순한 공공활동가가 아니라, 철학적 행동가, 철학적 공공활동가, 생각하는 공공활동가, 또는 행동하는 철학자이어야 함을 알 수 있다. 그런 사람이 바로 현실의 공공활동이 지향하는 이상적인 공공활동가인 것이다.

이제 공공활동가가 진실로 '좋은 공공활동'을 지향하는 '좋은 공공활동가'라면, 그는 공공활동의 현장에서 구체적 사안마다 '진실로, 본질적으로 좋은 것, 가치 있는 것이 무엇인가에 관한 본질사유와 규범사유에 의한 공공활동'을 수행해야 한다. 그런 올바른 규범이상을 지니고 올바른 가치판단을 한 숙고(熟考)된 행동(숙고행동, considered action)이 '공공철학하기에 의한 직무수행'이다. 올바른 앎

---

36) 'philosophy in action'은 교육행정학자들이 사용한 예(R. E. Ohm and W. G. Monahan(eds.), *Educational Administration*: *Philosophy in Action*, University of Oklahoma, 1965.)와 같이 호지킨슨이 처음 사용한 것은 아니다. 그렇지만 호지킨슨은 본문 첫머리에서부터 "공공활동은 행동하는 철학이다. 이것이 공공활동의 일반적 정의이다"(Administration is philosophy in action. This is the general definition of administration.)라고 선언하면서 시작할 정도로, 본격적으로 이를 다룬 학자이다. 그는 철학(philosophy)을 제시하는 철학자와 그것을 행동(action)으로 옮기는 공공활동가 사이의 대화, 친교(communion)와 통합을 복원하는 목적을 밝히고 있다.
또 그는 마지막에서 행정철학의 중요한 명제(proposition)들을 정리하는데, 그 명제의 하나로서 "철학은 활동이다. 즉 논리 활동이고 가치판단을 하는 활동이다"(Philosophy is an activity-the activity of logic and the activity of making value judgements.)라고 제시한다. 따라서 'philosophy in action'이라는 표현에서 action은 '행동 속의, 또는 행동하는'과 같은 '행동'이라는 행정(공공활동)의 본질을 말하고 있을 뿐만 아니라, 아울러 그의 'a practising philosopher'라는 표현에서 알 수 있듯이 '살아있는' '작동하고 있는' 또는 '실천하는' 의미를 갖는 것으로도 이해할 수 있다. Christopher Hodgkinson, 앞의 책, foreward vii, 3, 202.

(knowing)과 행함(doing)이 통합된, 철학하는 행동인 셈이다. 그러한 본질사유와 규범사유에 의한 숙고행동의 결과는 단순한 충동행동, 비성찰행동이나 비숙고행동과 같은 '철학 없는 행동'의 결과와 비교하여 분명히 다를 수밖에 없다.

공공활동에서 철학하는 행동과 그렇지 않는 행동의 차이는 시민이나 고객에게서 만족스럽거나 불만스런 반응을 초래하는 아주 단순한 것에서부터, 그야말로 수백만의 목숨이 걸려있고 역사의 물줄기가 바뀔 수 있는 것까지 헤아릴 수 없이 큰 폭의 차이를 나타낸다. 가장 큰 차이에 속한 예의 하나는 독일 출신의 저명한 정치철학자 아렌트(Hannah Arendt, 1906-1975)가 나치의 유대인 대학살을 지휘한 아이히만(K. A. Eichmann)이 어떻게 그런 대학살의 악행(惡行)을 저지를 수 있는가를 연구한 끝에 내린 결론을 들 수 있다. 아렌트는 나치의 박해를 견디다 못해 미국으로 이주하여 나치 치하의 독일인의 심리구조, 그리하여 전체주의 (totalitarianism)의 기원을 분석하였다. 그녀는 아이히만이 특별히 악한 괴수나 악마였기 때문이라기보다는 진부하리만큼 평범한, 그래서 누구나 범할 수 있는 '생각 없음' 또는 '무사유'(無思惟, thoughtlessness) 때문에 그런 엄청난 만행을 저질렀다는 분석을 내놓았다.[37]

---

37) 2차대전 중 독일과 독일 점령하의 유럽 각지의 유태인의 체포, 강제 이주, 학살을 계획하고 지휘한 전 나치 친위대 장교 아돌프 아이히만은, 종전 후 아르헨티나로 건너가 가짜 이름의 자동차 공장 기계공으로 숨어 살다가 1960년 이스라엘 비밀정보조직 '모사드'에 체포·납치돼, 이스라엘 법정에서 1961년 인도에 반한 죄로 사형이 선고되고 그 이듬해 교수형에 처해졌다. 예루살렘에서 이 세기적 재판이 열리게 됐을 때, 시카고대학 교수인 아렌트는 미국의 유명 잡지 '뉴요커'(New Yorker)의 통신원 자격으로 예루살렘 재판을 참관하고 보고서 형태의 기사를 쓴다. 그리고 책의 형태로 나온 것이 '예루살렘의 아이히만: 악의 평범성에 대한 보고'(*Eichmann in Jerusalem: A Report on the Banality of Evil*, New York: Viking Press, 1963, 수정증보판 1965.)이다. 대학살의 주인공에게서 발견한 악이 "사유를 거부하는" 평범성(banality)에 의해 야기된 악이며, 생각 없이 사는 현대인이라면 누구나 범할 수 있는 것이라는, 그녀의 분석은 아이히만에 대한 증오에 불타는 유태인들로서는 같은 유태인일 망정 받아들이기 어려운 것이었고, 그 통찰력은 당시 사회적으로 큰 반향과 논쟁을 불러 일으켰다.
    이런 생생한 경험의 사건과 통찰력을 바탕으로 말년의 아렌트는 '도대체 사유란 무엇인가'라는 인간의 정신능력에 대한 연구에 몰두하여, 그녀의 정치사상의 정점에 해당된다고 평가되는 3부작 「정신의 삶」(The Life of the Mind)의 제1권인 사유(thinking), 제2권인 의지(willing) 편을 발표하였으나, 마지막 제3권인 판단(judging)은 출판하지 못하고 유명을 달리 하였다. 그러나 제자인 R. Beiner가 유고와 강의 내용을 정리하여 '아렌트의 칸트 정치철학강의'를 출판함으로써 그녀의 '판단' 부분을 유추할 수 있게 해 주었다. Ronald Beiner, *Lectures on Kant's Political Philosophy by Hannah Arendt*, The University of Chicago, 1982; 한나 아렌트 칸트 정치철학 강의, 김선욱(역), 푸른숲, 2002, 9-11, 173-180 참조.

여기서 생각 없음이나 무사유는 엄밀히 말하면,－사실 생각이 없거나 사고하지 않는다면 인간도 아니므로－올바른 본질사유와 규범사유를 하지 아니한(회피·포기·무시한) '본질 무사유'나 '규범 무사유'일 것이다. 사유능력이 있는 누구든 어떤 일을 하면서 이런저런 생각 속에, 어떻든 사고는 한다고 할 것이다. 그러나 정말 본질적(근본적)이고 규범적인, 올바른 생각과 사유를 하느냐에 대하여는 그렇다고 말할 수 없다. 사람마다, 그리고 사안에 따라 본질사유와 규범사유를 하거나 하지 않는 차이가 있는 것이다. 이렇게 평범한 정신작용에 불과한 듯 보이지만 본질사유와 규범사유를 하는가 하지 않는가의 차이는 사람과 다른 생물, 그리고 같은 사람 사이에도 어떤 사람인가를 구별해 주는 결정적인 차이를 가져온다. 그리고 어떤 사안에 대하여 본질사유와 규범사유를 했는가 하지 않았는가의 차이는 그 사안에 대한 행동의 결과에 있어서 큰 차이를 가져온다.

이처럼 공공활동가는 행동을 할 때, 그 행동이 올바른 가치를 지향하고 구현해 나가는 '올바른 생각·사유·철학'에 바탕을 둔 행동인가를 따지는 것이 중요하다. 즉 본질사유와 규범사유의 '올바른 철학하기의 행동'이 중요하다. 그것이 좋은 공공활동을 구현하는 데 필요한 올바른 가치의 선택·창조 등과 관련된 근원적·기본적 규범 사유활동으로서의 '공공철학'이다. 그리하여 공공활동가가 공공활동에 종사한다는 것의 본질은 '공공활동가가 공공영역에서 특정 가치를 창조·선택하여 구현하는 구체적인 가치비판적·가치탐색적·가치창조적 행동'이라고 말할 수 있는 것이다.

그런 의미에서, 고대 그리스의 철학자 플라톤(Platon, B.C. 427－347)이 그의 「국가론」(공화국, the Republic)에서 '철인독재'가 최선의 정부형태라고 주장한 속마음을 헤아려 볼 필요가 있다. 그는 공동체구성원들이 대부분 무지한 반면, 철인(哲人, 철학자, 지혜를 사랑하는 자)인 군주(치자, 治者)는 형이상학적·선험적으로 존재하는 실체적 공익, 즉 국가 전체를 위하여 가장 좋은 것을 지혜롭게 판별하여 실현해 줄 수 있다고 보았다. 그래서 그는 소크라테스도 주장한 그런 '철인왕'(철인 군주, 철인 치자, 철학자 군주, 철학하는 왕, the Philosopher King)이 최고지도자로서 가장 적합하다고 다음과 같이 주장하였다.

철학자들이 왕으로서 도시를 다스리지 않으면, 혹은 우리가 오늘날 왕이라거나 지배자라고 하는 사람들이 진정으로, 그리고 적절하게 철학을 공부하지 않으면, 그리하여 정치권력과 철학이 결합하고, 이 양자 가운데 하나를 배제한 채 다른 하나

만을 추구하려는 다양한 성향들이 강력하게 저지되지 않으면 신중함, 실제적 지혜
의 관점에서 가능한 최선의 체제는 획득될 수 없다.[38]

이렇게 주장할 때 플라톤이 생각하는 '철인'은 '철학을 강의하고 철학 학술지
에 기고하는 전문 직업적 학자'가 아니다. 그는 당연히 '정의와 인간의 선에 대한
진실, 계몽, 이해를 열정적으로 탐구하는 사람'의 의미로 사용하였다. 공적 직무
를 수행하는 최고 지도자는 '고도로 발달된 가치 감각을 지닌 사색가, 진·선·
미를 사랑하는 자'이어야 함을 주장한 것으로 이해할 필요가 있는 것이다.[39]
그런 플라톤은, 현대 철학자 포퍼(K. Popper, 1902-1994)가 '철인독재'의 주장
을 통렬히 비판한 이래로, 전체주의의 원조로 알려져 왔다. 그러나 플라톤은 그의
노년기 저서에서 '철인독재'를 배척하고 자유선거로 '원로회의'를 구성하는 현대
자유민주주의 정부형태와 유사한 주장을 하였다. 따라서 그 수정된 주장이 플라
톤의 최종 입장이라고 보아야 옳을 것이다. 이러한 관점에서 볼 때 플라톤의 유
명한 '철인왕'은, 국민의 자유선거로 선출하고 권력의 견제를 전제로 하여, 좋은
삶과 좋은 사회를 실현하는 데 필요한 원리를 심사숙고할 수 있는 공공철학의 실
천자를 의미한다.[40]

---

38) 이는 플라톤의 철인왕 사상을 단적으로 드러낸 구절 '스테파누스 쪽 수' 473d이다.
  스테파누스 쪽 수(Stephanus pages)란 1578년 파리에서 Henri Estienne이 플라톤 전집
  세권을 편찬한 이래, 그의 라틴어식 이름과 그 책 쪽 수와 5등분 난(a부터 e)의 표기
  기호이다. 플라톤의 대화 편을 인용할 때는 반드시 이 기호를 표기하게 돼 있는데,
  국가론 편은 스테파누스 판의 제2권 327a에서 시작해 621d에서 끝난다. 본문은 Plato,
  Plato's Republic, trans, G. M. A. Grube, Indianapolis: Hacket, 1974, para. 473d, p.133
  을 인용한 Robert A. Dahl, *Democracy and Its Critics*, New Haven: Yale University
  Press, 1989; 민주주의와 그 비판자들, 조기제 옮김, 문학과지성사, 1999, 163-164에
  서 재인용함. 원래 대화 방식에 맞게 번역하고 주석을 단 훌륭한 내용과 기타 설명은
  박종현(역주), 플라톤의 국가(정체), 서광사, 1997 참조.
39) 정치학자 로버트 달은 플라톤의 '철학자 군주'에서 '철학자'는 본문과 같이 전문직업
  적으로 논문을 쓰고 강의하는 철학자가 아니라 철학적 탐구를 하는 사람이라고 하면
  서도, 실제 통치자(지배자)는 그런 철학적 탐구에 그다지 흥미를 가지지 않을 것 같
  고, 그 결과에 대해서도 만족할 경우도 거의 없을 것이기 때문에, 서로 배타적인 철
  학적 탐구와 통치의 통합은 환상에 불과하다고 비판한다. 그런데 그는 플라톤의 진의
  (眞意)를 지지한 듯한 「공화국」의 번역 및 해설자 G. M. A. Grube의 지적도 소개(각
  주 부분)하고 있다. Robert A. Dahl, *Democracy and Its Critics*, 민주주의와 그 비판자
  들, 조기제(역), 163-165 참조.
40) 플라톤은 「국가론」에서 철인독재를 옹호했다. 그러나 플라톤은 「국가론」에 불만을 느
  껴, 노년의 원숙기 저서인 「법진」(The Laws)에서는 철인독재를 배척하고, 그 대신 민
  주적인 선거로 구성되는 '원로회의'를 최고의 정부기관으로 둠으로써 현대자유민주주

요컨대, 플라톤의 철인왕은 현대 자유민주주의체제의 '철인대통령'(철인수상)과 크게 다를 바 없을 터이므로, 우리는 그의 속뜻을 충분히 수용할 수 있다고 하겠다. 그렇다면, 또 그런 한에 있어서는 현대판 민주적인 철인국회의원, 철인판사, 철인검사, 철인장관, 철인공무원, 철인사장, 철인회사원, 철인교사, 철인변호사, 철인연구자 등은 아주 바람직하다. 모든 공적 직무 수행자가 어떻게 행동 속에서 살아 있는 철학을 구현할 것인가를 의식하고 고민하며 실천하면서, 스스로 '철학하기'와 '행동하기'를 통합하는 '행동하는 철학자'(a philosopher-in-action, a practising philosopher, 또는 a philosopher of administration)라고 한다면, 그런 바람직한 공공활동가도 따로 있을 수 없는 것이다. 그렇기 때문에 동양에서도 사람들은 '격물치지'라는 '철학하기'를 강조하였고, 그것은 반드시 그에 머무르지 않고 그에 의하여 '수신'하고 '제가・치국・평천하'하는 '행동'까지 나아가는 것을 최고의 이상으로 삼았다. 그것은 현대적으로 풀이하면 '철학하는 공공활동가' '철학적 공공활동가'를 의미한 것이었다.

그런 뜻에서, 공공기관・사기업에서 공공활동을 수행하는 사람뿐만 아니라, 대학・연구소 종사자도 해당 분야의 공공활동에 관하여 연구하고 학생을 교육하며, 사회에 연구결과를 제공하고 전파하는 의미에서 '실천'하고 있다. 실사구시(實事求是)를 주장한 위대한 학자 다산(茶山) 정약용은 그의 「목민심서」 머리말 「자서」(自序)에서, 유배된 신세로 목민(牧民)을 '실행할 수 없으므로 심서'(心書)라고 하게 된 한스런 소회(所懷)를 다음과 같이 밝혔다. 그렇지만 그는 좋은 공공활동이 구체적으로 무엇을 어떻게 하는 것인가를 제시함으로써, 후세의 좋은 공공활동가(목민관)들이 그의 가르침을 따르고 있기 때문에 지금도 그는 살아서 그의 뜻을 실천하고 있다고 하겠다.

옛날에 순임금은 요임금의 뒤를 이으면서 12목(牧)을 불러 그들로 하여금 백성을 기르게 하였으며, 문왕이 정치제도를 세울 때 사목(司牧)을 두어 목부(牧夫)라 하였

의의 원형으로 여겨지는 정부형태를 주창하였으나, 서구 철학계가 미숙기의 작품인 「국가론」을 절정기 플라톤의 거작으로 찬양하고 「법전」은 노년의 졸작으로 여겨 그것을 무시하였다고 한다. 더구나 철인독재만 해도 지혜와 희생적인 봉사를 할 수 있는 덕을 갖추고 사유재산이나 가족조차도 가질 수 없게 돼 있는 지혜와 자기희생에서 나오는, 현인왕(賢人王)에 의한 현인정치를 의미하는 철인독재이므로, 권력과 오만에서 나오는 현대전체주의독재와는 동일하지 않다는 것이 다음 유력한 플라톤 연구자의 강력한 주장이다. T. K. Seung, *Intuition and Construction*; 김주성 외(역), 직관과 구성, 45-50, 385-395. 칼 포퍼의 플라톤 비판은 Karl Popper, *The Open Society and its Enemies*, London, 1945, 86-117.

으며, 맹자는 평륙(平陸)에 갔을 때 추목(芻牧)으로써 백성을 기르는 것에 비유하였으니, 이로 미루어 보면 백성을 부양하는 것을 가리켜 목(牧)이라 한 것이 성현의 남긴 뜻이다. 성현의 가르침에는 원래 두 가지 길이 있다. 사도(司徒)는 만백성을 가르쳐 각기 수신(修身)케 하고, 태학(大學)에서는 국자(國子)를 가르쳐 각기 수신하고 치민(治民)케 하였으니, 치민하는 것이 목민하는 것이다. 그런즉 군자의 학(學)은 수신이 그 반이요 나머지 반은 목민인 것이다.

성인의 시대가 이미 멀어졌고 그 말씀도 없어져서 그 도가 점점 어두워졌으니, 오늘날 백성을 다스리는 자들은 오직 거두어들이는 데만 급급하고 백성을 기를 바는 알지 못한다. 이 때문에 하민(下民)들은 여위고 시달리고, 시들고 병들어 서로 쓰러져 진구렁을 메우는데, 그들을 기른다는 자는 바야흐로 고운 옷과 맛있는 음식으로 자기만 살찌우고 있으니 어찌 슬프지 아니한가. 나의 선친께서 조정의 지우(知遇)를 받아 두 현의 현감(縣監), 한 군의 군수(郡守), 한 부의 도호부사(都護府使), 한 주의 목사(牧使)를 지냈는데 모두 치적이 있었다. 비록 나의 불초(不肖)로서도 좇아 배워서 다소간 들은 바가 있었고, 보아서 다소간 깨달은 바도 있었으며, 물러나 이를 시험해 봄으로써 다소간 체득한 바가 있었다. 이윽고 유락(流落)한 몸이 되어 쓰일 데가 없었다.

먼 변방 귀양살이 18년 동안에 오경(五經)·사서(四書)를 잡고 되풀이 연구하여 수기(修己)의 학을 익혔으나, 이윽고 생각해 보니 수기의 학은 학의 반에 불과하다. 이에 23 사(史)와 우리나라의 여러 역사 및 자집(子集) 등 여러 서적에서 옛날의 사목(司牧)이 백성을 기르는 유적을 골라 위아래로 뽑아 정리하며, 종류별로 나누고 모아 차례로 편성하였다. 그리고 남쪽 변두리 땅에서 나오는 전세(田稅)와 공부(貢賦)를 서리들이 농간하여 여러 가지 폐단이 어지럽게 일어나고 있었는데, 나의 처지가 이미 낮았기 때문에 듣는 바가 자못 상세하여 이것 또한 종류별로 기록하고 나의 얕은 견해를 덧붙였다.……이것은 진실로 내 덕을 쌓기 위한 것이요 어찌 꼭 목민에만 한정한 것이겠는가. <심서(心書)>라 한 것은 무슨 까닭인가. 목민할 마음은 있으나 몸소 실행할 수 없다. 때문에 <심서>라 이름한 것이다.……41)

---

41) 정약용, 목민심서, 다산연구회 역주, 역주 목민심서 Ⅰ, 창작과 비평사, 1988(초판 1977). 9-12. '사목'은 백성을 부양하는 사람, 즉 국군(國君), 지방장관(地方長官) 또는 인민을 다스리는 관리의 장을 말하고, '목부'는 가축을 사육하는 사람으로, 『서경』(書經) 입정(立政)편에 나오는 말이다. '맹자가 평륙에 갔을 때'는 『맹자』 공손축 하(公孫丑下)에 나오는 고사(故事)인데, 평륙은 중국 전국시대 제(齊)의 읍(邑)이다. '추목'은 가축을 사육한다는 뜻이고, '사도'는 『주례』(周禮)에 나오는 육경(六卿)의 하나로서 지방 대사도(地方大司徒)라고도 하였으며, 예교(禮敎)로써 백성을 교화시키는 일을 맡아보았다. '태학'은 왕도(王都)에 세워 둔 대학인데, 수기·치인을 가르치는 최고의 학부(學府)이다. '국자'는 왕족(王族) 및 공경대부(公卿大夫)의 자제이고, '자집'의 자(子)는 사상적인 저술, 집은 문집(文集)을 말한다. '하민'은 평민·백성·서민·범민(凡民)을, '지우'

그러면 구체적으로 어떻게 공공철학과 공공활동을 통합하여 '올바른 공공철학하기에 의한 공공활동'을 수행할 수 있는가? 그것은 공공활동가가 개별 구체적인 공적 직무를 수행할 때, 그 직무수행과 관련된 공공철학적 규범·이상·이념·가치·기준·원칙(이하 '규범 원칙') 등을 곧바로 공공활동의 행동으로 옮기면 그것으로 끝나는 경우도 있다. 인명존중 최우선의 규범 원칙에 따라 119소방헬기를 그 목적 이외의 다른 행정편의적인 목적에 이용하지 않으면 되는 것이 그 예이다. 그렇지만 많은 경우 그렇게 간단하지 않다. 그것은 현실의 구체적인 대상 사안·맥락·상황·조건(이하 '맥락 조건') 등에 맞춰, 현실의 구체적인 맥락 조건의 조절 과정을 거쳐서 규범원칙을 행동화해야 하기 때문이다.

요컨대, 공공활동가는 개별 구체적인 공적 직무를 수행할 때, 그 직무수행과 관련된 공공철학적 규범 원칙을 투철하게 내면화하고, 그것을 현실의 구체적인 맥락 조건에 맞춰, 구체적인 정책·법령·제도·사업(이하 '정책·법령') 등으로 만들어 그 맥락 조건에 맞게 집행하는 방법으로 공공철학과 공공활동을 통합한다. 이는 결국 세 가지 요소나 단계, 즉 첫째 당면한 문제의 구체적 사안과 관련된 '공공철학적 규범 원칙', 둘째 그런 공공철학적 규범 원칙을 적용할 '현실의 구체적인 맥락 조건', 셋째 공공철학적 규범 원칙을 구현한 '구체적인 행동방안을 만들어 현실의 구체적 맥락 조건에 맞게 시행'하는 것이 연관·종합돼 있는 삼위일체(三位一體)의 과정인 셈이다. 이를 풀어서 설명하면 다음과 같다.

먼저 ① 공공활동가가 공공활동의 수행과정에서 공공철학을 구현함으로써 좋은 공공활동가가 되고자 한다면, 그는 올바른 '공공철학적 규범 원칙을 정립하고 구현하고자 하는 의지'를 가져야 한다. 특히 자신의 직무와 직접 관련된 공공철학적 규범 원칙은 직무수행에 앞서서 미리 파악하고 정립하며, 내면화하고 구현하려는 의지를 갖고 노력하는 것은 기본 직무윤리에 속한다. 그래서 좋은 공공활동가는 평소에 가능한 한 넓고 깊게 직무수행과 관련된 올바른 공공철학적 규범 원칙을 탐색·성찰·숙고하는 노력을 기울여야 한다.

다음으로 ② 공공활동가는 공공철학적 규범 원칙을 적용할 '현실의 구체적인 맥락 조건을 가능한 한 정확하게 분석·진단하여 파악'하여야 한다. 즉 대상 공공문제가 어느 정도 중요하고, 어느 정도 시급히 해결해야 하는, 어떤 성격의 사안인가를 포착하고, 그 문제가 발생하게 된 배경과 원인, 현재까지 진행된 사태의

는 남이 자기의 재능을 잘 알아 대접함을, '유적'(遺蹟)은 남은 자취나 행적(行蹟)을 말한다.

경과, 그리고 그대로 방임할 경우 앞으로 전개될 사태의 예측에 이르기까지 가능한 한 정확하게 진단하고 측정하며 분석해야 한다. 이러한 맥락 조건의 진단·파악에 각종 이론이나 과학적 조사의 기법이나 도구가 이용될 수 있음은 물론이다.

그리하여 마지막으로 ③ 공공활동가는 현재 당면하고 있는 공공문제를 좀더 바람직한 방향으로 해결하기 위하여 '공공철학적 규범 원칙을 구체화·현실화한 구체적인 정책·법령을 수립하고 집행'하게 된다. 이는 무엇을 어떻게 할 것인가에 관한, 공공철학적 규범 원칙을 구현하는 구체적인 문제해결의 방안·절차·방법과 기대효과·예상 문제점·후속 보완사항 등이 철저하게 검토되고 확정되어, 그 내용이 행동화(行動化)하게 되는 것을 말한다. 여기에서는 법령을 발의하고 입법화하고, 정책을 수립하고 집행하는 등 입법관리, 정책관리, 경영관리 등 행정 및 경영 원리에 관한 일련의 지식과 경험이 중요하다.

이와 같이 공공활동과정에서는 위 세 가지 요소나 변수가 공공활동가의 사고과정(思考過程)에서 상호 작용하고 통합되어, 행동으로 구체화·현실화하게 된다. 여기서 중요한 것은 현실의 구체적인 맥락 조건의 조절 과정을 거쳐서 규범원칙을 행동화해야 한다는 점이다. 그렇게 현실적합성(적실성, 適實性)을 확보할 수밖에 없는 것은, 공공철학적 규범 원칙이 대체로 경험적이고 역사적이며 개별적인 사회상황으로부터 추상화해 만들어진 보편명제(또는 일반명제)나 개념의 형식으로 존재한 데서 비롯된다.

말하자면 공공철학적 규범 원칙은 초월적인 철학적 명제, 보편 명제나 개념(concept)의 형태로 규정된다. 그래서 공공활동가가 현실의 각종 다양한 공공활동에 이를 '적용'하려고 할 때에는, 고도로 추상적·일반적으로 정제(精製)된 보편명제나 개념을 현실의 구체적인 맥락 조건에 합당하게 구체화·세부화·현실화하지 않으면 안 된다. 즉 보편 명제나 개념을 개별 구체적인 특정 정치적·경제적·사회적·문화적 맥락 조건에 맞게 구체화·현실화·세부화해야 한다. 그렇게 되면 초월적인 철학적 명제, 보편 명제나 개념의 형태로 규정된 공공철학적 규범원칙은 현실의 명제나 개념, 즉 현개념(現概念, conception)의 규범 원칙으로 현실화하게 된다. 현개념은 공공철학적 규범 원칙이 구체적·개별적인 맥락 조건에 가장 합당하게 구현되도록 '상황적응적'(contingent) 또는 '맥락상대적'(context-relative)으로 재규정된 것이다.[42]

---

[42] 보편개념으로서의 '개념'(concept)에 대하여, '현개념'(conception)은 경험적이고 역사적인 사회상황을 표현하기 위하여 개념을 더 구체화·현실화한 것이다. 현개념과 후술

공공활동가의 재산상의 이해(利害)와 공정한 직무수행이 서로 충돌하는 '이해상충(이해갈등, conflict of interest)의 방지'는 공공활동가의 윤리성을 확보하기 위한 중요한 '공공철학적 규범 원칙'의 하나다. 그런데 예컨대 현실에서 정부 공직자가 직무상 알게 된 정보를 이용해 주식거래를 하거나, 주가에 영향을 미쳐 재산을 늘리는 일이 없다고 할 수 없다. 이에 정부는 그런 이해상충을 막는 원칙을 구현하는 일환으로, 공직자가 보유한 주식을 신탁기관에 맡겨 처분하게 하는 '주식백지신탁제도'를 도입하기로 결정하였다.

그러면 이로써 곧바로 공공철학적 규범 원칙과 공공활동의 행동이 통합돼 시행되는 것인가? 그렇지 않다. 우리 실정에 맞는 대상 공직자의 범위, 대상자의 가족 범위, 직무상 관련성이 있는 대상 주식, 신탁할 금액의 하한선, 판정을 위한 심사 방법, 처벌 범위와 내용 등 시행을 위한 내용이 면밀하게 검토·분석되어야 한다. 즉 '현실의 구체적인 맥락 조건'을 진단·분석한 후 우리 실정에 맞는 법령을 제정하고 조직·인력·재정 등을 갖춰 시행해야 한다. 그 과정에서 큰 논란이 벌어지고 많은 노력이 기울여진다. 그렇게 해서 비로소 공공철학적 규범 원칙과 공공활동의 행동이 통합돼 시행되는 것이다. 다음 기사의 내용은 이를 말해주는 예이다.

"국회의원과 장·차관 등 1급 이상 고위공직자가 갖고 있는 주식을 강제로 매각하느냐 여부로 논란을 빚었던 주식백지신탁제가 2005년 11월부터 실시된다. 국회는 본회의를 열어 공직자가 1000만~5000만 원 이상 직무와 관련된 주식을 갖고 있을 경우 신탁기관에 맡겨 매각해야 하는 내용의 공직자윤리법 개정안을 통과시켰다. 얼마 이상의 주식이 대상이 되느냐는 앞으로 대통령령으로 정해진다. 이에 따라 국회의원과 장·차관, 주요국 대사, 고등법원 부장급 이상 판사와 검사장급 이상 검사, 1급 이상 공무원 등은 올 12월까지 자신이 보유한 주식을 주식백지신탁심사위원회에 신고해야 한다. 직무 관련성이 인정되면 해당 공직자는 주식을 투자신탁회사와 자산운용회사 등 금융기관에 맡겨야 한다. 금융기관은 위탁주식을 60일 이내에 팔아야 한다.……"[43]

결국 공공철학을 구체적인 공공활동에 적용하는 구체화·현실화 작업은 세 개

할 삼중 고려명제, 세 방향 조절과정 등의 개념은, 개념과 현개념이 동시에 고려되고 조절돼야 한다는 '이중 고려명제'나 '쌍방향 조절과정'의 개념을 설명하는 다음 문헌에서 원용하였다. T. K. Seung, *Intuition and Construction*; 직관과 구성, 김주성 외 (역), 152-159. 여기에는 정치철학자 롤스(John Rawls)가 그의 공정(justice) 개념과 관련하여, 그리고 로널드 드워킨이 그의 법해석이론(Ronald Dworkin, *Law's Empire*, Cambridge, Mass., 1986, 70-76 참조)에서 보편개념과 현개념을 구분하고 있는 것이 소개되고 있다.

43) 조선일보, 2005. 4. 27, "고위공직자 '직무관련株' 강제 매각" 기사.

의 압력, 고려와 판단을 요구받고 있다고 할 수 있다. ① 첫째로 현실세계의 맥락 조건에 매몰되지 않고 규범 원칙이 충실하게 구현돼야 한다는 요구이다. 이는 '규범 원칙에 대한 충실성'이라는 철학적 측면(philosophical aspect, 철학성 또는 규범성)의 요구이다. ② 둘째로 보편적인 성격의 공공철학적 규범 원칙이 실제 현실세계의 맥락 조건에 민감해야 한다는 요구이다. 이는 '특정의 현실 맥락 조건에 대한 과학적 조사와 진단·파악 등 사실(맥락 조건의 경험요소나 경험세계)에 대한 민감성'이라는 과학적 측면(scientific aspect, 과학성 또는 이론성)의 요구이다. ③ 셋째로 실제 현실세계의 맥락 조건에서 규범 원칙을 적용하여 당면한 공공문제(사안)를 해결할 수 있는 정책·법령의 수립과 집행이 적합해야 한다는 요구이다. 이는 '공공문제에 대응한 가장 적합한 정책·법령 등 관리·지배·통치 방안의 수립과 시행의 적합성'이라는 정책적 측면(policy aspect, 정책성 또는 관리성)의 요구이다.

이와 같이 좋은 공공활동가는 좋은 삶과 좋은 공동체를 위하여 무엇이 좋은 것인가의 올바른 규범 원칙을 지향하고 추구해야 한다.(철학성, 규범판단). 그리고 그는 공공문제의 원인과 현황, 향후 진행 예측, 문제에 관련된 자(집단)의 범위, 규모, 종류, 심각성, 대응의 시급성 등의 맥락 조건에 대하여 정확하고 철저하게 진단·파악해야 한다.(과학성, 사실판단). 그런 다음 좋은 공공활동가는 당해 공공문제에 대하여 과학적으로 진단·파악된 사실에 기초하여 가장 적실하면서도 규범 원칙을 구현할 수 있는 바람직한 방안·대책을 마련하여 시행해야 한다. 그 대책에는 무엇을 어떻게 할 것인가에 관한 전체적인 방향과 장단기 목표, 수단과 방법, 세부방안의 장점과 단점, 편익과 비용, 기대효과와 예상 부작용, 후속 보완 조치 등이 포함되어야 함은 물론이다. 그리고 대책의 수립·시행과정에서 참여자들 사이에 많은 분분한 주장·의견·요구를 분별·판단하고 균형 있게 수렴·조정하며, 필요한 대상에게 필요한 사항을 설득하는 민주적이고 합리적인 공공활동을 펼쳐야 한다.(정책성, 관리판단). 이것은 '올바른 공공철학하기에 의한 좋은 공공활동의 3요소'라고도 할 수 있다. 이 중 어느 하나라도 빠뜨리면 좋은 공공활동을 기대할 수 없다.[44]

---

44) 행정학의 전면적인 모습과 실상, 행정학의 학문성(學問性)과 과학성은 이론성·관리성·규범성 측면의 다양한 모습과 그 상호 연결되고 통일된 관계를 보면 파악할 수 있고, 그래서 관련 종사자들이 모두 이론성·관리성·규범성을 위해 노력해야 한다고 한 지적은 백완기, 행정학, 박영사, 1984, Ⅰ-Ⅱ 및 10-13 참조.

이에 따라 공공활동가가 공공활동을 공공철학과 통합할 때 삼중의 압력을 느끼고, 삼중으로 고려해야 하며, 삼중으로 판단하여 삼위일체로 시행해야 할 명제라는 의미에서, 이상의 세 가지 요소를 간단히 '삼중 고려명제'(三重 考慮命題, thesis of triple consideration)라고 할 수 있겠다. 결국 '좋은 공공활동'은 특정 역사·문화·사회의 맥락 조건에 얼마나 적합한지를 살피면서, 이상적인 규범 원칙을 가능한 한 충실하게 반영하도록, 공공문제에 대하여 가장 좋은 해결책을 수립하고 시행하는 삼중 고려의 활동이다. 따라서 공공활동가는 항상 이 세 가지 요소에 똑같이 관심을 갖고, 균형감각으로 진단·분석하고 '세 방향 조절과정'(three−way procedure)을 거쳐 종합함으로써, 세 박자가 어울려 좋은 화음을 내는 삼위일체의 공공활동을 펼쳐야 한다.

제 4 장

공공철학하기에 의한 공공활동의 원칙

공공활동은 공동체의 공공영역에서 공공문제를 해결하는 일련의 공적 행동이다. 그리고 공공철학이란 바람직한 공적 행동을 탐구하는 본질적·규범적인 사유활동이다. 그러므로 공공활동과 공공철학의 통합은 공공활동가가 펼치는 공공활동의 이상적인 모습이다. 이제 공공활동가가 공공활동과 공공철학의 통합에 의한 좋은 공공활동을 위해서, 확고하게 내면화·체질화하고 구현할 일반적인 행동의 준거원칙·규범 원칙들을 요약·정리하면 다음과 같다.[1]

---

1) 이와 같이 각 장(章) 끝 부분에 공공활동의 원칙을 배치한 것은 공공활동가가 어떻게 좋은 공공활동을 위한 '철학하는 행동'을 할 것인가에 관하여 본문에서 논의한 내용을 분류·정리한 것이다. 따라서 이는 각 장의 주제를 반복한 측면도 있는데, 이는 각 주제에 대하여 아는 것(지식, 앎)으로 끝내는 것이 아니라, 철저히 느끼고 실제 행동으로 실행할 수 있도록 투철한 내면화와 실천을 담보하기 위한 목적 때문에, 그 주제에 고유하거나 관련되는 원칙들을 정선한 것이다.

그런데, 베버(M. Weber)의 관료제이론, 테일러(F. Taylor)로 대표되는 시간연구, 동작연구의 '과학적 관리법', 그리고 귤릭(L. Gulick)과 어윅(L. Urwick)으로 대표되는 명령통일, 통솔범위, 분업과 전문화, 부서편성 등 합리적인 조직구조의 편성과 운영의 원리와, 관리자의 기능인 기획·조직관리·인사운영·지휘감독·조정·지시 보고·예산운용 등(소위 POSDCORB, Planning, Organizing, Staffing, Directing, Coordinating, Reporting, Budgeting의 머리글자)은 실무자들의 견해와 결합되어 능률성을 중시하는 과학적 공공활동으로 여겨졌다. 그러나 1940년대 후반부터 사이몬(H. Simon)으로 대표되는 행태론자들이 그런 전통적인 '원리접근법'(principle approach)에 대하여, 과학적으로 검증된 어떤 기본 원리에서−사회과학방법론에서 말하는 과학적 이론구조에 따라−도출된 것이 아니고, 상호 모순되거나 너무 상식적인 격언(금언, 속담, proverb)에 지나지 않는다고 크게 비판한 이후, 지금도 '원리나 원칙'을 배척하는 경향이 있다. 그렇지만 좋은 원리나 원칙은 과학적 연구와 실세적 지혜의 결합체이다. 주관적인 규범적 가치 지향을 제기하고 상호 주관적인 합의를 통하여 실제적인 지식·지혜의 원리나 원칙을 도출하고

1. 본질사유와 규범사유의 원칙

공공활동가의 최고 문제의식은 '무엇을 어떻게 하는 것이 가장 좋은 공공활동인가', 즉 간단히 '좋은 공공활동'이다. 그런 만큼 공공활동가는 그 철학적 문제의식을 갖고, 가능하면 '무엇을 어떻게 하는 것'의 본질·근본을 고민하고 성찰해 보며, '가장 좋은 것'의 규범 이상·가치를 탐색·도출하고 구현하려고 노력해야 한다. 그리고 개별 구체적으로는 자신이 수행하는 직무의 핵심적인 내용과 그 직무가 구현해야 하는 이상적 목표나 가치를 올바로 파악하고, 현실의 개별 구체적인 사안, 대상자, 문화, 상황, 여건 등에 맞게 직무를 수행해야 한다. 이와 같이 무엇을 어떻게 하는 것이 좋은 공공활동인가의 문제의식을 갖고 근본적·본질적이고 규범적으로 고민하고 성찰하는 사유활동을 본질사유와 규범사유라 한다. 이 본질사유와 규범사유는 어느 것이 앞서거나 뒤에 오는 선후(先後)관계라기보다는, 그 두 가지가 동시에 함께 어울려 실천돼야 할 동시(同時)관계에 놓여 있다.

이제 좋은 공공활동가는 공공활동과정에서 무엇을 어떻게 하는 것이 진실로 좋은 공공활동인가에 관하여 항상 자문(自問)하고 자답(自答)하는 공공활동가이다. 그는 개별 구체적인 직무수행에 있어서 그러한 본질사유와 규범사유를 내재화하고 체질화함으로써 올바른 공공철학하기에 의한 좋은 공공활동을 수행할 수 있다고 하겠다. 이에 올바른 공공철학하기에 의한 공공활동의 원칙으로서 '본질사유와 규범사유의 원칙'을 제시할 수 있다.

현실에 적용하는 것은 여전히 중요하다고 하겠다. 이상, 박동서, 한국행정론, 정정판, 법문사, 1972, 63; 백완기, 행정학, 박영사, 1984, 22-33; 강신택, 행정학의 논리, 박영사, 67-68 참조.

그런 점에서 미국 경제학자 맨큐가 그의 인기 있는 경제학 교과서 제1장에서 '경제학의 10대 기본원리'를 제시하고 경제현상을 설명한 점도 시사하는 바 크다. 10대 기본원리란 다음과 같다. 모든 선택에는 대가가 있다. 선택의 대가는 그것을 얻기 위해 포기한 그 무엇이다. 합리적 판단은 한계적으로 이루어진다. 사람들은 경제적 유인에 반응한다. 자유거래는 모든 사람을 이롭게 한다. 일반적으로 시장이 경제활동을 조직하는 좋은 수단이다. 경우에 따라 정부가 시장성과를 개선할 수 있다. 한 나라의 생활수준은 그 나라의 생산능력에 달려있다. 통화량이 지나치게 늘면 물가는 상승한다. 단기적으로 인플레이션과 실업 사이에 상충관계가 있다. N. Gregory Mankiw, *Principles of Economics*, 2nd ed., 김경환·김종석(공역), 맨큐의 경제학, 제2판, 교보문고, 2001, 3-20 참조.

그러면 먼저 본질사유부터 살펴보기로 하겠다. '본질'(essence)이란 '한 개체를 구성하는 일차적이고 필연적인 속성'으로서, '그 속성을 부정하면 유명무실하고 무의미해지는 정도의 것'이라고 정의할 수 있다. 본질은, 변할 수 있고 우연적이며 겉으로 드러나 감각에 의해 인식할 수 있는 현상(現象, appearance)이라기보다는, 현상의 배후(背後)에 있어서 변하지 않는 항상적(恒常的)인 본체(本體, noumena, substance), 끊임없이 변하는 현상의 와중에서도 변하지 않고 밑바탕에 놓여 있는 본래적인 것, 기체(基體)이기도 하다.[2] 곧 일차적이고 필연적으로 공유하고 있는 인식 대상의 일반적 속성으로서, 일정한 범주의 대상을 다른 것이 아닌 바로 그 대상으로서 인식하게 해주는 고유한 속성이라고 할 수 있다. 따라서 그 고유한 속성이 없이는 그 대상을 그것으로 생각할 수 없는 것이 본질이다.

공공활동가는 인간, 사회, 자연, 사물, 현상에 대하여 그 겉으로 드러난 것뿐만 아니라, 배후에 있는 일차적이고 필연적인 본디 성질이나 모습에 대하여 심사숙고하고, 오히려 그 본질에 입각한 공공문제의 파악과 그 해결에 진력해야 한다. 곧 '본질사유' 또는 '근본사유'에 의하여 자신의 직무에 관한 핵심적이고 근본적인 중요 내용을 정확하고 충분하게 파악한 상태에서 직무를 수행해야 하는 것이다. 그래서 일찍이 동양의 철인 공자도 다음과 같이 근본을 아는 '지본'(知本)과, 하나로 모든 것을 꿰뚫을 수 있는 '일이관지'(一以貫之)를 강조하였다.

　　공자께서 말씀하셨다. "송사(訟事)를 처리함에 있어서는 나도 남과 같으나, 반드시 송사가 없도록 만들고자 한다." 진실함이 없는 자들에게 그들의 말을 다하지 못하게 하고, 백성들의 뜻을 크게 두려워하도록 하는 것이다. 이것이 바로 근본을 앎

---

2) 이는 플라톤 이래의 서양철학에서 말하는 현상과 본질의 구별이다. 그러나 20세기에 들어와 이성 중심의 그런 형이상학적 이분법·대립항의 구조·논리는 그에 들어맞지 않는 모든 것을 주변화하고 억압한다고 비판하고 해체하려는 탈근대적 포스트모더니즘의 도전을 받고 있다. 이처럼 기성질서를 전복하는 발상이 우리의 인식지평을 넓혀주고는 있으나, 본질과 현상에 관한 인식은 여전히 유용하다고 하겠다. 동양에서도 중국 송나라 주희(주자)가 본질에 해당하는 '성'(性)과 '이'(理), 그리고 현상에 해당하는 '기'(氣)를 나누고, '성'과 '이'를 탐구하는 성리학이라는 신유학(新儒學)을 집대성함으로써 이후 동양철학에 큰 영향을 미쳤다. 주희는 사람이면 누구나 본시 인의예지(仁義禮智)의 성(性)을 갖추고 있는 것처럼, 세상의 만물도 진실하고 영구불변하는 유일한 이(理, 이치, 원리, 이성의 뜻)를 근거로 하여 성립되고, 또 그것에 의해 역사가 전개되고 있는데, 사람들의 기질(氣質)의 편벽됨으로 인하여 본성(本性)이 가려짐으로써 성인 군자와 소인의 차별이 생기는 것처럼, 역사에도 세도(世道)의 흥륭과 쇠퇴가 있다고 보았다. 김학주(역주), 대학·중용, 14-15, 200 참조.

(知本)이라 이르는 것이다.(「대학」)3)

공자께서 말씀하시기를, 군자는 위로 나아가고 소인은 아래로 나아간다.(「논어」헌문 편) 공자께서 말씀하시기를, 사(賜, 그의 제자인 자공-저자 주)야, 너는 내가 많은 것을 배워 아는 사람이라고 생각하느냐? 대답하기를 그렇습니다. 그렇지 않습니까? (공자께서) 말씀하시기를 아니다. 나는 하나로 일관한다(一以貫之).(위령공편)4)

공자의 가르침에 따라 유가(儒家)의 유학자들은 '군자(君子)는 먼저 근본이 되는 일에 힘써야 한다'는 '군자무본'(君子務本)을 중시하고, 그래야만 세상만물의 근본이치인 도(道)가 발생한다고 보았다.5) 그렇게 본질과 규범원칙에 충실한 본질사유와 규범사유는 동양 유가에서 학문하는 방법론인 '격물치지'(格物致知)와 통한다. 격물치지로써 수신(修身)도 하고 제가(齊家)도 하며 치국평천하(治國平天下)도 하는데, 이를 현대적으로 풀이하면 바로 본질사유와 규범사유로써 좋은 공공활동을 펼치는 것에 해당하는 것이다.

이와 같이 본질사유에 의한 직무수행은 자신의 직무에 있어서 근본·핵심·주제·지향점 등의 본질로부터 벗어나지 않고 그에 충실하는 것이다. 그래서 현실의 다양한 현상들의 겉모습에 현혹되고 매몰되어 방향감을 잃는 일이 없이, 중심을 잡고 직무를 수행하는 것이다. 본질과 관련된 원리·원칙·이론·철학을 숙지(熟知)하고 있다면, 그 본질에서 파생된 문제가 아무리 다양한 모습(현상)으로 변용되어 나타나더라도 본질과 관련된 원리·원칙·이론·철학을 확고하고 일관되

---

3) 사서(四書) 삼경(三經) 가운데 하나인 「대학」에 나오는 공자의 가르침이다. 송사(訟事)의 처리를 보기로 들면서, 송사를 잘 다스린다는 것은 지엽적인 문제이고, 어떻게 하면 송사가 없는 세상을 만들 수 있는가가 근본적인 문제임을 설명하고 있다. 진실함이 없는 자란 헛된 말이나 거짓말을 하여 송사를 일으키는 자들을 말한다고 한다. 또 「대학」에는 개인의 학문과 수양에서 시작하여 세계평화를 이룩하는 길을 밝히고 있는데, 누구나 '제가 치국평천하'를 위하여 '수신'은 그 근본이 되고, 이 근본을 아는 것(知本)은 '앎의 지극함'(지지지, 知之至)이라 한다. 김학주(역주), 대학·중용, 32-40, 59-62 참조.
4) 군자는 위로 나아가고(君子上達) 소인은 아래로 나아간다(小人下達)는 것은 근본적인 것을 파고들어 발전하는 방향으로 나아가는 것이 군자가 할 일이고, 말초적인 것으로 파고들어 퇴보하는 방향으로 나아가는 것이 소인배가 하는 일이라고 풀이한다. 또 하나로 일관한다(一以貫之)는 '하나로 모든 것을 꿰뚫음'인데, '하나'는 곧 도(道)로서, 공자의 제자인 증자는 이를 '충서'(忠恕)라고 풀이한 바 있다. 홍승직(역해), 논어, 248, 262-263 참조.
5) 공자의 제자인 '유자'(有子)는 공자의 가르침을 받아 효성과 우애가 인(仁)의 근본이 된다고 하면서, "근본에 힘써야 비로소 도가 생겨난다"(君子務本 本立而道生)고 '군자무본'을 강조하였다. 홍승직(역해), 논어, 고려원, 1994, 11-12, 학이(學而) 편 참조.

게 효과적으로 적용함으로써, 본질에 투철한 공공활동을 수행할 수 있다. 말하자면 열 가지 일이 하나로 모아지는 원리에 투철한 자세를 견지하는 한, 그 하나를 알면 열(十) 가지 일에 통할 수 있는 것이다.

구체적으로 공공활동가는 자신의 직무와 관련된 목적·관련자·내용·수단방법·여건·현안 등 핵심적인 중요사항, 근본적인 성질·속성에 관하여 가능한 한 정확하고 충분하게 파악하고 대처해야 한다. 즉 자신의 직무가 어떤 공공목적을 달성하기 위한 어떤 성격의 직무로서, 어떤 중요한 이해관계자가 관련되고, 이를 해결하기 위하여 어떤 자원, 정보, 전문성, 노력이 필요한가를 알아야 한다. 그리고 현실의 직무수행 여건은 어떠하고, 현안(懸案) 문제로는 어떤 성격의 어떤 문제가 있으며, 이를 해결하기 위해 어떤 접근이 필요한가 등에 관한 아주 핵심적인 중요사항, 근본적인 성질·속성을 빠짐없이 파악해야 한다. 그렇게 올바른 철학적 지반을 확고하게 정립·구현한 상태에서 직무에 임해야 하는 것이다. 무엇을 왜, 어떻게 해야 좋은가에 관하여, 중요하고 근본적인 일의 성격을 파악해야 하는데, 그렇지 못한 채 아무 고민이나 생각 없이 그저 관행이나 선례대로 직무를 수행해서는 안 된다.

예컨대, 대한민국 군대는 그 희생과 봉사에 따른 시민의 찬사와 감사를 받을 만한 자랑스런 역사와 함께, 질책과 비판을 받을 만한 어두운 과오의 역사를 일궈왔다. 그런데, 어두운 과오의 역사는 다음 지적과 같이, 장래 대한민국의 군 지도자를 양성하는 곳의 '본질적 임무'를 투철하게 파악하지 못한, 즉 '본질사유'를 소홀히 한 채, 군 지도자를 양성한 빈곤한 교육철학에서 그 큰 원인을 찾을 수 있다고 하겠다.

표명렬(65) 예비역 육군 준장은……자신이 30년 동안 대한민국 군대의 일원으로 봉직했음을 자랑스럽게 여긴다. 다만 이 자랑스러움 안에는 그가 그 긴 시간 견뎌 냈던 수많은 고뇌와 분노의 나날이 상처처럼 깊이 새겨져 있다. <개혁은 혁명보다 어렵다>는 반민주와 반민족으로 얼룩진 대한민국 군대를 민주와 민족의 군대로 일으켜 세우려 애썼던 한 '개혁군인'의 소망과, 퇴역 후 16년이 지나도록 식지 않는 국군 개혁의 열정이 지면을 태울 듯 뜨겁게 담긴 책이다. 그에게 군 개혁은 뒤틀린 역사를 바로잡는 데서 시작한다.……1958년 육군사관학교(18기)에 입학한 그는……"입학 때는 신생 대한민국을 이끌어 갈 지도자가 여기서 길러진다는 자부심이 있었어요. 그런데 내용을 들여다보니, 민족의식이 살아 있는 그런 조직이 아니에요. 나라의 장래와 민족의 미래를 고민하는 어떤 교육도 없고 집단이기주의만 판치는 겁니다. 알고 보니 육사와 군대의 우두머리들이 모두 일본군 출신이었어요."

　그는 우리 군대에 민주의식이나 민족의식이 없었기 때문에 5·18광주학살과 같은 참극이 일어날 수 있었다고 말한다. "만일 제주 4·3이나 여순사건, 거창양민학살의 진상을 제대로 가르쳤더라면 어떻게 동족 살육 작전을 감행할 수 있었겠습니까?"……6)

　다음으로, 좋은 공공활동가는 현실의 사람, 사회, 자연에 관한 이해와 통찰력과 아울러, 사람이 사람답게 좋은 삶을 살고 좋은 공동체를 이룩할 수 있는 '좋은 것'에 관한 시야·안목을 높고, 넓게 가져야 한다. 그는 자기 한 치 앞밖에 보지 못하는 지렁이와 같은 근시안의 관점(an earthworm's eye-view)을 가지고, 부분적·단기적 최적(partial and short-term optimum)을 추구하는 것이 아니다. 그는 높이 날아 올라 세상만사를 내려다 볼 수 있는 새와 같은 드넓은 관점[조감(鳥瞰), a bird's eye-view]과 올바른 지향성을 지니고, 전체적·장기적 최적(total and long-term optimum)을 찾는 철저한 '규범사유'를 해야 하는 것이다.

　좋은 삶과 좋은 공동체를 위한 '좋은 것'에 관한 높은 시야, 그리하여 공공활동에서 이상, 가치, 규범, 대의명분(大義名分) 등 나침반과 같은 방향감을 갖게 해 주는 규범적 지표(normative indicator)는 바로 공공활동가의 높은 규범의식을 지닌 '규범사유'에서 나온다. 이처럼 규범의식은 좋은 삶과 좋은 공동체를 위하여 무엇을 어떻게 하는 것이 진실로 좋은 것인가, 가치 있는 것인가, 즉 규범적(normative)인가에 관한 의식이다. 그렇다면 규범사유는 이 규범의식을 바탕으로 공공활동과 관련된 규범적 목적·목표를 구체화하는 사고활동(과정과 결과)을 말한다. 이렇게 보면, 좋은 공공활동가는 자신의 직무수행과 관련하여 규범의식을 지니고, 자신이 수행하는 직무와 관련된 직접적인 목적·목표를 정당화시켜주는 그 이상(以上)의 목적, 그리하여 궁극적으로는 현실에서 생각할 수 있는 가장 높은 규범적인 이상(理想), 가치, 대의(大義) 등을 추구하고 실현하는 사람이다. 따라서 규범사유는 '근본사유'에 맞닿아 있어야 한다.

　이와 같이 공공활동가는 ① 자신의 직무와 관련된 가장 높은 규범이상(規範理想, normative ideal)을 분명히 파악하고, 상위규범과 하위규범의 수직관계, 규범들 사이의 수평관계, 그리고 하위규범 사이의 상충하거나 보완적인 관계 등 일련의 규범체계를 완전히 이해해야 한다. 이를 위하여, ② 이상규범과 현실규범 사이에 있기 마련인 괴리를 좁히고, 사안별로 적용해야 할 규범기준이나 규범척도를 올

───────────────

6) 한겨레, 2003. 6. 7, "세계 어느 군대가 '주적' 개념을 가지고 있는가" 기사.

바로 선택하거나 창조할 수 있도록, 그의 일련의 사유과정이 정당성을 확보하고 있어야 한다. 그리고 ③ 본질사유를 통하여 사안과 관련된 역사적·사회적인 현실의 맥락·여건·상황·조건의 본질을 가능한 한 온전하고 충분하게 파악하고 있어야 한다.

그리하여, 좋은 공공활동가는 스스로 '정당한 사유과정'을 통하여 높은 '규범이상'을 갖추고, 공공활동과정의 수직적·수평적 참여자는 물론 이해관계자(집단)와 합리적 의사소통을 통하여 규범합의를 도출하고, 규범이상을 현실의 역사적·사회적 맥락 등에 적합하게 구현하는 데 모든 노력을 경주해야 한다. 결과적으로 그는 현실규범을 뛰어넘는 상향적인 규범사유를 통하여, 가능한 한 근원적·궁극적인 규범근거를 찾아 현실의 공공활동을 가장 훌륭하게 수행할 수 있는 '규범세계와 현실 경험세계의 좋은 매개자'(媒介者)가 된다.

여기서 규범사유가 얼마나 중요한가는 일제시대 대한민국 임시정부의 주석(主席)을 지낸 민족의 지도자 「백범」 김구(金九, 1876-1949)가 1947년 자신의 자서전 「백범일지」에서 밝힌 다음 글에서 느낄 수 있다. 그는 당시의 명망 있는 학자의 가르침과는 전혀 다른, 젊은 관리의 조언을 받아들여 규범사유 끝에, 망국(亡國)의 잘못된 길과 새 국가 건설의 바른 길을 깨닫고 깨우쳐, 180도 사고(패러다임)의 전환을 하게 된 계기와 과정을 밝히고 있다.

    ……나는 심문은 다 끝나고 판결만을 기다리는 한가한 몸이 되었다. 내가 이 동안에 한 일은 독서, 죄수에게 글을 가르치는 일, 죄수들을 위하여 소장을 대서하는 일이었다. 나는 아버지께서 들여 주신 ≪대학≫을 읽고 또 읽었다. 글도 좋거니와 다른 책도 없기 때문이었다. 그런데 나는 감리서에 다니는 어떤 젊은 관리의 덕으로 천만의외에 여기서 내 20 평생에 꿈도 못 꾸던 새로운 책을 읽어서 새로운 문화에 접촉할 수가 있었다. 그 관리는 나를 찾아와서 여러 가지 새로운 말을 하여 주었다. 구미 문명국의 이야기며, 우리나라가 옛 사상, 옛 지식만 지키고 척양척왜(斥洋斥倭)로 외국을 배척만 하는 것으로는 도저히 나라를 건질 수 없다는 것이며, 널리 세계의 정치·문화·경제·과학 등을 연구하여서 좋은 것은 받아들여 우리 힘을 길러야 한다는 것을 말하고, "창수와 같은 의기남아로는 마땅히 신학식을 구하여서 국가와 국민을 새롭게 할 것이니 이것이 영웅의 사업이지, 한갓 배외사상만을 가지고는 나라가 멸망하는 것을 막을 수 없지 아니한가" 하여 나를 일깨워 줄 뿐더러 중국에서 발간된 ≪태서신사(泰西新史)≫ ≪세계지지(世界地誌)≫ 등 한문으로 된 책자와 국한문으로 번역된 조선책도 들여 주었다.

나는 언제 사형 판결과 집행을 받을지 모르는 몸인 줄 알면서도 아침에 옳은 길을 듣고, 저녁에 죽어도 좋다는 생각으로 이 신서적을 수불석권(手不釋卷)하고 탐독하였다.……이런 책들을 읽는 동안에 나는 서양이란 것이 무엇이며, 오늘날 세계의 형편이 어떠하다는 것을 아는 동시에 나 자신과 우리나라에 대한 비판도 하게 되었다.……내가 청계동에 있을 때에는 고 선생의 학설을 그대로 받아 척양척왜를 나의 유일한 천직으로 알았고, 옳은 도가 한 줄기 살아 있는 데는 오직 우리나라뿐이요, 저 머리를 깎고 양복을 입은 무리들은 모두 금수와 같은 오랑캐라고만 믿고 있었다. 그러나 ≪태서신사≫ 한 권만 보아도 저 눈이 움푹 들어가고 코가 우뚝 솟은 사람들이 결코 원숭이에게 얼마 멀지 아니한 오랑캐가 아니요, 오히려 나라를 세우고 백성을 다스리는 좋은 법과 아름다운 풍속을 가졌고 저 큰 갓을 쓰고 넓은 띠를 띤 신선과 같은 우리 탐관오리야말로 오랑캐의 존호를 받을 것이라고 생각하였다. 나는 이에 우리나라에서 가장 필요한 것은 저마다 배우고 사람마다 가르치는 것임을 깨달았다.……7)

이 '백범의 규범사유'와 같이,8) 공공활동가는 현실 속에서 편의적·관습적·관

---

7) 金九, 白凡逸誌, 瑞文堂, 1973, 102 - 104. 백범은 서당에서 공부하고 17세 때 우리나라 마지막 과거인 경시(慶試)에 응시하러 갔다. 그러나 매관매직을 보고 포기하고 돌아와 훈장을 지내던 중 평등주의에 감화되어 1893년 동학(東學)에 입문하고 접주(接主)가 되었다. 1894년 갑오농민전쟁이 일어나자 친일정권은 일본군과 연합하여 농민군을 공격하고 동학교도를 탄압하였다. 백범도 척양척왜의 깃발 아래 농민군에 합세, 국권회복을 위해 해서지방과 만주에서 노력하나 참패와 좌절을 겪고 울분 속에 항일투쟁을 하던 중 명성황후가 살해되자 충격을 받고 1896년 귀국한다. 그는 귀향 도중 황해도 '안악 치하포'의 한 여관에서 행색과 거동이 수상한 자에게 몇 마디 던진 후 그가 조선인 복장과 말씨를 가장하고 일본군도(軍刀)를 감춘 불순한 의도의 일본군인임을 알아채고, 민 비(妃)를 살해한 일본군의 원수를 갚는다고 그(육군 중위 쓰치다, 土田讓亮)를 맨손으로 살해하였다. 그리고 국모(國母) 살해의 원수를 갚았다는 뜻의 포고문에 '해주 백운방 기동에 사는 김창수'라고 서명까지 한 것을 큰길가에 걸고 군수에게까지 보고하게 한 뒤, 집에서 잡혀 인천 감옥에 갇히게 된다. '창수'(昌洙)는 동학(東學)의 접주(接主)가 된 후 백범의 어렸을 때 이름 '창암'(昌巖)을 바꾼 이름이다. 본문은 투옥 당시의 일이다. '고 선생'은, 백범이 동학당 패망 후 항일 방랑 중 신천 청계동의 '안태훈'(안중근 의사의 아버지)의 청으로 그 집에 잠시 은거할 1894년 당시, 역시 안태훈의 청으로 옮겨와 살고 있던, 해서(海西) 지방에서는 손꼽히는 노학자 '고능선'(高能善)을 말하고, 백범은 거기에서 만나 그의 가르침을 받는다. '수불석권'은 '손에서 책을 놓지 아니하고 항상 글을 읽음'을 의미한다.

8) 직무상 남보다 먼저 외국 문물을 접촉하여 깨우친 후 감옥에 있는 백범을 찾아가 책을 넣어주고 조언을 한 (아마도 인천의) 감리서의 젊은 관리야말로 훌륭하다고 하지 않을 수 없으나, 이름을 알 수 없어 '백범의 규범사유'라 하기로 한다. 감리서(監理署)는 개항장(開港場)·개시장(開市場)의 통상업무를 관장하기 위한 정부기관으로, 1883년 처음으로 부산·인천·원산에 설치되었다. 1895년 폐지된 후 이듬해 다시 부활되고, 목

행적으로 형성된 현실규범의 타당성이 규범이상·기초규범·규범원형이나 상위규범에 비추어 적합한가 그렇지 않은가, 다른 더 좋은 대안규범은 없는가를 끊임없이 비판적으로 검증하는 자세를 지녀야 한다. 현행 법령, 선례, 제도, 원칙 등을 무조건 신뢰하고 더 이상 논의가 필요 없다는 폐쇄적 경직성의 의식과 자세를 고집하지 않고 옳은 비판을 수용해야 한다. 공공활동가는 공공활동과정에서 끊임없이 현실규범의 타당성을 고민하고, 그보다 더 높은 규범기준에 비추어 그 현실규범이 바람직한가를 비판적으로 검토하면서 더 나은 규범을 찾아보는 '백범의 규범사유' 방식이 꼭 필요한 것이다. 그렇게 하여 근본·본질에 더 합당하다면 그에 맞게 '사고의 전환'까지도 할 수 있어야 한다. 다음의 예를 보자.

독일은 과거 나치군대의 악몽을 되풀이하지 않기 위해 병사들에게 '올바른' 충성을 할 것을 가르치고 있다. 2003년 7월 20일 베를린 국방부 청사에서 열린 신병들의 충성서약식은 그런 교육의 상징이다. 1700여 명의 신병은 이날 행사에서 "독일 연방공화국에 진실되게 봉사하고 독일국민의 법과 자유를 용감하게 수호할 것"을 맹세했다. 충성서약식이 관심을 끄는 것은 행사가 열리는 날이 갖는 의미 때문이다. 99년부터 매년 충성서약식이 열리는 7월 20일은 44년 7월 20일 클라우스 센트 폰 슈타우펜베르크 대령이 히틀러의 폭살을 기도했으나 실패한 뒤 붙잡혀 총살당한 사건을 기념하는 날이다. 암살 실패로 그 말고도 암살사건을 모의했던 에르빈 폰 비츨레벤 원수, 에리히 회프너 대장 등 12명의 최고위 장성들이 처형당하거나 자살했다. 슈타우펜베르크 대령은 동부전선에서 SS부대와 군이 자행한 만행을 목격한 뒤 이에 분개해 히틀러 암살을 결심했다고 한다.

독일군이 이 사건의 기념일에 충성서약식을 하는 의미는 명령에 따르는 군인이라 할지라도 국가에 '올바르게' 충성해야 함을 강조하기 위한 것이다. 슈트루크 국방장관도 이날 연설에서 어찌 보면 쿠데타라고 할 수 있는 군의 히틀러 암살 시도에 대해 "독일군의 위신을 세워 준 용기 있는 행동이자 오늘날 군이 일상에서 실천하는 다른 의무들과 함께 존중해야 할 헌법적 규범에 합치되는 것"이라고 치하했다.……9)

맨 앞의 소방헬기 사례들에서도 본질사유와 규범사유를 습관화하고 체질화한 공직자라면, 그는 근본적으로 무엇 때문에(왜) 소방헬기가 필요하고, 공용이라고

포·군산·신의주·평양 등으로 확대 설치되었으나 1906년 전부 폐지되었다. 이홍직, 증보 새국사사전, 교학사, 1983, 17 참조.
9) 한겨레, 2003. 8. 21, "'히틀러 암살기도' 관련 날 맞춰 신병들 '올바른 충성' 서약식" 기사.

해서 이를 이용하는 것이 옳은 일인지, 이를 제공하는 실무자들에게 어떤 수범 (垂範)을 보일 것인가를 본질적·규범적으로 판단하고 합당하게 행동했을 것이다. 그런 만큼 그들에게 백범의 규범사유 방식이 절실하게 요구된다고 하겠다.

2. 공공의식의 함양과 발휘의 원칙

공동체의 구성원이 공공영역의 공공문제에 대하여 지니는 공동체적 관심·인식· 의식(문제의식)·마음·태도 등을 통틀어 '공공의식'(public consciousness)이라고 할 수 있다. 이는 개인의 사적 문제에 관한 사사로운 관심·인식·마음·태도 등 에 해당하는 '사사의식' 또는 '사심'(私心)이라는 개념에 대비된다. 공공의식은 더 불어 사는 공동체적 속성에서 비롯된 공동체구성원의 심리적 지향 또는 정신을 일컫는 말이므로, 이를 공공정신(public spirit), 공공심(公共心, 더 줄여서 공심) 또는 공공마인드(public mind)라고도 할 수 있다. 이 공공의식 또는 공공마인드는 직접적으로는 해당 공동체의 공공문제에 대한 공적인 관심·인식·마음·태도 등 이다. 그런데 이를 올바로 내면화한 사람은 항상 도덕적 긴장을 유지하면서 단순 한 인식과 태도의 차원을 넘어, 그 바람직한 해결방안을 강구하고 실천하는 의식 적 행동까지 나아가는 것이 보통이다. 그러므로 공공의식은 공동체구성원과 공공 활동가 모두가 갖춰야 할 바람직한 의식과 자세이다.

공공의식을 함양하고 발휘하여야 할 주체는 '공공 개념의 결정주체'인 공동체 의 구성원 각자이다. 그래서 국가공동체의 경우, 구성원인 각 시민 개개인의 공공 의식은 곧 '시민의식'으로 나타나고, 공공의식의 수준은 시민의식의 수준을 나타 낸다. 결국 공동체구성원의 삶의 조건은 그 구성원의 공공의식의 수준에 따라 달 라진다고 말할 수 있다. 구성원이 모두 공공의식의 수준이 높은 사람들이면 그 높은 만큼에 해당하는 책임 있는 구성원의 역할을 수행할 터이고, 그만큼 살기 좋은 삶의 터전을 가꿀 수 있을 것이다. 이처럼 공공의식의 개념은 개개인에게 적용되는 '개체적 개념'으로 사용될 수 있지만, 공동체의 전체 구성원에게 적용되 는 '집합적 개념'으로도 사용될 수 있다. 그 개인적이나 집합적인 공공의식의 수준은 시간과 공간에 따라 변할 수 있음은 물론이다.

그런데 공동체구성원 중 특별히 공적 직무 수행자인 공공활동가가 얼마나 높고 올바르며 투철한 공공의식을 함양하고 발휘하고 있는가는 좋은 공공활동을 위하여 절대적으로 중요한 변수가 된다. 그들의 공공의식은 공적으로 무엇이 문제이고, 어떻게 하면 그것을 잘 해결할 수 있으며, 가장 좋은 해결책은 무엇인가에 관한 의식이나 마인드로 나타나기 때문이다. 그들이 그 직무수행 과정에서 얼마나 올바르고 투철한 공동체구성원 중심적(공화주의적)인 공공 개념에 합당한 공공의식을 갖추고, 적절한 공공문제를 적시에 포착·파악하여 가장 좋은 해결방안을 강구하고 올바로 집행하고 있는가는 공동체의 유지·발전에 절대적으로 중요하다고 하지 않을 수 없다. 만약 공공의식이 결여된 '공공의식의 결핍증'(deficiency of administrative mind)을 보이면, 그 결여된 부분에 해당한 그만큼 좋은 공공활동은 기대할 수 없게 돼 있다. 결국 공동체구성원의 '시민의식'은 정부 공직자의 경우 '행정마인드'와 기업 종사자의 경우 '경영마인드'(administrative consciousness 또는 mind)로 나타난다고 하겠다.

공공의식과 관련, 공자 이래로 유가(儒家)가 그리는 이상적인 인간형인 '군자'(君子) 또는 '대인'(大人)에게 있어서 일종의 공공의식이라고 할 수 있는 '우환의식'(憂患意識) 또는 '우려의식'(憂慮意識)을 살펴볼 필요가 있다. '우환'이란 말은 '근심이나 걱정되는 일'을 의미하지만, 원래는 '모든 일에 근심 걱정하면서 조심스럽게 임하는 신중하고 성실한 태도'라는 뜻의 인본주의적 책임감의 표현으로서 생겨났다. 그래서 원래의 우환의식은 다음과 같이 실제로는 '군자'인 위정자나 선비들이 갖춰야 할 바른 덕목으로서, 공적인 의미로 쓰였다.

우환의식은 구체적으로 '경'(敬)과 '덕'(德)이란 도덕적 덕목으로 나타났다고 한다. '경'은 중국 주나라 통치자들에게 거의 모든 생활을 꿰뚫고 있는 자각의식이었다. 그것은 경각성(警覺性)에서 비롯된 정신의 자기 단속과 집중, 그리고 사물에 대한 근신과 성실한 심리상태에서 나오는 것으로, 사람이 때때로 자기의 행위를 반성하고 자기의 행위를 가다듬을 때의 심리상태라고 한다. 그래서 그 후 유가 철학에서 '경' 관념은 수양 공부의 핵심이 되었다. 조선의 퇴계 이황 선생이 '경'을 그토록 강조한 것도 이런 맥락에서 이해할 수 있다.

다음으로 '덕'은 '경'이 확산되어 밖으로 나오게 하면서 외재 사물과 '중화'(中和)의 관계를 이루게 하는, 이른바 행위의 조절 또는 제어 능력을 말한다고 한다. 그래서 '덕'은 '경'과 어울려 '경덕' 또는 '명덕'(明德)으로 쓰이면서, '의리에 맞는 내면의 행위'를 의미하게 되었다. 이에 우환의식은 자신의 행동을 반드시 올바르게 하고 알맞게 해서, 주어진 혹은 선택한 공적인 일을 성공적으로 수행하는 적극적인 행위를 말하고, 그것은 일을 제대로 수행하기 위한 '지혜'를 전제로 해야 달성할 수 있는 것이었다.[10]

이처럼 동양에서 군자는 자기 인격을 도야하고 가정을 돌본(修身齊家) 뒤, 나아가 국가와 사회를 위하여 백성을 편안하게(治國平天下) 하는 수기치인(修己治人) 또는 수기안인(修己安人)하는 사람이었다. 원래 '군자'의 '군'(君)도 '무리'(群)와 같은 어원을 가지고 있다고 한다. 즉 '군'에는, 사람은 모름지기 다른 사람들의 무리(대중) 속에서 사람다워야 하고, 오로지 자기 일 개인의 사리사욕만을 돌보지 아니하고 대중을 함께 돌보아야 한다는 의미가 함축돼 있다는 것이다. 그래서 '군자'는 그런 지배자, 벼슬자리에 있는 사람을 의미하였는데, 일반적으로 덕을 갖춰 행동하는 이상적인 사람을 일컫게 되었다고 한다. 그에 비하여 피지배자 곧 백성을 '소인'(小人)이라고 하였는데, 거기에서 더 나아가 마음 씀씀이가 작고 시야가 좁아서 자기 사리사욕만을 도모하는 덕 없는 사람까지 일컫게 되었다고 한다.[11] 그리하여 맹자는 다음과 같이 군자의 우환의식을 말하였다.

제 선왕이 맹자를……만났다. 왕이 "어진 사람도 역시 이러한 즐거움을 갖습니까?" 하고 말하자, 맹자는 이렇게 대답하셨다. "……윗사람이 백성들이 즐거워하는 것을 즐거워한다면(낙민지낙자, 樂民之樂者) 백성들 역시 윗사람의 즐거워하는 것을 즐거워하고, 윗사람이 백성들이 근심하는 것을 근심하면(우민지우자, 憂民之憂者) 백성들 역시 윗사람이 근심하는 것을 근심합니다. 천하의 일을 가지고 즐기고(낙이천하, 樂以天下), 천하의 일을 가지고 근심하고(우이천하, 憂以天下), 그러고서도 천하에 왕 노릇

---

10) '우환의식'(憂患意識)의 '우환'이란 말은 『주역』「계사전」하(繫辭傳 下)에서 처음 나온다. 하늘에 제사 지내고 하늘의 명에 의하여 정권의 수수가 이루어진다는 종교적인 천명(天命)사상으로부터 백성의 '민의(民意)에 의하여' 천명의 부여 여부가 결정된다는 도덕적 천명사상으로 변화하면서, 우환의식은 인간이 종교로부터 해방되어 '인간의 주체적 능력에 대하여 자각'하는 과정에서 주나라 초에 등장하였다고 한다. 즉 이는 길흉성패와 당사자의 행위는 밀접한 관계가 있고, 또 당사자는 행위에 대하여 응분의 책임을 져야 한다는 자각으로 발전하면서 생겨났다는 것이다. 김충렬, 중국철학사: 1 중국철학의 원류, 예문서원, 1994, 177-183; 이강수, "원시유가의 인간관," 동양철학의 본체론과 인성론, 한국동양철학회 편, 연세대학교 출판부, 1982, 203 및 217 참조.

11) 이강수, "원시유가의 인간관," 동양철학의 본체론과 인성론, 한국동양철학회 편, 연세대학교 출판부, 1982, 185-219(특히 194); 김학주(역주), 대학·중용, 50 참조.

하지 못한 사람은 여직껏 있어 본 일이 없습니다."(「맹자」 양혜왕장 하)

맹자가 말씀하시기를, "군자가 일반 사람들과 다른 까닭은 그가 마음을 지니고 있어서이다. 군자는 인(仁)을 마음에 지니고, 예(禮)를 마음에 지닌다.……그렇기 때문에 군자는 평생토록 계속되는 근심(종신지우, 終身之憂)은 있으나 하루아침에 겪는 걱정(일조지환, 一朝之患)은 없는 것이다. 근심하는 것이라면 이런 게 있다. '순 임금은 사람이고, 나도 사람이다. 순 임금은 천하에 법도를 펴서 후세에 전해지는데, 나는 여전히 향리의 평범한 사람 노릇 하는 것을 면하지 못하고 있다.' 이것은 근심할 만한 일이다. 그것을 근심하면 어떻게 할 것인가? 순 임금 같아지도록 할 것뿐이다. 군자로 말하면, 걱정하는 일은 없다. 인이 아니면 하지 않고, 예가 아니면 행하지 않는다. 하루아침에 겪는 걱정 같은 것이라면 군자는 걱정하지 않는다."(이루장 하)[12]

또 중국 송나라 때 불우한 환경을 이기고 재상(宰相)이 되어 사회개혁을 이끈 범중엄(范仲淹, 989-1052)도 "선비는 마땅히 천하 사람들이 근심하기 전에 근심하고, 천하 사람들이 즐거워한 다음에 즐거워해야 한다"고 말하였는데, 이는 동양에서 「소학」(小學)에 수록되어 군자의 바람직한 자세로서 어릴 적부터 교육돼 왔었다.[13]

이상과 같이 군자는 특별히 공공의식을 구성하는 우환의식을 갖는 사람이었다. 그렇게 옛날부터 공공활동가는 올바르고 투철한 공공의식을 함양하고 발휘하는 것이 중요하였고, 지금도 마찬가지다. 그런 만큼 이에 필요한 좀더 구체적인 내용들을 다음에서 논의하고자 한다. 즉 공공의식을 구성하는 중요한 요소들로는 공적 감수성과 공적 역지사지, 공적 고민과 공적 상상력, 그리고 공적 학습과 공적 훈련이 있는데, 이에 대하여 투철하게 이해하고 이를 함양·발휘하는 것이 필수적인 것이다.

1) 공적 감수성과 공적 역지사지의 함양·발휘

올바르고 투철한 공공의식을 갖춘 공공활동가는 무엇보다도 공적 감수성(感受

---

12) 차주환(역), 新完譯 맹자(상), 명문당, 1984, 141-142, 양혜왕장(하) 및 맹자(하), 1992, 47-50, 이루장(하) 참조.
13) 「소학」은 주자의 가르침을 받아 유자징(劉子澄)이 1187년 편찬을 마친 예악(禮樂)에 관한 책으로, 아동 등 초학자를 위한 기본 교육교재였다. 범중엄의 말은 新完譯 小學, 김성원(역), 명문당, 1995(중판), 737(士當 先天下之憂而憂 後天下之樂而樂也) 참조.

性)과 공적 역지사지(易地思之)의 자세를 갖춘 사람이다.

먼저 '공공감수성'(공적 감수성, public sensitivity), '공공성의 감수성'(sensitivity to publicness) 또는 '공적 감성'(public sensibility)이 무엇인가? 이는 '공공문제와 관련된 모든 사항에 대하여 그 공공성을 느끼고 지각하며, 파악하고 이해할 수 있는 성향과 능력'이다. '공적인 문제에 대한 민감도 또는 감응도'(공적 민감성, 공적 감응성)라고도 할 수 있다.

사람은 '있는 그대로' 느끼고 받아들여 그에 대응한다고 생각하기 쉽다. 그러나 사람마다 어떤 인식의 틀, 어떤 감수성을 지니고, 어떤 의미로 지각하고 해석하는 가에 따라, 대상을 지각하고 반응하는 내용이나 형식에는 큰 차이를 보이게 된다. 예민한 문학적 감수성을 지닌 시인이나 소설가가 좋은 시나 소설을 창작하고, 예민한 음악적 감수성을 지닌 음악가가 좋은 작품을 작곡하고 연주할 수 있지, 아무나 좋은 문학작품을 쓰고 좋은 음악작품을 만들고 연주할 수 있는 것은 아니다. 이와 마찬가지로 공공활동가도 얼마나 예민한 공적 감수성을 가지고 있는가에 따라 공공활동의 대상·목표·효과·평가 등을 포착하여 분별하고, 판단하며 대처하는 데 큰 차이를 보이는 것이다. 그래서 공공활동과정에서 공공활동가의 공공감수성이 본질적으로 중요한 의미를 갖는다고 한다.

구체적으로 공적 감수성은 공동체구성원이 중요하다고 생각하는 공적 영역의 공공문제가 무엇인지를 포착하고, 어떤 문제가 공적으로 접근하여 해결에 나서야 할 문제라고 할 만큼 충분히 '공공성'이 있는지를 감지하며, 대상 시민(구성원)의 가슴 속 깊숙한 속마음에 파고들어 어떤 원인으로 발생된 어느 정도 범위와 깊이의 문제인가를 공감하며, 어떤 방법으로 해결할 수 있고 그에 의하여 어느 정도 기대한 효과를 확보할 수 있는가를 예측하고 추정하는 성향과 능력이다. 그리하여 공공활동가가 종사하는 구체적인 분야별·사안별로 공적 감수성을 분류할 수 있다. 인권문제에 대한 '인권감수성', 외교문제에 대한 '외교감수성', 문화재에 관한 '문화감수성' 등이 그 예이다.

높은 공적 감수성은 공공문제를 예민하게 감지하고 분석·판단하는 성향과 능력에서 더 나아가 공공문제에 대처하여 해결해 낼 수 있는 의지와 연결되는 것이 보통이다. 요컨대 높은 공적 감수성을 지니고 있는 사람은 아는 만큼 느끼고, 느낀 만큼 행동으로 실천하게 된다. 그래서 이 공적 감수성은 일반 구성원이나 시민에게도 필요한 능력이지만, 특히 공공활동가에게 절대적으로 필수불가결한 능력이자 절실한 덕목이라 할 수 있다. 하나의 예를 보기로 하자.

2003년 5월 초 수출입 컨테이너 화물을 운송하는 트럭의 지입 차주들 단체인 '화물연대' 측이 정부와 화물주(貨物主, 화주)를 상대로 지입제 폐지, 다단계 운송 알선 근절, 과적 단속 완화, 화물차 경유세 인하, 운송료 인상 등 수년 간 제기돼 온 화물시장의 병폐와 불만 사항의 조속한 해결을 요구하면서 급기야 운송거부의 파업이라는 실력행사에 돌입하였다. 이로 인하여 점차 전국 물류망(物流網)이 사실상 마비 상태에 빠질 정도로 국가 경제에 엄청난 피해를 야기하고 정부에 대한 신뢰를 추락시켰다. 이에 정부는 전(全) 정부 차원의 비상 대응 끝에 2주 만에 12개 요구사항 중 11개 사항을 사실상 수용함으로써 언론에 의해 "정부의 완전 항복"으로까지 표현된, 이른바 "사상 초유의 물류대란"을 겪어야 했다. 이 거센 소용돌이의 공공활동과정에도 다음과 같이 '공적 감수성'의 (결여)문제가 개입돼 있었다.

> 화물연대 파업사태의 주무 부처인 건설교통부가 4월 12일 운송하역노조로부터 지입제 철폐 등 8개 요구사항 논의를 위한 정책토론회 참석과 장관 면담을 요구받았으나, 당시 실무자들이 이를 장관에게 보고도 않고 '수용 불가'를 회신한 것으로 밝혀졌다. 이와 관련, ○○○건설교통부장관은 국회 건설교통위원회에 출석, 한나라당 윤두환 의원 등이 관련 공문사본을 제시하며 "장관이 사태가 어떻게 돌아가는지도 모르고 있어 문제가 확산된 만큼 책임지라"고 추궁하자 "사태가 수습되면 사표를 내겠다"며 사의를 표명했다. ○장관은 상임위가 끝난 뒤 고건 총리에게 전화로 사의를 표명했으나 고 총리는 "파업사태 수습 마무리에 최선을 다해 달라"며 반려했다.
> 윤 의원은 회의에서 전국운송하역노조가 3월 31일 건교부에 보낸 '8개 제도 개선 요구사항' 공문을 제시하며 "당시 건교부 담당 과장이 전결로 '곤란하다'고 답변했다"며 "당시 화물노조가 문제 해결을 위해 ○장관 면담을 요청했지만, ○장관은 사태가 한창 악화된 한 달 뒤에 면담에 응했다"고 지적했다.[14]

> 감사원은 국무회의에서 화물연대 파업사태와 관련 "버스·택시 업계의 집단행동 움직임 등 유사 사태가 재발할 가능성이 있다"고 보고했다. 감사원은 이날 '화물연대 운송거부 관련 문제점 및 개선방안' 보고를 통해 "위기상황을 사전 감지하고 단계적으로 준비된 시나리오에 따라 대처할 수 있는 범정부적 국가위기관리 대응시스템이 확립돼 있지 않은 상태"라고 지적했다.……
> 감사원은 보고에서 건설교통부 등은 화물연대가 여론형성과 대규모 집회 단계로

---

14) 조선일보, 2003. 5. 16, "운송노조, 지난달 建交장관 면담 요구, 실무자들 보고도 않고 묵살" 기사. 이 사안으로 결국 해당 건설교통부장관은 사퇴했다.

들어간 지난 3, 4월 요구사항을 적극 검토하거나 특별대책을 마련하는 데 소홀했으며, 행정자치부와 경찰청은 4월 14일 항만과 주요 공단 봉쇄, 총 파업 계획 정보를 입수하고도 포스코 봉쇄 등 불법행위에 대한 예방과 초기 진압 기회를 실기했다고 지적했다. 아울러 화물연대가 제시한 12개 요구사항에 대해 건교부 등 관계부처 간 업무협조·조정기능이 미흡, 4월 25일부터 4차례 열린 실무협의회의 업무조정 기능이 제대로 작동하지 않았고 경찰청의 관련 정보 보고 내용이 주무부처인 건교부에 전달되지도 않았던 것으로 드러났다.……15)

공적 감수성이 높은 사람일수록 공공문제나 공공사항을 빈틈없이 포착하고, 문제의 심각성·파급효과·우선순위·해결책의 전망 등을 더 잘 헤아릴 줄 안다. 그리고 후술하는, 자신과 대상 시민(구성원)의 입장을 바꿔보는 마음의 '역지사지' 또는 '감정이입'(感情移入, empathy)16)을 통하여, 시민 또는 공동체구성원의 속마음을 더 잘 파악하고 그 '공통감정'17)이나 '공감'(共感)의 토대 위에서, 더 올바른 균형 감각을 갖고 문제 해결에 나선다. 문학적 또는 예술적 감수성이 없으면서 좋은 문학가나 예술가가 되기 어려운 것처럼, 공공활동가도 공적 감수성이 없이 좋은 공공활동을 수행할 수는 없다. 따라서 공공활동가는 마땅히 공적 감수성을 배양하고 발휘해야 한다.

다음으로 '공적 역지사지'(공공 역지사지)는 무엇인가? '역지사지'는 '내가 그 사람의 처지가 되어서 헤아려 준다' '처지를 바꿔 생각한다' 또는 '남이 되어 본다'의 뜻이다. 이와 동일한 맥락에서, 공공활동가가 공공활동을 수행하는 과정에서 역지사지의 자세로 그 대상자(구성원, 시민 또는 고객)의 처지로 바꿔 대상자

---

15) 매일경제, 2003. 5. 21, "버스·택시 대란 가능성도 있다" 기사.

16) 'action paradigm'을 주장한 행정학자 마이클 하몬은 비개인적 동일성(depersonalizing sameness)의 평등(equality)만 강조하는 고전적 행정 대신, 개인 욕구나 일의 '독특성'(uniqueness)을 고려하는 '감정이입(역지사지)적 존중'(empathic respect), 밀접성(closeness), 친밀성(intimacy)을 특별히 강조하는 행정을 주장하면서, 사람들의 복지를 위한 역지사지적 고려·관심(empathetic consideration·concern)이나 개인의 관심과 역지사지(personal concern and empathy) 등의 표현을 반복 사용한다.(empathy의 형용사로서 empathetic과 empathic을 같이 사용함.) Michael Harmon, 앞의 책, 84, 86, 108-109, 176-177 등 참조.

17) 이 '공통감정'은 앞의 '역지사지' 또는 '감정이입'의 과정을 거쳐 결과(산물)로서 갖게 되는 감정의 상태를 의미하지만, 역지사지·감정이입의 과정은 필연적으로 공통감정의 결과까지를 의도한다는 뜻에서 사실상 동일한 의미(그리하여 영어로는 'empathy'로 표현)를 갖는 것으로 보고자 하며, 우리말의 '역지사지'가 좋은 말이므로 그렇게 통일적으로 표현하고자 한다.

의 욕구·소망·기대·동기·의도 등을 가능하면 정확하게 파악하고 대응하는 것을 '공적 역지사지'라고 한다.

역지사지는 자녀, 배우자, 상사, 부하, 동료 직원, 학생, 교사, 고객, 시민 등 일상 삶의 상대가 누구이든 그 상대의 처지에서 생각하고 배려하면, 이해와 동감(同感)의 공감(共感) 관계 속에서 서로 더불어 살 수 있다는 삶의 근본적 원리·원칙에 속한다. 그런 만큼 고대 동·서양의 현자(賢者)들도 한결같이 이를 가르치고 강조하고 있다. 공자와 맹자는 평범하고 가까우며 쉬운 데서 실천할 수 있는 '군자의 도리'(君子之道)로서 역지사지의 도리를 강조하였다. 이는 소극적으로는 '내가 원하지 않는 바를 남에게 하지 않는다'와 적극적으로는 '내가 원하는 바를 남에게도 한다'는 것이었다. 다음을 보자.

중궁(공자의 제자─저자 주)이 인(仁)에 대해 묻자 공자께서 말씀하시기를, 집 문을 나서면 누구에게라도 큰 손님을 맞이하듯 대하고, 백성에게 일을 시킬 때는 큰 제사를 받들 듯이 하며, 자기가 하고 싶지 않은 것을 남에게 시키지 않으면(기소불욕 물시어인, 己所不欲 勿施於人) 나라에 원망하는 사람이 없을 것이요, 집안에 원망하는 사람이 없을 것이다.(「논어」 안연 편)

자공이 묻기를 한마디 말로서 종신토록 행할 만한 것이 있습니까? 공자께서 말씀하시기를, 그것은 서(恕)일 것이다. 자기가 하고 싶지 않은 것을 남에게 하라고 하지 않는 것이다.(위령공편) 공자께서 상을 당한 사람 곁에서 식사하실 때는 일찍이 배불리 드신 적이 없었으며, 이날 곡을 하면 노래를 부르지 않으셨다.(학이편) [18]

공자께서 말씀하셨다. 도(道)는 사람에게 멀리 있지 아니하니, 사람이 도를 추구하되 사람들로부터 고원(高遠)한 것을 추구한다면 도는 추구될 수 없는 것이다.……충(忠)과 서(恕)는 도로부터 어긋남이 멀지 아니하니, 자기에게 베풀어짐을 바라지 않는 것은 또한 남에게 베풀지 말아야 한다. 군자의 도가 넷인데 나는 하나도 다하지 못하였다. 자식에게 바라는 것으로서 아버지 섬기는 일을 다하지 못하였다. 신하에게 바라는 것으로서 임금 섬기는 일을 다하지 못하였다. 아우에게 바라는 것으로서 형 섬기는 일을 다하지 못하였다. 벗에게 바라는 것을 먼저 벗에게 베풀어 주지를 못하였다.[19]

---

18) 홍승직(역해), 논어, 93, 197, 271 참조.
19) '서'(恕)는 같을 여(如) 자와 마음 심(心) 자가 합쳐진 것으로서, '자기의 마음과 같이 남의 처지를 알아주는 것'이므로(용서할 서 외에, 헤아릴 서, 어질 서이기도 함) 역지사지를 표현하는 한자어이다. '충'(忠)은 가운데 중(中) 자와 마음 심(心) 자가 합쳐져

이른바 천하를 화평케 하는 것이 그 나라를 다스리는 일에 달려 있다는 것은, 위에서 노인을 노인으로 대접하면 백성들에게 효도가 일어나며, 위에서 어른을 어른으로 대접하면 백성들에게 공경의 덕이 일어나며, 위에서 외로운 이들을 불쌍히 여기면 백성들은 배반치 않게 된다는 것이다. 그러므로 군자에게는 '혈구지도'(絜矩之道)가 있는 것이다.

윗사람이 싫어하는 일들을 아랫사람들에게 시키지 말 것이며, 아랫사람들이 싫어하는 것으로 윗사람을 섬기지 말 것이며, 앞에서 싫어하는 일을 뒤에 먼저 하도록 하지 말 것이며, 뒤에서 싫어하는 일을 앞에서 따라 하도록 하지 말 것이며, 오른편에서 싫어하는 것을 왼편으로 넘겨주지 말 것이며, 왼편에서 싫어하는 것을 바른편으로 넘겨주지 말 것이다. 이러한 것을 '혈구지도'라 하는 것이다. 「시경」에 이르기를, "즐거워라 군자님이여, 백성들의 부모시네"라 하였는데, 백성들이 좋아하는 것을 좋아하며, 백성들이 싫어하는 것을 싫어하기 때문이다. 그래서 백성의 부모라 말한 것이다.[20]

우와 직은 태평한 세상에 자기 집 문 앞을 세 차례씩이나 지나면서도(천하의 일을 돌보느라ー저자 첨가) 들어가지 않았는데, 공자께서는 그것을 칭찬하셨다. 안자는 난세에 누추한 골목에서 거처하고 한 대그릇의 밥과 한 표주박의 음료로 살았다. 남들은 그러한 근심을 견디지 못하는데, 안자는 자기가 즐거워하는 것을 고치지 않았다. 공자께서는 그것을 칭찬하셨다. 맹자가 말씀하시기를 "우와 직과 안회는 정신이 같았다. 우는 천하에 물에 빠진 사람이 있으면 마치 자기가 물에 빠진 것 같이 생각하였고, 직은 천하에 굶주리는 사람이 있으면 마치 자기가 굶긴 것 같이 생각하였기 때문에 그렇게(먼저 할 일에 주력하느라ー저자 첨가) 급하게 굴었던 것이

'마음이 가운데 균형 잡힌 꼴'로서 주희는 '자기 마음과 뜻을 다하는 것'이라고 한다. 그래서 '충서'는 '성심을 다하여 남의 처지를 이해해 준다'는 사람의 마음가짐에 대한 도리이다. 후대 성리학자들이 '나를 미루어 남을 헤아린다'(자기를 헤아려서 다른 사람의 마음에 이른다)는 표현인 '추기급인'(推己及人)은 공자가 늘 강조한 「중용」의 충서지도(忠恕之道)와 「대학」에서 말한 '혈구지도'(絜矩之道)이며, 이는 곧 인(仁)으로 통하는 길인 셈이다. 김학주(역주), 대학·중용, 서울대학교출판부, 2000, 223ー229 참조.

20) 이는 '수신제가치국평천하'의 마지막 단계인 '평천하'의 길이 '치국'에 있는데, 그 '치국'은 혈구의 도를 따르는 데 있다는 「대학」의 이상을 나타내고 있다. '평천하'는 하늘의 '천명'(天命)을 받아 천하를 화평케 함을 일컫는데, 하늘은 백성을 통하여 보고 듣고 또 그 뜻을 나타낸다. 따라서 이 구절은 나라를 다스리는 사람이 혈구의 도를 따라 백성이 좋아하는 것을 좋아하고 싫어하는 것을 싫어하여(민지소호호지 민지소오오지, 民之所好好之 民之所惡惡之) 잘 다스리면 천명을 얻게 되고, 그렇게 하지 못하면 천명을 잃게 된다는 것이다. '혈구'(絜矩)는 '헤아리다'의 혈과 '곡척(曲尺)·법도(法度)'의 구가 합쳐진 말로서, 주희(朱熹, 주자)는 이를 '법도에 비추어 행동하는 방법'이라고 풀이하였다. 그는 '충서'가 개인을 위주로 한 측면이 있다면, '혈구'는 사람의 처신을 넓혀서 천하를 다스리는 보편적 법칙을 강조하는 것이라고 비교하였다. 김학주(역주), 앞의 책, 81ー89, 101 참조.

다. 우와 직과 안자는 처지를 바꾼다면 모두 그렇게 하였을 것이다(역지즉개연, 易
地則皆然).⋯⋯"(「맹자」이루장 하)

맹자께서 말씀하시기를, "자기가 하지 않는 것을 남에게 시키지 말고, 자기가 원
하지 않는 것을 남에게 원하도록 시키지 말 것이다. (올바로 사는 것은-저자 첨가)
그렇게 하는 것일 따름이다."(진심장 상)[21]

예수도 산에 올라 제자들에게 설교(산상수훈, 山上垂訓)하는 중에 다음과 같이
'남에게 대접을 받고자 하는 대로 남을 대접하라'고 가르쳤다. 그것이 곧 '율법과
예언서의 본뜻'이라고, 기독교 윤리의 근본원리로서 역지사지를 제시하였다.

구하라 그러면 너희에게 주실 것이요 찾으라 그러면 찾을 것이요 문을 두드리라
그러면 너희에게 열릴 것이니⋯⋯그러므로 무엇이든지 남에게서 대접(待接)을 받고
자 하는 대로 너희도 남을 대접하라. 이것이 율법(律法)이요 선지자니라.[22]
그러나 너희 듣는 자에게 내가 이르노니 너희 원수를 사랑하며⋯⋯네 이 뺨을 치
는 자에게 저 뺨도 돌려 대며, 네 겉옷을 빼앗는 자에게 속옷도 금하지 말라.⋯⋯남
에게서 대접을 받고자 하는 대로 너희도 남을 대접하라.[23]

서양 사회에서는 이 예수의 역지사지의 가르침을 특별히 '황금률'(黃金律, 황금
률법, golden rule)이라고 불렀다. 그러나 역지사지는 예수 이전의 수많은 동·서
양 현인들이 주장하는 우리 삶의 근본원칙으로서 불변의 진리라고 할 수 있다.
따라서 이는 예수의 가르침에 국한하지 않는 '황금률'로 규정하는 것이 좋을 것
이다.

---

21) 차주환(역), 맹자(하), 50-52, 이루장(하) 및 232-233 진심장(상) 참조. 앞 이루장구에
서 '우'(禹)는 중국 요 임금과 순 임금 밑에서 천하의 홍수를 다스려 큰 공을 세우고
후에 순을 이어 천자가 되어 하(夏)나라를 세움. '직'(稷)은 요·순 임금 밑에서 백성
들에게 농업을 가르친 인물로 주(周)민족의 조상임. '안자'(顔子)는 공자의 제자 안회
(顔回)를 높여 부르는 말임.
22) 마태복음 제7장 7절부터 12절 중 역지사지는 12절 구절("Therefore, however you want
people to treat you, so treat them, for this is the Law and the Prophets.")임. L·A국
제기독교종합대학출판부 편, 한영해설성경, 최신미국표준영어 한글개역판, 국제성서출
판사, 1995, 신약전서 편, 10쪽. 그런데 마지막 부분 "이것이 율법이요 선지자니라"에
대해서 다른 번역본은 "이것이 율법과 예언서의 본뜻이다"라고 번역한다. 대한성서공
회, 성경전서, 표준새번역 개정판, 2001, 신약전서 편 마태복음서 10쪽 참조.
23) 누가복음 제6장 27절부터 31절 중 역지사지는 31절 구절("And just as you want people
to treat you, treat them in the same way")임. 앞의 한영해설성경, 신약전서 편, 99쪽 참조.

사회과학에서 역지사지를 강조한 근대의 대표적 학자는 막스 베버(M. Weber)
이다. 그는 행위자의 주관적 의미를 정확하게 이해(해석)하기 위한 이해의 사회학
(해석사회학, sociology of *Verstehen*)을 주창하였다. 그러면서 연구자가 반드시
'행위자 그 사람'이 되어 볼 필요는 없다 해도, 행위자의 처지에 상상적으로 자기
자신을 놓고 동감적으로 그의 경험에 참여해 볼 수 있는 것(to be able to put
one's self imaginatively in the place of the actor and thus sympathetically to
participate in his experiences)이 큰 도움이 되므로, 감정적 역지사지의 자질
(emotionally empathic quality), 역지사지의 정확성(empathic accuracy), 감정적 맥
락(emotional context), 상상적·동감적 참여(imaginative·sympathetic participation)
등의 중요성을 강조하였다.[24]

이와 동일한 맥락에서, 공공활동에서 '공적 역지사지'는 공공활동의 주체와 그
대상자, 그리고 주체와 다른 주체가 서로 처지를 바꿔 이해하는 것을 말한다. 그렇
지만 주로 좋은 공공활동을 수행하는 주체에 관심을 두고 있는 관점에서 볼 때, 공
공활동의 주체인 공공활동가가 공공활동 대상자의 처지·입장에 바꿔 서서 그 마
음·감정·욕구·소망·기대·이해관계 등을 충분히 생각하고 배려하여 이해해 보
라는 공적 역지사지가 중요하겠다. 이는 결국 상대방에 대하여 그 처지·입장·권
리·감정 등을 동등하게 충분히 배려하고, 상대방의 신념과 열정을 충분히 공유하
고 깊이 느끼는 것(deep feeling)으로서, 상호 충분한 이해(full understanding)·동감
적 이해(sympathetic understanding)를 도모하는 것이다.[25]

그렇게 공적 역지사지를 통해서 공공활동가는 공공활동 대상자가 놓여 있는 처
지·상황·여건·조건·환경과 대상자의 의식·마음·동기·욕구·기대·이해관
계 등을 왜곡·변질·오류 없이, 가능하면 최대한 정확하고 충실하며 완전하게
이해·예측·파악·평가해야 한다. 그리고 그 이해·예측·파악·평가에 합당하
게 공공활동을 올바로, 그리고 책임 있게 수행해야 한다. 그래서 공공활동가에게
는 공공활동 대상 상대방의 처지와 마음을 가능하면 그대로 겪어보는 경험, 즉

---

24) 베버는 연구자가 반드시 행위자 그 사람이 되어 볼 필요는 없다 함을 "케이사르(시
저)를 이해하기 위하여 케이사르가 될 필요는 없다"(One need not have been Caesar
in order to understand Caesar)라고 하였다. Max Weber, *The Theory of Social and
Economic Organization*, 90 및 "*Verstehen*" 제하로 베버의 저서를 발췌한 책,
Raymond Boudon and Mohamed Cherkaoui(eds.), *Central Currents in Social Theory*,
vol.Ⅲ, London: Sage Publications, 2000, 359-360 참조.
25) Marshall E. Dimock, 앞의 책, 43, 56 참조.

직접체험을 비롯하여 간접체험이나 유사체험이 중요하다. 이러한 체험을 통한 역지사지의 방법론적 개념으로 '추체험'(追體驗)의 개념을 공공활동에 원용할 필요가 있다.

추체험(empathic reliving, 독일어 Nacherleben)은 '남이 체험한 일을 해석 작업 등을 통해 자기의 체험으로 재현하는 일' 또는 '타인의 체험을 자기의 체험처럼 실감하는 일'을 의미한다.[26] 추체험 개념의 진수(眞髓)는, 과거의 유적과 유물 등이 왜 어떻게 만들어졌고 어떤 의의를 갖는 것인가를 올바로 해석·이해·평가·감상하기 위하여, 연구자·감상자 자신이 직접 그것을 만들거나 사용했던 사람들의 삶과 작업의 현장으로 돌아가서 가능하면 철저하게 그대로 재현하여 경험해 보는 의식·태도·자세를 실천하는 일을 의미한다. 그래서 미술사학(美術史學)에서 추체험의 개념은 핵심적인 연구방법론이 되어야 한다고 한다. 추체험의 개념을 사용할 때 어떤 의미로 사용하는가는 다음 설명을 보면 이해할 수 있을 것이다.

> 예술가는 일반 사람이 사물을 보지만 보이지 않는 것, 보려고 해도 볼 수 없는 것들까지도 표현한다. 존재하지만 인간의 능력으로는 보이지 않거나, 존재하지 않지만 영감을 지닌 자에게만 보이는 것을 표현한다. 이때 여러 가지 조형언어를 사용하되 추상적 기호로 표현한다. 한편 우리가 흔히 보고 이미 다 알고 있는 미술 표현형식에 가탁(假託)하여 표현하기도 한다. 미술사학자는 바로 이러한 여러 가지 표현방법 속에 숨겨진 비밀 기호를 해독하는 사람이다. 위대한 작품일수록 눈에 보이지 않는 관념을 구상화(具象化)시켜 현실로 만드는 만큼, 미술사학자는 그 관념의 세계를 추체험하지 않고는 비밀 기호를 해독해 내기 어렵다. 조형언어의 기호를 해독하여 문자언어로 전환시키면서, 미술사학자는 숨겨진 역사를 기술한다. 이것이 바로 미술사학이 인문학의 꽃이 될 수 있는 까닭이다.……
>
> '안다는 것'은 사실들을 지식으로 단지 습득하는 것이 아니라 추체험을 통해 본질을 인식하는 것이다.……
>
> 우리가 우리나라의 과거 각 시대의 사상과 예술, 그리고 우리에게 영향을 준 인도나 중국의 사상과 예술을 배우고 체험해야 하는 이유가 거기에 있다. 외래의 영향과 자체 내의 독자적 전개의 상호 관계를 살펴서 과거 각 시대 문화의 실체를 파악하려면 각 시대의 상황 속으로 들어가야 한다. 일단 들어가서 추체험한 다음 다시 현실로 되돌아와서 새로이 조명하고 해석하고 의미부여를 시도해야 한다. 위대한 사상과 예

---

26) 앞의 정의는 이희승(편저), 국어대사전, 제3판, 민중서림, 1994, 3810쪽의 것이고, 뒤의 정의는 국어대사전, 김민수·고영근·임홍빈·이승재(편), 금성출판사, 1991, 2991쪽의 것이다.

술은 어느 일정한 과거의 시간과 공간 안에 머무는 것이 아니라 미래를 향해 영원히 성장하고 있는 것이다. 이러한 모든 과정을 나는 추체험이라 부른다.[27]

이와 같이 추체험은 과거의 유물 유적을 올바로 평가하고 감상하는 데에도 필요하고, 무엇보다도 미술사학도가 미술작품을 올바로 연구하기 위해서는 일종의 '통과의례'(通過儀禮)처럼 필수적이라고 한다. 마찬가지로 공공활동을 수행하는 데 있어서도 추체험의 방법론을 철저하게 적용하여 활용하는 것이 하나의 필수적인 통과의례가 되어야 한다. 물론 추체험의 실천은 좋은 공공활동을 연구하는 학자뿐만 아니라, 실무자에게도 절대적으로 필요하다. 다음은 왜, 어떻게 추체험의 개념을 적용하여 실천할 것인가를 보여주는 좋은 실례(實例)이다.

　언젠가 경주 감산사(甘山寺)의 석불을 연구하려 했을 때, 우선 그 절을 세우고 석불을 만들게 했던 김지성(金志誠)이란 사람의 마음과 하나가 되려 했다. 그래서 남월산(南月山) 기슭에 있는 감산사의 허허로운 터를 자주 찾았고, 김지성의 마음을 살폈다. 김지성은 자연을 좋아하여 노자(老子)와 장자(莊子)의 유유자적함을 사모했으며, 불교에 중요한 뜻을 두고 무착(無着)의 진리를 찾아, 드디어 육십칠 세에 벼슬을 버리고 전원으로 돌아가 「도덕경(道德經)」을 읽고 「유가론(瑜伽論)」을 깊이 연구했다. 마침내 그는 재산을 희사(喜捨)하여 감산사를 세웠다. 그래서 나도 그가 한 대로 「노자」와 「장자」를 읽고 무착의 「유가사지론(瑜伽師地論)」을 읽었다. 그가 읽었던 책을 읽고 그가 살았던 전원을 거닐면 어느 정도 내가 그가 될 것이고, 그가 만들게 했던 미륵석불과 아미타석불이 더 잘 이해가 될 것이라 생각했다. 그러나 그 책들은 나에겐 너무 어려웠다. 원문이 아닌 번역서를 읽으면서 그 심오한 세계와 철리(哲理)를 내가 어찌 깊이 헤아릴 수 있으랴 하며 내 자신에 실망하기도 했다. 「유가사지론」은 고차원의 논리에 입각한 사상 전개여서 중도에 포기해 버렸다. 그러나 지금도 「노자」와 「장자」를 읽으며 「유가사지론」도 언젠가는 독파하리라 다짐하고 있다. 이러한 추체험의 노력을 나는 게을리 하지 않는다. 그래야만 그 당시의 세계에 들어갈 수 있고, 그 세계에서 이룩된 예술을 올바로 이해할 수 있으리라.
　그리고 석굴암의 건축과 조각을 연구할 경우에도 마찬가지다. 물론 이에 앞서는 인도와 중국의 석굴사원의 건축과 조각을 섭렵해야겠지만, 무엇보다도 그 당시인 통일신라 8세기의 시대정신을 체험해야 한다. 왜냐하면 석굴암의 예술은 그 당시의 시대사조를 파악해야 하고, 조각양식의 추이를 살펴야 하기 때문이다. 또 그 후원자

---

27) 강우방, 인문학의 꽃 미술사학, 그 추체험의 방법론, 열화당, 2003, 33−34, 119, 121 에서 각각 인용. 그는 추체험을 영어로 'empathic reliving'으로 표현한다. 342쪽 참조.

인 김대성(金大城)의 정치적 입지와 석굴암을 건축한 설계자의 계획과 조각가의 의도를 살펴서 그 당시의 상황에 몰입할 필요가 있다. 그런 점에서 요네다 미요지(米田美代治, 우리나라 고대 사찰의 평면과 석탑에 적용된 기하학적 비례를 밝힌 일본의 고건축학자-저자 주)가 추구했던 신라시대의 석굴암 건축설계도의 복원은, 석굴암의 예술을 추체험하려는 가장 구체적인 노력이라 하겠다. 말하자면 석굴암의 예술은 그 당시 고매한 시대정신과 몇몇 개인적인 천재성의 산물이므로, 우리가 높은 차원의 정신적 성숙도에 이르러야 석굴암의 예술을 추체험할 수 있음을 인식할 필요가 있다.

또 다른 예를 들면, 겸재(謙齋) 정선(鄭敾)의 걸작품인 <금강전도(金剛全圖)> <인왕제색도(仁王霽色圖)> 등의 예술세계를 체험하려면, 조선시대 17세기의 시대사조와 정선 개인의 사상과 그 나름의 표현기법을 살펴야 한다. 그는 특히 「주역(周易)」의 대가이므로 「주역」을 연구해야 할 것이다. 즉 정선의 정신세계만큼 우리 자신의 정신적 수준을 올려놓아야 그의 예술세계에 몰입하여 체험할 수 있다.

이상에 든 몇 가지 예를 보면, 안목과 정신은 둘이 아니어서, 정신적 성숙도가 높아지지 않으면 그 정신을 표현하는 기법도 독특한 경지에 이를 수 없다는 사실이 드러나게 된다. 요컨대, 예술작품을 추체험할 수 있게끔 그에 따른 자신의 정신적 성숙도를 높이는 뼈를 깎는 자기 수련이 선행되어야 한다는 것이다. 위대한 예술이란 손끝의 재주에서 탄생되는 것이 아니기 때문이다. 그러나 미술사 연구에서 지금까지 언급한 정신적인 추체험에 앞서서 힘써야 할 것은 표현기법을 추체험하는 것이다. 즉 어떻게 조각했으며 어떻게 그렸는가 하는 제작과정을 추적하는 일이다. 우리는 제작기법 역시 지식으로는 이해할 수 있지만 상상에 불과할 뿐이다.

그림의 경우, 우리가 어느 정도 붓으로 글씨를 쓰고 사군자(四君子)를 그리는 법을 배울 필요가 있다.……(그러면)그림의 추체험은 훨씬 생생하게 이루어질 것이다. ……제작과정을 추적할 수 있는 능력을 갖추고 있다면 추체험의 과정을 거치면서 작품을 훨씬 생생하게 기술할 수 있고, 남에게 역시 생생하게 전달할 수 있다. 그러한 추체험으로 작품의 진위(眞僞)도 분별할 수 있다.……미술사학자가 갖추어야 할 가장 중요한 기본적 자질은 바로 이처럼 예술작품의 제작과정을 추적하고, 조형언어의 질(質)을 체감(體感)할 수 있는 소질이다. 시선(視線)이 예술작품의 구석구석을 포착할 수 있어야 한다. 이것을 갖추지 못하면 미술사 연구의 첫 발걸음을 내딛지 못한다. 그것은 마치 시(詩)를 읽지만 그 시가 내포하는 것을 전혀 감지하지 못하는 것과 같다. 그러니 작품의 제작과정과 실체를 체득하지 못하면 미술사에서 풀어야 할 여러 과제를 연구해 나갈 수 없게 된다. 올바른 출발에서 올바른 목표에 도달할 수 있다. 이러한 과거 미술품의 사상과 기법을 추체험하는 과정은 미술사 연구에서 궁극적 과제라 해도 과언이 아니다.

위대한 작품을 추체험한다는 것은 일종의 '통과의례(通過儀禮)'다. 그 과정을 거치면 나는 종전의 나와는 '다른 나'가 된다. 따라서 그때 쓴 글은 같은 문자언어라 해도, 또 같은 작품이라 해도 체험의 정도에 따라 전에 쓴 글과는 전혀 다른 차원의 표현을 내포하게 되는 것이다.[28]

이와 같이 유물·유적·예술작품의 감상과 연구에서처럼, 공공활동가도 좋은 공공활동을 위하여 공공활동의 수행과정에서 '추체험'과 같은 방법을 도입하여 반드시 실천해야 한다. 그렇게 역지사지의 자세로 대상자의 속마음을 알고 그에 합당하게 직무를 수행하는 것이 좋은 공공활동의 길이다. 다만 유물·유적·예술작품의 추체험은 시간적으로 '과거'에 있었던 체험을 따라—그래서 '따를 추'(追)일 터이지만—그 당시의 시대·사람의 삶·사상·유물 등의 속으로 들어가 가능하면 그대로, 철저하게 재현(再現)하여 체험하는 것이다. 그렇지만 공공활동에서의 추체험은 그 특성상 어떤 조치를 하기 전에 미리, 또 조치하고 그것이 계속되는 것과 동시에, 그리고 조치가 끝나고 난 후 과거의 일에 대하여 각각 공공활동 대상자가 놓여 있는 처지·상황·여건·조건·환경과 대상자의 의식·마음·동기·욕구·기대·이해관계 등을 가능하면 그대로 체험하는 것이 꼭 필요하다. 그렇게 공공활동에서 추체험은 미리, 동시에, 그리고 사후에, 즉 미래, 현재, 과거에 걸쳐서 역지사지의 자세로 남의 체험을 그대로 체험하도록 개념을 확장하여 원용할 필요가 있다.

좋은 공공활동을 위해서 공공활동가는 어떤 결정과 집행을 하기 전에, 미리 그 결정이나 집행이 어떤 과정의 어떤 현상으로 전개될 것이고 어떤 결과를 초래할 것인가에 대하여 면밀히 예상하여 대비하는 것이 중요하고 필수적이다. 이는 공공활동 대상자의 예상되는 체험의 상황을 미리 상상하여 추체험의 정신으로 그대로 체험할 때 가능하다.(추체험의 정신을 강조하므로, 그저 단순히 상상해 보고 예측하는 정도의 시뮬레이션이 아니다.) 그러므로 이때의 '선(先) 추체험'을 간단히 '선체험'이라고 줄여 부르고 공공활동에 원용할 수 있겠다. 마찬가지로 공공활동가는 어떤 결정과 집행 도중, 즉 결정이나 집행이 계속되는 동안에, 해당 대상자의 체험을 정말 똑같이 체험하면서 그때그때 즉각 필요한 조치를 시행·환류(feedback)하는 것이 중요하고 필수적이다. 이는 말하자면 현실에서 대상자의 체험과 '동시 추체험'하는 일에 해당된다. 그래서 이는 '동시체험'이라고 명명할 수

28) 강우방, 앞의 책, 121−123, 144에서 인용.

있겠다.(선체험이나 동시체험은 추체험의 '추'가 생략되지만 추체험의 정신이 포함된 의미가 강조된다.) 그리고 또 공공활동가는 어떤 결정과 집행을 완료한 후, 대상자가 겪었을 체험을 따라 그대로 체험하면서 그 결정과 집행을 평가하고 추후 자신의 직무수행에 반영하는 것이 중요하고 필수적이다. 이는 '후(後) 추체험' 즉 본래 의미의 추체험을 말하므로, 그대로 '추체험'이라고 하면 된다.

결국 좋은 공공활동을 위해서는 공공활동가가 공적 역지사지의 자세를 가져야 한다. 그 구체적인 방법은 이미 완료된 직무의 평가를 위한 '추체험'뿐만 아니라, 그와 똑같은 추체험의 정신·의지·자세로 일의 현장 실행 전에 예상하고 대비하기 위하여 미리 '선체험'하고, 또 일의 현장 진행에 맞춰 반영하고 보완하기 위하여 '동시체험'까지도 할 수 있어야 한다.

예컨대, 처음으로 서민을 위한 국민주택기금의 지원을 받는 공공임대아파트사업을 추진한다고 하자. 그때 관계기관의 책임자·담당자는 당연히 민간 건설업자, 대출해 준 은행, 임대 세입자, 관계기관 등 사업 참여자의 처지에서, 그들 각 참여자라면 이 사업에 대하여 각각 현실적으로 어떤 행동을 취하고 나올 것인가를 예상하면서, 사업의 시작부터 전개될 전 과정을 상상 속에 미리 몸소 겪어 보아야 한다. 그래서 각 참여자가 취하고 나올 행동으로 발생할 수 있는 각종 문제에 대처할 방안, 그리고 그 방안에 대하여 다시 각 참여자들이 대응할 이차, 삼차의 행동들까지 예상한 대비책을 마련한 후 사업을 시작해야 한다. 그렇게 사업을 시작한 후, 그래도 사업시행 과정에서 예상하지 못한 문제점들이 발생하는 것과 관련, 과거 시작 때부터 그동안 어떻게 사업이 진행돼 왔는가를 각 참여자들의 처지에서 되돌려 체험하는 방법으로 점검해 보아야 한다. 그리고 지금 참여자들이 겪고 있는 사정을 담당자 자신도 그대로 똑같이 체험해 실감해 보면서, 그 상황과 이해관계 등에 맞게 최선의 보완책을 마련하여 시행해야 한다.

그렇게 했다면, 공공임대아파트사업에 뛰어든 민간 사업자는 부족한 자금을 어떻게 조달하고, 만약 사정이 여의치 않을 경우 어떻게 할 것이며, 부도 처리할 수밖에 없다면 세입자의 임대보증금을 어떻게 처리하고, 또 정부기금의 상환은 어떻게 할지를 생각해 보았을 것이다. 그래서 정부 담당자는 각각의 각본에 대응한 대비책을 충분히 마련하여 시행하고 있을 것이다. 또 은행 대출자의 처지에서는 민간 사업자가 대출금을 상환하지 못하자 부도 처리 등 어떻게 대처하고 나올 것인지, 경매에 넘길 경우 채무변제 순위가 낮은 임대 보증금을 어떻게 처리할 것인지를 정부 담당자는 미리 예상하고 있을 것이다. 또한 부도 처리된 경우 영세한 서민의 처지에서는 임대보증금을 어떻게 돌려받을 수 있는지, 혹시 대책 없이 쫓겨날 수밖에 없다면 그들은 그 억울한 사정을 어떻게 호소하고 나올 것인지 등등을 모두 예상할 수 있으므로, 그에 대한 대비책과 함께 시행하고 있을 것이다. 그래서 이 사업에서 적어도 예상하지 못한 심각한 정도의 문제점·부작용은 없어야 마땅할 것이다.

그러나 현실에서는 그 사업의 심각한 부작용·문제점 때문에 관계기관의 책임자가 다음과 같이 대통령과 국무총리의 호된 질책을 받는 일이 발생하고 말았다. 사업 시작 후 2005년 5월까지 6년간 관계기관의 책임자·담당자는 역지사지의 자세로 사업 참여자들, 특히 피해 서민의 체험을 선체험·동시체험·추체험하지 못하였던 것이다.

노무현 대통령이 예정에 없이 청와대 수석·보좌관 회의에 참석했다. ㅇㅇㅇ건설교통부장관이 호출돼 나와 있었다.……노대통령은 이틀 전 방영된 KBS의 '추적 60분'을 다시 틀어보라고 했다. 20여 분간 방영이 됐다. 국민주택기금의 지원을 받아 지어진 공공임대아파트의 민간 사업체가 부도를 낼 경우 경매에 넘어가면서 형편이 어려운 입주민들이 임대보증금을 돌려받지 못하고 거리로 나앉는다는 점을 고발한 프로그램이었다. 72세의 한 할머니가 유리공장에서 20년 동안 일해서 모은 2400만 원을 보증금으로 임대아파트에 입주했으나, 건설업자가 부도나면서 보증금 한 푼도 받지 못하고 집에서 쫓겨났다는 사연도 소개됐다. 노대통령은 프로그램을 보고난 뒤 "공무원들이 사후에 발생할 수 있는 문제에 대해 충분히 고려하지 못했다"고 지적하고 "정책에 따라 발생할 수 있는 부작용에 대해서는 책임지는 자세가 필요하다"고 강도 높게 질책했다. 노대통령은 "무리한 정책수행 방식은 국민들로부터 끊임없는 불신을 낳게 한다.……이번 기회에 공직자들이 정책을 대하는 태도를 근본적으로 정비할 필요가 있다.……정책이 국민들에게 불편을 주고 신뢰를 무너뜨리는 경우는 없는지를 철저히 점검해 달라.……대책을 만들어 피해자가 양산되는 것을 막아야 한다."고 당부했다.……

영세한 건설업체들이 국민주택기금에서 가구당 4500만~6000만 원을 지원받아 아파트를 짓고, 아파트를 담보로 은행대출을 받은 뒤 부도를 내면 아파트는 경매로 넘어가게 된다. 현행 법규상으로는 부도 임대주택이 낮은 가격에 경매 처리되면 세입자들은 확정일자를 받아놓더라도 채무변제 순위에서 밀려 임대보증금을 일부 또는 전부 떼일 수밖에 없고, 경매가 완료돼 돈을 일부 돌려받더라도 그때까지 오랜 시일이 걸려 주거가 불안해지는 상황이다. 공공임대아파트 42만여 가구 가운데 30% 가량인 12만여 가구가 부도 상태에 있다. 이 가운데 준공 후에 부도가 난 임대주택

수는 7만 3천 가구로, 피해가 우려되는 가구 수는 모두 3만 7천 가구에 이를 것으로 추산되고 있다. 임대아파트에 지원된 국민주택기금 2조 9540억 원 가운데 부도 업체들이 갚지 않은 금액은 58% 정도다.[29)]

　건설교통부가 '부도 공공임대아파트에 대해 적절한 대책을 마련하지 못하고 있다' 며 노무현 대통령에 이어, 이해찬 국무총리한테서도 호된 질책을 받았다. 이 총리는 국무회의를 주재한 자리에서⋯⋯건교부가 마련한 '부도 공공임대아파트 조처 방안' 을 보고받은 뒤 "이 방안은 참석한 국무위원들한테도 확신을 주지 못한 것으로 보인다.⋯⋯이미 피해를 본 3만 6천 가구에 대해서는 무엇을, 어떻게 하겠다는 것인지 분명치 않다"고 지적했다.⋯⋯김근태 보건복지부장관은 "6년 동안이나 문제가 발생하고 있었는데 정책 대응이 없었다는 것은 이해할 수 없다"고 말하는 등 많은 국무위원들이 건교부 대책에 대해 문제점을 지적했다.⋯⋯건교부는⋯⋯다음 달 안에 새로운 부도 공공임대아파트 조처 방안을 마련해 발표할 예정이다.⋯⋯[30)]

이와 같이 공적 역지사지의 원리・원칙이 중요하기 때문에, 좋은 공공활동가는 '인간에 대한 심층적인 이해와 통찰력'을 갖춘 사람이라고 말할 수 있다. 그는 공공활동 대상자의 욕구・소망・기대 등을 왜곡・변질・오류 없이 정확하게 파악하고 대응할 수 있는 사람이기 때문이다. 그렇게 공공활동가는 세계나 국가의 운명이 걸린 중대사에서부터 아주 사소한 일상 공공문제의 해결에 이르기까지 공적 역지사지의 자세를 가져야 한다.

예컨대, 미국 케네디 대통령은 쿠바(Cuba)의 공산정권을 전복시키기 위하여 미국 내 쿠바 난민 1,400여 명을 이용, 1961년 4월 17일 쿠바의 픽스만으로 침공했으나 200여 명이 사살되고 나머지는 쿠바의 포로로 잡혀 참담하게 실패하였다. 그 후 미국의 침공에 위협을 느낀 쿠바가 소련과 급속도로 가까워지고 소련의 핵미사일 기지를 건설하게 되었다. 이를 주시하고 있던 케네디 대통령은 1962년 10월 핵미사일의 철거를 요구하고 운송 중인 핵미사일의 반입을 막기 위하여 쿠바의 전 해상을 봉쇄하는 조치를 발표하였다. 다행히 소련의 후르시초프 수상은 미국의 조치를 해적행위라고 비난하면서도, 핵무기를 적재한 소련 선박의 복귀와 미사일 발사대의 해체를 명령하였다. 이로써 전 세계가 일촉즉발의 핵전쟁의 위

---

29) 2005. 5. 21, 서울신문, "공무원 정책 부작용 책임져야" 제하의 박정현 기자, 중앙일보, "정책 부작용, 공무원이 책임져야" 및 한겨레, "공무원은 정책 부작용도 책임져야" 기사.

30) 한겨레, 2005. 5. 24, "건교부 부실대책 국무회의서 혼쭐" 기사.

기 속에 놓이게 된 '쿠바 미사일 위기'는 평화적으로 해결되었다.

그런데 이 위기를 해결하는 과정에서 소련의 자존심을 위협할 만한 대응책들이 나왔을 때, 픽스만 실패에서 교훈을 얻은 케네디 대통령은 미국의 조치가 후르시초프를 위협하거나 당황시키거나 모욕을 주어서는 안 된다는 점을 비상 자문회의 구성원들에게 주지시켰다. 그리고 그 자신은 언론에 소련 수상의 통치력과 외교 능력을 칭찬하는 말까지 흘리고, 그에게 전면적 위기에서 벗어날 수 있는 구실을 주려고 했다. 그리고 자신의 메시지가 최후통첩보다는 요청이나 제안처럼 들리도록 배려하였다. 과연 그 위기가 해결된 후 케네디는 "쿠바 위기에서 얻은 최후의 교훈은 우리 자신을 상대방의 입장에 놓고 보는 것"이라고 말하였다.31) 그와 같이 세계사적 문제인 미사일 위기에서도 역지사지의 자세는 중요했었음을 알 수 있다.

그런가 하면 판사가 성폭력 범죄나 조직폭력 범죄의 재판에서 그 피해자의 마음을 읽을 줄 아는 공적 역지사지의 자세를 가질 때 다음과 같이 필수적이고 중요한 조치가 나오게 된다.(그런데 '그런 조치를 하는 데 왜 지금까지 기다려야 했을까'라는 의문은 남는다.)

"가해자 얼굴조차 보기 싫어요." 2004년 10월부터 일부 지역에선 성폭력 범죄 피해자가 재판에 증인으로 출석할 때 가해자와 마주치지 않아도 된다. 법정 옆에 별도로 마련된 비디오 증언실에서 증언하는 '전자법정'이 설치되기 때문이다. 전자법정은 서울, 부산, 대전, 광주, 대구 등 5대 도시에서 시범 실시된 후 2005년부터는 전국적으로 확대된다. 한편 서울중앙지법 청사 가동 418호 법정에선 성폭력 사건 전자법정 시연회가 열렸다.……

14세 이상은 자신이 원할 경우 '비디오 증언'을 할 수 있지만 13세 이하 피해자는 앞으로 이곳에서만 증언을 한다.……법원은 조직폭력범죄 피해자 등에 대해서도 비디오 증언실을 활용할 수 있도록 할 방침이다. 이 같은 시도는 대법원이 3월 성폭력 범죄 피해자가 증언할 때 피고인을 대면하고 싶지 않은 경우 비디오 증언실에서 진술할 수 있도록 규칙을 제정한 데 따른 것. 성폭력이나 조직폭력범죄 피해자들이 수사나 재판 과정에서 겪어 온 '2차 피해'를 방지하자는 취지다. 그러나 이날 모의재판에서는 법정에 설치된 모든 모니터에 증인(피해 여성)의 얼굴이 노출되는 문제점이 드러났다. 법원 관계자는 "법정 출석을 어려워하는 피해자를 보호하기 위

---

31) Donelson Forsyth, *An Introduction to Group Dynamics*; 서울대학교 사회심리학연구실 (편역), 집단심리학, 학지사, 1996, 350 참조.

해 도입한 만큼 모니터의 초상권 침해 문제도 검토해 보겠다"고 말했다.[32]

공공활동가와 그 대상자와의 관계는 형식적으로는 '주체－객체'의 관계이지만 실질적으로는 마치 '주체－주체'의 관계를 형성하고 있는 것처럼 쌍방향적이고 동반자적인 민주적 의사소통과 공공활동의 관계를 지향한다. 이는 곧 공공활동의 주체가 그 대상자(집단)를 일방적 입장·관점에서 이해하고 해석하며 판단할 수 있는 수동적 대상으로 보지 않고, 주체적으로 현실 상황을 경험하고 해석하며 판단하는 능동적 대상의 인격적 주체로 대우하는 것을 의미한다.[33] 그리고 공공활동가가 대상자의 입장과 이해관계를 올바로 파악하고 대응하기 위하여, 그 두 주체 사이에 있을 수 있는 거리를 좁히는 원활한 접근과 의사소통의 '다리 놓기'에 노력하는 것을 의미한다. 그리하여 가능한 한 최대로 장애 없는 상호 의사소통을 통하여 함께 공공문제를 공유하고 해결을 도모하며 현실을 변화시키는, 상호 존중의 의존적인 '우리 관계'를 추구하는 것이다.[34]

---

32) 동아일보, 2004. 9. 21, "성폭력 피해자 내달부터 '비디오 증언'" 기사.

33) 공공활동가와 그 대상자의 관계가 주체－주체의 관계가 되어야 한다는 관점에서 공공활동의 '대상자'나 '객체'라는 용어는 적절하지 않을 수 있다. 그러나 일반적·일상적으로 사용되고 있고 달리 적당한 용어도 없으므로, 본문의 공공활동의 '대상자'나 '객체'는 단지 공공활동가와 구별하기 위한 용어일 뿐, '주체와 동등한 주관성을 갖는 자' '주체와 쌍방향적으로 의사소통을 하는 자' '주체와 동등한 능동적·인격적 존재' 등의 의미를 강조하며 불가피하게 사용한다.

34) 이러한 '역지사지'의 관점은 흔히 행정철학에서 '행정 현실의 주관적 특성'에 초점을 맞추고 행정행위에 참여한 개인이 모두 '의도적이고 활동적이며 자기실현적 행위자로서 자신의 의식을 행사'하는 주관적(상호 주관성 포함)·능동적·외부환경 창조적인 존재로 상정하는 현상학, 참여민주주의, 행위이론, 비판이론 등의 해석학적 인식론이나 변증법적 인식론의 관점에 해당한다. 이에 비하여 구조기능주의, 관료제론, 합리적 의사결정론 등의 기능주의·실증주의적 인식론은 역지사지의 자세가 부족한 채 행정행위의 개인을 객관적·수동적·외부환경 의존적인 존재로 본다.
   행정세계는 행위자가 생각과 경험을 서로 상대방의 의식에 맞춤으로써 공유하려는 상호 주관적 현실이라고 볼 수 있다. 이 점에서 사회과학철학자 슈츠는, 행위자 사이에 각자 자신의 경험을 토대로 의미를 사회적으로 공유하면서 창출하는 현실은 상호 주관적 생활세계로서 '우리 관계'(we－relation)의 상호 의존적인 관계를 받아들이는 세계라고 본다. 이는 곧 "나의 일상생활의 세계는 결코 나만의 사적인 생활 세계가 아니다. 처음부터 나의 동료와 공유하고 다른 사람에 의해 경험되고 해석되는 상호 주관적인 세계이다. 간단히 말해서 그것은 우리 모두에게 공통된 세상"으로서, 얼굴을 맞대는 상황(face－to－face situation)에서 서로 상대방의 생활을 상호 의존적으로 인식하고 이해하는 관계, 서로 상대방의 생각의 흐름을 경험하는 관계, 상호 간에 이해를 연결하고 확대하며 풍부하게 하는 관계, 싱호 주관적 의미의 맥락을 경험함으로써 상호 주관적인 현상을 구성하고 "서로 함께 나이 먹어가는"(growing older together)

공공활동가와 공공활동의 대상자 사이의 상호 작용 관계는 주체인 공공활동가가 객체인 대상자를 일방적으로 관찰·해석하는 것이 아니다. 그것은 형식적인 의미에서 서로 주-객의 입장이 얽히고설키고 뒤바뀌기도 하면서 주체와 주체 사이에서 일어나는 '상호 삼투적 세계'이고 '상호 삼투적 과정'이다.[35] 그리하여 실질적인 의미에서 그것은 공공활동가와 대상 시민 사이에 '소통의 다리(교량·통로)가 이어져' 주관성이 서로 만나는 '상호 주관성'(intersubjectivity)[36]의 현실적인

관계라는 다양한 표현으로 설명한다. Alfred Schutz, *The Phenomenology of the Social World*, translated by George Walsh & Frederick Lehnert, Evanston: Northwestern University Press, 1965; *On Phenomenology and Social Relation*, Selected Writings edited by Helmut R. Wagner, Chicago: The University of Chicago Press, 1970, 163, 184-195.

35) 공공활동가가 주체가 되고 객체가 돼 보기도 하는 관계는 사회학자 미드(George Herbert Mead, 1863-1931)가 자신과 다른 사람의 역할을 연관시키는 성찰적 역할 담당(reflexive role taking)의 과정을 함축한 관계이기도 하다. 이는 자신을 "일반화된 다른 사람"(generalized others)의 관점에서 바라보고, 자신을 "의식적인 자기"로서 그리고 다른 사람의 견해에서 바라보는 객체로서 응시하는 것이다. 미드는 무의식적인 자기(I)와 의식적인 자기(me)의 개념을 사용하여, 사고와 행동의 실제 과정인 '무의식적인 자기'는 성찰적인 과정인 '의식적인 자기'에 반응하고, 반대로 의식적인 자기는 무의식적인 자기를 반영하면서, 그 두 자기 사이의 계속되는 대화 관계가 자신을 구성한다고 본다. 이것이 '상징적 상호 작용 이론'(symbolic interactionism)의 기본 인식이다. 이를 원용하면, 공공활동가는 시민 또는 다른 참여자들에게 단순히 반응하는 것이 아니라, 그들의 행위가 주는 의미의 평가에 기초하여 자신의 행위를 설계(구성)하고 재구성하여 반응하는 존재가 된다. 이처럼 각자의 반응을 통합하는 상호 작용의 상징적 과정에 주목하는 것은 곧 인간적 협력관계를 통하여 공공활동가 자신의 이해와 판단을 올바로 할 수 있는 변증법적 관계의 중요성을 인식하기 때문이라고 하겠다. Charles W. Morris, ed., *Works of George Herbert Mead, vol.1, Mind, Self, and Society from the Standpoint of a Social Behaviorist*, Chicago: Univ. of Chicago Press, 1934, 제3장; Herbert Blumer, *Symbolic Interactionism: Perspective and Method*, Englewood Cliffs, N. J.: Prentice Hall, 1969, 2, 182 참조.

36) 실증주의·과학주의는 인간과 사회 현상의 연구와 파악은 '있는 그대로 객관적'이어야 한다는 신념을 가지고 경험적·계량적인 방법을 통하여 사실적인 인과관계를 규명하고자 과도하게 '객관성'을 강조했다. 그러나 '객관성'의 신화가 도전받게 되었으니, 그것은 인간과 사회 현상은 그 속에 특정 사회적·문화적 맥락을 감추고 있으면서, 이를 파악하는 인간의 '주관적' 이해와 해석에 따라 달라질 수 있는 인간 의식의 구성물이라는 현상학, 해석학, 비판이론, 포스트모더니즘과 같은 '주관성'을 중시하는 반실증주의적 패러다임이 등장하면서였다. 그러나 주관성의 인정은 객관성이 없이 상대주의의 늪에 빠지는 문제가 발생한다. 여기에 객관성을 내포한 주관성이란 의미의 '상호 주관성'이 대두한다.

상호 주관성은 주관적인 것들 사이의 상호 합의를 통하여 주관적 세계에서 객관성을 추구하는 것이다. 그것은 사회적으로 집단적 경험의 영역에서 찾을 수 있다. 인간은 사회구조나 문화적 맥락 속에서 자신들의 위치와 경험에 따라 주관을 형성하는데,

생활세계의 마당이다. 이는 노력에 따라서는 얼마든지 신뢰를 바탕으로 한 진실한 대화를 통하여 비판적이면서도 상호 주관적인 의사소통 속에서 상호 학습과 공동 참여의 공공활동이 전개될 수 있는 마당을 의미한다.

　바람직한 공공활동가와 공공활동의 대상자(시민)의 관계는 한 편은 '관찰자' '해석자'이고 다른 한 편은 '관찰의 대상자' '해석의 대상자'가 아니다. 그들은 양측의 거리를 좁혀주는 다리를 놓고 모두 공공활동에 함께 참여하여 공공이익을 추구하는 '동반 참여자'(partner)의 입장이 됨으로써, 진정 모두 능동적·쌍방적인 참여자의 입장으로 관여하는 관계이다. 이는 공공활동가가 자신과 대상자(집단)를 엄격하고 경직된 주체와 객체(대상)로 분리하는 것이 아니다. 그것은 '주체와 주체' 또는 '상호 주체성'의 일원주의 패러다임으로 통합하여 인식하고 그러한 인식 위에서 공공활동을 수행하는 것이다.

　이와 같이 선체험·동시체험·추체험을 통하여 공적 역지사지의 정신을 함양하고 발휘해야 할 당위성은 주변의 대소사(大小事)에서 얼마든지 찾아볼 수 있다. 일본인들은 사적으로는 항상 세심하게 상대편을 배려하는 마음 바탕이 있는 것으로 유명하고, 실제로 그런 뜻의 '오모이야리'(おもいやり)나 '기쿠바리'(きくばり, 氣配)라는 말을 많이 사용한다. 그런데 그들은 공적으로는 그런 역지사지를 보이지 않거나 애써 무시하는 양면성을 보이곤 한다. 일본 정치인들은 과거 이웃을 지배하고 말할 수 없는 고통을 준 데 대하여 진심으로 사죄를 하기는커녕 걸핏하면 죄의식 없는 망언을 하는 것이 그 예이다.[37]

　일본의 양심적인 정신의학자인 '노다 마사아키'(野田正彰)는, 일본사회가 종전

　그때 각자의 경험과 사고의 내용은 개인적으로는 상이하면서도 동시에 공통된 부분들이 있기 마련이다. 따라서 이들 공통된 부분을 중심으로 각자의 주관성이 합의에 이른다면, 이는 어느 정도의 객관성의 지위를 인정받을 수 있는 것이다. 결국 주관성을 인정하면서도, 상호 주관적으로 공유된 객관성의 가능성을 열어놓음으로써 행복한 절충의 묘를 살린 개념이 '상호 주관성'이라고 하겠다.

37) 1968년 '설국'(雪國)으로 일본인으로서는 처음 노벨문학상을 받은 가와바타 야스나리(川端康成, 1899-1972)는 '아름다운 일본의 나'라는 제목의 수상 연설에서 일본적 미학을 찬미하였다. 이에 비하여 일본의 양심적인 지식인인 오에 겐자부로(大江健三郎)는 '만연원년의 풋볼'로 1994년 노벨문학상을 받은 후 '애매한 일본의 나'라는 제목의 수상 연설에서, '자기'에 대한 과도한 집착이 일본인을 '애매한' 고립된 존재로 만들었고 그러한 폐쇄적인 정치적·문화적 고립상황에서 아시아에 대한 침략을 자행하고도 반성하거나 참회할 줄 모른다고 일본적 미학의 자기도취를 비판하였다. 그는 그런 일본 정부에 항의하는 뜻으로, 노벨상 수상 후 정부가 주는 훈장을 거부했을 정도이다.

뒤 50여 년이 지났어도 죄를 죄로 받아들이는 능력이 결여된 것은, 전쟁 동안 어떤 일이 있었는지 제대로 알고 '상처 입을 줄 아는 마음'을 가져야 하는데 그렇지 못한 데 있다고 분석한다. 이는 전쟁터의 장병들까지도 '상처 입을 줄 아는 마음'의 자세가 필요함을 일깨워 주고 있다.[38] 그는 중국에서 당시 그들이 '강한 정신'을 추구하는 천황제 군국주의하의 개인심리이자 집단심리의 포로로서, 잔혹행위 당시나 행위 후에도 모든 악행을 전시(또는 전시와 유사한)상황의 불가피한 행위쯤으로 치부하고 양심의 가책을 느끼지 않았던 것을 들춰냈다. 그는 악명 높은 731부대 생체실험 군의관이 중국인들을 아무렇게나 잡아다 산 채로 실험 대상으로 삼았는데 종전 뒤 그 희생자 가족의 편지를 보고 나서야 비로소 그들을 인간으로 볼 수 있는 눈이 뜨였음을 보여주었다.[39]

그러나 2002년 9월 17일 북-일 수교를 위한 전격적인 평양의 정상회담에서 북한의 최고 책임자 김정일이 일본의 고이즈미 총리에게 인정한 일본인 강제 납치 및 사망 사실에 온 일본인이 분노하고 있으면서도, 일본인들은 다음과 같이 과거 자신들이 식민지배 당시 저질렀던 납치나 만행에는 또 눈을 감고 있다.

> 요즘 일본에 사는 동포들은 매우 착잡한 심정에 휩싸여 있다. 민단계와 총련계의 '전통적'인 동포뿐 아니라 1965년 한-일 협정 이후 일본에 온 '뉴커머'로 불리는 동포도 같은 처지다. 2002년 9월 17일 열린 북-일 정상회담에서 김정일 북한 국방위원장이 그동안 "거짓" "날조"라고 부정해 온 일본인 납치와 공작선 활동을 인정한 데 대한 충격파가 너무 강하기 때문이다. 특히 숨진 납치 피해자 8명이 모두 20~40대의 젊은 나이였다는 사실이 드러나면서 일본 사람의 분노는 하늘을 찌를 듯하다.
>
> 재일동포가 느끼는 심정은 여러 가지가 복합된 것이다. 우선 같은 민족으로서 일본 사람에 대해 느끼는 죄책감이다.……둘째는 일본 사람의 보복에 대한 두려움이다. 재일동포의 역사는 일본 사회의 '차별의 역사'라고 해도 과언이 아닌데, 이번 일로 다시 차별이 강해질 것을 우려하고 있는 것이다.……셋째는 드러내놓고 말하지는 못하지만 일본 사회의 자기중심주의에 대한 실망감이다. 동포들은 일본의 정치권과 언론이 연일 납치 피해 문제를 북-일 정상회담의 전부인 양 과도하게 다루는 것은 앞으로 예정된 북한과의 수교 교섭에서 유리한 위치를 확보하려는 전략일 수도 있다고 분석한다. 또 같은 인간으로서 일본인이 느끼는 분노와 슬픔에 충분히 공감할

---

38) 野田正彰, 戰爭と罪責, 岩波書店, 1998; 노다 마사아키, 전쟁과 인간: 군국주의 일본의 정신분석, 서혜영(역), 도서출판 길, 2000.
39) 앞의 노다 마사아키, 전쟁과 인간, 16-18.

수 있다는 자세를 보인다. 그러면서도 한번만 뒤돌아보면 똑같은 재일동포의 슬픔과 분노가 있는데 이에 대해서는 일언반구도 하지 않는 일본 사회의 모습이 야속하기만 하다. 식민지시대에 징병·징용으로 강제로 일본 땅에 끌려온 것이 '납치'이고 그 과정에서 숨진 수많은 사람이 바로 '납치 사망자'인데, 일본 사회가 그동안 동포들을 어떻게 다뤄왔는지를 생각하면 원통한 것이다.

"일본 사람은 이번 납치 사건을 통해 더욱 더 깊은 슬픔과 분노를 느껴야 합니다. 그러다 보면 일본 땅에 사는 재일동포의 심정이 어떤 것인지도 느끼는 날이 오겠지요." 한 동포 2세는 "일본 지식인 가운데 이번 납치 사건을 계기로 식민지 지배의 고통이나 피해도 생각해 봐야 한다는 사람이 하나도 없는 게 실망"이라고 말했다.[40]

이상은 독일 나치정권이 유태인에게 가했던 만행의 원인을 다른 민족 집단에 대한 인간적 감정의 결여, 공통감정(common sense)의 결여, 즉 역지사지가 부족하였던 데서 찾은 정치철학자 아렌트의 진단을 상기하게 한다.[41] 그러나 독일인들도 나치 치하에서 개인적·집단적 역지사지의 붕괴 현상을 겪었으나, 종전 뒤 자신들의 공격적인 욕구를 충족시키기 위하여 6백만 명이나 되는 인간을 죽였다는 것을 깨닫고 반성하는 점에서 일본인들과 큰 차이가 있다고 하겠다.

이와 같이 공공활동의 대상자들의 처지에 서서 그들이 진정으로 바라는 바가 무엇인지를 파악하려고 하고, 그렇게 해서 상대의 속마음을 다 알고 난 다음에는, 정상적인 사람이라면 그들의 바람을 모른 채 하거나 겉치레 행동으로 끝낼 수는 없기 마련이다. 공공활동가가 철저하게 역지사지의 자세로, 진정으로 마음과 마음이 통하는 상태가 되어 시민의 희로애락·욕구·소망·기대 등을 파악하고 그 실현을 위하여 행동할 때, 그는 좋은 공공활동가의 가장 중요한 덕목의 하나를 지니고 노력하는 셈이다. 그래서 장래 '세계 제1의 경제대국'이 될 것이란 예상도 나올 정도로 중국 발전의 기틀을 다듬은 중국 최고위 공직자의 다음 당부는 의미

---

40) 한겨레, 2002. 10. 1, "착잡한 재일동포" 기사. 이 점과 관련, 6·25동란 중 미군의 충북 영동군 노근리 주민 학살에 대한 비판이나 2002년 주한미군 장갑차에 의한 두 여중생 사망사건 후 미군 병사에 대한 무죄 판결에 항의하는 대대적인 촛불시위를 하는 것과 동일한 기준과 관점으로, 1970년대 베트남전쟁에 불가피하게 미국의 동맹군으로 참가한 국군이 베트남인들에게 가한 피해와 국내 외국인 노동자의 사망·부상·임금 착취 등에 대해서도 반성과 관심을 가져야 한다는 일부 언론과 사람들의 지적은 옳다.

41) Hannah Arendt, *The Human Condition*, Chicago: The University of Chicago Press, 1958.

심장하다고 하겠다.

10년간 중국 경제의 '차르(황제)'로 불려온 주룽지(朱鎔基·75) 총리가 최근 당정(黨政)최고위 경제 간부들이 참석한 중앙경제공작회의에서 중국 경제의 뒷날을 부탁하는 '고별성' 연설을 했다고 대만 중앙통신 등 중화권 언론들이 보도했다. 그는 2002년 11월 제16차 당 대회에서 모든 당직을 사임한 뒤 3월 전국인민대표대회에서 총리 직까지 물러날 예정.

주 총리는 자신이 참석하는 마지막 중앙경제공작회의가 될 이날 회의에서 경제 간부들에게 세 가지를 부탁했다. 기층(基層) 군중 속으로 들어갈 것, 곤경에 처한 군중의 입장에 설 것, 민간의 고통에 관심을 기울일 것.……이날 연설 뒤 참석자들은 2분간 뜨거운 기립 박수를 보냈으며 주 총리는 정중히 두 손을 합장, 마지막 답례 인사를 했다고 언론들은 전했다.……42)

주룽지 총리의 당부는 공공활동가의 바람직한 철학적 기초, 그것도 공적 감수성과 역지사지가 얼마나 필요하고 중요한가를 말해 준다. 공공활동가에게 그런 자세의 확립은 이르면 이를수록 좋은 일이다. 다음의 체험담처럼, 공공활동가가 뒤늦게라도 반성하고 자각할 수 있으면 그렇지 못한 것보다는 좋지만 왜 처음부터 그런 자세를 가질 수 없었고, 그렇게 하지 못한 데에는 어떤 요인이 있는가를 따져봐야 한다. 결국 올바른 공공철학의 확립이 중요함을 철저하게 인식하고 이를 위한 다각적인 노력이 시급함을 말해주는 예라고 할 것이다.

내 인생에는 유일하게 2년간의 실업자 생활 이력이 있다. 나는 행정고등고시에 합격하여 사무관으로 공무원생활을 시작한 이후 25년 동안 줄곧 간부로서의 직책에 충실하면서 공직생활을 계속해 왔다. 그 과정에서 관청과 주민과의 의사소통에 특별한 문제가 있다고는 생각하지 않았다. 그러나 이것이 착각에 가깝다는 사실을 깨달은 것은 내가 공직생활을 떠나 한 사람의 평범한 민간인의 신분으로 되돌아온 뒤의 일이었다. 98년 공직생활을 떠난 후 민원인의 한 사람으로서 구청을 찾고, 시청을 찾고, 등기소를 찾고, 기타 다양한 관공서를 찾았을 때 그곳의 문턱이 왜 그렇게도 높아 보이던지, 그리고 왜 그렇게도 모든 일이 민원인 중심이 아니라 관청 중심으로 진행되고 있는지를 피부로 느끼면서 내 공직생활 25년 동안의 환상이 무너져 내리기 시작했다.……조직 속에 완전히 매몰되어 있으면 그 조직의 진면목을 보지 못한다는 평범한 진리를 그동안 나는 왜 간과하면서 공직생활을 해 왔던가 하고 아

---

42) 동아일보, 2003. 1. 10, "주룽지의 '마지막 당부'" 기사.

픈 각성의 시간을 가졌었다.……43)

경영인으로 변신하는 경제관료가 늘고 있다.……재경부 출신 경영인들로 구성된 '모네'(MONET)라는 친목단체까지 생겼다. 관료출신 경영자들을 만나 보면 몇 가지 공통적인 이야기를 한다. 민간기업에서 일하면서 과거 관료 시절에 기업 및 기업인을 본 시각과 태도에 대해 자성을 하게 된다는 것이다. 외환위기 후의 '희생양 찾기 수사' 때 공직생활에 회의를 느껴 떠난 ○○○사장. 관료재직 시 '외부인'들에게도 깍듯이 예의를 지켰다는 평을 듣는 ○사장이지만 "그때 인간적으로 잘못한 일이 적지 않았던 것 같다"며 "되돌아보면 얼굴이 화끈거릴 때가 있다"고 털어놓았다.……○○이사장도 비슷한 이야기를 했다. 그는 "관계를 떠난 뒤 세상을 새롭게 볼 수 있었다"며 "특히 허리를 숙이는 것을 배우게 됐다"고 말했다.……44)

이제 공공활동을 수행하는 사람들은 얼마나 투철하게 공적 감수성과 역지사지의 자세를 내면화·체질화하고 실천하고 있는가, 혹시 공공감수성과 공공역지사지의 결핍증(deficiency)을 앓고 있지는 않은가를 비판적으로 성찰해 보아야 한다. 공적 감수성과 역지사지는 공공활동 전반에 걸쳐 중요함은 말할 것도 없지만, 특별히 어떤 특정 분야나 부문과 관련하여 사용할 수도 있는 개념이다. 예컨대, 문화예술 분야의 공공활동가는 '문화예술적 공적 감수성과 역지사지'에 특별한 인식과 성찰이 필요하다. 어떻든 공공활동가는 항상 공적 감수성과 공적 역지사지의 능력과 자세가 결핍되지는 않았는가를 점검하고 이를 더 많이 배양·실천하는 데 진력해야 한다.

2) 공적 고민의 배가와 공적 상상력의 함양

한 사회의 구성원들과 공공활동가들의 올바르고 투철한 공공의식은 구체적으로 공공문제에 관한 관심과 문제의식, 분석과 검토, 해결방안의 탐구와 논의 등 공적 사유활동으로 나타난다. 그 사유활동이 공적 감수성과 공적 역지사지의 발휘로 나타날 뿐만 아니라, '공적 고민'과 '공적 상상력'으로도 나타난다.

---

43) 이유택(송파구청장), "실업자 생활 2년", 시울경제신문, 2000. 11. 4.
44) 동아일보, 2001. 7. 31, "관료출신 CEO '그때 잘할 걸……'" 기사.

'공적 고민'(또는 공공고민, 공적인 숙고, public deliberation, pondering, rumina-tion)은 공공문제의 모든 주요 측면과 내용 등을 넓고 깊게 분석·검토하고 종합·평가하는, 비판적·지속적인 심사숙고의 사고와 추론 활동을 말한다. 우리가 사적인 문제에 대하여 깊이 심사숙고하는 경우 이를 '사적 고민'이라고 하는 것과 같이, 공적인 문제에 대하여 동일한 자세로 심사숙고하는 것을 우리 일상어에 빗대어 '공적 고민'이라고 하는 것이다. 이는 우리가 늘 사적 고민을 하면서 살듯이, 공공활동가도 다음 조언과 같이 늘 공적 고민을 하면서 살아야 한다.

> 건국 이래 1급 공무원(관리관)으로 정년퇴임하는 첫 번째 인물이 탄생했다. 주인공은 정년퇴임하는 김재종(59) 서울시 상수도사업본부장. 1965년 서울시 9급 공무원으로 출발해 36년 만인 2001년 1월 1급으로 승진한 그는 37년 공직생활을 마치고 15일 공로연수에 들어간다. 그동안 1급 공무원들은 정년을 채우기 전에 장·차관 등 정무 직이나 각종 지방공사 사장 등으로 자리를 옮기는 게 대부분이었다. 때문에 1급으로 정년을 맞는다는 것은 주변의 '러브콜'을 받지 못했다는 뜻이기도 한데, 김 본부장은 오히려 "억세게 운이 좋았다"며 뿌듯해 한다. "자리를 옮겨 입길에 오르거나 다시 교체돼 공직자로서 수명만 단축시키는 경우가 허다하지 않았느냐"는 것이다.……
> 그는 "김재종이 있는 곳은 시끄러워진다"는 평이 따라다닐 정도로 가는 곳마다 과감한 시도를 통해 굵직굵직한 흔적들을 남겼다. 청소1과장……시절에는 쓰레기 분리수거제의 틀을 마련했고, 보건위생과장……때는 시민단체와 손잡고 주요 백화점, 재래시장 등의 식품 위생상태를 기습적으로 조사해 그 결과를 낱낱이 공개해 큰 파장을 일으켰다. 보건복지국장……시절에는 국제구제금융체제로 급증한 노숙자들을 위한 쉼터 '자유의 집'을 만들어 시엔엔(CNN) 등 외국 언론에도 주목을 받았다.
> 그의 뚝심을 가장 단적으로 보여준 것은 행정관리국장……시절이다. 모든 청탁을 배제하고 직원들의 의견을 최우선으로 삼는 '인사개혁'으로 그 전까지 '인사 복마전'으로 불리던 시에 새 바람을 일으킨 것이다.……그는 아침에 달리기를 하면서 일 생각을 하다가 돌부리에 걸려 넘어질 뻔한 적이 많다는 경험을 들려주며 후배들에게 이렇게 당부했다. "고민하고 또 고민하라. 그렇지 않으면 어떤 개선책도 해결책도 나오지 않는다."[45]

이처럼 공공활동가에게 건전한 공공고민을 권장하고 요구하는 데에는 특별한

---

45) 한겨레, 2002. 1. 15, "건국 이래 첫 1급 정년퇴임 김재종씨, 난 억세게 운 좋은 공무원" 기사.

의미가 있다. 공공활동가는 공공활동과정에서 법령·제도·정책·사업 등을 입안하고 집행하는 과정에서, 온갖 궁리(窮理)와 심사숙고의 공적 고민을 통하여 문제해결의 실마리를 찾아내는 '격물치지'(格物致知)가 필요하다. 그는 무엇을 하든지 끊임없이 마음속으로, 그리고 주변 사람들과 상의하면서, 갖가지 사항에 대하여 질문하고 대답하며, 살피고 되먹임(피드백, 환류)하고 되새김질(반추)해 또 살피며, 이리 굴리고 저리 돌리며, 풀어헤치고 다시 한데 모으며, 불리고 삭이며, 전통의 눈으로 바라보고 새로운 눈으로 뒤집어보며, 날줄로 짜보고 씨줄로 엮어보면서 직무를 수행해야 한다. 그리하여 대상 문제의 인간영향, 당위성과 현실성, 보편성과 특수성, 원칙과 예외의 문제를 파악해야 한다. 그리고 직무 내용의 규모·내용·성격·과정의 문제, 원인과 결과, 목표와 수단, 장점과 단점, 편익과 비용, 단기적 효과와 장기적 영향, 대책의 현실적합성과 신뢰성, 집행의 현실적 애로, 효과 발생의 시차 등을 파악하고 예측하며 그에 합당하게 대처해야 한다. 그리하여 모든 중요한 내용을 가능한 한 넓고 깊게 탐색·분석하고 종합·평가하는 심사숙고와 추론(reasoning)의 공공고민을 해야 한다. 그렇게 좋은 공공활동은 공공활동가의 고민을 먹고산다. 그래서 공공고민은 많을수록 좋고, 이를 습관화하여 다음과 같이 업무에 적용할수록 좋은 결과를 가져온다.

"단 1g의 '군살'을 뺏을 뿐인데, 결과는 수십억 원이 절약되고 있답니다." '반짝 아이디어'로 과속이나 신호위반 등을 한 운전자에게 날아가는 교통단속 관련 고지서의 무게를 줄여 빠듯한 경찰 살림살이에 주름을 편 경기지방경찰청 교통과 정철훈(39) 경사의 흐뭇한 한 마디다.

정경사는 2005년 2월 우체국으로부터 우편물 요금 인상 통보를 받았다. 우편물 요금은 무게가 5g 이하일 때 190원, 그 이상일 때는 220원으로 30원의 차이가 났다. '살을 빼야 한다'는 생각에서 A4용지 크기의 교통단속고지서의 무게를 달아본 결과 6g이라는 사실을 알아냈고, 이 무게를 줄이기 위해 여백을 1㎝씩 줄이자 5g으로 줄어들었다. 장당 30원의 추가부담이 사라졌다. 한해 450~500만 건의 각종 교통단속 관련 고지서를 우편발송하는 경기지방경찰청은 정경사의 작은 노력으로 연간 1억 3500만~1억 5천만 원의 우편비용을 절감할 수 있게 된 것이다.

정경사는 "고지서가 꼭 A4용지 크기일 필요는 없지 않으냐"며 "고정된 생각을 바꾸면 국민의 세금으로 운영되는 경찰 예산도 얼마든지 절감할 수 있다는 자신감을 얻었다"고 말했다. 한편 정경사의 아이디어는 '우편물 예산 절감 방안'으로 경찰혁신 사례로 뽑혔고, 경찰청은 현재 전국 14개 지방경찰청에 이를 본받아 시행하라

고 지시했다.46)

다음으로, '공공의 상상력'(또는 공적 상상력, public imagination)은 두뇌 속에서 공공활동과 관련된 가능성(possibility)의 세계를 산출할 수 있는 일체의 능력이라고 할 수 있다. 그리하여 공공활동과 관련된 모든 이미지의 창조 능력을 의미한다.

원래 상상력은 은유·풍유 등의 비유, 우화, 그림 등과 같이 흔히 문학·예술 분야에서 많이 쓰이는 것으로 여겨지고 있다. 그렇지만 플라톤의 동굴의 우화, 경제학자 아담 스미스의 보이지 않는 손, 근대 자연과학의 기계적 우주관, 그리고 기독교의 성서의 많은 비유처럼, 널리 동원되고 있는 수많은 비유의 이미지(image), 이미지화하기(imaging), 상상하기(imagining) 등은 모두 상상력과 관련된다. 그래서 상상력은 널리 모든 이미지화의 대상에 대한 현실적·예측적·규범적·처방적·긍정적·부정적인 측면 등 여하한 '가능성'(possibility), 상상적인 것들(the imaginal)에 관한 아이디어, 그 아이디어와 관련된 이미지화의 능력(power of imaging)과 이미지의 창조(image-creating)와 관련된 것으로 여겨지고 있다.

이렇게 보면, 상상력을 미래의 예측적인 긍정적 아이디어라는 의미로 사용하면 '창의력'과 거의 유사하게 사용하는 것이 된다. 그렇게 창의력은 상상력의 일부이다. 또 상상력은 추리·경험에 따르지 않고 이미지를 직접 떠올리는 의미로 파악하면 '직관'(intuition)과 유사하다. 따라서 직관도 상상력의 일부 속성이다.47) 어떻든 상상력은 사람의 독특한 능력이고 창의력의 기반이다. 그렇기 때문에 상상력은 다음 지적과 같이, 개인과 그런 개인이 속한 국가의 경쟁력을 좌우할 정도로 중요하게 여겨지고 있다.

한국계 미국인 동화작가인 린다 수 박(42·한국명 박명진)은 'A Single Shard'(사금파리 한 조각)로 2002년 미국 최고 권위의 아동문학상인 뉴베리상을 동양인 최초로 수상하게 된 후, 한국 기자와 만나서 다음과 같은 말을 했다.

"텔레비전, 컴퓨터, 닌텐도 게임 등은 어린이들에게 규격화된 그림을 심어주고 상상력을 제약한다. 그와 반면에 그림이 하나도 없는 동화책은 동영상 미디어들이 결코 주지 못하는 상상력을 키워준다. 책을 통해 상상력 훈련을 하고 창의력을 기를

---

46) 한겨레, 2005. 6. 24, "고지서는 A4크기란 고정관념 버렸죠" 기사.
47) Weston H. Agor, *Intuition in Organizations: Leading and Managing Productively*, Newbury Park, Calif: Sage, 1989 참조.

수 있다. 어린이들의 상상력과 창의성은 곧 국가경쟁력이다. 예스와 노를 정해 놓고 그 선택을 강요하는 교육으로는 창의력을 기를 수 없다.-전 세계 아동과 청소년을 사로잡고 있는 영국의(저자 주)-'해리포터'(Harry Potter) 동화책은 표지를 제외하고는 그림 한 장 없는데, 어린이들의 가슴속에 수많은 그림을 그리게 했다. 어린이들은 서로 다른 상상을 하고 그들은 모두 옳았다. 아무 것도 틀린 것이 없다. 그것이 상상력이 주는 교육효과다. 미국의 교육이 우수하다는 평가를 받는 것은 학생들의 생각을 자유롭게 표현하게 함으로써 상상력과 창의성을 북돋우기 때문일 것이다."

그런데 한국어판 출간에 즈음한 한국 방문에서 '미국 책에는 그림이 없는 데' 대한 질문을 받고 그녀는, "열 살 정도 되면 글을 읽고 나름대로 이미지를 상상할 수 있다. 그래서 이들을 위한 동화책엔 그림을 넣지 않는다. 그러나 한국의 출판사 측에서 원하기에 동의했는데 그림이 무척 아름답다"고 대답하였다.[48]

그러면 상상력이 공공활동에서도 왜 그렇게 중요한가? 베버(M. Weber)식의 '합리성'(rationality)을 제1의적 명제로 여기는 '근대'의 관료제적 관점에서는 상상력을 부정적으로 볼 수 있는데도 말이다. 상상력은 규칙의 제정과 그 규칙·절차의 준수와 합리성을 확보하기 위한 엄격한 관료제적 요구와 방법으로부터 벗어나려는 공공활동의 정신(administrative spirit)을 의미할 수도 있기 때문이다. 그러나 합리성의 관료제에 기초한 근대의 행정이 비인간화하고 실질적 합리성이 아닌 도구적·수단적 합리성만 엄격하게 추구하는 데서 탈피하고자 탈합리성의 탈관료제를 추구하는 '탈근대'(포스트모더니즘)의 행정인 '반행정'(antiadministration)의 관점에서는 상상력을 전혀 다르게 본다. 거기에서 상상력은 해체(deconstruction), 탈영역화(deterritorialization), 타자성(他者性, alterity) 등과 함께 그 일차적인 특징으

---

48) 매일경제, 2002. 5. 3, "세계최고 아동문학상 '뉴베리' 수상 재미 작가 린다 수 박-어린이 상상력은 국가경쟁력" 및 동아일보, 2002. 11. 6, "TV에 빠진 아이들에 '책의 상상력' 전해야죠" 기사. 모든 아동과 청소년의 책에 아름다운 삽화를 그려 넣는 우리는 그것이 아동과 청소년의 상상력을 심각하게 저해하고, 더 나아가 국가경쟁력의 원천을 고갈시키는 일인지 심각하게 생각해 볼 필요가 있다.
이와 함께, "생활 속에서 미적 감각을 체득한 (프랑스) 어린이들은 학교의 미술교육을 통해 창조적 능력을 계발시킨다. 중학교까지 '데생' 시간이 있는데, 우리와 다른 것은 '보이는 대상'을 그리는 일이 거의 없다는 사실이다. 미술교육의 주안점을 테크닉에 두지 않고 창의성과 상상력에 두는 까닭이다. 유치원생에겐 '나의 가정'이란 제목의 그림을 그리게 하고, 초등학교 때부턴 시화(詩畵)를 그리게 한다. 딸아이가 초등학교 1학년 때 보들레르의 '바다'라는 시에 부쳐 그림 그리는 것을 보고 자못 놀란 적이 있다. 미적 감각과 창의성, 흔히 프랑스를 예술의 나라라고 하는데 우연의 결과가 아닌 것만은 분명하다"는 지적도 음미해 볼 필요가 있다. 이는 홍세화('나는 빠리의 택시운전사' 저자), "내가 본 프랑스·프랑스인-25", 한겨레, 1996. 9. 25.

로 중요시된다.[49]

  그러나 공적 상상력은 어떤 사조나 이론을 떠나, 시간과 공간을 초월하여 실제적으로 공동체의 공공문제를 해결하는 데 필수 불가결하고 절대적으로 중요하다. 공공활동가가 공공문제를 규명하고 분석하며 그 해결방안을 강구하여 최선의 집행행동을 하는 공공활동의 모든 단계에서 공적 고민과 함께 공적 상상력을 자유롭게 발휘하면 할수록 좋은 공공활동을 확보할 수 있기 때문이다. 그래서 "아마도 복잡한 관리의 세계에서 문제를 해결하게 해주는 것은 직관적 도약(intuitive leap)뿐일 것이다"라는 말도 나왔을 것이다.[50] 공공활동가가 어떤 특정 사안에 대한 조치에 앞서서 미리 사전에·그와 동시에·그리고 그 완료 후에 할 수 있는 선체험·동시체험·추체험은 상상력이 없이는 불가능하다. 반대로 상상력이 빈곤한 사람이 많은 곳에서는 공공활동의 밝은 전망은 없다. 반대로 상상력이 풍부한 사람이 많은 곳에서는 좋은 아이디어에 의한, 그리고 선·동시·추체험을 통하여 좋은 공공활동이 수행되는 것을 기대해도 좋다.

  그래서 미국이 2001년 9·11 테러라는 국가적 재난을 막지 못한 실패요인의 하나도 정보기관의 공공상상력의 부족이 지적된다. 2002년 11월 법에 의하여 초당파적인 10명의 독립위원으로 구성된 동 사건의 진상조사위원회(9/11 위원회)는 2004년 7월 만장일치로 발표한 585쪽에 이르는 최종보고서에서, 다음과 같이 '상상력의 실패'를 밝혀냈다. 그리고 '상상력 발휘의 일상화·제도화'(routinizing or institutionalizing the exercise of imagination), 심지어 '관료조직 속에서의 상상력의 제도화'를 의미하는 '상상력 발휘의 관료조직 내재화'(bureaucratizing)를 요구하였다.

  우리는 9/11 공격이 네 가지 종류의 실패, 즉 상상력(imagination), 정책(policy), 능력(capabilities), 관리(management)의 실패를 드러냈다고 믿는다.……상상력은 대체로 관료기관과 쉽게 결부시킬 만한 선물은 아니다. 예컨대, 진주만 사건 전, 특히 1941년 11월 말 평화회담이 교착상태에 빠지자 미국 정부는 일본의 공격이 임박했다는 훌륭한 정보를 가지고 있었다.……일본이 그들의 가능한 공격 목표로 하와이를 검토하고 있다는 정보도 입수했었다. 그러나…… "분명한 경고를 대면하고서도 경계태세는 일상 업무보다 뒷전으로 밀리고 말았다."

---

49) David Farmer, 앞의 책, 168-177 참조.
50) Thomas J. Peters and Robert H. Waterman, *In Search of Excellence*, New York: Harper and Row, 1982, 63.

그러므로 상상력의 발휘를 일상화하거나 심지어 관료조직 속에 제도화하는 방법을 찾는 것이 중대한 문제이다. 그것은 항공기가 무기로 사용될 수 있음을 상상할 수 있는 전문가를 찾는 것 이상이 요구된다. 알카에다와 다른 집단들이 이미 폭탄 적재트럭이란 운송수단을 자살공격하는 데 이용했기 때문에, (앞에서 언급한대로 예멘에 정박하고 있던 미국 구축함 Cole 공격시의—저자 주) 보트나 아니면 항공기와 같은 다른 운송수단을 사용하리라는 것은 결코 무리한 상상이 아니었다. 그런데도 이런 시나리오는 항공안전 전문가들의 머릿속에 입력되는 데 아주 느렸다.……그러므로 마땅히 취해야 할 조치가 취해지지 않는 데서 상상력을 제도화하는 방법도 암시해 준다.[51]

이상 공공의 고민과 상상력은 동시적으로 수반되는, 상호 밀접한 연관성을 갖는 공공의식의 현상이므로, 그렇게 동일한 묶음으로 취급된다. 공공활동에 관한 심사숙고의 고민은 반드시 갖가지 다양한 가능성을 그려보고 검토하며 탐색하는, 상상력을 수반하기 때문이다. 또 공공의 상상력은 공적인 고민이 없는 곳에서는 그렇게 활발하게 촉발되지 않는다. 심사숙고하며 고민하는 자에게만 상상력의 문이 열린다. 결국 당면한 공공문제에 대하여 얼마나 투철하고 진지한 대응을 하고 있는가의 상황을 '공적 고민'의 개념이 대변해 준다. 또 얼마나 다양하고 광범위하며, 현실 적합성이 있고 미래지향적이며, 근본적이고 창의적인 발상에 의하여 사유하고 아이디어를 선택하거나 창안하고 있는가 등을 '공적 상상력'의 개념이 나타내 준다.

우리 역사상 공공고민과 공공상상력에 의하여 훌륭한 유산을 남겨준 사례는 수 없이 많다. 대표적으로 일반 백성이 쉽게 배워 쓸 수 있는 문자가 없음을 안타깝게 여긴 나머지, 집현전 학자들과 더불어 '한글'을 창제한 세종대왕(世宗大王)의 공적 고민과 상상력이 있다. 또 임진왜란 때 바다를 제패하여 전세를 바꾸는 결

51) *The 9/11 Commission Report*: *Final Report of the National Commission on Terrorist Attacks upon the United States*,(authorized edition), W.W. Norton & Company, New York, 2004, chapter 11. Foresight—And Hindsight, 339-360 중 특히 339, 344-348 참조. 테러 예방을 위한 상상력의 제도화는 위험성 분석, 관련 탐지 지표의 개발과 점검, 경고 발령 방법을 제안하고 있다. 킨(Thomas Kean) 위원장은 최종 보고서를 발표한 자리에서, 미 중앙정보국(CIA)과 연방수사국(FBI)이 테러 음모를 파악하고 대비할 수 있는 10번(2001년 8월에만도 4번)의 기회를 놓친 사실을 밝히며, 테러사태는 "정책, 관리, 능력의 실패"이자 다른 무엇보다도 "상상력의 실패"(a failure of imagination)였음을 특히 강소하였다. The Korea Times, 2004. 7. 24, "US Panel Urges Shakeup to Fix Sept. 11 Failures" Reuters 발 기사 참조.

정적인 전기를 이룩함으로써 국가와 민족을 존망(存亡)의 위기에서 구한 이순신 (李舜臣, 1545-1598) 장군이 공적 고민과 상상력의 결과로, 비교도 되지 않는 열세의 군사력으로 크고 작은 교전에서 연승하고 철갑선(鐵甲船)의 세계적 선구로 평가되는 거북선(龜船)을 창안하고 활용한 예를 들 수 있다. 이 충무공이 임진왜란 7년간(1592-1598) 29차례의 해전(海戰) 가운데 26차례를 지휘하여, 왜적선 700여 척을 격침하고 23척을 나포하면서도 자신이 직접 지휘한 전선(戰船)은 손실을 입지 않고 승리를 거둔 사실은 세계 어느 나라의 해전사(海戰史)에도 그 유례를 찾아볼 수 없다.[52]

현장 해군을 총지휘한 삼도수군통제사(三道水軍統制使)로서 이 충무공은, 임진왜란이 일어나기 1년 전인 1591년에는 전라좌도 수군절도사(全羅左道 水軍節度使)로 임명돼 전라좌수영(全羅左水營, 지금의 여수)에 부임한 후, 왜구(倭寇)의 내침을 염려하여 바로 영(營) 내 각 진(鎭)의 군비를 점검하는 한편, 거북선의 건조에 착수하여 시험하였다. 그의 진중일기(陣中日記)에는 다음과 같이 임진왜란의 발발 당시 상황이 적혀 있다.[53]

---

52) 20만 대군으로 침략한 임진왜란이 발발한 때 전라좌수사인 이순신 장군은 관할 경계를 넘어 전선(戰船) 24척을 포함한 모두 85척의 함대를 이끌고 음력 5월 4일~9월 1일간 경상도 해역에 출동하여 1차 옥포·적진포에서 40여 척, 2차 사천·당포·율포에서 72척, 3차 한산도 해전에서는 유명한 학익진(鶴翼陣)의 함대 기동으로 73척과 안골포에서 42척, 4차는 부산포에서 100여 척 등 크고 작은 20여 회의 해전을 통하여 적선을 모조리 격파함으로써, 일본군에게 치명적인 타격을 주고 완전히 제해권(制海權)을 장악하면서 보급로를 차단하였다. 이상 최두환(편역), 충무공 이순신 전집 제1권, 완역 초서체 진중일기, 우석, 1999, 540-542 참조.

53) 「진중일기」는 충무공 이순신 장군이 임진왜란이 일어나던 해부터 전쟁이 끝나는 순간을 눈앞에 두고 남해와 하동 사이 노량해전(따라서 보통 露梁海戰이라고 하는데, 정확하게는 집결한 500여 척의 적선 중 노량해에서 50여 척을 격파하고 觀音浦로 도망가는 적선을 명의 장군 진린과 함께 추격, 400여 척을 격침하고 대승을 거두면서 총탄에 맞는 관음포해전)에서 전사하기 이틀 전까지(1592. 1. 1~1598. 11. 17) 7년간에 있었던 진중(陣中) 안팎의 일을 적어놓은 일기를 말한다. 충무공의 사후 198년이 지난 1793년 정조대왕(정조 17년)의 명령으로 규장각 문신(文臣) 윤행임과 예문관 검서관 유득공이 3년여에 걸쳐 충무공의 모든 행적을 조사, 14권의 「이충무공전서」(李忠武公全書)로 편찬·간행했는데, 그중 4권(권5~권8)에 충무공의 초서체(草書體) 진중일기를 해서체(楷書體)로 옮겨 편찬자가 편의상 「난중일기」(亂中日記)로 제목을 붙임으로써, 그 후 그렇게 많이 불리고 있다. 본래의 초서체 진중일기는 현재 7책 205장 「초서체 일기」로 남아 전해 오는데, 국보 제76호로 지정되어 아산 현충사에 전시돼 있다.

각 도별 독립적 지휘체제가 효율적인 작전수행에 지장을 주자, 조정은 1593년(선조 26년)에 경상(영남)·전라·충청 3도 수군의 지휘계통을 총괄하는 종2품(지금으로는 임진년 3월 24일(양력 5월 5일) <갑신> 나라제삿날(세종 소헌 왕후 심씨 제사)임에도 근무했다. 우후가 수색하고 탈 없이 돌아왔다. 순찰사와 도사(都事)의 답장을 송희립(宋希立)이 아울러 가져왔다. 순찰사의 편지 가운데, "영남 관찰사(김수)의 편지에 '대마도주(종의지)가 공문을 보냈는데, 벌써 대마도 배 한 척을 귀국(조선)에 보냈는데, 만일 도착하지 않았다면 풍랑에 깨졌을 것이라'고 했다"는 것이다. 그 말이 매우 음흉하다. 동래에서 서로 바라다 보이는 바다인데 그럴 리가 만무하며, 말을 이렇게 거짓으로 꾸며대니, 그 간사함을 헤아리기 어렵다고 하였다.……

3월 27일(양력 5월 8일) <정해> 맑고 바람조차 없다. 일찍 아침밥을 먹은 뒤 배를 타고 소포에 이르러 쇠사슬을 가로질러 건너 매는 것을 감독하고, 종일 나무기둥 세우는 것을 바라보았다. 겸하여 거북함에서 대포 쏘는 것도 시험했다.……

4월 12일(양력 5월 22일) <신축> 맑다. 식사를 한 뒤에 배를 타고 거북함의 지자·현자 포를 쏘았다. 순찰사의 군관 남한이 살펴보고 갔다. 정오에 동헌으로 나가 활열 순을 쏘았다.……

4월 15일(양력 5월 25일) <갑진> 맑다. 나라제삿날(성종 공혜왕후 한씨 제사)임에도 근무했다. 순찰사에게 보내는 답장과 별록을 써서 역졸을 시켜 달려 보냈다. 해질 무렵에 영남우수사(원균)의 통첩에, "왜선 아흔여 척이 와서 부산 앞 절영도에 정박했다"고 한다. 이와 동시에 또 수사(경상좌수사 박홍)의 공문이 왔다. "왜적 350여 척이 이미 부산포 건너편에 도착했다"고 한다. 그래서 즉시 장계를 올리고 겸하여 순찰사(이광), 병마사(최원), 우수사(이억기)에게도 공문을 보냈다. 영남관찰사(김수)의 공문도 왔는데, 역시 같은 내용이다.

4월 16일(양력 5월 26일) <을사> 밤 열 시쯤에 영남우수사(원균)의 공문이 왔다. "부산진이 이미 함락되었다"고 한다. 분하고 원통함을 이길 수가 없다. 즉시로 장계를 올리고, 또 삼도에 공문을 보냈다.[54]

차관급)의 삼도수군통제사(三道水軍統制使, 전쟁 후 경상우수사가 겸직, 統制營은 처음에 한산도)를 신설하고 이순신 장군을 승진·임명하였다. 이상 최두환(편역), 앞의 책, 6-8 참조.

54) 이상 최두환(편역), 앞의 책, 21-23. 조선시대 수군(水軍)의 편제는 조금씩 변동이 있으나, 대체로 각 지방 도의 수군의 군권(軍權)을 맡아 다스리던 총책임자는 경기, 황해, 평안, 경상(좌·우 2명), 전라(좌·우 2명), 충청도의 주진[主鎭-수군의 '영'이므로 '수영'(水營) 또는 줄여서 '영'이라 함]을 관할하는 정3품의 무관 직 절도사(節度使, 줄여서 수사, 水使)이다. 대개 각 지방마다 1명씩 두는 종2품의 문관 직 지방장관인 관찰사(觀察使, 줄여서 감사, 監司)가 무관직인 수군절도사와 지방의 군대를 통솔하고 경비를 담당하는 병마(兵馬)절도사(줄여서 병마사, 병사) 직책 하나를 겸했는데, 경상·전라도의 경우 좌·우도(서울인 한양에서 볼 때 전라도는 섬진강을 경계로, 경상도는 낙동강을 경계로 좌, 우도로 나눔)에 전문직인 무관이 별도로 배치되었다. 수군절도사 밑에 종3품의 첨절제사(僉節制使, 줄여서 첨사, 僉使)가 관할하는 큰 진(鎭)이 몇 개씩 있으며, 그 밑에 정4품의 우후(虞侯)와 종4품의 만호(萬戶)가 관할하는 작

여기에서 철저한 선체험(先體驗)으로 미래의 사태를 예견하고 현재의 방비태세를 점검하며, 유례없는 창의력·상상력을 발휘하여 거북선을 건조하고 전투마다 승리한 이순신 장군의 직무수행 방식에 주목하지 않을 수 없다. 이는 공공활동가가 본받을 수 있는 좋은 공공활동의 길이기 때문이다. 그래서 앞으로 이를 배우고 가르치며 실천해야 한다는 뜻에서 '선체험을 통한 완벽한 계획과 임무 완수의 방식'을 특별히 '이 충무공 방식'이라고 명명하고 이용하는 것이 좋겠다.

조선의 원군으로 함께 참전한 명나라 수군의 진린(陳璘) 장군[55]도 이 충무공의 그런 능력 때문에 "하늘을 날로 삼고 땅을 씨로 삼아 온 천지를 다스릴 인재요, 하늘을 깁고 해를 목욕시키는 천지에 가득 찬 공로"(經天緯地之材 補天浴日之功)라고 극찬했는데, 충무공의 죽음을 듣자 땅을 치며 통곡했다고 한다. 일본 학자 도쿠도미 조이치로(德富猪一郎)도 "그는 이기고 죽었으며 죽고 이겼다. 임진왜란에서 조선의 책사(策士)·변사(辯士)·문사(文士)들은 많지만, 전쟁에 있어서는 참으로 하나의 이순신으로써 자랑을 삼지 않을 수 없을 것이다. 또 일본 수군의 장수들도 이순신에게는 살았을 적에 기를 펼 수 없었다. 그는 실로 조선의 영웅일 뿐 아니라 동양삼국을 통하여 제일의 영웅이었다."고 평가하였다. 그런가 하면 러시아 발틱함대를 격파하고 러일전쟁에서 승리한 일본해군 총지휘관 도오고 헤이하치로(東鄕平八郎)도 전쟁 승리 축하연의 소감에서, "나를 영국의 넬슨에게 비길 수는 있으나 이순신에게 비기는 것은 감당할 수 없는 일이다"라고 말하였다.[56]

요컨대, 하나의 사회나 조직이 만든 제도·정책·법령·문화 등은 그 사회나 조직의 구성원들의 개체적·집합적 의식인 공적 고민과 상상력의 표출이고, 그 수준과 일치한다고 말할 수 있다. 국가사회이든 지역사회이든 하나의 조직 단위의 사회이든, 한 사회에서 일어나는 모든 문제들은 기본적으로 그 사회의 구성원

은 진들이 있었고, 권관(權管), 별장(別將), 군관(軍官), 도훈도(都訓導) 등의 무관 직이 배치되었다. 순찰사(순사)는 어떤 지방에 큰 변이 생겼을 때 그 지방으로 보내 군사 업무를 지휘하는 종2품의 임시 직책인데, 관찰사(감사)가 겸임하는 경우도 있었다. 도사(都事)는 중앙과 지방 각 도에 배치되어 관리의 감찰 규탄을 담당하던 종5품 직이다. 동헌(東軒)은 고을 수령(원)이 공사(公事)를 처리하던 집이고, 장계(狀啓)는 임금의 명을 받들고 지방에 나가 민정을 살핀 결과를 글로써 올리던 공문 서류를 말한다. 이홍직 편, 증보 새국사사전, 교학사, 1983, 366, 515, 687-688, 1174 참조.

55) 1597년 구원군으로 전선 500여 척을 거느리고 당진에 들어와 이순신 장군과 해상을 담당한 명나라 장군인데, 처음에는 왜적의 뇌물 공세에 일본으로 퇴각하려는 일본군의 퇴로를 열어주기로 했다가, 이순신 장군의 강력한 설득으로 마음을 돌려 노량에서 집결하여 이순신 장군과 합세, 일본군을 섬멸한 후 1599년 철수했다.

56) 최두환(편역), 앞의 책, 540-542 참조.

들의 삶 속에서 나타난 문제이다. 그리고 그들이 안고 씨름하면서 그 해결책을 도모할 책임도 지고 있는 문제들이다. 즉 공공문제들에 대하여 공적으로 고민하고 상상력을 발휘하여 해결해 내야 한다. 그 고민과 상상력이 얼마나 진지하고 꾸준하며 넓고 깊은가의 차이에 따라 해결방식과 내용도 다르고, 삶과 사회의 모습이 달라진다. 그 중에서도 특별히 공공활동가 개개인의 공적 고민과 상상력은 그 공동체 사회의 현실과 미래의 모습에 핵심적인 변수가 된다. 그 개개인이 개인적 탐구정신을 발동하여 조직·사회·국가 내에서 다른 구성원과 공동으로 연구하고 토론하는 문화를 조성할 때, 그 공적 고민과 상상력의 시너지 효과는 훨씬 더 배가될 수 있다. 이는 오늘날 지식기반사회에서 지식의 체계적 생산·축적·활용·관리의 중요성을 강조하는 것에서도 알 수 있는 일이다. 또 기업 현장에서 지식경영과 학습문화의 효과가 말해 주는 바이기도 하다.

다음은 독일이 자랑하는 독특한 직업교육제도라는 것도 독일이 100년을 고민하며 상상력을 동원하여 만들어 낸 것이라는 표현에 주목할 만한 예이다.

"수공업자는 금으로 된 바닥에 앉는다." 빌베르트 라인·헤센 지역 상공회의소 직업교육 담당관은 이런 독일 속담을 소개하며 "독일에서는 학벌보다는 개인의 노력 여하에 따라 사회적·경제적 지위가 보장된다"고 말했다. 실제로 본에 있는 하인리히 헤르트 베루프스콜레쩨(공업계 직업학교)에서 벽돌쌓기를 3년째 배우고 있는 학생이 한 달에 1100유로(약 150만 원)를 받는 데 비해, 수습교사는 주당 9시간 근무에 월급을 700유로(약 100만원) 정도 받는다. 기술자가 사무 노동자에 비해 절대 밀리지 않는 독일 사회의 한 단면이다.……

독일도 단순·저급 기술인들은 좋은 대우를 받지 못한다. 그래서 직업학교 학생들은 전문노동자, 기능장, 기술사 등 숙련된 기술자가 되기 위해 기술 김나지움, 장인학교 등에 진학한다. 이것이 대학에 진학하지 못한 학생들이 몸값을 높이는 방법이다.……김윤자 루이제슈뢰더 직업학교 간호학 교사는 "한국은 무슨 대학을 나왔느냐가 중요하지만 독일은 어떤 능력을 갖췄느냐가 더 중요하다"며 "이곳은 고등학교조차 졸업 못한 학생일지라도 각종 '슐레'(학교)를 통해 기술이나 지식을 쌓아 위로 올라갈 수 있는 가능성이 열려 있는 사회"라고 말했다. 한스 마르틴 슈바이처 박사(카를스루에 교원대 교수)는 "오늘날 독일 직업교육의 모습은 치열한 경쟁과 이론 중심의 교육 등 김나지움에서 비롯되는 문제점을 해결하기 위해 100년을 고민한 결과"라며 "소외된 계층 출신이 많은 직업교육 대상자들에게 자신감과 희망을 심어주는 직업교육이 필요하다"고 강조했다.[57]

또 일본의 교토 인근 카미오카에 위치한 폐광(廢鑛)을 이용해 뉴트리노(neutrino, 중성미자)의 존재를 입증함으로써 '우주를 이해하는 새로운 창문'을 연 선구적 공로로 2002년 노벨 물리학상을 공동 수상한 일본의 천체물리학자 코시바 마사토시(小柴昌俊)도 연구자의 고민과 상상력의 중요성을 말하였다. 그는 2002년 도쿄대 졸업식 축사에서, 자신이 학생들에게 철저하게 가르친 것 중 하나는 "연구자가 되려고 하면, 언젠가는 꼭 해 보고 싶은 자기 연구의 알을 서너 개는 항상 마음속에 품어 두어야 한다."고 술회하였다.[58] 그와 마찬가지로 기업도 최고경영자(CEO)의 고민과 상상력을 먹고산다. 결국 공직자이든 학자이든 기업인이든 항상 현재의 현안과 미래의 과제를 몇 개씩 가슴에 품고, 그에 대하여 치열하게 고민하고 연구하며 상상력을 발휘해야 한다.

공적 고민과 상상력이 풍부한 사회의 뿌리를 찾아보면 사회 구성원들의 '개인적' 사고력과 상상력이 풍부한 상황과 연결되어 있다. '개인적으로' 개개 구성원들의 사고력과 고민, 상상력과 창의력, 학습과 각성이 풍부한 사회는 '공적으로'(또는 '집합적으로') 그 사회의 현실 공공문제에 대한 문제의 진단, 해결방안과 결과를 둘러싸고 공공의(공적 또는 집합적) 사고력, 고민, 의식, 상상력, 창의력 역시 풍부한 사회를 낳게 돼 있는 것이다. 예컨대, 유럽에서는 다소 기복(起伏)과 부침(浮沈)이 있었지만 유럽연합(EU)이라는 국가간 통합이 꾸준히 진전을 보여 왔다. 거기에서도 바로 유럽의 지도자들이 전쟁의 불행을 반복하지 않을 방도를 고민하고 상상력을 발휘함으로써 꿈을 현실화할 수 있었다.[59]

이제 우리 사회 공공활동가도 개인적으로나 공동체 집합적으로, 공적 고민을 배가(倍加)하고 상상력을 배양하여, 역동적인 공공활동을 펼치고 활력 있는 사회와 조직을 실현해야 한다.[60] 공동체의 삶의 질을 위한 규범 이상을 탐색하고 개

---

57) 한겨레, 2004. 1. 31, "대학 안 나와도 숙련공 우대 각별" 및 한겨레, 1999. 2. 3, "경쟁보다는 희망과 자신감 주는 교육을" 기사.

58) 코시바 마사토시, 하면 된다, 안형준(역), 생각의 나무, 2004, 230. 뉴트리노는 물질을 구성하는 소립자의 일종으로서, 대체로 우주의 시작, 즉 빅뱅과 함께 생겨나 우주에 가득 차 있다고 추정되는, 전기적으로 중성인 신비의 미립자이다.

59) 박정택, 국제행정학, 대영문화사, 1996, 제3부 제3장 통합적 국제기구행정론 제3절 EU의 성립 배경과 과정, 441-459 참조.

60) 1968년 5월 프랑스 파리를 중심으로 낙후하고 열악한 교육환경과 제도의 개선을 요구하며 발생한 학생들의 데모는 급기야 사회 전반의 구습(舊習), 기성 권위와 제도의 타파를 요구하는 거대한 학생운동과 사회운동으로 발전하였는데, 이는 프랑스 전역으로 확대되고 서유럽, 미국 등 다른 나라는 물론 사상계에도 큰 영향을 미쳤다. 그 당시 곳곳에 나붙은 학생들의 구호는 "모든 힘을 기울여 상상력을!"(All Power to the

발하며, 현실의 상황과 조건에 대한 예민한 관심과 문제의식을 갖는 데 진지하게 고민하고 상상력을 발휘해야 한다. 그리고 공적인 대응이 필요한 문제에 대하여 그 근본 원인을 찾고, 그 인과적 관계 등을 과학적으로 설명하고 예측할 수 있는 분석 · 규명 능력과 종합 · 판단 능력을 갖춰야 한다. 또 공공문제에 관한 합리적인 해결방안을 제시하고 합의를 도출해 가는 과정에서, 자유분방한 사고에 의한 연계적 파급 관계를 잘 파악하고, 창의적인 아이디어를 많이 산출해야 한다.

그리고 다른 사회의 아이디어도 현실에 적합하게 변형시킬 수 있는 능력도 갖춰야 한다. 또 집행에서 나타날 수 있는 문제점들과 대응 전략 · 방법 등을 고민하고 상상력을 발휘해야 한다. 그런 후 실제 집행행동을 해 나가면서 당초의 목적을 차질 없이 달성하고 있는지, 예상하지 못했던 시행착오를 어떻게 최소화할 것인지,

---

Imagination)이라는 것이었다. 또 "리얼리스트가 되자! 하지만 불가능한 것을 요구하자"라는 구호도 있었다. George Katsiaficas, *The Imagination of the New Left: A Global Analysis of 1968*, Boston: South End Press, 1987, 7.

이는 더 나은 세상을 건설하기 위한 거대한 발자국을 내딛기 위해서는 기존의 사고와 관행으로부터 자유로운 '인간의 상상력'이 필요하다는 인식을 대변한 예라고 할 것이다. 과연 근대(modernity)에는 '상상력'이 미학(the aesthetic) 분야에서나 중요하게 취급되고 갇혀있었다. 그러나 탈근대를 표방하는 포스트모더니즘(postmodernity)시대에는 이미지(images)와 이미지 형성의 상상하기(imagining)를 강조하면서, '상상력'은 말할 수 없는 것(the unsayable)을 말하고, 친숙하지 않은 것(the unfamiliar)을 말하려고 하는 등 삶과 사회의 모든 부문에 침투하여 촉매적 효과를 발휘하는 주도적인 사유와 행동양식이 되고 중심적인 역할을 하게 되었다.

그래서 철학자 사르트르(Sartre)는 상상력의 일차적 역할은 삶을 바꾸는 해방(life-changing liberation)을 낳고 인간 잠재력이 합리적인 것을 초월한다는 것을 인식하게 해 준다고 강조하면서, 1968년 학생들의 상기 구호는 "사회의 지배적인 계급이 우리에게 습관적으로 믿으라고 하는 영역보다 가능성의 영역(the area of the possible)이 훨씬 더 광대하다"는 것을 의미한다고 했다. 현대에는 관리자와 경영자들도 상상력이 주도적인 역할을 하는 관리와 경영을 추구하는 시대이므로, 지도자 육성도 그런 방향에 초점을 맞추고 있고, 흔히 위대한 사상가들은 기존 사고의 굴레로부터 벗어나 한 번도 발을 디딘 적이 없는 곳에 발을 딛고 가능성을 열어 가는 상상력의 소유자들이었다.

칸트가 인지(cognition)를 설명할 때 말하듯이, 모든 지식은 상상력의 종합(imaginative synthesis)으로부터 나온다고 할 수 있다. 과학 분야에서도 상상력은 창의적 연구와 기술개발의 핵심적 요소다. 비행기를 상상하지 않은 사람이 실제로 비행 원리를 연구하고 비행기를 발명할 수는 없고, 달나라 여행을 상상하지 않은 사람이 유인 우주선을 외계에 쏘아 올리겠다는 동기를 갖고 연구를 할 수 없는 법이다. 그런 점에서 과학계에서 흔히 인용되는 '아인슈타인 방식'(Einstein Way)이란 4가지 원칙, 즉 올바른 문제 찾기, 패턴 파괴하기, 규칙 파괴하기, 해결책 키우기 등과 같이 기존 사고방식을 뛰어넘어 혁신적인 아이디어를 추구함으로써 마침내 소중한 성과를 얻어내는 원칙은 깊이 음미할 만하다. David John Farmer, 앞의 책, 158-160 참조.

실제 현장의 상황과 여건에서 어떻게 하면 적합하게 할 것인지 등에 관하여 진지하게 고민하고 상상력을 발휘할 때 좋은 공공활동은 가능하다고 할 것이다.

선진 외국에서 살아 본 사람들은 그곳의 편리하거나 합리적인 제도·정책·법령·방법·절차 등에 대하여 말하기를 좋아한다. 그렇지만 거기에서 보이는 것 못지않게 보이지 않는 그들의 '공적 고민과 상상력'을 느끼고 배우는 것이 중요하다. 다음은 특별히 많은 인적·재정적·기술적인 것이 필요하지도 않은데 공적 고민과 상상력이 부족하여 그런 차이가 나는 것은 아닌지 진지하게 검토해 보아야 할 하나의 예이다.

> 내 고장 과천의 아파트 단지들은 대개 큰길 하나를 사이에 두고 있다. 내가 사는 단지와 단지 사이의, 자동차 통행량이 별로 없는 큰길에 보행자 신호등이 하나 있다. 나는 이 신호등 앞에서 오늘의 우리 한국 사회를 읽는다. 차로에 자동차는 한 대도 보이지 않는데도 불구하고 보행자 신호등은 빨간불이다. 신호등 무시하고, 좌우 한 번 둘러보고 건너는 사람들이 있는가 하면 빨간불 들어와 있으면 신호등을 바라보면서 하염없이 기다리는 사람들도 있다.……우리 도로 교통 체계에서 내가 이해하지 못할 것이 하나 있다. 턱없이 모자라는 도로마저 낭비하고 있는 현상이 그것이다. 미국이나 유럽의 횡단보도 앞에는 단추가 붙어 있다. 보행자가 이걸 누르면 신호등은 그제서야 보행자 신호를 내어준다. 누르는 사람이 없으면 자동차가 독점한다. 이런 체계를 우리는 왜 세울 수 없는 것인지, 세금 받아가서 뭘 하는지?……61)

이처럼 공적 고민과 상상력은 올바른 공공활동에 역동적인 힘을 실어주는 아주 중요한 요소이다. 그런데 공공활동에 종사하는 기간이 길어지면 길어질수록 처음과는 다르게 공적 고민과 공적 상상력이 점점 소진되어, 일상적 타성 속에서 생각하고 행동하기 쉬워진다. 딱딱하고 경직된 사회·조직·책임자일수록 사회구성원과 조직구성원의 자유분방한 사고와 상상력을 억압하고 말살하려 든다. 그런 환경 여건 속에서 선진 외국의 제도·정책·법령 등도 쉽게 수입하려고 하는 마음도 싹튼다. 그리고 그것이 도입된 뒤에도 '환경 조건의 변화' 때문에 본래와 다르게 변형·변질될 수 있는 가능성이 높은데도 공적인 고민과 상상력을 발휘하여 대응하지 않는 나태함을 보인다. 이와 같이 공적 고민과 상상력의 결핍·빈곤과 게으름 탓에 공공활동도 소기의 목적을 달성하지 못하고 결국 실패할 수 있다.

---

61) 이윤기(소설가·번역가), "이 땅은 나를 위반하게 한다", 조선일보, 2000. 10. 27.

3) 공공학습과 공공훈련의 배가

공적 직무 수행자는 공적 감수성을 가지고 역지사지의 자세로 공공문제를 인식하고, 진지하게 고민하며 다양하고 풍부한 상상력을 발휘해야 한다. 이를 위하여 우선 그런 공공의식의 여러 요소가 중요하고 필수적인 것을 철저하게 인식하는 학습과 이를 일상적으로 배양하고 발휘하는 훈련이 필요하다. 학습과 훈련에 의하여 공공의식을 체득하고 자연스럽게 발휘할 수 있어야 한다. 이것이 '공공의 학습과 훈련'(public learning and training)이 중요한 이유이다. 선체험·동시체험·추체험만 해도 그러하다. 하나의 업무에 대하여 고민하고 상상력을 발휘하여 선체험·동시체험·추체험하는 사람이 다른 업무를 수행할 때도 그렇게 한다. 다음을 보자.

경기 안양시의 6급 공무원이 영하 30도의 강추위에도 견딜 수 있는 동파 방지용 수도계량기를 개발해 눈길을 끌고 있다. 화제의 주인공은 안양시 지역경제과 에너지관리담당 정영길(50) 씨. 그는 "3년여의 연구 끝에 혹한에도 견디는 동파방지 수도계량기를 개발해, 2004년 실용신안 특허등록과 형식승인을 받았다"고 6일 밝혔다.⋯⋯기존 계량기는 영하 5도 이하에서 2시간 이상 노출될 경우 대부분 동파된다.

그는 2000년 상수도사업소에 근무할 때, 해마다 동파사고로 빚어지는 주민들의 불편과 경제적 손실을 줄일 방법이 없을까를 고민하다 '안 터지는 계량기' 연구를 시작했다고 한다. 앞서 그는 지상에서 지하의 수도계량기를 검침할 수 있는 기술을 개발해, 전국 10개 시·군에 보급하기도 했다.⋯⋯[62]

경제적으로 어렵거나 법률을 몰라 법의 보호를 제대로 받지 못하는 사람을 위한 길은 무엇일까? 대한법률구조공단 서울중앙지부 유병영 총무과장(48)이 걸어온 행적을 보면 정답을 어느 정도 찾을 수 있다. 1987년부터 16년 동안 '법률 서비스의 전도사'로 인정받고 있는 그의 긴 여정에는 늘상 고민하는 자세가 숨어 있다. 지난 95년. 공단본부 기획부에 몸담고 있을 때다. 50여 개에 이르는 전국 지부와 출장소의 법률상담 전화번호가 모두 달랐다. 국민이 공단의 법률서비스를 쉽게 이용할 수 있도록 하려면 전화번호의 통일화가 시급했다. '112'(범죄신고)나 '119'(화재신고)와 같은 특수전화번호를 배정받기 위해 직접 정보통신부 설득에 나서길 수차례. 전국 어디서나 연결되는 무료 법률상담전화 '132'는⋯⋯탄생했다. '132'를 통해 이뤄진 법률

---

62) 한겨레, 2004. 6. 7, "영하 30도에도 동파 고민 끝" 기사.

상담만 지난해까지 무려 338만 500여 건에 달해 '빅 히트'를 이어가고 있다.

공단은 또 당시 전국 지부와 출장소가 산재해 업무연락 및 공문시행에 많은 비용과 시일이 소요됐다. 유 과장은 이를 간과하지 않았다. 전국을 하나의 네트워크로 연결하면 해결할 수 있는 문제라고 판단했다. 예산절감과 업무처리시간 단축을 가져온 것은 물론 국내 기관들의 네트워크 구축에 '단초'를 제공했다. 법률구조공단이 92년부터 시행하는 '약식소송구조제도' 도입도 그의 머리에서 나온 개선사항. 소액사건에 대해 소액심판청구서 등의 소송서류를 무료로 작성해 민원인에게 교부하고 소송 진행 절차를 계속 조언해 주는 제도다. 단순하고 명백한 소액사건의 경우 변호사가 소송대리를 하는 것이 적절치 않기 때문. 민원인 입장에서도 소송비용 부담 때문에 변호사 선임을 원하지 않아 법률구조 신청을 포기하는 허점을 고친 것이다. 지금은 '소장 작성 등 구조'로 명칭이 바뀐 이 제도는 '나 홀로 소송'의 원조 격인 셈이다. 유 과장은……2004년 4월 '제41회 법의 날'을 맞아 국무총리표창을 수상해 서민을 위한 법률구조에 헌신한 공로를 인정받았다.……[63]

'공공학습'과 '공공훈련'은 공공의식이 결핍되거나 부족한 공공활동가라도 후천적으로라도 학습하고 훈련하면 얼마든지 공공의식의 수준을 높일 수 있음을 전제하는 개념이다. 그런 만큼 공공활동가는 당면한 공공문제의 원인을 규명하고 해결하는 데 있어서 좋은 공공활동을 위한 제반 교훈과 정보를 축적·활용할 수 있어야 한다. 과거의 국내외 공공활동의 경험이나 시행착오의 교훈, 계획의 형성과 집행의 합리적 절차와 과정, 수혜자와 피해자, 일차적 효과와 부수적 효과 등을 조사하고 분석·파악하는 것이 그 방법의 예이다.

사실 공공의식을 내면화하고 실천하는 학습과 훈련이 부족한 공공활동가의 불미스런 행동 하나가 자신의 직무와 신뢰는 물론 얼마든지 공공활동 전체의 신뢰를 훼손하고 공공활동가 전체의 명예를 손상시킬 수 있다. 평소 다른 동료와 똑같이 좋은 사람인데, 단지 공공의식을 내면화하고 실천하는 학습과 훈련이 부족해서 그런 과오를 저지를 수 있는 것이다. 그런 만큼 공공활동가는 자신도 그러한 과오를 범할 수 있음을 명심하고 평소 공공의식의 학습과 훈련을 게을리 하지 않아야 한다. 예컨대, 2004년 봄 미군 병사가 이라크 내 한 수용소에 수감돼 있는 이라크전의 포로를 학대하고 있는 사진이 미국 언론을 비롯한 전 세계 언론에 유출·공개돼, 전 세계인을 충격에 빠뜨린 사건이 발생하였다. 이로 인하여 미군의 인권유린과 미국의 이라크 점령·통치는 전 세계적으로 큰 비난을 받아야 했

---

63) 매일경제, 2004. 9. 3, "법률서비스 지킴이 유병영씨" 기사.

다. 그런데 그 일 년 후 열린 군법회의 배심원 평결 공판에서 평소 포로를 학대
한 미군이 어떤 사람이었는가는 다음 기사가 전하고 있다.

> 이라크 포로들을 발가벗기고 엎드리게 해 겹겹이 피라미드로 쌓아올리거나 얼굴
> 을 뒤덮은 두건에 전기 줄을 매달아 위협하는 사진 장면들로 국제사회를 격노케 했
> 던 병사 중 한 명 사브리나 하먼(Sabrina Harman)에 대하여 군 배심원은 6개월 징
> 역형을 평결했다. 그녀는 "나는 수감자들에게 사과하고 싶다. 나는 내 임무를 올바
> 로 수행하지 못했다. 나는 이라크 사람들을 실망시켰을 뿐만 아니라, 주둔하고 있는
> 모든 미군 병사를 실망시켰다."라고 말하였다. 2004년 공개됐던 사진들은 해외에서
> 미국의 명예를 심하게 손상시켰었다. 배심 평결에 앞서 그녀의 숙소 동료 켈리 브
> 라이언트는 군 배심원들에게 하먼이 얌전한 여성(gentle woman)이었다고 증언하였
> 다. 그녀는 "저기 보이는 사람은 진짜 사브리나 하먼이 아니다. 그녀는 개미 한 마
> 리 밟거나 거미 한 마리 죽이는 것을 허용하지 않을 그런 사람이다."라고 말했을
> 때, 하먼은 눈물을 떨구고 있었다.[64]

3. 분석적·균형적·종합적 판단의 원칙

공공활동가는 공공활동의 대상 사안인 공공문제를 합리적으로 해결하기 위하여
다음과 같은 분석적·균형적·종합적 판단을 할 수 있는 능력과 자세를 갖춰야
한다.

1) 분석적 판단

공공활동가는 정책·법령·제도·사업 등을 형성하고 집행할 때 대상 사안에
대하여 필수적으로 다음 세 가지 분석적 판단을 행해야 한다. 앞에서도 설명한

---

64) The Korea Times, 2005. 5. 19, "Jury Sentences Abu Ghraib Abuser to 6 Months in
Prison" Reuters 기사.

바와 같이, 이 세 가지 분석적 판단의 요소는 개별 구체적 대상 사안에 대한 '사실판단' '가치판단' 그리고 '관리판단'의 '공공활동 판단의 3요소'이다. 이는 공공활동의 수행에서 중시해야 할 과학성(이론성), 철학성(규범성) 그리고 정책성(관리성)의 세 측면에 상응하는 요소, 즉 '좋은 공공활동의 3요소'라고도 말할 수 있다. 공공활동의 실무자들은 개별 구체적인 사안의 해결을 생각할 때, 흔히 <현황-문제점-대책>의 접근방식(틀, 짜임새, 보고서, 브리핑 차트)을 이용한다. 바로 그 개별 구체적 사안의 해결을 위한 접근방식의 각각에 상응한 것이 3요소이다. 이를 좀더 자세히 설명하면 다음과 같다.

첫째, '사실판단'(fact judgement)이란 대상 공공문제가 어떤 형태·내용·성격 등의 사실(fact)로 존재하는가의 '사실관계(factual relationship)에 관한 판단'이다. 이는 공공활동의 수행과정에서 공공활동의 3요소 중 '과학성'의 측면을 중시해야 하는 것을 말한다. 또 이는 공공활동가가 개별 구체적인 사안의 해결을 생각할 때 이용하는 <현황-문제점-대책>의 접근 틀로 볼 때, 주로 '현황' 파악의 단계에서 요구되는 판단과 속성에 해당한다.

공공활동가는 공공활동을 수행하는 과정에서 과거와 현재에 걸쳐 당해 공공문제가 어떤 내용과 성격의, 어떤 문제인가에 관하여 최대한 정확하게 사실관계를 파악하고 판단해야 한다. 그런 기본적인 사실관계를 정확하게 파악하고 판단하지 않고서는 다른 가치판단과 관리판단도 올바로 할 수 없다. 예컨대 사실판단은 주로 공공문제 해결의 접근 틀로 볼 때 '현황 파악'의 단계에서 요구된다고 했는데, 만약 정확하지 못하고 오류가 많은 부실한 현황 파악을 했다고 해 보자. 그러면 그에 기초한 문제점 분석의 가치판단이나 향후 대책의 관리판단도 모두 잘못되거나 부실한 것이 되지 않을 수 없기 때문에, 공공활동가에게 사실판단의 능력과 자세는 매우 중요하다.

어떤 현상의 사실관계는 우리의 감각기관을 통하여 지각됨으로써, 대체로 객관적인 인식이 가능한 '존재'(be, *sein*)의 영역으로 여겨진다. 그러므로 사실관계의 파악은 다른 어떤 영역보다도 그런 실증적 조사를 하기에 적당하다. 따라서 공공활동과 관련된 사실관계의 파악에는 가능한 한 신뢰할 만한 과학적인 이론과 조사 기법, 절차와 방법을 적용할 수 있는 대로 적용하면 좋다. 실제로 사실관계의 객관적인 타당성을 확보하기 위하여 가능한 한 과학적인 이론과 조사 기법 등을 많이 활용하고 있다. 이에 사실판단의 단계는 '과학적 성격'(과학성)의 판단 국면(단계)이라고 규정된다.

그러나 객관적으로 존재하는 것 같은 현상에 대한 파악인데도 좀더 엄밀하게 검토해 보면, 그 현상의 사실관계의 '객관성의 편차'는 클 수 있다. 즉 사실관계의 인식과 관련, 누구든 동일하게 파악할 정도로 완전히 객관적인 파악이 가능한 경우부터, 파악하는 사람의 자기 내면에 이미 형성된 개념이나 선입관, 그리고 특정 가치기준, 규범 원칙에 입각한 주관적인 가치판단에 따라 상당히 다르게 파악함으로써 객관성이 현저하게 떨어지는 경우까지 있는 것이다. 요컨대 '사실판단'의 '판단'이란 말에서 보듯이, 그것은 사물의 사실관계를 인지하고 인식하는 과정에서 인식 주체의 일정한 개념이나 선입관, 해석학에서 말하는 '선이해'(先理解, *Vorverständnis*), 그리고 가치판단 등 '주관성'이 개입하는 판단 작용이 없을 수 없다는 의미에서 완전한 사실 영역, 과학성의 영역, 객관성의 영역인 것만은 아니다. 다음의 예를 보자.

> 미국 뉴올리언스 참사 현장 사진 2장이 '흑인이 하면 약탈이고 백인이 하면 식량 찾기냐'는 인종차별 논란을 불러왔다. 2장의 사진은 모두 물에 잠긴 뉴올리언스에서 비슷한 상황에 놓여 있는 흑인 남자와 백인 여자를 찍은 것. AP통신 기자가 흑인 남자를 찍은 사진('식품 약탈?' 제하의 뉴올리언스 발 AP 연합뉴스 제공의 게재 사진은 생략—저자 주)에는 '식품점에서 물건을 약탈한 뒤 물을 건너고 있다'는 설명이 달렸다. (그리고) 게티이미지 소속 사진기자 크리스 그레이덴 씨가 찍어 AFP통신을 통해 제공된, 연인으로 보이는 백인 여성의 사진('식품 확보?' 제하의 동일 출처의 게재 사진은 생략—저자 주)에는 '식품점에서 빵과 음료수를 찾은 뒤 물을 건너고 있다'는 설명이 붙었다.
>
> 2005년 8월 30일 야후 뉴스에 각각 올라온 이들 사진은 한 사진 공유 사이트에 나란히 소개됨으로써 누리꾼(네티즌)들로부터 비난을 받았다. 그러나 AP는, 사진기자가 직접 흑인 남자가 식품점에 들어갔다 나오는 것을 봤으며 자체 가이드라인에 따라 '약탈'이란 표현을 썼다고 밝혔다. AFP에 사진을 제공한 그레이덴 씨는 식품점 문이 열린 채 물건이 거리의 물 위에 떠다니고 있었으며 사진에 나오는 사람에게 직접 물어볼 수도 없는 상황이어서 약탈 여부를 알 수 없었다고 해명했다. 그는 "뉴올리언스와 같은 극한 상황에서 음식과 물 같은 필수품을 가져가는 것을 훔친 것으로 간주할 수 없다"고 주장했다.[65]

---

65) 동아일보, 2005. 9. 7, "사진설명 인종차별 논란" 기사. 2005년 8월 30일 5등급의 가장 강력한 허리케인 '카트리나'가 미 남부 해안을 강타했는데, 특히 루이지애나 주 뉴올리언스시는 강눅(제방)의 파괴로 도시 전체가 침수되어 공식 사망자만 1300여 명에 이르고 수많은 이재민이 발생할 정도로 파괴되면서, 정부의 대처 실패와 함께, 피

이와 같이 객관적인 사실관계의 파악 단계인 것 같은 데도 가치체계의 기준, 규범 원칙에 따라 사실관계에 대한 사람들의 인식이 다르고 논란을 빚는 일이 흔한 것은 결코 이상한 일이 아니다. 그렇지만, 또한 그럼에도 불구하고, 그 불완전한 객관성의 속성 속에서도 가능한 한 최대한 객관적이고 과학적인 조사·분석·인식을 추구하는 것이 필요하고 중요한 것이 사실판단의 단계이다. 이는 후술할 가치판단과 관리판단의 기초 자료이고 그에 영향을 미치는 영향 요소이기 때문에도 아주 중요하다고 하겠다.

둘째, '가치판단'이란 어떤 사실관계로서 존재하는 공공활동의 대상 사안이 사회의 가치체계(value system)에 비추어 바람직한가 바람직하지 않은가의 가치(value)를 헤아려 보는 규범판단이다. 이는 공공활동의 수행에서 '당위'(ought, *sollen*)의 영역, 혹은 공공활동의 3요소 중 '철학성'(규범성)의 측면을 중시해야 하는 것을 말한다. 또 공공활동의 실무자들이 개별 구체적인 사안의 해결을 생각할 때 이용하는 <현황-문제점-대책>의 접근방식에서 흔히 '문제점' 분석의 단계에 해당한다. 즉 문제점 분석과 도출을 위해서는 반드시 그 기준이 되는 규범 원칙(이상·이념·원리·철학·가치·기준 등)을 논하는 철학적 측면, 또는 가치판단의 측면이 필요한 것이다.

현황을 파악한 후 파악된 현황을 바람직한 규범 원칙에 비춰볼 때 어떤 점이 좋고 나쁜가, 특히 개선(개혁)을 위해서 어떤 점을 고쳐나가야 할 것인가에 관한 문제점을 분석하고 도출할 필요가 있다. 그런데 '좋은 것'(the good)에 관한 규범 원칙과 그 판단은 다분히 주관적이라고 할 수 있다. 그런 만큼 당면 사안에 대한 대처와 관련된 가치판단 과정에서 의견의 대립·갈등이 있기 마련이다. 그러나 전체적으로 볼 때, 어느 한 사회의 일정 시점에서 사회의 가치체계는 안정돼 있고, 사람들의 가치체계는 광범위하게 유사성을 띠고 있는 경우가 많다. 즉 사람마다 규범 원칙과 가치판단이 제 각각인 것이 아니라, 어느 정도 서로 유사한 규범 원칙과 가치체계를 공유하고 있는, 이른바 '상호 주관적'(intersubjective)인 성격을 띤다. 그런 의미에서 공공활동의 대상 사안과 관련된 규범 원칙과 가치판단은 동시대 동일 문화권에서 대다수 사람들이 합의할 수 있는 가치에 근거하여 좋고 나쁜 것을 분석하고 도출해 낼 수 있다. 대체적인 가치합의(value consensus)가 가능한 사안이 많으므로 공공활동가는 상호 주관적인 문제점 분석과 도출이 가능한

해자 대부분이 흑인인 데서 야기된 인종차별의 논란 등 대홍수의 참사 뒤에 불거진 한 사례가 인용문의 내용이다.

것이다.

셋째, '관리판단'이란 일정한 사실관계에 관한 가치판단을 한 공공활동의 대상 사안을 바람직하게 개선·개혁하기 위하여 처방적인(prescriptive) 성격의 정책(제도·법령·사업 등)을 형성하고 집행하는 관리(administration, management)에 관한 판단이다. 이는 공공활동가가 실제 어떤 방향·목표·방법 등의 정책·제도·법령·사업 등을 만들어 어떻게 시행해 나가는 것이 좋은가의 실제 행동으로 구현해야 할 관리문제인 만큼 '정책적 성격'(정책성)의 영역에 해당된다.

이는 공공활동가가 개별 구체적인 사안의 해결을 생각할 때 이용하는 <현황-문제점-대책>의 접근방식에서 흔히 향후 '대책'의 마련 단계에 해당한다. 즉 어떤 일정한 사실관계로 존재하는 공공문제에 관하여 그것을 진단한 후 도출된 문제점을 개선(개혁)하기 위하여, 여러 대안(수단방법 등) 중 어떤 실현가능하고 현실적합성이 있는 정책대안(policy alternative)이나 일련의 정책조합(policy mix)을 선택하고 이를 적절하게 집행할 것인가의 관리적 측면의 판단이 필요한데, 바로 거기에 해당되는 것이다.

공공활동가는 예리한 공공감수성, 진지한 공공고민, 그리고 자유분방한 공공상상력을 총동원하고 발휘하여 그 공동체구성원의 좋은 삶과 좋은 공동체를 위한 가장 이상적이면서도 가장 현실적인 정책 등을 만들고 이를 집행해야 한다. 그래서 명실상부하게 공공철학과 공공활동을 통합하는 공공활동을 수행해야 한다. 아무리 현안 공공문제에 관한 현황 파악이 정확하고 문제점 진단이 적절하더라도, 실제 현실사회의 갖가지 환경, 여건, 맥락, 조건 등에 어울리고 이해상충 집단을 설득하여 합의할 수 있는, 실현가능하고 현실적합한 정책·제도·법령·사업 등을 만들어 내지 못하고 또한 소기의 목적을 달성할 수 있도록 집행하지 못하면, 좋은 삶과 좋은 사회를 위한 좋은 공공활동도 기대할 수 없다.

그런데 사실판단, 가치판단, 관리판단 중 가치판단의 근거가 되는 규범기준은 현황 파악 단계에서도 사실관계의 파악에 작용하고, 또 대책 마련 단계에서도 정책 등을 수립하는 방향이나 기조(基調) 역할을 수행한다. 가치판단의 내용에 따라 문제점도 달라지지만, 사실판단(현황)의 내용에도 영향을 주어 그 판단의 내용을 얼마든지 달라지게 할 수 있다(그래서 '현황과 문제점'을 동시에 통합하여 분석하기도 한다). 그리고 관리판단(대책)의 내용에도 영향을 주는 것은 물론이다. 이와 같이 가치판단은 사실판단과 관리판단에 각각 영향을 주고 이를 지배하기 때문에, 세 판단 중에서도 가장 중요하다. 그래서 가치판단이 모든 분석적 판단에 영향을 주고 지배하는 유전자적 속성을 반영하여, 가치판단의 규범 원칙을 '분석기조'(보고서에서의 분석상의 기본 전제, 기본적 준거 기준, 패러다임)라고 명명해 보자. 그러면 사실 <현황-문제점-대책>의 접근 틀은 <분석기조-현황-문제점-대책>의 형식이라고 하는 것이 더 정확하고, 실제에서 그렇게 전개하고 활용하는 것이 옳다고 하겠다.

요컨대, 분석기조의 규범 원칙은 바로 공공철학의 중요성을 말해 준다. 그리고 공공활동가는 분석기조의 규범 원칙을 정립하기 위해서 올바른 공공철학하기가 필요하다고 할 수 있다. 그래서 공공활동가는 올바른 공공철학하기를 위해서 사회의 기본적인 가치체계를 이해하고 규범 원칙들을 내면화하며, 좋은 삶과 좋은 사회에 관한 일련의 규범사유와 끊임없는 공적 고민·고뇌와 성찰을 해야 한다. 특히 자신의 직무와 관련된 올바른 규범 원칙을 끊임없이 탐색하고 성찰하며 정립해야 한다. 그리하여 올바른 규범 원칙에 입각하여 개별 구체적인 사안과 관련된 현황을 파악하고 문제점을 도출하며 대책을 수립·시행함으로써, 올바른 사실판단, 가치판단, 관리판단으로 좋은 공공활동을 수행해야 한다.

결국, 분석적 판단을 할 수 있는 좋은 공공활동가는 '생각 없이' 휩쓸리거나 가볍게 행동하지 않고, 항상 심사숙고하고 무거운 책임감을 느끼며 그에 맞게 행동하는 사람이다. 그는 아집·독선·편견, 감정적 여론, 과시적 전문가의 과장, 오류가 있는 일방적 지시나 명령, '정책적'이라고 그럴듯하게 포장한 명분, 졸렬한 직관, 주위의 값싼 조언 등으로부터 벗어나서 그것들의 타당성을 능히 분별할 수 있고, 스스로 사실판단, 가치판단, 관리판단의 분석적 판단을 올바로 할 수 있는 사람이다. 이와 같이 좋은 삶과 좋은 사회에 대한 올바른 규범 원칙, 통찰력, 지혜, 방향감각을 갖추고 분석적 판단이 뒷받침된 공공활동가의 직무수행이 좋은 공공활동이고, 그것이 사회구성원을 올바로 안내하고 좋은 사회를 만들 수 있다고 하겠다.

2) 균형적·종합적 판단

공공활동가는 정책, 법령, 제도, 사업 등의 형성과 집행의 공공활동과정에서 어떻게 하는 것이 좋은 공공활동인가와 관련된 다양한 이론, 이념, 가치, 의견이나 입장들을 정확하게 이해하고, 그 타당성을 분별하여 적절한 조합 또는 비중의 취사선택을 하고 종합하여 적용하지 않으면 안 된다. 그래서 앞의 분석적 판단이 각각 그 개별 독립적인 최적성만 추구하는 기계적 개체론(mechanistic individualism)의 사유에만 머무르지 않도록 깊이 유념하여 사고하고 행동한다.[66] 다시 말하면 각 판단 모두가 균형 있게 종합되는, 즉 유기체적(관계론적·상관론적) 전체론(일원론, organistic holism)에 입각한 전체 최적성을 추구하는 균형적·종합적 판단으로 나아간다.[67] 그리하여 철학적 공공활동가는 그 두 사유방식의 장점을 모두 아우르는 판단을 지향한다. 좋은 공공활동가는 '정'과 '반'의 상호 작용에 의하여 새로운 '합'을 창조하는 변증법의 원리와 같이, 다양한 이론, 이념, 가치, 의견이나 입장을 균형 있게 판단하여 새로운 조합이나 비중으로 종합하여 공공문제의 해결에 적용하는 변증법적 종합사고(dialectically synthetic thinking)의 중요성을 알고 그렇게 사고하고 행동한다.

이러한 균형적·종합적 판단은, 두 가지 이상의 관점·주장·의견의 경우에 맹

---

66) 기계적 개체론(또는 기계론적 관점)의 사유방식은 자연·인간·사물·현상을 나누고 쪼개서 마침내 더 이상 나누고 쪼개지지 않는 궁극의 물질·바탕·기초를 찾는 관점의 사유방식이다. 자연·인간·사물·현상에 대하여 자연과 인간을 분리시키고, 육체와 정신, 개발과 환경, 인간(백인)과 인간(흑인), 농업과 공업, 도시와 농촌, 문명과 문명을 분리시키는 등 나누고 쪼개는 방식을 통하여, 분석하고, 실험하며, 그 결과를 관찰한 끝에 일정한 원리·이론을 도출하는 기계론적 과학적 사고방식은 과학기술의 발달을 가져와 인류문명을 향상시켰다. 그러나 기계론적 사고방식은 '부분 최적성'의 인식론적 장점은 확보했지만, 그것이 너무 지나치면서 본시 연계되고 통합돼 있는 유기체적 자연·인간·사물·현상의 '전체 최적성'을 놓쳐버린 단점을 드러내게 되었다. 존재론적 분리에 따른 일면적·단편적·편향적 인식에 따른 환경오염, 개발지상주의의 산업화, 원자적 개인관, 무질서한 개인주의의 위기와 병리적 증상이 그 예이다. 김용옥, 앞의 책, 314-315 참조.

67) 유기체적 전체론의 세계관은 우주가 우주의 창조력 자체를 가지고 있다는 생각, 즉 우주가 형식과 재료, 그리고 동력 등의 모든 것을 자체 구유(具有)하고 있다는 생각의 체계를 말한다. 그리하여 전통적으로 자연과 인간, 육체와 정신 등의 통일적·관조적·관계론(상관론)적 인식을 지향하는 사고방식이 유기체관이다. 그러나 이는 분석적 사유가 부족한 단점을 지니고 있다. 그래서 흔히 기계적 개체론과 유기체적 전체론은 각각 서양과 동양의 전통적인 사고방식을 대표하고(그렇게 일반화하는 데 대하여 비판하는 견해도 있음), 두 관점에는 장단점이 있으므로 그 조화가 중요하고 바람직하다고 보는 것이 대체적인 견해이다. 서양에서도 17세기 동양에 왔던 선교사들을 통하여 동양에서 수입된 유기체관은 라이프니츠에서 시작하여 베르그송을 거쳐 화이트헤드에 이르러 집대성되었는데, 물리학의 양자론 이후 서양 사유방식을 보완하는 새로운 대안적 세계관으로서 주목받고, 새로운 서양과학 물결을 지지하는 큰 영향력을 행사하고 있다고 한다. 김용옥, 앞의 책, 314-315 참조.

목적이나 기계적으로 5:5 또는 3:3:3의 비율을 조합하는 것과 같이, 어떤 '산술적 중간 균형' '일률적인 균등' 또는 '평균적 균형'을 추구해야 한다는 뜻은 아니다. 당해 문제, 사안, 대상 등 경우에 따라 그 비중에 합당한 비례감(a sense of proportion)을 가지고, 주·종, 대·소, 일차적·부차적, 우선적·차선적, 선·후 등의 비중을 분별하여, 그 비중에 맞는 적절한 조합의 균형과 조화를 추구해야 하기 때문이다. 그래서 공공활동가의 직무는 건축업자가 건물을 축조하는 것에 비유할 수 있다. 지혜로운 건축업자는 무조건 네모반듯한 큰 돌이나 나무만 쓰는 것이 아니라, 모래, 자갈, 작은 돌, 큰 돌, 작은 막대, 큰 통나무 등등 각양각색의 다양한 건축자재들 중에서 그 쓰임새에 맞게 적재적소에 골라 쓰는 자라고 할 수 있는 것이다.

본래 이론, 이념, 가치, 입장, 의견 등은 다양하고 그 다양한 것들 사이에 서로 보완적이기도 하고 상충적이기도 한 요소를 지니고 있기 마련이다. 또 어떤 이론, 이념, 가치, 입장, 의견 등도 그 자체로서 100% 완전한 진리, 완벽한 진실, 완전한 타당성·장점·순기능 등만을 가지고 있는 경우는 거의 없다. 거기에는 어느 정도 장점과 단점, 순기능과 역기능, 이상적 목표와 현실적 제약 등이 뒤섞여, 부분적이고 불완전하며 제한적인 진리나 진실을 내포하고 있다. 그러므로 어느 '하나' 또는 '소수'의 이론, 이념, 가치, 입장, 의견 등만으로 '좋은 공공활동'을 수행할 수 있다는 폐쇄적·독선적·경직적인 자세와 인식을 경계해야 한다. 그 대신 다양한 이론, 이념, 가치, 입장, 의견 등에는 그 나름대로 일정한 정도의 진리, 진실, 타당성, 장점, 순기능 등을 내포하고 있다는 유연하고 개방적인 자세와 인식으로, 각각 적절한 부분을 분별하고 취사선택하여 이를 균형 있게 종합하는 지혜가 필요하다.[68]

68) 그런 의미에서 디목(M. Dimock)은 '균형'(balance)이란 '평균'(average)과 완전히 다르고, 더구나 '평형'(equilibrium)이 '완전 중간'(dead center)을 의미한다면 그것과도 다르며, 관리에서 '평균'이나 '중간'은 존재하기도 어렵고 바람직하지도 않다고 본다. 그는 '균형'이 조직, 내부 관리, 개인의 모든 요소가 통합되어 건강, 개인의 성장과 좋은 삶을 주는 것으로, 균형감각의 인간(a balanced person) 또는 통합적 인간(an integrated person)일 경우에만 직무수행의 효율성을 높이고 개인의 만족과 성장을 가능하게 한다고 본다. 또 꼼꼼한 세부적 분석과 전체적 안목의 종합을 균형 있게 하는 사람이 성숙한 사고를 하는 사람(a mature thinker)이고 인격자(a man of character)라고 한다. 또 실천적 관리자는 미래의 행동을 적절하게 안내해 주는 원칙(principles)을 개발해야 하는데, 순수 일관성만 고집하기보다는 때때로 일견 상충되는 명제들의 적절한 비율의 결합이 최선의 해결방안임을 알고, 수많은 변수들을 적절한 비율로 융합(a skillful fusion of numerous variables in just the right proportions)시킬 수 있어야 한다고 말한

이러한 조화와 균형의 추구를 일반적으로 표현하면, 다음과 같은 일반적 명제로 나타낼 수 있다. 즉 일반적이고 보편적인 원칙으로서 일반적 균형을 추구해야 할 경우에는 '일반 균형'(general balance)을, 그리고 특수하게 예외적으로 여건과 상황 등에 적합하게 특별한 균형과 조화를 인정해야 할 경우에는 '특수 균형'(particular balance)을 추구할 줄 알아야 한다. 그리하여 원칙적으로는 이념, 가치, 제도, 의견, 입장 등과 관련하여 '보편성'과 '일반 균형'을 추구해야 한다. 그렇지만 특수한 경우에는 다른 어느 이념, 가치, 제도, 의견, 입장 등에 더 큰 비중을 둘 수밖에 없는 '특수성'과 '특수 균형'을 채택하는 신축성을 발휘할 줄 알아야 한다.

예컨대, 좋은 공공활동가는 자유와 자율의 가치를 최대한 보장하는 자율주의자이고 시장주의자이지만, 동시에 사회적 방종, 집단이기주의, 도덕적 해이, 자율 기제의 실패 등이 있는 경우에는 이를 간과하지 않고 적정한 공동체적 공공(정부)의 개입(간섭, 규제)의 가치도 또한 중시하는 공공개입주의자이기도 하다. 그렇지만 자유민주주의와 시장경제체제를 채택하고 있는 우리나라의 현 시점에서, 그는 원칙적으로는 대부분의 사안에 대하여 자유·자율·자치와 시장의 자율적 작동기제를 우선적으로 존중하는 일반 균형을 추구해야 한다. 그러나 꼭 필요하다고 사회적 합의가 있는 특별한 사안에 대해서는 예외적으로 실효성 있게 공적으로 개입하는 특수 균형을 추구해야 한다.

이와 같이 철학적 공공활동가는 공공활동과정에서 직면하는 수많은 현상과 대상자에 대하여 파악·진단·분석하고 대응·처방·관리하기 위하여 필요에 따라 그 수많은 현상과 대상자에 밀착할 수 있는 '거리 좁히기'와 그로부터 떨어져 어느 정도 객관성을 유지할 수 있는 '거리 두기'를 합리적으로 신축성 있게 잘 할 수 있는 균형감각을 발휘하는 사람이다. 올바른 판단을 위해서라면 대상에 대하여 최대한 밀착하는 '거리 좁히기'에도 능력과 지혜를 발휘하지만, 대상으로부터 객관성을 담보할 수 있는 정도의 '거리 두기'에도 능력과 지혜를 발휘할 수 있어야 하는 것이다. 이는 필요에 따라 한편으로는 대상에 밀착하고 몰입하여 정밀 분석·판단하는 '현미경적 사고'와, 다른 한편으로는 대상의 영향력과 자력(磁力)으로부터 벗어나 객관적으로 조망·판단하는 '망원경적 사고'를 자유자재로 균형 있게 잘 하는 것을 말한다.[69]

다. Marshall E. Dimock, 앞의 책, 3, 41, 55, 145 참조.

69) 하몬도 행정연구자가 대상 주제에 밀착하여 깊이 관여할수록, 거기에 매몰되어 독립

예컨대, 균형감각을 중시하는 관점에서 볼 때, 올바른 공공활동가는 사회적 강자, 구체적으로 권력·부·지식·정보 등을 더 많이 보유한 자에게 편향되기 쉽고 부지불식간에 그들의 입장을 옹호하는 우호적인 방향으로 의식화하고 치우치기 쉬운 위험성을 충분히 인식하고 적절하게 행동해야 한다. 그래서 그는 사회 내 존재하는 사회적 강자들의 과잉 또는 과다 대표 현상에 현혹되지 않고(거리 두기), 사회적 약자들의 과소 대표 또는 과소 대변 현상을 경시하지 않는(거리 좁히기) 의식과 자세를 견지하고 그렇게 행동할 수 있어야 한다. 그는 다양한 사회세력 사이에서 공적 직분의 수행에 요구되는 거리 좁히기와 거리 두기의 '공적 균형감각'을 키우고 내면화하면서, 공명정대하게 공공문제를 분석·판단하고 대처(조정·반영)해야 하는 것이다. 공공활동기관이 강자와 고귀한 자들의 친구이면서 약자와 가난한 자에게는 적(the friend of the powerful and the haughty, the enemy of the weak and the poor)이 될 때, 그에 대한 경멸(contempt)은 피할 수 없는 법이다.[70]

이와 같이 공공활동에 적용하는 이념, 가치, 이론, 의견이나 입장 등이 꼭 어느 하나 또는 일관된 체계의 것이어야 한다는 강박관념을 가질 필요는 없다. 그런 것들은 흔히 대상 사안과 '서로 연계되고 솔기 없이 관련된 전체'(inter-connected, seamless whole)라는 진면목(眞面目)에 온전하게 들어맞는 경우보다는 전체 속의 어느 한 '부분'에 적합하게 들어맞는 경우가 거의 대부분이다. 물론 다양한 대립적인 이념, 가치, 이론, 의견이나 입장 등의 채택, 기각을 가리는 것이 필요할 때도 있다. 그렇지만 대부분의 경우 오히려 그들에 대하여 주·종, 대·소, 일차적·부차적, 우선적·차선적, 선·후, 전체·부분 등의 비중을 분별하여 그 비중에 맞게 균형감각을 가지고 적절하게 변증법적으로 종합함으로써, 전체적 조망과 균형적 종합의 실제적 목적에 활용하는 원융(圓融)의 필요성을 인식하고 노력하는 것이 중요함을 잊지 말아야 한다. 그리고 현상·대상·제도 등으로부터 일정한 거리를 두고 자유롭게 판단할 필요가 있을 경우에는 그렇게 할 수 있고, 그에 대하여 일정한 다리를 놓아 최대한 정확한 판단을 할 필요가 있는 경우에는 그렇게 할 수 있는 공공의식을 연마하고 발휘하는 것도 잊지 말아야 한다.

적인 판단과 객관적인 비판의 능력을 잃어갈 위험이 있다고 지적한다. 이에 연구자는 '관여(개입, 나아감)와 물러남(후퇴, 초연함) 사이에서 나아가고 물러나기'(to move back and forth between involvement and withdrawal)를 효과적으로 할 수 있어야 한다고 강조한다. Michael Harmon, 앞의 책, 177.

70) Marshall E. Dimock, 앞의 책, 44 참조.

4. 온몸주의의 실천 원칙

공공철학과 공공활동을 통합하여 바람직한 공공활동을 수행하기 위한 다른 중요한 원칙은 공공활동가가 몸의 일부만이 아니라 '온몸'을 다 써서 공공활동을 수행하는 것이다. 이를 '온몸주의 원칙'이라고 부르기로 하겠다. 이 온몸주의 원칙은 생각(사유, thinking)과 행동(실천, doing)을 통합하여, 몸의 일부만이 아니라 온몸을 다해 '생각 있는 행동'을 해야 한다는 원칙이다. 이상적인 철학적 공공활동가는 '온몸과 마음을 쏟는 직무수행' 자세를 완전히 내면화·체질화하고 이를 항상 실천함으로써 '예술의 경지'에서 공공활동을 수행하는 사람이다. 그는 건전한 상식의 관점에서 온몸과 온 마음을 다하여 공공활동을 수행하는 사람이다.

몸과 마음이라고 할 때, '몸'은 육체·육신으로서 생물학적 기능을 수행하는 온갖 기관(器官)을 총칭하고, '마음'은 육체에 깃들은 정신·의식·영혼·생각·자세·양심·이성·감성 등의 정신적인 차원을 말하는 것으로 보통 이해한다. 이는 다분히 데카르트 이후 몸과 마음을 분리하여 파악한 서양의 전통적 철학의 흐름을 수용한 것이라고도 볼 수 있다. 그러나 현대에 들어와서는 그런 흐름도 달라져, 몸과 마음을 통일적으로 보고 있다.[71] 원래 우리나라를 비롯한 동양의 철학

---

71) 근대 서양철학에서 데카르트는 육체와 정신, 자연과 영혼을 이원론적으로 구별하였는데, 이런 전통에 반대하여 살아있는 '몸'에서부터 출발하는 '신체론적 입장'을 펼친 학자들이 있다. 20세기 초 후설(E. Husserl)만 해도 몸과 정신 사이의 통일적 결합체로서 '몸'을 매개로 끊임없이 주위 세계와 상호 작용하는 '자연인'(person)의 '의식'에 나타나는 현상들(phenomena)의 본질을 탐구하였다. 그는 주위의 경험·판단된 세계를 판단정지(epoché) 또는 괄호치기(bracketing)에 의하여 모든 선입견들로부터 자유로운 무전제의 환원(reduction)으로 물러섬(retreat) 가운데 숨은 의미와 맥락까지 올바르고 명료하게 드러낼 수 있다고 하는 철학적 접근방법인 현상학(phenomenology)을 제시하였다. E. Husserl, *Ideas Pertaining to a Pure Phenomenology and to a Phenomenological Philosophy: Second Book,* tr. by Richard Rojcewicz and André Schuwer, Dordrecht / Boston / London: Kluwer Academic Publishers, 1989, 298, 337; 김홍우, 현상학과 정치철학, 문학과 지성사, 1999, 54-55, 132, 198-199, 241 참조.
　　이보다 몸을 더 본격적인 철학적 주제로 발전시킨 사람은 "우리는 다름 아닌 우리의 신체(몸)"라는 전제에서 사물 자체의 지각은 신체의 문제라는 지각론(知覺論)을 펼친 현상학자 메를로퐁티(M. Merleau-Ponty)이다. 그는 모든 문화적 활동들은 지각 곧 몸에 뿌리를 두는데, 지각 곧 몸을 통하여 세계와 원초적·직접적 만남, 그리고 그 만남을 통해 드러나는 세계, 의미와 감성 등은 인간이 개념이나 수학 같은 합리적 장치들을 사용해 '대상화'하고 도표화하고 함수화하기 이전에 존재한다고 본다. 그러므로 이런 합리

적 전통도 몸과 마음을 분리하지 않고 하나로 통합돼 있다고 보았다. 유학의 기본 이념이 '몸을 닦는다'는 뜻의 수신(修身) 또는 수기(修己)인 것만 보아도 알수 있다. 이때 '몸'은 육체의 몸만을 뜻하는 것이 아니고, 마음과 인격을 포함한것이 명백하다. 아니 오히려 마음과 인격에 초점을 맞추고 '마음 수양'을 강조한것이라고 보아야 옳다.72)

이처럼 우리 선조들은 '공부는 몸을 닦는 일'이라고 하고, '자기 몸을 닦은 후, 나아가 집안과 나라를 다스리고, 세상을 편안하게 한다'(修身齊家治國平天下)거나 '자기 몸을 닦은 후, 남을 다스린다'(修己治人, 修己安人)고 한 바와 같이, '몸' 속에 정신·인격·마음까지 포함시켰다. 그런 의미에서, '온 몸과 마음'을 간단히 '온몸'이라고 축약하고,73) 공공활동가가 '몸'과 '마음'을 하나로 통합한 '온몸'의 의식·신념·이념·원칙을 보이는 자세·태도를 총칭하여 '온몸주의'라는새로운 규범개념(normative concept)을 창안하여 활용하고자 한다.

온몸주의는 몸 따로 마음 따로 식으로 몸과 마음을 따로 분리하지 않고, 또 그

적 장치들을 걷어내고 우리 몸이 세계와 만나는, 우리의 주체성이 세계의 객관성과 '이미 거기에서' 겹쳐져 있는 원초적 장·차원으로 내려가 그 지각의 세계를 망각하지 않는 사유의 중요성을 주장한다. 후설이 주체의 지향이 완전히 제거된 순수 의식 상태로되돌아가는 판단중지를 수행하려는 데 반대하여, 메를로퐁티는 주체의 삶의 지평을 완전히 제거하는 것은 불가능하므로 왜곡된 세계와 마주친 모습 그대로의 존재인 몸을 통해 만나야 한다고 한다. Maurice Merleau-Ponty, *Phenomenology of Perception,* tr. by Colin Smith, London: Routledge & Kegan Paul, 1978; 모리스 메를로-퐁티, 지각의 현상학, 류의근(역), 문학과 지성사, 2002. 이처럼 '몸'이 근래 다시 구미에서 중요한 학술적 주제가 되고 있는데, 이는 모더니즘 산업사회와는 다른 새로운 사회, 곧 몸을 존재론적인 토대로 한 욕망이 대대적으로 분출되는 포스트모더니즘 사회가 도래했기 때문에 생긴 현상이라고 주장하는 견해도 나온다.

72) 「논어」 헌문 편에 보면, 공자의 제자인 자로가 '군자'에 대해 묻자, 공자는 '자기를 수양하여 공경하는 것'(수기이경, 修己以敬)을 말하였다. 자로가 그뿐인가 묻자, 공자는 '자기를 수양하여 사람을 편안하게 하는 것'(수기이안인, 修己以安人)이라고 부연하고, 자로가 재차 묻자 공자는 '자기를 수양하여 백성을 편안하게 하는 것'(수기이안백성, 修己以安百姓)이고, '자기를 수양하여 백성을 편안하게 하는 것은, 요순 임금도 오히려 모자랄까 염려하였다'고 강조하였다. 홍승직(역해), 논어, 256-257 참조.

73) 우리말 '온'은 '전부'를 뜻하는데, 우리 문법에 따르면 '수로 셀 수 있는 대상(명사) 전부' 즉 그 명사의 내포나 외연의 전부를 다 아우르는 관형사로 쓸 때는 '온 가족' '온 세상' '온 국민' '온 별'과 같이 독립적으로 띄어 쓴다. 그러나 '원래 하나로 되어 있는 대상의 전체'를 나타낼 때는 접두사로서 '온몸' '온달' '온밤' '온음'과 같이 명사에 붙여 쓴다. 따라서 원래 몸 전체를 가리키는 말은 '온몸'이다. 이상 남영신(국어문화운동본부 회장), 포스코신문, 2003. 11. 20, '우리말 지킴이' 참조. 이에 따라 본문에서는 '몸과 마음(정신)을 떼지 않고 모두 포함한 몸과 마음의 전체'를 가리키기 위하여 '온몸'이라고 띄어 쓰지 않고 붙여 쓴다.

몸과 마음의 일부분만으로 일하지 않고, 몸과 마음 전체를 모두 합하여 직무를
수행해야 좋은 공공활동임을 나타내기 위한 개념이다. 좋은 공공활동가는 자신의
몸과 마음, 그리고 그것도 자신의 건전한 소명·역할·건강·인식이 허용하는 한,
몸과 마음 전체를 최대한 투입하여 일하는 사람이다. 구체적으로 온몸주의의 공
공활동은 건전한 상식의 관점에서 '가능한 한 최대한 심신(心身) 전체, 즉 머리,
가슴, 팔, 다리, 눈, 귀, 코, 입, 손, 발 등 신체 전체와 이성, 감성, 생각, 의식, 양
심, 태도, 정신, 영혼 등 마음 전체를 모두 활용하여 전심전력을 다하는 것이 자
신의 직무를 올바로 수행하는 것이라고 인식하고 행동하는 자세'의 공공활동을
의미한다.

그렇다면 온몸주의 공공활동가는 머리로는 이성적이며 지혜로운 본질사유·규
범사유를 하고, 높은 공공의식을 발휘하며, 분석적·균형적·종합적 판단을 한다.
그리고 가슴으로는 역지사지의 자세로 시민들의 속마음까지 헤아려서 느끼고 공
감하며 양심에 거리낌이 없는가를 판단한다. 또 발로는 현장을 뛰어가면서, 손으
로는 상대 손을 마주잡고 눈으로 모든 것을 꿰뚫어 보고, 귀로 상대의 욕구·소
망·기대를 들으며, 입으로는 격의 없이 대화하고 설득하며, 피부로는 직접 닿아
느껴본다. 그리하여 그는 온몸과 마음을 다하여 공공활동의 직무를 수행하는 자,
즉 직무수행에 '온몸 전체'를 투입하는 자이다.[74]

요컨대, 온몸주의에서 '온몸'은 몸과 마음, 육체와 정신 등 머리에서 발끝까지

---

74) 최근 행정학에서는 공직자와 시민이 접촉하는 것이 중요한 의미를 가지고 있다고 하는
주장들이 나오고 있다. 예컨대 대면접촉(face-to-face contacts)이나 만남(encounters)은
실체가 없는 무형의 국가나 정부를 직접 느끼고 실체를 파악할 수 있게 해 준다는 의미
에서 '국가와 사회의 관계'(the relationship between state and society)를 재정의해 주면서
긍정적인 인상을 갖게 하는 중요한 계기라는 것이다. 그러나 다른 한편으로 개별적인 접
촉이나 만남의 긍정적 효과가 반드시 정부 전체에 대한 긍정적인 인상으로 연결되지는
않는다는 실증적인 조사 결과가 나오기도 한다. C. T. Goodsell, *The Public Encounter*:
Where State and Citizens Meet, Bloomington: Indiana University Press, 1981. 그 원인에
대하여 시민들이 공직자 개인들에 대해서는 좋다고 느끼면서도 공공관료제에 대하여는
비난의 대상으로 삼는 시대정신(*Zeitgeist*) 때문이라는 해석을 내놓는 학자도 있다. B. G.
Peters, 앞의 책, 53-54.
　이와 같이 '몸'이나 '대면' 등은 학술적으로 중요한 주제이다. 그러나 본문에서 '온몸
주의'는 이러한 신체론적 철학, 그리고 대면접촉이나 만남의 의미와 연계하지 않더라도
공공활동가의 의식과 자세에 관한 기본적 관점을 말한다. '온몸주의'는 '일' 또는 '공공
활동'이란 우리가 '자기 몸의 부분'으로서가 아니라 '자기 몸 전체'인 온 몸과 마음이란
'존재 전체를 투입하는 사선'으로서 임할 때 온전하게 인격적 성숙, 자기실현, 직무의
성취 등을 이룰 수 있게 해준다는 것을 강조한 상징성을 갖는 표현이다.

신체와 그 신체에 깃들어 있는 한 사람의 '존재 전체'를 상징하고 강조하는 것임을 알 수 있다. 그래서 이는 공공활동가가 마음에도 없이 육체만으로, 아니면 몸은 움직이지 않고 마음만으로, 혹은 자신의 신체의 전체가 아니라 일부분만으로 편하고 쉽게, '존재의 부분'만을 투입해서 공공활동을 수행해서는 안 된다는 것을 상징하고 강조한다.[75]

온몸주의의 관점에서 보면, 사무실 책상에 앉아 머리와 손만으로 정책·제도·법령·사업 등을 형성(계획·입안)하고 집행하는데 부족함이 없다고 생각하고 직무를 수행하는 것은 부분적인 '머리(두뇌)주의'와 '손(手)주의'에 불과하기 때문에 잘못이다. 왜 머리와 손만 쓰고, 쓸 수 있는 발과 눈과 귀까지 다 쓰는 온몸주의는 없는가? 또 그저 지시를 받은 대로 현장에서 발로 뛰어다니며 손으로 기록만 하면 부족함이 없다고 생각하고 직무를 수행하는 것도 부분적인 '손발주의'에 불과하기 때문에 잘못이다.[76] 왜 발과 손만 쓰고, 쓸 수 있는 머리와 가슴과 마음까지 쓰면서 현명하게 일하는 것은 생각하지 않는가? 성심성의껏 열심히 하기만 하면 된다고 생각하는 '성심성의주의' '성실주의'만으로도 충분하지 않다.[77] 혹시

---

75) M. Dimock은 기업의 관리자가 직무에 충실하다는 것은 그저 할 일을 할 만큼 한 것이 아니라, 아버지가 가업(家業)을 물려 줄 아들에게 자신의 감정(emotions)과 '존재 전체'(a whole being)를 포함하는 관심을 갖고 보살피는 것(caring)과 같이 하는 것이라고 한다. Marshall E. Dimock, 앞의 책, 124 참조.

76) 후대의 행정관리학파의 관리과학에 영향을 미친 20세기 초의 Taylorism이나 Fordism의 과학적 관리학파는 그 가장 중요한 기법으로서 동작연구(motion study)와 시간연구(time study)를 통하여 '육체적인 몸' 그중에서도 '손과 발'을 분석의 핵심으로 삼고 '마음'은 배제해 버렸다. 그들은 인체를 기계의 부품처럼 부분적으로 해체하여 동작의 낭비 없이 가장 적은 시간에 가장 능률적인 동작의 배합을 결정해줄 수 있다는, 부품과 같은 기계적 인간관과 인격 전체가 아닌 부분적 파편화된 비인격적 인간관은 본질적으로 비인간화의 위험성을 내포하고 있었다. 이에 메이요(E. Mayo)의 '인간관계론'은 '마음'의 중요성을 복원하고자 한 학파라고 할 수 있겠다.

77) 도지사, 서울특별시장, 장관, 국무총리 등 각종 공직을 역임하면서 '행정의 달인'(達人)이란 평을 들은 「고건」은 서울특별시장의 임기를 마치면서 내놓은 저서에서, "행정도 예술과 같을 수 있다고 생각한다. 아니 행정도 예술과 같은 경지에 이를 수 있어야 좋은 행정이 된다고 믿는다.……예술이 작품을 통해 감동을 주듯, 행정도 행정서비스, 정책, 사업을 통해 시민에게 감동을 줄 수 있어야 한다고 믿는다. 그래서 나는 예술에서 작가가 하나의 작품에 혼을 불어넣듯이 행정도 있는 정성을 다 쏟아 부어서 시민, 국민의 감동을 불러 일으켜야 한다는 '지성감민'(至誠感民)의 자세로 일하려고 노력했다"라고 말했다. 고건, 앞의 책, 7 참조.
　여기서 '지성감민'을 비롯한 혼, 정성, 감동, 성심, 열(熱)과 성(誠)의 자세는 '온몸주의'의 핵심적인 내용일 것이다. 그런데도 온몸주의는 그 외 올바름의 생각, 양심, 현장(現場) 등을 특별히 중시하고 강조하며, 그 경우 생각은 머리, 양심은 가슴, 현장

마음과 자세만 중요하다고 생각하는 '마음주의'에 빠지고, 몸을 움직여 현장의 목소리를 보고 듣고 느끼는 '몸주의'를 경시한다면, 그런 '몸 따로 마음 따로 주의'를 어떻게 온전하게 바람직한 직무수행이라고 할 수 있겠는가? 또 '몸주의' '혼신(渾身)주의'로 몸을 바쳐 성심성의껏 열심히 하되, 진정 머리와 가슴으로 양심에 거리낌이 없는 올바른 일인가를 이성적으로 판단하고 성찰하는 '머리·가슴주의'를 빠뜨린다면, 그것이 폭군·독재자·나쁜 지도자나 상사에게 열(熱)과 성(誠)을 다하여 충성을 바치는 가신(家臣), 앞잡이(주구, 走狗), 하수인(下手人)의 자세와 다를 바가 무엇이겠는가?

이처럼 여러 가지 이유·성격·관행·이념 등 때문에, 공공활동가가 현실의 공공활동과정에서 몸이나 마음 중 어느 하나만 쓰거나, 몸과 마음을 쓰되 몸과 마음 전체 중 일정 부분만을 쓰는데 불과한, 앞의 여러 형태의 '반(反)온몸주의'를 보이는 경우가 너무 많다. 이에 건전한 상식의 관점에서 평가해 볼 때, 몸과 마음 중 일정 부분만 투입하는 다양한 형태의 '반(反)온몸주의'의 의식·신념·이념·원칙을 보이는 자세·태도를 총칭하여, 우리는 편의상–'부분'이나 '작거나 적음'을 의미하는 순수 우리말인 '푼'과, '몸'을 합친 합성어로서 '푼몸'을 이용하여–'푼몸주의'라는 새로운 개념도 창안하여 활용하고자 한다.

이제 우리는 좋은 공공활동가가 갖춰야 할 규범적 기준 개념으로서 '존재 전체의 투입'이라는 온몸주의와, 공공활동가가 경계하고 배격해야 할 '존재의 부분적 투입'인 '푼몸주의'의 개념을 통하여 좋은 공공활동을 분석하고 평가할 수 있다. 온몸주의의 공공활동가는 직무 대상에 대하여 적극적·능동적·총체적으로 인식하고 대응 행동한다. 온몸주의자가 아니면 결코 온전한 의미의 '선체험·동시체험·추체험'도 할 수 없다. 이에 비하여 푼몸주의자는 소극적·수동적·부분적으

은 손과 발 등 신체 각 부위가 상징해 주는 식으로 모든 이성, 감성, 심신(心身), 혼신(渾身), 자세를 종합 상징해 준다고 보기 때문이다. 상기 저서에서도 그런 점들이 직접적으로나(예컨대, 제3장 관청의 담장을 헐어라 중 '책상머리에서가 아니라 현장에서 행정을 한다'와 '현장에 해답이 있다'는 항목), 간접적으로 언급되고 있다. 또, 하몬은 '행위이론'(action theory)에서 행정수요에 대하여 반응성(responsiveness)과 주도성(initiation)이 모두 낮은 소극적(passive) 행정인, 그 중간 정도인 반응적(reactive) 행정인, 반응성은 높으나 주도성이 낮은 합리주의적(rationalist) 행정인, 반응성은 낮으나 주도성은 높은 전문기술적(professional–technocratic) 행정인, 반응성과 주도성이 다 같이 높은 '능동적(전향적) 행정인'(proactive administrator)을 제시하는데, 능동적 행정인을 넘어서는 행정인이 '온몸주의 행정인'이라고 하겠다. Michael M. Harmon, 앞의 책, 1981 참조.

로 인식하고 대응 행동한다. 다음은 어떤 유형의 사람인가?

국방부 획득실 사업1담당관실 문창수(45) 중령은 미 국방부 한국 담당 직원들에게는 '까다로운' 존재로 통한다. 지난 2002년 11월부터 2년 동안 미국 무기구매와 관련 업무를 다뤘던 그는 2004년 6월, 미 측으로부터 "수출 무기에 불필요한 비용이 착오 부과됐다"는 실토를 받아낸 주인공이다. 미국 무기를 수입하는 전 세계 122개국 중 한국이 최초로 구매비용(군수지원비용)을 절감한 것. 미 측은 이미 잘못 부과된 195만 달러를 한국에 반환키로 결정했고, 다른 4개 사업에 대해서도 정산 작업을 하고 있다. 그는 또 무기도입비용 중 하나인 '비순환비용'을 면제받을 수 있는 미국 법령의 규정도 발굴했다. 문중령은 "앞으로 미국 무기를 계속 들여올 것을 감안하면, 수백억 원 이상의 절감효과가 있을 것"이라고 말했다.

육사 39기로 1983년 소위로 임관한 문중령은 '야전형' 군인이었다. 행정부서 근무는 처음이었다. '뭐가 뭔지 모르는' 비전문가라는 단점은 그가 '큰일'을 내는 장점으로 작용했다. 지난 2002년 11월 국방부 근무를 시작한 그는, 그 다음해 6월 열리는 한·미 연례안보협력위원회(SCC) 준비를 맡게 됐다. 그야말로 '생초보'였던 그가 선택했던 방법은 발로 뛰는 것이었다. 관련 기관과 단체를 찾아다니며 무기 도입의 문제점과 어려운 점을 집중 취합했다. 한편으론, 미국의 무기 수출 관련 법령과 훈령 등도 파고들기 시작했다. 몇 개월간 고생 끝에 미국이 군수지원비용을 착오 부과했다는 사실을 밝혀냈다. 미국 측 직원들도 미처 알지 못했던 규정을 찾아낸 것이 계기가 됐다. 문중령은 "첨단 무기 도입은 수조원에 달하는 대형 사업이 즐비하다"며 "단 1%만 줄여도 국민세금을 수십억, 수백억 원 아낄 수 있다"고 말했다.[78]

이렇게 보면, 좋은 공공활동은 공공활동가가 '자기 존재 전체가 투입되는 사건'으로 여기고 실행하는 직무수행이다. 자신이 처한 여건·상황·건강 등 자신이 감당할 수 있는 범위 내에서, 즉 건전한 상식의 관점에서 최대한 '건전하게' 몸과 마음을 써서 자신의 직분을 온전하게 완수하는 직무수행이다. 이것이 온몸주의이다. 이는 단순히 열심히 할 뿐 현명하게 하지 않은 사람에게는 어울리지 않는다. 또 성실하기만 할 뿐 규범적 가치판단을 배격하는 가치중립적 행정가, 민주주의의 궁극적 가치규범을 모른 채 하고 단순히 수단가치의 합리화에만 관심을 갖는 도구적 기술관료(테크노크라트, technocrat)에게서도 이를 기대할 수 없다. 그리고 이는 철학적 성찰 없이 맹목적으로 교조주의자의 충실한 하수인 역할이 곧 공공

---

78) 조선일보, 2005. 1. 22, "앞으로 무기도입에 수백억 원 절감" 기사.

봉사의 길이라고 믿는 멸사봉공자(滅私奉公者)와도 어울리지 않는다. 또 가정도 건강도 저버리고 오로지 공무에 열중하다 순직(殉職)하는 비상식적인 삶을 부추기는 것이 온몸주의가 될 수 없음은 물론이다. 그런 의미에서 온몸주의는 삶·세계·역사를 충분히 이해하고 건전한 전망(비전)을 갖는 인문학적 소양, 사람·조직·사회를 충분히 이해하고 사람을 사람답게 상대하고 조직생활을 영위할 줄 아는 사회적 소양, 그리고 직무에 대한 높은 전문적 소양을 갖추고 몸과 마음을 다하는 사람이 취하면 아주 잘 어울리는 의식과 태도라고 할 수 있다.

한편, 이에 비교되는 '품몸주의'는 그 속성상 공공활동과정에서 약식주의(略式主義), 편의주의, 대충주의, 탁상주의, 한 건 과시주의, 졸속주의, 보신주의, 복지부동주의, 뒷북주의 등과 연계되고, 그런 병리적 증상을 낳는 의식과 자세이다. 후진국일수록 공공활동가들이 품몸주의에 물들어 있고, 품몸주의적 공공활동을 수행한다. 다음은 보도블록을 까는 데도 품몸주의와 부족한 공적 역지사지의 자세를 관찰할 수 있다는 지적이다.

> 선진국과 후진국의 차이점은 무엇일까?……선진국과 후진국의 차이는 보도블록을 보면 쉽게 알 수 있다. 유럽이나 북미, 호주 등 선진국 도시를 걷다 보면 보도블록이 한 치의 오차 없이 가지런히 깔려 있는 것을 발견할 수 있다. 그러나 후진국에 가면 들쭉날쭉, 대강대강 깔려 있고 한눈팔고 걷다가는 보도블록에 걸려 넘어지고 발목을 삘 수도 있다.……보도블록을 잘 까는 것도 결국 정부의 경쟁력이다.……[79]

이와 같이 품몸주의는 공공활동을 수행하는 사람들이 다양하고 복잡한 직무를 수행하는 과정에서 흔히 빠져들기 쉬운 유혹·자세·행태와 관련된, 부정적 의미의 용어이다. 여기서 '약식주의'를 제외한 나머지 품몸주의적인 개념과 용어는 그 뜻이 분명하므로 쉽게 이해된다. 그러면 '약식주의'는 무엇인가? 이는 공공활동의 대상이 되는 복잡한 공공 현상의 범위·성격·내용 등을 파악하고, 그러한 현상에 따른 공공문제의 해결 방법을 강구하며, 문제해결의 파급효과 등을 예측하고 대처하는 데 있어서 아주 단순화하고 정형화하기를 선호하는 의식이다. 그리하여 이는 형식적 절차와 과정을 최대한 간편하게 이행하면서, 그것이 가장 능률적으로 직무를 수행하고 있다고 잘못 인식하고 있는 공공활동가의 가치지향이고 사고방식을 의미한다.[80]

---

79) 김용덕(관세청장), "보도블록", 매일경제신문, 2003, 12, 3.

어떤 분야의 장인(匠人)이 장인일 수 있는 것은 그가 그 분야에서 결과를 성급하게 구하지 않고 혼신을 다하여, 거기에 자신의 존재 전체를 던져 온몸으로 살아왔기 때문이다. 이처럼 공공활동에 있어서도 그 공공활동을 수행하는 사람이, 건전한 상식의 관점에서 온몸주의로 임하고 있을 때, 좋은 공공활동, 예술의 경지에 이른 공공활동, 그리고 그 자신의 보람, 만족, 인격적 완성, 자아실현의 성취를 기대할 수 있는 것이다. 다음 기사 내용을 보고 생각해 보자.

"수도권 정비계획법상의 공장총량제에 묶여 공장을 증설하려고 해도 최소 1년은 줄을 서야 합니다. 용인시 모현면의 한 수출업체는 완제품 보관 창고를 짓지 못해 비닐을 덮은 채 공장 마당에 야적하고 있습니다. 이 사람들을 도와줘야 합니다." 산업자원부는 2001년 경기지방중소기업청 허범도(50) 청장으로부터 A4용지 13페이지 분량의 이례적인 보고서를 받았다. 제목은 '공장방문 보고서'……80일간 그는 경기도 내 20개 시·군에 걸쳐 무려 100개 업체를 방문했다.

그렇게 만든 그의 보고서에는 중소업체들의 기술난·인력난·입지난·정보난·자금난·판매난, 이른바 '중기 6난'의 현장 목소리가 담겨 있다. 새로 구입한 기계를 가동할 사람이 없어 회사가 통째로 먼지에 덮여 있는 현장을 생생히 증언하기도 했다. 그는……"산업정책 부재가 문제가 아니라 정책과 현장이 동떨어져 있는 것이 더 큰 문제"라고 지적했다.[81]

---

80) '약식주의'는 김홍우, 현상학과 정치철학, 734를 참조함. 그는 '약식주의 의식'(summary consciousness)이라는 '약식 세계관'(summary world view)이 오늘날 우리 사회를 풍미하는 한 병폐로서, 그것은 "약식 정치" "약식 언론" "약식 지식인" 그리고 이들에 의하여 끊임없이 재생산되는 "약식 담론"(summary discourse) 등의 형태로 우리 사회의 깊이와 중심, 그리고 기초를 흔들어 버리고 해체시키는 추동력이 되고 있고, 하나의 가치와 규범으로 인식하고 추구할 수 있다는 점에서 일방향적으로 편향된 이념으로 변질되고 강력한 에너지를 얻는 순간부터 다른 것들을 경시하고 무시하는 풍조를 유포한다는 측면에서 비판하고 경계할 것을 지적하고 있다.

약식주의는 직무수행 과정에서 좋으나 싫으나 항상 비용, 시간, 노력, 지식, 정보, 에너지, 자원 등의 한정성(또는 희소성)의 제한 속에서 가장 적은 투입으로 가장 큰 산출을 얻어내는 것을 요구받고 있는 환경과 문화 즉 '능률성'(또는 효율성, efficiency)을 요구하는 근무환경에 노출되고 그 강박관념 아래에서 형성된다고 한다. 그래서 공공활동을 수행하는 사람이 스스로를 전문가라고 생각하는 자만, 엘리트라고 생각하는 오만, 빨리 성과를 드러내고 싶은 근시안적인 한건주의식 업적주의, 공론화해 보아야 중구난방(衆口難防)의 어려운 상황을 자초할 것이라는 보신주의·편의주의 등에 빠질 때, 공공활동의 직무수행에서도 다른 중요한 가치들, 예컨대 인간 존엄성을 비롯하여 민주성, 형평성, 사회적 약자와의 연대성, 정의, 기타 공동체가치 등을 무시하고 '저비용-고효율'만을 추구하도록 의식화되고 내면화된 약식주의의 덫에 걸리고 이 문화의 굴레에서 벗어나지 못한다고 한다.

위에서 수도권 과밀억제정책으로 인한 제약 때문에 발생한 중소업체의 애로는 그것대로 불가피한 측면이 있다. 그러나 그것을 논외로 한다면, 일단 중소업체의 애로를 파악하고 대처하기 위하여 현장을 뛰어다닌 후 정책을 건의한 것은 온몸주의의 실례일 수 있다. 또 다음과 같이, 화장장 건립과 같은 가장 어려운 생활 편의시설 분야의 문제를 해결하는 데에도 온몸주의로 돌파할 수 있다.

충북 충주시 화장장 이전 부지 선정이 주민과 별다른 마찰 없이 마무리돼 '님비 현상'을 극복한 사례로 관심을 모으고 있다. 지방자치제가 도입된 이후 대규모 화장장 건립이 확정된 것은 처음이어서 더욱 의미 있는 일로 받아들여진다.……최근 주민의 동의를 얻는 데 이어 시의회로부터도 승인을 받았다.……시는……곧바로 부지 매입에 착수, 올해 안에 착공할 계획이다. 대표적인 혐오시설로 꼽히는 화장장 이전 사업이 별 무리 없이 확정된 것은 후보지에 대한 철저한 사전조사와 끈질긴 주민설득 때문에 가능했다.

시는 화장장 이전계획을 수립한 1998년 수십 차례의 현지답사를 거쳐 인가가 적은 관내 20여 곳을 이전 후보지로 선정한 뒤 주민과 접촉, 반발이 덜한 곳을 대상으로 후보지를 10여 곳, 7·8곳, 3·4곳으로 좁혀나갔다. 시민·환경단체의 이해를 구하기 위해 담당 공무원들은 배낭을 메고 산골을 누비며 산림파괴, 주변 환경오염 문제 등을 꼼꼼히 분석해 보고했다. 이렇게 해서 올해 초 목벌동 일대가 최종 후보지로 낙점됐다. 목벌동 일대에서도 담당 공무원들은 "왜 산골 오지도 허다한데 하필이면 우리 동네냐"며 반발하는 주민들을 일일이 방문, 화장장 이전의 당위성을 설명하는 '일대일 대화'를 벌여 나갔다. 또 주민 대표 4명에게 일본의 첨단 화장장, 납골당 시설을 견학시키고 노후한 시설의 대구화장장과 최신식 시설을 갖춘 부산화장장을 방문, 비교 견학시켰다. 특히 신축 화장장 주변에 녹지공원을 조성, 시민 휴식공간으로 활용하고 주민들을 위해 지역개발 등 숙원사업을 최대한 지원하겠다는 약속에 주민들은 마침내 마음을 돌렸다.……82)

공공활동을 수행하는 자는 '통합된 자기의 전체'를 투입하여 온몸으로 일하는 것을 '마음의 습관'으로 습관화하여, 언제 어느 때 어떤 직무수행에서도 실천하는 것이 중요하다. 거기에 예술의 경지에 이른 공공활동의 꽃이 핀다. 다음 사례를 보자.

81) 한국일보, 2001. 4. 9, "신음 中企 도와야 합니다" 기사.
82) 한국일보, 2001. 7. 4, "충주 화장장 '님비' 이겨냈다" 기사.

교통사고를 빌미로 돈을 뜯어내는 '꾀병 환자'에 대한 법원과 검찰 경찰의 적극 대응을 촉구하고 나선 인천지법 형사2단독 노수환(36) 판사.……노 판사의 관련 판결 내용이 보도……된 뒤 그를 격려하는 시민의 글이 인터넷에 쇄도하는 등 큰 관심을 모으자 "법원과 검찰에 누를 끼치는 것이 아닌가 염려된다"며 극도로 말을 아꼈다. 그는 "자칫 전 국민을 억울한 '가해자'로 만들 수 있는 '꾀병 환자'를 없애기 위한 관심을 촉구하고 나름의 대안을 제시했을 뿐"이라며 조심스러운 태도를 보였다.…… 교통전담판사로 일해온 노 판사는 특히 '가해자'가 여성일 경우는 '꾀병'의 강도가 심하다는 것도 알게 됐다. "가벼운 접촉사고가 분명한데도 피해자가 병원에 입원해 버리면 사고를 낸 사람이 당황하게 됩니다. 또 접촉사고 후 '괜찮다'고 일단 헤어진 뒤 경찰에 '뺑소니'로 신고하고 상당한 합의금을 요구하는 '악덕 운전자'도 적지 않았어요."

그는 심리중인 사건 중 차량이 깨진 정도나 피해자의 평소 건강상태 등을 종합해 피해자가 다쳤다고 보기 힘든 9건을 직접 파헤치기로 결심했다. 우선 의사들을 불러 진단서를 내준 경위에 대해 직접 심문했다. 그 결과 '환자가 아프다'고 주장하면 일단 진단서를 발급하는 관행이 있다는 사실을 알아냈다. 꾀병 환자로 의심되면 직접 데리고 나가 현장조사도 벌였다. 이 때문에 노 판사의……승용차는 상처투성이가 돼 버렸다. 직접 사고현장으로 나가 충격실험을 했기 때문이다. 판사의 '현장 검증'에 주눅이 든 피해자들은 "솔직히 큰 충격은 없었다"며 고개를 떨궜다.

판결 내용이 보도된 후 노 판사에게는 '튀는 행동'이 아니냐는 법원 안팎의 우려가 전달된 것으로 알려졌다. 하지만 기자에게는 노 판사를 지지하며 그의 소신과 열정에 경의를 표한다는 전화와 e메일이 쇄도했다.[83]

판사가 '온몸주의의 공공활동'을 하는 데 대하여 시민들은 지지하고 경의를 표하는데, 정작 법원 안에서는 왜 "튀는 행동"이라는 "우려"가 나올까? 그런 상황을 온몸으로 돌파하는, 추체험에 의한 판결 자세에 대하여 격려하고 본받기는커녕, 오히려 선량한 시민의 억울함을 풀어주려는 '온몸주의 직무수행'을 위축시키고 비난하는 듯한 "우려의 전달"은 푼몸주의로 일하는 공직자 사회의 전형적인 대응이라고 할 것이다. 적극적·능동적이며 창의적인 직무수행은 어디에서나 가능하고 어디에서도 필요하다. 다음 예를 보자.

노동조합이 자신들의 쟁의사건을 맡았던 검찰 공안부 검사에게 감사패를 전달한

---

83) 동아일보, 2001. 7. 5, "직접 사고현장조사……충격실험……교통사고 '꾀병 환자' 밝혀냈죠" 기사.

일이 알려져 화제가 되고 있다. 감사패를 받은 이는 전국에서 노동쟁의 사건이 가장 많은 곳으로 꼽히는 울산지검 공안부에서 2년 남짓 노동사건을 담당했던 김병현(39·현 서울중앙지검 공판2부) 검사. 지난해 파업 때 김 검사와 인연을 맺었던 민주노총 울산지부 산하 울산병원 노조는 이달 초 검찰 인사 때 김 검사의 전출 소식을 듣고 회사와 공동으로 김 검사에게 감사패를 건넸다.

울산병원은 2003년 파업 때 노조위원장이 구속되는 등 파행을 겪었지만, 김 검사의 대화 중재 등 적극적인 노력으로 현재는 노사협상도 타결되고 노사관계가 회복돼 정상을 되찾았다는 게 이 감사패를 전한 이유다. 울산병원 염기용 노조위원장은 "3년 남짓 노사관계가 파행을 겪었는데, 새로 온 김 검사가 형사처벌보다는 적극적으로 대화를 중재해 처음에는 '검사 맞나' 싶은 생각도 들었다"며 "그 덕에 지금은 서로 고소·고발을 남발하는 극한 상황을 피하고 노사관계가 복원돼 감사의 뜻을 전한 것"이라고 설명했다.

2003년 현대중공업 하청 근로자 박일수 씨 분신 사건으로 검찰과 갈등을 겪은 민주노총 울산지부 쪽도 김 검사의 전출 때 환송식을 열어주었다. 민주노총 울산지부 관계자는 "김 검사가 노동사건에 큰 관심을 갖고 적극적으로 양쪽 당사자를 만나왔기 때문에 아무래도 과거보다 노조와 검찰 사이의 이해 폭이 좀더 나아진 것 아니겠냐"고 말했다.[84]

소극적·수동적 공직자는 자신의 직무, 조직, 사회의 요구와 기대에 타성적·관행적이고 대증요법적으로 대응하는 의식과 태도를 갖고 행동한다. 그렇지 않아도 사람들은 대규모 조직(관료제)에서 관료제적 규칙, 규범, 정책, 관행, 문화에 서서히 물들어가면서(사회화하게 되면서), 무의식적으로 타성적이고 대증요법적으로 대응하게 된다. 그 결과 미래지향적·자발적·창의적·비판적·성찰적으로 변화와 성장을 지향하는 성향이 감퇴된다. 또 적극적이고 전향적으로 반응하는 능동적 공직자가 줄어든다. 이와 같이 관료제 문화에서 길들여진 수동적·의무적 반응의 의식과 태도는 열정, 자발성, 창의력, 책임감이 부족한 '몸과 마음의 일부분'만으로 공공활동을 수행하게 만든다. 이 푼몸주의의 굴레를 벗고 열정과 창의로써 적극적이고 능동적으로 직무를 수행하면, 이는 곧 올바른 직무 목표의 달성은 물론, 사회변화를 이끌 수 있고 올바른 역사창조의 밑바탕을 제공하게 된다.[85]

84) 한겨레, 2004. 8. 30, "노조가 사랑한 공안검사" 기사.
85) 이는 행정학에서 수동적('대응적'이라고도 번역하지만 '반응적'이란 responsive의 긍정적 의미와 혼동의 여지가 크므로 '수동적'이라고 하는 표현이 어울리는) 행정인(reactive administrator)과 능동적 행정인(proactive administrator)의 구별에 관한 논의를

이는 과거에도 그랬다. 1592년 5월 23일(음력 4월 13일) 일본군의 침략으로 임진왜란이 일어났는데, 그 직전 당시 일부 장병들의 푼몸주의 자세와 이에 대처한 이순신 장군의 온몸주의의 예를 다음의 「난중일기」에서 찾을 수 있다.

임진년 1월 16일(양력 2월 28일) <정축> 맑다. 동헌에 나가 공무를 봤다. 각 고을의 벼슬아치와 색리(色吏, 고을의 아전) 등이 인사하러 왔다. 방답진의 병선을 맡은 군관들과 색리들이 그들 병선을 수리하지 않았기 때문에 곤장을 쳤다. 우후(지방 병마사영이나 수영의 첨사 아래에 있는 무관)·가수(假守: 임시 직원)도 역시 점검하지 않아 이 지경에까지 된 것이니, 해괴하기 짝이 없다. 공무를 어쭙잖게 여기고, 제 몸만 살찌려 들며 이와 같이 돌보지 않으니, 앞날의 일을 알 만하다. 성 밑에 사는 박몽세는 석수인데 선생원(채석장이 있는 여천군 율촌면 신산리의 지명－저자 주) 돌 뜨는 곳에 가서 해를 끼치고 이웃집 개에게 피해를 입혔으므로, 곤장 여든 대를 쳤다.

2월 25일(양력 4월 7일) <병진> 흐렸다. 여러 가지 전쟁 방비에 탈 난 곳이 많다. 군관과 색리들에게 벌을 줬다. 첨사를 잡아들이고 교수(教授: 고을 수령 아래 벼슬아치)를 내어 보냈다. 이곳의 방비가 다섯 포구 가운데 최하인데도 순찰사가 포상하라고 장계를 올렸기 때문에 죄상을 조사조차 하지 못했으니 우습다. 맞바람이 세게 불어 출항할 수가 없어서 그대로 잤다.

3월 초사일(양력 4월 15일) <갑자> 맑다. 아침에 조이립을 배웅하고 객사 대청에 나가 공무를 본 뒤에 서문 밖 해자와 성을 더 쌓는 곳을 순시했다. 승군들이 돌 줍는 것을 성실히 하지 않으므로, 책임자(首僧)를 잡아다가 곤장을 쳤다. 아산에 문안

반영한다. 자신의 직무, 조직, 사회의 요구와 기대에 대중요법적이고 조건반사적으로 반응하는 수동적 공직자(reactive administrator)는 관료제 조직 안에서 '조직 인간'으로서, 기능적으로 합리적인 관리 절차에만 관심을 갖고 따르며, 과업을 가능한 한 능률적으로 수행하는 것을 일차적인 책임으로 여기는 수동적인 기능인을 말한다. 이는 인간을 외부 조건에 단지 반응만 하는 수동적인 존재이므로 외부 자극에 의하여 통제가 가능하고 의식은 단지 사회적 산물일 뿐이라고 간주하는 행태주의(behaviorism)의 관점에서 보는 공직자상(公職者像)이다.

그러나 학자들과 뜻있는 실무자들은 이제 인간을 의도적이고 목적적인 의식과 적극적·능동적이고 의식적·자발적이며 창조적인 본성을 갖는, 생성하는 존재·자기 성취적인 존재로서 파악하고, 살아 있는 인간의 의식, 의미, 경험, 관심, 대화, 이해, 상호 작용을 중시하며, 미래지향적으로 변화와 성장을 지향하는 인본주의 심리학, 현상학, 비판이론 등의 인본주의(humanism)의 관점에서 능동적(전향적) 공직자(proactive administrator)를 강조하는 방향으로 나아가고 있다. 이와 관련 William H. Whyte Jr., *The Organization Man,* N.Y.: Simon and Schuster, 1956; Michael Harmon, *Action Theory for Public Administration,* N.Y.: Longman, 1981; Jong S. Jun, *Philosophy of Administration,* 윤재풍·정희남(역), 행정철학, 대영문화사, 2001, 258-280 참조.

갔던 나장이 돌아왔다. 어머니께서 편안하시다 하니 다행이다.

　3월 초육일(양력 4월 17일) <병인> 맑다. 아침밥을 먹고 난 뒤 출근하여 군기물을 점검하는데, 활·갑옷·투구·전통·환도 등이 깨지고 헐어진 것이 많아 색리·궁장·감고 등을 문책했다.

　3월 20일(양력 5월 1일) <경진> 비가 몹시 쏟아진다. 저녁나절에 동헌에 나가 공무를 보고 각 관방의 회계를 밝혔다. 순천 관내를 수색하는 일이 제 날짜에 미치지 못했기 때문에 대장·색리·도훈도 등을 문책했다. 사도첨사(김완)에게도 만날 일로 공문을 보냈는데, 혼자서 수색했다고 했다. 또 한나절 동안에 내나로도·외나로도와 대평두·소평두 섬을 다 수색하고 그날로 돌아왔다고 하니, 이 일은 너무도 엉터리 거짓이다. 이를 바로잡으려는 일로 흥양과 사도첨사에게 공문을 보냈다. 몸이 몹시 불편하여 일찍 들어왔다.[86]

　독일 철학자 하이데거(M. Heidegger, 1889-1976)의 말대로, 대체로 사람들은 '세계로 던져진 존재'로서 일상의 세계에 안주하고 남들의 논리에 따르면서 안정감, 편안함, 포근함을 찾으며 살아가는 존재이다.[87] 그런데 공공활동가가 그렇게 적당히 살겠다는 삶의 자세에서 벗어나 온몸주의로 직무를 수행하겠다는 마음을 먹고 실존적 결단을 내려 실행하면, 그는 얼마든지 예술적 경지에서 직무를 수행하는 데 따른 기쁨·만족·보람을 얻고, 인격적 완성과 자아실현을 이룰 수 있다. 그래서 좋은 공공활동가는 적극적·능동적·총체적으로 '좋은 공공활동을 위해 자기 온몸을 던지는 온몸주의의 존재'이다. 그러할 때 온몸주의는 공공활동의 직무수행자 자신에게는 인격적 성숙과 자아실현(자기성취)이란 결과를 가져다주고, 직무에 있어서는 직무목표의 성공적 달성을 보장해 준다. 결국 '공적·개인적 목표의 완전한 동반 실현'의 이상적 결과를 가져다준다. 그것이야말로 공공활동가와 공공활동, 개인과 조직의 발전을 이끄는 역사발전의 원동력이라고 할 것이다.

---

86) 최두환 편저, 앞의 책, 13-21.
87) 이기상, 철학노트, 까치글방, 2002, 80-81 참조.

5. 합리적 비판의 수용과 성찰의 원칙

좋은 공공활동가는, 현실의 제도·법령·정책·선례·관행·타성·인지상정·기득권·우상·편의주의·고정관념·할거주의 등에 묶여 현실규범만을 추종하는, 이른바 '내부관점'이나 '동질적인 관점'의 한계를 깨뜨리고 벗어나는 사람이다. 그는 다른 국가·기관·사람·입장·의견 등 '외부관점' '상이한 이질적인 관점' 과 같은 다양한 관점에서 나온 비판의 중요성을 이해하고, 이를 개방적으로 수용하려는 열린 자세를 갖춘 사람이다. 그래야 좀더 참신하고 혁신적인 사고와 해결방안을 낳을 수 있다는 것을 올바로 인식하고 있는 것이다.

사람이 내부관점에 사로잡혀 올바른 인식을 하지 못할 가능성은 중국 철학자 장자(莊子, B.C. 369-286)와 그의 제자들의 작품인 「장자」에 나오는 많은 우화(寓話)와 우언(寓言)이 적절히 설명해 주고 있다. 또 서양 고대 그리스 철학자 플라톤의 동굴의 비유, 영국 철학자 베이컨(Francis Bacon, 1561-1626)의 우상(偶像)의 비유도 마찬가지이다.

먼저 장자의 우화부터 보면, 다음은 중국 황하(黃河)의 수신(水神) 하백(河伯)이 강물에서 나와 북해(北海) 바다를 보고, 자기가 주관하는 강과는 비교가 안되게 끝이 안 보일 정도의 존재가 바다임을 뒤늦게 깨닫고 자기의 잘못을 탄식하자, 북해(北海)의 해신(海神) 약(若)이 뒤늦게라도 자기 잘못을 깨달은 것을 칭찬하면서 좁은 시야와 주관적 편견을 경계해야 한다고 가르치는 대목이다.

> 우물 안의 개구리에게 바다 이야기를 할 수 없지 않겠나! 그 우물이라는 대롱 같은 좁은 공간에 구속되어 그곳을 벗어날 수 없기 때문이지. 여름에만 살다가 죽는 벌레에게 얼음 이야기를 할 수 없지 않겠나! 그놈의 시간이라는 제한에 얽매어 있기 때문이지. 한 구텡이만 아는 삐뚤어진 선비에게 도를 이야기할 수 없지 않겠나! 그놈의 배움(학식)이라는 것에 속박되어 있기 때문이지.[88]

그의 이 우화에서 유명한 고사성어 '우물 안 개구리'(정중지와, 井中之蛙)라는

---

88) 김용옥, 앞의 책, 227 및 張基槿·李錫浩(역), 老子·莊子, 세계사상전집 3, 삼성출판사, 1982, 327(秋水篇) 참조.

경구(警句)도 나왔다. 그는 우리의 지식·소견은 개구리가 대롱을 가지고 하늘을 보는 '관견'(管見, 대롱 봄)과 같다고 비유하였다. 좁은 소견을 비판한 장자의 우화를 하나 더 보자.

> 장자가 어느 날 조릉이라는 밤나무 숲의 울타리에서 놀다가 한 마리 이상한 까치가 남쪽으로부터 날아오는 것을 보았다. 그 까치 날개의 넓이는 7척이나 되고 눈동자의 직경도 한 치나 되었는데, 장자의 이마를 스치고 날아가 밤나무 숲에 가 앉는다. 장자는 마음속으로 '이것은 어떤 새인가? 그렇게 큰 날개를 가지고도 높이 날지 못하고 그렇게 큰 눈을 가지고도 사람을 보지 못하나?' 하고서 바지를 걷어 올리고 재빨리 걸어가 화살을 잡아 끼우고 있었다. 그때 살펴보니 한 마리 매미가 기분도 좋게 나무 그늘에 앉아 자신도 잊어버리고 신나게 놀고 있었다. 그리고 그 곁에는 한 마리 사마귀가 나뭇잎에 숨어 그 매미를 노리고 있는데, 자신마저 잊고 있었다. 그런 그 곁에는 그 이상한 까치가 기회를 타서 이 사마귀를 잡으려고 눈독을 들이느라고 자신도 잊고 있으면서 장자에게 잡히는 것도 모르고 있었다. 장자는 이를 보고 놀라 '아! 만물은 서로 해치고 이해(利害)는 서로 얽혀 있구나!' 하고서 활을 버리고 돌아왔다. 그러자 밤나무 숲을 지키는 사람은 장자가 밤을 따 가려는 도둑인 줄 알고 뒤를 쫓아오면서 마구 욕을 하였다.[89]

한편, 플라톤의 '동굴의 비유'는 그의 대화 편 중 「국가」편의 제7장에서 소크라테스와 글라우콘이라는 젊은 학도 사이의 대화 형식으로 전개된다. 그는 순전한 겉모습만 보는 억견(臆見, *doxa*)과 억측의 일상 감각적 인식의 세계를 '동굴 안', 본래의 참된 존재·진리·이데아의 세계를 '태양이 비추는 동굴 밖'으로 이원적으로 나눠, 실재와 그림자, 빛과 암흑, 참과 거짓, 구원과 타락을 비유한다. 즉 쇠사슬에 묶여 동굴 속 한쪽 벽면만을 바라보고 있도록 되어 있는 죄수들 등 뒤로 횃불이 있어 벽면에 다양한 상(像)들을 비추는데, 죄수들은 이 그림자에 불과한 상들을 보면서 그것이 진짜 사물들이라고 착각하고 있다. 그런데 한 죄수가 사슬이 풀리어 동굴 밖으로 나아가, 처음 상당 기간 동안은 눈이 부셔 고생하지만 마침내 햇빛이 비추는 실물과 태양을 바라보고 깨닫게 된다. 그리고 그는 예언자적 사명을 가지고 죄수들을 해방시켜 동굴 밖으로 끌어내고자, 다시 동굴 속으로 들어가 적응의 곤욕을 극복하고 죄수들에게 동굴 속 암흑의 거짓 세계와 동굴 밖 진리·본질·존재·이데아의 세계를 설득한다. 그렇지만 죄수들은 그의 말을 믿

---

89) 老子·莊子, 앞의 책, 山木篇, 371-372.

지 않고 오히려 사슬을 풀어서 데리고 나가려는 그를 쳐 죽여 버린다. 그는 이 비유를 통하여, 인간의 감각 인식의 어리석음과 편견을 깨닫게 하려고 하였다.[90]

또 베이컨은 네 가지 환상과 같은 우상(idol, 희랍어 *idola,* 거짓된 형상)이 우리가 올바른 인식에 도달하는 것을 가로막고 방해하는 중요한 장애물이 된다고 주장하였다. 먼저 '종족(tribe)의 우상'은 인류라는 종족 그 자체가 갖는 보편적인 선입관이나 공통된 감각·상식·사고방식 등에 의하여 자기 목적에 맞게 세계를 파악하고 해석하려는 그릇된 관념과 오류를 말한다. 그리고 '동굴(cave)의 우상'은 각 개인이 가지고 있는 심리·성격·기질·선호·교육 같은 개인적인 특질·편견·외고집에 사로잡혀 자연의 빛이 보이지 않는 자기만의 동굴 속에 갇힌 채 세계를 바라보고 이해하려는 그릇된 관념과 오류라고 한다. 또 '시장(marketplace)의 우상'은 시장에서 상품이 교환되듯이 말(언어)들이 오고가는 가운데, 의사를 전달하고 사고하는 언어가 불완전하고 부적절하게 사용되어서 공허한 논쟁으로 혼란스럽게 하고 지성에 폭력을 가하는 그릇된 관념과 오류를 범하게 한다고 한다. 그리고 '극장(theater)의 우상'은 무대 위에서 상연되는 가공의 이야기와 같이, 논증의 잘못된 규칙이나 철학의 그릇된 학설과 체계로 인하여 세상을 있는 그대로 객관적으로 보지 못하게 됨으로써 범하는 그릇된 관념과 오류를 말한다. 베이컨은 인간지성을 고질적으로 사로잡고, 인간정신을 혼미하게 만들고 진리도 얻을 수 없게 하는, 이런 그릇된 관념과 우상들로부터 자신을 지켜야 한다고 주장하였다.[91]

이렇게 올바른 인식을 하지 못할 가능성이 많은 처지에 놓여 있으므로, 좋은 공공활동가는 이에 대처하여 건전하고 생산적·건설적인 의미에서 '자유인'(自由

---

90) 박종현(역주), 플라톤의 국가(정체), 서광사, 1997, 448-453. 앞의 장자의 우물 안 개구리 비유나 이 동굴의 비유는 모두 인간의 좁은 소견을 벗어난 사람들이 인간의 거짓된 인식과 편견을 지적하는 점에서는 매우 유사하다. 그런데 우물 안 개구리 비유에서는 개구리의 세계와 거북이가 사는 바다의 세계가 하나의 동질적 흐름 속에서 단지 '구분'되고 있는 데 비하여, 동굴의 비유에서는 동굴 안 세계와 동굴 밖 세계가 완전히 이원적으로 '분리'되고 있다는 동·서양 철학의 근본적인 차이를 지적하는 주장은 김용옥, 앞의 책, 223-237 참조.

91) '기관'(機關, organ)은 화력·수력 같은 에너지를 기계적인 힘으로 바꾸는 장치인데, 인간의 정신적 에너지를 이 장치 속에 넣으면 지식이 생산된다는 뜻에서, 아리스토텔레스 이후 서양 논리학에서 '기관'이란 말을 사용해 왔다.(논리학=지식의 생산기관) 그런데 베이컨은 아리스토텔레스의 논리학 저서인 '기관'(Organum)에 대항하는 의미에서, 즉 그의 연역논리학과 결별하고 참된 귀납법을 통해 얻는 지식만이 인류복지를 증진할 수 있다고 역설하기 위하여 '새로운 기관'을 저술했다. 프란시스 베이컨, 신기관(Novum Organum), 진석용(역), 한길사, 한국학술진흥재단 학술명저번역총서 서양편 1, 2001(1620), 48-65 및 역자 서문 참조.

人)과 '건전한 회의론자'(懷疑論者)를 추구한다. 지식의 확실성에 도전하는 건전한 회의주의는 인간의 지적 탐구와 창조 행위의 원천이기도 하다. 새롭게 의심해 보고 탐구하는 학문적 호기심이나 기존 지식의 불확실성을 의심하는 학문적 자세에서 학문이 발전해 왔고, 위대한 발견이나 성취일수록 극한(極限)까지 확실성을 추구하는 회의의 산물이다.92) 이와 마찬가지로 공공활동가도 건전한 자유인과 회의주의자의 관점에서, 역사와 국내외의 시간적·공간적 차원, 기존 이론, 접근방법, 전제와 가정들, 실제의 제도·정책·관행·선례, 기성 가치규범·관념·사고의 틀 등이 과연 좋은 공공활동에 합당한지에 대하여 가능한 한 근본적·비판적 성찰(省察)을 할 필요가 있다.

기실 철학은 끊임없이 삶의 문제와 씨름하며 그것을 어떻게 하면 잘 풀어나갈까 좀더 깊이 고민하는 사람들의 물음과 그에 대한 대답들이고, 이에 대하여 되돌아보며 성찰(반성)하는 것이 철학의 첫 단계이다. 그런 만큼 철학은, 하루의 해가 지기 시작할 때 지내온 하루를 되돌아보며 문제가 무엇이었는지, 거기에 제대로 대처했는지, 잘못되었다면 무엇이 잘못되었는지, 왜 그랬는지 등을 곰곰이 되

---

92) 소크라테스의 유명한 문답법(산파술)이나, 데카르트(René Descartes, 1596－1650, 프랑스)의 '방법적 회의'(doute méthodique, methodical doubt)와 같은 '의심하기의 철학 방법'은 이전의 철학이 사고하지 못했던 닫힌 공간을 열어젖히면서 다양한 인간의 사고 영역을 개척하는 중요한 방법론이 되었다. 근대 철학의 아버지 데카르트는, 그가 보기에 모든 것을 의심해도, 의심하는 내가 없다면 의심한다는 것이 불가능하다는 생각에서, 결코 의심할 수 없는 확실한 명제, "나는 생각한다, 그러므로 나는 존재한다"라는 '코키토'(코기토 에르고 숨, *cogito ergo sum*)야말로 불확실한 지식에 확실한 기초를 제공해 주는 철학의 출발점(철학의 제1원리로서의 진리)으로 삼아, 중세의 '신' 중심에서 근대의 '인간' 중심으로 근대 서양철학의 존재론, 인식론, 가치론을 열어젖혔다. 그의 '나'는 인간이 사고와 행위의 주체임을 분명히 함으로써, '나'는 '주체' '주관'이 되고, 사고와 행위의 대상이 되는 것은 '대상' '객체' '객관'이 된다. 이제 철학은 '주체'가 어떤 존재인가(존재론), '주체'는 무엇을 알 수 있는가(인식론), '주체'는 무엇을 해야 하는가(가치론, 윤리학)의 질문에 대한 진지한 답변을 중심으로 전개되었다. 이 '주체의 존재, 인식대상, 행동과 책임 문제'를 어떻게 파악하고 비판하는가가 근대 이후 철학자들의 사상을 서로 구분하게 해 준다. 이진경, 철학의 모험, 푸른 숲, 2000, 36－39 참조.

이와 같이 소모적이 아닌 건설적인 '의심하기'를 통하여 불합리한 독단(dogma)으로 굳어버릴 수 있는 사상·이론·정책·사업 등을 파헤치고 고쳐나감으로써 '좋은 삶'과 '좋은 사회'에 이바지할 수 있다는 관념은 학문이나 실천의 세계에서 다같이 중요하다. 그래서 공공철학자 디목(M. Dimock)도 집단의 지시명령에서는 창조가 있을 수 없고, 따라서 공공활동의 창조자는 상상력(imagination), 깊은 회의주의(a profound skepticism), 독립적인 정신(an independent mind)을 지녀야 한다고 말한다. Marshall Dimock, 앞의 책, 150.

짚어보는 것이라고도 말한다.93) 이와 같이, 의심을 위한 의심이나 헐뜯기 위한 회의주의가 아니라, '좋은 공공활동'이란 확고한 목표의식을 갖고 기존의 것을 당연하게 받아들이기보다는 진실로 좋은 것, 가치 있는 것을 묻고 대답하여 찾는 의심과 반성의 회의주의이기 때문에, 그것은 '건전한 회의주의'라고 하는 것이다.

그런 의미에서, 좋은 공공활동가는 기존의 제도·법령·정책·사업 등 현실 공공활동의 세계에 대하여 필요에 따라 적절한 '거리 좁히기와 거리 두기'를 신축성 있게 할 수 있어야 한다. 그는 현실 세계에 '다리를 놓거나 거리를 좁혀' 현미경을 대고 보듯이, 철저히 밀착하고 집중하여 현실의 여건, 상황, 문제점 등을 파악하는 '개별적인 사유'를 한다. 그러면서도 거기에 파묻혀 더 넓고 큰 보편적인 일반적 세계를 보지 못하는 잘못을 저지르지 않는다. 그는 망원경으로 전체를 조망하듯이, 현실 세계로부터 '일정한 거리를 두고' 역사적·전체 사회적인 맥락에서 문제해결의 근본적 방향과 목표를 설정하고, 목표달성의 수단(대안 또는 방안)들을 창안하여 비교 분석함으로써, 최선의 행동방안을 강구하는 '근원적인 규범사유'를 할 수 있는 사람이다. 그래야 그는 구체적 현실의 영역과 추상적 사유의 이상 영역 사이에 존재하는 모든 요소를 변증법적으로 통합하고 절묘하게 융화시킬 수 있는 원융(圓融)의 사고를 하고 실천하는 철학적 공공활동가가 될 수 있다.94)

직무수행과정에서 합리적인 비판을 수용하고 성찰하는 자세는 공공활동가가 자

---

93) 그런 점에서 독일 철학자 헤겔이 그의 「법철학」 서문에서, 마치 개인이 자기의 시대를 뛰어넘을 수 없는 것과 같이, 어떤 철학도 당대를 뛰어넘을 수 없고, 세계에 대한 사상으로서의 철학은 현실성이 이미 존재하고 그 형성과정이 완료된 후에야 비로소 모습을 나타내므로, 당위적 세계에 대한 교훈을 주기에는 철학은 너무 늦게 도래한다고 말한 바를 참고할 수 있겠다. 거기에 그의 "미네르바의 부엉이(Die Eule der Minerva)는 황혼이 찾아들면 날개를 펴기 시작한다"는 유명한 구절, 즉 지나간 일을 돌이켜 생각하는 철학의 추사성(追思性)을 표현한 말이 들어있다.[로마신화에서 미네르바(Minerva, 그리스 신화에서는 아테나 Athena)는 지혜·전쟁·공예·대기의 여신이다.] G.W.F. Hegel, *The Philosophy of Right*(1820), in *Great Books of the Western World*, vol.46, Encyclopaedia Britanica, Inc., 1980, 6-7. 진석용, 칼 마르크스의 사상, 문학과지성사, 1992, 47에서 재인용. 이기상, 철학노트, 11-12 참조.

94) 한국계 미국 행정철학자 전종섭(J. Jun)은 성찰적 행정인(reflexive administrator), 성찰적 행정(reflexive public administration), 성찰적 행정학, 성찰적 행정학자, 성찰적 방법론 등의 용어를 사용하면서, 성찰적 행정의 기초를 정비하기 위한 8가지 지침을 제시한다. 이에 대하여 Jong S. Jun & Richard VrMeer, "Toward a Reflexive Public Administration," *Philosophy of Administration*, 1994; 윤재풍·정희남(역), 행정철학, 대영문화사, 2001, 50-51 참조.

신의 '책무'를 두렵게 느끼고 '겸손'하게 임하지 않고는 결코 갖출 수 없다. 공적 직무수행의 책임이 얼마나 크고 무서운 것인가를 모르고 가볍게 생각하는 사람, 또 자신은 결코 직무수행에서 과오를 범할 사람이 아니라고 확신하는 오만불손한 사람은 좀처럼 남의 비판을 들으려 하지 않고 함부로 말하고 행동할 것이며, 도대체 끊임없는 자기반성이나 성찰을 생각할 리 만무하다. 그래서 공자는 다음과 같이 '일에 임하여 잘못할까 두려워하는' 임사이구(臨事而懼)를 말하였다.

> (공자의 제자로서 용기를 자부하는 – 저자 주) 자로가 말했다. 선생님께서 삼군(三軍)을 통솔하시게 되면 누구와 함께하시겠습니까? 공자께서 말씀하시기를, 호랑이를 때려잡고 맨몸으로 강을 건너며 죽어도 후회하지 않는 부류의 사람은 내가 함께하지 않으리니, 나는 반드시 일에 임하여 잘못할까 두려워하고 계획을 세워 공 이루기를 좋아하는 사람과 함께할 것이다.[95]

공공활동가도 인간인 이상 온몸주의로 노력한다 해도 그 하는 일이 완전하고 완벽할 수 없다. 따라서 현명하고 철학적인 공공활동가는 항상 공공의식을 견지하고, 자신의 직무와 관련된 합리적 비판을 수용하고 폭넓게 성찰하려는 겸손한 자세를 잃지 않고 철저한 계획과 준비 끝에 실천하는, 계획적이고 성찰적인 공공활동가이다. 다음의 예를 보자.

> ……법원에는 법관 3인이 재판하는 합의재판부가 있는데, 1명의 부장판사와 2명의 배석판사가 있다. 같은 합의부에서 근무하는 법관들은 깨어 있는 시간을 기준으로 한다면 가족들보다 더 많은 시간을 함께 지내면서 합의도 하고 토론도 하게 된다. 그러다 보니 어떤 사람을 만나서 같이 일을 하느냐가 대단히 중요한 문제가 되는데, 배석판사 입장에서는 더욱 절실한 문제였다. 특히 모든 배석판사들이 힘들어하는, '벙커'라고 애칭되는 부장판사를 만나는 것은 정말 피하고 싶은 일이었다.
> 배석판사로 근무하던 어느 해, 유난히 힘든 사건이 많이 모인 재판부에 근무하는 중에 인사이동이 있었다. 새로운 부장판사를 모시게 되었는데, 동료 법관들이 한 번씩 방에 들러 위로의 말을 던지고 가는 것이었다. 모두 피하고 싶어 하는 그 '벙커'에 걸린 것이었다. 사실 그 분을 직접 겪어 본 적이 없어 잘 알지 못했는데, 여기저기서 위로를 받다 보니 절로 앞날에 대한 걱정이 밀려왔다.

---

95) 홍승직(역해), 논어, 술이 편, 94–95 참조. 중국 옛날 군대 편제에서 1군이 12,500명이므로 '삼군'은 큰 규모의 군대 즉 대국의 군대를 말한다.

그러나 정작 그 분과 6개월 정도 같이 근무한 후 '될 수만 있다면 나도 벙커가 되었으면 좋겠다'는 것이 나의 공공연한 소망이 되었다. 그때 받은 가르침으로 가장 머릿속에 남아 있는 것은 '우리가 왜 이 자리에 있는지 한 번 생각해 봅시다'였다. 합의 도중 이 말을 듣게 되면 며칠쯤 기꺼이(?) 밤샘을 하면서 기록을 다시 검토할 수밖에 없었다.……96)

이제 공공활동가는 공공활동과정에서 합리적 비판을 가능한 한 수용하고, 항상 성찰적 자세를 잃지 않는 겸손한 자세를 가져야 좋은 공공활동을 수행할 수 있음을 명심할 일이다. 온몸주의를 실천하는 일만 해도, 공공활동가가 엄정한 몸가짐과 공명정대한 마음가짐을 가지고, 항상 겸손한 자세로 자신의 규범의식과 행동을 성찰하는 바가 없으면, 오히려 그 온몸주의로 직무를 수행한다는 것이 오히려 현장의 이해관계인과 유착하고, 향응이나 뇌물의 유혹에 더 취약해지며, 부정과 비리의 범법자(犯法者)로 이끌어 갈 수도 있다.

---

96) 황덕남(변호사), "내가 지금 이 자리에 있는 이유," 한국일보, 2001, 9, 22.

제 5 장

공공철학하기에 의한 공공활동의 실천

공공철학은 '좋은 공공활동을 수행하기 위한 올바른 행동의 본질에 대하여 탐구하는 사유활동'이다. 그리고 공공행동은 '좋은 공공활동을 수행하기 위한 직접적인 실천 행동'이다. 그리하여 '좋은 공공활동'은 공공철학과 공공행동을 통합하는 '공공철학 통합주의의 공공활동' 또는 '올바른 공공철학하기에 의한 공공활동'이다. 그것은 곧 공공활동가가 실천하는 '행동의 힘'과 '생각의 힘'을 통합하여 발휘하는 공공활동이다. 공공활동가는 '생각 있는 행동'으로 현실을 재창조해 낸다. '행동'으로써 현실을 재창조하는 일에는 '올바른 생각', 그것도 '본질적으로 중요하고 창조적이며 가치 있는 생각' '참다운 지식(앎)'이 중요하다. 아는 만큼 보이고, 보이는 만큼 느끼며, 느끼는 만큼 행할 가능성이 높아진다. 올바로 알고 올바로 행동하는 일, 일상적으로 공공철학하기에 의하여 올바로 공공활동을 수행하는 일은 누구에게나 필요하고 중요하지만, 특히 공직자나 경영자나 회사원 등 공공활동가에게 필요하고 중요하다.

그래서 20세기 민주화와 민권(씨올의 소리)을 위해 선봉에 서서 투쟁했던 함석헌(1901-1989)은 "우리의 역사적 숙제는 이 한 점에 맺힌다. 깊은 종교를 낳자는 것, 생각하는 민족이 되자는 것, 철학하는 백성이 되자는 것. 그러면 6·25의 뜻도 어쩔 수 없이 여기 있을 것이다"라고, 분단과 6·25 싸움이 주는 역사적 교훈을 되새기며 '생각하는 백성이라야 산다'고 외쳤다.[1] 또 민족의 지도자 김구는 「백범

---

1) "생각하는 백성이라야 산다"는 잡지 「思想界」(사상계, 1958년 8월호)에 처음 게재되었는데, 당국은 그 민족적 관점의 사상적 배경과 정부비판을 문제 삼아 글쓴이 함석헌을 20일간 수감하고 조사한 후 풀어줬다. 그 이듬해 함석헌의 진의를 밝힌 '생각하는 백

일지」에 '나의 소원'이란 글을 덧붙이면서, 그 서문에서 다음과 같이 말하였다.

> ……끝에 붙인 「나의 소원」 한 편은 내가 우리 민족에게 하고 싶은 말의 요령을 적은 것이다. 무릇 한 나라가 서서 한 민족이 국민 생활을 하려면 반드시 기초가 되는 철학이 있어야 하는 것이다. 이것이 없으면 국민의 사상이 통일되지 못하여 더러는 이 나라의 철학에 쏠리고 더러는 저 민족의 철학에 끌리어 사상의 독립, 정신의 독립을 유지하지 못하고 남을 의지하고 저희끼리는 추태를 나타내는 것이다. ……우리는 우리의 철학을 찾고, 세우고 주장하여야 한다. 이것을 깨닫는 날이 우리 동포가 진실로 독립정신을 가지는 날이요, 참으로 독립하는 날이다. 「나의 소원」은 이러한 동기, 이러한 의미에서 실린 것이다. 다시 말하면 내가 품은, 내가 믿는 우리 민족철학의 대강령(大綱領)을 적어본 것이다. 그러므로 동포 여러분은 이 한 편을 주의하여 읽어 주셔서 저마다의 민족철학을 찾아 세우는 데 참고를 삼고 자극을 삼아 주시기를 바라는 바이다.[2]

그리고 그는 「나의 소원」에서 다음과 같은 그의 소원과 높은 이상을 말했다.

> 네 소원이 무엇이냐 하고 하나님이 물으시면 나는 서슴지 않고 '내 소원은 대한

성이라야 산다를 풀어 밝힌다'는 글과 다른 글들이 함께 묶여 「새 시대의 전망」이란 단행본(생각사)이 출판되었다. 그 책은 1979년 「생각하는 백성이라야 산다」로 개제(改題)되었다. 같은 책, 65-80, 81-91 및 노명식 엮음, 함석헌 다시 읽기, 인간과자연사, 2002, 연보 참조.

2) 金九, 白凡逸志, 서문당, 1973, 4-5. 백범은 1897년 사형 판결을 받고 고종 황제의 재가가 났으나, 집행 직전에 뒤늦게 국모의 원수를 갚은 살인죄목을 보고받은 고종이 개통 3일밖에 안 된 전화로 사형집행 정지를 명하여, 목숨을 구한다. 그러나 일본공사 하야시(林權助)의 압력으로 방면이 안 되자 1898년 탈옥하고, 삼남 일대를 떠돌다 하동 쌍계사에서 피신생활을 하고, 공주 마곡사에서 승려가 되었으나 1899년 환속하였다. 그 후 피신생활 중 동지들이 지어준 이름 '김구'(金龜)로 행세하며, 1900년 강화도에서 개화인들과 교유하며 교육·계몽사업을 하고, 황해도 장연에 학교를 설립하기도 하고, 1905년 을사조약이 체결된 전후로 교원과 교장이 돼 항일운동과 함께 교육사업에 전념하였다. 1909년 안중근 의사의 이토 히로부미 저격사건 관련자로 체포돼 투옥됐다 불기소로 풀려나고, 다시 1911년 독립운동자금 모금과 관련된 사건으로 체포돼 17년 형을 선고받아 복역 중 감형되어 1914년 7월 가출옥되었다. 옥중에서 왜놈의 국적으로부터 이탈하는 뜻으로 이름을 '김구'(金九)로 고치고, 가장 천한 백정과 무식한 범부(凡夫)까지 전부가 자신만 한 애국심과 지식을 높여야 독립국을 이룰 수 있겠다는 뜻으로 당호를 '백범'(白凡)으로 정해, 옥중 동지들에게 알리면서 그 후 널리 불리게 되었다.(213쪽). 1919년 3·1운동이 일어나자 백범은 상해로 망명하고, 임시정부의 주석을 지내며 항일운동을 이끈 후, 일본의 항복으로 귀국하여 남북통합 정부를 수립하는 데 힘쓰다 뜻을 이루지 못하고 1949년 6월 26일 안두희의 총탄에 암살되었다.

독립이요' 하고 대답할 것이다. 그 다음 소원은 무엇이냐 하면 나는 또, '우리나라의 독립이요' 할 것이요, 또 그 다음 소원이 무엇이냐 하는 셋째 번 물음에도 나는 더욱 소리 높여서, '나의 소원은 우리나라 대한의 완전한 자주 독립이요' 하고 대답할 것이다.……

나는 우리나라가 세계에서 가장 아름다운 나라가 되기를 원한다. 가장 부강한 나라가 되기를 원하는 것은 아니다. 내가 남의 침략에 가슴이 아팠으니 내 나라가 남을 침략하는 것을 원치 아니한다. 우리의 부력(富力)은 우리의 생활을 풍족히 할 만하고 우리의 강력은 남의 침략을 막을 만하면 족하다. 오직 한없이 가지고 싶은 것은 높은 문화의 힘이다. 문화의 힘은 우리 자신을 행복하게 하고 나아가서 남에게 행복을 주겠기 때문이다.……그래서 진정한 세계의 평화가 우리나라에서, 우리나라로 말미암아서 세계에 실현되기를 원한다. 홍익인간(弘益人間)이라는 우리 국조(國祖) 단군의 이상이 이것이라고 믿는다.……

이처럼 국가의 최고 지도자이든, 한 조직에 갓 들어간 신입 공직자나 사원이든, 공공활동가는 '백범의 규범사유'를 본받아 현실을 재창조하는 행동에 나서야 한다. 그는 다른 많은 사람들에게 영향을 주는, 좋거나 옳거나 바람직한 가치를 구현해야 하기 때문에, '행동과 생각의 통합적 실천'이 얼마나 중요한가를 철저하게 명심하고 실천해야 한다.

일반적으로 어떤 개인이 한 일이 주위의 다른 사람들에게 영향과 효과를 주는 범위와 정도가 커질수록 그 개인의 일에 대한 부담은 커지는 법이다. 그런데 바로 공공활동에 종사하는 자들은 남에게 크고 작은 영향과 효과를 미치고 부담을 지우는 그런 사람들이다. 따라서 공공활동가는 모름지기 자신의 생각과 행동의 영향이 미치는 범위와 정도를 헤아려, 마땅히 그에 비례하는 책임감과 부담을 느껴야 한다.

공공철학을 구현하는 공공활동가 즉 '철학적 공공활동가'는 '생각과 행동의 힘을 통합할 수 있는 자'이다. 공공활동에 종사하는 사람이 철학적 공공활동가가 되기 위해서는 자신의 생각과 행동의 힘을 올바로 사용해야 하고, 그것이 잘못 사용되지 않는가를 항상 경계하고 성찰해야 할 것이다. 이것은 공공활동가에게 '일상적인 호흡하기와 같은 공공철학하기'라고 할 수 있다. 우리가 잠시라도 숨을 쉬지 않으면 생존할 수 없듯이, 공공활동가도 호흡하는 것과 같이 항상 깨어있으면서, 올바른 공공활동의 본질에 대하여 고민하고 숙고하며 행동하지 않으면 안 된다. 그러할 때 공공활동가는 자신의 업무를 올바로 수행함으로써 개인적으로는 보람, 성취감, 자긍심을 느낄 수 있고, 공적으로는 좋은 공공목적을 달성할 수 있다. 그리하여 공공활동의 최고의 이상적 경지인 '공적·개인적 목표의 동반 실현'이 가능해진다.

그러나 그 반대로 '일상적인 호흡하기와 같은 공공철학하기'를 실천하지 못할 때에는, 조금만 '생각 없이' 행동한 것이라도 공공활동가 자신과 그가 속한 조직에 큰 비판, 질책, 부담을 초래하고 급기야 거기에 대한 책임을 져야 하는 일이 발생한다. 다음 사례는 고위 공직자들이 생각 없이 행동함으로써, 맨 앞 사례와 같이 '소방헬기 이용'의 문제로 또다시 물의를 빚은 사건이다.

청와대 정책실 산하인 대통령직속 농어촌대책 태스크포스(TF) 등의 팀장과 직원 11명이 전북 새만금 간척사업 현장을 전북도 소속 소방헬기를 타고 시찰하면서 동반한 가족들까지 함께 헬기에 태웠던 사실이 뒤늦게 밝혀졌다. 대통령민정수석비서관실은 2003년 6월 중순 이 같은 사실을 자체 조사해 지난주 징계위를 열어 '공직자로서 부적절한 행동을 했다'는 이유로……9명에 대해 엄중 주의 조치했다고 윤태영 청와대 대변인이 밝혔다.

새만금 현장시찰은 ㅇㅇㅇ팀장이 추진했으며 이들은 하루 전날 이정우 대통령정책실장에게 현장시찰을 가겠다고 보고하고 버스로 새만금 현장에 도착해 농업기반공사가 제공한 소방헬기를 세 차례 탔던 것으로 알려졌다.……이들은 현장에 부인과 자녀 등 가족 12명을 데리고 갔으나 헬기에 타고 현장을 시찰할 때는 직원 부인 5명이 함께 탔던 것으로 확인됐다.……이날 시찰에 참여했던 한 관계자는 "당초 현충일 휴일이어서 사적으로 가족들과 함께 현장을 둘러보려 했다.……정책실장에게 보고를 해 공적인 방문이 됐고 일부는 가족동반을 취소했으나 일부는 갑자기 취소하기가 어려워 함께 갔다"고 말했다.……3)

청와대 비서관과 행정관들이 새만금 사업 현장을 시찰한다며 가족들을 전라북도 소방 헬기에 태워 유람시킨 것은 이 정권 핵심부가 공(公)과 사(私)에 얼마나 무감각한지를 여지없이 드러내 보인다.……소방헬기의 사용 우선순위는 인명구조와 화재진압, 응급환자 이송, 소방업무 등으로 명시돼 있다. 이 운영규칙에 따라 전라북도 관계자가 민간인 탑승을 막자 청와대 사람들은 서약서까지 써주며 아내들을 태웠다고 한다. 이들은 공무로 뜨는 헬기에 가족을 태우는 게 꺼림칙하지도 않았던 모양이다.……청와대 해명대로 사적인 휴일 방문이 공식 일정으로 바뀌면서 가족동반을

---

3) 동아일보, 2003. 6. 25, "청와대 정책실 새만금 소방헬기 시찰, 직원 부인들 함께 태워 유람" 기사.

취소하지 못했다 치더라도 최소한 헬기 탑승과 사업 보고에선 가족들을 떼어놓았어
야 옳다.

　더 큰 문제는 공사(公私) 혼돈이 이 정권의 특징이 돼 가는 것처럼 보인다는 데
있다.……일련의 일들엔……공(公)의 개념이 보이지 않는다. 거기에 걸맞은 행동규범
이나 윤리 역시 따를 리 없다.……4)

　노무현 대통령이 최근 잇따른 청와대 직원들의 기강해이 사태에 대해 질책을 했
다. 청와대 수석·보좌관 회의에서 15분 동안이나 이에 대한 언급을 했다.……노 대통
령은 청와대 직원들의 공용헬기를 이용한 가족동반 시찰 및 국정원 간부 사진 유출
과 관련해 핵심 비서관 세 명과 전속 사진사를 경질한 데 대해 "불행한 일이며 가혹
하지 않았나 마음의 부담도 많았다.……이런 문제는 전후사정을 모르는 국민의 입장
에서 봐야 한다"고 강조했다.……노 대통령은 특히 가족동반 공용헬기 이용과 관련,
자신의 경험까지 언급하며 잘못을 지적했다. "해양부장관 시절 강원도 시찰을 가기
로 했는데 소방헬기를 제공하겠다는 연락이 왔으나 거부했었다"는 것이다. "문재인
민정수석도 민원 해결차 전남 보길도에 가는 길에 전남도의 공용헬기를 사용하지 않
고 배로 갔다"는 얘기도 꺼냈다. 공사(公私) 구분의 중요성을 강조한 것이다.……5)

　여기서 우리는 왜 이 문제가 중요한 것임을 재확인할 수 있다. 당시 비판 일색
인 언론의 초점은 주로 해당자들이 '공과 사'를 구별하지 못하고 공용 시찰에
'가족을 동반'한 사실에 맞추고 있다. 그러나 이 사건에서 공과 사를 구분하지 못
한 점도 질책을 받아야 하지만, '인명구조나 화재진압과 같은 목적 이외의 용도
로는 함부로 소방헬기를 이용해서는 안 된다'는 생각을 하지 못하고 소방헬기를
제공한 측과 이용한 측의 중대한 규범판단(normative judgement)의 오류가 더 큰
문제이다. 이는 공공철학하기에서 인명과 관련된 근원규범(fundamental norm), 기
초규범(ground norm)의 문제이므로, 언론의 주된 비판도 이에 초점을 맞춰야 했
다. 심지어 공적인 목적이더라도 그렇다. 그래서 소방헬기를 "공용헬기"라고 말하
는 것도 고쳐야 한다.

　소방헬기는 근본적으로 어떤 목적을 위해 필요하고, 왜 존재하는가? 교통이 불
편하거나 시간이 촉박한 공무를 수행한다는 이유로 쉽게 소방헬기를 이용하고 제
공하는 것은 왜 잘못된 일인가? 공무수행에서 가장 중요시해야 할 가치규범은 무

---

4) 조선일보, 2003. 6. 26, "가족동반으로 消防헬기 유람이라니" 사설.
5) 중앙일보, 2003. 6. 27, "盧, 청와대 참모 15분간 질책, 나랑 친해도 잘못 땐 문책" 기사.

엇인가? 결국 이 사건은 좋은 삶과 좋은 사회를 위한 좋은 공공활동을 수행하겠다고 하면서도 이런 부류의 본질사유와 규범사유를 하지 않거나 그렇게 할 수 없는, 우리 공직사회의 '공공철학하기의 빈곤', '철학적 문제의식의 결여' 또는 '규범판단의 위기'(crisis in normative judgement)를 여지없이 폭로한 것이다. 따라서 이 사건은 '공공활동에서 공공철학하기에 의한 직무수행이 왜, 얼마나 중요한가'를 분명하고도 확실하게 뒷받침해 준다고 하겠다.

이제 공공활동가는 현실 공공활동의 수행과정에서 공공철학 통합주의의 좋은 공공활동을 위하여 '어떤 근본적인 문제의식을 갖고 무엇을 어떻게 해야 하는가'라는 '철학적 문제의식·질문'부터 다시 설정하고 시작해야 한다. 공공활동가가 어떤 철학적 문제의식을 갖고 있는가에 따라, 그가 당면 사안에 대하여 어떤 성격의 어떤 문제로 인지하고, 어떤 범위에서 어떤 상상력을 발휘하여, 어떻게 숙고(고민)하고 어떤 해결의 방향과 방법, 그리고 어떤 구체적인 해답을 찾을 것인가가 크게 달라지기 때문이다. 따라서 무엇보다도 먼저 철학적 문제의식·질문을 올바로 설정하고 탐구하는 것은 좋은 공공활동을 위한 가장 중요한 첫걸음임을 알 수 있다. 이에 이 제1부의 일상적 공공철학하기를 위한 총론적 논의를 토대로, 다음 제2부의 각 장에서는 좋은 공공활동을 위하여 공공활동가가 항상 붙들고 씨름해야 할 중요한 철학적 질문이라고 판단되는 주제를 제기하고, 그 주제와 관련된 실제 사례를 중심으로 공공철학하기에 의한 좋은 공공활동의 길을 구체적으로 탐색·논의해 보기로 하겠다.

공·사 개념에 관한 이론은 우리 삶과 사회의 다양하고 다층적인 공적·사적 현상의 실체를 설명하고 유용한 처방을 제공해 주므로 실제적으로나 학문적으로 대단히 중요하다고 지적하였다. 이에 여기에서는 제2장의 논의를 바탕으로, 더 전문적·심층적으로 이해하고 적용하는 데 필요한 공공 개념의 실체적·절차적 본질에 대하여, 제2장과 동일한 논의 방식으로 그에 연결해서 설명하기로 하겠다.

1. 공공 개념의 실체적 본질

먼저 '무엇이 공공인가'라는, '공동체(구성원)에 공동으로 딸리거나 관계된 바' 공공의 의미와 내용의 실체적 본질에 대하여, 다음과 같이 공·사 구분의 양극성과 다극성, 이원성과 연속성, 상호 보완성과 사사 개념의 기반성, 적정한 조화의 관계로 나누어 요약 설명하기로 한다.

1) 공·사 구분의 양극성과 다극성

공·사 개념과 관련된 중요한 쟁점의 하나는 우리 삶의 여러 현상을 공·사 두 개념만으로 충분히 설명할 수 있는지, 아니면 세 개나 그 이상의 개념이 필요한 것인지에 관한 것이다. 어떤 현상을 두고 공적인 것이나 사적인 것 식으로 공·사 두 개념만으로 충분히 설명할 수 있으면, 그 경우 공·사 개념은 '양극성'(兩極性, bi－polarity)을 갖는다고 할 수 있다. 그런데 공·사 개념만으로는 충분하지 않고 그 이외의 다른 개념도 필요하다면, 그 경우 공·사 개념은 '다극성'(多極性, multi－polarity) 중 두 극을 차지하는 개념에 불과하다고 규정할 수 있다.

그런데 이 세상 만물을 이분법적으로 양극화(polarization)하려는 시도는 항상 무리가 따른다. 그렇지만 그런 이진법(二進法, binary)의 구분은 하나의 분석적 절차로서 매우 유용하다. 이는 공·사 개념의 경우에 있어서도 마찬가지이다. 공·사 이원론(이분법·이진법)적 개념의 구분은 매우 유용하지만, 그것만으로 학문적·실제적 필요에 대응할 수는 없을 만큼 현실은 복잡다단하다. 그래서 흔히 공·사 개념을 혼합적으로 공유하는 공·사 혼합적인 부분(측면·차원·성격)의 중간적인 개념이 논란의 핵심에 자리 잡고 있다. 그 때문에, 학자들 중에는 공·사 어느 쪽에도 속한다고 볼 수 없는 개념을 추가하여 삼원론(trichotomy, tripartite model)을 제안하기도 한다. 헤겔(Hegel)이 가정, 시민사회, 국가의 틀로 구분한 것이나, 정치철학자 아렌트가 '사적인 것'(the private) '공적인 것'(the public) 외에 근대 시민사회의 특징을 말하는 '사회적인 것'(the social)을 추가한 것이 그 대표적인 예이다.[6]

이런 유형의 논쟁이 나오는 것은 기본적으로 세월이 흐르며 공·사 두 범주의 구분과 내용이 변하면서, 공·사의 양극적 개념으로 충분하지 않고 만족스럽지 않다는 생각 때문이라고 하겠다. 그러나 그런 공·사의 중간 개념은, 본원적 공·사의 개념만큼 고유한 의미를 지니고 있어서 뚜렷하고 명확하게 정의되고 구분되면 좋은데, 그렇지 못하다. 그것은 기본적으로 공·사 개념은 원시시대 때부터 지니고 있는 고유한 내포적 의미가 있는 데 비하여, 중간 개념은 우리의 삶과 사회가 변화해 가는 과정에서 시간적·공간적으로 나타난 현상에 대하여 그렇게 근원·뿌리도 없는 제3의 의미를 부여·구분하려고 한 데서 비롯된다. 그것은 어느 시대 어느 사회에서나 적용 가능한 보편성 있는 개념도 되지 못하고, 단지 공·사 개념의 하나의 외연(外延)을 확대하는 개념에 머무르고 있는 실정이다.

과연 그런 중간 개념으로 내세워지는 개념들은 공·사 간 구분이 비교적 분명한 국가주의적인 공공 개념에서 출발하는 것도 우연이 아니다. 국가적인 '공'과

---

6) S. Benn and G. Gaus(eds.), 앞의 책, 18 및 Jeff Weintraub, 앞의 책, 34－38.

개인적인 '사'로 구분할 때, 중간 개념은 국가도 아니고 개인도 아닌, 그 사이의 어떤 개념인 사회·시민사회·종교[7] 등의 영역을 지칭하는 개념이라는 식이다. 그러나 후술하겠지만 공·사 개념은 연속적인 성격을 더 많이 지니고 있는 개념이다. 그래서 공·사의 중간 개념은, 그 정도가 분명하게 드러나지 않아서 충분하지는 않지만 필요시 언제나 본원적인 공·사 개념에 '준'(quasi) '반'(semi) 또는 '혼합'(mixed)을 덧붙인 개념, 즉 준공공·반공공·반관반민(半官半民)·공사혼합 등의 개념으로 표현되고 있다.

요컨대, 공·사의 개념이 교직(交織)·혼재돼 있는 우리 삶과 사회의 제반 현상에 대하여 이원론과 같은 양극적 틀로 깔끔하고 명쾌하게 이해하기 어려운 면이 있다. 그렇지만 여전히 공·사의 양극적 구분은 우리 삶의 모든 측면에서 아주 광범위하고 깊숙하게 우리의 사고와 행동을 지도하고 이끌고 있는, 거대한 이분법(二分法), 대분수령(大分水嶺, a great divide), 사회사상과 사회생활의 가장 중요한 조직원리의 하나가 되고 있음에 틀림없다.[8] 그리고 양극성이 아닌 삼극성 (tri-polarity)이나 다극성의 주장은 아직까지 학문적·실제적으로 별 호응을 얻지 못하고 있다.[9]

2) 공·사 구분의 이원성과 연속성

공·사 개념과 관련된 다른 중요한 쟁점의 하나는 이원성과 연속성에 관한 문

---

7) 서양 중세시대에는 세속적 도시와 신의 도시의 구분, 황제의 세속적 권위와 교황의 정신적 권위의 구분이 있었다. 따라서 그 당시 중세 기독교도들은 세 가지 종류의 생활, 즉 정치공동체의 '공적 생활'과 가정의 '사적 생활' 외에, 보편적인 종교적 영적 공동체인 교회에 반드시 참석하게 돼 있었으므로 '종교생활'이 있었다고 한다. 그러나 이는 종교개혁과 더불어 변하게 되었고, 종교도 공적인 것으로 편입되었다. 그러다가 20세기 초부터 종교가 정치와 분리(정교분리)되고, 다른 사생활 영역과 마찬가지로 종교도 하나의 사적인 영역(종교의 사사화, privatization of religion)으로 간주되고 있다고 한다. 이는 S. Benn and G. Gaus(eds.), 앞의 책, 19-23 참조.

8) Jeff Weintraub, 앞의 논문, 1 및 34-38 참조.

9) 정치학자 울프(A. Wolfe)도 다극성의 개념을 시도해 보지만 만족스럽지 못하므로, 공·사 개념의 중요성을 인정하되 절대화하지 않는 것이 필요하다고 결론짓는다. 이상 Hannah Arendt, *The Human Condition*, Chicago: The University of Chicago Press, 1958. S. Benn and G. Gaus, 앞의 책, 14-23. Jeff Weintraub, 앞의 책, 1-3. Alan Wolfe, 앞의 논문, 196-201 참조.

제이다. 공·사의 개념이 양극성을 갖는 개념이라고 할 때, 공·사 개념이 순전히 양자택일적(兩者擇一的)인 이원적 개념인가, 양자 혼합적인 연속적 개념이기도 하는가? 경계를 명백하게 양분하여 공·사 간 어느 한 범주로 지정할 수 있는 경우, 공·사적인 것의 구분은 '가부(可否)의 문제'로서 양자택일적(이원적, 이분법적, 이항적, dichotomous)이라고 한다. 사무실이 공적 사무실인가 사적 사무실인가의 여부, 담당자가 공무원인가 사무원(私務員)인가의 여부가 그 예이다. 이에 비하여, 공·사의 문제가 연속선(連續線, continuum) 위의 두 끝이 아닌 어느 연속된 위치에 놓여, 좀더 많거나 적은 공·사적인 성격을 띠게 되면, 그 경우 공·사적인 것은 명확하게 양분하기 어려운 '정도의 문제'로서 양자 혼합적(연속적, continuous)이라고 한다.

> 자신만이 알고 이용하는 외딴 해변은 다른 사람들이 알게 되면서 사적인 성격이 줄어든다. 그렇다고 그 해변이, 인근에 고속도로가 개설되어 많은 사람들이 몰려들기 전까지는, 완전히 공적인 장소라고도 할 수 없다고 한다.[10]

우리는 공·사의 개념을 '이원적'이라고만 생각하는 경향이 있다. 정부가 소유·운영하는 대상(공공부문, 공무원)과 그렇지 않은 대상(사부문, 사무원)의 경우와 같이, 많은 경우 국가주의적인 공공 개념에 의하여 명확하게 이원적으로 구분할 수 있는 데서, 우리는 더욱 더 그러한 이원적인 이분법에 익숙해져 있다. 그러나 기본적으로 사람은 공·사적 조건을 공유하고 그 조건 속에서 삶을 영위하는 '개인적·공동체적 존재'이다. 그렇기 때문에 사람의 삶과 관련된 상황은 대체로 공·사적인 성격이 혼재된 '연속적' 조건에 놓이게 되는 경우가 훨씬 더 많다고 보는 것이 타당하다. 현실에서 공·사 구분이 불확정적이고 불확실하며 논란의 대상이 되는 경우가 많은 것도 바로 그 연속적인 성격 때문이다.

우리는 흔히 공·사 개념이 혼합된 연속적 현상에 대해서도 어느 한 편이 더 많은 정도를 보이게 되면 편의상 공·사 이원적인 구분을 짓고, 어느 한 편으로 지칭하곤 한다. 예컨대 공무원은 공무수행을 끝마치고 퇴근한 후에는 다른 일반 사람들과 다름없는 '사인'(私人)이지만, 그는 직장이든 어디에서든 대체로 '공무원'으로 통하고 지칭된다. 이 때문에 우리는 공·사 개념이 공·사 혼합적인 연속적인

---

10) 이러한 공·사 개념의 이원적 성격과 연속적 성격에 대한 설명과 예는 S. Benn and G. Gaus (eds.), 앞의 책, 13-15를 참조함.

성격(측면·차원)은 지니지 않고, 공·사 택일적인 이원적 성격의 개념만을 지니고 있는 것으로 오해하기 쉽다. 그러나 국가주의적인 공·사 개념에 의하여 이분법적으로 명확히 구분되는 신분의 '공무원'은 공무에 근무 중인 때에 한하여 그대로 '공인'(公人)인 공무원이고, 그가 퇴근한 후에는 원칙적으로 그의 신분이 '사인'으로 변한다. 그렇게 공무원의 신분도 '공인 아니면 사인'의 이원적인 것이 아니라, '공인이면서도 (퇴근 후에는) 사인'이라는 연속적인 면을 보여주고 있다. 그런데 다시 그가 퇴근 후에는 마음대로 어떤 '사적' 영리행위(소위 겸직)에 종사해도 되는 것이 아니라, 그 사적 행위가 그의 '공적 직무'와 관련이 있다면, 즉 연속적인 성격이 농후하다면 이해상충을 이유로 금지된다. 그 경우 그는 '사인이면서도 공인'인 연속적인 성격의 신분을 갖는 셈이다. 이는 이원적으로 보이는 데서도 연속적인 성격의 공·사 개념이 적용되고 있음을 알 수 있는 예이다.

3) 공·사 개념의 상호 보완성과 사사 개념의 기반성

공·사 개념과 관련된 다른 중요한 쟁점은 공·사 개념이 상호 보완적인가 대립적인가의 문제이다. 우리의 삶에서 공공 개념은 개인이 홀로 행동하기에는 어려운 사적인 활동을 지원·육성·권장하거나, 남에게 피해를 주지 않게 하기 위해서 사적인 방임을 제한·억제·금지하기 위한 목적으로 논의되고 적용된다. 여기서 공공 개념이 사사 개념의 대상에 대하여 지원·육성·권장하는 기능·역할을 하는 관계이면, 그 경우의 공·사 개념은 상호 '보완적 관계'를 맺고 있는 것이 된다. 그리고 공·사 개념의 '대립적 관계'란 공공 개념이 사사 개념의 대상에 대하여 제한·억제·금지하는 기능·역할을 하는 관계를 말한다.

현실에서는 어느 하나의 사안과 관련하여 공공 개념이 사사 개념의 대상에 대하여 보완적 관계나 대립적 관계 중 어느 하나를 보이기도 하고, 그 두 관계를 복합적으로 모두 보이기도 한다. 그러므로 그에 적절하게 공·사 개념이 적용된다.

공교육과 사교육은 상호 보완하는 관계이다. 그렇지만 고액 과외와 같이 사교육이 너무 비대한 경우에는, 공교육을 위하여 사교육을 억제하거나 금지하는 조치가 나오고 있는 것이 우리나라의 현실이다. 그런가 하면 평생교육·직업교육 분야에서와 같이 사교육이 너무 부족한 경우에는, 오히려 그런 사교육을 진흥하기 위한 공적 권장과 보조 조치가 필요하고, 실제 우리나라에서도 그렇게 하고 있다.

그런데 공·사 대립적인 관계를 보인 경우를 포함하여, 본질적으로 공·사 개념은 모든 경우에 서로 존재론적 실체를 공유하고 양립하게 돼 있다. 따라서 양개념은 그 관계·역할·기능이 '적절하기만 하다면' 서로 보완적일 수밖에 없다고 말할 수 있다. 궁극적·본질적으로 사적인 것은 공공 개념이 있음으로써 온전하게 보호받을 수 있다. 공적인 것 역시 사사 개념을 존중하는 토대·기반 위에서, 궁극적으로는 사적인 것을 보호하고 육성하고 권장하기 위하여 존재한다. 따라서 공·사 개념은 서로 존재론적 실체를 공유하고 양립하게 돼 있고, 상호 보완적인 관계·역할·기능을 위하여 생겨난 개념이다.[11] 공·사 개념이 상호 대립적인 관계에 놓인 경우에도 공공 개념은 공동체에 적합한, 건전한 사사 개념을 유지하도록 보호하기 위하여 발동되고 적용된다고 보아야 한다. 그러므로 결국 그 경우에도 공·사 개념은 본질적으로 상호 보완적인 목적을 위한 관계에 놓여 있는 셈이다.

---

11) 개인(개체, 부분)과 사회(전체, 공동체, 사회집단)의 관계를 이해하는 전통적인 관점·모형·방법론에는 개체주의 모형(개인주의 모형, individualist model)과 전체론적 신비주의 모형(holistic model)의 두 가지가 있다. 그런데 공·사 개념을 깊이 있게 분석한 벤과 가우스는 개체주의와 유기체 모형(organic model, 전체론적 신비주의 모형에 해당)에 의하여 공·사 개념이 다르게 이해된다고 주장하며 이를 구체적으로 설명하고 있다. 개체주의 모형이란 '개인'을 논리적으로 가장 원초적인 단위로 여기고, '사회는 개인의 단순한 집합'이라는 관점을 취하며, 공공 개념은 개개인의 합계(aggregation)의 의미로 이해하는 모형이다. 이에 비하여 유기체 모형은 '사회'를 논리적으로 가장 중요한 기본단위로 여기고, '사회는 개인의 단순한 집합 이상의 어떤 것'이라는 관점을 취하며, 공공 개념은 하나의 분리할 수 없는 유기체적 전체(whole)의 의미로 이해하는 모형이다.

　벤과 가우스는 개체주의 모형으로 볼 때, 사사성(privateness)과 공공성(publicness)의 구분은 ① 특정하게 지정 가능한 특정인 대(對) 전체 구성원의 지위로서의 불특정인, ② 집단 차원에서는 특정인 집단 대 모든 사람의 집단 즉 공중, ③ 기관화 측면에서 사적 기관 대 국가기관, ④ 일반화한 추상적 개념으로서 사적 결사체 대 공동체에 의한 구분으로 나눈다. 그리고 유기체 모형으로 볼 때, 사사성과 공공성의 구분은 ① 대중과 같은 특수성의 단순한 집합체 대 국민과 같은 유기적 통일성을 지닌 일반성의 전체, ② 기관적 실현(구현)의 측면에서 시민사회 대 국가, ③ 개인이나 가정의 사적 생활 대 공동체의 공적인 일에 참여하는 공적 생활, ④ 가정생활·경제·시민사회에 참여하는 사적 개인의 측면 대 공동체의 구성원으로서의 공적 측면의 구분으로 나눈다. 이에 대한 더 구체적 내용과 평가는 후술한다. 이상 S. Benn and G. Gaus(eds.), 앞의 책 제2장, 31-65 및 박정택, "Stanley I. Benn 과 Gerald F. Gaus의 공·사의 개념", 오석홍(편), 행정학의 주요이론, 제3판, 법문사, 2005, 159-175의 요약과 평가적 의견 참조.

공동체의 이름으로 어떤 개인의 사적인 일을 제한하고 억제하며, 금지하고 강제하는 것은 그 특정 개인의 이익을 침해하고 배척한다. 그 경우 공적인 규제가 적절하지 않다면, 그것은 사적인 개인의 이익을 침해라고 배척한 것으로 끝나고 만다. 그러나 공동체의 그런 개입이 '적정한' 것이라면, 그리하여 다른 사람들에 대한 동일한 개입으로 그 개인에게도 혜택을 주게 되면, 결과적으로 그는 일방적으로 이익을 침해받은 것이 아니고, 장기적·궁극적으로 보면 오히려 손익 계산상 더 많은 이익을 얻게 된다.

예컨대, 국가가 개인에게 공공장소에서 쓰레기를 버리지 말라, 애완견의 배설물을 수거하여 가져가서 처리하라는 식의 의무를 부과하면, 특정 개인은 불편을 겪고 자유를 침해당했다고 생각할 수 있다. 그렇지만, 다른 많은 사람들에게도 부과되는 그런 '공적' 의무의 이행으로 인하여, 그 개인 자신도 환경적·보건 위생적으로 깨끗하고 전염병의 위험도 줄어드는 혜택을 받으므로, 자신의 불편과 자유 제한을 보상받고도 남는다. 또 국가가 환경파괴를 방지하기 위한 정당한 이유로 어떤 개인의 골프장 건설을 부결 처분하였다면, 그 개인은 자기 이익을 침해받았다고 느낄 수 있다. 그러나 그와 비슷한 적절한 환경보호조치는 자신을 포함한 많은 사람들의 이익으로 돌아온다. 결과적으로 장기적·궁극적인 손익계산은 그에게도 특정 손실을 보상하고도 남는 이익으로 돌아올 수 있다.

또한 어떤 회사가 그 구성원의 부정한 사적 이익추구를 금지하는 것은 그의 이익을 침해하는 것 같이 보인다. 그러나 다음과 같이 부정과 비리를 예방하고 처벌하는 감사활동을 통하여 지속가능한 회사를 만들게 되므로, 그것은 궁극적으로는 그 구성원 모두에게도 이익으로 돌아간다.

2001년 12월 ○○전자의 일부 임직원이 협력업체로부터 각종 금품과 향응을 제공받아온 사실이 회사 측 감사 결과 밝혀지자 재계 일각에서는 다소 색다른 반응이 나왔다. 한 경쟁그룹 임원은 "그나마 깨끗하다고 정평이 난 ○○이 이 정도면 다른 대기업은 오죽하겠느냐……남의 얘기 같지 않다"고 혀를 찼다. ○○전자의 사례를 보면 '한국형 기업 먹이사슬' 구조의 뿌리가 얼마나 깊은지 여실히 드러난다. 과장 등 실무자급 직원들이 협력업체의 주식을 상납받았고 개인 치료비와 술값까지 부담시켰다. 심지어 같은 그룹계열사 간에도 업무상 편의를 봐주는 대가로 향응과 골프 접대가 이뤄졌다.……

영국의 파이낸셜타임스가 최근 발표한 보고서에 따르면 세계에서 가장 존경받는 기업으로 미국 제너럴일렉트릭(GE)이 1위, 일본의 소니가 4위에 올랐지만 한국은

50위 안에 단 한 기업도 들지 못했다. 아시아에서 50위 안에 포함된 업체는 일본 3곳과 싱가포르 한 곳뿐……이다.[12]

이처럼 공동체의 개인영역에 대한 개입의 궁극적인 목적은 개개인을 통제하고 억압하는 데 있는 것이 아니다. 그것은 적절한 공적 규율을 통하여 개개인의 자유·권리·이익·행복을 보호하고 증진하는 데 있다. 구성분자인 개개인의 자유와 창의를 보장하고 자아·잠재력·이상을 실현하는 것이 공동체의 궁극적인 존립목적인 것이다.

흔히 공동체의 발전 없이는 개인의 번영과 발전도 없다고 말한다. 그러나 그것도 자유민주주의 이념 아래에서는 개인의 자유방임을 적절하게 규율함으로써 궁극적으로는 개개인을 두텁게 보호하고 지원하며, 육성하고 확장하는 본질적 목적을 위한 데서 정당성이 인정되는 명제일 뿐이다. 그렇지 않고 공동체(전체)를 위하여 개인이 존재한다는 식으로 그 목적과 수단의 관계가 완전히 뒤바뀌면, 목적의 전도(목표대치, goal displacement)라는 위험천만한 현상이 일어나기 쉽다. 그것은 전체주의나 공산주의 사회에서 이미 겪은 역사적 사실이고 교훈이기도 하다. 이처럼 사적인 것은 공공 개념이 있음으로써 온전하게 보호받을 수 있고, 공적인 것 역시 사사 개념을 존중하는 토대·기반 위에서, 궁극적으로는 사적인 것을 보호하고 육성하고 권장하기 위한 것이다. 공·사 양 개념은 그 관계·역할·기능이 '적절하기만 하다면' 서로 보완적일 수밖에 없다. 따라서 공동체와 그 구성원은 공·사 개념을 그런 적정한 관계로 만들어야만 개인과 공동체의 번영과 발전이 보장된다고 하겠다.[13]

---

12) 동아일보, 2002. 1. 4, "존경받는 기업이 없다" 기사.
13) 벤과 가우스는 개체주의 모형의 공·사 구분이 '공동체'의 관념을 도입하고 있으므로 개체주의 모형과는 어울리지 않는 비일관성의 결함과, 하나의 유기적 공동체를 충분하게 담아낼 수 없는 결함이 있다고 지적한다. 이에 비하여 유기체 모형은 개인보다 집단이 우선한다고 함으로써 전통적인 자유주의가 옹호하는 개인의 윤리적 우선성과 개인의 자아·개성·사생활의 여지를 훼손하는 근본적인 결함이 있다고 본다. 그러면서 결론적으로는 사적인 정신생활을 하는 자기 의식적인 개인을 논리적·이념적 출발점으로 삼는 개체주의 모형을 지배적인 모형으로 하고, 공적 생활의 참여에 대하여 정당하게 평가해 주고 유용하고 도덕적으로 강력한 공익 개념을 주장하는 데 유리한 유기체 모형을 부차적으로 채택할 것을 주장한다.
　　그들은 이를 두 모형 이론(two-model theory)이라고 하면서, ① 분파적 이익(sectional interests)을 인정하기도 하는 개체주의에, 위험하고 의심스럽다고 보는 유기체주의 모형을 합쳐야 균형 있게 판단할 수 있게 해주고, ② 사적 권리를 옹호하는 개체주의에, 공적인 정치적 권리와 참여의 가치를 인정하는 유기체주의 모형을 합쳐야 두 권

그렇다면 이상의 논의를 토대로 공·사 개념 사이의 관계와 관련된 중요한 명제를 정립할 수 있다. 그것은 '공공 개념이 사사 개념을 존중하는 토대·기반 위에서 존립한다'는 명제이다. 사사 개념을 구성하는 핵심에는 '고유한 육체와 정신을 가진 개인'이라는 실체가 존재한다. 개인은 고유한 육체적 몸을 가지고 있고, 양심, 사상, 신념, 생각, 욕구, 이익, 희망, 기쁨, 슬픔 등 이성적·감성적인 고유의 정신영역을 가진 '인격체'이다. 그 육체와 정신을 가진 개인의 존재로부터 다른 인격체와 더불어 사는 데 필요한 공공 개념이 나오고, 다시 공공의 효과도 그 개인에게 귀속된다. 다른 누구도 대신해 줄 수 없는 고유한 육체와 정신의 통일체인 개인에게서 공·사 개념도 나오고 그에게 귀속된다는 명제는 자유민주주의의 가장 중요한 명제이다.

요컨대 몸과 마음, 육체와 정신을 가진 개인이란 사사 개념의 구체적 토대·기반의 속성을 무시하거나 부정하는 추상적 공공 개념은 공허한 허구 개념이 되기 쉽다. 그것은 자유민주주의 이념에 비춰 위험하기까지 하다. 그래서 특별히 이러한 사사 개념의 토대·기반을 우리 헌법에서는 '자유와 권리의 본질적 내용'이라

리를 적절하게 포괄할 수 있다고 본다. 그리고 ③ 사익을 중시한 공익을 주장하는 개체주의에, 사익에 우선하는 확정적인 공익을 주장할 수 있는 유기체주의 모형을 합쳐야 공익의 주장과 관련된 갈등을 더 잘 포착할 수 있게 해 주고, ④ 개인이 기본이라는 개체주의에, 전체 사회의 한 구성원에 불과하다는 유기체주의 모형을 합쳐야 비로소 그 두 면을 함께 지닌 인간의 진면목 및 개인과 사회의 관계를 올바로 파악할 수 있게 해 준다고 한다.

이상 벤과 가우스의 두 모형 이론은 공·사 개념의 속성적 특성을 여러모로 생각하게 해 준다는 측면에서 학술적으로 기여하고 있다. 그러나 그것이 지나쳐서 아무리 분석 목적이라고 하지만, 공·사 개념을 두 모형에 부자연스럽게 짜 맞추고 있다는 인상을 준다. 그리하여 방법론적 모형을 적용하여 공·사 개념을 다양하게 구분하고 있지만, 그 의도와는 다르게 오히려 오해와 혼란을 야기한 것 같다. 그들의 공·사의 구분이 고유한 개체주의나 유기체주의의 방법론적 관점과 어울리는지, 그리고 모형별 구분 사이에 서로 어떤 차별성이 있는지 의문이다. 이는 개체주의를 주(主)로 하고 유기체주의를 종(從)으로 하여 두 모형을 합쳐야 공·사 개념을 올바로 파악할 수 있다는 그들의 결론 자체도 그 부자연스러운 구분을 인정한 것이라고 할 수 있다. 그들도 결론 중의 결론으로 '타인과 별개의 독립적 행위자이자 사회전체에 묶여 공동생활을 하는 구성원이기도 한 두 모습이 인간의 본질'인 것으로 표현하고 있다.

그처럼 기본적으로 인간의 개인적 존재의 조건(속성)을 설명하는 개체론적 모형과 공동체적 존재의 조건을 설명하는 유기체주의 모형의 두 모형을 통합해야 공·사 개념을 온전하게 설명할 수 있다. 어느 한 모형으로 두 조건을 모두 설명하겠다는 것 자체가 무리라고 하겠다. 그런 이유로 본문에서는 그들의 모형을 설명하지 않았다. 이상 벤과 가우스의 수상과 이에 관한 지지의 요약과 평가적 의견은 앞에 나온 문헌 참조.

고 표현하고 법률로써도 침해할 수 없도록 보호하고 있다.14) 이를 보더라도 공공 개념은 분명히 사사 개념을 기반으로 하고(사사 기반성), 궁극적으로 사사 개념을 보호하고 두텁게 할 목적으로 사사 개념에 귀속되며(사사 목적성과 귀속성), 사사 개념과 동시에 공존 양립하고 수반한다.

정부의 '공공정책'은 궁극적으로는 사사로운 개인의 '구체적인 사적 이익·복지'로 귀속될 성질의 문제해결방안이다. 또 정부기관이 인·허가, 교육, 과세 등 각종 유·무형의 '공공서비스'를 제공하는 것도, 사적인 개인을 대상으로 그들의 사적 목적을 충족시켜주기 위한 서비스이지, 개인과 무관한 다른 어떤 공공이라는 실체가 따로 있는 대상을 위한 서비스가 아니다. 또한 공익(public interest)의 경우에도 마찬가지이다. 공익은 정당한 사사이익(정익, 正益)을 토대·기반으로 한 공동체구성원의 이익이며, 그 개체적 요소인 '사사로운 개인의 정당한 이익'을 합성한 집합적 개념이라고 하는 이유도 거기에 있다. 어느 누가 아주 추상적인 의미의 공익 개념을 주장할 수는 있지만, 그 경우 그는 반드시 그 개체적 사사의 기반과 관련된 실체를 분명하게 구체적으로 제시하거나 설명할 수 있어야 한다. 그렇지 않다면 그것은 공허한 허구 개념으로서, 사람들을 혼란에 빠뜨리고 오도하는 결과를 초래하기 쉽다.15)

요컨대, 공·사 개념은 개인이나 공동체에 있어서 필수 불가결한 개념인데, 좋은 삶과 좋은 사회를 위해서는 그 두 개념이 상호 보완적인 적정한 관계를 유지하는 것이 중요하다. 그런데 자유민주주의 이념에서는 개인이 공동체(사회)보다 논리적으로 더 일차성(logical primacy)을 지니고, 존재론적·윤리적으로 더 우선성(ontological and ethical priority)을 지니고 있다고 본다.16) 논리적·존재론적으로 볼 때, 개인 없는 공동체는 일순간도 있을 수 없지만, 어떤 특정 공동체에 소속되지 않은 개인은 얼마든지 있을 수 있다. 그렇다면 공동체가, 개인보다 우선한다고 하는 추상적인 공동체적 이념·목적·이유를 앞세워, 그 구성원 개개인의 본질적인 측면의 기본 인권을 억압하고 유린하는 것은 윤리적·규범적으로 허용되지 않는다.

---

14) 헌법 제37조 제2항은 "국민의 자유와 권리는 국가안전보장, 질서유지 또는 공공복리를 위하여 필요한 경우에 한하여 법률로써 제한할 수 있으며, 제한하는 경우에도 자유와 권리의 본질적 내용을 침해할 수 없다"고 규정하고 있다.

15) 이와 같은 공익 개념을 둘러싼 논쟁과 설명은 박정택, 공익의 정치행정론, 대영문화사, 1990 참조.

16) S. Benn and G. Gaus(eds.), 앞의 책, 35, 57.

그러므로 자유민주주의 공동체의 공공당국은 구체적인 공동체의 문제에 대한 대응·처리에 있어서, 항상 공동체가 그 소속 구성원 개개인을 위해 존재한다는 자유민주주의 이념과 체제를 과시하고 입증할 수 있도록 직무를 수행해야 하는 의무를 진다. 이는 그대로 개인을 대표하는 사사 개념과 공동체를 대표하는 공공 개념의 관계에도 적용된다. 즉 공공 개념이 채택·통용되는 데서는, 거기에 항상 논리적·존재론적·윤리적·이념적으로 사사 개념의 기반적(基盤的) 특성, 사사 개념의 일 차성·우선성이 존중되어야 한다. 거기에 바로 본원적 공공 개념의 본질이 들어있고, 민주정부 아래에서도 공화주의적인 공공 개념이 국가주의적 공공 개념보다도 더 우선하는 이유가 있다. 자유민주주의 아래에서 공공당국이 사적 영역에 개입(공공개입)하는 것은 '불가피하게 필요한 최소한에' 그쳐야 하는 이유도 거기에 있다고 할 것이다.

4) 공·사의 적정한 조화의 관계

이상의 논의에서도 알 수 있었지만, 공·사 개념의 관계에 관한 핵심적인 질문은 '공동체(구성원)를 위하여 어떻게 적절한 공·사 간 균형과 조화를 이룰 수 있는가'이다. 곧 공·사 개념 사이의-무조건 어떤 고정된 것이 아니라, 때로는 대등(對等)하거나 때로는 상하·우열·선후·주종(主從)의 부대등(不對等)의 유동적이고 불확정적인-관계·역할·기능을 '어떻게 적절하게 설정하고 적용하는가'가 중요하다. 이는 곧 어떤 특정 공동체의 사회생태계, 그리하여 그 공동체에 어울려 사는 개개인을 위하여 어떻게 공동체의 가치(의무·책임·비용·희생, 혹은 다른 표현으로는 전체 통일성·연대성 등)와 개인의 가치(자유·권리·이익·행복, 혹은 다른 표현으로는 개성·자율성·창의성·주도성 등)를 가장 적절하게 균형과 조화를 이루게 할 수 있는가의 문제이다.

공·사 간 적절한 균형과 조화는 그렇게 말처럼 쉬운 일이 아니다. 그래서 공·사 간 경계에 관한 논쟁은 심지어 '고유한 육체와 정신을 가진 개인'이라는 사사 개념의 기반·토대에까지도 비화되고 있다. 개인의 동성애와 같은 성적 취향, 임신과 낙태와 같은 사적 선택, 사상·양심의 자유에 따른 특정 공적 조치(병역 의무 이행, 종교 행사 참여, 국기에 대한 경례, 인종 차별의 금지 등)에 대한 불응과 같은 것이

논란에 휩싸이고 있는 것이 그 예이다.[17]

이에 공·사 개념의 균형과 조화의 관계는, 공동체의−자연생태계에 비유되는 −사회생태계를 위하여 여하히 '적정한' 둘 사이의 관계·역할·기능을 정하고 적용할 수 있는가의 문제로 귀결됨을 알 수 있다. 그 둘 사이가 어떤 적절한 범위·정도·비중·수준 등으로 균형·조화를 이룰 수 있게 된다면, 그런 적정한 공공 개념이나 사사 개념은 사회생태계에 순전히 긍정적·순기능적(順機能的)으로만 작용하고 적용되는 개념이 된다. 그러한 공·사 개념의 적정한 경계나 범주의 설정은 곧 현실적으로 공동체구성원 전체나 공공당국(정부)이 '무엇이 공공이다' '공동체(구성원)에 공동으로 딸리거나 관계된 바가 이러저러하다'라고 적절한 공공 개념의 경계나 범주를 결정하는 문제가 된다. 그러할 때 그것은 그 성격상 공동체구성원의 '사회적 합의'의 대상이 된다. 그 합의과정에는 공동체(사회)의 역사적 경험·이념·체제·사안·상황·사람의 가치관이 작용한다. 이러한 일련의 문제는 절차적 본질에 관한 문제로서, 이에 관해서는 후술하게 된다. 다음은 일종의 공공논리를 대표하는 '정치논리'와 사사논리를 대표하는 '시장논리'(경제논리)의 균형과 조화의 관계를 지적한 예이다.

1997년 외환위기 이후 구조조정 과정에 우리 정부가 적극 개입하는 것과 관련, 많은 사람들(특히 외국투자가와 외국 언론기관)이 우리나라의 경제정책 수립과 집행에 있어 '정치논리'가 '시장논리'를 앞서는 것은 문제라고 지적한다. 이들은 경제 운용과정에서 정치논리는 철저히 배제되어야 하며, 이를 위해서는 규제완화와 개방을 통해 시장영역을 확대함으로써 정치인과 관료들이 개입할 수 있는 영역을 최소화해야 한다고 주장한다.

60년대 이후 80년대 말까지 정부 주도의 경제발전 전략을 추구하면서 그 부작용을 경험했던 우리나라의 입장에서는 참으로 매력적인 주장이다. 그러나 필자는 시

---

17) 이 때문에 "진정으로 사사 영역과 같은 것은 존재하지 않는다"(There is no such thing as an authentically "private" sphere.)와 같은 말이나, 모든 경우에 타당한 공·사 경계의 신성함(sanctity)은 거의 없다고 한다. Jean Bethke Elshtain, 앞의 논문, 167 및 Alan Wolfe, 앞의 논문, 195 참조. 옛날에는 '법은 침실에는 들어가지 않는다'고 했는데, 이제 공공의 이름으로 내밀한 사사의 기반까지 들어가고 있다. 그런가 하면 공공연히 침해하였던 개인의 연령, 성, 양심, 학교성적, 신체특징 등의 기본적 인권의 영역은 사사의 기반으로서 강력하게 보호되는 추세를 보이고 있기도 하다. 이와 같이 현실에서는 사사의 기반·토대를 보호하거나 침식하는 것과 관련된 논쟁이 분분한데, 이는 사사의 기반성을 건드리는 것이므로 더 그렇다고 하겠다.

장논리와 정치논리는 항상 명확히 구분될 수 없으며, 또한 경제 운용에 있어 정치논리를 완전히 배제하는 것이 항상 옳은 것도 아니라고 생각한다. 왜 그런가? 몇 가지 예를 들어 설명해 보자.

19세기 말 영국 등 유럽 정부들이 당시 탄광 및 방직공장 등에서 성행하던 아동 노동을 금지하려 하자, 일하고 싶어 하는 어린이들과 그들을 고용하고자 하는 고용주들 간의 자유로운 계약을 정부가 막는 것은 반시장적(反市場的)인 행위라며 이를 반대한 사람들이 많았다. 그러나 오늘날 이 나라들에서 볼 수 있듯이 정부가 아동을 고용한 고용주를 처벌한다고 해서 정치논리가 시장논리를 앞섰다고 생각하는 사람은 없다. 사회정의의 개념과 고용 관행이 그 사이에 완전히 바뀌어 이 나라 국민들은 이제 어린이들을 더 이상 노동시장에의 정당한 참여자로 보지 않기 때문이다. 시대의 변화와 사회 여건, 그리고 사고방식의 변화에 따라 시장논리와 정치논리 간의 경계선이 바뀌었던 예는 무수히 많다.

지금은 누구나 당연시하지만, 중앙은행 제도와 기업의 유한(有限) 책임제도 등이 19세기 후반 처음 도입되었을 때, 많은 사람들은 이 제도들이 은행이나 기업가의 '도덕적 해이'(moral hazard)를 가져와 시장논리를 해친다며 반대하였다. 이후 도입된 독과점 규제, 금융시장 규제, 재정적자를 통한 경기부양, 공공근로사업, 누진세를 통한 소득재분배 등의 정책들도 처음에는 시장논리에 역행하는 것으로 비난받았다. 그러나 이제는 흔히 자유방임주의의 귀감으로 여겨지는 미국 정부도 일상적으로 집행하는 정책들이 되었다.……

이러한 예들이 보여주는 것은, 시장논리와 정치논리의 경계(境界)는 흔히 생각하듯이 절대적인 것이 아니며, 시장여건에 따라 그리고 시장을 보는 시각에 따라 달라질 수 있다는 것이다. 어느 시대와 어느 사회에서도 통하는 절대적인 시장논리가 존재하지 않는다면, 특정한 사회에 있어 시장논리와 정치논리를 구분하는 구체적인 경계선은 어떻게 그어져야 하는가? 그것은 궁극적으로 그 사회 구성원 간의 정치적인 합의에 기초할 수밖에 없다. 따라서 시장논리가 낳은 어떠한 결과를 놓고, 민주적 의사 취합과정을 통해 사회의 구성원들에 의해서 그것이 만족스럽지 못하다는 결론이 내려지면 그 결과는 정치논리에 의해 수정될 수 있고 또 수정되어야 하는 것이다. 시장이라는 것은 사회복지를 고양(高揚)하기 위한 하나의 수단일 뿐이지, 그 자체가 목표가 될 수는 없기 때문이다.[18]

---

18) 장하준(영국 케임브리지대 교수), "정치논리와 시장논리", 조선일보, 1999, 10. 1. '정치논리'는 특정 경제문제에 개입하는 것이 옳은가 개입하지 않는 것이 옳은가, 그리고 개입하더라도 어떤 목적의 어떤 방법으로 개입하는 것이 옳은가와 같이, 시장에 개입하는 것뿐만 아니라 시장의 자율성(자치, 자유)을 유지·보호하는 결정도 포함하는 논리이기 때문에, 정치논리는 경세논리에 항상 개입된다.(정치는 공기와 같은 것이라는 명제를 상기하자.) 문제는 '올바른 정치논리'인가 '그릇된 정치논리'인가가 문제

좋은 개인의 삶과 좋은 공동체사회를 위해서는 개인적·공동체적, 혹은 공·사적인 이중 속성(dual attributes), 이중 맥락(dual contexts) 또는 이중 지위(자격, dual capacities)를 동시에, 그리고 조화롭게 추구하는 것이 본질적이고 필수적으로 중요하다.[19] 공·사 간 어느 한 편의 과잉·과소로 흐르지 않고, 사회·이념·체제·사안·가치관에 따라 공·사 차원을 같거나, 혹은 어느 편을 더 많거나 더 적게, 구체적인 사안에 따라 균형 있고 조화롭게 적정한 범위·정도·차원·수준에서 고려하는 것이 중요한 것이다. 그래서 공·사 개념은 양적·질적으로 적절한 범위·정도·차원·수준을 내포하는 의미를 함축하여, 더 많거나 더 적다는 표현이 가능한 개념이다.(영어로도 'more public'이나 'less public'이라는 표현이 사용된다)

결국 사람은 본질적으로 개인적·공동체적 속성을 지닌 존재이다. 그렇기 때문에 그와 결부된 공·사의 관념과 제도를 분리·독립하여 이해하기보다는 불가분리의 관계에서 이해하고 적용하지 않으면 안 된다. 그런데도 오로지 개인적 존재의 속성인 '개인주의'(개체주의, individualism)와 사사 측면만을 강조한다고 하자. 그러면 자유가 자제와 통제 없는 방종(放縱)으로 흐르고 남을 생각하지 않는 탐욕·착취로 흘러, 급기야 무정부적 혼란 속에 개개인의 행복이나 공동체 유지·발전도 기대할 수 없게 된다. 그러면 이번에는 그 반대로 공동체적 존재의 속성인 '공동체주의'(communitarianism)와 공공 측면만을 강조한다고 하자. 그렇게 되면 구성원 개개인의 기본권·창의성·주도성·사생활 등을 해치면서 개인의 행복을 해치는 것은 물론, 전제주의(despotism), 독재주의(dictatorship), 그리고 전체주의(totalitarianism)의 족쇄와 억압에 질식하여 공동체 자체도 파멸에 이르게 된다.

이렇게 보면, 국가공동체나 기타 공동체에는 그 목적과 필요에 따라, 그 공동체의 사회생태계에 가장 적절한 범위·방법·정도 등의 사사영역과 공공영역을 설정하고 관리하는 것이 필수적이고 중요한 과제가 됨을 알 수 있다. 그것은 공공영역을 사사영역으로 바꾸는 '사사화'나, 사사영역을 공공영역으로 바꾸는 '공공화'의 조정·관리를 통하여 달성한다. 이러한 중대한 과제에 대해서는 다음

이고(정치논리의 배제 주장은 '그릇된' 정치논리를 지칭하는 것임을 알 수 있음), 공·사의 문제는 그렇게 얽혀 있다.

19) '이중 지위'는 공통의 한계 내에서 자유로이 사적 목적을 추구하는 사적 개인(사인, private person)의 지위와, 정치체의 한 구성원으로서의 공적 행위자(public agent)의 지위를 일컬어 미국의 실용주의철학자 듀이가 사용한 용어이다. John Dewey, *The Public and Its Problems,* Chicago, Swallow Press, 1954, 76; S. Benn and G. Gaus(eds.), 앞의 책, 56에서 재인용.

공·사 관계의 절차적 본질에 관한 논의 이외에, 따로 제2부 '사적 자치와 공공 개입'의 장에서 더 깊이 있게 논의하기로 하겠다.

2. 공공 개념의 절차적 본질

공·사의 개념에 대한 명확한 이해를 위해서는 그 실체적 본질뿐만 아니라, 그 절차적 본질에 대해서도 규명해야 한다. 그 절차적 본질을 규명할 때, 공·사의 개념은 기본적으로 시공(時空)을 초월한 고정불변의 절대적·확정적 개념이 아니라는 사실에서 출발할 수밖에 없다. 그렇게 공공(그에 조응하는 사사) 개념은 인간의 삶의 필요에 따라 시공의 제약 속에서, '무엇이 공공인가', '공동체(구성원)에 공동으로 딸리거나 관련된 바'의 구체적인 내용이 규정되고 적용되며 구현되는 합목적적인 상대적·불확정적 개념이다. 그것은 공동체구성원이 사회생태계를 위하여 적절히 균형·조화를 이룬다고 생각하는 바에 따라 가변적으로 규정하고 적용하는 개념인 것이다.

이와 같이 공·사의 개념은 현실에서 역사적·이념적·체제적·정치적·경제적·사회적·문화적 요소가 개입되어, 사안에 따라 구체적인 내용·형식·방법·과정·절차 등으로 규정되고 적용된다. 이 공·사 개념의 실체적 본질이 구현되는 기본적이고 필연적인 과정·절차의 속성을 통틀어 '공·사 개념의 절차적 본질'이라고 한다. 그래서 공·사 개념은 일련의 과정·절차를 거쳐 그 구체적인 실체를 드러내는 만큼, 역사적·이념적·정치적·경제적·사회적·문화적으로 '구성되는 개념'이라고 규정한 바 있다. 그러면 다음에서 공공 개념을 중심으로 그 결정의 주체, 객체, 방법과 내용 등을 검토해 보기로 하겠다.

1) 공공 개념의 결정 주체

공동체에서 '공동체구성원'이나 '공동체(구성원)에 공동으로 딸리거나 관계됨'의 구체적인 내용을 확정적으로 규정하고 시행하는 것을 '공공 개념의 결정'이라고 한다. 그리고 공공 개념을 결정하는 사람(집단·세력)을 '공공 개념의 결정 주체'라고 할 수 있다. 그러니까 공공 개념의 결정 주체는 현실의 구체적인 경우마다 '무엇이 공공인가' 곧 '공동체(구성원)에 공동으로 딸리거나 관계됨'의 내용을 결정하는 사람이다. 그 결정에는 공공 개념의 결정 주체를 결정하는 아주 기초적인 결정을 비롯하여, 구체적인 사안에 대하여 현실적으로 공공 개념을 적용하는 범위·대상·방법·절차·효과 등의 결정을 모두 포함한다. 따라서 공공 개념의 결정은 하나의 중요한 '(정치)권력의 행사'를 의미한다. 그러할 때 모든 공공 개념의 원형적·본래적 개념인 '본원적 공공' 개념이 표방하고 있는, 이념적으로 정당성을 갖추고 있는 결정의 주체는 물론 '당해 공동체의 구성원 전체'이다. 이에 따라 현대 민주주의를 실천하는 공동체에서는 국가주의적이거나 공화주의적인 결정 주체도 '국가공동체의 구성원인 국민'이다.

국가공동체에서 국민 또는 시민에 해당하는 공동체구성원은, 하위 공동체 단위 중 주식회사에서는 주주와 이해관계인 그리고 회사원(임직원)이며, 가장 작은 가족공동체에서는 가족구성원이 된다. 그런데 국가공동체가 최상위에 존재하므로, 그 위계질서에 따라 '국민'이 국가 내 모든 공동체 전체에 구속력을 갖는 공공 개념을 결정하는 주체가 된다. 그리고 그 하위 공동체의 구성원은 국가의 공공 개념에 반하지 않는 범위 내에서, 자율적·자치적으로 그 공동체 나름의 공공 개념을 결정하는 주체가 된다.

> 인류는 통치·지배·관리방식으로서, 처음에는 공동체의 전체 구성원이 평등하게 참여하는 '직접적인 통치·지배·관리방식'에 따랐을 것이다. 즉 본원적 의미의 공동체구성원 전체에 의하여 공공 개념을 결정하였을 것이다. 그러나 어느 정도 공동체 규모가 커지면서, 소수 지배자·통치자가 공공 개념을 결정하고 공공문제를 해결하는 '간접적인 통치·지배·관리방식'이 주로 채택돼 왔다고 하겠다. 그러할 때 원시적인 공동체에서는 그 결정권자가 가장 경험이 많은 연장자(年長者)나 제사장이었을지 모른다. 그리고 국가 단위의 공동체가 확립된 후로는 강력한 권한을 가진 군주가 등장하여, 그와 그에 의하여 임명된 소수 지배집단(관료, 지배엘리트)이 공공 개념을 결정하는 보편적인 현상을 보여 주었다.

그러나 국가(정부)의 군주와 소수 지배집단이 공공 개념을 결정하는 일이 계속되면서 일방적·독점적·자의적으로 권력을 행사하면 할수록, 그러한 전제군주에 의한 국가주의적 공공 개념의 결정에 반발하는 반작용도 거세지기 마련이다. 서양에서는 경제적 부를 쌓고 시민적 권리의식을 자각한 근대 시민세력의 등장과 함께, 근대 국민주권의 민주주의사상이 발전하게 되었다. 그리고 그 이념은—적어도 근대 이후의 역사로만 보면—뒤늦게 동양으로도 전파되었다. 곧 국민이 입법부와 대통령(수상)을 직접 선출하고, 정부의 공공 개념의 결정에 참여하거나 국민의 의사를 최대한 수렴·반영하는 국정 운영의 형태를 요구하고, 이를 감시·통제하고자 하였다. 이는 공동체구성원이 자유롭고 평등하게 형성하는 공론에 바탕을 둔 '공화주의적 공공' 개념을 요구한 것이었던 셈이다.(물론 역사적으로 사회에 따라 그렇게 단선적인 과정으로 나타나지 않았을지라도 대체로 그렇게 일반화할 수 있다.)

그런데 민주주의사상이 널리 보급된 오늘날에도 구성원 전체의 직접 참여에 의한 직접민주주의방식보다는 불가피하게 '공공당국의 소수 지배집단'에 의존하는 간접민주주의방식이 채택되고 있다. 현실적으로는 공공 개념의 결정에 있어서 국민·시민은 그 의사가 최대한 수렴·반영돼야 할 '간접적인 주체'에 머무를 뿐, 정부와 공직자가 일종의 필요악(necessary evil)으로서 그 권한(권위)을 부여받은 '직접적인 주체'가 되고 있는 것이다.

입법부 공직자는 법령의 제정·개정을 통하여, 행정부 공직자는 그 구체적인 법령·정책·제도·사업 등의 집행을 통하여, 그리고 헌법재판소와 사법부 공직자(재판관)는 구체적 사안과 관련된 법령의 심사와 해석을 통하여 공식적·권위적으로 공공 개념을 결정하는 직접적 주체가 되고 있다. 이와 같이 현실적으로는 정부의 각급 공직자들이 법령·정책·제도·사업 등을 형성하고 집행하면서 공공 개념의 공식적·권위적인 결정주체가 되고 있다. 그렇지만 정부의 공직자가 그렇게—형식상으로는—국가주의적으로 공공 개념을 결정하더라도, 그것은 적어도 이념적으로는 과거의 국가주의적인 결정과는 완전히 다르고 또 달라야 한다. 현대 민주주의사회에서는 국가공동체의 구성원인 국민의 의사를 토대로 이를 존중하여 결정하는, 이른바 공화주의적인 관점이 우선돼야 하고, 공화주의적인 관점의 조정을 거친 정부 공직자의 결정이어야 하는 것이다.

그런데 이러한 '국가공동체구성원 전체의 의사'를 최대한 수렴·반영하는 근원규범(fundamental norm)·기초규범(ground norm)을 준수하는 데 있어서 현실적인 난관·장벽이 존재한다. 그 대표적인 예는 많다. 먼저 구성원의 의사가 이질적이고 다양하기 때문에, 이를 전원일치의 합의된 의사로 결집하기가 현실적으로 너무 어려운 경우가 많다. 각양각색의 공동체구성원으로 분열되어 하나의 공동체구성원이 아닐 수 있는 것이다. 이 경우 공중(公衆)은 현실적으로 '여럿 중의 하나의 공중'(a public)이고, 그리하여 복수의 공중(a multiplicity of publics), 다수의 공론의 장(multiple public spheres), 그리고 경쟁하는 다수의 권력의 장(loci of power)이 존재한다. 그리고 거기에는 그중 적절한 공중만을 선택·승인하는 정치권력의 행사가 뒤따르게 된다.[20] 공동체구성원을 대표·대리하는 자가 '다수'(majority)의 의사만을 반영하고 '소수'(minority)의 의사는 경시하거나 무시하는 정치권력을 행사할 수도 있다. 또 구성원 중 더 많은 정보를 가지고 더 강한 발언권을 이용하여 여론형성을 주도하는 측이 공공 개념의 결정 경쟁에서 승리할 가능성도 높다. 이런 구성원의 불평등한 구조 때문에, 자유롭고 평등한 의사의 수렴과 반영은 거의 이상에 불과할 수 있다. 실제로 현실에서는 '강자'(强者) 위주로 공공 개념이 결정되고 '약자'(弱者)의 의사는 경시되고 무시되는 경우가 많이 나타난다.

　　또 여성평등주의자(feminist)들의 비판대로, '정치·경제·사회·문화의 공적인 중요한 일은 남성의 몫이고, 여성은 단지 가정에서 사적인 가사(家事)만 담당해야 한다'는 남성 위주의 관점에서, 아무 거리낌 없이 남성 위주로 공공 개념이 결정되기도 하였다.[21] 이는 타파해야 할 악습·문화·의식인 것은 물론이다. 그 외에도 빈곤한 서민보다는 부유한 특권집단, 외국인보다는 자국민, 영세 자영업자와 중소기업가보다는 대기업 종사자, 농어촌·산촌 거주자보다는 도시 거주자, 장애인보다는 비장애인, 아동보다는 성인 위주로 공공 개념이 차별적으로 결정되는 경우가 많이 있다. 어떤 국가에서는 카스트제도와 같은 신분이나, 기타 인종이나 종교에 기초한 심한 차별이 자행되기도 한다.

또한 공공 개념의 결정 주체인 국가공동체구성원이 항상 이성적으로 판단하고

---

20) Craig Calhoun, 앞의 논문, 84. 공동체의 전체 구성원을 의미하는 공중(公衆)은 영어로 정관사가 붙은 'the public'으로 나타내지만, 여러 공동체와 그 구성원 혹은 한 공동체 내 여러 구성원 집단을 나타내기 위하여 단수 'a public'이나 복수 'publics'로 표현하기도 한다.

21) 여성평등주의자들이 기존 가부장적 남성의 억압 구조와 이념 아래 '사사'나 '개인적' 관념을 규정한 것에 반발하여, "개인적인 것은 정치적인 것이다"(The personal is political.)라고 하면서 여성차별적인 사적 문제를 정치적으로 쟁점화하고, 여성 평등을 쟁취하기 위해 투쟁하고 있는 것이 그 예이다. 이와 관련, Jean Bethke Elshtain, "The Displacement of Politics", J. Weintraub and K. Kumar(eds.), 앞의 책, 167 참조.

올바른 여론을 형성한다고도 볼 수 없다. 그래서 학자들은 공동체구성원을 '공중'(the public)과 '대중'(the mass)으로 나누어 다른 지위를 부여하기도 한다. 즉 사회학·정치학적으로 '공중'은 사회의 공공문제에 대하여 충분한 정보와 독립적인 판단능력을 갖추고 자신의 의견을 형성·표출하며, 공동체의 윤리에 합당한 책임 있는 행동을 하는, 이른바 주체적인 개인들로 구성된 공동체의 구성원이라고 한다. 그리하여 이들이 형성하는 올바른 여론을 '공론'(public opinion)이라고 한다.

이에 비하여, '대중'은 정보와 능력을 갖추지 못하고 충동적이고 의존적·타율적·모방적으로 의견을 형성·표출하고 무책임하게 행동하는 비주체적인 개인들로 구성된 공동체의 구성원으로서, 이들은 '중론'(mass opinion)이란 그릇된 여론을 형성한다고 한다.22) 이런 관점에서 보면, 적절한 공공 개념을 결정할 수 있는 책임 있는 공동체구성원은 '공중'이어야 함을 알 수 있다. 이러한 구별의 배경에는 산업화·도시화에 따라 현대사회가 구조적으로 변하면서 현대인의 의식구조도 공중에서 대중의 의식을 가진 사람들로 변하게 되었음을 우려하는 의도가 담겨있다고 하겠다.23)

---

22) 이와 같이 공중과 대중, 그리고 공론과 중론을 구분하는 것을 반대하는 학자들도 많다. 사실 실제로 이를 구별하는 것은 어렵고, 서로 아전인수식으로 해석하면서 논쟁이 벌어지기 쉬우며, '대중'의 경우 공동체구성원을 비하(卑下)하여 정치적 목적을 달성하고자 오·남용의 위험도 없지 않다. 한편, '군중'(the crowd)은 감정적·비이성적인 흥분에 의한 폭발적 파괴행위의 의사와 행동을 보여주는, 집합적인 군집으로 변모된 일정한 상황의 대중을 말한다고 한다. 이 구별과 관련, 진덕규, 현대 정치학, 제2개정판, 학문과 사상사, 2003, 249−254 및 Agnes S. Ku, "Revisiting the Notion of 'Public' in Habermas's Theory", *Sociological Theory*, 18:2 July 2000,(216−240) 223 참조.

23) 요컨대, 일반시민을 공중이나 대중(영어로는 the public이나 the mass)으로 구별하는 '용어'가 중요한 것은 아니다. 일반시민을 어떻게 보는가의 관점이 중요하다. 일반시민의 의견은 변덕스럽고 비합리적이라고 하여, 일반인의 관심, 지식과 사고능력에 회의를 표하거나 심지어 비하(卑下)하는 가장 대표적인 비판자가 미국의 저명한 언론인이고 저술가였던 리프맨인데, 그는 그런 일반인을 the mass라고 하지 않고 the public이라고 하면서 '허깨비 대중'이라고 책 이름을 붙였다. Walter Lippmann, *The Phantom Public*, N.Y.: Macmillan, 1925.
이에 비하여, 미국의 경우이기는 하지만, 페이지와 샤피로는 1935년부터 1990년까지 50여 년 이상 동안 국내외 정책에 관한 일반인의 정책선호에 대하여 실시한 여론조사 결과를 종합·분석해 본 결과, 적어도 '전체적·집합적 수준에서는' 일반인의 여론에 대한 회의론이나 비하는 확실한 근거가 없는 것이고, 오히려 일반인의 여론이 합리적이고 안정적이며 일관성을 지닌다는 유명한 실증적 연구 결론을 도출하였다. 그들이 사용한 책 이름은−'허깨비 대중'에 대응하여−'합리적인 대중'이었다. Benjamin Page

결국, 공공 개념의 결정 주체는 이념적으로는 '국가공동체구성원 전체'라고 말하면서도, 현실적으로는 불가피하게 간접민주주의시대 대의정부 아래 국가(정부)의 소수 지배집단이 실제 국가주의적 공공 개념의 결정 주체의 역할을 수행하고 있음을 알 수 있다. 그렇지 않고 공화주의적으로 결정된다고 하더라도, 자유롭고 평등하지 않은 사회구조나 이성적 의사소통기제가 원활하게 작동하지 않는 사회구조에서, 공동체구성원이 자유로운 토론에 의하여 공공 개념을 결정한 것이 반드시 합리적이고 최선이라는 보장도 없다. 현실적으로는 다수 위주·사회적 강자 위주로 결정되기 쉬운 것이다. 인류역사에서 중우정치(衆愚政治)의 폐해나 사회적 소수나 약자를 무시한 다수주의, 집단이기주의나 지역이기주의 등의 폐해도 나타났다.(이는 국가주의 관점과 공화주의 관점이 공공 개념의 규정과 적용을 둘러싸고 서로 긴장·대립관계를 보일 때, 흔히 서로 상대편이 결정하고자 하는 바의 공공 개념을 비판하는 점이기도 하다.) 그 경우 책임 있는 민주정부는 오히려 소수와 사회적 약자를 옹호할 수도 있다.

그러나 기본적으로는 일반 공동체구성원(시민)의 의견·의사는 대체로 합리적이어서, 그들을 대표하고 대리하는 공공당국은 그에 반응하여 그들의 의견·욕구·바람·원망(願望)·요구를 존중하고 반영해야 하는 것이 민주주의의 이념이고 체제이다.[24] 그래서 현대 선진적인 민주국가에서는 국가공동체의 현실적인 공공 개념의 결정은, 공직자가 국민의 의사를 최대한 수렴하여 반영한 내용의 공공 개념이라야 정당하게 결정된 것이라는 근본규범에 따른다. 공화주의적 이념에 바탕을 둔 국가주의적 공공 개념의 결정 형식을 취하는 것이다. 전체 구성원이 일정한 절차에 의하여 공공당국의 소수 지배집단에 정당한 대표·대리의 권한을 위임하면, 대표자·대리자는 '무엇이 공공인가'의 내용과 형식을 구성원의 의사를 최대한 수렴 반영한 법령·정책·제도·사업 등을 만들어 집행한다. 그 과정에서 가능한 한 최대한 구성원이 참여하고 대표자의 권한행사를 감시하고 비판할 수 있도록 보장한다. 그리고 필요할 때 그 책임을 묻는 제도가 확립되고 시행되고 있다. 대의제(代議制) 방식의 '능률성'과 참여제(參與制) 방식의 '민주성'을 적절하게 조화시키기 위해 노력하고 있는 것이다.

예컨대 1987년 덴마크에서 처음 도입된 이래 최근 미국·일본·유럽 등에서 사회적 갈등을 풀기 위해 널리 채택되고 있는, 시민들에 의한 '합의회의'(consensus

---

and Robert Shapiro, *The Rational Public*, The University of Chicago Press, 1992 참조.
24) Benjamin Page and Robert Shapiro, 앞의 책, 서문과 1-17, 285-288, 383-398 참조.

conference)의 결정을 행정부나 의회에서 적극 반영하는 것이 그 예이다. 시민합의
회의란 사회적 갈등을 겪는 논란거리를 보통시민들(소수 패널)이 전문가에게서 균
형 있는 찬반정보를 제공받고, 충분한 토론과 숙의(熟議)를 거쳐 합의를 도출하여
공론을 정하는 시민참여 모형이다. 다음과 같이 전문가의 결정 영역이라고 여겨지
는 과학기술 분야에 있어서도 '시민합의회의' 제도의 도입이 확산되고 있다.

> 과학기술은 이제 사회와 일반시민 개개인의 삶에 엄청나게 큰 영향력을 행사하고
> 있다.……그렇다면 이처럼 우리들 개개인의 삶에 큰 비중을 차지하는 과학기술과 관
> 련한 정책은 누가 결정하는가. 지금까지는 당연히 과학기술 전문가들과 관료들이었
> 다. 그러나 최근 우리는 과학기술 정책결정에 대한 이런 기술관료적 관행과 사고방
> 식이 국내외적으로 거센 도전에 직면하고 있음을 본다. 과학기술 관련 공공정책의
> 영역에도 이제 민주주의의 원리가 적용되어야 한다는 주장이 갈수록 확산되고 있
> 다.……'합의회의'도 그중 하나이다.
> 　합의회의란 일반시민들로 구성된 시민패널이 사회적으로 관심을 불러일으키는 과
> 학기술에 대한 공론을 정하는 장이다. 이 패널에 참여하는 시민들은 다양한 견해를
> 지닌 전문가들로부터 정보를 제공받고 이들과 토론한 뒤, 시민패널 내부의 의견 수
> 렴과정을 거쳐 채택한 최종적인 정책권고안을 사회에 공표한다. 합의회의는 전문가
> 집단에 국한됐던 과학기술 관련 정책결정 과정을 일반시민들에게도 개방한다. 이
> 점에서 기존의 기술관료적 정책문화와는 근본적으로 다르다. 아울러 합의회의는 시
> 민단체 대표들에 국한됐던 기존의 시민참여 방식과도 많이 다르다. 합의회의는 일
> 반시민들이 자신들에게 큰 영향을 끼치게 될 과학기술적 사안에 대해 당당하게 목
> 소리를 내고, 이 목소리가 정책에 반영되기를 요구한다는 점에서 진정한 참여민주
> 주의적 실천방식이다.……25)

> "우리 16명의 평범한 시민은 다양한 정보를 접하고, 진지하고 치열한 토론과 표
> 결의 산고 끝에 원자력발전소의 신규건설 중지와 중장기적 대안 마련이라는 최종
> 결론에 도달했습니다." 3박4일에 걸친 '전력정책의 미래에 대한 시민합의회의' 마지
> 막 날 아침, 토론과 표결, 보고서 문안 작성으로 꼬박 밤을 새운 시민패널 대표의
> 목소리가 가늘게 떨리고 있었다. 시민패널은 최종 보고서에서 전력정책 수립의 기
> 준으로 친환경성, 공급안정성, 사회적 수용성의 세 가지 가치를 제시했고, 전력 이

---

25) 이영희(가톨릭대 교수, 과학사회학), "과학기술 관련 정책, 일반시민과 합의하라", 한겨
레, 2004. 6. 16. 우리나라에서는 1998년과 99년 유전자 조작식품(GMO)과 생명복제기
술 등을 주제로 유네스코한국위원회가 시민합의회의를 연 바 있고, 2003년에는 서울
대에서 스마트카드 도입에 관한 합의회의가 열리기도 했다.

용의 효율성을 높이고 수요를 줄이기 위해 고효율 동력기기의 개발, '전력소비 총량제'와 '전력요금 선불제'의 도입 등 매우 구체적인 대안까지 제시해 해당 분야의 전문가들을 놀라게 했다.……참여연대 시민과학센터가 주최한 이번 경우처럼……민간단체에 의해 진행됐다. 아쉽게도 유럽과 달리 합의회의 결과는 정책결정에 반영되지 못하고 있다.……국내에서도 합의회의는 이미 유효성이 인정될 단계라고 생각한다. 이제 국회나 정부가 나서서 합의회의와 같은 시민참여 방식을 제도화할 차례다.[26]

한편, 국가의 하위 공동체 단위인 주식회사의 경우에는, 공공당국인 회사의 임직원(그중에서도 내부적인 공공 개념을 결정하는 '이사회'에 초점을 맞춘 '기업지배구조'가 중요한 관심의 대상이 됨)이 회사의 공공 개념을 결정하는 경영을 담당한다. 그리고 회사의 구성원의 지위에서 주주가 임직원의 개인적·집단적 일탈행동을 감시·감독하고 책임을 묻는 제도를 시행하고 있다. 그래서 기업지배구조(corporate governance structure)를 확립하기 위하여 사내 경영진의 영향을 배제한 독립된 사외이사(社外理事)제도를 도입하고, 이사회 회의 과정을 공개하며, 이사 및 감사의 권한과 책임을 명확히 하고 있다. 그리고 경영진의 책임을 묻는 사법적 소송권한을 확대하는 제도로는 주주대표소송제도 같은 것을 도입·시행하고 있다.

결국, 결정된 공공 개념의 범위·경계나 그 공동체구성원을 나타내는 국민, 시민, 주민, 주주, 공중 등의 범주는 확정적이기보다는 다분히 유동적이고 명목적으로 구성되는 것(a nominal construction about boundary and membership)이라고 규정되는 이유를 알 수 있다.[27]

결론적으로, 전체 구성원이 자유롭고 평등하게 참여하여 공정하고 효율적으로 자신들의 자유·권리·이익과 함께 통제·의무·책임·비용과 관련된 공공의 개념을 결정하는 이상·이념이, 다양한 요인 때문에 그대로 구현되기 어려운 것이 현실이다. 그렇지만 그런 현실 속에서도 '공동체의 전체 구성원'의 의사를 존중하고 그와 합치되도록 구성원의 적극적 참여 아래, 민주적으로 공공 개념을 결정하

---

26) 김동광(참여연대 시민과학센터 소장), "과학정책에 시민지혜 반영을……", 동아일보, 2004. 10. 16.

27) Bruce Robbins(ed.), *The Phantom Public Sphere*, London, University of Minnesota Press, 1993. Agnes S. Ku, 앞의 논문, 225에서 재인용. 미국의 저명한 언론인 리프맨도 '공공'은 사람과 구조에 관한 현실주의적인 범주가 있는 것이 아니다(The public is not a realist category about people or structure.)라고 지적한다. Walter Lippmann, *Public Opinion*, New York, The Free Press, (1922) 1965.

는 것은 거스를 수 없는 시대적 대세가 되고 있다. '공동체구성원 전체의 의사'를 최대한 수렴·반영해야 하는 이념의 실현은 모든 공공당국의 소수 지배집단의 거역할 수 없는 의무와 책임인 것이다. 이에 국가공동체나 하위 공동체 단위의 공공당국의 소수 지배집단도 전체 구성원, 다양한 이해관계, 특히 소외된 약자의 의사를 최대한 수렴하고 반영할 수 있도록 노력해야 함을 알 수 있다.

2) 공공 개념의 적용의 객체

공동체에서 '공동체구성원'이나 '공동체(구성원)에 공동으로 딸리거나 관계됨'의 구체적인 내용의 적용 대상자(집단)를 '공공 개념의 적용 객체'라고 한다. 그러할 때 민주주의이론에서 공공 개념의 결정 주체도 공동체구성원이고 그 적용 객체도 공동체구성원이다. 그런 만큼 공공 개념은 국민·시민·주민·공중 등 '공동체구성원 전체'에 집합적으로 적용된다. 그리고 '개개인'이나 그 개인들의 '일부 집단'도 '공동체구성원에 딸린 구성분자(構成分子)의 지위를 갖고, 공동체와 관련된 만큼'의 사안과 경우에 따라 공공 개념의 적용 대상이 된다. 즉 그 경우 공적 성격의 관련성 여부와 그 관련된 정도, 즉 '공공성'(publicness)의 많거나 적은(more or less public) 정도에 따른 공공 개념의 적용을 받는다.

그리하여 국가주의적인 공공 개념에 따라 정부에 딸리거나 관련된 사람은 공무원이나 공직자라고 한다. 또 사기업과 같은 국가의 하위 공동체의 공공당국에 딸리거나 관련된 사람(회사의 임직원)도 그 공동체 나름의 공무 수행자의 지위에서 당연히 공공 개념의 적용을 받는다. 그들은 회사 공동체 내부적으로는 일종의 '사적 공무원'인 셈이다.[28]

이렇게 보면, 개인의 결정과 행동은 구체적 사안별로 그 성격에 따라 각각 공·사 개념의 적용을 받는 경우로 나뉜다. 그리하여 개인은 일상생활에서 사적인 결정과 행동을 하기도 하지만, 분명히 '공공' 개념의 적용을 받는 공적 성격을 띤 결정과 행동을 하기도 한다. 유권자 개개인의 투표행동은 국가공동체의 대표자선

---

28) 기업인(businessman)도 '일종의 공직자'(a kind of public official)이고, 넓은 의미의 그의 역할로 볼 때 공적 기능을 수행하고 있으므로 그 사회적 책임의 확보가 중요하다는 지적은 Charles E. Lindblom, *Politics and Markets*, N.Y., Basic Books, 1977, 172 참조.

출이란 '공공선택'에 참여하여 이를 유효하게 성립시키고 효력을 발휘하게 한다. 그런 의미에서 그것은 민주사회에서 중요한 공적 성격의 개인행동이다. 교통법규를 준수하여 보행하거나 운전하는 행동, 공공시설·문화재를 이용하는 행동, 심지어 아파트에서 위·아래·옆집에 과도한 소음을 발생하지 않게 하는 행동 등과 같이, 일상 수많은 개인의 행동이 '공공' 개념의 적용을 받는 공적 성격을 내포하고 있다.[29]

그렇게 사적 개인(사인, 私人)의 개인행동이라도 공적 성격이 포함돼 있는 경우, 그 행동은 이미 공적 사회규범으로 정해진 법규·도덕·관습에 맞춰 공적 성격에 관련된 정도만큼의 합당한 책임을 져야 한다. 다음은 사인이라도 공적 관련성 때문에 제재를 받은 예이다.

공무원 신분이 아니더라도 공무를 다루는 위원회에 위촉돼 직무와 관련해 돈을 받았다면 뇌물죄가 성립된다는 대법원 판결이 나왔다. 대법원2부(주심 조무제 대법관)는 중앙약사심의회 소분과 위원으로 활동할 당시 신약 안전성 검사 등과 관련해 제약업체로부터 돈을 받은 혐의로 기소된 ○○○……에 대한 상고심에서 무죄를 선고한 원심을 깨고 사건을 서울고법으로 돌려보냈다고 밝혔다. 재판부는 "수뢰죄 주체인 공무원에 해당하는지 여부는 담당자의 신분에 의해서만 결정되는 것이 아니라, 담당하는 업무의 공정성 등이 보호될 필요가 있는지에 따라 결정돼야 한다"고 밝혔다.[30]

한편, 공공 개념의 적용 객체가 개인이나 집단의 특정성(特定性, specificity)과 특수성(particularity) 여부와 상관이 있는가와 관련된 논의가 있다. 개인이나 집단의 특정성·특수성이 공·사 개념을 적용하는 중요한 기준이 된다는 측에서 보면, 사사 개념은 아무개라고 그 이름·신체의 특성을 지정할 수 있는(assignable) 특정인(specified or specific person)이나 특수한 개인(particular person)에 적용된다고 한다. 그리고 공공 개념은 그렇게 지정할 수 없는 공동체구성원으로서의 불특정인(unspecified or unspecific person), 일반인(general public), 누구든, 모든 사람(anybody, everybody)에 적용된다고 한다.[31] 이는 지금까지 공·사 개념을 구분하

---

29) 이와 같은 사적 결정과 행동의 성격을 행정학자 파머(D. Farmer)는 '사적 결정의 공적 측면'(the public aspect of private decisions)이라고 규정한다. 그러면서 버스에 타기 위해 질서 있게 줄 서는 행동과 같이, 공적 측면을 지녔다고 해서 사적 결정과 행동에 항상 정부가 관여하는 것은 아니고 어느 정도 준무정부적 방식(quasianarchistic arrangements)에 의존하는 중요성을 지적한다. David John Farmer, 앞의 책, 119.

30) 동아일보, 2003. 1. 14, "일반인도 公務중 돈 받으면 뇌물죄" 기사.

고 적용하는 하나의 중요한 기준으로 여겨져 왔고, 여전히 유용한 것이 사실이다. 그러나 특정성과 불특정성, 특수성과 일반성이라는 공·사 개념의 적용 기준은 상대적이다.[32] 그리고 그것은 다음 설명과 같이 점차 상대화(相對化)하고 있다.

일반적·포괄적인 법률을 제정하거나 정책을 형성할 때는 대상자를 특정하지 않는 것이 일반적이다. 그렇지만 이를 세부적으로 시행하는 규칙이나 적용 기준으로 점점 더 구체화해 갈수록 그에 따라 그 대상자를 '특정'하지 않을 수 없게 된다. 그래서 아주 구체적인 적용 대상자를 규정하고 선별하는 단계에 이르면, 그 적용 대상자의 특정한 인적 사항(人的事項)을 모르고서는 합리적으로 처리할 수 없는 단계에까지 이르게 된다.(여기서 법률이나 정책을 만들 때만 공공의 개념이 적용되고, 그 하위 구체적인 시행방안을 만들어 시행하는 것은 공공의 개념이 적용되지 않는다고는 말할 수 없을 것이다. 더구나 법규의 제정 외에도 그 해석·적용 문제에도 공공 개념은 적용된다.) 대통령·의회의원의 선거, 훈·포장 수여 대상이나 현충원(국립묘지)의 안장 대상과 같은 공공 개념의 적용 대상은 일반적으로 불특정인이지만, 실제 투표하거나 대상자를 심사할 때에는 특별히 지정된 특정 후보자나 대상자에 대하여 투표하고 심사할 수밖에 없다. 특히 정보통신수단과 대중매체가 발달하고 민주주의 사상이 사회 각계각층에 파급되고 실천되면서 공·사 구분이 점차 삶의 세세한 부분까지 적용되고 있는 시대에는, '특정성과 불특정성'이라는 공·사 개념의 구분 기준은 점차 느슨해지고 상대화하고 있다. 특정한 대상을 인지한 상태에서 공공 개념을 적용해야 할 경우가 많아지고 있기 때문이다.

그리고 '불특정성과 일반성'이라는 공공 개념의 적용 기준이 현실에서 중요한 문제를 야기하기도 한다. 공공 개념을 그저 모호하게 불특정 일반성과 연계시키는 결과, 그런 공공 개념 자체가 앞에서 논의한 '사사의 기반성'을 탈색·제거해 버리면서, 공공 개념을 허구화하고 아무 때나 누구에게든(특히 지배집단에게) 편의적으로 악용되고 남용되게 하고 있다. 이를 방지하기 위해서는 구체적으로 어떤 조건·상황에 처한 특정한 아무개와 같이, 그리하여 그런 조건·상황·처지를

31) 특정성과 특수성, 불특정성과 일반성의 기준을 제시한 것은 S. Benn and G. Gaus(eds.), 앞의 책, 33−35, 49−50 참조.
32) 그래서 앞의 특정성과 특수성, 불특정성과 일반성의 기준을 제시한 벤과 가우스도 특수성과 일반성의 기준의 상대성(relativity)을 인정하고 있다. S. Benn and G. Gaus(eds.), 앞의 책, 54 참조.

공유한 집단이라고 밝힐 수 있는 한에서의 '불특정 일반인'이라고 할 수 있을 때, 비로소 효과적으로 공공 개념의 허구화와 악용을 막을 수 있다고 하겠다. 요컨대, 특정성과 특수성, 불특정성과 일반성이라는 공·사 개념의 적용 기준은 절대적이지 않고 상대적일 뿐이며, 논리적으로나 실제적으로도 그런 관점에서 이해해야 할 이유도 충분하다고 할 수 있다.

또한 공공 개념이 적용되는 '공동체구성원 전체'도 이론적 관점에 따라 유동적이고 제한적으로 파악될 수 있다. 이에 따라 그런 이론의 한계를 극복한 일반이론을 구축하고 올바로 공공 개념을 적용해야 한다고 주장하는 이도 나온다. 미국 행정학자 프레드릭슨(H. G. Frederickson)이 '국민'(공중, the public)을 보는 다섯 가지의 주요 사회과학의 관점(perspective)으로서 이익집단, 소비자, 대의 집단, 고객, 시민 등을 도출하고, 그 장단점을 보완할 필요성을 제기한 것이 그 예이다.[33]

---

33) 이익집단(interest groups)의 관점은 정치학의 다원주의이론(pluralism)의 관점에서 본 국민이다. 이 관점은 유사한 이익을 추구하는 사람들이 자신들의 이익을 효과적으로 추구하기 위하여 이익집단을 조직하여 상호 작용하고 경쟁하는 과정에서 공익이 도출된다고 본다. 그 과정에서 이익집단, 정부 기관, 입법부 위원회의 "철의 삼각형"(iron triangle)이 형성되기도 한다. 그러나 많은 이해상충의 이익집단 간 대립으로 인한 지체와 활력 감퇴, 사회의 파편화, 특수 이익집단의 횡포로 인한 비효율과 낭비 등의 결함이 있다는 비판이 따른다. 특히 일반적인 공공의 관심을 반영·추구해야 한다는 관점에서 편협한 특수이익을 추구하는 이익집단은 행정에서 국민을 대표하지 못한다고 한다.

다음 소비자(consumer) 관점은 경제학의 공공선택(public choice)이론과 같이, 국민을 각자 합리적으로 자기 이익을 추구하는 시장의 소비자로 보는 관점이다. 그러나 이 관점 역시 지나친 자기 이익 추구, 공직자에 대한 냉소주의, 비윤리적 행동의 원인 제공, 사회적 약자를 무시하는 엘리트 위주, 공공신뢰의 상실 등의 이유로 행정에서 국민을 대표하지 못한다고 한다.

또 대의집단(representation) 관점은 입법적 관점(legislative perspective)에서 본 국민이다. 국민은 의원들이 국민을 위해 권한을 행사해 주기를 바라면서 의회 등에 입법권, 그리고 다시 구체적 위임입법권을 행정부에 위탁하였다고 한다. 공직자는 선거에 의하거나 이해상충 집단의 조정, 그리고 인구비례 할당 등과 같은 대표관료제(representative bureaucracy)를 통하여 국민을 대표한다. 그러나 대표 과정에서 국민의 가치, 신념, 자유, 권리 등이 충분히 반영되지 못한다고 본다.

그리고 고객(client) 관점은 일선 관료들(street-level bureaucrats)의 봉사 대상자가 된 개인이나 집단의 관점에서 국민을 보는 관점이다. 학생은 교사의 고객, 범죄피해자는 경찰의 고객, 환자는 국공립 보건소와 병원의 고객, 납세자는 세무서의 고객이다. 고객은 이익집단보다는 강력하지 않지만 일반 국민을 더 많이 대표한다. 그러나 고객은 서로 분리되고 단편적이며, 연계되지 않고, 조직화가 안 돼 있다. 또 규정과 절차에 묶인 일선 관료가 자신들의 이익을 포기하고 국민의 진정한 대변자(advocacy)가 될 이유는 약하다고 본다.

마지막으로 시민(citizen) 관점은 1960년대 후기 미국 도시행정에서 시민참여, 시민통제, 시민단체의 활동과 같이, 정보를 갖고 능동적이고 강력하며 활발한 시민(citizenship,

3) 공공 개념의 결정 양태

공동체가 존재하는 곳에는 반드시 공공 개념이 존재하고, 그것은 어떤 내용과 형태로든 적용되고 있다. 그런데 공동체마다 구체적 현실에서 공공 개념의 내용을 결정하여 적용하는 방법과 내용은 다양하다. 국가공동체의 경우 거시적으로는 이념·사상·체제의 큰 틀이 그 결정 양태에 영향을 미친다. 그리고 미시적으로는 공공당국의 인식과 의지, 공동체구성원의 주관적 인식과 표출 능력, 사안(문제)의 성격, 구성원 참여제도의 정립 정도, 대중언론제도의 발달 정도, 경제 상황, 선·후진적인 발전 정도, 시민사회의 발달 정도, 외국의 선례, 전통·관습·문화 등의 여러 가지 요인이 복합적으로 영향을 미친다. 이처럼 역사적·이념적·체제적·정치적·경제적·사회적·문화적인 요인이 공공 개념을 규정하여 적용하는데 영향을 미치고 차이를 나타내게 된다. 그러면 이에 대하여 여기에서는 간단히 소개하고, 더 구체적인 논의는 제2부 '사적 자치와 공공개입'의 장에서 논의하기로 하겠다.

---

citizenry)이 참여하는 행정이 효과적이고 직접민주적인 행정이라고 보는 현대행정의 관점이다. 그러나 공공문제의 복잡성, 전문성과 리더십의 필요성, 시민 참여의 동기 부여 등의 곤란성 때문에 국민을 대표하는 데 취약점이 있다고 한다.

프레드릭슨은 이상의 관점들이 어느 정도 일반이론의 형성에 기여하고 있지만, 중대한 결함들도 있기 때문에 헌법, 교양 있는 시민, 반응성, 박애와 사랑과 같은 필수적 고려요소(requisites)가 요구된다고 주장한다. 즉 ① '헌법'(the Constitution)에는 국민주권, 대의정부, 기본적 인권, 법의 적정절차, 권력균형 등이 규정돼 있기 때문에 그 기본토대가 존중돼야 한다고 본다. 이는 대의집단 관점과 시민 관점이 양립하는 요소라고 한다. ② 시민의식 즉 의식·철학·판단·신념·자율·책임·윤리·관용 등이 갖춰진 '교양 있는 시민'(the virtuous citizen)의 요소가 포함돼야 한다. ③ 조직화된 집합적 국민(the collective public)과 조직화가 안 된 비집합적 국민(the noncollective public) 모두의 이익을 공평하게 수렴하고 반응하는 체제와 절차의 개발 및 유지라는 '반응성'(responsiveness)의 요소가 필수적이다. ④ 국민에 대한 헌신, 봉사, 이타심과 같은 '박애와 사랑'(benevolence and love)의 요소도 필수적이라고 주장한다.

그리고 그는 다섯 가지 사회과학 관점과 자신의 네 가지 필수요소의 조합에 의하여 각 관점의 강점과 약점을 분석하고 있다. 즉 이익집단과 소비자의 관점은 일반적 공익보다는 개별적 집단이익을 강조하고, 사회적 약자에 대한 반응성이나 박애심은 부족한 문제가 있다. 대의집단, 고객과 시민의 관점은 헌법의 이념에 합치되나 다수자 위주이므로 소수자 보호와 반응성에 있어서 문제가 있다. 따라서 각 관점과 함께 네 가지 필수적 요소가 포함된 '행정을 위한 일반적 국민이론'(a general theory of the public for public administration)을 형성하고 실천할 필요가 있다고 주장한다. 이상 H. George Frederickson, "Toward a Theory of the Public for Public Administration", *Administration & Society*, Vol.22 No.4, 1991, 395-417 참조.

먼저 공공 개념의 내용을 결정하는 데 있어서 어느 국가나 국가주의적 전통을 계승하고 있다. 그런데 그것이 얼마나 강하게 작용하고 있는가는 국가마다 다르게 나타나고 있다. 그 역사적 전통을 많이 계승하고 구성원의 개인주의 의식이나 시민의식이 낮은 곳일수록 권위주의 관료집단이, 가족의 안전·보호를 책임지는 가장(家長)처럼, −비록 선의(善意)라 하더라도−국민의 개인생활에 사사건건 개입하는 '국가가부장주의'(state paternalism)의 경향을 보여주면서, 공공 개념을 넓게 규정하고 적용한다.

다음으로 자유주의(liberalism)의 우파 이데올로기는 가능한 한 사적 결정의 영역을 넓히고 공공 개념을 좁혀서 규정하고자 한다. 그 반대로 사회주의(socialism)의 좌파는 과도한 사사주의(사적 자유주의, privatism)를 우려하고 더 많은 공공정책의 역할을 주장함으로써 공공 개념을 가능한 한 확대하고자 한다.[34] 그리하여

---

34) 좌파의 공공 선호(the left's preference for the public)의 이유는, ① (비록 근대 초기에는 사유재산의 자유화가 진보적 교의로 여겨졌지만) 사유재산과 그로 인한 사적 권력의 집중에 대한 반감, ② 국지적·국가적·전근대적인 것보다 사해동포주의(四海同胞主義)와 보편주의에 대한 선호, ③ 베트남전쟁의 수행 예에서 보듯 비밀사항의 부당성과 공개주의에 대한 신념, ④ 인위적이고 여성 착취에 근거한 공·사 구분의 이데올로기를 비판하는 여성평등주의운동, ⑤ 사적 자유에 맡기기보다는 공적 관리가 좀 더 민주적이고, 책임성 있으며, 형평의 규칙에 따를 수 있기 때문이라고 한다.

한편 우파의 사사영역에 대한 선호의 이유는, ① 사회는 너무나 복잡하므로 어떤 공적 권위도 적절한 방향으로 모든 행동을 지도할 수는 없고, 따라서 시장이 계획한 것은 아니지만 조화롭고 균형적인 방향으로 사적 결정을 인도해 줄 수 있다는 신념을 믿는다면 사적 개인이 사적 결정을 하게 허용하는 것이 더 좋다는 이른바 집권적 권력에 대한 하이에크식 회의주의(a Hayekian suspicion of centralized power)에 ② 정치의 영역에서도 통치가 필요하다면 중앙정부보다는 덜 공공적인 지방정부가 더 선호되어야 하고, ③ 가장 좋은 사회는 최대 다수의 사적 선택에 대한 최대 범위의 자유를 허용하는 사회이기 때문이라고 한다.

그러나 문화정치학·정체성 정치학(cultural and identity politics)이 등장하면서 상기 도식의 예외적 사례가 많아지고 있다. 보수적 우파는 사적 결정을 선호하지만, 여성의 낙태권리, 신앙(종교)의 자유, 미성년자 임신의 자유 등과 같은 도덕적·문화적 쟁점에 대해서는, 하이에크의 자유방임을 버리고 '옳은' 행동을 장려하는 계획, 개입, 정부 유인책을 선호하고 있다. 한편 진보적 좌파도 경제정책과 사회정책의 문제에 대하여 공적 개입을 옹호하지만, 낙태의 자유, 사상과 양심의 자유, 언론자유에 대해서는 사적 자유를 지지하고 있다. 그렇지만 대부분의 좌파는 인종분리를 영속화하는 한 특정 동네에서의 주택 구입권, 아동의 사립학교 선택권, 인종에 기초한 투표권, 음란물 향유권(남자인 경우), 사회적 약자에 대한 증오심과 증오발언권 등과 같이 정체성을 근거로 한 차별은 사생활의 권리에 포함되지 않는다고 믿는다. 이렇게 보면 양측 모두 공·사 구분의 시작과 끝을 꼬집어 말하기 곤란할 만큼 새로운 정책문제가 등장할 때마다 공·사를 구분하여 적용하는 데 어려움을 겪고 있는 것이 현실이다. 따라서 비일관성·기회주의·허술한 사유를 책망하기보다는 각자 사안마다 공·사 구분

마르크스주의의 영향을 받아 사회주의혁명에 성공한 과거 소련과 동구권 사회주의국가들은 20세기 초·중반 공공의 개념을 극단적으로 확대한 실험을 전개하였다. 그러나 그들은 20세기 후반 그런 '공공화'(publicization)의 실패를 자인하고 사회주의와 결별하였다. 그 후 과거 공공영역을 자유주의의 이념에 따라 대거 '사사화'(privatization) 하는 공·사 관계·역할·기능의 재조정 작업을 수행하고 있다.

그런가 하면 민주적인 방식의 점진적 사회주의이데올로기를 채택한 유럽 각국의 정부는 과도한 개인주의·자본주의방식의 산업화로 인한 빈익빈·부익부 현상과 사회의 갈등·분열·파편화를 예방하고 치유하고자, 국가가 상당히 많은 개인의 사사영역에 개입하는 가부장적 개입주의(paternalistic interventionism)의 '복지국가'(welfare state)를 지향하였다. 그러나 그런 국가들을 포함하여 많은 국가들이 20세기 후반기에는 방향을 전환하거나 수정하여 신자유주의(neoliberalism)를 반영하거나 채택하고 있다. 그들은 과도한 사사영역의 개입(과도한 공공 개념의 규정과 적용)이 큰 정부(big government)와 복지병(welfare diseases)의 부작용을 낳았다는 전제 아래, 정부기능을 축소하는 방향으로 공·사 개념의 적정한 조화를 시도하고 있다. 정부기능을 다양한 방법으로 사부문에 넘겨 '작은 정부'(small government)를 유지하고, 공기업은 '민영화'하는 것이 그 예이다.[35)]

한편, 시장경제체제는 공공 개념을 좁히고, 중앙통제경제체제는 공공 개념을 넓히는 체제상의 차이가 있다. 그리하여 시장경제체제에서는 시장에 대한 각종 규제를 완화하는 데 비하여, 중앙통제경제체제에서는 시장을 '공공화'하여 사적 경제행

의 근거와 이유를 좀더 설득력 있게 제시하는 것이 중요하다고 하겠다. 이에 대하여는 Alan Wolfe, 앞의 논문, 182-203 참조.

35) publicization은 public을 동사화하고 다시 명사화한 것으로서, nationalization(국유화, 국영화, 국가화)을 포함한 공공당국의 통제를 의미하는 공공화, 국·공유화, 국·공립화, 국·공영화를 말하는 개념이다. 이에 대하여 privatization은 private를 동사화하고 다시 명사화한 것으로서, 사사화, 사유화, 사적 자치화, 민영화, 민간화(民間化), 민간부문화, 시장 자율화, 자유화, 개인화, 개체화 등을 말하는 개념인데, 공적 성격의 것이 사적 성격의 것으로 바뀐 영역·부분에 알맞게 적절한 용어를 취해야 한다. 예컨대, 공적인 직책을 사적인 목적에 이용하는 것은 공무를 사유화, 사사화한 것이고, 공공당국이 사적 자치 영역에 공적으로 개입해 왔던 것을 해제하고 사적 자치에 맡기면, 그것은 통제받지 않는 개인 자율·자유의 영역으로 민간 부문화, 사적 자치화(私的 自治化), 민영화한 것이다. 또한 정부가 하던 일을 민간에 이양하거나 규제를 풀어 시장의 자율적인 계약·거래·처분 등에 맡기면, 그것은 시장 자율화한 것이다. 공공부문에 대한 다양한 사사화(빈영화)의 빙법을 설명한 문헌으로는 E. S. Savas, *Privatizing the Public Sector*, Chatham, N. J.: Chatham House, 1982 참조.

위를 원칙적으로 금지하고 있다. 그 중간의 경제체제는 20세기 후반부터 시작된 중국의 '시장사회주의'(market socialism)와 같이, 시장경제체제와 사회주의이데올로기를 절충하고 있다. 그런데 더 구체적으로 들어가면, 공공 개념을 최대한 좁혀 결정하는 '자유민주주의 시장경제체제'에서도 모두 동일한 방향의 동일한 내용으로 대응하는 것은 아니다. 사안과 경우에 따라서는 오히려 공공 개념을 확대하기도 하는 바와 같이, 그 합목적적 필요에 따라 다른 방향으로 대응하고 있다.

예컨대 20세기 후반 이후 '사사화'와 '작은 정부'를 지향하여 큰 틀에서 경제적 규제를 완화해 가고 있는 신자유주의적 국가에서도, 독과점이나 불공정 거래와 같은 자유경쟁질서를 해치는 경우 그런 종류의 '경제적 규제'는 오히려 강화하고 있다. 이와 함께 환경·산업재해나 산업보건·소비자 보호·소수자 권리보호·재난구호 등의 이른바 '사회적 규제'도 그 사회생태계의 필요 때문에 강화함으로써 '공공화'의 영역을 확대하고 있는 실정이다.

또한 정치적·국가 안보적 목적에 의하여 적정한 공·사 개념의 관계를 재조정하고 있기도 하다. 2001년 9·11 테러를 겪은 미국에서는 공화당 정권이 국가 존망이 걸린 테러에 대처한다는 명분을 내걸고, 다음과 같이 전례 없이 많은 사사영역을 '공공화'하고 있다.

> 9·11 동시다발 테러가 발생한 지 꼭 2년, 미국에선 '조용한 반란'이 일고 있다. 9·11 이후 미국의 변화를 가장 상징적으로 드러내는 반테러법(패트리엇법)에 대한 논란이 가열되고 있는 것이다. 아직 거센 불길이라고 말할 순 없지만, 그 기세는 점점 강해지고 있다. 패트리엇법은 테러예방을 이유로 수사기관에 엄청난 권한을 부여했다. '테러 의심자'에 대해선 당사자 몰래 집 수색이나 개인 컴퓨터를 검색하는 게 가능해졌다. 또 확실한 증거 없이도 법원 허가를 받아 도서관이나 서점, 병원, 은행 등에서 개인기록을 제출받을 수 있게 됐다.
>
> 9·11은 미국의 역사를 바꿔놓았다. 사망자가 3천 명을 넘어섰다는 점뿐 아니라, 개인의 자유를 존중하는 미국의 전통 대신에 질서유지를 위한 국가의 개입이 우위에 서게 됐다. 뉴욕대학의 캐서린 스팀슨 교수는 "9·11 이후 정부의 반테러 열정은 불행하게도 미국 역사상 질서와 자유 간에 가장 심각한 갈등을 초래했다"고 말했다.……36)

---

36) 한겨레, 2003. 9. 9, "9·11 2주년……지금 미국은" 제하의 박찬수 기자의 기사 중 일부 인용.

그런가 하면 우리 정부가 1997년 말 외환위기를 겪은 후 국제통화기금의 요구에 의하여 특히 경제 분야에 대한 정부주도의 구조조정을 단행했던 것은 경제적 요인에 의한 적정한 공공 개념의 재조정에 해당한다고 하겠다.

또 개인주의적 전통이 강한 사회와 문화에서는 공공 개념을 좁게 규정한다. 이에 비하여 집단주의(공동체주의)적 전통이 강한 사회와 문화에서는 공공 개념을 넓게 규정하고 적용하는 차이를 보여준다. 그래서 개인주의적 전통이 강한 서양에서는 개인의 연령이나 결혼 여부에 대한 질문이 사생활의 침해로 받아들여진다. 그러나 집단주의적 전통이 강한 한국에서는 오히려 그런 질문이 친밀감의 표현으로 수용되기도 한다. 또 인터넷시대의 도래로 각종 정보통신수단으로부터 인격권 보호, 사생활 보호, 정보인권 보호 등의 '사사화' 요구가 강조되는 속에, 그 사사화의 내용을 결정하기 위한 공적 논쟁도 더 치열해지고 있는 경향을 볼 수 있기도 하다.

이처럼 역사적·이념적·체제적인 측면의 거시적 요인에 따라, 또 시대와 사회에 따라, 공공과 사사의 개념이 다르게 규정되는 차이를 보인다. 그리고 미시적으로는, 동시대의 이념을 널리 공유하고 있는 것처럼 보이는 동일한 사회 내에 속한 사람들 사이에도 정치적·경제적·사회적·문화적인 요인에 따라, 그리고 각자의 이념과 가치관에 따라, 서로 다른 공공 개념을 지니고 사안마다 서로 다른 견해를 보인다. 따라서 공공 개념을 어떻게 규정하고 적용하는 것이 가장 바람직한가는 곧 가장 중요하고 어려운 공공활동의 철학적 탐구영역의 하나에 해당한다. 그런 의미에서 이제 공공활동가는 이상에서 논의한 공공 개념의 실체적·절차적인 본질, 존재론적·인식론적 본질을 철저하게 이해한 바탕 위에서, 좋은 공공활동을 위한 직무수행에 이를 올바로 적용하도록 노력해야 할 것이다.

제 2 부

일상적 공공철학하기를 위한 주제별 접근

공동체에는 해결해야 할 크고 작은 많은 공공문제가 있다. 그런데 그 많은 문제 중에서, 어떤 문제부터 어떻게 해결하고 왜 그렇게 대응해야 좋은가를 가르쳐주고 안내해 주는 것은 철학적 문제의식·질문 여하에 달려있다. 그래서 공공활동가는 현실 공공활동의 수행과정에서 '어떤 근본적인 문제의식을 갖고 무엇을 어떻게 해야 좋은가'라는 '철학적 문제의식·질문'부터 다시 설정하고 시작해야 한다고 하였다.

이에 이 제2부의 각 장에서는 제1부의 '일상적 공공철학하기를 위한 총론'을 바탕 삼아 좋은 공공활동을 위한 철학적 사유가 필요한 문제로 판단되는 주제를 설정하고 이에 대하여 좋은 공공활동의 길을 구체적으로 탐색·논의해 보기로 하겠다. 그런데 각 주제별 논의는 제1부 각 장의 순서로 전개하였던 형식적 논의의 틀이 바람직하다고 판단되어 그 형식적 틀을 각 장 안에 전체 통합하여 활용하기로 하겠다. 즉 먼저 주제와 관련된 사례를 검토하는 것으로부터 시작하여, 주제에 관한 규범적·본질적 이론을 탐색·논의한 후, 주제와 관련된 일상적 공공철학하기의 행동원칙을 제시하고, 마지막에 결론의 순서로 논의를 전개하기로 하겠다.

제 1 장

인간존중의 공공활동

─공공활동에서 가장 중요하게 고려해야 할 가치는 무엇인가?

'좋은 공공활동'을 위해서 공공활동가가 그 직무수행과정에서 가장 중요하게 고려해야 할 가치는 무엇인가? 많은 사람들의 삶에 영향을 미치는 행정활동에서 공직자가 자신의 직무를 통하여 항상 중요하게 생각하고, 잊지 않아야 할 가치는 무엇인가? 이러한 질문을 받으면, 공직자를 포함한 대부분의 사람들은 이에 대해 뜻밖의 질문이라는 반응을 보이면서, 새삼스럽게 그 대답을 찾는 데 고민하는 모습을 보인다.

과연 공공활동에 종사하는 자라면 누구나 항상 마음속에 새기고 자신의 직무수행에서 구현하려고 노력해야 하는 공통적인 기본 이념·기본 가치나 궁극적인 규범·근본규범이 있는가? 그것이 있다면 무엇이고, 왜 그렇게 소중한 것인가? 이러한 기본적인 문제에 대하여 생각해 보기 위하여 다음 사례부터 검토해 보기로 하겠다.

1. 사례의 검토

1) 상황과 질문

먼저 다음의 기사를 주의 깊게 읽어보기 바란다.

……군산시 금강호에서 얼음낚시 도중 낚싯배가 뒤집혀 물에 빠진 일행 4명 가운데 1명이 구조를 기다리며 50여 분 동안 사투를 벌였으나, 경찰이 보는 앞에서 숨진 인명구조체계의 허점을 드러냈다. 특히 지난 93년 7월 완주군 구이면 구이저수지에서도 고기잡이를 하던 2명이 폭우로 갑자기 불어난 물 때문에 고립돼 2시간 동안 구조를 기다리다 경찰의 장비 부족과 늑장 출동으로 숨진 데 이어 똑같은 상황이 벌어져 인명구조체계의 근본적인 재편이 요구되고 있다.

이번 사건의 경우도 경찰과 119구조대가 제대로 장비를 갖추었거나 구조헬기가 조금만 빨리 도착했더라면 목숨을 구할 수 있었던 것으로 현장 목격자들이 전해 안타까움을 더해 주고 있다. 사고 직후 시민의 신고를 받고 ○○경찰서 금강초소에 있던 경찰관 4명이 비치돼 있던 밧줄과 고무튜브를 지니고 현장에 출동했으나 구조에 나서지 못했다. 이어 경찰타격대가 출동했을 때도 추가된 장비가 기껏 구명조끼와 담요뿐이어서 경찰은 발만 동동 구른 채 속수무책으로 죽어 가는 모습을 바라볼 수밖에 없었다. 119구조대도 현장에 출동했으나 구급차와 소방차 외에 인명구조장비는 고무보트 1대뿐이었다.……이와 관련해 전북경찰청의 한 관계자는 "구명장비 부족과 연락체계상의 문제점으로 구조에 어려움이 있었다."며 "전문구조요원과 장비 확충을 위한 예산 확보에 나서겠다."고 말했다.[1]

그러면 다음의 질문에 대답해 보기 바란다. 기사 속의 비극적인 인명사고는 기본적으로 무엇이 잘못되었기 때문에 발생한 사고인가? 그리고 이런 사고에 대처하여 행정당국이 시급히 시정하고 조치해야 할 것이 무엇인가?

2) 상황의 검토와 답변의 모색

대부분의 사람들은 이 사고를 전한 기자의 문제점 진단에 동의할 것이다. 인명구조에 필요한 연락체계의 미비(未備), 늑장 출동, 전문구조요원과 구조장비의 부족에 더하여, 필요한 예산 확보의 소홀 등 중요한 '인명구조체계의 허점'을 거의 모두 지적했기 때문이다. 그런데 여기에 어떤 사람이 사고를 당한 낚시꾼처럼 시민의 '안전의식 부족'과 '안전불감증', 그리고 안전의식의 고취와 계몽교육을 담당하는 사회 각 분야의 협조부족을 덧붙이는 경우, 그 추가적인 지적에도 흔쾌히 동의할 수 있겠다. 그리고 사고위험이 있는 곳을 사전에 파악하여 출입을 통제하

---

1) 한겨레, 1995. 2. 4, "'50분 사투'에 경찰 발만 동동" 기사.

고 안전시설을 설치한 후 관리감독을 해야 할 '당국의 관리감독 책임'을 추가하는 사람이 있다면, 그의 주장에도 쉽게 동의할 수 있을 것이다.

이와 더불어 가끔 어떤 사고가 발생한 후 조사과정에서 당국의 인허가·안전진단·정기검사 등이 부패·비리로 얼룩져 정부당국이 그 임무를 온전히 수행하지 못함으로써 급기야 사고로 연결된 과거의 사례를 지적하면서, 부패·비리가 비극적인 사고의 발생에 개재돼 있음을 지적한다면, 이를 부정할 수 없는 것이 우리의 현실일 것이다. 그리하여 각종 재난·재해·사고를 예방하는 제도를 완비하여 운영하지 못하고 있는 문제점을 들춰내고 비판을 해도 정부당국은 이를 감수해야 하는 상황에 처해 있다.

그런데 위 문제점들은 한두 번도 아니고, 사회적으로 충격을 준 사고가 날 때마다 한결같이 되풀이해서 지적되는 내용들이다. 그리고 앞으로는 그런 유사한 사고가 발생하지 않도록 더 철저히 시정할 것은 시정하고, 대비할 것은 대비하기를 요구하고 다짐하며, 당국이나 시민들도 모두 노력할 만큼 해오고 있다고 할 수 있다. 그런데도 유사한 유형의, 안타깝고 어처구니없는 원시적인 사고는 그치지 않고 있다. 원인과 문제점들을 파악하고 각종 시정조치를 취하며 대비한다고 다짐하고 노력하는데도 도대체 왜 그런 어처구니없는, 부끄러운 사고가 계속되는가? 특히 정부당국의 임무수행에 어떤 문제가 도사리고 있기에 유사한 과오가 발생하고 시민의 질책을 받아야 하는가? 과연 우리가 문제의 근본원인을 바로 짚어내서 올바로 대처해 왔다고 할 수 있겠는가? 도대체 무엇이 근본문제란 말인가? 우리는 이런 의문을 제기해 보고 심각하게 고민해 보지 않을 수 없다고 할 것이다.

3) 근본문제와 시사점

우리 사회의 위험대비 안전관리가 제자리를 잡지 못하고 있는 '근본적인' 문제점을 논의하다 보면, 다시 위에서 지적한 문제점으로 거슬러 올라가되 '좀더 기본적이고, 총체적이며, 철저하지 못한 측면'을 덧붙이는 정도의 논의가 재연된다. 어떤 사람은 아직도 전체적으로 확립되지 않은 '위험대비 안전관리제도의 부실'을 지적하기도 한다. 또 다른 이는 안전관리제도도 문제지만 제도를 갖추고 운용하는 '기본적인 의지와 실천의 부족'을 지적하기도 한다. 그러면 왜 그렇게 제도가 부실하고 의지와 실천이 부족한가를 다시 따져보아야 한다.

그렇게 문제의 근원을 추적하다 보면, 우리는 위에서 질문한 어처구니없는 인명사고의 가장 근본적인 문제의 원흉은 바로 우리 사회의 구성원 모두가 지니고 있는 '의식 자체'가 아닐까 하는 데 생각이 미치게 된다. 그것은 단순히 '안전의식'에 국한된 문제로만 볼 것이 아니다. 그것은 위험대비 안전관리제도를 제대로 갖추고 올바로 운용하는 '안전의식'도 포함하지만, 그 차원을 획기적으로 뛰어넘는 문제이다. 이는 곧 '인간의 생명'을 존귀하게 여기는 의식을 포함하여, 전체적으로 '인간을 존중하는 의식' 전반을 말한다. 요컨대 '생명존중을 포함한 인간존중'의 의식이 문제다. 이로써 저 비극적인 인명사고의 근저(根底)에 있는 근본원인은 다름 아닌 '생명존중을 포함한 인간존중 의식의 부족 내지 실종'이라고 진단하기에 이른다.

우리 사회의 수많은 인명사고를 비롯하여 인권침해나 비인간적인 각종 제도·정책·법령·문화의 밑바탕에는 '생명존중을 포함한 인간존중'의 의식이 너무나 부족한 근본문제가 도사리고 있다. 그렇지 않고서야 이제 거창한 세계 10위권의 경제규모, 국제적 이벤트, 대형 조형물, 주5일제, 여가시설 등을 운운하면서 어느 정도 먹고살고, 세계에 그 이름을 내놓을 만한 사회가 되었다고 자부하고 있으며, 또 인명사고의 원인과 문제점도 모두 파악하고 있는 터에, 왜 아직도 가장 기본적인 인명구조의 장비·인력·예산에 관한 타령이 반복되고, 의지와 실천의 부족을 자책하면서 아직까지도 획기적으로 '인재'(人災)라고 규정되는 각종 사고를 예방하지 못하고 그런 비극을 그렇게 자주 겪을 수 있겠는가?

만약 우리의 '인간존중의 의식' 자체가 투철했다면, 우리는 안전의식도 충분히 갖추고 안전시설·장비·인력의 안전제도의 확립과 운영에도 만전을 기했을 것이다. 만약 우리에게 '인간존중'의 의식이 충만했다면, 우리는 이미 안전과 인명구조를 위한 전문인력·장비도 충분히 확보하고, 관련 기관 간 유기적인 협조체계를 비롯한 인명구조체계에도 허술한 구석이 없게 했을 것이란 말이다. 만약 공직자의 의식 속에 '인간존중'이 최우선적 가치로 자리 잡고 있었다면, 그들은 아무리 어려워도 그 가치와 관련된 예산을 배정할 때 그것을 다른 예산항목과 동등한 비중으로 다루지는 않았을 것이다. 요컨대, 우리 시민과 공공활동가가 철저하게 '인명을 포함한 인간존중의 의식'을 내면화하고 사회 전체와 공공활동 전반에 걸쳐 '인간존중의 문화'를 일구고 가꾸어 왔다면, 그것은 분명히 우리 사회에 원시적인 사고는 발생하지 않도록 위험한 상황에 충분히 대비할 정도로 제도와 실천이 있었을 것임을 의미한다. 그렇다면 앞에서 소개한 그런 후진적인 '인재성'(人災性) 인명사고는 겪지 않아도 됐을 것이다.

이상의 검토를 통하여, 수많은 사고로 귀중한 인명의 희생과 부상을 획기적으로 줄이는 근본 처방은 우리 사회 구성원 모두가 '인간존중'의 의식을 확고하게 정립하고, 그 방향으로 모든 관련 제도를 정비함으로써, 삶 속에서 자연스럽게 우러나와 실천할 정도의 문화로 '인간존중의 문화'를 일구고 가꾸는 일이라고 규정하고자 한다. 인간존중은 인명의 안전이 가장 중요하지만 그것에만 국한되지 않는다. 더 나아가 공동체구성원이 인간다운 삶을 사는 데 필요한 모든 것이 인간존중이기 때문이다. 따라서 인간존중은 인명을 포함하여 인간다운 삶을 훼손하고 위협하는 의식, 제도, 관행, 문화 등 모든 비인간적인 것을 혁파(革罷)하고 인간존엄성에 바탕을 둔 인간다운 삶을 살 수 있도록 모든 것을 다시 정립하고 실천하는 것을 말한다.

그렇다면 공공활동가에게도 '인간존중'의 의식을 확고히 내면화하고, 모든 정책·법령·제도·사업 등을 만들고 집행할 때 이를 구현하는 일이 가장 중요한 과제이자 임무가 된다. 곧 인간존중은 정치문화, 행정문화, 경영문화 등 우리 사회의 문화의 가장 중요한 부분이 되어야 한다. 사실 '사람의 좋은 삶'을 위한다는 좋은 공공활동을 논의하면서, '사람 그 자체에 관한 주제나 가치'를 제외하고 사람 자체보다 더 중요한 다른 주제나 가치를 다룬다는 것은 이상하고 자연스럽지 못한 일이다. 그런 만큼, 공공활동가는 이 '인명의 존중을 포함한 인간의 존중' 문제를 '공공활동의 제1의 과제', '공공철학의 제1의 주제' 또는 '공공의 제1 철학적 명제'라고 인식하고, 현실제약을 극복하면서 이를 구현하는 과제를 깊이 고민하고 해결해 나가야 한다. 이러한 배경에서 이를 공공활동의 철학적 기반을 논의하는 첫 주제로 삼아 다음에서 논의하고자 한다.

2. 인간존중의 최고 규범성

우선 '좋은 공공활동'이란 명제를 생각하기 시작할 때 '인산존중'은 공리적 기초의 성격을 띤 궁극가치로서, '최고 규범성'(最高 規範性)을 지닌다. '인간존중'은 공공활동가가 좋은 공공활동을 수행하기 위하여 시·공을 초월하여 올바로 인식하고, 현실에서 온전하게 구현해야 하는 자명(自明)한 최고규범·근본규범이다. 따라서 인간존중은 '공공활동의 제1과제', '공공철학의 제1주제', 혹은 공공철학하기가 바로 그 명제에서 출발하고 있다는 의미에서 '공공의 제1철학적 명제'라고 부를 만하다. 이를 자세히 검토해 보기로 하겠다.

1) 공공활동의 공리적 기초로서의 인간존중

공공활동의 목표는 인간의 삶을 위한 것이므로, 그러한 의미에서 기본적으로 '인간'을 떼어놓고 공적인 활동을 생각할 수는 없는 일이다. 공공활동을 수행하는 주체도 인간이고, 그 대상(객체)도 인간이며, 그 목적도 궁극적으로 인간의 좋은 삶·행복에 두고 있는 것이다. 그런 인간사회에서, '인간', 더 구체적으로는 '인간의 존엄과 가치'를 최고의 규범으로 생각하고 그 실현을 위해 고민하는 것은 '좋은 공공활동'의 첫 번째 일임에 틀림없다.

그래서 '인간존중'은 좋은 공공활동을 위한 제1과제라고 규정된다. 이는 그 진리성(眞理性)이 경험을 통해서 빈번하게 확증되고 실천을 통해서도 분명하게 증명되어서, 복잡한 논리적 추론과 증명이 필요 없이 그 자체 스스로 명백(자명)할 정도로, 절대 확실한 것이라고 간주될 수 있는 명제라는 뜻에서, 하나의 '공리'(公理, axiom)이기도 하다. 혹은 이 명제보다 더 원리적이고 포괄적인 명제가 없기 때문에 그 정당성을 위해서 꼭 논증할 필요가 없는 '기초적 주장'(foundational claim)에 속한 명제이기도 하다. 이는 '인간존중'이 좋은 공공활동을 위한 최고 규범성의 지위를 갖는 데 대하여, 우리의 직관으로 알 수 있는 '공리적 기초'(공리적 토대나 기반, axiomatic foundation) 또는 '토대공리'(axiom of foundation)에 해당된다는 뜻이다.[2] 현실에서도 다음과 같은 사실이 이를 뒷받침해 주고 있다.

---

2) 어떤 주장이 제기되면, 우리는 주장의 근거를 물을 권리가 있고, 주장자는 증명의 부담(입증책임)원칙에 의하여 그 근거를 제시할 의무가 있다. 그런데 모든 주장들이 논증에 의하여 정당화된다면, 어떤 주장도 정당화될 수 없다는 결론에 도달하고 만다. 어떤 '갑' 주장이 다른 주장 '을'에 의하여 정당화된다면, 그 '을' 주장 역시 다른 '병' 주장이 필요하게 된 식으로, 주장이 계속돼야 한다. 그래서 모든 주장이 논증에 의해

우선, 하나의 정치단위를 이루고 있는 공동체(국가)에서 그 기본질서를 규율하고 있는 최고의 법규범이 '헌법'이다. 그런데 헌법을 가지고 있는 어느 국가나 '인간의 존엄과 가치'를 가장 중요한 근본규범이나 근본원리로 규정하고 있다. 과연 다음과 같이 우리나라 헌법에서도 그렇게 규정하고 있다.

> 헌법 제10조 모든 국민은 인간으로서의 존엄과 가치를 가지며, 행복을 추구할 권리를 가진다. 국가는 개인이 가지는 불가침의 기본적 인권을 확인하고 이를 보호할 의무를 진다.[3]

보편적인 헌법의 근본원리에 비춰볼 때, 좋은 체제·이념, 좋은 정부, 좋은 공공활동인가 아닌가를 판별하는 가장 중요한 기준은 바로 공동체구성원 한 사람 한 사람을 보호하고 존중하는 것이 어느 정도인가를 진단하고 평가하는 것이라고

서 정당화된다는 주장은 받아들일 수 없게 된다. 따라서 정당성을 위해서 구태여 논증이 필요 없는, 즉 그 근거를 물을 필요가 없이 받아들일 수 있는 일단의 주장(명제)인 '기초적 주장'이 있어야 한다.

이와 관련, 철학에서 '기초주의'(foundationalism)가 있다. 일부 공허한 주장들 외에 모든 주장들은 궁극적으로 주장이 아닌 다른 근거, 즉 직접 경험을 통해서 얻은 자료에 의해 정당화된다는 결론에 도달한다. 이러한 입장을 '기초주의'라 한다. 그러나 이에 반대하는 '정합론'(整合論, coherentism)의 입장에 의하면, 기초주의가 지식의 기초로 내세우는 어떠한 감각 경험의 자료도, 인식자의 '인식의 틀'을 이루고 있는 일단의 명제들(주장들)이 없이는, 인식의 그물에 걸리지 않는다고 한다. 이 두 입장 모두 타당성이 있으므로 논쟁이 계속되고 있는데, 본문과 같이 인간존중의 명제도 기초주의의 감각 경험의 자료이자 정합론의 인식의 틀에 해당된다고 할 수 있다.

또 논리구성법에는 두 가지가 있다. 기초적 주장 중 자명한 공리에 해당되는 것이 '토대공리'이겠는데, 토대공리를 기반으로 삼아 밑으로부터 위로 논리를 구성해 가는 '직선적 논리구성법'이나 그렇게 정의하는 '직선적(linear) 정의'가 있다. 그런가 하면, 실천적 필요 때문에 토대공리 없이 다른 논리를 이용하여 논리를 구성함으로써 논리가 자체 순환하게 되는 '순환적 논리구성법'이나 그렇게 정의하는 '순환적(circular) 정의'가 있다. 논리의 토대를 찾아가는 선택의 연쇄 고리는 끝없이 지속될 수 없으므로, 규범담론을 하려면 언제 어디에선가는 어떤 규범이상을 받아들일 필요가 있다. 그 초월적인 최고규범성을 갖는 규범이상이 '인간존중'이라고 할 수 있다. 이는 토대공리에 해당되므로, 이에 의한 논리구성은 직선적 구성법에 해당된다고 볼 수 있다. 기초주의와 정합론과 관련, 김광수, 논리와 비판적 사고, 철학과 현실사, 1990, 173 참조.

3) 이와 같이 헌법 또는 국제연합헌장 등에서 모든 기본적 인권의 근원, 이념적 출발점, 모든 기본권의 핵(核), 또는 기본권의 가치질서에 있어서 최고의 가치가 인간의 존엄과 가치를 규정한 조항이라는 것은 국내외 헌법학자들의 통설이다. 권영성, 헌법학원론, 신정판, 법문사, 1989, 295; 김철수, 비교헌법론(상), 박영사, 1973, 409-415 및 504-513 참조.

할 수 있다. 인간의 생명을 포함한 인간의 존엄과 가치는 모든 체제와 이념, 그리고 모든 정부와 공공활동이 가장 중요시하여야 할 가장 기본적인 가치·이념·기준·목표이기 때문이다. '단 한 사람'이라도 전체를 위한다거나 다른 이유와 명분으로 '함부로 경시하지 않고' 각 개인의 존엄과 가치를 존중하고 보호해 주는 공동체·체제·정부·정책·이념·공공활동이 곧 좋은 공동체·체제·정부·정책·이념·공공활동이다. 그런 의미에서 '인간존중'의 기준은 간단히 '좋은 체제·정부·행정·정책의 제1의 판별기준'이라고 할 만하다.

이러한 관점에서 볼 때, 역사적으로 전체 공동체나 집단 전체를 위한다는 명분으로 공동체구성원인 개개인의 인권을 함부로 침해하고 인간을 수단시했던 사회주의, 전체주의, 독재체제 등에 대한 역사의 심판은—늦어지는 일은 있었을망정—반드시 엄정하게 이루어졌음을 알 수 있다. '인간의 얼굴을 한 사회주의'(Socialism with a Human Face)와 같은 구호도 말뿐인 인간존중의 구호였기 때문에, 인간의 인격성, 주체성·자율성을 부정한 그런 주의·체제는 결국 역사의 무대에서 사라질 수밖에 없었다.[4] 1990년대 구소련과 동구권 국가들이 모두 연쇄적으로 붕괴하고 만 대변혁(大變革)도 뜻밖의 결과라기보다는 그런 주의·체제의 예정된 역사적 운명을 보여준 사례일 뿐이다.

종교적으로도, 생명을 포함한 개개인 인간의 존엄과 가치를 존중하는 공리적 기초는 이 세계에 존재하는 모든 고등종교의 가장 핵심적인 교리를 구성한다. 종교의 교리에서 한 사람 한 사람의 존재는 이 우주와 같은 의미와 무게를 지닌 것으로 파악된다. 그래서 인간을 사랑하라거나, 인간에 대하여 자비를 베풀어야 한다거나, 인간이 곧 하늘과 같아서 인간존중하기를 하늘 섬기는 것과 같이 하라고 하는 것 등은 궁극적으로 모두 '생명애'(生命愛)를 포함한 '인간애'(人間愛) '인류애'(人類愛)를 표현한 종교적 가르침이라고 할 것이다.

또 국제적으로도, 인간존중의 가치는 가장 중요한 준거가치인 만큼, 국제사회에서 국제연합(UN)을 비롯한 각 국제기구 활동의 지도이념이 되고 있다. 20세기까지, 특히 동·서 양 진영 사이의 냉전이 지속되던 상황에서는, 전통적으로 소위

---

4) 경제적 비효율성 못지않게 자유가 거부되는 공산주의 경제를 저명한 경제학자 하이에크는 '노예에의 길'이라고 표현하였다. Friedrich A. Hayek, *The Road to Serfdom*, The University of Chicago Press, 1944. 그렇지만 자본주의에 있어서도 과도한 경쟁에 의한 인간성의 황폐화를 경계하는 동일한 구호, 즉 '인간의 얼굴을 한 자본주의'(capitalism with a human face)가 필요하고 중요함은 말할 것도 없다.

'인권보장'이 개별 국가의 '주권사항', '국내문제' 또는 '국내사항'이라고 주장될 정도로, 인간존중의 가치도 '국가'라는 울타리 내에서 중요했고 의미도 있었다. 그러나 이제 인권문제는 국가의 구별, 내국인과 외국인의 구별, 국내문제와 국제문제의 구별의 문제를 넘어서고 있다. 국제사회는 개별국가의 인권문제에 대하여 적극적으로 비판하고 간섭·개입하는 '국제문제'(international problem)나 '국제관심사'(international concern)로 인식하기 시작한 것이다. 이제 인권문제는 '정상적인 국제정치의 문제'(the normal stuff of international politics)로 인식되고 있다. 그리하여 오늘날 다른 국가에 의해 인권에 관한 관심이 표명되더라도 그것이 외교관계의 단절이나 손상의 빌미가 될 수 없는 시대가 되었다.[5] 인권이 사람의 사람답게 살 수 있는 '인간' 자체의 기본권리 측면에서 새롭게 조명되면서, 각 국가는 내·외국인 차별 없이 최소한의 인권을 보장해 주어야 하게 된 것이다. 다음은 그 역사적 배경에 관한 설명이다.

제2차대전 중 독일·일본 등 전체주의·군국주의체제하에서는 대량학살·강제노동·고문·테러·인간실험·국외추방 등 비인간적인 만행이 자행되었다. 그래서 제2차대전 기간 중의 그와 같은 비인간적인 만행에 대한 반성의 결과, 국제연합(UN)헌장을 비롯한 세계인권선언·유럽인권협약·고문폐지를 위한 국제엠네스티선언·집단학살(genocide) 금지협정 등 여러 국제헌장과 조약은 물론, 각국 헌법에서 인간의 존엄성 존중을 실정법에 담게 되었다.[6]

그러한 인식의 전환은 그동안 국제사회가 벌여온 꾸준한 노력의 결과라고 하겠다. 1948년 12월 10일 UN총회에서 '세계인권선언'(Universal Declaration of Human Rights)이 채택되고, 1950년 유럽국가들이 로마에서 '인권과 기본적 자유의 보호를 위한 협약'(Convention for the Protection of Human Rights and Fundamental Freedoms)을 채택하고 유럽인권위원회와 유럽인권재판소를 설치·운영하고 있다. 또 1966년 12월 16일 UN총회에서 두 개의 인권규약, 즉 '경제적·사회적·문화적 제 권리에 관한 국제규약'(International Covenant on Economic, Social and Cultural Rights, 소위 A규약)과 '시민적·정치적 제 권리에 관한 국제규약 선택의정서'(Optional Protocol to the International Covenant on Civil and Political Rights, 소위 B규약)가 채택돼 1976년부터 시행되고 있다. 기타 집단살해(genocide), 고문(torture), 피난민(refugees) 문제 등에 관한 국제협약이 제정·시행되고 있다. 그리고 유엔은 각국과 각종 전문기구의 협력 및 산하 기구의 활동을 통하여 상기 각종 인권에 관한 업무를 처리하는 등 '국제기본

---

5) Evan Luard, *The Globalization of Politics*, London: Macmillan, 1990, 101-102.
6) 권영성, 앞의 책, 295; 김철수, 앞의 책, 409-415 및 504-513 참조.

권'(international human rights)에 관한 감시·공론화·개선 업무를 담당하고 있다.

모든 인간세계의 활동이 결국 '인간의 삶의 조건을 향상'시키는 좋은 삶을 그 목표로 삼고 있다. 특히 사람들로 하여금 가치 있다고 생각되는 삶을 영위할 수 있도록 하는 능력, 그리고 사람들이 선택한 삶의 질을 높일 수 있는 능력, 즉 실질적인 자유의 확대에 관심을 둔다. 그래서 유엔전문기구인 유엔개발계획(UNDP)은 1990년부터 마붑 올 하크(Mahbub ul Haq)의 선구적인 주도 아래 매년 세계 각 지역 사람들의 상대적으로 박탈당한 생활을 체계적으로 설명할 목적의 '인간개발보고서'(Human Development Report)를 발간해 오고 있다.7) 그리고 1994년판 보고서에서는 처음으로 '인간안보'(human security)란 개념을 도입하였다. 거기에서는 냉전시대의 '국가안보'(national security)로 좁게 해석되던 '안보'(security) 개념을 탈냉전시대 삶의 질을 향상시키는 쪽의 '인간안보' 개념으로, 발전적으로 확장할 필요가 있음을 제시하였다.

이러한 노력은 세계화와 정보화의 물결 속에서도 인간의 기본 복지수준이 충족되지 못하고 갖가지 억압 때문에 자유가 확보되지 못하는 바와 같은, '인간 존엄성의 경시와 훼손'이 인류사회를 더 큰 불안과 불행 속으로 빠지게 할 것이라는 국제사회의 경각심의 산물이다. 이에 따라 전쟁이 없는 상태로서의 국가안보 중심의 '소극적 평화' 개념도, 평화를 위한 물적 기반, 대안적 안보관, 공정하고 인도적인 가치체계, 인권의 절대적인 존중, 그리고 전 지구적 차원에서의 평등주의의 실천과 같은 인간안보 중심의 '적극적 평화'(positive peace) 개념으로 전환돼야 하는 것으로 인식되고 있다. 이에 호응하여, 역시 유엔전문기구인 유네스코(UNESCO)도 '인간안보'를 주제로 지역별 전문가 회의를 열기로 2000년 결의한 바 있다.8) 이러한 국제사회의 인식의 전환과 활동도 궁극적으로 '인간존중'의 가

---

7) 그 보고서는 1인당 GNP와 같은 지표에 과도하게 부여하고 있는 관심을 돌려, 인간개발지수(HDI), 인간빈곤지수(HPI)와 같은 집계 지표도 제시하고 있다. 하크 외에 '인간개발', '인간능력' 개념의 중요성을 널리 확산시킨 데 기여한 학자로는, '발전'이 단순한 경제성장만이 아니라 '인간 자유의 확대'라는 관점에서, 빈곤, 복지, 인권 등의 본질을 분석한 인도 출신 영국 경제철학자 아마르티야 센(Amartya Sen)이다. 그는 1998년 노벨경제학상을 받았다. Amartya Sen, *Development as Freedom*(1999), 박우희(역), 자유로서의 발전, 세종연구원, 2001, 102, 375, 415−416 참조.

8) 그 결의에 따라 2001년 7월 남아프리카공화국 더반에서 아프리카 지역회의가 열렸고, 2003년 6월에는 서울 프레스센터에서 '동아시아 인간안보에 관한 국제회의'가 개최되었다.

치가 모든 공공활동의 전제임을 말해 주는 예라고 할 것이다.

모든 학문에서도 특별히 이를 명시하고 강조하지 않더라도, '인간존중'은 근본가치로 간주되는 명제에 속한다. 정치학자나 행정학자는 '정책의 윤리성'을 판단하는 최고의 당위적 기준을 '인간의 존엄성'에서 찾고 있다. 대표적인 예로 '정책학'(policy sciences)의 주창자인 미국의 정치학자 라스웰(Harold D. Lasswell)은 정책학의 궁극적 목적이 "인간의 존엄성을 좀더 충실히 실현함"(the fuller realization of human dignity)에 있다고 하였다.9) 또 공공철학자 호지킨슨도 그의 공공철학이 "공공활동의 진정한 인간주의"(a true administrative humanism)를 지향하고 있음을 밝히고, "인간은 목적 그 자체이다"라고 선언한다.10) 공공철학자 디목(Dimock)의 저서인 『공공활동철학』 서문에서 철학자 티드(O. Tead)는 다음과 같이 말하고 있다.

> 만약 우리 각자가 인간의 존엄성과 의의를 본질적 기준(human dignity and significance as the essential criteria)으로 삼는 철학을 지향하지 않는다면, 우리의 직업상의 삶은 근본적으로 무의미해지고 만다.11)

또 경영학자가 '인간중시 경영'이나 '인간존중 경영'을 내세우는 것도 이상의 논의를 보더라도 너무나 당연한 일이라고 할 수 있다. 그런가 하면, 철학의 관점에서도 인간존중의 문제를 살펴볼 수 있다. 전통적으로 인간행동의 선악·시비를 판단하는 도덕원리의 기준에 관한 규범적 접근방법인 일반규범윤리학설12)에는 크

---

9) Harold D. Lasswell, "The Policy Orientation", in Daniel Lerner and Harold D. Lasswell(eds.), *The Policy Sciences: Recent Developments in Scope and Method*, Stanford: Stanford Univ. Press, 3-15 및 허범, "공공정책결정과 공직윤리", 한국정신문화연구원(편), 한국 산업사회의 구조와 가치관의 제문제, 1991, 69.

10) Christopher Hodgkinson, 앞의 책, prefix xii 및 마지막 장 명제들 중에서 5.3의 "Man is an end in himself."(215쪽).

11) Ordway Tead, "Foreword", in Marshall E. Dimock, *A Philosophy of Administration*, N.Y.: Harper & Row, 1958, xi 참조.

12) 우선 인간행동의 선악·시비를 판단하여 보편적 행동지침을 제공해 주는 윤리학의 접근방법은 규범적인 것과 비규범적인 것의 두 가지로 분류된다. 그런데 자연과학적 접근법에 근거하여 사실적으로 서술하고 설명하는 서술(기술, 記述)윤리학(descriptive ethics)이나, 도덕적 사고의 논리적 구조를 밝히기 위하여 윤리학의 주요 용어에 대한 언어적 분석에 주안점을 둔 메타윤리학(metaethics) 등의 비규범윤리학은 그 내용상 사회적 의무를 이행하고 그에 책임을 지는 윤리적 요구를 충족시켜 주지 못한다. 이에 비하여 실천적 목적의 관점에서 어떤 행동이 윤리적인가를 결정하고 책임을 따지는 규범적 접근법은 그러한 요구를 충족시키고자 한다. 규범적 접근법은 다시 일반적인 윤리학이론을 구축하고자 하는 일반규범윤리학(general normative ethics)과 이를 다

게 목적론(teleological ethics)과 의무론(deontological ethics)의 입장이 있어 서로 대립해 왔다. 그렇지만 인간존중의 가치는 궁극적 목적인 동시에 최고 수준의 의무론적 기준으로서도 타당하므로, 두 학설 모두 인간존중을 제1의적 명제로 삼는 데 동의할 수 있다고 하겠다.[13)]

먼저 인간존중의 가치는 좋은 의미의 공리주의적(公利主義的)인 목적론 차원에서 필요하다. 한 사회에서 구성원들 상호 간에 인명과 인간을 경시하고, 공권력이 인격 모독·폭력·고문 등 권력을 남용하며 인명과 인격을 손상하는 각종 정책·제도 등을 시행하는 것은 개인적·사회적·국가적인 슬픔·고통·손실·비용·스트레스를 야기하고 부담을 증가시킨다. 아주 다차원적 범위에 걸쳐 가시적·비가시적, 직접적·간접적, 장기적·단기적인 다양한 파급효과를 낳는 이들 모든 슬픔과 고통, 심리적이거나 경제적인 비용과 부담, 스트레스의 총량을 합계하고, 이를 '인명과 인간 경시의 사회적 총비용'이라고 해 보자. 그러면 바로 이러한 비인간적 대우와 인명손상의 사회적 총비용을 줄인다는 공리론의 입장에서 보더라도, 인간존중의 당위성이 성립하는 것이다.[14)]

른 분야에 응용하는 응용윤리학(applied ethics)으로 나뉜다.

13) 최근 서양학자들은 일반규범윤리학설에 목적론(공리론)과 의무론 이외에 덕윤리론(virtue ethics)을 추가하기도 한다. 행위의 동기를 중시하는 의무론과 행위의 결과를 중시하는 공리론은 꼭 행해야 하는 도덕 원리·규칙·기준과 같은 도덕적 요구 사항에 초점을 맞춘다. 그러다 보니 의무론은 자신의 이익에 반하는 행위까지도 해야 할 정도로 행위자에게 지나치게 많은 것을 요구하고, 공리론은 도덕성을 이익으로 환원할 정도로 지나치게 이익 여부를 따지게 된다. 이에 아리스토텔레스에서 시작되고 최근 재등장한 덕윤리론은 도덕 규칙이나 원리를 지배하는 것은 일상생활 중 발견되는 진실성, 신뢰성, 성실성, 온화, 용기인 것과 같이, 또 인간의 행위에는 그 동기나 결과와 관계없이 해(害)나 악(惡)을 피하고자 하는 동기에서 나온 인간의 덕(virtue)이나 품성(character)이 그 자체로서 사회적 가치가 있다는 상식을 도덕적 사유의 출발점으로 삼는다. 결국 덕윤리론은 덕이나 품성이 의무론이나 공리론의 한계를 극복하고 의무론과 공리론의 원리·규칙·기준 사이의 갈등과 충돌을 해결해 주는 역할을 하므로 덕성 우위론을 주장하고, 따라서 '도덕적 행위의 실천'을 통하여 인간의 덕이나 품성을 함양하는 것이 중요하다고 본다. 그러나 본문에서는 목적론(공리론)과 의무론으로 대별하는 전통에 따랐다. 이상 덕윤리론은 Tom L. Beauchamp, *Philosophical Ethics*, N. Y.: McGraw-Hill, Inc., 1991, 218; William K. Frankena, *Ethics*, 2nd ed., Englewood Cliffs: Prentice-Hall, 1973, 65; Alasdair MacIntyre, *After Virtue*, 2nd. ed., University of Notre Dame Press, 1997; 마이클 슬롯, 장동익(역), 덕의 부활, 철학과현실사, 2002; 박흥식, "윤리적 내비보고제(Whistleblowing)의 조건-일반규범윤리학적 접근법을 중심으로", 한국행정학보, 제32권 제1호, 1998 봄, 195-209 참조.

14) 목적론은 우리가 진력해야 할 보편적인 목적의 존재를 가정하고, 어떤 행위가 궁극 목적을 달성하는 데 있어서 어느 정도 이바지하는가에 따라 올바른 행위인가 아닌가를 판

그뿐만 아니라 한 사람의 인간적 양심·의무에 비춰 볼 때, 생명존중과 인간존중의 가치는 길게 설명할 것도 없이 의무론적(義務論的) 가치 차원의 도덕명령이자 실천명령이다.[15] 다음 예를 보자.

새벽에 발걸음을 재촉하여 밭으로 갔다. 아니나 다를까. 난 그 자리에 주저앉아 버릴 것 같았다. 한마디로 너무 심했다. 내 상상을 훨씬 넘어서는 피해가 난 것이다. 맥이 탁 풀리는 게 심장이 멎는 것 같았다. 밭으로 올라가는 길가에서부터 부러진 감나무 가지들이 길에 널려 있어서 몇 번이나 하늘을 쳐다보며 가슴이 두근거렸지만 막상 내 눈으로 확인하고 보니 몸이 통나무처럼 굳는 느낌이다.

……고추는 밑둥치에서 부러져 맥없이 쓰러져 있었다. 잘 익은 고추가 바닥에 널렸다. 하늘 높이 올라가던 옥수수는 큰 키를 땅바닥에 길게 누이고 숨이 멎었다. 며칠만 더 있었으면 옥수수를 거둬들일 땐데 하필 이때 벼락을 맞은 것이다.……가지, 토마토, 콩도 밭에 다 들어 누웠다. 토마토 밭이 제일 안타까웠다. 터져서 땅에 널려 있는 것은 정육점에 내 걸린 고기살점 같았다.……내리 열흘이나 큰비가 내리는 데야 난들 어쩌랴 싶다.……장마철도 아닌데 이렇게 비가 연일 쏟아지던 해가 있었던가. 내 기

단한다는 주장이다. 그러므로 목적론이 제기하는 근본 문제는 '궁극 목적이 무엇인가'이다. 이러한 목적론의 대표적인 학설은 공리주의(utilitarianism)이다. 공리주의는 선(good)을 가능한 한 극대화하는 행위의 결과를 좋다고 하는 '효용 극대화의 결과론'으로서, 의무나 권리 등의 개념에 우선한다는 명제를 그 주된 내용으로 삼는다. 목적론을 결과론(consequentialism)이라고도 하고, 의무론을 비결과론(nonconsequentialism) 또는 동기론이라고도 한다. 이상 목적론과 의무론의 설명은 Tom L. Beanchamp and Terry P. Pinkard(eds.), *Ethics and Public Policy,* Englewood Cliffs, New Jersey: Prentice-Hall, 1983, 2-6; John Rawls, *A Theory of Justice*, Cambridge: Harvard University Press, 1971; 김태길, 윤리학, 수정증보판, 1968, 25-26 참조.

15) 의무론(법칙론)은 어떤 보편적 목적이 따로 주어져 있다는 것을 부인하고, 그 대신 옳은 행위와 그른 행위를 판별하는 데 있어서 표준의 구실을 하는 도덕의 법칙이 주어져 있다고 본다. 그리고 그 법칙은 어느 시대 어느 곳에서나 타당한 절대적 권위를 가졌으므로 사람은 그에 따라야 할 도덕적 의무가 있다고 믿는다. 따라서 의무론이 제기하는 근본문제는 시대와 지역의 차이를 초월하여, '언제 어느 곳에서나 타당한 행위의 법칙 즉 도덕률(도덕법)이 무엇인가'이다. 의무론의 대표적 학설은 칸트(I. Kant)의 윤리설과 롤스(J. Rawls)의 공정론(정의론, theory of justice)이다. 칸트는 이성의 자율적 명령으로서의 선의지(good will)에 기초한 도덕적 의무가 존재한다는 일반화된 의무 개념을 발전시키고, 도덕적 선이란 타산적 결과와 무관한 일반화된 의무를 이행하고자 하는 동기에서 나오는 행위라고 주장한다. 그는 "너는 할 수 있다. 왜냐하면 너는 해야 하니까"라고, 당위(Sollen)에서 능력(Können)을 끌어내는 유명한 의무론적인 윤리의 말을 한다. 롤스는 자유의 우선성을 기초로 하되, 최소 수혜 계층에게 최대의 배려를 하는 공정성(fairness)이라는 정의의 개념을 주장하고, 그에 따른 도덕적 판단을 요구한다. 이기상, 철학노트, 까치글방, 2002, 56 참조.

억이 없다.

……옆 밭에서도 할머니가 나와서 일을 하고 계셨다. "이번 비에 피해가 크네요. 다 쓰러져 열매도 안 맺힐 뗀데 어떡한대요." 했더니 그 할머니가 내지르는 말씀이 참 시원했다. "아여, 딴 데는 사람이 몇십 명씩 다 나자빠지는데 이깐 고추가 먼 대수여어~"하는 것이었다.[16]

이렇게 보면, 현재 우리 사회에 만연해 있는 반생명적·비인간적·비인도적인 사고방식·제도·관행은 본래부터 그러했던 것이 아니다. 농작물을 목숨처럼 여기는 할머니일지라도 '아무리 농작물 피해가 중하기로서니 어디 인명피해에 비할 바 있겠느냐'는 마음을 갖는다. 그처럼 우리의 인성 속에 본디 내재해 있는 것은 생명존중과 인간존중의 의무·양심이다. 따라서 우리는 자신과 후대의 인간적 존엄과 가치를 지키기 위해서 본디 내재해 있는 인간존중의 의무·양심을 살려내어 이행하면 된다.

결국, 우리는 공공활동에서 최고의 규범성을 지닌 가치이자 공공의 제1철학적 근거로서 '생명존중을 포함한 인간존중'에 합의할 수 있다고 본다. 공공활동가라는 사람의 '전문직업상의 절실한 이상'(professional desideratum)은 '인간존중'에서 찾을 수 있는 것이다.

2) 자연과 인간존중의 관계

공공활동의 동기와 목적에서, 그리고 과정과 결과에서 '인간존중'은 최고의 규범성을 지닌 공공의 제1철학적 개념이다. 인간은 이 세상의 어떤 존재보다 중요하고,

---

16) 전희식(귀농인), "큰비 벼락 맞은 밭", 한겨레, 2002. 8. 19. 인용문에 나온 2002년 당시 기상 상황을 보면, 8월 4일 서울·경기지역 120.0㎜를 필두로, 5일 철원 137.5, 6일 봉화 241.5(홍천 1시간 최다 강수량 74.0㎜), 7일 양평 320, 8일 남해 113.5, 9일 마산 153.5, 10일 울산 115.0, 12일 남원 97.5, 15일 거제 101.5㎜ 등 4일부터 15일까지 전국적으로 국지성 집중호우를 동반한 많은 비가 내려, 사망·실종 23명, 이재민 8,107명(2,933세대), 주택의 전파·반파 1,164동, 선박 전파·반파 43척, 농경지의 유실·매몰 2,128ha 및 침수 29,815ha, 기타 수많은 도로·교량·하천·수리시설의 파괴 등 피해가 속출하였다(그 뒤 8월 30일-9월 1일 간 태풍 루사에 의한 기록적인 피해도 이어졌다.) 기상청, 2002년 8월 기상월보(2002. 10) 3쪽 및 2002년 기상연보(2003. 4) 11쪽 참조.

이 세상 만물에 앞서는 개념이다. 우리 지구는 물론, 태양, 달(月)도 인간이 있고 나서 우리 인간에게 의미가 있다. 또 100억 광년(光年, 광년은 빛이 1년 동안 가는 거리)이 넘어야 도달할 수 있는 크기와 100억 년이 넘는 나이를 갖고 있는 우리 '우주'(지구가 속해 있는 우주)뿐만 아니라, 상상을 초월할 정도로 훨씬 더 크고 오래된 '전체 우주'도 마찬가지다. 세상의 모든 물리법칙을 설명하는 이론도 '인간'을 떼어놓고 존재할 수 없다. 그래서 인간이 의문스러운 물리법칙을 하나하나 발견하고 설명해 나간다. 그런데 이런 기존의 시각과 달리, '질문할 수 있는 인간이 우주에 존재한다는 사실'에서 거꾸로 물리법칙을 유추하는 '인간원리'(anthropic principle)란 시각이 등장하여, 과학·세계·우주를 기존과는 전혀 다르게 바라보고 설명하기 시작하였다.[17] 이처럼 전체 우주도 '인간'이란 존재 자체를 중심으로 이해되는 만큼, 전체 우주에서도 인간존중의 최고 규범성이 적용된다.

자연(자연환경, 자연생태계)도 우리 우주의 일부이므로, 자연과의 관계에서도 '인간존중'의 최고 규범성은 그대로 적용된다. 인간이 있고 나서 자연도 의미를 지닌 존재로 다가온다. 자연과의 관계를 질문할 수 있는 인간이 없다면, 자연은 인간에게 관심의 대상이 될 수 없다. 그러면 인간존중의 최고 규범성은 우리가 '인간을 위한' 행동인 한, 자연환경이나 동식물에 대하여 어떤 행동을 해도 정당하다는 의미인가? 우리가 만물보다 앞서고 만물을 지배하는 절대적인 '인간 중심'의 이념과 사고방식을 가지고, 자연환경과 모든 동식물을 탐욕스럽게 착취하는 만행을 저질러도 괜찮다는 것인가? 사실 과거 서양에서는 인간과 자연 사이에 이분법적인 적대관계를 상정하고 자연환경을 정복의 대상으로 보는 관점에서, 자

17) 현재 거시적 세계에서는 상대성 이론과 같이 중력 현상을 설명하는 이론이 주로 들어맞고, 원자와 같은 미시적 세계에서는 양자역학을 이용한 설명이 주로 들어맞는다. 이 모순과 불일치한 두 세계를 통합·설명하는 이론은 아직 존재하지 않는다. 그런데 1980년대에 물질과 힘의 근본은 입자가 아니라, 크기가 워낙 작아 입자처럼 생각되는, 진동하는 작은 끈이라는 '초끈(superstring)이론'이 등장하고 '인간원리'가 도입되어 이를 검증하는 과정에 있다. 1990년대 중반에는 서스킨드(L. Susskind)가 블랙홀과 같은 우주 현상을 설명하는 초끈이론과 양자역학이 공존할 수 있는 가능성을 제시하면서 초끈이론의 중흥기를 맞고 있다(스티븐 호킹은 공존을 부정하였으나 서스킨드의 판정승으로 기울음). 그는 '인간원리'를 이용하여, 현재 인간이 살고 있는 우주의 물리조건 중 일부는 필연적인 법칙에 의한 것이 아니라, 우연에 의한 것이라는 사고방식을 적용한다. 그리하여 20세기까지의 제한적인 우주관과는 달리, '이루 말할 수 없이 방대한 우주관(10의 500제곱 개의 서로 다른 우주)과 각 우주마다 각각 다른 물리법칙이 존재한다.'고 주장한다. 이는 기존 물리학자들에게는 껄끄럽기는 하지만, 이론과 관측으로 일부 검증되고 있다고 한다. 이상 이필진(고등과학원 물리학 교수), "우주가 10의 500제곱 개?……상상을 초월한다", 조선일보, 2004. 1. 27.

연환경을 함부로 훼손하고 파괴하면서 경제개발만이 인간존중의 사회를 건설하는 첩경이라고 생각한 적이 있었다. 그때 인간존중의 최고 규범성은 '인간을 위해서라면 자연을 짓밟아도 좋다'고 하는 오해·오만·미망(迷妄)·착각을 정당화해 주었다.

그러나 이제 인간을 위한답시고 근시안적으로 자연환경 또는 자연생태계를 훼손하고 파괴하면, 장기적으로는 그것이 인간을 해치는 부메랑이 돼 돌아옴으로써 오히려 인간의 존엄과 가치를 훼손하고 파괴한다는 사실을 배우고 자각하기 시작하였다. 자연환경을 보전하고 동식물과 공존하지 않고는 인간 존엄성과 가치를 고양하고, 인류가 지속가능한 삶(sustainable life)을 영위하는 것 그 자체가 불가능하다는 사실을 뒤늦게 깨닫기 시작한 것이다. 이 지구상의 자연환경을 정복하겠다는 발상의 결과가 인류의 생존 자체를 위협하고 있다는 절박한 위기의식이 인류를 각성시켰다. 그래서 우리가 '지속적으로 인간존중을 실현'하기 위해서는 자연과 더불어 삶을 영위하는 방식을 존중하고 개발하지 않으면 안 되게 되었다.[18]

이렇게 보면, '인간존중'의 개념은 자연을 무시하고 파괴하면서까지 경제개발과 성장을 추구하는 '절대적인 인간 중심'의 탐욕·무지·편협·오만을 포함하지 않는다(따라서 오해의 소지가 있는 '인간 중심'의 개념을 채택하여 사용하지 않는다.[19]). 오히려 '인간존중'의 최고 규범성 속에 '자연'을 최대한 지키고 '다른 동물과 공존'하는 것을 포함하고 있다. 그래야 인간존중이 실현되기 때문이다. 말하자면 자연 때문에 인간존중의 최고 규범성이 훼손되고 상실되는 것이 아니라, 자연을 포함함으로써 인간존중의 최고 규범성이 살아나는 의미로 수정되고 보강된 것이다. 그리하여 '인간존중'의 현대적 개념은 자연과 우주만물을 포용하고 그와 공존하는 것이 포함된 최고 규범성의 의미를 갖는 것으로 확장된다.

이러한 사실은 이미 전통적인 인간존중의 동양사상에서 찾아볼 수 있다. 옛날부터 동양에서는 인간과 자연의 합일(合一)이나 자연과 조화를 이룰 수 있는 인간세

---

18) 권혁범, 민족주의와 발전의 환상, 솔, 2000, 13-14 참조.
19) 데카르트에 이어 칸트가 확립한 근대적 인간 중심적 사유태도, 인간의 주체성·능동성이 강조되는 근대 주체철학은 그 '인간 중심주의'의 오만함으로 인하여 커다란 대가를 치러야 했다고 평가되기 때문이다. 바깥세계에 대해 입법자나 명령자의 지위를 획득한 인간 이성 중심의 '혁명적 인본주의'는 자연과학과 기술의 발전과 더불어, 자연에 대한 정복자적인 태도를 비롯하여, 식민지 정책, 끊임없는 정보의 축적에 의한 대상의 소유와 지배를 낳은 '반동적 인본주의'의 양면성을 보여주게 되었다는 것이다. 이기상, 철학노트, 까치글방, 2002, 108, 152, 224-225, 260-262, 271-274 참조.

계의 건설을 당연시해 왔다. 다음은 자연을 존중하는 동양적인 세계관·가치관에서 '인간존중'이 무리 없이 최고의 정점에 자리 잡고 있음을 설명해 주고 있다.

중국의 고대문헌인 『문중자』(文中子) 『술사』(述史)나 신유학의 단서를 열었다는 송나라 주돈이(周敦頤)의 『태극도설』(太極圖說)에 나오는 '인극'(人極)의 개념은 '인간존중'의 다른 표현이었다. '인극'은 인간이 '궁극적 중심' 또는 '최고의 정점'(頂點)이라는 뜻이다. '태극'은 우주만물이 생긴 근원이라고 보는 본체를 의미한다. 거기에서 인간이 궁극적 중심인 것이 '인극'인 것이다.[20]

공자도 최고의 덕으로서 끊임없이 추구하고 권장했던 '인'(仁)은 곧 '인간존중'이고, 이는 우리 일상생활에서 '참다운 인간의 길'을 찾는 것이라고 역설하였다.[21] 우리 한민족은 유불선 사상을 아울러 풍류사상(風流思想)을 발전시켰고, 이는 근대의 인내천(人乃天) 동학사상으로 이어졌다.

이와 같이 인간존중의 최고 규범성을 인정하고 있는 듯하면서도, 현실에서는 개발과 성장을 위하여 무분별하게 자연생태계를 파괴하는 공공활동이 수행되고 있다. 또 여전히 '환경과 개발'의 논쟁이 첨예하게 전개되는 경우가 많다. 이런 현실을 보면, 인간존중의 구체적인 가치 구현이 말처럼 결코 쉽지 않은 과제임을 깨닫게 해 준다. 공공활동가는 인간을 위한다면서 자연환경을 파괴하는 무절제하고 과도한 개발과 성장의 추구가 장기적으로는 인간존중의 토대 자체를 무너뜨리게 되는 우매한 짓임을 철저히 인식해야 한다.

3) 인간존중의 의미

그러면 공공활동의 공리적 기초로서의 최고 규범성을 지닌 '인간존중'의 구체적인 의미에 대하여 검토해 보기로 하겠다. '인간존중'에서 '인간'은 말할 것도

---

20) 김충렬, 중국철학사: 1 중국철학의 원류, 예문서원, 1994, 75 참조.
21) 대표적으로 공자는 『논어』 안연 편에서 제자인 "번지가 인에 대하여 물으니 사람을 사랑하는 것이다."라고 하였다(樊遲問仁 子曰 愛人). 그리고 술이 편에서는 "인이 멀리 있겠는가? 내가 인을 추구하면 이에 인이 이르른다."(子曰 仁遠乎哉 我欲仁 斯仁至矣)라고 우리와 가까이 있는 것이 인임을 역설했다. 홍승지(역해), 논어, 고려원, 1994, 105-106, 212 참조.

없이 인종, 성, 피부색, 연령, 종교, 신분, 국적 등을 막론하고, 육체와 정신을 가진 생물학적 종(種)으로서의 '인간' 일반이다. 따라서 태아(胎兒), 남녀노소를 불문한 자연인, 내국인뿐만 아니라 외국인도 포함한다. 그리하여 '인간존중'은 간단히 '인간의 존엄과 가치를 존중함' 또는 더 간단히 '인간 존엄성의 존중'을 의미한다. 그러면 구체적으로 인간의 존엄과 가치를 존중하는 것은 무엇을 어떻게 하는 것인가?

인간이란 존재의 첫 번째 존재 조건은 생명일 터이므로, 인간존중은 우선 무엇보다도 인간의 생명을 존중하는 데서 출발한다. 그리고 인간은 고도의 정신(판단) 작용을 하는 이성적 존재의 차원에서 인격적 존재, 주체적·자율적 존재, 평등한 존재이다. 그러므로 인간존중은 인격성, 주체성·자율성, 평등성, 기본적 인권의 존중을 의미한다. 이에 인간존중의 의미를 인간의 생명, 인격성, 주체성·자율성, 평등성, 기본적 인권의 존중으로 규정하고, 이에 대하여 간단히 살펴보기로 하겠다.

① 생명의 존중

인간존중은 먼저 인간으로서 존재하는 조건, 즉 '생존'을 전제하는 것이 자연적이고 당연하므로, 인간 존재의 가장 근원적인 조건인 '생명'의 존중은 인간존중의 가장 기본적인 내용을 구성한다. 함석헌은 존귀한 사람의 생명 하나하나를 다음과 같이 '씨올'이라고 하였다.

> 씨올이란 무엇인가. 하늘의 기운과 뜻이 씨알 하나에 맺혀 있다. 씨알 하나가 하늘과 닿아 있다. 그것은 사람 속에 깃들인 하느님의 씨앗이다.……씨알 하나, 한 생명은 그토록 소중하다.[22]

따라서 공공활동에서 인간의 생명을 존귀(尊貴)하게 여기고, 생명을 해치는 모든 위해(危害)요소를 제거하고 안전을 보장하는 활동이 중요하다. 구체적으로 공

---

22) 함석헌, 씨올이란 무엇인가, 씨올의 소리, 1970. 함석헌은 천안에서 씨올농장을 시작하였는데, ≪씨올의 소리≫는 1970년 4월 겨우 당국의 승인을 받아 그 첫 호를 냈으나, 다음 한 호를 더 내고 발행정지 처분을 받았다. 이에 즉각 제기한 행정소송에서 이겨 1971년 8월에 다시 발행할 수 있게 되었다. 그러나 1980년의 5·18 이후 전두환정권의 계엄령에 의해 폐간되고, 1987년 6·29 선언 이후 1988년 복간에 성공했다. 그 이듬해 2월 함석헌이 별세한 뒤 후원회에서 발행하다가 1991년 3월 휴간되기에 이르렀다. 노명식 엮음, 함석헌 다시 읽기, 인간과자연사, 2002, 연보 참조.

공활동에서 생의 가치가 없다는 이유로 인간생명의 절멸(絶滅), 인간 실험, 잔인하고 가혹한 형벌, 고문, 학살 등과 관련된 활동은 모두 인간의 존엄성을 침해하는 것이다. 따라서 이를 금지하는 것이 인간존중이다. 또 생명존중의 이유 때문에 안락사 문제, 사형제도, 낙태 문제, 인간 복제 문제, 인간유전자의 조작, 동물장기(臟器)의 인간(유전자)이식 등이 국가정책의 중요한 대상 문제로 등장하고, 사회의 첨예한 쟁점이 되고 있다. 그리고 이와 아울러 인간복제에 관한 기술이 급진전하면서 '생명'의 기준에 관한 정의의 어려움도 나타나고 있다.

그런데 '생명존중'은 직접적·일차적으로 '인간'의 생명을 말하지만, 특별히 인간 이외의 다른 생명체, 특히 '동물'의 생명을 함부로 경시하고 말살하는 것은 인간존엄성을 훼손하는 의미에서 용인할 수 없으므로, 간접적·이차적으로는 동물의 생명존중에 확장하여 적용할 수 있는 것으로 이해해야 한다. 인간이 생존하기 위하여 다른 생명체를 희생시키는 것은 불가피하다. 그렇다고 해서 인간을 위하는 일이기 때문에 아무 때, 아무렇게나 동물을 함부로 해치는 것이 인간의 존엄성에 합당하다고 할 수 없는 것 또한 명백하다.

이렇게 보면, 다른 동물의 생명도 존중하는 것은 '인간존중', 더 구체적으로는 인간의 '생명존중'을 위해서도 필요하고 중요하다. 동물의 생명을 함부로 경시하는 곳에서는 인간의 생명도 하찮게 취급되는 현실이 그것을 증명해 주고 있다. 그래서 개체 생명만을 생명으로 보고 존중하는 생명관(生命觀)은 이제 과학적인 이해단계에서나 기술적으로나 그 의의를 상실해 간다고 보고, 자연질서 속에서 개체 생명과 개체 생명이 모두 연결된 하나의 전체 생명 또는 '온생명'을 중요하게 생각하는 사상이 등장하는 단계에 이르고 있다.[23] 결국 동물일망정 가능한 한 살아있는 동안 잘 대해 주는 것이 필요하고, 인간 생존에 필요한 경우 동물을 실험이나 식용으로 삼을 수는 있지만, 그것도 그 목적에 필요한 최소한에 국한해야 하며, 또 가장 자비로운 방법으로 도살해야 한다. 동물의 학대와 잔인한 도살은 그 자체 인간존엄성을 해치는 일이라는 인식이 필요한 것이다.

한편, 사람들은 일상생활에서 항상 생명의 안전을 위협하는 요소에 직면하고

---

23) 기존의 생명 개념이 대체로 개별적 생명체(낱생명, individual life)를 단위로 하는 데 비해 '온생명'(global life)은 지구상에 나타난 전체 생명 현상을 하나의 실체로 본다. 이는 개별 생명체를 유지하는 고립된 국소적 질서가 그 자체를 물리적으로 유지·계승시키는 주변 여건과의 관계를 고려하지 않는다면 그다지 큰 의미를 가지지 못한다는 인식에 따른 것이다. 장회익. 삶과 온생명, 솔, 1998 및 과학사상연구회 편, 온생명에 대하여-장회익의 온생명과 그 비판자들, 과학과 철학, 제14집, 통나무, 2004 참조.

있다. 가뭄·홍수·태풍·산불·지진 등의 자연재해나 각종 전염병의 위협 외에
도 산업화·도시화가 진행되면서 산업재해, 교통사고, 범죄, 폭력적 갈등이 크게
늘고 있다. 이에 안전한 삶을 영위할 수 있도록 교통안전활동, 방범치안활동, 자
연재해의 예방과 복구활동, 전염병 관리와 보건위생에 관한 활동 등 생명존중의
활동은 공공활동의 가장 중요한 과제가 되고 있다. 또 사회구성원 사이의 위화
감·분쟁갈등·차별·격차 때문에 생명의 안전을 위협하는 사건·사고가 많이 발
생하므로 그것을 예방하고 해소하는 공공활동도 중요해졌다. 더 나아가 일단 국
제적 분쟁이나 전쟁이 발생하면 수많은 인명피해가 발생하므로 그 예방과 관리를
위한 노력이 중요해졌다.

그런데 특별히 현대인이 대량화·대형화·복잡화·가속화의 삶의 양식을 추구
하는 까닭에, 일상생활에서 크고 작은 각종 사고·재난의 위험에 더 노출되고 있
다. 불과 100년 전만 해도 전쟁, 전염병, 자연재해를 제외하면, 큰 사고는 없고
일상 주변의 작은 사고들뿐이었던 것과 비교하면 엄청난 변화라고 할 수 있을 것
이다. 또 날로 심각해지는 대기·수질 오염, 기후변화 등에 따른 환경문제를 야기
하고 있다. 이에 다음 설명과 같이, 진보된 현대문명 자체가 위험의 원천이 되고,
위험사회의 요인들이 계속 늘어가는 추세이다.

> 현대성(late modernity)이 가져온 재난·사고·위험의 원천은 우리가 믿는 고도 복
> 합성의 결정체인 첨단의 과학기술에 내재해 있다는 주장이 일반적 지지를 얻고 있
> 다. 그래서 현대문명이 낳은 이러한 부정적 파생효과인 대형 사고, 재난, 반복 사고
> 의 위험은 더 구조화·대형화·일상화하고, 그 발생 가능성은 확률의 문제일 뿐 불
> 가피하며, 항상 존재한다는 뜻에서 '정상 사고'(normal accident)라고 일컬어지면서,
> 현대사회가 '위험사회'(risk society)와 '위험문화'(risk culture)의 사회로 변하고 있는
> 데 대하여 많은 사람들이 주목하고 있다.[24]

이제 오늘날의 공공활동에서는 위험사회의 위험요소를 사전에 감축·제거하
고, 사후에라도 슬기롭게 관리하는 것이 생명존중과 인간존중을 위하여 긴요해
졌다.

---

24) 대표적으로 C. Perrow, *Normal Accidents*: *Living with High Risk Technologies*, N. Y.:
Basic Books, 1984; Ulrich Beck, Anthony Giddens and Scott Lash, *Reflexive
Modernization*: *Politics, Tradition and Aesthetics in the Modern Social Order*, Stanford,
Stanford University Press, 1994 참조.

② 인격성의 존중

인간존중은 인격성의 존중을 의미한다. 인간은 이성적 존재로서 높은 정신능력을 갖춘 도덕적 존재이다. 인간은 생명을 얻는 순간부터 죽을 때까지 자신의 신체·인격·명예·지식·권력 등 육체와 정신의 확장(확대·확충)을 추구하는 존재이다. 더 나아가 인간은 죽은 후까지도 정신적으로는 죽지 않고 계속 살기 위하여, 살아있는 동안에 사후세계(死後世界)를 설계하고 대비할 정도로 인격의 자기확장을 도모하는 특이한 존재이다. 이러한 의미에서 인간은 '자기확장적 존재'(self-expansive being)라고 규정할 수 있다. 유명한 매슬로우(A. Maslow)의 욕구단계설에 따르더라도, 인간은 생리적 욕구와 안전의 욕구만을 충족시키고자 하는 저급한 존재가 아니라, 소속감, 인정과 존중, 자아실현(self-actualization)과 같은 고급의 정신적·인격적 욕구도 충족시키고자 하는 자기확대의 존재인 것이다.

인간은 인격성을 지닌 존재이므로, 인간은 생명은 있으나 비인격적인 존재인 동식물, 그리고 생명도 없는 물질과 각각 다르다. 비인격적인 동식물이나 생명 없는 물건과 다르게, 인간은 이 세상에서 '수단이나 도구'가 아니라 '목적 그 자체'라는 존재론적 지위(ontological status)를 갖는 존재로 인식되고 있다. 인간은 그 자체로서 목적이다. 그래서 철학자 칸트(I. Kant)도 인간을 수단으로 대하지 말고 목적으로 대하라고 하였다. 그는 인간에게서 인간다운 중요성은 인격성에 있다고 하였다. 그리고 인격적인 인간은 도덕적으로 살 수밖에 없는 존재라고 하였다. 또 사람들은 '인간다운'이라는 말을 즐겨 쓰면서, '인간다운 삶'을 추구한다. 이처럼 인간은 인간으로서 존엄과 가치를 지닌 인격적 존재이므로, 다른 동식물이나 물질과 같이 수단이나 도구로 취급될 '수단존재'가 아니라, 목적으로서 대우를 받아야 할 '목적존재'이다. 그리하여 그런 목적존재인 인간은 자아존중감을 가지고 살 수 있어야 한다. 그래서 현대 정치철학자 롤스(J. Rawls)는 자아존중, 자존심이 공정성으로서의 정의의 이론이 집중해야 하는 가장 중요하고 기본적인 재화라고 하였다.[25]

산업화에 의한 물질적 풍부함, 교통통신수단의 발달에 의한 신속한 대량 수송, 과학기술의 발달에 의한 기계화·대형화·정밀화·고층화 등은 인간의 삶을 풍요롭게 해 주고, 풍요로운 삶은 분명히 목적존재인 인간의 인격성을 충실하게 발현

---

25) John Rawls, *A theory of Justice*, Cambridge, Mass: Harvard University Press, 1971, 440-446 참조.

하게 해 주는 중요한 조건이다. 그런데 다른 한편으로는 현대 산업사회에서 팽배한 물신(物神)주의·배금(拜金)주의와 같이, 삶의 풍요화를 추구하는 과정에서 인간을 소외시키고 인격성을 훼손하며 파괴하는 현상이 수반되는 경우가 많아서 그것이 문제이다. 인간을 물질에 종속되는 수단존재로 타락시키고, 상품화를 위한 조작대상으로 비인간화시켜서는 안 된다. 그런 측면에서도 의학적 인체실험, 유전자의 복제·이식, 복제 인간 등 생명공학과 관련된 사안에 대하여 매우 신중해야 할 이유가 있다. 어떤 경우에도 인간의 인격적인 목적존재의 지위를 훼손하고 파괴하는 '목적·수단의 전도'(顚倒)는 안 된다. 그렇기 때문에 우리 생활주변에서 이에 대한 문제의식을 가지고 적극적·능동적으로 대처해야 한다.

예컨대, 올림픽에서 금·은·동메달은 저마다 혼신을 다한 훈련 끝에 인간 한계에 도전하여 극복한 최고의 정신력과 기량을 보여준 선수에 대한 세계인의 인정과 찬사의 증표일 것이다. 그래서 메달 획득은 분명히 선수 개인의 영광이고 국가의 자랑임에 틀림없다. 그렇다고 선수 개개인의 인격을 무시하고 기계처럼 훈련시켜 메달을 획득하게 하는 것은 '인간존중'의 이념과 가치에 반하는 일이다. 그런 관점에서, 학업과 훈련의 병행 요청이 거부되자 학업을 위해 선수촌을 무단 이탈한 학생 신분의 선수와 이에 올림픽 출전대표자격 박탈의 중징계로 맞선 체육당국 사이의 갈등의 경우, 다음과 같이 학생의 요구대로 해결되는 것이 바람직하고, 관계 공공활동가들은 거기에서 교훈을 얻어야 할 것이다.

> 학업을 이유로 선수촌을 이탈해 중징계를 받았던 국가대표 수영선수 장희진(14· 서일중 2)의 올림픽 출전이 사실상 확정됐다. 대한체육회와 태릉선수촌은 "적절한 시기에 선수촌에 합류한 뒤 올림픽에 출전하기로 장 선수 쪽과 합의했다"고 밝혔다. 정확한 입촌 시기는 아직 결정되지 않았지만, 중고등학교의 방학이 시작되는 7월 20일 전후가 될 것으로 보인다.……ㅇㅇ촌장은 "일단 올림픽이 끝나면 중고등학생들이 학업을 병행하며 대표 생활을 할 수 있도록 지원할 계획"이라고 덧붙였다.
> 장 선수의 아버지 장덕수(42) 씨는 "원래의 요구사항이 학업을 계속할 수 있도록 배려해 달라는 것이었으므로, 기말고사가 끝나고 방학이 시작된 뒤 선수촌에 합류한다면 큰 무리는 없을 것"이라고 밝혔다.……중앙대 안민석 교수는 "경기력 세계 10위 수준의 엘리트체육에 대한 맹목적인 미련을 버리지 못하는 한, 제2, 제3의 장희진이 속출할 것"이라며 "가장 중요한 한국체육의 과제는 지역 풀뿌리 체육에 기반을 둔 새로운 시스템을 구축하는 것"이라고 지적했다.[26]

---

26) 한겨레, 2000. 6. 12, "장희진 올림픽 출전길 열려" 기사. 인용문 내 선수촌 이탈의 중

이와 같이 인간의 목적존재의 지위를 확보하기 위한 노력은 양면성을 가진 경우가 많은데, 자칫 잘못하면 인격을 고양하기보다는 오히려 인격을 훼손하는 길로 빠지기 쉽다. 따라서 목적존재의 지위를 고양하는 긍정적 측면은 유지·확충하고, 그것을 훼손하는 부정적 측면은 억제·축소시키는 일이 현대를 살아가는 인간의 가장 중요한 과제가 되고 있다.

③ 주체성·자율성의 존중

또한 인간존중은 인간의 주체성·자율성의 존중을 의미한다. 인간의 주체성·자율성이란 인간이 자기 자신을 의식하고 자기 자신의 결단에 의하여 스스로를 규정하며, 자신과 주변 세계를 형성할 능력을 말한다. 인간은 통제와 억압의 대상인 타율적 존재가 아니라, 자유와 자율성을 기본으로 한 자유로운 주체적 존재·자율적 존재인 것이다. 그래서 자유·자율을 쟁취하기 위하여 생명의 위험도 무릅쓰는 존재가 인간이다. 이는 인간이 공동체 사회에서 그 사회의 한 구성원의 존재이기는 하지만, 자기 자신의 결단에 의하여 스스로를 규정한 자유와 자율을 가지고 공동체 사회를 구성하는 존재임을 의미한다. 물론 공동체 사회를 유지하기 위하여 일정한 제재가 있어야 하지만, 그것이 구성원의 주체성, 자유와 자율을 본질적으로 침해할 만큼 제한하는 정도의 제재여서는 안 된다.

그런데 인간은 자기 자신을 규정하고 자기 주변의 세계를 창조하는 창조자(the producer of a world)이면서도, 역설적으로 자기 자신을 부정할 수 있는 현실(a reality that denies him)을 창조할 수 있는 특이한 존재이다.[27] 그렇게 인간의 주체성·자율성이 무시되거나 경시되는 현실에서 주체성·자율성의 존중과 같은 인간존중의 의미가 중요해진다. 우리나라 정부당국, 학교당국, 학부모는 대부분의 고등학교 학생들에게 아침 일찍부터 밤늦게까지 정규수업 이외에 자율학습·보충학습 등의 학교생활을 강요하고 있다. 이는 대학입시, 사교육 과외, 방과 후 생활

징계는 '올림픽 국가대표 자격의 박탈'이었으므로 올림픽 출전을 할 수 없는 것이었다. 그런데 장희진은 선수촌 입촌 시기에 관한 이견으로 입촌을 미루자 여자 자유형 50m 한국기록 보유자임에도 대표팀에서 제외됐고, 결국 2001년 미국 유학을 떠나 3년간 미국 동부지역고교연합 최우수선수(MVP)와 유력지 '보스턴 글러브'가 선정하는 '올해의 수영선수'에 선정되면서 2005년 9월 수영 명문 텍사스대(오스틴)에 4년 전액 장학금과 학업에 필요한 개인 카운슬러 배정 등의 파격적인 대우를 받으며 입학했다. 동아일보, 2005. 7. 6, "미국서 수영+공부 꿈 이뤘죠" 기사.

27) Peter L. Berger and Thomas Luckmann, *The Social Construction of Reality*, Garden City, N. Y.: Anchor Books, 1967, 89-91 참조.

과 같이 해결이 쉽지 않은 구조적인 고질문제 때문에 그 해결이 쉽지는 않는 문제이다. 그렇지만 그것은 다음의 지적처럼 미래의 주역들에게 인간다운 삶, 지식정보사회에서 중요한 주체성·자율성과 자기주도적 창의성을 고양하기보다는 오히려 약화시키는 것이 분명하다.

> 2004년 경기 고양시의 한 고교에서 7교시 보충수업 도중 교사가 심한 어지러움과 눈 통증을 호소해 병원으로 옮겨졌으나 결국 숨지는 가슴 아픈 사건이 일어났다. ……이런 불행이 결코 돌아가신 당사자에게만 국한된 일이 아니라고 생각한다.
>
> 현재 인문계 고교의 하루 일과를 보면 가히 살인(殺人)교육이라고 말할 정도로 벅차다. 학생들은 오전 7시 반쯤 등교해 오후 10시, 11시 귀가할 때까지 무려 15시간 안팎을 학교에서 보낸다. 아침에 등교하면 소위 0교시라 하여 오전 8시 이전까지 보충수업이나 자율학습을 하고, 곧바로 6~7시간의 정상수업, 다시 오후 보충수업을 하게 된다. 그리고 야간자율학습이 오후 9시나 10시까지 이어진다. 심한 경우에는 오후 11시까지 하기도 한다.
>
> 교사 또한 통상 오전 7시 전후에 출근해 야간 자율학습 감독까지 하고 나면 입에 단내가 나면서 몸은 완전히 파김치가 돼 버린다. 하루 이틀도 아니고 이런 생활이 누적되면 정신적 육체적으로 피폐해지기 마련이다. 대학 입시가 아무리 중요하다 해도 우리나라 인문계 고교처럼 학생들을 학교에 15시간이나 붙들어 놓고 강제로 보충수업과 이름뿐인 자율학습을 시키는 나라가 어디에 있는가. 집은 잠자고 아침 식사를 하는 '하숙집'일 뿐 가족이라는 의미도 없고 부모와 자녀가 마주 앉아 대화를 나누기도 힘들다.
>
> 꽉 찬 일과에 지친 대부분의 학생은 수업시간에 잠자기 일쑤고, 특히 아침 0교시에는 70% 이상의 학생들이 조는 실정이다. 교사 혼자 수업을 하다 종료시간이 되면 나가버리는 것이 예사다. 생명까지 담보로 하는 교내 보충수업 확대를 막아야 한다. 정상적인 일과를 운영하고 일과 후에는 학부모와 학생들의 자율적인 의사에 따라 공부하도록 해야 한다.[28]

이상과 같이 비정상적이고 비인간적인 학교생활과 교육 분위기가 지속되고 있다. 이는 다음과 같이 초등학교의 학생들에게도 예외가 아니라는 데에 그 심각성이 있다. 이는 국가적 문제이므로 국민적 지혜를 모아야 할 과제라고 하겠다.

---

28) 우정렬(고교 교사, 부산 중구 보수동 1가), "보충수업에 지친 학교", 동아일보, 2004. 3. 31.

……내가 오랜 유학생활을 마치고 한국에 돌아왔을 때, 그 당시 초등학생이고 중학생이던 두 아이들에게서 가장 자주 들은 말은, '학교에 가면 나는 인간이 아니야'였다. 부모를 따라서 영문도 모르고 독일과 미국에서 유치원과 초등학교를 다니다가 귀국한 아이들이, 정작 자신들의 고국에서 학교에만 가면 '나는 인간이 아니다'라고 느끼고 있다니!

'인간이 된다는 것'이 과연 무엇을 의미하는가는 '인권'에 대한 한 사회의 인식의 척도를 드러낸다. 새벽부터 밤늦게까지 책상 앞에 붙어 앉아 있어야 하는 기계적 삶을 살면서, 중층적 패배의식에 사로잡혀서 일상적 삶을 살아야 하는 한국의 입시제도를 통해서 철저히 박탈되는 아이들의 '인간이 될 권리'는 누가, 언제 그리고 어떻게 보상해 줄 수 있을 것인가……[29]

④ 평등성의 존중

한편, 인간존중은 평등성의 존중을 의미한다. 인간은 그 본질적·내재적인 자질과 능력의 차이에 따른 합리적인 차별이 아니라, 비본질적·외재적인 제반 요소, 예컨대 신체적, 인종적, 성적, 신분적, 지역적, 계층적인 요소 등에 의한 비합리적인 차별을 받아서는 안 되는 평등한 존재이다. 그런 의미에서 인간은 '본질존재'이지 '비본질존재'가 아니다. 그래서 장애인 차별, 인종차별, 성차별 등은 비본질적인 요소에 의한 차별이므로, 이를 금지하는 것이 중요하다. 우리 사회의 구성원들도 이에 대한 각성에 따라 근래 조금씩 진전을 보이고 있기는 하다. 그렇지만 '인간존중'의 공공활동이란 제1과제에 비추어 아직도 더 획기적인 인식전환과 실천이 요구되고 있다. 다음과 같은 경험담은 옛날이야기로 그치고 더 이상 반복되어서는 안 된다.

……아버지는 내가 이 땅에서 발붙이고 살 수 있는 길은 오직 남과 같은 교육을 받는 길뿐이라고 판단, 나를 장애인 재활학교가 아닌 일반학교에 보내는 일에 필사적인 노력을 기울이셨다. 그러나 초등학교 이후 상급 학교들은 나의 신체적 장애를 이유로 입학시험 치르는 것조차 허락하지 않았다. 아버지께서 일일이 학교들을 찾아다니시면서 사정하셨지만 번번이 '예의바르게' 거절당했다. 아버지가 오실 때쯤 되어 문간에서 초조하게 기다리시던 어머니, 거절당하고 어깨가 축 늘어져 들어오셔서 내 눈을 피하시던 아버지의 모습을 나는 아직도 너무나 가슴 아프게 기억한다.

---

29) 상남순(전 감리교신학대학교 교수), "인간이 된다는 것은 범죄가 아니다!", 한겨레, 2004, 10, 19.

어렵사리 중학교에 입학하고 고등학교에 들어갔지만 그야말로 산 넘어 산, 내가 대학에 갈 수 있는 가능성은 없어 보였다. 대학들은 어차피 합격해도 장애인을 받아들일 수 없다는 이유로 내가 입학시험 치르는 것을 거절했다. 마침내 아버지는 당시 서강대학교 영문과 과장님이셨던 브루닉 신부님을 찾아갔고, 미국인 신부님은 너무나 의아하다는 듯 눈을 크게 뜨시고 "무슨 그런 질문이 있는가. 시험을 머리로 보지 다리로 보는가. 장애인이라고 해서 시험 보지 말라는 법이 어디 있는가?"라고 반문하셨다고 한다. 아버지는 두고두고 그때 일을 말씀하셨다. "마치 내가 말도 안 되는 것을 물어본 바보처럼 말이야. 그렇지만 그렇게 행복한 바보가 어디 있겠냐."고……30)

근대국가를 지배하는 두 가지 큰 이념은 자유와 평등이다. 자유와 평등은 상호 제한적이면서 동시에 상호 보완적인 관계에 놓여 있다. 인간의 인격성, 주체성과 자율성을 부정하는 자유를 보장하지 않는 것은 평등을 무의미하게 만든다. 그런가 하면, 평등을 무시하고 자유만 보장하는 것 또한 공허한 것이 될 수밖에 없다. 그리하여 근대민주주의사상은 자유와 평등의 상호 보완적인 조화를 추구한다. 곧 자유민주주의사상은 출발에 있어서의 평등인 기회균등을 중시하고 비본질적인 외재적 요소에 의한 비합리적인 차별을 금지하는 형식적 평등을 추구하지만, 더 나아가 모든 인간이 인간다운 생활을 가능하게 하는 실질적인 측면에서의 평등도 중요시하게 되었다. 그래서 오늘날 사회적 · 경제적 원인에 의한 주거, 보건의료, 교육, 실업, 빈곤 등 실질적인 생존의 영역에서도 불합리한 차별이나 사회 부정의(不正義)를 제거하고, 어느 정도 결과에 있어서의 상대적 평등을 구현하는 것도 중요한 과제가 되었다.

⑤ 기본적 인권의 존중

인간존중은 각종 기본적 인간의 권리(인권)를 보장하는 것을 의미한다. 구체적으로 기본적 인간의 권리란 ① 각종 신체의 자유 등 인신(人身)에 관한 자유권, 사생활의 비밀과 자유, 거주 · 이전의 자유 등의 사생활에 관한 자유권, 종교 · 언론 · 출판 · 양심의 자유 등의 정신적 · 사회적 활동에 관한 자유권 등의 자유권적 기본권과, ② 재산권, 직업 선택, 소비자의 권리 등의 경제적 기본권, ③ 참정권

---

30) 장영희(서강대 영문과 교수), "딸 위해선 뭐든지 마다않으시고", 조선일보, 2004. 4. 29. 어릴 때 소아마비를 앓았던 장영희 교수의 선친은 우리나라 영문학과 번역문학의 태두인 장왕록 교수이다.

등의 정치적 기본권, ④ 인간다운 생활권, 교육을 받을 권리, 노동권, 보건환경권
등의 사회권적 기본권 등을 말한다.

　이상의 여러 가지 기본적 권리의 내용은 모두 '인간의 존엄성' 또는 '인간으로
서 존엄과 가치를 지니고 사는 인간다운 삶'의 구체적인 내용을 구성한다고 할
수 있다. 이렇게 보면, 인간존중은 곧 인권존중이다. 그러나 '인권'이라고 하면,
마치 '헌법, 법률, 국제조약 등 실정법에 규정된 기본적 인간의 권리'라는 좁은
맥락에서 이해하는 경우도 없지 않다. 그리하여 '인권의 보장'은 실제로 효력을
발휘하고 있는 현실의 법(실정법) 규정을 위반하여, 법규상의 인권을 침해하거나
유린하는 것을 감시하고 제재를 가하는 뜻으로 좁게 해석하기도 한다. 그 경우
'인권존중'은 '인간존중'의 부분 개념에 불과하고, 실정법으로 연관되고 보장되는
개념일 뿐이다. 그러나 다음과 같이 '교통사고의 위협 없이 자유롭게 도시를 걸
을 수 있는 권리도 사람의 기본권'이다.

　　봄볕이 따사로운 4월, 세종로 사거리가 유난히 생기발랄해 보인다. 동서 방향으로
도 횡단보도가 새로 생겨 지하도로 오르락내리락해야 했던 시민들이 햇빛 아래로
나오게 되었기 때문이다.……걷는 것은 사람에게 숨쉬는 것만큼이나 기본적인 행위
다.……깨끗한 공기와 물이 그러하듯, 걷기 편한 길, 걷기 즐거운 길은 좋은 도시가
갖춰야 할 기본적인 조건이다.……'걷고 싶은 도시 만들기'야말로 삶의 질을 높이고
도시경쟁력을 키우는, 이 시대의 중심과제라고 굳게 믿는다.
　　'걷고 싶은 도시'는 '걷기 편한 길'에서 비롯된다. 교통사고의 위협 없이 자유롭
게 도시를 걸을 권리는 모두에게 보장돼야 할 기본 권리다. 특히 장애인, 어린이,
노인 등 '보행약자'의 보행권은 우선적으로 보호돼야 한다.……간판 길뿐 아니라 동
네의 생활도로, 특히 학교 부근의 길을 안전하게 만드는 것이 중요하다. 자동차가
아니라 사람을 중심에 놓는 환경에서 삶의 질은 높아진다.
　　'걷고 싶은 도시 만들기'는 걷기 편할 뿐 아니라 걷는 것이 즐거운 도시를 지향
한다. 잘 정비된 보도만으로 될 일이 아니다. 맑은 공기, 푸른 나무, 품격 있는 가로
시설물, 매력 있는 거리 풍경, 풍부한 도시의 역사가 어우러질 때 비로소 도시는 걷
고 싶은 곳이 된다.……그래서 인간의 도시, 환경도시, 문화도시를 만드는 일과 하나
다. 또한 그런 가치를 존중하는 성숙된 도시사회를 만드는 일과도 통한다.……[31]

　결국, '인간존중'은 실정법을 초월하는 공공철학의 제1명제이다. 실정법은 인간

---

31) 강홍빈(서울시립대 교수·도시계획학), "걷고 싶은 도시", 동아일보, 2005. 4. 15.

존중을 구현할 수 있게 도와주기도 하지만, 그 반대로 오히려 인간존중의 구현을 방해하거나 가로막을 수도 있다. 실제로 사회주의의 헌법과 법률에는 인간존중에 반(反)한 규정이 많고, 자유민주주의의 법규에도 그런 규정이 없다고 할 수 없다. 이렇게 보면, '인간존중'은 단순히 실정법에 얽매인 법규범(法規範)에 불과한 것이 아니고, 정치·경제·사회·문화 등 사회 전체의 영역에서, 사적 활동은 물론이고 정책·법령·제도·사업 등 모든 공공활동을 통하여, 현실 인간의 구체적인 삶 전체에서 구현되어야 할 초월적인 근본규범이다.

3. 인간존중의 현실적·구체적 구현

공공활동가는 '인명을 포함한 인간의 존중' 문제를 공공활동의 제1의 과제이자 공공철학의 제1의 주제(공공의 제1철학)라고 인식하고, 인간존중의 가치를 구현하는 데 최선의 노력을 다하지 않으면 안 된다. 그런데 인간존중의 최고규범은 현실적인 구현에 있어서 여러 가지 현실적인 조건(맥락·여건·상황·환경)에 의한 제약을 받지 않을 수 없게 된다. 이제 이에 대하여 검토해 보기로 하겠다.

1) 인간존중의 현실적·구체적 구현과 갈등

인간존중은 원래 그 추상적 의미로 볼 때 시간과 공간을 초월하여, 어떤 시대, 어떤 사회에서도 구현되어 마땅한 이념이고 가치이며 공공활동의 제1과제이다. 즉 인간존중은 역사와 문화를 뛰어넘는, 초역사적(超歷史的)이고 초문화적(超文化的)이며, 객관적이고 보편성을 지닌 제1의 이념·가치·규범의 성격을 띤다. 이는 지금 현 시대에만 구현하고 마는 것이 아니다. 또 우리나라에서만 구현해야 할 것이 아니다. 그것은 우리 후손 대대로, 그리고 어느 대륙의 어느 국가와 사회에서도 구현되어야 할 성격의 공공활동의 첫째 과제라고 규정해도 이의를 제기할 수 없는 공리적 명제이다. 다음과 같이 인간은 본래 한 지역에서 전 세계로 퍼져

나간, 동일한 조상을 둔 인류의 자손이다. 우리 인간은 지금과 같이 국가·종족·피부색·종교 등을 따지고 서로 대립하고 갈등을 겪으며 지내야 하는 존재가 아닌 것이다.

인간은 어떤 경로를 통해 지구상의 다섯 대륙으로 퍼져 나갔을까. 유전자 분석으로 이 물음에 대한 해답을 찾는 4000만 달러짜리 프로젝트가 곧 시작된다고 영국 BBC가 13일 전했다. 미 국립지리학회, 컴퓨터회사인 IBM 등이 비용과 장비를 댄 이 프로젝트의 목표는 전 세계 10만 명의 유전자 정보를 분석, 지역별 인종 간의 상호관계를 밝혀내는 것이다. 지금까지의 연구결과는 현대 인류의 기원을 20만 년 전 아프리카에서 찾았고, 다른 대륙으로의 이동은 6만 년 전부터 시작됐다는 것. 이번 연구팀은 남성의 Y염색체, 여성의 미토콘드리아 유전자 분석을 통해 그들과 그 후손이 언제 어디로 이동했는지 '빈 조각 맞추기'를 시도한다. 연구팀은 결과가 나오면 인류학과 고고학의 여러 의문에도 대답할 수 있을 것으로 전망했다.……프로젝트를 주도하는 스펜서 웰스 박사는 이번 프로젝트에 대해 "인류학계의 달 탐사선 발사"라고 말했다.[32]

그런데도 국가·종족·피부색·종교 등을 따지고 서로 대립하면서 갖가지 심각한 적대적 갈등을 겪고 있는 것이 지금까지 사람들의 삶의 모습이다. 이처럼 '인간존중'이란 공리적 명제 성격의 이념과 가치도 역사적·사회문화적·주관적인 조건의 제약 속에서 구체적으로 규정되고 적용되고 있다. 인간존중이란 이념은 사람들의 인식의 내용과 수준이 달라짐에 따라 역사적으로 그 내용이 재구성되어 적용돼 왔다. 또 인간존중이란 가치는 사회문화적인 관습·도덕·종교 등이 다르고, 그것도 시간이 지나면서 변하는 데 따라, 공간적으로 다르게 규정되고 적용돼 왔다. 요컨대 현재 인간존중이란 개념은 고도의 추상적인 가치규범으로서, 현실의 구체적인 사안마다 그 시대 그 사회에서 그것을 적용하는 사람의 주관적인 관점과 이론, 판단과 해석에 따라 다르게 이해되고 적용되고 있다.

지금 우리는 '인간존중'에서 '인간'은 당연히 남녀노소를 불문한 모든 인간으로 이해한다. 그렇지만 과거 노예나 천민은 인간의 축에도 끼지 못한 것으로 이해하였던 시대도 있었다. 중세 가톨릭을 대표하는 토마스 아퀴나스(Thomas Aquinas, 1225-1274)도, 노예는 육체를 가지고 세상에 봉사하기 위해서 태어난 사람이라는 식으

---

32) 조선일보, 2005. 4. 15, "'인류 이동경로' 유전자로 밝힌다" 기사.

로, 사람의 신분을 등급으로 매기던 시대에서 벗어나지 못하고 노예제도를 인정하였다.[33] 또 참정권의 예에서 보는 바와 같이, 여자도 거의 대부분의 나라에서 20세기에 들어와서야 남자들과 동등한 권리를 가질 수 있게 됐을 정도이다. 이렇게 보면, 인간존중은 공리적 명제이기 때문에 추상적으로는 자명하지만, 현실에서는 결코 자명하지 않고 구체적인 역사적·사회문화적·주관적인 조건에 따라 다르게 구성되고 규정되며, 해석되고 적용되는 성격의 근본규범이다. 다른 말로 한다면, 규범원형(規範原型)의 성격을 갖는 인간존중은 어느 한 공동체의 정치적·경제적·사회적·문화적 조건에 구속되어 규정되고, 해석되며 적용된다고도 말할 수 있다. 그리고 그것은 현대 지구촌 시대에 국제적인 조건, 영향, 협력 속에서도 구현된다. 그리하여 인간존중이란 근본규범은, 특정 시기의 특정 공간에 있는 사람(들)이 인식하고 자각하고 있는 수준에 해당하는 꼭 그만큼, 현실에서 구체적으로 구현되게 돼있는 것이다.

그래서 공공활동가는 그가 속한 역사적·정치적·경제적·사회적·문화적·국제적인 조건과 제약 속에서, 그 자신의 주관적인 관점·이론과 판단·해석을 가하여 정책·법령·제도·사업 등을 만들고 집행하면서 현실에서 구체적으로 '인간존중'의 이념과 가치를 구현한다. 이러한 관점에서, 공공활동에서 인간존중의 근본규범을 구현해야 할 책무를 맡고 있는 공공활동가는 '인간존중'의 이념과 가치를 올바로 내면화하고 책임 있게 구현하는 것이 절대적으로 필요하고 중요하다. 그것은 다음의 예에서도 알 수 있다.

> ……영화를 볼 때 중요한 것은 연출자가 생각한 그 어떤 결정의 순간을 만날 때이다. 그러니까 장면이 아름답거나, 혹은 몇몇 연기가 잘 되어 있는 것도 무시할 수는 없지만 영화라는 예술의 진수는 거기 있는 것이 아니다. 이 장면을 찍을 것인가, 말 것인가, 혹은 이 장면을 저 장면과 연결할 것인가, 말 것인가, 이 결정에 담긴 생각이 영화에서의 예술적 의지에 대한 사유와 세상에 대한 시선인 것이다.……
> 임권택 감독의 영화를 보면서 그는 어떤 장면에서는 지나치게 생략을 하고 넘어가면서, 정작 다른 장면에서는 번거로울 정도로 복잡해진다. 도대체 그는 무엇을 기준으로 생각하고 결정하는가? 그것을 처음 내가 이해하기 시작한 것은 '서편제'를 만들고 난 다음 그의 대답을 통해서였다. 이청준의 연작 단편소설을 영화로 옮긴 임권택 감독은 여기서 판소리의 정수를 물려주기 위해 한을 품게 하고자 그의 딸을

---

33) 이기상, 철학노트, 까치글방, 2002, 237.

장님으로 만들고 마는 아버지 소리꾼의 이야기를 다루고 있다. 그에게 이 영화를 만들면서 가장 어려운 장면은 어디였냐고 물었을 때 망설임 없이 대답했다.

"그야 애비가 딸년 장님 만드는 대목이지. 여기서 시간을 질질 끌면서 보는 사람을 더 울릴 수도 있는 부분이었지요. 처음 시사 끝나니까 다들 그러는 거요. 더 울려야 된다는 거예요. 그러나 그건 그래서는 안 되지. 우선 내가 그걸 공감할 수는 없는 거요. 자세히 들여다보면 내가 그 대목을 갑자기 대충 막 넘어가고 있잖아요? 그건 이야기 때문에 할 수 없이 찍어야 하지만, 그걸 붙들고 늘어져서 울리는 건 한국사람 정서가 아닌 거요. 우리는 몸이 불편한 사람을 만나면 그걸 빤히 들여다보지 않잖아요. 눈을 내리깔든지, 아니면 얼굴을 돌리잖아요. 그게 우리들의 예의인 거예요. 세상에 사람보다 더 소중한 게 무어 있다고, 아무리 소리를 전승하는 게 중요해도 사람보다 더 소중할 수는 없는 법이지. 그러니 내가 이 장면을 어떻게 해서든 피해 보려고 한 거요. 만일 어쩔 수 없다면 만드는 나도, 보는 사람들도 이 불편한 순간을 외면하고 지나칠 수 있게 만들자, 한 거요. 그래야만 여기 세상을 살아간 우리들의 정서, 우리들의 한, 하여튼 이게 한국영화구나라는 생각을 하게 되는 거요. 나는 영화에서 우리들이 세상을 살아가는 방식을 따라서 찍을 때에만 비로소 아, 편안하구나라는 느낌이 들기 때문이요."

여기에 임권택 미학의 핵심이 있다. 그는 자기의 메시지보다도 그걸 펼치고 난 다음 이 땅에서 살아가는 사람들의 삶의 질서와 거기 담긴 감정을 따라가는 것을 훨씬 중요하게 생각한다. 그의 영화가 한국 영화인 것은 단지 소리꾼 이야기나, 혹은 판소리나 조선 화가를 찍었기 때문이 아니다. 차라리 그보다는 매번 결정의 순간 한국 사람들은 정말 이렇게 생각하는가, 그 안에서 한국적인 예의에 벗어나는 것은 아닌가를 물어본다는 것 때문이다. '하류인생'에 관해서 이야기할 때 마음에 남는 그의 한마디. "그때, 그러니까 그 엄한 1970년대 유신정권 때 살아남았으면 그걸로 다 삼류인 거요. 세상이 잘못되어도 아무 말 안 하고 산다는 건 이미 그냥 숨만 쉬고 사는 거요. 그걸 부끄러워하는 것이 이 영화의 마음이오. 이제 바닥을 갔다 왔으니 세상이 더 나아질 거라는 기대를 갖는 거지. 이게 내 나이에 할 수 있는 최선인 거예요. 어른이 부끄러워할 때, 그 다음 세대들이 용기를 갖고 다시 한 번 할 수 있는 거지. '이번에는 잘할 거야'라는 다짐을 하고."……34)

한편, 인간존중의 가치는 가치인식 중에서도 가장 중요한 가치인식의 문제이므로, 그 구체적인 적용에 있어서 개별적·구체적인 사안과 경우에 따라 이해관계자 사이에 매우 미묘하고 첨예한 갈등을 초래하는 경우가 많다. 특히 인간존중을

---

34) 정성일(영화평론가), "'한국인 정서' 따라잡기", 포스코신문, 2004. 5. 27.

중시하는 사회로 진보해 갈수록, 모든 영역의 구체적인 정책·법령·제도·사업 등의 형성과정은 물론 그 집행과정에서도 관련 공공활동 대상자들의 '인간다운 삶', 즉 인간존중에 관한 견해 차이가 더 크게 나타난다. 핵폐기물의 저장 장소, 신설 화장장, 개설될 도로의 노선 등의 선정이나 특정 구역에 특정 시설이나 유흥업소의 설립 인가나 허가 등과 관련해서도 그것을 볼 수 있다. 해당 지역의 주민들이나 이해관계자(집단)들이 서로 인간다운 생활을 할 권리를 주장하면서 대립·갈등을 보이고 있기 때문이다. 따라서 인간존중의 현실적인 구현과 관련된 집단 사이의 가치갈등, 법령이나 정책의 형성, 해석, 집행과 관련된 대립과 갈등에 대해서도 올바로 이해하고 대응할 필요가 있다(가치문제에 관해서는 다른 장에서 논의한다). 특히 공공활동가는 공공활동 대상자들이 정책이나 제도의 형성과 집행 등에 참여하는 과정에서 인간다운 삶의 구현에 관한 의견의 대립·갈등을 겪을 때, 이를 슬기롭게 관리하고 해결해야 한다. 이제 이러한 측면을 다음에서 좀더 깊이 논의해 보기로 하겠다.

2) 인간존중의 역사적 구현

인간존중이란 최고 규범은 역사적인 맥락에서 이해할 수 있는 이념이고 가치규범이다. 한 사회가 경제적·물질적 측면에서 의식주 등 생활의 기본적 수요를 충족시키기에도 급급하던 단계, 즉 먹고살기에도 힘겨운 단계에서는 인간존중의 의미도 순전히 경제적·물질적 측면 위주로 해석되고 적용되는 경향이 있다. 그리고 그렇게 먹고사는 것이 인간다운 삶의 전부로 여겨질 정도로 단순한 목표가 추구되는 시기에는, 인간존중의 의미의 해석과 적용을 둘러싼 대립·갈등도 상대적으로 적을 수밖에 없다. 그런 역사적 단계에서 인간존중은 '경제적 의미의 인간존중'으로 이해되고, 공공활동도 '경제개발'에 초점을 맞춰 수행되는 경향이 있다. 그리고 이는 후진국이나 사회주의권에서 권위주의 독재체제를 합리화하는 명분이 돼 왔다.

우리나라의 경우에도 일제에서 해방된 후 1980년대 중반까지 거의 40여 년간 정부는 '경제개발'을 최우선적 가치로 삼고 이를 추진해 왔다. 그리고 경제적 측면 이외의 다른 인간존중의 의미는 사치인 것처럼 여겨져 왔다. 1960~70년대 정부가 강력히 추진하던 '새마을운동'의 구호도 '잘 살아 보세'였다. 이처럼 우리는 '절대 빈곤 타파'의 명분을 위하여 권위주의 독재체제 아래에서 정치적 참정권을 박탈당하고 인권을 유린당하며, 자유로운 문화예술 활동을 억압받는 시기를 거쳤다.

그런데 사람은 경제적 동물이기도 하지만, 정치적·사회적·문화적인 동물이기도 하다. 그래서 극도로 빈곤한 상태가 아닌 한, 사람은 경제적 측면의 단선적·단편적인 욕구충족만으로 만족하지 않고, '정치적·사회적·문화적 측면'의 다양하고 복합적인 욕구충족을 바라기 마련이다. 사실 그것이 온전한 의미의 인간다운 삶인 것은 물론이다. 따라서 조금만 의식이 깨어있는 사람은 '경제적 의미의 인간존중'만을 강요하는 공공활동에 대해서 반발하고 저항한다. 과연 '경제개발' 지상주의의 권위주의 독재정권에 대항하여 수많은 의식 있는 시민·지식인·학생들이 희생을 무릅쓰고 '민주화운동'을 전개한 것은 역사의 필연이었다고 할 수 있다.

이제 역사적 맥락에서 인간존중을 구현하는 양태를 다음과 같이 일반화해 볼 수 있을 것이다. 인류는 과거로 거슬러 올라갈수록, 그리고 경제적으로 빈곤에 허덕일수록, 인간존중도 상대적으로 신분적·경제적·물질적인 의미 위주로 규정하고 구현하는 편이었다. 그에 비하여 현대에 가깝게 올수록, 그리고 경제적 빈곤을 타파한 산업화를 달성할수록, 인류는 비경제적·정신적 측면까지 확대된 인간존중의 의미를 추구하고 현실에서 구현하고 있다. 그리고 비경제적·정신적 측면까지 확대된 인간존중의 의미를 구현할수록, 그만큼 더 사람들 사이에 심각한 논쟁과 격렬한 대립·갈등 양상을 보이고 있다. 과거에는 없었던 각종 공해(公害) 현상에 대한 예민한 반응, 일조권(日照權), 조망권(眺望權), 양심적 병역 거부권, 안락사, 사형, 낙태, 기증 장기(臟器) 배분, 유전자 복제 문제들이 나오고 서로 다투는 현상이 그 사례의 일부이다.

우리는 그동안 땀 흘려 일한 결과, 세계인이 놀랄 정도의 급속한 경제성장을 이루었고, 이제는 명실상부한 선진국 진입의 목표를 달성하고자 열심히 뛰고 있다. 이러한 때 공공활동가도 시대적 조류의 변화와 그에 따른 사명의 변화에 맞춰 '인간존중'의 의미를 새롭게 내면화하고, 비인간적인 제도와 관행에 대해서는 그동안 참고 견뎌왔다고 고집할 것이 아니라, 먼저 개선하는 적극적·능동적 자세와 행동을 보여줘야 할 것이다. 큰 사회적 비용을 치르고 해결된 다음과 같은 사례를 가능한 한 답습하지 않아야 한다.

24시간 맞교대의 고통을 해소해 달라는 철도노동자들의 요구는 받아들여지지 않았고……이번 파업에서도 여전히 중요한 쟁점이다. 24시간 맞교대는 일제시대 만들어진 근무제도다. 정부는 하루 일하고 하루 쉬는 제도라고 주장하고, 노동자들은 인간의 몸이 감당해 낼 수 없는 야만적인 작업방식이라고 맞서고 있다. 철도수송원, 차량관리원, 시설부문 노동자들은 아침 9시에 출근해 다음날 아침 9시에 퇴근하는 24시간 맞교대 근무를 하고 있다. 아침 9시부터 밤 10시까지는 한 조가 전원 함께 근무하고 10시부터 새벽 2시까지는 그중 절반이 숙사에서 잔다. 새벽 2시부터는 자던 사람들이 일어나 다시 6시까지 일하고 2시까지 일하던 사람은 숙사에서 잔다. 새벽 6시에는 자던 사람들이 모두 일어나 9시까지 함께 일한다.……35)

……철도 노동자들은 1년에 단 하루의 휴일도 없이 근무해야 하는 24시간 맞교대 근무제도를 개선해서, 1주일에 하루는 쉴 수 있게 해달라고 주장한다.……나는 '기차가 멈춘 사실'에 대해서만 호들갑을 떠는 정부와 언론이 몹시 못마땅하다.……분노를 느낀다.……나는 '인간다운 생활을 할 권리'를 가지고 있는 국민에게 1년에 단 하루의 휴일도 주지 않고 노동을 시키는 정부에, 국민의 대화 요구에 응하지 않는 정부에 대해, 우리 국민들이 '엄정히 대처'해야 한다고 생각한다. 이 나라는 '정부의 나라'가 아니다!36)

3조2교대 순환근무제 도입은 이번 철도노조 파업의 가장 핵심적이고도 가시적인 성과물로 보인다. 이로써 한국 철도 100여 년 동안의 노동방식이었던 24시간 맞교대는 사라지게 되었다. 24시간 맞교대 철폐는 해방 이후 줄기차게 제기되어 온 철도 노동자들의 요구였다. 그러나 정부는 일주일 또는 한 달 전체의 노동시간을 합산한 결과로 노무를 관리해 왔고, 노동시간을 인간의 몸의 생리에 맞게 배분해야 한다는 노동자들의 요구를 묵살해 왔다.……
24시간 맞교대는 계속 유지되어 왔고, 94년 파업 때도 철폐되지 않았다.……이번에 합의된 단체협약에 따라 노사는 공동으로 근무실태를 실사해서 2004년까지 3조2교대 근무를 점차적으로 도입해 나갈 계획이다.……정부의 점진적인 노력으로 기간산업의 근로조건이 개선되는 게 아니라 파업으로 막대한 경제손실과 사회적 갈등을 겪어야만 비로소 문제가 해결되는 과정을 이번 사태는 보여주었다.37)

---

35) 한겨레, 2002. 2. 27, "철도청 달력엔 '빨간날'이 없다" 기사.
36) 김명환(철도노조 조합원), "기차를 세울 수밖에 없었던 이유-어느 철도 노동자의 주장", 한겨레, 2002. 2. 28.
37) 한겨레, 2002. 2. 28, "철도파업이 남긴 것" 기사.

3) 인간존중의 사회문화적 구현

각 사회마다 '인간존중'의 이념을 해석하고 적용하는 데 있어서 서로 다른 관점이나 견해를 드러내는 일이 흔하다. 그 서로 다른 관점이나 견해는 사회문화적 프리즘을 통과한 관점이나 견해를 말한다. 그리고 여기서 '사회문화적'인 의미는 정치문화·행정문화·경영문화·교육문화 등 사회 전반의 문화를 포괄하는 의미로 이해할 필요가 있다. 그래서 추상적인 인간존중의 의미는 특정 사회의 문화적인 맥락에서 규정되고 해석된 바에 따라 현실에서 구체적으로 구현된다고 말할 수 있다. 우리가 흔히 사회문화적 배경이 다른 데서 '문화적 이질감이나 충격'을 느낄 수 있는데, 인간존중의 의미를 구현하는 데서도 마찬가지이다.

다음은 침입한 무장 강도에 맞서 격퇴한 것은 동일한데, 언론이 나서서 '고객의 돈을 보호'하기 위해 생명을 무릅쓴 '용기'를 미화하고 부추기는 반응을 보인 문화와, 생명을 무릅쓴 행동을 오히려 '만용'의 과오이므로 해고의 반응을 보인 미국의 한 기업문화의 차이를 비교해 볼 수 있는 사례이다.

> ……한낮 서울 시내 새마을금고에 침입한 권총강도를 두 명의 여직원들이 물리친 사건이 일어났다. 이날 밤 텔레비전 뉴스는 이들 용감한 여직원들의 격투 장면을 생생하게 보여주었고, 그해 2월에 일어났던 비슷한 사건의 비디오도 함께 내보냈다. 그때는 권총이 아니라 칼 든 강도였다.
>
> 다음날 모든 신문들이 사회면 주요 기사로 이 사건을 취급했다. '새마을금고 권총강도 여직원들이 또 격퇴'……'새마을금고 여직원 3총사 권총강도 잡아'……'새마을금고에 대낮 권총강도, 여직원들이 물리쳤다'……등의 제목을 달았다. ○○일보는 비디오 장면을 다시 보는 듯하게 생동감 나는 기사를 썼다. 그중 한 대목이다. "이상한 낌새를 눈치 챈 두 여직원은 서로 눈짓을 주고받았다. 황 씨는 책상 위에 꺼내둔 가스총을 집었고, 최 씨는 비상벨 리모컨을 손에 쥐었다. 고객의 돈을 보호해야 한다는 생각뿐이었다." 미국 'CNN방송'이 폐쇄회로 텔레비전 화면을 방영했다는 뉴스도 나왔다.[38]

자신이 근무하는 편의점에 침입한 무장 강도를 용감하게 격퇴한 점원이 자신의 생명을 돌보지 않았다는 이유로 해고됐다. 미국 웨스트버지니아 주 마틴스버그 카운티에 있는 편의점 세븐일레븐의 점원 안토니아 펠리시아노는……소총을 들고 편의

---

38) 강명구(서울대 교수, 언론학), "권총강도 물리친 여직원 이야기", 한겨레, 1998. 12. 3.

점에 침입한 여자강도를 격투 끝에 붙잡아 경찰에 넘겼다.

여느 회사 같았으면 후한 상금과 함께 칭찬을 들었겠지만 다음날 펠리시아노에게 날아온 것은 차가운 해고통지서였다. 이유는 그의 용감한 행동이 '강도가 들면 돈만 넘겨주라'는, 직원의 생명 보호를 최우선으로 하는 회사규정을 위반했다는 것이다. 세븐일레븐 관계자는 "우리에게 점원의 생명보다 더 가치 있는 것은 없으며, 영웅이 되고자 하는 점원이 항상 있게 마련이지만 그런 노력은 항상 실패했다"며 해고의 당위성을 강조했다.39)

이상은 유사한 상황인데도 문화적 맥락에 따라 '생명존중'의 의미를 다르게 규정·해석하고 구현하는 예이다. 그런데 다시 한번 잘 생각해 보면, 미국 기업의 조치는 합법적으로 소지할 수 있는 총기류에 의하여 하루에도 수많은 인명의 살상사건이 발생하는 미국의 사회문화적 배경 때문에 나온 것이라고 이해할 수도 있다.40)

한편, 프랑스는 일찍부터 '횡단보도를 통과하는 어린이의 보호'를 경찰관의 고유직무의 하나로 채택함으로써, 경찰이라는 직업이 갖는 인간존중의 이미지를 최고로 높일 수 있음을 보여주고 있다. 그곳 어린이들에게 경찰은 학교 통학 시 횡단보도에서 자신들의 '생명을 보호해 주는 고마운 존재'이고 '자동차보다는 사람이 우선'이라는 가치를 가르쳐주는 훌륭한 선생님이다. 다음은 경찰행정 분야에서 인간존중의 철학적 접근을 보여준 프랑스의 모범적인 예이다.

……왜 한국에서는 인재(人災)가 계속 터지는데 프랑스에서는 비슷한 사고를 찾아보기 어려울까. 여러 가지 원인이 있겠지만 프랑스인들은 어려서부터 인명을 존중하도록 교육을 받는 데 비해 한국인들은 그렇지 못해 차이가 나는 것은 아닐까 하는 생각이 든다.

프랑스의 유치원이나 초등학교로 눈을 돌려 보자. 모든 초급학교 주변에는 하루에도 몇 차례씩 정복을 입은 경찰관들이 나타난다. 오전 8시 반 등교시간 전후, 점심시간인 오전 11시 반과 오후 1시 반 무렵, 수업이 끝나는 오후 4시 반 전후가 경

---

39) 한겨레, 2000. 8. 5, "너무 용감해도 탈?" 기사.
40) 텍사스 주 댈러스에서 살다 남편 따라 서울에 온 한 미국인은 1,200만 명이 사는 거대도시에서 등·하교 길에 홀로 거리를 다니는 어린이들의 모습, 해가 진 후에도 이들이 자유로이 왔다 갔다 하지만 안전하다는 사실, 밤에 버스에서 내려 혼자 걸어 다녀 봤지만 별일이 없었던 사실을 댈러스에서는 상상조차 못하는 일로 말하고 있다. 동아일보, 2001. 11. 13, '한국서 살아보니' 칼럼의 알리샤 플릭('렌드 리스 코리아' 패트릭 플릭 부사장 부인)의 기고 내용 참조.

찰들의 출동시간이다. 불량 학생들을 잡기 위해 경찰이 매일 출동하는 것은 아니다. 그들은 학교 주변 횡단보도에서 어린이들이 도착할 때마다 차량을 세우고 안전하게 길을 건너게 하기 위해 일 년 내내 출동한다. 수업이 시작되거나 끝나 많은 학생들이 한꺼번에 길을 건널 때는 물론, 일부 학생들이 점심을 먹기 위해 집으로 갈 때, 점심을 먹은 뒤 다시 학교로 돌아올 때도 빠짐없이 경찰들은 학교 주변 횡단보도를 지킨다.

항상 경찰이 지키는 횡단보도를 건너며 프랑스 아이들은 무슨 생각을 할까. 모르긴 몰라도 사람은 자동차보다 중요하며, 자신들은 경찰관 아저씨들의 보호를 받을 만큼 귀한 존재라는 인식을 갖게 될 것이다.……41)

한편, 서로 다른 사회문화적 배경 때문에 인간존중의 의미를 두고 때로는 국가 간 갈등이 발생하기도 한다. 구미의 국가들이 중국의 인권 탄압이나 싱가포르의 태형(笞刑)과 같은 억압적인 징벌제도를 비인도적이라고 비판할 때, 중국이나 싱가포르의 지도자들이 '아시아적 가치'(Asian values)를 주장하거나 각국의 고유한 인권 개념을 옹호하면서 반발한 것이 그 좋은 예이다.42)

---

41) 동아일보, 1994. 11. 28, "프랑스의 '인간존중'교육" 기사. 2003년 어린이날을 맞아 노무현 대통령은 2003년을 '어린이 안전 원년'으로 선포하고 "5년간 어린이 안전사고를 매년 10%씩 낮춰 2007년까지 현재의 반으로 줄여 경제협력개발기구(OECD) 국가에 상응한 수준이 되도록 하겠다."고 말했다. 이에 경찰청은 전국의 모든 초등학교 6,089곳에 대해 예외 없이 등·하교 시간대(오전 8~9시, 오후 12~3시)에 학교 주변에 담당경찰관을 배치, 교통안전 활동을 펴는 '1초등학교 1담당경찰관' 제도를 2003년 6월부터 시행하고, 아울러 기타 어린이보호구역(스쿨존) 주변 과속차량, 불법 주·정차, 횡단보도 정지선 위반 차량 등에 대한 단속도 강화한다고 밝혔다. 조선일보, 2003. 5. 6, "'어린이 安全원년' 선포" 및 2003. 5. 21, "초등학교마다 安全경관 배치" 기사.

42) 싱가포르의 건설자인 전 수상 리콴유(李光耀, Lee Kuan Yew)가, 정치적 자유·인권·민주주의를 우선시하는 서구 문화와 규율·서열·집단에 대한 충성을 중시하는 권위적인 유교문화 사이에는 차이가 있다는 논거로, 인권과 민주주의보다는 경제 우선의 권위주의 정치체제를 정당화하기 위하여 제시한 것이 소위 '아시아적 가치'의 개념이다. 그러나 아시아에도 많은 다양성이 있고, 공자도 맹목적인 규율이나 충성을 권장하지 않았으며, 자유와 인권에 대한 가치 부여는 모든 문화에 공통적이었다는 점에서, 아시아적 가치는 우리나라 김대중 전 대통령을 비롯한 많은 사람들의 비판의 대상이 된다. "Culture Is Destiny: A Conversation with Lee Kuan Yew", by Fareed Zakaria, *Foreign Affairs* 73(March/April 1994). Kim Dae Jung, "Is Culture Destiny? The Myth of Asia's Anti-Democratic Values—A Response to Lee Kuan Yew", *Foreign Affairs* 73(1994) 참조.

4) 인간존중의 국제적 구현

인간존중의 근본규범은 국제적인 조건, 교류, 영향 속에서 각국 현실에 반영되어 구현된다. 우선 인간존중의 공공활동은 '국민'에만 한정되지 않는다. 대한민국에 살고 있는 '외국인'도 인간다운 생활을 할 수 있도록 인간존중의 공공활동을 펴나가야 할 대상이다. 그런 점에서 외국인 노동자에 대하여 국제기준과 국제공동체의식에 미흡한 차별이나 학대 등 각종 인권침해를 묵과하고 방조하는 공공활동은 우리의 후진성을 내보인 부끄러운 일이다. 따라서 공공활동가는 단일민족 특유의 폐쇄적 의식도 고치고, 더불어 사는 지구촌 시대에 보편적인 인간존중의식도 함양하여 국제적인 비판과 압력의 대상이 되는 일을 하지 말아야 한다. 선진국 체재 중 자녀의 초중등 교육과 의료의 혜택을 받는 것은 당연하게 받아들이면서도, 국내 외국인 노동자 자녀의 교육과 의료에 대해서는 도외시할 수는 없는 일이다. 다음은 그와 관련된 예이다.

한국 이주 노동자의 역사는 15년이 넘었다. 2003년 현재 한국사회에 더불어 살고 있는 이들은 40만 명으로 추정된다.……불법체류 이주 노동자 자녀들의 교육권에 대한 논의가 시작된 것은 겨우 2년 전이다. 2001년 3월 교육부는 "불법체류 이주 노동자 자녀의 교육권을 보장"하기 위한 행정지침을 마련했다. 그럼에도 상황이 나아지지 않아 올해 1월에는 '유엔아동권리위원회'로부터 "모든 외국인 어린이한테도 한국 어린이들과 동등한 교육권을 보장하라"는 권고를 받기에 이르렀다.

이주 노동자의 자녀가 제도권 학교에 들어가더라도 문제는 만만치 않다. 학교나 사회에 이주 노동자 자녀들을 위한 기본적인 언어교육 프로그램이 마련돼 있지 않아 학교생활에 적응할 수 없기 때문이다.……제도적 보완이 마련되지 않은 채 행정지침만으론 이주 노동자 자녀들의 교육권이 보장될 수 없는 게 현실이다. 한국학교에 다니고 있는 학생들 가운데 한국 친구들의 차별 때문에 중도에 포기하는 경우도 적지 않다.……안산외국인노동자상담소 김영임 씨는 "이주 노동자 자녀들이 한국학교에 가서 따돌림 당하는 것은 아이들만의 문제가 아니다"라며 "나와 겉모습이나 표현하는 방식이 다른 이들을 인정하지 못하는 사회 분위기가 개선돼야만 문제 해결의 첫 단추를 끼울 수 있다"고 말했다.

아예 학교로 진입하기조차 쉽지 않은 경우도 많다. 현재 부천외국인노동자의 집에서 상담을 맡고 있는 이란주 씨는 "법적으로는 허가가 났지만, 불법체류 이주 노동자의 자녀를 입학시키느냐 마느냐는 실제로 교장 재량에 맡겨져 있다. 그래서 학교 쪽에선 종종 동남아시아나 아프리카 등 제3세계 국가 출신의 불법체류 이주 노동자 자녀를 받기를 꺼려한다."고 말했다. 현장에선 행정지침이 겉돌고 있다는 평가다.

또 교육권 자체가 방치되고 있는 경우도 있다. 이주 노동자 자녀가 한국학교에 입학하기 위해서는 '출입국사실 증명서'가 있어야 한다. 하지만 한국에서 이주 노동자의 자녀로 출생한 어린이는 이 서류 자체가 없는 탓에 학교에 입학할 수 없는 경우가 많다.……이주 노동자 자녀들은 부모의 불법체류 여부와 상관없이 교육받을 권리가 있다. 국제적 기준과 인도적 기준에 맞는 실질적 제도 개선이 이뤄지지 않고서는 한국사회는 계속 나이 어린 '교육 난민'을 만들어 낼 수밖에 없을 것이다.[43]

한광수 서울시 의사회장, 홍창기 서울아산병원 원장, 이호영 전 아주대 총장 등 의사 400여 명은 서울대학병원 임상의학연구소에서 '외국인노동자 건강권 보장 촉구 의사 선언문'을 발표했다. 이들은 "외국인 노동자들의 가장 심각한 고통 중 하나는 의료혜택에서 소외되어 있다는 점"이라며 "최소한의 의료보장을 위한 조처를 취할 것을 촉구한다"고 밝혔다.[44]

학교 선생님은 학생들에게 이주 노동자 자녀와 더불어 학습하는 교실에서 생생한 인간존중의 현장 교육을 할 수 있다. 그런 교육을 통하여 오늘날 우리 교육의 병폐인 교내 차별, 따돌림, 폭력, 과열 경쟁 등도 줄이고, 나아가 사회의 인간경시 풍조도 줄일 수 있다.

또한 인간존중의 공공활동은 환경보전·인권보장·마약퇴치·범죄예방과 관리·전염병관리 등 수많은 분야에서 국제적인 협조와 노력을 요구하는 일임을 쉽게 알 수 있다. 그 전형적인 예가 바로 환경문제이다. 이제 인류는 경제개발과 자연환경의 조화 속에서만 인간의 지속가능한 생존과 번영도 도모할 수 있다는 사실을 깨우치고 있다. 동양의 생명사상, 현대의 생태이론 등 생태철학적·환경윤리적 주장, 그리고 환경단체들의 노력 덕분에 국제적 협력의 분위기도 점진적으로 무르익고 있다. 다음은 인간존중을 위하여 국제적인 협력과 대처가 필요한 것을 가르쳐주는 사례이다.

미국에서 폐기된 컴퓨터 등 전자제품 쓰레기들이 중국·파키스탄·인도 등 아시아 지역 가난한 나라로 마구 유입돼 심각한 환경문제를 일으키고 있다고 국제환경

---

43) 송지현(10대 시민기자), "이주 노동자 자녀는 학교 떠나라?" 한겨레, 2003. 6. 30.
44) 한겨레, 2002. 9. 12, "외국인 노동자 의료보장, 의사 400여 명 선언문" 기사.

단체들이 폭로했다. 유독성 폐기물의 국제 이동을 주로 감시해 온 바젤액션 네트워크, 실리콘밸리 유독물질 감시 연합, 그린피스 차이나 등 국제환경 단체들은 '수출되는 해독: 아시아에 버려지는 하이테크 쓰레기'라는 공동 보고서를 통해 이렇게 밝히고, 미국 정부는 이를 막기보다는 "실질적으로 장려하고 있다"고 비난했다.

중국 광둥성 기유 마을은 마을 전체가 주로 미국에서 들여온 전자제품 쓰레기장으로 바뀌어, 10만여 명의 노동자들이 일당 1달러50센트 정도를 받고 폐기 전자제품을 분해하는 작업에 동원되고 있다. 이들은 전자제품에 사용된 미량의 금·은 등을 추출해내기 위해 전자제품의 플라스틱 본체를 태우거나 컴퓨터 회로기판을 강산성 화학약품으로 녹이는 과정에서 발생하는 납·카드뮴 등 유독물질과 엄청난 양의 환경호르몬에 노출돼 있다고 보고서는 지적했다. 보고서는 지난해 말 중국 현지 실사 결과 많은 어린이들도 이 작업에 동원되고 있으며, 특히 식수 오염이 심각해 부근에 취수장이 있는 강물의 오염도는 세계보건기구 기준치의 190배를 넘었다고 말했다.……

세계 각국은 1989년 발효한 바젤협약에 따라 유독성 폐기물의 국제 이동을 금지하고 있으나 미국은 자국 기업들의 반대로 비준을 유보하고 있다. 캘리포니아·매사추세츠 등 미국의 일부 주들은 전자제품 폐기물의 매립과 소각을 금지하면서 재활용에 대한 대책을 세우지 않아 폐기물 수출을 부추기고 있다는 비난을 듣고 있다.……45)

5) 인간존중의 주관적 구현

인간존중은 추상적으로는 누구나 객관적으로 동의할 수 있는 근본규범이다. 그렇지만 그것은 현실에서 구체적으로 구현하는 문제에 이르면 그렇게 객관적이기만 한 것이 아니다. 공공활동가가 '인간존중'의 이념과 가치를 어떻게 내면화하고 있는가에 따라, 인간존중은 구체적인 사안마다 그것을 적용하여 현실에 구현해내는 공공활동가의 주관(관점, 이론, 가치관)이 개입되는 이념이고 가치인 것이다.

예컨대, 인간존중은 '공리론'(公利論)46)이나 '의무론'(義務論)의 관점에 따라 주

---

45) 한겨레, 2002. 2. 27, "미국 유독성 전자제품 쓰레기, 중국 등 아시아에 마구 수출" 기사.
46) '공리론'이나 '공리주의'는 영국 철학자 벤덤(J. Bentham, 1748−1832)의 'utilitarianism'에 대한 일본인들의 번역어로서, '공리'는 한자로 功利로 표기되고 있다. 그러나 그것은 공명(功名)과 이욕(利慾)을 연상시키는 너무 부정적인 의미를 함축한다. 원래 벤덤의 그것은 '공공의 복리'를 함축하므로 '公利'로 표기하는 것이 더 좋다는 견해에 동의하고 본문에서는 그렇게 표기하고 있다. 이와 같은 견해는, 황경식, 사회정의의 철학적 기초,

관적으로 서로 다르게 규정하고 적용할 수 있는 개념이다. 가령 부상병이 속출하고 있는 긴박한 전장(戰場)에서는 시간, 인력, 차량과 응급처치 및 치료에 필요한 의료자원이 절대적으로 부족하므로 현장에서 모든 부상병을 치료할 수는 없는 상황에 부딪히게 된다. 그 상황에서 군의관은 ① 부상의 정도가 경미하여 치료 없이도 거의 생존할 수 있는 자, ② 부상의 정도가 심하지만, 집중적인 치료를 받으면 생존할 수 있는 자, ③ 부상의 정도가 너무 심하여 치료해도 생존할 수 없는 자 중 어느 범주의 부상병들을 우선적으로 치료(또는 후송)할 것인가를 결정해야 한다.

그 상황에서 어떤 군의관은 너무 심한 부상을 당하여 생명이 위급한 부상병부터 치료를 시작하여, 그보다 덜한 순서, 즉 정확하게 부상 정도별 ③-②-①의 순서로 부상병을 치료할 수 있다. 그런가 하면 다른 군의관은 부상 정도가 심하지만 집중적인 치료를 하면 생존할 수 있는 부상병을 가장 먼저 치료하고, 그 다음은 부상 정도가 너무 심하여 치료해도 생존하기 어려운 부상병을 치료한 후, 마지막으로 치료 없이도 생존할 수 있는 부상병의 순서, 즉 ②-③-①의 순서를 선택할 수 있다. 앞의 치료 순서는 위급에 처한 사람부터 도움을 주는 '의무론'의 측면에서 결정한 것이다. 그리고 뒤의 경우는 치료의 목적을 중시하여, 한 사람이라도 더 생명을 구할 수 있는 방향으로 치료의 기회를 부여하는 '공리론'의 측면에서 결정을 한 것이다. 실제 제2차세계대전에서 연합군 지휘부는 공리론 관점의 후송지침을 시달했다고 알려지고 있는데, 그 경우에도 현장 상황에서 부상 정도의 판단은 군의관의 주관적 재량이 개입된다고 할 것이다.[47]

문학과지성사, 1985, 서문 외에 김태길, 윤리학, 수정판, 박영사, 1973, 93 이하를 참조.
47) 이것이 제1차세계대전의 전장 경험에서 나온 이른바 '전시(戰時) 부상자 (후송)분류 삼분법'(triage, 이제 '환자분류'라는 일반 용어로도 쓰임)이다. 이는 공리론적 윤리론을 정당화하는 논리인데, 이와 비슷한 것이 구명정(lifeboat)에 비유한 '구명정 논리'(구명정 윤리)이다. 난파선에서 구명정을 바다에 띄우는 데 성공한 부자(父子)가 있다면, 그들은 바다 가운데서 배 위로 오르려는 수많은 승객들 가운데 구조할 자를 선택해야만 한다는 것이다. 그렇지 않고 모두를 구조하고자 하면 수용능력에 한계가 있는 구명정과 함께 모두 침몰하여 익사하고 말 것이라는 비유이다.
이들은 자원 고갈, 인구 폭발, 경제 침체 시대인 1970년대 선진 산업부국들이 식량원조와 같은 지원이 필요한 후진 빈국들을 어떻게 대할 것인가에 관한 논란 중에 제기된 극단적인 서방 중심의 신다원주의자(Neo-Darwinian), 신맬서스주의자(Neo-Malthusian)의 대표적인 논리로 등장하였고, 지금도 그 신봉자가 많다. 이들은 누구를 살리고 굶어죽도록 방치할 것인가의 매우 곤란한 문제를 그간 도덕적·윤리적으로 접근한 데 대항하여, 자원의 희소성을 선세로 빈국들에 대한 (식량 같은) 원조를 중단하라는 도전 논리로 동원되었다. 즉 종국적으로는 생존능력이 없는 국가들에게 희소한 자원이 지원 그런데 공리론의 요청보다도 의무론의 요청을 더 우선해야 하는 상황이 따로 있을 수 있다. 예컨대, 여객선의 침몰 상황에서 아동, 여자, 노인과 같은 약자의 우선 구조원칙을 확립하고 있는 사회는 분명히 의무론적인 고려를 우선하고 있는 것이다.[48] 법령의 규정으로 '노약자 우선 구조원칙'을 의무화한 경우, 그것은 인간존중의 가치의 구현에 있어서 주관적인 재량을 배제하고 객관적인 법규범화(法規範化)한 예라고 할 것이다. 법령의 규정이 없더라도 사회의 윤리도덕과 관습의 하나로서 그런 원칙을 확립하고 있다면, 그것은 그 사회의 구성원들이 상호 주관적 가치로 내면화하여 구현하고 있는 것을 의미한다.

한편, 구미 국가들에서 낙태 문제의 경우, 여성의 자유 선택권을 주장하여 낙

됨으로써, 생존기회를 갖고 있는 국가들의 몫까지 이들에게 전용된 결과를 초래하게 되어, 이것이 결국 전체 생태학적 균형과 인류의 생존을 위협하는 그 자체 비도덕적·비윤리적인 지원으로 귀착된다는 논리이다.
　　그러나 이들 논리는 세계문제의 해결과 관련, 다음 세 가지를 전제한 논리이자 윤리라고 한다. 첫째, 어떤 국가들은 결코 구제될 길이 없다. 둘째, 세계의 자원은 충분하지 않고, 결코 모든 사람들의 필요(수요)를 충족시키기에 충분하지 않다. 셋째, 희생되는 국가들은 사라지게 되고, 그러면 더 이상 다른 국가들에게 문제를 일으키지 않는다. 그러나 그 전제는 다음과 같이 그릇된 것이기 때문에 많은 사람들이 동의하지 않고, 그들의 논리와 윤리는 용납될 수 없다고 한다. 첫째, 개도국들이 높은 경제성장을 이루고 있는 바와 같이 구제될 수 없는 국가가 따로 있는 것이 아니다. 둘째, 올바르게만 한다면 세계의 식량증산이 가능하고 분배를 개선하면 되므로, 절대적인 자원부족은 없다. 셋째, 익사나 과다출혈로 사망하는 것과 같이 국가도 사라질 수 있는 것이 아니므로, 빈국의 문제는 없어지지 않고 단지 연기될 뿐이다. 따라서 '구명정'이 아니라 모든 국가와 국민이 상호 의존되어 있는 '우주선 지구호'(Spaceship Earth)의 비유가 옳다고 한다. 결국 우리가 사는 '지구'를 일종의 구명정으로 비유하는 '구명정 윤리'(lifeboat ethic)보다는 우주선으로 비유하는 '우주선 윤리'(spaceship ethic)에 따르는 것이 옳다고 본다. 이상 전시 부상병 분류의 W. Paddock and P. Paddock, 구명정 논리의 Garrett Hardin과 이에 맞선 J. Howe and J. Sewell, L. Gorden, M. Soroos, W. Kegley, Jr and E. Wittkopf에 관한 자세한 문헌과 내용은 박정택, 국제행정학, 대영문화사, 1996, 513 - 516 참조.

48) 초호화 여객선 타이타닉(Titanic)호가 아일랜드 퀸스타운을 떠나 뉴욕항으로 처녀항해 중이던 1912년 4월 14일 밤 뉴펀들랜드 해역에서 거대한 빙산과 충돌하여 침몰했던 해난 사고는 수차례 영화화됐다. 당시 2,200여 명 승선자 가운데 700여 명 가까이 구조되었다. 그런데 최근 '타이타닉'이란 영화에서도 나오듯이, 구조를 위해 구명보트에 태워진 사람들은 여자, 아동, 노인 등 약자가 우선이었다. 구조자 중 유일한 일본인은 42살의 마사부미 호소노라는 남자였다. 그가 일본에 살아 돌아오자 언론은 그를 비겁자라고 매도하고, 그가 일하고 있는 회사에서도 해고해 버렸다. 그리고 그는 1939년 죽을 때까지 모욕적인 삶을 살았다. 그에게 모욕적인 손가락질을 한 이유는 단 하나였다. 구명보트에는 모두 탈 수 없어서 여자와 어린이들도 구조되지 못하고 죽어갔는데 남자인 그가 살아 돌아왔다는 것이었다. The Korea Herald, 1998. 4. 15, "Titanic Salvagers Launch Major Exhibit in Japan", AFP 기사.

태 합법화를 찬성하는 낙태 찬성론자들(pro-choice group)과, 생명존중을 내세워 낙태를 금지하고 불법화해야 한다는 낙태 반대론자들(pro-life group)이 서로 첨예하게 다투고 있다. 자유·자율·자유 선택을 주장하는 쪽이나 규제·통제를 주장하는 쪽이 모두 '인간존중'을 위해서 그렇게 주장한다고 한다. 이는 불치병 치료를 위하여 필요하다고 보는 측과, 생명 존엄성을 심각하게 훼손하고 무분별한 상업화·도구화로 변질될 우려 때문에 반대하는 인간의 배아복제(human stem cell cloning)의 경우에 있어서도 마찬가지이다. 이처럼 인간존중에 관하여 개인의 주관적 신념이나 가치관의 갈등의 문제가 개재돼 있다. 그 경우 인간존중의 구현은 가치갈등에 휩싸여 어려움을 겪기도 한다.

4. 인간존중의 직무윤리·직업윤리

인간존중의 공공활동을 수행하는 직무와 직업에는 다른 직무나 직업보다 특별히 더 엄격하게 요구되는 '직무윤리' 또는 '직업윤리'가 있다고 볼 수 있다. 따라서 그런 직무나 직업에 종사하는 공공활동가는 먼저 이에 대한 철저한 인식이 필요하다. 그 대표적인 분야의 하나로서 군(軍)이란 집단의 문제를 선정하여 논의하고, 다른 분야로 확대 적용하는 통찰력을 얻기로 한다.

1) 인간존중과 군(軍)의 직무윤리·직업윤리

군집단(軍集團)은 항상 사람의 생(生)과 사(死)의 문제를 직접적이고 현실적인 문제로 다루어나가야 할 특수한 집단이다. 우선 군은 외부적으로는 단 하나밖에 없는 고귀한 생명을 담보로, 국가를 방어하고 국민의 생명과 재산을 보호하는 임무를 수행하기 위해 존재하는 집단이다. 또 군은 내부적으로는 언제나 위험한 무기를 접하면서 생사(生死)의 갈림길에서 직무를 수행하는 집단이다.

이와 같이 군집단의 구성원인 군인은 필요하다면 남의 인명을 살상하고 자신의 인명을 바치기도 하므로, 어느 개인·집단보다도 자신의 생사관(生死觀)은 물론 인명을 포함한 인간존중의 가치관을 올바로 정립하고 실천하지 않으면 안 된다. 만약 군인 개개인은 물론 군집단이 인간존중의 가치관을 올바로 확립하지 못한 경우, 그 특성상 인간존중의 가치에 반하는 행위를 정당시하고 인간을 하찮게 여기기 쉽다. 그리하여 만약 그들이 인간존중의 가치를 망각하거나 잘못된 생사관을 가짐으로써 이성을 잃고 절제되지 않은 거친 감정만으로 행동하는 경우, 그들은 자신과 다른 군인, 그리고 국가에 큰 고통과 재앙을 초래한다.

　이와 같은 직무수행과 직업의 특수성 때문에 역설적으로, 군인과 군집단은 항상 그 어떤 사람과 집단보다도 더 생명존중과 인간존중의 가치를 확고하게 내면화하고 실천하지 않으면 안 된다. 그런 관점에서, 몇 가지 대표적인 군의 올바른 직무윤리와 직업윤리의 측면을 다음에서 살펴보고자 한다.

　첫째, 군인은 평시(平時)는 물론이고 적에 대한 살상이 정당시되는 전시(戰時)라도, 또한 아측이든 상대 적측이든 불문하고, 민간인에 대한 무고한 살상이나 학살, 포로에 대한 고문 등을 자행해서는 안 된다는 윤리의식을 확고히 정립하고 실천해야 한다. 50여 년이 지나서도 6·25전쟁 시 '미군에 의한 노근리 양민 학살 사건'이 불거지고, 그 책임자 규명과 처벌 및 배상 문제가 한·미 간 논쟁의 대상이 되고 있는 예에서와 같이, 전시에라도 군이 무고한 민간인을 해치거나 학살하는 것은 종전(終戰) 후 반드시 문제가 되고 역사적·법적 책임을 피할 수 없다는 점을 명심해야 한다.49)

　이제 문명사회 속에서 사는 사람들은 군집단에 대하여 엄격한 규율을 갖춘 집단, 그리고 극한상황에서도 최대한 감정을 절제할 줄 아는 성숙하고 인도주의적인 인간존중의 집단이기를 요구한다. 그래서 혈기왕성한 젊은 병사들을 거느린

---

49) 하물며 계엄령이든 아니든 상관없이 시민들의 민주화 시위를 폭도로 몰아 무자비하게 살상하면서까지 진압한 것은 어떤 이유로도 용납되지 않는다. 그러나 1979년 12·12 군부반란사건에 이어 1980년 5·18광주민주화운동 진압을 계기로 권력을 확고히 장악한 신군부 군인들은 그런 인식이 있을 리 없었다. 오죽하면 다음 기사 내용과 같이 '이민' 말이 나오겠는가? "서울중앙지검 공안 1·2부는 대법원이 최근 12·12와 5·18 사건 수사기록 공개거부 처분이 부당하다고 확정 판결한 뒤 공개·비공개 기록을 가려내느라 무려 30여만 쪽에 이르는 수사 기록과 밤낮없이 씨름하고 있다. 검찰은 대법원이 이번 판결에서 개별 수사기록에 대한 공개거부 사유를 구체적으로 제시할 경우 해당 기록은 비공개할 수 있도록 함에 따라, 공개를 기피하는 사건 관계자와 기관의 수사 기록에 대해 공개거부 사유를 작성 중이다.……검찰 관계자는 '만약 기록이 공개돼 진압군의 실명이 언론 등을 통해 알려진다면 그 사람은 아마 이민을 가야 할 것'이라……고 말했다." 한겨레, 2004. 10. 18, "공안부는 야근 중" 기사.

지휘관들이야말로, 언제 어디서나 인간존중의 가치를 내면화하고 실천을 위해 스스로 노력해야 할 뿐만 아니라, 다음의 예와 같이 그렇게 병사들을 교육하고 훈련시키지 않으면 안 된다.

'이라크전 전쟁 영웅'인 영국의 팀 콜린스(44) 대령이 갑자기 전역을 신청했다고 영국 언론들이 전했다. 콜린스 대령은 2003년 3월 개전 직전 셰익스피어풍으로 행한 독전(督戰) 연설로 병사들을 감동시켜 화제가 됐었다. "우리는 이라크인들을 독재자에게서 해방시키기 위해 가는 것이지 정복하러 가는 것이 아니다.……전투에선 용맹해야 하지만 승자가 되면 도량을 보여야 함을 잊지 말아라……전장에서 동정심은 필요 없다. 그러나 죽은 자의 명예를 존중하라." 당시 중령이었던 콜린스는 이후 소속 부대인 '로열아이리시'연대가 선발부대로 거둔 전공 등을 인정받아 대령으로 특진했다.……영국 여왕으로부터 '대영제국장교(OBE, Officer of British Empire)훈장'까지 받았다.……50)

그런데 영국 등과 함께, 나중에 증거가 없는 것으로 밝혀진 대량 살상무기의 위협과 테러연계 활동으로부터 미국과 세계를 보호한다는 명분으로, 2003년 3월 이라크를 침공한 나라가 미국이었다. 그런 미국이 어느 때보다도 도덕적 우월성을 과시해야 할 시대적·전략적 사명과 명분을 내팽개치고, 이라크 침공 전 이미 국방부 자문변호인단을 중심으로 국가안보 등의 이유라면 법률적으로 포로의 고문행위를 정당화할 수 있는 작업을 비밀리에 추진하고, 그 보고서도 만들어 그대로 실행한 의심을 받을 일을 자행하였다.51) 그런 상황에서 2004년 4월 이라크 아부그레이브 수용소에서 이라크포로들에게 자행한 미군의 성(性) 고문과 학대 행위가 폭로된 것은 어쩌면 필연적인 일이었다고 할 수 있다. 그리고 이에 대한 세계인의 비난과 반전여론 확대, 이라크인의 격렬한 저항과 반미 감정의 악화, 미군 병사의 군법회의 재판 회부, 그리고 급기야 2004. 5. 6, 부시 미 대통령의 포로들 및 그 가족의 고통에 대한 공식 사과는 필연적인 사태의 전개라고 하겠다. 미군

---

50) 중앙일보, 2004. 1. 12, "이라크 전쟁 영웅 영 콜린스 대령, 탄탄대로 앞두고 軍 떠나겠다" 기사.

51) 이 보고서에는 1984년 유엔 총회에서 제안되어 미국도 1994년 비준한 국제고문방지 협약의 규정도 무시하고, 대통령이 고문금지의 법률의 제한을 받지 않고 고문을 명령할 수 있으며, 고문자들이 고문혐의로 기소될 경우 2차대전 직후 나치 전범들이 주장한 것처럼 "명령에 따랐을 뿐"이리고 진술하라는 조언까지 담겨 있었다고 월스트리트저널이 보도했다. 한겨레, 2004. 6. 9, "미, 포로학대 정당화 보고서 있었다" 기사.

지휘관들은 그런 상황이 발생하기 전에, 상부의 정책적·전략적 오류에 슬기롭게 대응하면서, 이라크에 파병된 장병들에 대해서 그 어느 때보다 인간존중의 직무윤리를 지키도록 철저히 교육시켜야 했다. 군 지휘관들은 그런 군인다운 소신과 철학을 가졌다면, 다음 예와 같이 장병들이 평소 선량하지만, 특수한 점령 및 포로 관리 상황에서 자칫하면 직무윤리를 저버린 일탈행동을 할 수 있음을 알고 그에 대처했어야 했던 것이다.

> 발가벗은 이라크 포로의 목에 줄을 묶어 개처럼 끌고 있는 미국 여군. 이 한 장의 사진으로 이라크 포로 학대 사건의 상징으로 떠오른 린디 잉글랜드(22) 일병이 미 군사법정에서 학대와 음란행위 등 6개 항목에서 유죄평결을 받았다.……잉글랜드 일병은 2004년 4월 드러난 이라크 포로 학대 사건에서, 남자친구인 찰스 그레이너 상병과 함께 포로들을 성적으로 모욕하는 사진들이 공개돼 전 세계의 비난을 받았다. 이들 사진 중엔 잉글랜드가 웃으며 이라크 포로들의 성기를 손으로 가리키거나, 인간 피라미드를 쌓은 포로들 뒤에서 남자친구와 웃으며 찍은 사진도 있다.
> 그의 변호인은 재판에서 "잉글랜드는 남자친구를 만족시키기 위해 철없이 행동했을 뿐"이라고 주장했다.……그레이너는 이미 10년형을 선고받고 복역 중이다. 그러나 군 검찰은 "피고인은 자신이 무슨 짓을 하는지 알고 있었다. 웃고 농담하고 스스로 즐겼다"고 반박했다.……잉글랜드는 버지니아 주 포트애슈비라는 시골마을 출신으로, 대학 진학금을 마련하기 위해 주 방위군에 지원했고, 입대 전에 일했던 월마트에선 '자랑스런 직원'으로 뽑힌 적도 있다.[52]

둘째, 만약 군의 직무수행 과정에서 구성원인 군인의 인명에 어떤 손상이 발생했을 경우, 군은 그 인명손상과 관련하여 그 원인과 책임의 규명, 보상·예우, 배상·책임자 문책, 가족에 대한 접촉과 통지 절차, 기타 관련 사항의 처리 등에 관한 특별한 원칙·기준·규범을 확립하고 차질 없이 준수하고 시행해야 한다.

희생한 자에 대한 대우는 곧 살아 있는 자들에게 예고된 메시지의 의미를 갖는 법이다. 그런 의미에서 군인의 희생이 발생한 경우, 그 희생에 대한 엄정한 사실관계의 파악과 진상규명에 따른 필요한 적정한 조치에 관하여 어떤 합리적이고 엄정한 규범과 기준도 없이 아무렇게나 처리한다고 생각해 보자. 그러면 그것은 곧 군(軍)이란 집단의 구성원들에게 그들의 헌신적인 직무수행에 대하여 회의

---

52) 한겨레, 2005. 9. 28, "미 잉글랜드 일병 최고 10년형 가능성" 기사. 그녀는 다음날 징역 3년형을 선고받았다.

감을 갖게 하는 중대한 원인으로 작용하게 된다. 그리고 그들에게 인간존중의 직무윤리와 직업윤리를 강조해도 그것은 공허하게 들릴 수밖에 없다. 이에 대하여 좀 더 구체적으로 살펴보기로 하자.

군인이 훈련 또는 전투 중에 안타깝게도 부상하거나 사망하는 사태가 발생하였다고 가정하자. 이때 그 사상자의 발생에 대하여 가장 놀랍고 슬프게 받아들이는 사람들은 동료 군인들이기도 하지만, 무엇보다도 가족이다. 그래서 사태의 수습 과정에서 결코 소홀히 할 수 없는 것은 사건의 진상을 정확하고 신속하게 파악하고, 그 가족에게 정중하게 격식을 갖춰 정확한 사실을 통지하는 일이다. 그리고 위로와 함께 그 희생에 대한 적절한 예우 절차를 진행해야 하는 일이다. 그런데 현대와 같이 언론매체가 발달된 사회에서, 심지어 전투 중에도 종군 기자들이 밀착 취재하는 시대에, 군에서 사상자가 발생하면 군 당국이 가족들에게 통지하는 것보다 앞서서 먼저 TV나 신문 등 언론사가 사상자의 인적사항까지 보도하기 쉽다. 그러나 그런 일은 원칙과 규범이 없는 군집단에서 사상자가 발생한 상황을 아무렇지도 않게 취급할 경우에나 가능한 일이다.

이 말은 언론을 통제하라는 의미가 아니다. 오히려 사태 발생에 대하여 신속하게 언론에 브리핑함으로써, 언론 본연의 임무 수행을 돕고, 국민의 알 권리를 충족시켜야 하는 것이 현대적인 군의 자세이다. 문제는 언론브리핑의 '내용'으로서, 공표할 내용에 대한 어떤 중요한 원칙과 규범도 없는 점이다. 가족이 아직 통보받은 바가 없는데, 언론보도가 먼저 나와서, 언론을 통하거나 이웃집을 통하여 알게 하는 상황의 직무윤리·직업윤리의 실종을 지적하는 것이다. 선진국 군은 대언론브리핑 때 알릴 것은 알리지만, 가족에게 정식으로 예우를 갖춰 통지하기 전에는 인적사항을 공표하지 않고, 접촉하고 있는 과정임을 밝히면서 협조를 당부한다.53) 다음 사례를 비교해 보자.

1999년 9월 14일 공군 비행장을 이륙한 후 3분 57초 만에 경북 문경의 야산에 추락한 공군 F-5F 전투기와 함께 산화한 부조종사 박정수 대위. 춘천에 사는 그의

---

53) 1981-82년 영국과 아르헨티나 사이에 포클랜드 전쟁이 발발하고 종료되던 시기에 마침 영국에 체류하고 있던 나는 전쟁 수행과 관련된 여러 가지 모습을 보고 느낀 점이 많았다. 그중 하나는 언론을 통하여 수시로 사상자의 인적사항이 발표되는 방식이었다. 그때 영국 군 당국은 수많은 전시 상황 브리핑에서 '현재 가족에게 통보가 끝나지 않은 희생자의 경우 그 인적사항을 발표할 수 없다'면서 그때마다 'next of kin'(가장 가까운 친족)이란 용어를 사용했다.

부모는 박 대위가 숨진 사실을 사고 당일 TV를 보고 알았다. 그것도 "사고 난 그 날 오후 7시쯤 부대 대대장에게서 전화가 왔어요. '정수가 지상에서 좀 다쳤다'고 하더군요. '비행할 수 있는 정도의 부상이냐'고 하니, 할 수 있대요. 그런데 저녁 7시, 8시, 9시 뉴스에는 계속 '사망'이라고 나오는 겁니다. 미칠 것 같았습니다."라고 하는 그 부모의 말에서 알 수 있듯이, 직접 전사자 가족에게 사망 소식을 통보하는 미국과 같은 선진국 군대에서는 상상도 할 수 없는 일이 벌어졌다. 그들 부모는 예감이 안 좋아 예천으로 달려가면서 '다치기만 했으면 좋겠다'고 간절히 기도했다. 그들은 부대 의무실에 가서야 아들이 사망했다는 얘기를 듣고 실신했다. 박씨 부부는 "그날 만신창이가 된 아들의 시신을 확인하고, 얼굴에 여러 번 입을 맞췄다"고 했다.

그런데 박 대위의 부모는 다시 한번 가슴을 쳐야 했다. 일주일 뒤로 다가온 아들의 49재 준비로 바쁘던 10월 25일 오후 5시쯤, TV 뉴스를 보고 아들의 진짜 사망 원인을 알게 됐기 때문이다. 부대에서는 지금까지 '기체 결함'이 원인이라고 했었는데, 그 뉴스는 비행기에 급유한 기름이 물 먹은 기름으로 아들이 맹물기를 몰다 간 것을 안 것이다. "다 알면서 얘기 안 해준 게 너무 억울합니다. 우리 아들 두 번 죽인 거요." "분해서 어제 저녁 우리 부부가 차를 몰고 예천으로 달려가다가 큰아들(특전사 중사)이 전화로 말리는 바람에 단양에서 돌아왔다"며 "군이 희생자 가족을 이렇게 속일 수 있느냐"고 몸을 떨었다. 어머니는 연신 아들의 사진을 쓰다듬으며 "너무 이쁜 새끼인데"라고 목 놓아 울었다.[54]

그동안 군에서는 수많은 사상자가 나왔을 것이다. 그런데 위 사건을 보면, 군 당국이 군인의 사상(死傷) 사건과 관련하여 경위의 규명, 가족에 대한 통보, 언론과 국민에 대한 발표, 기타 사상자 및 그 가족에 대한 예우 등을 너무 잘못 처리하고 있음을 확인하게 된다. 창군 50년이 넘은 군 당국이 이런 기본 중의 기본에 철저하지 못하다면, 어떻게 그 구성원과 가족에게 긍지와 헌신을 요구하고, 국민의 신뢰와 사랑을 받겠다고 할 수 있을지 안타까움을 느낀다. 그런 의미에서 군 복무 중 발생한 인명사고의 진상규명과 관련하여 오랜 기간이 지난 뒤에야 뒤늦게 '의문사진상규명위원회'에 의하여 진상이 뒤바뀌는 일이 발생하는 데 대하여 군 지휘관들은 정말 부끄럽게 여겨야 한다. 그런데도 진상규명에 대하여 소극적이거나 반발하는 것은 오히려 군을 모욕하는 일이다.

이처럼 선진국의 공직자는 상하를 막론하고 '가족 통보의 우선원칙'을 지키는

---

54) 조선일보, 1999. 10. 27, "내 아들이 맹물기 몰다 갔다니" 기사.

직무윤리를 알고 실천한다.55) 미국 우주왕복선 컬럼비아(Columbia)호가 16일간의 우주 탐사활동을 마치고 지구로 귀환하던 마지막 순간인 2003년 2월 1일 미 텍사스 주 상공에서 공중 폭발해 승무원 7명 전원이 숨지는 참사가 발생했을 때이다. 그때 부시 미국 대통령은 먼저 '승무원 가족들에게 위로 전화를 한 후'(after telephoning the families of the astronauts to console them) 대국민 애도 성명을 발표하였다.56)

선진국 군 당국은 작전 중에 사망한 장병의 유골이나 실종한 장병의 종적을, 상황이 허락하는 한 아무리 오랜 세월이 흘렀어도 포기하지 않고 계속 관심을 갖고 수색한다. 그리하여 유골이라도 발견한 때에는 최대의 예우를 갖춰 송환·안치하는 장엄한 의식(儀式)을 거행한다. 이러한 의식도 대의(大義)를 위하여 생명까지 바친 고귀한 희생에 대한 최소한의 예우이다. 그것이 구성원의 인간존중과 헌신적 직무수행을 고취해 주는 공공활동의 한 예라고 할 것이다. 다음 두 사례를 보자.

······미 국방부 소속 감식전문가 7명이 서울대병원을 찾았다. 한국 전 당시 사망한 미군유해 2구가 매장된 것으로 추정된다는 제보를 받았기 때문. 제보내용은 1990년 병원 내 하수구 공사 도중 키가 큰 유해 2구와 미군철모가 발견돼 가매장됐다는 것이었다. 키 큰 한국인도 많으니 '미군철모'라는 말 한마디에 반세기 전 유해를 찾고자 생면부지의 땅으로 날아온 셈이다. 이날 병원 관계자들로부터 꼼꼼하게 증언을 청취하고 현장을 답사한 이들은 곧바로 유해발굴을 시작하겠다고 밝혔다.······"미군 전사자와 관련, 아무리 사소하고 오래된 제보라도 확인하는 것이 당연합니다. 유해라도 유족의 품에 안기게 하는 것이 조국을 위해 몸 바친 형제들에 대한 예의가 아니겠습니까" 이날 서울대병원을 떠나면서 미 국방부요원들이 한 말이다.57)

---

55) 2000년 시드니올림픽 기간 중 한 선수가 사망하였는데, 언론사에 선수의 인적사항을 밝힌 소속 국가의 임원과 그렇지 않은 호주경찰당국의 대응을 다음 기사에서 비교해 볼 수 있다. "······연습 중이던 한 나이지리아 육상 선수가 사우스웨스턴 시드니에서 차에 치여 사망했다. 1996년 시드니 세계청소년선수권대회에도 참가했던 22살의 2백 미터와 4백 미터의 유망한 선수인 히기누스 아누고는 길을 건너다 사고를 당했다고 공식 올림픽뉴스담당 부서가 말했다.······'그는 아주 조용하고 느긋한 사람이었다.'고 나이지리아 코치······는 일본쿄토통신사에 말했다.······뉴사우스웨일스 경찰은 한 남자가 차에 치어 사망했음을 확인해 주었으나, 가족들이 통보받을 때까지는 더 이상 자세한 사항을 밝히려 하지 않았다.······" The Korea Times, 2000. 9. 9, "Nigerian Athlete Killed in Accident in Sydney," AP통신 기사.
56) The Korea Times, 2003. 2. 3, "US Shuttle Breaks Up" AP통신 기사.
57) 한국일보, 2000. 5. 1, "'전사자'에 대한 예의" 기사. 그런데 우리 국방부는 6·25 전

지난 9월 17일은 미국 공군 창설 기념일이었다. 그날 경기도 오산 미 공군 기지에서 열린 기념파티에 참석했던 한국 공군 장교들은 연회장 한복판에 놓인, 흰색 보가 덮인 테이블 위에 한 송이 빨간 장미와 소금이 담긴 접시가 놓여 있는 작은 테이블 하나를 발견하고 궁금해 했다. 미군들은 '전쟁 실종자들을 잊지 말자'는 상징물이라고 설명했다. 한 송이 빨간 장미는 '전쟁 실종자들의 귀환을 애타게 기다렸던 가족과 사랑했던 사람들의 사랑'을, 소금은 '가족과 사랑하는 사람들이 흘린 눈물'을 의미한다고 했다. 흰색 테이블보는 조국의 부름에 응한 실종자들의 고귀한 의지를, 엎어놓은 술잔은 그들과 함께 할 수 없는 안타까움을 표현한 것이라는 설명이었다.······58)

인명과 직접적으로 관련 있는 직무와 직업일수록 인간존중의 가치를 더 확고히 확립하고, 직무수행 과정에서 차질 없이 실천하는 직무윤리·직업윤리를 갖지 않으면 안 된다. 그런 의미에서 다음은 올바른 군 인사정책의 예이고, 민간인에 대한 군의 자세를 보여주는, 간단하지만 큰 인간존중의 실천 사례이다.

······국방부는 군 임무 수행 중 사고로 몸을 다친 장기하사관 이상 군인들에게 본인이 원한다면 군에서 계속 근무할 수 있도록 군인사법을 개정해 정기국회에서 통과되는 대로 내년부터 시행하기로 했다. 현행 군인사법은 군인이 신체장애를 당하면 현역복무 부적격자로 처리해 전역하도록 규정하고 있다. 이에 따라 지금까지 우리나라 현역군인은 장애인이 한 명도 없었다. 그렇지만 이런 실정은 이스라엘―아랍 전투에서 용맹을 떨친 이스라엘 외눈 모세 다얀 장군과 베트남전투에서 부대를 누빈 절름발이 미군 보병 지휘관의 경우와는 상당히 동떨어진 것이다.······국방부 관계자는 "군은 그동안 유형적인 전력만 중시해 신체장애인들을 활용하지 못하고 실업자로 전락시켰다. 그러나 투철한 군인정신과 희생정신에 따른 상이자는 정신전력 측면에서 생생한 귀감이 된다."고 말했다.······59)

사자 유해발굴사업을 영구사업으로 전환한다고 발표한 것이 2003년 6월이다. 조선일보, 2003. 6. 4, "6·25 전사자 유해 발굴 영구사업으로 전환" 기사.

58) 조선일보, 2000. 10. 25, "미 공군기지의 장미 한 송이······" 기사.

59) 한겨레, 1996. 9. 4, "장애인군인 계속 복무" 기사. 이와 함께 2000년 6월 비무장지대에서 수색정찰 임무에 관한 대대장직 인수인계 도중 지뢰를 밟고 쓰러진 후임자를 구출하러 혼자 다가갔다가, 다른 지뢰폭발 사고로 두 다리를 잃은 육군 이종명 중령이 법 개정으로 전역하지 않고 육군대학 교관으로 근무하던 중 상이군인으로는 처음으로 2004년 9월 대령 진급자로 선발되었다. 한겨레, 2004. 9. 22, "살신성인 상이군인 첫 진급" 기사도 참조.

얼마 전 집안의 장례식을 치르고, 장례차량을 탄 채 통일로 금촌 검문소를 지날 때였다. 검문소에서 근무 중이던 헌병들이 우리 장례차 행렬을 보더니, 일제히 부동자세로 거수경례를 하는 것이 아닌가. 순간 너무 놀랐다. 유명 인사의 죽음도 아니었고, 그저 일반 서민의 장례차량에 불과했음에도 불구하고 검문소 군인들이 명복을 빌어주며 경의표시를 해 주는 것이었다. 장례차량에 탄 가족과 조객 모두가 가슴 찡한 감동을 느꼈으며, 시민의 아픔과 슬픔을 함께하는 군인정신에 가슴이 뭉클했다.……국토방위에 힘쓰는 젊은 군인들이 이렇게 아름답고 사랑스럽게 느껴지기는 처음이었다. 이런 애국애족의 군인정신으로 무장된 우리 군은 온 국민의 사랑과 존경을 받으며 건재할 것이라는 생각을 했다.……60)

2) 기타 직무윤리와 직업윤리

인간존중의 가치 구현은 모든 공공활동과 관련되기 때문에, 공공의 제1철학적 과제라고 하였다. 그런 의미에서 군뿐만 아니라, 다른 기관·조직·집단도 직무수행과 관련해 직무상·직업상 인간존중의 윤리적 판단을 해야 한다. 정부기관과 건설회사가 빈민촌을 철거하고 대규모 아파트 단지를 건설하는 재개발 사업이나 주거지역 개선사업을 시행할 때, 그들이 철거되는 빈민들의 이주와 최소한의 인간다운 삶에 대한 관심을 갖고 고민을 하는 것은 기본적인 윤리적 의무에 속한 일이다. 그런데 개발지상주의 시대 군사독재정권과 건설회사는 무허가 빈민촌이라고 해서 폭력청부에 의한 강제 철거도 마다하지 않았다. 그뿐만 아니라 도시빈민운동가의 다음 증언처럼 미관(美觀)이나 올림픽 개최 등을 이유로, 합법적으로 이주 예정지를 구입하여 삶터를 만들겠다는 집단이주 자활노력마저 적대시하고 탄압하는 만행을 저지르기 일쑤였다.

(질문) 양평동 판자촌 주민들이 이주할 땅을 구하기가 힘들었다는데요?
(답변) 아……그렇습니다. 양평동 사람들은 될 수 있는 대로 서울을 벗어나기를 원하지 않았어요. 그래서 서울 안에서 땅을 찾았는데 없어요. 주민들이 낼 수 있는 정도의 땅을 찾는다는 것이 불가능한 일이었어요. 그 다음에 부천에 가서 땅을 알아보았는데 역시 찾지 못했어요. 그래서 경기도 시흥군 소래면 신천리에서 땅을 찾았습니다.

---

60) 심명래(76세·경기 고양시), "장례차에 경의 표한 군인", 조선일보, 2000. 11. 22.

(문) 김수환 추기경님께서 당시 중앙정보부에 얘기해서 땅을 알아봐 준 거라는
    말이 있는데요?

(답) 당시 중앙정보부는 우선 집단이주를 막지 않으면 도와주는 거죠. 그때 마음
    만 먹으면 안 되는 것이 없을 때니까 막지 않는 것도 큰 도움이 되었어요.

(문) 막는다는 것은 땅을 못 사게 하는 건가요?

(답) 그렇죠. 얼마든지 할 수 있지요. 그 다음에는 건축허가를 내는 데 얼마나 복
    잡했는지……계속 브레이크를 거는 거죠. 쉽게 못 되게끔 하는 거죠……

(문) 85년도 목동이 철거될 때 그때 당시의 분위기는 어떠했나요? 이전의 철거와
    비교해서 80년대의 철거가 다른 게 있다면 무엇인가요?

(답) 가면 갈수록 훨씬 더 폭력적이었어요. 상계동 철거할 때처럼 일주일에 두세
    번은 철거깡패들이 들어와요. 들어와서 집 헐고 주민들하고 엄청나게 싸우는
    거예요. 목동철거도 마찬가지죠. 어느 날 아침 일곱 시 반쯤이었는데 깡패들
    이 들어와서 아침식사하고 있는 집안에다가 최루탄을 쐈어요. 조그만 집안에
    서 식사하는 데 말이죠. 이 정부가 분명히 아주 나빠졌죠. 가면 갈수록 그랬
    어요……

(문) 올림픽과 관련이 있다는 사실도 알고 있었나요?

(답) 물론이죠. 다 알았죠. 주민들도 다 알았어요. 그런데 상계동은 직접 관련이
    없다고 봐요. 상계동은 북쪽이고, 올림픽 때 외국인 놀러갈 곳도 아니고……

(문) 당시 어떤 바람 같은 게 있었을 텐데요?

(답) 민주화, 평범한 사회 등등……그것 때문에 뛰는 것이 아니겠어요. 인간답게
    살수 있는……. 철거민들의 외침은 "우리는 큰 집 필요하지 않다. 조그만 집,
    우리가 원하는 것은 인간으로 대접하라. 사람대접 원한다." 이것이 가장 큰
    외침이었어요. 아마 직접 보셔야 납득이 될지 모르지만 개도 그렇게 취급 안
    합니다. 쓸데없는 인간들 아무렇게나 죽여도 좋다. 이런 식이죠. 매번 철거할
    때마다 다섯 명 내지 열 명이 크게 다치죠.

(문) 개발이익금 사용에 대하여 어떤 생각을 가지고 있었나요?

(답) 뻔하잖아요. 안 좋은 집 헐고 좋은 집을 짓는 것을 누가 반대하겠어요. 좋은
    거죠. 주택난 없애는 건데……그런데 이 막대한 돈을 벌면서도 가난한 사람에
    대해서 처음부터 아무런 대책이 없었어요. 돈 한 푼도 안 줬어요. "그냥 꺼
    져라. 가라." 그런데 철거되면 그 옆 지역의 방 값이 두 배 세 배 네 배 올
    라요. 그래서 갈 곳이 없죠. 멀리 이사 가야 되요. 멀리 가면 직장이 끊어지
    죠. 이렇게 사회적으로 안 좋은 것들이 너무너무 많은데 대부분 사람들이 그
    런 것을 모르죠. 예를 들어서 이 엄청난 이익금 중에서 세입자들을 위해서
    조그마한 집을 지어야죠. 사십 평, 오십 평, 칠십 평 질 필요가 없어요. 사람

이라면 사람답게 살게끔 해야 하잖아요. 정부가?……

(문) 고강동에 있을 때 주민들이 집을 왜 못 짓게 했나요?

(답) 그건 올림픽 때문이었어요. 올림픽 성화가 인천에서 서울까지 지나간다는 거예요. 땅은 주민들 것이 분명한데도 말이죠. 그래서 임시주택을 짓도록 해달라고 했지요. 그런데 그것마저도 싹 헐어버렸어요. 성화가 지나가는데 눈에 보이면 안 된다고 해서 두더지처럼 땅 파고 그 땅 속에서 살았어요.

(문) 성화봉송 뛰는 사람들이 고강동에서는 차를 타고 지나갔다면서요?

(답) 그냥 차 타 가지고 획 지나갔어요. 웃기는 얘기 많죠.

(문) 사람의 가치를 전혀 고려하지 않았던 그때 당시의 행정을 어떻게 보세요?

(답) 정말 너무했지요. 세입자라면 아무런 권력이 없었어요. 지금까지 계속 싸우다 보니까 하나하나 얻어낸 것이죠. 행정은 세입자의 편이 아니었어요. 그리고 민주화 싸움에도 주민들이 대단히 힘썼어요.

(문) "가난한 사람들이 우리 사회를 정의롭게 만들 수 있다"라고 제정구 선생이 말했다는데?

(답) 아 그렇죠. 그렇게 생각했죠. 너무 이상주의적인 생각이었는지 모르지만 주택문제 때문에 민주화가 될 줄 알았어요. 주민들을 무조건 철거하면 주민들이 가만있나요. 결국 싸우게 되고 그 결과 우리 사회가 민주화되고 정의롭게 된다고 보았지요. 이길 줄 알았어요……61)

이처럼 모든 공공활동에 인간존중의 근본규범을 적용해야 한다. 다만 분야와 직무에 따라 얼마나 더 예민하게 느끼고 적용해야 하는 차이가 있을 뿐이다. 예컨대 의사, 약사, 간호사, 보건의료 기사, 119구조대 소방관, 응급차량 기사, 그 경영 또는 행정 담당자 등 보건의료 분야 종사자는 다른 어떤 분야보다도 직무수행 과정에서 특별히 더 인간존중의 의식을 지니고 더 예민한 윤리적 판단을 해야 한다. 그들이 올바로 직무를 수행해 줄 때, 고맙고 감사하게 느끼지 않을 사람이 없다. 또 그렇게 직무를 수행하는 사람 자신도 자긍심을 가질 수 있다. 그런데 그와 반대로 그들이 그 직무수행에서 인간존중의 규범을 조금이라도 소홀히 하는 경우, 그 직무의 특성상 그에 대한 사람들의 실망과 반발은 다른 경우와 비교할 수 없을 정도로 클 수밖에 없다.

---

61) 제정구와 함께 1970년대부터 도시빈민운동을 전개하고 1986년 막사이사이상(지역사회 지도부문)을 공동 수상한 미국 출신 카톨릭 사제 정일우(한국명) 신부가 'KBS 인물현대사 제정구 편, 빈민 속으로'(2003년 9월 5일 방영)에서 인터뷰 한 내용을 기록한 "정일우 신부의 제정구 2", 사단법인 제정구기념사업회, 가진 없는 큰 자유, vol.04(2005, 여름), 16-27에서 인용.

다른 하나의 예로서, 교육에 종사하는 사람은 교육현장에서 학생들에게 인간존중의 교육을 하기 위한 교육자의 직무상 윤리를 고민해 보아야 한다. 학생의 신상 정보를 공개적으로 파악하기, 불우한 환경의 학생을 질책할 때 무심코 그 불우한 환경을 지적하여 모욕 주고 낙인(stigma) 찍기, 신체의 특수한 부분을 들춰 꾸중하기 등은 결코 사소한 문제가 아니다. 또 장애 학생에 대한 학생들의 차별과 편견을 방치하기, 집단 따돌림이나 폭력을 무시하기, 부유한 집 학생을 편애하면서 가난한 집 학생을 무시하기 등도 마찬가지이다. 이를 사소하다고 치부하는 사람은 다음의 사례를 보고 다시 한번 생각해 볼 수 있을 것이다.

······프랑스 학생들은 대부분 '캉틴'이라고 불리는 학교 구내식당에서 점심식사를 한다. 공립학교의 경우 수업료는 없으나 점심 값만은 내야 한다. 학생들이 내는 점심 값은 부모의 수입에 따라 차이가 난다. 얘기하고자 하는 핵심은 능력에 따라 점심 값을 낸다는 사실이 아니다. 모든 어린이들은 친구가 얼마를 내는지를 모른다는 사실이다. 심지어 담임선생까지 어린이들이 얼마를 내고 학교에서 점심을 먹는지를 모른다. 다만 한 달에 한 번씩 부모로부터 점심 값을 받는 교장과 구청 또는 시청의 담당 관리만이 상세한 내용을 알 뿐이다. 따라서 부잣집 아이가 가난한 집 아이를 멸시하거나 가난한 집 아이가 부잣집 아이를 미워하는 불행한 결과가 생길 이유가 없다. 교사가 아이들을 차별할 이유도 없다. 아이들은 모두 즐겁게 한자리에 앉아 맛있게 점심을 먹을 뿐이다. 이렇게 대우받으며 자란 아이들이 그렇지 못한 한국의 어린이들보다.······재산의 많고 적음은 인격과는 아무런 관련이 없다는 사고방식을 갖게 되는 것은 당연하다.······62)

얼마 동안 뉴욕 맨해튼에 살 때 나는 할렘거리 가까이 있는 한 대학 아파트에서 지냈다. 가끔 총성이 나고 사람도 죽어 은근히 겁이 날 정도로 치안이 좋지 않았던 그곳에서 그래도 아이들이 다닐 학교는 '괜찮은 곳'으로 골라 주고 싶었다. 공립학교 몇 군데를 알아봤지만 여의치 않아 하는 수 없이 애들 학교도 할렘거리 못 미쳐 한 카톨릭 학교로 정했다.······미안한 일이었지만 아이들에게 학교 급식을 먹게 했다. 마땅히 돈을 내야 했지만 그때 나는 내지 않았다. 아니 내지 않아도 되었다는 표현이 맞겠다. 한국이 경제 위기를 겪고 있다는 소문이 난 탓도 있지만 미국에서 소득이 없는 사람은 내지 않아도 되었기 때문이다. 우리 아이들에게 하루 1달러50센트짜리 공짜 점심이 제공됐다. 학교는 번번이 돈을 낼 수 있는 형편인지를 묻는 설문지를 보냈지만 소득이 없는 나로서는 돈을 낼 형편이 안 된다고 답을 써냈고, 그들도

---

62) 동아일보, 1994. 11. 28, "프랑스의 '인간존중' 교육" 기사.

사실대로 믿어 주었다.

　이 서류는 내가 직접 학교 서무실에 냈는데, 알아보니 학생 무료 급식 상황은 개인 사생활로 분류되어 철저히 보호되고 있었다. 당사자는 물론, 교사와 교장, 다른 급우들, 심지어 관할 교육구청 관계자라도 전혀 알 수 없도록 학교 담장 안에서 관리됐다. 우리나라 초등학교에서도 무료 급식을 하고 있지만 내가 학교 운영위원으로 참여했던 2000년 당시의 한국 학교 모습과는 사뭇 다른 모습이었다. 가정 형편이 어렵다는 이유로 자신이 공짜 밥을 먹는다는 사실이 남에게 알려져 아이가 공연히 부끄러움을 타거나 모욕감을 느껴야 한다면 안 먹느니만 못하다는 생각이다.……[63]

　위 사례들은 모든 공공활동의 수행 과정에서 그에 맞는 인간존중의 직무가 있음을 상기시켜 준다. 어떤 직무이든 그 수행 과정에서 공공활동가는 인간존중의 가치를 예민하게 느끼고 역지사지의 입장에서 직무수행에 최선을 다해야 함을 일깨워 주고 있는 것이다.

5. 인간존중 공공활동의 원칙

　공공활동을 하는 사람들이 항상 소중하게 여기고, 이를 내면화하여 자신의 직무에서 온전히 반영하여 구현해야 할 가장 중요한 근본규범은 '인간존중'이다. 그러면 다음에서는 '인간존중'의 공공활동을 수행하기 위하여 공공활동가가 지켜야 할 중요한 원칙을 추출하여 논의하고자 한다.

1) '인간존중' 근본규범의 의식화 원칙

　공공활동가는 그가 속한 역사적·사회문화적·국제적인 조건과 제약 속에서, 그 자신의 주관적인 판단과 해석을 가하여 '인간존중'의 이념과 가치를 구현한다.

---

63) 김형배(한겨레신문 논설위원), "정보인권에 얽힌 두 개의 삽화", 한겨레, 2003. 6. 17.

그래서 인간존중의 근본규범이 현실에서 구현되는 것은 특정 시기와 특정 공간의 사람(들)이 의식화하고 있는 범위·정도·수준을 벗어나지 않는다. 이러한 관점에서, 공공활동가는 우선 무엇보다도 '인간존중'의 이념과 가치를 올바로 의식화하는 것이 절대적으로 필요하고 중요하다. 그리고 그렇게 인간의식의 내면 깊숙한 곳에 인간존중을 철저하게 새기는 일은 아주 어렸을 때부터 성인이 되어 죽을 때까지 평생 동안 필요한 일이다. 그렇게 의식화하는 노력은 이르면 이를수록 좋다. 망각하지 않도록 새롭게 환기시키고 아주 굳건하게 뿌리박도록 의식화·내면화를 자주 강화시키는 계기를 가지면 가질수록 좋다. 다음 사례를 보면, 어릴 때부터 옳은 일을 올바로 의식화하는 교육훈련이 얼마나 중요한가를 알 수 있다.

> '지진의 나라' 일본 도쿄에서 약 6년간 유학하면서 크고 작은 지진을 여러 번 경험했다. 한번은 집에서 쉬고 있다가 지진을 만났다. 급히 부엌으로 가서 가스를 잠갔다. 잠깐 사이에 네 살 난 딸아이가 보이지 않아 여기저기 찾아보니 책상 아래서 방석을 머리에 쓰고 납작 엎드려 있었다. 딸은 유아원에서 배운 대로 한 것이었다. 일본에선 어린이가 아장아장 걸을 때부터 유아원이나 유치원에서 지진 대비 교육이 이뤄지니 그야말로 몸으로 대피법을 배우는 셈이다. 지진을 느낀 뒤 TV를 켜 보면 1-2분 내에 전국의 지진 발생과 피해 상황이 자막이나 긴급 뉴스로 나온다.
> 연구실에서 세미나 도중 지진을 만난 경우도 있었다. 유리창과 형광등이 세게 흔들리는 진도 3가량의 지진이었다. 일본 학생들은 가스를 잠그고 캐비넷이 쓰러지지 않도록 붙잡는 등 조치를 취한 뒤 상황을 가만히 지켜보고 있었다. 두렵긴 하겠지만 누구 하나 흥분해서 과잉반응을 보이는 사람은 없었고 차분히 대응하는 모습이었다.……64)

여기서 일본은 지진이 많은 나라이니까 살기 위해서는 그럴 수밖에 없다고 생각할 수 있다. 그렇다면 교통사고 사망률이 세계 최고 수준인 우리가 일본의 예처럼 어렸을 때부터 철저하게 그에 상응하여 의식화하고 훈련시켜 대비하고 있는가? 우리는 생명존중을 포함한 인간존중의 의식과 실천이 다른 선진사회에 비하여 아주 부족하다. 우리는 다음 예에서처럼 우리와 다른 선진사회의 모습을 비교하면서, 가정, 학교, 직장, 사회의 어디서든 사회구성원 모두에게 생명존중을 비롯한 인간존중 의식을 내면화하고 체질화하게 교육하고 학습해야 한다.

---

64) 조태동(강릉대 환경녹지공학과 교수), "'지진 대피 요령' 몸에 밴 일본인들" 제하의 동아일보, 1998. 8. 26.

......아버지가 홍콩지점으로 발령받으신 후 나는 그곳의 영국학교에서 짧으나마 한국에서와는 전혀 다른 교육을 받을 수 있었다. 그중 가장 인상 깊은 것이 안전교육이었다. 가정 시간 첫 수업에는 주방에서 지켜야 할 안전규칙을 배웠다. 선생님께서 읽어 주시는 것으로 부족해서 우리 스스로 그 규칙들을 써 놓은 포스터를 만들어야 했다. 과학시간에도 마찬가지로 과학실에서 지켜야 할 안전수칙을 배웠다. 특히 실험시간에는 무슨 실험을 하든 안전수칙 제1호인 '안전경(safety goggles)을 착용하자'를 실행해야 했다. 우리가 실험을 할 때는 물론이거니와 선생님께서 하시는 실험을 바라보기만 해도 안전경을 반드시 써야 했다. 이런 식으로 아이들은 자연스레 안전규칙을 몸에 익혔다.

그러나 한국에 돌아오니 사정이 달랐다. 가정 교과서는 주방에서 지켜야 할 안전규칙에 큰 비중을 두지 않았으며, 과학 실험시간에는 모두 실험하기에 바빴지 안전경 같은 것엔 관심도 없었다. 과학실 어디에도 안전경은 보이지 않았다. 교육현장에서부터 안전이 뒷전인데, 이런 환경에서 교육을 받은 사람들이 제대로 된 다리와 건물을 만들어내길 기대하는 것은 무리가 아닐까 싶다.[65]

이와 같이 '의식화'는 우리의 머리 속에 생명존중을 비롯한 인간존중의 중요성을 완전히 내면화하여 몸과 마음에 배이게 함으로써, 언제 어디서든 의식적이거나 무의식적으로 즉각 인간존중에 관한 '완전히 깨인 의식'을 행동으로 옮길 수 있도록 돼 있는 의식의 상태를 말한다. 그런 의미에서 인공호흡, 심폐소생술 등 응급처치법의 학습은 비단 유사시 인명을 구조하는 차원 이상의 의미를 내포하고 있다. 또 도심의 교통체계를 바꾸고 보도를 확장하는 일이나 '걷고 싶은 길을 만드는 운동'이 단순히 보행 환경을 개선하는 일만이 아니다. 그것은 다음과 같이 어릴 적부터 삶 속에서 인간존중의 근본규범을 내면화하는 학습이기 때문에 아주 중요하다.

......유럽의 많은 도시에서 흔히 볼 수 있는 풍경 가운데 하나는 걷는 시민들은 교통신호를 잘 지키지 않는 것이다. 차들이 틈만 보이면 빨간불에도 시민들은 건널목이나 심지어 건널목이 아닌 곳으로도 마구 건넌다. 그러나 이런 보행자에 대해 경찰이 제지하거나 차량들이 경적을 울리는 경우는 거의 없다. 로마나 파리, 런던 등 유럽 주요 도시에서 보행자는 차량보다 우선이기 때문이다. 유럽에서도 런던 도심의 보행 환경은 세계적인 수준이다. 보도는 거미줄 같은 도로망을 따라 끊임없이 이어져 있고, 결절점마다 건널목과 보행섬이 마련돼 시민의 안전과 편의를 보장하

---

65) 박상희(서울 ㅇㅇ고교 3년생), "학교교육도 '안전 우선'" 제하의 동아일보, 1999. 7. 27.

고 있다. 또 보행자가 스스로 켜는 버튼 신호등도 설치돼 있고, 학교 앞 등지에는 점멸등이 설치돼 있다. 특히 점멸등이 있는 도로 구역은 보행자 절대 우선 원칙이 보장돼 있다.……서울에서 흔히 보는 보행용 지하도나 육교는 전혀 없다. 지하도라는 것은 지하철을 타기 위해 들어가는 길일 뿐이었다.……

　런던의 도심의 교통체계는 1950년대부터 보행자 중심으로 바뀌었다. 모든 교차로에는 건널목이 설치됐으며, 필요한 경우 차도 중간에 보행섬을 만들었다. 런던 도로 교통의 기본 입장은 어떤 차도가 막힌다고 도로를 넓히는 게 아니다. 거꾸로 통행 용량과 주차장을 줄이는 방안을 마련한다. 이른바 철저한 '차량 통행 수요 관리' 정책을 실시하는 것이다. 보행자 중심의 도로체계는 프랑스 파리에서도 마찬가지였다. 파리의 중심이자 상징거리인 샹젤리제도 지난 89~94년 '샹젤리제 사업'을 통해 현재와 같은 모습이 됐다.……핵심은 샹젤리제 거리 가운데 롱 푸엥에서 개선문까지 1.15㎞의 차도와 보도 사이에 있는 주·정차 공간을 보행로로 바꾸고 지하주차장을 만드는 것이었다.……너비 70m의 샹젤리제 거리 가운데 차도 27m를 뺀 43m가 보도로 바뀌었다.……66)

　……사람들이 막상 집 밖으로 나와도 서성거리고 걷거나 산책할 만한 길이 없다.……걸을 수 있는 길은 절대로 모자란다. 게다가 걷고 싶은 길은 말해 무엇 하랴. 서울뿐 아니라 우리나라 길 대부분이 자동차를 위한 도로이기 때문이다. 물론 처음부터 그랬던 것은 아니다. 길은 사람이 먼저 냈고 오랜 세월에 걸쳐 다져지고 넓혀졌다. 그 위를 우마차에 이어 자동차가 다니더니 갑자기 그 수가 많아지면서 맹수 같은 야성을 드러내 사람과 우마차를 구석으로 몰아내고 안방을 차지했다.

　요즘 길의 주인은 자동차다. 사람들은 배기가스를 참으며 자동차가 지나가기를 기다렸다가 간신히 도로를 건너야 한다.……정상이 아니다. 그래서 사람이 홀대를 받을 수 없다고 저항하는 사람들도 있다. 뉴욕 맨해튼에서 무단횡단이 너무 심하자 범칙금으로 다스리려던 시 당국은 엄청난 저항에 밀려 이를 포기했다고 한다. 파리에 다녀온 사람은 하나같이 교통질서가 엉망이라고 말한다. 행인이 아무 데서나 차 앞을 질러 횡단하니 위태위태해 보일 정도로 엉망이다. 심심치 않게 삿대질도 오간다. 그래도 교통사고는 적다. 자동차가 행인의 안전을 우선토록 교육받고 길들여 있기 때문이다. 파랑 신호등으로 행인이 건너는 중인데도 신호가 채 바뀌기도 전에 무섭게 질주하는 우리나라와 대조된다.……67)

---

66) 한겨레, 2002. 10. 31, '한겨레·문화연대 공동 기획, 걷고 싶은 서울로' 연재물 중 "유럽활기 '활보의 거리'서 나온다" 기사.
67) 강병기(걷고 싶은 도시 만들기 시민연대 대표), "'걷고 싶은 서울' 만들자", 경향신문, 2005. 2. 22.

한편 인간존중의 목적을 위해서 체제·이념이 존재한다고 믿는 체제와 그 반대로 체제·이념의 유지를 위해서 인간이 존재한다고 믿는 체제 중에서 어느 것이 더 강하고 우월할까? 구소련과 동구권의 붕괴, 그리고 독일의 통일이 증명하고 있는 바와 같이, 그 정답은 이미 나와 있다. 그런 관점에서, 북한의 도발로 남북한 양측의 충돌 과정에서 사상자가 발생했을 때, 북한 측 사상자는 전과(戰果)라기보다는 우리 측 사상자에 대해서와 같이 인간경시 체제·이념의 피해자로 여기고 함께 슬퍼하고 애도할 대상이라고 하겠다. 또 그에 대하여 북측에 분노하고 항의하는 것이 다음의 지적처럼, 한 차원 더 높은 인간존중의 체제·이념에 사는 사람들이 취할 태도이고 반공·통일교육이라고 하겠다.

> ……독일이 통일되기 전 베를린 장벽을 넘어 자유의 세계로 탈출하려던 동독인들은 동독 수비대의 총격으로 수없이 목숨을 잃었다. 서독인들은 동족을 죽이는 만행에 저항하여 장벽 앞에서 시위를 벌이고, 탈출자들이 숨진 자리에 비(碑)를 세우고, 촛불을 밝혀 애도하곤 했다. 우리도 그렇게 해야 한다.……68)

사실 인간존중의 근본규범을 철저하게, 그리고 올바로 의식화하면, 인간존중에 관한 다른 원칙들은 필요 없다. 그렇지만 현실적으로 그렇지 못하므로, 다음의 원칙들을 강조할 필요가 생긴다.

2) 생명존중의 충분한 주의와 관심의 원칙

누구나 인간이 존엄과 가치를 갖는 소중한 존재라는 원칙적·선언적 명제에 대하여 동의한다. 그리고 인간존중의 의식화에도 노력한다. 그러나 막상 현실의 구체적인 사안에서 그것은 그렇게 충분히 구현되지 않는 경우가 많다. 공공활동가는 지금까지 계속된 삶의 구조와 관습, 사고방식, 관행, 인력·예산 등의 현실적 여건 등 때문에 자신의 직무수행 과정에서 인간존중에 충분한 주의와 관심을 기울이지 못하기 쉽다. 특히 반생명적(反生命的) 요소들을 의식조차 하지 못하므로

---

68) 장명수, "더 이상 피 흘려선 안돼!", 한국일보, 1996. 11. 13. 지금도 베를린 장벽을 넘어 동녹을 탈출하려다 숨진 사람들을 추모하기 위하여 1,065개의 십자가가 한곳에 세워져 있다.

생명존중의 과제를 온전하게 감당하지 못하고 있다. 과연 사회적인 충격을 준 대형 참사가 발생하면, 관계기관과 그 소속자의 방심, 과오, 판단 오류, 직무 유기, 부정 비리 등이 참사의 원인의 하나로 지적되곤 한다. 그래서 참사 후 서둘러 설치된 합동분향소에 관계 당국의 고위 공직자가 방문하여 유가족을 위로하면, 유가족들에게서 감사의 말을 듣는 경우도 있지만 대부분 거센 폭언과 모욕을 당하기 일쑤다.

생명존중의 공공활동을 위하여 공공활동가는 특별히 인명의 안전에 관한 주의와 관심을 충분히 기울려야 한다. 그것을 '생명존중의 충분한 주의와 관심의 원칙'이라고 하는 것이다. 공공활동가는 끊임없이 인간존중의 가치에 대한 철저한 주의와 관심 상태를 점검하고, 그 현실적 구현 여부를 반문해 보는 반성적·성찰적 자세가 긴요하다. 공공활동가는 매일, 모든 구체적인 직무수행 과정에서 인간존중, 특히 생명존중에 관한 '완전히 깨인 의식', 완전하리만큼 '충분한 주의와 관심'을 기울여야 한다. '완전히 깨인 의식'과 '충분한 주의와 관심'은 공공활동 과정에서 반생명적(反生命的) 요소·현상들과 생명존중을 구현해야 할 사항에 대하여 깨어 있는 관심 또는 주의의 강도를 최대로 하는 '의식의 긴장'을 의미한다. 사람들은 무엇인가 최대의 주의와 관심을 집중할 때, 그에 대하여 최고도의 의식의 긴장상태를 보인다. 바로 공공활동가도 생명존중에 대하여 완전히 깨인 의식 또는 최고의 의식의 긴장상태를 지니고, 완전한 주의와 관심을 기울려야 한다.[69]

사람은 어떤 대상에 대하여 그에 요구되는 만큼 일정한 범위·정도·시간을 의식하고 거기에 주의와 관심을 보이는 것이 정상이다. 그런데 그렇게 요구되는

---

69) 이 완전히 깨인(wide awakening) 의식, 의식의 긴장(tension of consciousness), 그리고 충분한 주의와 관심(full attention) 등은 현상학자 슈츠가 생(生)의 철학자 베르그송으로부터 영향받아 그의 모든 저작과 사상을 관통하는 '일상적 생활세계'(everyday life-world)에 대한 설명에서 사용한 개념을 차용한 것이다. 슈츠는 자연의 세계와는 달리 일상생활 속에서 인간의 주관적 행동에 의하여 끊임없이 형성되고 해석되어 상호 주관적 '의미'로 짜여져 있는 다원적 현실(multiple realities)인 일상적 생활세계를 이해해야 한다고 주장한다. 그는 후설의 초월적 현상학에 대한 비판의 산물로서 존재론적인 일상적 현상학(mundane phenomenology)을 펼친 후기 현상학자로 불리는데, 슈츠가 보는 일상적 생활세계는 완전히 깨인 의식에 주어진 세계이며, 완전히 깨인 최고의 의식의 긴장 상태 속에서 일의 세계로 직접 이어지는 세계이다. 이러한 개념은 바로 인간존중이라는 공공의 제1철학의 자세와 잘 어울린다고 할 것이다. Alfred Schutz, *Collected Papers Ⅰ: The Problem of Social Reality*, edited and introduced by Maurice Natanson, The Hague: Martinus Nijhoff, 1973, 212-213, 234-257; 김홍우, 현상학과 정치철학, 352-368에서 참조.

충분한 만큼의 의식, 주의와 관심을 보여주지 않고, 산만하게 분산하여 오히려 쓸데없는 데에는 과잉반응을 보이는 의식과 행동 성향을 보이는 사람도 있다. 이는 정신의학에서 소아·청소년기 정신장애 중 가장 흔하게 나타나는 '주의력 결핍장애'(attention deficit disorder)나 '주의력 결핍·과다활동 장애'(attention deficit hyperactivity disorder, ADHD)라고 일컬어지는 질환이다.

주의력(attention)은 자기 일에 얼마나 오래 집중할 수 있는가, 특정 과제를 선택적으로 집중하고 이를 자유로이 통제할 수 있는가, 그리고 복잡한 과제를 계획을 세워 효율적으로 정리해 낼 수 있는가의 능력이다. 그런데 바로 주의력 결핍의 질환자는 한번 시작한 일을 충분한 주의를 기울여 끝내야 하는데, 외부 자극에 쉽게 반응하느라 끝내지 못한다. 또 그는 지속적으로 관심과 주의를 기울여야 하는 중요한 일에 대하여, 지속적으로 관심과 주의를 기울이지 못하거나 부족하다. 요컨대 그런 부주의(inattention) 또는 산만성(distractibility)을 보이는 것이다.[70] 이는 성인에게도 나타나서 다른 사람이나 특정 사안·직무·임무 등에 대해서 보이게 된다고 한다.

이러한 '성인 주의력 결핍장애'와 비슷한 장애가 인간존중 특히 인명과 관련된 공공활동 과정에서 공공활동가에게도 나타날 수 있어 문제가 된다. 현장과 떨어진 본부 또는 상급기관이나 상위계층에 있는 사람들은 현장 사람들이 느끼고 요구하는 바를 생생한 현장감(現場感)을 가지고 수용하고 반응할 수 없는데, 바로 인명의 안전에 관해서도 주의력 결핍의 실책·질환을 보일 수 있다. 교통경찰과 119구조대원들은 교통사고 현장에서 사상자를 구조하고 사고를 수습하기 때문에, 누구보다도 현장사고의 원인과 방지 대책을 절실하게 느끼고 잘 알 수 있다. 이에 비하여 현장을 직접 보지 못하는 본부 또는 상급기관이나 상위계층의 담당자는 도로구조의 변경, 신호등 설치, 기타 일선 담당자가 제시하는 건의에 대하여 그렇게 시급하고 절실한 느낌을 가지고 적극적으로 반응하지 않을 수 있다. 그래서 예산, 인력, 시간 등 여러 가지 현실적 제약을 거론하면서 소극적으로 그에 대응하기 쉽다.

---

70) 특별히 주의력 결핍장애를 진단하는 부주의의 증상을 공공활동에 응용하면, 직무과제에 부주의한 실수를 하거나 흔히 관심을 기울이지 않음, 직무에 오랫동안 집중하기 어려움, 지시를 끝까지 따르지 않고 끝내지 못하거나 의무를 다하지 못함, 직무를 체계적으로 해나가지 못함, 꾸준한 정신적 노력이 요구되는 과제수행을 꺼리거나 싫어하고 회피하려고 함, 외부자극에 의해 쉽게 산만해짐, 매일 해야 할 일을 잘 잊어버림 등이다. 이상 이정균·김용식, 정신의학, 제4판, 일조각, 2001, 518-525 참조.

그런가 하면, 일선 담당자도 인명의 안전에 관한 주의와 관심을 충분히 쏟지 않을 수 있다. 앞의 교통사고 현장의 담당자들이 처음에는 너무나 충격적이어서 뇌리에 생생하던 느낌이 자주 사고를 수습하는 과정에서 차차 무뎌져 가고, 나중에는 어떤 특별한 감정조차 들지 않는다. 그리고 어떤 건의가 지체되고 거부되는 과정에서 자연히 반복적 일의 타성에 빠져들어 어느덧 무관심해지고 무감각해지기 쉽다. 그래서 '늘 있는 또 하나의 일'로 치부하고 각별한 관심과 신경을 쓰지 않는 것이다. 이것은 반복적인 일에 매몰되어 직업상 가질 수 있는 '일종의 주의력 결핍의 직업병'이 도지는 현상이라고 할 수 있다.

이와 같이 생명존중에 관한 충분한 주의와 관심과 관련한 주의력 결핍의 직업병에는, 본부기관이 가지기 쉬운 '본부병'(本部病), 상급기관이나 상급직위의 담당자가 가지기 쉬운 '상급기관병', '상급자병'이 있고, 일선기관·현업기관이 가지기 쉬운 '일선 현장병', 하급기관이나 하급직위의 담당자가 가지기 쉬운 '하급기관병', '하급자병'이란 기관병(機關病) 또는 직위병(職位病)이 있을 수 있다. 따라서 누구나 자신의 직무에 있어서 인간존중의 가치가 경시되고 있지는 않는지 아주 세밀한 주의를 기울이고 지속적인 관심을 갖지 않으면, 자칫 그런 직업병에 걸려 귀중한 인명을 보호하는 업무에 소홀할 수 있다.

공공활동가에게 있어서 주의력 결핍을 예방하고 극복하기 위하여 중요한 것은 인간존중의 감수성 훈련과 역지사지 훈련이다. '생명 감수성 훈련'과 '생명 역지사지 훈련'은 자기 자신과 가족이 처해 있는 상황을 가정하고, 공공활동 대상자들의 처지에 아주 자연스럽게 대입하여 그들이 위험을 느끼고 불안해할 것이 무엇인가에 대하여 완전히 깨인 의식과 충분한 주의와 관심을 갖고 살피는 선체험·동시체험·추체험의 훈련이다. 그리하여 필요한 조치를 신속하고도 정확하게 수행하는 훈련을 하며 직무를 수행하는 것이다. 나와 내 가족의 생명에 대한 관심과 열정보다 더 강한 것은 없고, 그보다 더 적합한 감수성과 역지사지의 훈련은 없기 때문이다. 이 훈련은 개인적으로나 집단적으로 모두 필요하다.

감수성과 역지사지의 관점에서 자신의 직무에 대하여 완전히 깨인 의식 속에 충분한 관심을 갖고 주의하여 살펴보면, 지금 당장 시급하게 착수해야 할 일들을 많이 발견할 수 있다. 예컨대, 어린이들의 교육을 담당하는 유아원이나 초등학교에서 첫날부터 가장 먼저 어린이들에게 가르쳐야 할 내용이 무엇일까? 그것은 바로 어린이들이 집과 유아원이나 학교 사이를 안전하게 통학할 수 있도록 하는 '어린이 교통안전 교육'이다. 그것은 한글이나 덧셈법보다도 더 앞서서 가르치고,

더 철저히 반복 실습해서라도 어린이들이 완전히 습득하게 가르쳐야 한다.

 그런데 그것을 위해서, 그리고 그보다 앞서서 교사들이 갖추어야 할 것은 어린이들의 안전에 관한 최고의 의식의 긴장상태와 완전한 주의와 관심이다. 그렇지 않다면, 그런 교육도 있을 턱이 없고, 다음과 같은 불행한 사고가 발생해도 거기에서 큰 교훈을 얻지 못한 채 지나치고 말 것이기 때문이다.

 어린이집 등교 차량에서 잠든 어린이를 내려놓지 않아 어린이들이 더위에 질식해 숨지는 사고가 잇따르고 있다. 낮 12시 30분께 경북 칠곡군 약목면의 한 선교원 마당에서 어린이들을 태워온 에스페로 승용차 안에서 이 선교원에 다니던 정 아무개(3) 군이 질식해 숨져 있는 것을 선교원 교사 김 아무개(33·여) 씨가 발견해 경찰에 신고했다. 김 씨는 "오전 9시 30분께 정 군 등 어린이 5명을 내려놓고 수업을 하던 중 정 군이 보이지 않아 찾아보니 차량 뒷자리에서 숨진 채 발견됐다"고 말했다.
 이틀 전 오후 3시 30분께에는 경기도 시흥시 정왕동 한 교회 앞에 주차된 교회 승합차 뒷좌석에서 여름 성경학교에 참석했던 오 아무개(5) 군이 질식해 숨졌으며, 그전 달에도 경남 진주시 지수면 한 어린이집 통학차량에서 잠든 천 아무개(5) 군을 어린이집 선생님이 발견하지 못해 숨졌다.[71]

 그런 의미에서 교사와 공직자 등 공공활동가는 누구나 다음과 같은 선진국의 조직적인 생명존중·인간존중의 활동에서 단단히 배워 깨우치고, 그렇게 또는 그보다 더 적극적이고 창의적인 활동을 펼쳐야 한다.

 애비 씨에게: ……1998년부터 뉴저지 주 인간서비스국(New Jersey Department of Human Services)은 "단 일 분간도 안 돼"(Not Even for a Minute) 캠페인을 펼쳐 왔습니다. 그것은 승용차에 어린이 혼자 남겨 놓고 잠깐 볼 일 보러 가는 위험을 경고하는 운동입니다. 탁아소, 학교, 경찰서, 소매상점, 알콜중독재활협회, 자동차판매상 등을 통하여 배부된 차량 스티커와 포스터는 어린이를 차에 홀로 남겨 놓아서는 안 되는 "단 일 분간도 안 돼"를 부모들에게 주지시키고 있습니다.
 어린이 건강 전문가들이 경고한 바에 의하면, 바깥 온도가 21−26도 정도밖에 되지 않는 상쾌한 날에도 밀폐된 차내 온도는 15분 안에 50도까지 올라갈 수 있답니다. 차 유리창 틈새를 내주었다 해도 소아로서는 몇 분 내에 탈진할 수 있고, 그 결과는 최근 뉴저지의 13개월 아기의 가정이 당한 바와 같이 치명적이랍니다. 어떤 이유가 되었든 어린이를 차에 홀로 남겨 두는 것은 위험합니다. 몇 분 내에 어린이

---

71) 한겨레, 2005. 7. 21, "엄마, 숨 막혀요" 기사.

는 좌석에서 벗어나 차 변속기를 만질 수 있습니다. 그리고 누군가 차에서 어린이를 유괴하는 데도 일 분밖에 안 걸립니다. 어린이를 차에 남겨 두는 시간을 과소평가하기 쉽습니다. 우리 모두는 자신도 모르게, 또는 아는 사람과 마주쳐서 이야기하다 보니 시간가는 줄도 모른 경험을 갖고 있습니다. 애비 씨 독자들에게 약속하기를 촉구해 주세요. 차에서 잠깐 떠날 때에는 어린이도 데려가라고요. 일 분밖에 걸리지 않거든요. 뉴저지 주 인간서비스국 국장 마이클 굴.

　마이클 씨에게: 중요한 편지에 감사드립니다. 어린이 생명보다 더 귀중한 것은 없습니다. 모든 부모들은 당신의 경고를 귀담아들어 주고, 또한 다른 주들에서도 유사한 캠페인을 시작했으면 좋겠습니다.[72]

　흔히 정부가 통계조차 잡지 않으므로 아직 그에 관한 심각성을 인식하지 못하는데, 가정에서 사소한 부주의로 발생되는, 소위 ‘가정사고’(home accident)의 사상자는 놀라울 정도로 많다. 주방에서 일하는 주부가 잠깐 주의를 기울이지 않은 사이에 어린이가 난로에 화상을 입거나, 아파트 베란다 난간에서 놀다가 떨어져 목숨을 잃는 등 주위에서 가정사고의 예는 상상외로 많다. 또 여름이나 겨울 강에서, 아이들끼리만 놀다가 익사하는 사고와 같이 생활 주변에서 발생하는 사고도 많이 발생하고 있다. 그러한 상황에서 각종 사고에 대비할 수 있는 방법을 잘 정리하여 홍보책자로 만들고, 동사무소, 보건소, 식당에서 배포하는 일만으로도 수많은 인명을 구할 수 있다. 그와 함께 모서리가 너무 날카로운 장난감, 가지고 놀기 위험한 장난감, 젤리 과자처럼 녹여 삼키기 위험한 과자류 등과 같이 위험한 아동용품에 대하여는 세심한 주의를 기울여, 엄격한 제조·판매 기준도 만들고 필요한 경우 제조·판매도 금지해야 한다. 미국에서는 보건행정기관뿐만 아니라 학교, 음식점, 종교단체, 적십자사, 병의원, 소방서, 경찰서, 심지어는 일반 직장에서도 다음과 같이 응급처치법을 소개하고 가르쳐서 생명존중을 실천하고 있다. 우리라고 그렇게 못할 이유가 없다.

　오늘날 미국의 식당에는 손님들이 차림(메뉴)판만큼이나 흔하게 볼 수 있는 것이 있는데, 그것은 음식물에 목이 막힌 사람의 기도를 뚫어 주는 응급처치 방법에 관한 설명서이다. 하임리크 구명법은 내가 개발해 이름을 붙인, 두 손만으로도 다른 사람의 생명을 구할 수 있는 간단한 기술인데⋯⋯전 세계적인 응급처치의 기본이 되었다. 이는 또한 폐에서 물을 추출시키는 방법으로 물에 빠진 사람을 구명하는 데

---

72) Abigail Van Buren, The Korea Times, 2000. 9. 26, “Dear Abby” 상담란의 한 내용.

도 권장되고 있다. 이 방법으로 구조된 사람 중에는 미국의 전 대통령 로날드 레이건, 전 뉴욕시장 에드 코치, 그리고 여배우 엘리자베스 테일러이다. 나는 수많은 사람들에게 한 가지 구명법을 가르쳐 줌으로써 수술실에서 일생 동안 구하는 생명보다 더 많은 생명을 구한다는 사실을 깨달았다.[73]

앤 랜더스 여사께: 내 9살 먹은 딸은 지금 안전하게 이불에 덮여 침대에 누워 있습니다만, 2시간 전만 해도 그 아이는 거의 죽을 뻔하였습니다. 브리태니와 나는 함께 텔레비전을 보고 있었는데, 갑자기 그 아이가 처음 들어보는 소리를 지르며 완전히 공포에 질린 눈으로 소파에서 일어나는 겁니다. 나는 직감적으로 목에 걸린 것 때문에 숨이 막힌 것을 알고, 하임리크 응급구명법을 시행했습니다. 알사탕이 튀어나오더군요.

귀 독자들이 응급처치법 과정을 꼭 이수하여 하임리크법을 시행하는 방법을 배워두라고 간절히 권하고 싶습니다. 그건 어려운 일이 아니거든요. YMCA나 적십자사나 많은 병원이나, 아니면 소방서에서 개설한 강좌에 참석하면 되거든요. 저는 제 직장에서 그런 강좌를 개설하여 이수하게 됐던 것을 영원히 감사하게 여길 거예요. 그게 제 딸의 생명을 구해 주었으니까요. 펜실베이니아에서 재니스 올림.[74]

언제 어느 곳이든, 어느 분야의 어느 직무이든, 개인이나 단체·기업·정부의 공공활동가가 인간존중의 공공활동에 대한 충분한 주의와 관심을 기울이면 얼마든지 그에 관한 시급한 과제를 찾아낼 수 있다. 정부뿐만 아니라 기업도 열악한 노동자들의 보건과 안전, 근로조건에 충분한 주의와 관심을 갖는다면, 산업현장에서 수많은 사상자를 줄이고 인간다운 삶을 구현할 수 있다.[75]

---

73) Henry J. Heimlich, "하임리크 응급 구명법", 가이드 포스트(한국어판), 1995년 9월호, 116-127에서 일부 인용. 하임리크 응급처치법은 미국 흉부외과 의사 하임리크가 1972년 미국 내 사고사의 주요 원인 중 여섯 번째가 음식이나 기타 이물질에 목이 막힌 질식사인데, 일 년에 3,000명이 희생되고 그중 대다수가 어린이라는 기사를 읽고 1975년 창안하였다.

음식물이 식도가 아닌 기도로 잘못 들어가면 숨이 막혀 대개 4분 후면 의식을 잃고 죽게 되는데, 등을 두드리거나 손가락을 목구멍에 넣는 방법은 기도 속으로 더욱 깊이 들어가게 하는 위험이 있다. 하임리크법은 숨을 내쉬어도 언제나 폐 속에는 약간의 공기가 남아 있으므로, 폐를 압축시켜 기도를 통해 잔여 공기를 강제로 내보냄으로써 이물질을 추출시키는 원리다. 구조자가 환자의 뒤에 서서 허리둘레를 두 팔로 감싸고 한 손은 주먹을 쥐고, 주먹의 엄지 쪽을 환자의 흉곽과 배꼽 사이 복부에 대고, 다른 손으로 그 주먹을 감싸 복부를 누르고 안쪽 그리고 위쪽으로 재빨리 미는 동작을 이물질이 튀어나올 때까지 반복하는 것이다.

74) The Korea Herald, 1998. 4. 18, "Dear Ann Landers," 상담란의 한 내용.

3) 인간영향의 분석·평가와 반영의 원칙

공공활동가는 모든 공공활동 과정에서 항상 인간존중의 이념과 가치가 올바로 구현되고 있는가를 사전에 점검 분석하고, 중간 또는 사후에 평가하여 반영·시 정하는 활동을 일상적으로 계속해야 한다. 이는 '인간영향의 분석과 평가' 후 이 를 공공활동 과정에 환류(feedback)시켜 최대한 인간존중을 구현하고자 하는 활동 을 말한다. 여기서 '인간영향'이란 모든 법령·정책·제도·사업 등을 만들고 집 행하는 데 있어서 그것이 인간존중의 측면에서 어떤 영향·효과·결과를 미치는 가의 범위·정도·수준 등을 말한다. 이는 어떤 특정 사업이 주변 자연환경에 어 떤 영향을 미치는가를 사전에 분석하여 자연생태계의 훼손을 최소화하고 환경을 보전하려고 하는 '환경영향평가'의 논리와 방법을 응용한 것이다. 그것은 교통영 향평가, 양성평등영향평가와 같이 다른 분야로 응용·확장되고 있다.

그와 같이 인간영향평가는 특정 공공활동의 수행이 인간존중의 이념·가치에 어떤 영향을 미치는가를 계속 점검·시정함으로써 인간존중을 실현하기 위한 것 이다. 그러나 인간영향평가는 실정법의 형태로 제도화하는 것(인권영향평가)을 넘 어서는 그 이상의 개념이다. 그것은 법안·정책·제도·사업 등의 입안뿐만 아니 라, 그 시행 과정에서도 모든 공공활동가가 구체적인 개별 사안의 일상적 직무수 행에서 인간영향의 분석·평가를 바탕으로 구성원의 인간다운 삶을 위한 적절한 조치를 취하려는 데 그 목적이 있기 때문이다.[76] 그래서 다음과 같이 경제당국이

---

75) 미국의 '듀폰'사는 1802년 화학회사로 출발하여 전 세계 200여 개 지사와 공장을 두 게 된 다국적 대기업이 되었지만, 잇단 폭발사고로 회사가 존폐 위기에 처하자 안전 을 회사의 최고 가치로 삼았다. 그리하여 그 회사는, 직원들이 안전운전 위주의 실기 및 필기시험을 통과한 '듀폰 면허'가 있어야 회사 차를 이용할 수 있고 개인차를 회 사 주차장에 둘 수 있다거나, 출장을 가도 안전이 검증된 '듀폰 리스트'에 오른 호텔 에 투숙해야 하고, 쓰레기통은 화재에 취약한 플라스틱이 아닌 철제품만 쓰며, 직원 들이 걸려 넘어질 것을 우려해 사무실 문턱도 없애고, '호텔 투숙 즉시 비상대피로를 확인하라'는 등의 안전수칙과 산업재해 예방조치들을 사생활 분야까지 간섭한다 싶을 정도로 철저하게 교육시킨다. 동아일보, 1999. 7. 3, "호텔 투숙 땐 비상구 확인하라" 기사.

76) 그런 점에서, 국가인권위원회(인권위) 위원장이 2002년부터 인권영향평가제의 필요성 을 주장하고, 2003년 말 천정배 의원 외 10여 명의 의원이 실제 법안을 발의했으나 무산되자 17대 국회에서 재추진하고 있는 인권영향평가제와 다르다. 앞의 '인간존중 의 의미'에서 밝힌 바와 같이, '인간영향'(human impact)은 실정법적인 의미로 이해될 수 있는 '인권영향'보다 더 넓은 개념이고, 법령·제도·정책·사업 등의 제·개정이 나 입안뿐만 아니라, 구체적인 개별 사안의 집행과 평가 등 공공활동 전 과정에서 모

개별 사안에 대하여 인간영향을 평가하고 공정거래법에 의하여 조치하는 것이 바로 인간영향평가이다.

　　연예계의 화려한 스포트라이트의 이면에는 '현대판 노비문서'라 불리는 불공정 계약관행이 있었다. 최근 공정거래위원회가 영화배우 ○○○씨의 전 소속사에 내린 불공정 약관 시정명령은 이 같은 관행에 쐐기를 박는 조처다. 문제가 된 조항 중의 하나는 '을(乙·연예인)은 자신의 위치에 대하여 항상 갑(甲·기획사)에 통보해야 한다'는 것. 1년 365일, 하루 24시간 내내 사생활의 자유를 포기하도록 강제한 셈이다. 또 이 같은 조항을 한 차례라도 위반할 때에는 벌금조로 전속계약금의 3배를 물도록 해 옴짝달싹 못하도록 올가미를 씌웠다.……
　　연예기획사마다 '기획사는 권리, 연예인은 의무' 중심의 계약서를 서로 베끼면서 조건이 더 고약해졌다. 몇몇 톱스타를 제외하면 다수 연예인들은 연예계에 입문한다는 흥분에 들떠서, 혹은 '울며 겨자 먹기'로 횡포에 가까운 계약서에 도장을 찍을 수밖에 없다. 이미 소속사와 법정공방 끝에 계약 관계를 청산한 ○○○씨가 이번 공정위의 결과에 대해 "스타 지망생이나 연예계 후배들이 더 이상 불이익을 받지 않는 데 도움이 됐으면 좋겠다."고 말한 것도 같은 맥락이다. 연예인과 연예기획사의 관계는 흔히 '악어와 악어새'에 비유된다.……연예산업은 분명 시장논리로 움직이지만 시장에도 윤리는 필요하다.……[77)]

공공활동가가 모든 공공활동 과정에서 일상적 '인간영향평가'를 통하여 올바로 직무를 수행하기 위해서는, 인간의 존엄과 가치 자체에 대해 철저하게 의식화·내면화하고, 인간존중에 대한 감수성과 역지사지의 성찰적 마음과 자세를 일상적으로 발휘하며, 인간영향을 분석·평가하면서 직무를 수행해야 한다.

예컨대, 유아원을 비롯하여 각급 학교에서 학생(원아)들 사이에 갖가지 차별과 놀림과 따돌림 현상이 많이 발생하고 있다. 특히 빈곤가정의 학생, 장애학생, 혼혈학생, 보호시설에 속한 학생 등에 대해 철없는 아동·청소년들이 차별하고 놀리고 따돌리는 일이 많다. 이런 경우 교사가 '인간존중'의 근본규범을 의식화하고

든 공공활동가가 적용해야 되는 개념이다. 앞의 인권영향평가법안은 국가인권위원회법 개정안의 형태로, 국가 행정기관이나 지방자치단체가 국민의 인권에 영향을 끼치는 내용을 포함한 법령을 제·개정하거나 제도·정책·사업을 입안하고자 할 때는 설명회나 공청회 등을 거쳐 인권영향평가서를 작성해 인권위에 제출하고, 해당 기관이 인권영향평가서를 내지 않거나 인권위의 시정권고 등을 어겼을 때 해당 법령·제도·정책·사업 등의 추진중단을 권고할 수 있는 내용을 포함하고 있다.
77) 문화일보, 2004. 6. 18, "연예계 '노비계약'".

있다면, 그는 그렇게 무관심 속에 방관하고 방치하지 않고 이를 즉각 시정하게 된다. 아니 처음부터 예방활동에 온 힘을 쏟는다. 그렇게 아동이나 학생들에게 '더불어 사는 삶'의 중요성을 가르치고 실천하게 하는 것이 참다운 '인성 교육', '인간화 교육', '인간존중의 교육'이라고 할 것이다.

공공활동에서 '인간영향의 분석·평가와 반영'은 일상적으로, 모든 대상 직무의 내용과 절차에 내재돼 있어 계속적으로 이루어져야 한다. 공공활동가는 자신의 직무를 수행하면서 늘 마음속으로 인간영향평가를 해야 한다. 예컨대, 유치장 관리를 맡은 책임자와 담당 경찰관이 현재 자신의 업무에 대하여 인간존중 측면에서 과연 어떤 평가를 할 수 있겠는가를 진지하게 점검하고 성찰해 보았다고 가정해 보자. 그렇다면 아마도 다음 대법원의 판결이 나온 후에야 뒤늦게 관련 규칙을 개정하고 관행을 타파하는 일을 하지 않았을 것으로 여겨진다.

대법원이 수치심을 유발하는 경찰서 유치장 등에서의 관행적인 '알몸 신체검사'는 위법하다고 판단, 처음으로 국가의 손해배상 책임을 인정했다. 대법원 3부(주심 이규홍 대법관)는 2000년 3월 경기 성남 남부경찰서에서 알몸 신체검사를 당한 박모(24) 씨 등 민주노동당 여성당원 3명이 국가를 상대로 낸 1억 원의 위자료 청구 소송 상고심에서 원고 패소한 원심을 깨고 사건을 서울고법으로 돌려보냈다. 알몸 신체검사는 이 사건 외에도 지난해······보건의료노조 위원장의 구치소 수감 시와, 같은 달······전교조 교사의 교육부 앞 시위 때도 논란을 빚었다.

재판부는 판결문에서 "선거법 위반사건 피의자인 원고들이 흉기를 몸에 지니고 있었을 가능성이 매우 낮고, 경찰관이 알몸 검사 말고는 흉기를 찾아낼 다른 방법이 없었다고도 보이지 않으므로 원고에 대한 신체검사는 행형법(行刑法)의 허용 범위를 넘어서는 위법행위"라고 밝혔다. 재판부는 이어 "행형법에서 허용하는 신체검사는 유치장 내의 사고를 방지하기 위해 최소한도의 범위 내에서 명예나 수치심 등 수용자의 기본권이 부당하게 침해되지 않도록 충분한 배려 속에 이뤄져야 한다"고 밝혔다. 재판부는 또 경찰이 알몸 신체검사의 근거로 제시한 경찰청 훈령 제258조 피의자 유치 및 호송규칙에 대해서는 "행정조직의 내부명령에 불과하기 때문에 이에 따른 처분이라고 해서 당연히 적법하다고는 볼 수 없으며 적법성 여부는 행형법의 규정과 취지에 따라 판단되어야 한다"고 법적 한계를 분명히 했다.

박 씨 등은 2000년 3월 4·13 총선을 앞두고 민주노총 소식지를 주택가에 뿌린 혐의로 체포돼 경찰서 유치장에 수용된 뒤 속옷을 포함한 상·하의를 겨드랑이와 무릎까지 벗은 가운데 앉았다 일어서기를 3차례 당했다며 소송을 냈으나 항소심에서 패소했다.

한편 경찰청은 "알몸 수색이 문제가 된 이후 훈령을 2차례 개정, 살인·강도·강
간 등 중범죄 피의자에 대해서만 가운을 입힌 채 정밀신체검사를 하고 있다"고 밝
혔다.[78]

또 국내외의 각종 사고에 대하여도 충분한 주의와 지속적인 관심을 가지고, 사
고의 원인과 수습 과정을 철저하게 조사·평가하고 반영함으로써 차후 유사한 사
고 가능성을 미리 예방하는 노력이 필수적이다. 그러한 노력으로 실시하는 '인명
영향평가'(생명영향평가)도 '인간영향평가'의 한 요소라고 할 것이다. 다음과 같은
일본의 노력은 분명히 본받을 만하다고 하겠다.

일본 도쿄소방청이 대규모 국제세미나를 주최했다. 600여 명의 정부부처 및 소방
관계자가 모인 이 세미나의 실제 주제는 '한국 대구지하철 사고의 실태와 대책'이
었다. 일본 정부는 자체 예산으로 2003년 2월 18일 대구지하철 화재를 진압한 대구
소방서 관계자를 초청해 당시 구조·구급 상황을 들었다. 일본은 우리 지하철 참사
이후 실제 지하철에 불을 내 각종 시험을 하고 관련 전문가가 대구를 방문해 참사
현장을 연구하고 교훈을 얻으려 하고 있다.……[79]

이와 같이 공공활동가는 직무수행 과정에서 일상적으로 인간영향을 분석·평가
하고 반영하는 일을 게을리 해서는 안 된다.

4) 인간존중의 제도화, 문화화 및 온몸주의 실천 원칙

인간의 생명을 보호하고, 인간이 인격적·주체적·자율적인 목적존재·본질존
재임을 구현하며, 기본적 인권을 보장하는 것은 일회적·단편적·관념적·언어적
으로 끝내고 종결하는 일이 아니다. 그것은 언제 어디서나 계속해서 꾸준히 온몸
주의로 실천할 지속적·복합적·실제적·행동적인 일이다. 그렇다면 그런 업무는
표준화해서 신속하고 정확하며, 충실하게 실행할 수 있도록 제도화해야 한다. 그
리고 마침내 인간존중은 공동체구성원 각자나 공공활동가가 일상생활이나 직무수

---

78) 한국일보, 2001. 11. 8, "경찰 알몸 신체검사 위법" 기사.
79) 경향신문, 2003. 7. 11, "말만 요란한 재난대책" 기사.

행에 있어서 자연스럽게 구현할 수 있는 정도로 체질화하고 습관화하여야 한다. 그리하여 인간존중은 가정·학교·직장 등 가정과 사회에서, 정치·행정·경영 등의 각 분야에서 '하나의 문화'로서 뿌리를 내리고 전승되어야 한다. 이를 '문화화'(文化化)라고 할 수 있다면, 우리 사회에서 인간존중이 행정문화나 경영문화에 포함되어 '공공활동문화'화하게 되어야 한다. 인간존중의 문화에서 자란 미군 병사라도 이라크 포로수용소에 조성된 반(反)인간존중의 문화에서는 세계인의 지탄을 받는 악행을 저지를 수 있는 앞의 예를 상기할 때, 언제 어느 곳에서나 지속적으로 그렇게 문화로서 뿌리내리고 전승되는 것이 중요하다.

그런데 인간존중의 제도화는, 개인이나 기업의 능력과 자율적인 노력만으로도 가능한 것은 개인이나 기업에 맡기지만, 그렇지 않고 공공개입이 필요한 데에는 불가피하게 적정 개입하여 필요한 규제나 통제를 하는 것을 말한다. 구체적으로 공공활동가는 법령과 규칙을 제정하고, 조직기구를 설치하며, 전문 인력을 배치하고, 필요한 장비·도구를 갖춰야 한다. 또 예산을 확보하고 집행하며, 필요한 정책과 사업을 수립하고 시행하는 등 인간존중을 구현할 수 있는 일체의 법령, 정책, 구조, 자원을 체계적이고 효율적으로 동원·관리하는 노력을 경주해야 한다. 그리고 인간존중 문화의 성숙폭만큼 공공개입을 줄여나가야 한다.

인간다운 삶을 위한 과업은 어느 사회나 국가도 예외 없이 추구해야 한다. 따라서 그 속에서 일하는 공공활동가는 창조적으로 인간존중을 위한 법령·정책·제도·사업 등을 발굴하고, 다른 사회나 국가의 훌륭한 것은 여건에 맞게 이식하는 것이 중요하다. 그런 점에서, 비장애인과 더불어 살아가는 데 불편함이 없도록 최대한 장애인을 위한 제도를 갖추고 차별 없이 시행하는 것은 인간존중을 의식화하는 중요한 교육과 학습의 기회를 제공한다. 그런 의미에서 우리나라가 다음과 같이 2001년 12월 '국가인권위원회'를 설치하고 각종 생명경시적·비인간적·반인간적 관행이나 조치에 대하여 조사하고 시정을 권고하게 된 것은 인간존중을 법적으로 제도화한 좋은 예이다.

보건소장 승진 후보자가 "장애인이란 이유로 승진에서 밀렸다"며 사표를 제출했다. 1991년부터 제천시보건소 일반의로 일해 온 이희원(李熙元, 39, 오른쪽 다리마비 장애 3급) 씨는 시가 내부승진 자격을 갖춘 자신을 제외하고 외부 인사를 발령하자 사표를 제출하고 지난달 14일 직장을 그만뒀다.

제천시 보건소장은 전임 소장이 2000년 7월 과로로 숨져 공석이 됐으며, 당시 의무과장으로 재직 중이던 이 씨가 유일한 내부승진 대상이었다. 이 씨는 "첫 직장이자 제2의 고향인 제천에서 영원히 살고자 했던 꿈이 이뤄지지 못했다"며 "장애인을 인격체로 보지 않는 시각이 유감스럽다"고 밝혔다. ○○○ 시장은 지난 9월 시의회에서 인사 지연을 따지는 의원들에게 "승진 해당자는 이 과장밖에 없으나 15만 시민의 보건을 책임지기엔 장애가 심해 미루고 있다"는 취지로 답변한 바 있다.[80]

법무부는 장애인이라는 이유로 보건소장으로 승진하지 못했다며 국가인권위원회에 진정을 낸 의사 이희원(39) 씨를 춘천소년원 의무과장(서기관)으로 임용했다고 밝혔다.……이 씨는 법무부가 주관한 특별채용시험에 응시해 합격했다. 법무부는 "이 씨가 실력과 자질을 갖추고 있는 데다 장애를 극복한 사례가 소년원 학생들에게 좋은 본보기가 될 것으로 기대한다"고 밝혔다. 이 씨는……사표를 낸 뒤 제천시의 차별 조치를 조사해 달라며 인권위가 발족하는 날 첫 번째로 진정을 냈다.[81]

전 충북 제천보건소 의무과장 이희원 씨가 보건소장에 임용되지 못한 것은 장애인 차별이라는 국가인권위의 조사 결과가 나왔다. 국가인권위원회(위원장 김창국)는 "이 씨와 충북도, 제천시 등을 상대로 조사를 벌인 결과, 제천시가 이 씨를 보건소장에 임용하지 않은 것은 장애인에 대한 명백한 차별행위라는 결론을 내렸다"고 밝혔다.…… 인권위 출범 이후 진정 사건에 대해 인권침해를 인정한 것은 처음이다.……[82]

한편, 위급한 환자의 이송이나 화재 진압을 위해 출동하는 차량에 대해서는 다른 모든 차량보다 우선 통행하게 하는 법규를 만들었으면 그것을 엄격하게 그대로 시행할 수 있어야 한다. 그러나 그렇지 못하기 때문에 다음과 같은 시민의 안타까운 지적이 나온다.

시내 중심가의 사거리에 있는 우리 호텔 바로 뒷길 주변에 경찰서·소방서·종합병원·대학병원 등이 있다. 그래서 하루에도 수십 대의 소방차와 구급차들이 요란한 사이렌 소리와 경광등을 번쩍이며 사거리를 지난다. 그런데 그중 많은 긴급 차들은

---

80) 중앙일보, 2001. 11. 17, "장애 이유 보건소장 승진 탈락" 기사.
81) 중앙일보, 2001. 12. 2, "인권위 진정 1호 장애인 의사 춘천 소년원 과장에" 기사.
82) 한겨레, 2002. 1. 14, "이희원 씨 제천보건소장 임용탈락, 인권위 '장애인 차별'" 기사. 그 후 인권위는 시정 권고 결정을 내렸으나 제천시가 이행하지 않자, 장애인차별공동대책위원회는 제천시를 상대로 손해배상 청구소송을 내고, 청주지법 제천지원 민사단독 정창호 판사는 "장애가 있다는 이유로 승진에서 배제시킨 것은 위법성이 인정된다며, 제천시는 이 씨에게 3,000만 원의 정신적 피해에 따른 위자료를 지급하라"고 판결했다. 동아일보, 2004. 2. 13 기사 참조.

상습 교통체증 지역인 이 사거리에서 길이 막혀 사이렌 소리로 사정도 하고, 번쩍이는 경광등으로 위협도 해 보지만 차들은 좀체 비켜 줄 생각을 않는다. 모두들 옆 차 때문에 또는 앞차 때문에 내가 움직일 수 없다는 소극적인 생각들을 한다.

교통체증 하면 세계적인 뉴욕의 맨해튼 네거리에서 거리를 꽉 메운 자동차들이 구급차의 사이렌 소리에 마치 진도 앞바다의 바닷물이 갈라지듯 길이 열리더라는 이야기가 생각난다. 실제로 7년 전 미국 오하이오 주의 조그만 도시에서 살고 있을 때 중심가에서 신호대기 중 갑자기 뒤쪽에서 사이렌 소리가 울렸다. 백미러를 보니 경광등을 번쩍이며 구난차가 한 대 달려오고 있었다. 그러자 갑자기 2차선의 차들이 인도 쪽으로 바짝 붙는 것은 물론 어떤 차들은 인도 위로 올라가기도 했다. 더욱 놀라운 것은 반대쪽 차선의 차들도 길가 쪽으로 차를 붙이고 구난차가 지나가기를 기다렸다.

한겨울을 맞아 심장병 환자가 평소보다 3배나 늘었다고 한다.……우리 운전자들이 구급차에 길을 비켜주어 앰뷸런스를 1분만 빨리 병원에 도착시켜도 연간 수많은 생명을 구할 수 있을 텐데 안타깝다. 맨해튼 사거리를 깜짝 놀라게 할 만한 국민적 교통질서 이벤트는 없을까……[83)]

모든 공공활동을 통하여 구현할 이념과 가치가 '인간존중'임을 충분히 인식하고 있다면, 어떻게 하든 이를 제도화하여 지속적이고 안정적으로 구현할 수 있도록 정착시키는 것이 중요하다. 그리하여 그 제도는 공동체 내 구성원의 생활 속에 자연스럽게 하나의 '문화', 즉 '인간존중 문화'로서 뿌리를 내리게 해야 한다. 그리고 공공활동가는 그 직분상 인간존중의 근본규범을 온몸주의로 실천하는 솔선수범을 보여주어야 한다. 공공활동가는 다음과 같이 철학과 의지만 있으면 '인간존중'을 훌륭하게 실천할 수 있다. 교육당국과 학교(유아원·유치원 포함)당국은 인간존중의 철학과 의지만 있다면, 아동과 학생에게 각종 사고에 대비한 안전예방교육훈련을 실시할 수 있다. 선생님들은 방학에 앞서 저수지·해수욕장·산계곡에서의 수영 혹은 설게 언 얼음판 위의 스케이트나 썰매 타기의 위험성을 충분하게 교육할 수 있을 것이다. 수영의 경우, 스웨덴·네덜란드 등 선진국에서 하는 것처럼 학교에서 필수적으로 수영을 가르치되, 수영복이 아닌 옷을 입고도 수영할 수 있게 훈련시킬 수 있다.

우리나라도 도입하기 시작한 바와 같이, 대도시 큰 학교의 옥상에 인근 학교가

---

83) 박삼선(호텔금호 주식회사 사장·대구 중구), "'구급차에 길 양보' 적극적으로", 조선일보, 2003. 1. 9.

공동으로 이용할 수 있는 교통안전교육장을 설치하고, 신호에 따라 안전하게 횡단보도 건너기, 자전거 타고 놀 때의 사고 위험성, 아파트 단지 내 주차된 차량의 주위에서 놀 때의 사고 위험성 등과 같이 각종 사고의 가능성을 실제 보여주고 그에 대비한 실습을 하게 할 수 있다. 농어촌에서도 신호등 없는 도로에서 차량을 피하여 안전하게 통학하기, 철도 건널목 건너기, 폭우로 갑자기 불어난 개울이나 계곡 건너기 등과 같이 그곳 형편에 알맞은 교육 내용이 있다. 기타 일상 놀이 공간에서, 또는 가정에서 발생할 수 있는 인명사고의 위험을 실제 효과를 얻을 수 있는 가장 좋은 방법으로, 반복해서 교육하는 것은 철학과 의지만 있으면 얼마든지 가능하다.

우리 건설회사들은 해외로 진출하여 우수한 건설과 근면함으로 어느 선진국 건설회사에 뒤지지 않는 좋은 평판을 얻고 있다. 해외 건설에서는 좋은 평판을 얻는데 왜 국내에서는 그렇게 부실공사의 시비가 많은가? 여기에서도 바로 생명존중·인간존중의 의식이 부족한 것을 알 수 있다. 1995년 발생한 비극적인 삼풍백화점 붕괴 참사 후 한 재일교포 건설업자는 다음과 같이 우리의 건설 현장을 고발하였다.

지난 3년간 세안빌딩을 지으면서 다른 건설현장과 기존 빌딩을 많이 보았지만 가슴이 섬뜩했던 경우가 한두 번이 아닙니다.……삼풍백화점 붕괴현장……자료를 볼 때 상상도 할 수 없는 부실공사임이 틀림없습니다.……설계 시공 못지않게 감독관청의 책임도 큽니다.……안전시공을 위해 가장 중요한 국가 감리, 즉 구조 검사를 하지 않은 것부터가 문제입니다. 일본에서는 큰 건물을 지을 때 감독관청이 자재품질증명서와 철골 고주파 검사표를 반드시 확인할 뿐 아니라 공기의 일정 단계마다 불시 기습 검사를 합니다. 공정에 하나라도 하자가 있으면 공사를 중단시킵니다. 예를 들어 배근(配筋)이 제대로 안되면 콘크리트를 치지 못하게 해요. 구조설계사무소가 철저히 검사를 하는데도 감독관청이 이중의 현장공정관리를 하는 겁니다. 그런데 한국에서는 둘 다 제대로 안되고 있어요. 이는 건설행정의 기본적 결함입니다. 직무유기란 것이 딴 게 아닙니다."

그는 서울 시장을 만났을 때, "엄격한 구조검사를 하지 않으면 큰 일이 날 수 있으니 시급하게 이 제도를 확립하라고 시장에게 말했어요. 그랬더니 '공공건설을 감독하는 데도 손이 모자라는 판에 민간건설까지 어떻게 일일이 검사하느냐, 시공은 자주관리토록 하고 우리는 준공검사 때 보면 된다'고 해요. 민간건물은 국가나 국민과 무관합니까. 민간건실이 차지하는 부분이 얼마나 큰데 그런 소리를 할 수 있습니까. 그게 무슨 행정입니까. 준공검사는 껍데기만 보는 겁니다. 그러니까 삼풍참사 같은 것이 생기는 거예요. 구조 검사할 인력이 모자란다고 핑계를 대지만 진짜 할 마음만 있으면 그렇게 많지 않은 전문요원들을 해당 관청에 배치해 얼마든지 할 수 있어요. 일본은 하는데 한국은 왜 못 합니까……[84]

일본은 하는데 왜 우리는 못 하겠는가? 문제는 마음 자세이고 마음먹기인데, 바로 생명존중을 포함한 인간존중의 마음 자세와 마음먹기가 공공활동의 제1철학적 과제이다. 공공활동가가 법령·정책·제도·사업 등의 수립과 집행의 직무를 수행할 때, 가능한 한 좀더 사려 깊고 좀더 책임감 있게 고민하고 창의적인 상상력을 발휘할수록 공공활동 대상자들의 인간다운 삶을 그만큼 더 충실하게 보장해 줄 수 있다. 우리도 그런 철학과 자세로 잘 하려고 하면 얼마든지 창의적이고 책임감 있게 잘 할 수 있다. 다음의 예가 이를 보여준다.

"무궁화 꽃이 피었습니다." 오후 1시30분께 인천 남동구 뉴코아 아울렛 매장에 '뜬금없는' 안내방송이 흘러나왔다. 평소 소방교육을 통해 '불이 났다'는 암호임을 이해한 직원들은 곧 고객들을 비상구로 안내하기 시작했다. 300여명의 손님들은 비상계단을 이용해 1층 비상구로 나왔고, 이어 직원들도 건물에서 빠져나와 30여분만에 대피가 마무리됐다. 꼭대기층인 12층에서 미처 빠져나오지 못한 스포츠센터 직원 50여명은 옥상으로 올라갔다가 나중에 비상계단으로 무사히 대피했다.

지하 6층, 지상 12층 건물인 뉴코아 아울렛은 인천에서 손꼽히는 대형 쇼핑몰로, 직원 수만 500여명에 이른다. 만약 놀란 손님과 직원들이 우왕좌왕하다 계단으로 한꺼번에 몰렸다면 자칫 대형사고로 이어질 수도 있는 순간이었다. 이날 불은 지하 4층에서 스팀배관 용접작업 도중 튄 불꽃이 배관을 타고 지하 6층에 쌓아놓은 종이상자에 옮겨붙어 일어났다. 불은 1시간 20여분 동안 종이무더기 등을 태우고 꺼졌다. 지점장 손규원씨는 "직원 3명이 연기에 질식돼 병원에서 간단한 치료를 받은 것과 지하 4·5·6층 벽면이 일부 훼손된 것이 피해의 전부"라며 "한달에 한차례씩 정기적으로 소방교육을 받고 층별로 다달이 소방관들로부터 직접 교육을 받고 있어 참사를 막을 수 있었다"고 말했다. 한편, 불이 나자 소방관 58명과 소방차 27대가 출동해 진화작업을 벌였으나 유독 가스가 많이 나와 화재 현장 진입이 어려워 진화에 어려움을

---

84) 동아일보, 1995. 7. 16, "관 자세 안 바뀌면 '제2삼풍' 못 막는다" 기사. 박종한 씨는 1925년 경북 봉화군 출신으로 16세 때 단신으로 일본에 건너가서 숱한 차별과 수모를 딛고 40여 년간 건설업과 부동산업으로 거부가 된 '일본 건설업계 장인' 일본진흥빌딩주식회사 회장이다.

겪었다.······85)

마지막으로 인간존중의 제도화와 온몸주의 실천의 원칙을 앞에서 소개한 권총강도 격퇴 사건에 적용해 보기로 하겠다. 그 사건에서 은행 직원은 고객의 돈을 보호하기 위하여 총을 든 범인과 함부로 맞서기보다는, 생명의 안전을 우선하여 일단 범인의 요구에 응한 다음, 정해진 수칙대로 경찰에 신속히 신고하여 체포되도록 조치했어야 했다. 그리고 그 사건을 보도한 언론인은 은행 직원의 행동에 대하여, 결과를 놓고 보았을 때 용감한 일을 했지만, 총을 든 범인과 함부로 맞서는 것은 대단히 위험한 만용일 수 있음을 지적했어야 했다. 그래서 앞으로 이와 유사한 사건에서 흉기에 맨손으로 맞서는 만용을 부리다 희생되지 않도록 '인명 중시', 돈보다는 '인간존중'의 가치를 일깨워 주는 참다운 언론관을 보여주었어야 했다. 그리고 그런 경우 다음 지적과 같이, 인간존중의 큰 틀 내에서 범죄를 예방하고 해결하는 '인간존중의 제도'를 중요하게 생각하는 공공철학을 구현하는 것이 옳았다고 할 것이다.

> 이들 용감한 여직원들에 대한 보도를 보면서, 참 이상한 의문이 들었다. 어떻게 해서 이들 여직원들은 권총 든 강도에게 가스총으로 맞설 수 있었을까? 이들을 모두 용감하다고 칭찬하는 언론과 사회분위기는 타당한 것일까? 말할 것도 없이 두 여직원은 용감했고, 경찰과 회사의 표창을 받아 마땅할 것이다. 그러나 만일 은행 강도의 총이 진짜 권총이었고, 또 비디오에서 보듯 어설프지 않고 잔인한 강도였다면 무슨 일이 일어났을까? 우리 언론은, 우리 사회 분위기는 은행 직원들에게 자신의 목숨을 던져서라도 강도와 맞서라고 가르치고 있는 것은 아닐까?······우리 언론은 이러한 사건들을 통해 자기희생이라는 귀감 만들기에 너무 익숙해 있는 것은 아닌가. 은행원이 손님의 돈을 지키기 위해 책임을 수행할 때······일을 수행하는 사람들의 생명과 안전을 보호하는 합리적 수칙과 안전장치는 관심에서 벗어나 있는 것은 아닌가. 다시 한번 생각해 볼 일이다.86)

인간존중의 공공활동은 개인이나 단체, 정부나 기업, 그리고 언제 어느 곳이든, 모든 분야에 공통된 과제이다. 이처럼 모든 공공활동 과정에서 인간존중의 공공철학을 의식화하고, 자신의 직무와 관련된 정책·법령·제도를 만들고 운영하는 데

---

85) 한겨레, 2006. 12. 27, "대형참사 막은 '무궁화 꽃이 피었습니다'" 기사.
86) 강명구(서울대 교수, 언론학), "권총강도 물리친 여직원 이야기", 한겨레, 1998. 12. 3.

있어서 그 인간영향을 올바로 분석·평가하고 적절하게 반영하면 그 어떤 보상보다도 소중한 보상이 돌아온다. 수많은 참사를 사전에 막을 수 있고 공동체구성원에게 존엄과 가치를 갖는 인간다운 삶을 살 수 있게 해 줄 수 있기 때문이다.

6. 생명주의·인간주의 공공활동의 선언과 실천

우리는 오랜 왕조시대, 일제식민 시기, 해방 후 독재체제로 이어져 온 폭압적 권력과, 다른 모든 것을 희생하고라도 먹고살기 위한 경제개발만이 전부인 소위 '압축성장' 정책이 우리 사회에 생명경시적·비인간적·비인도적 의식과 제도, 관행과 문화의 씨를 뿌려 놓았다. 그리고 그 속에서 우리는 부지불식간에 감각이 둔해지고 비판적 성찰의 힘을 잃어버리면서, 어처구니없는 인명 희생과 비인격적·비인간적·비인도적 대우도 숙명으로 받아들이면서 살아왔다. 그렇지만 우리나라에서 발생한 대형 시설물의 붕괴 사고, 화재 사고, 폭발 사고 등은 통신이 발달한 현대사회에서 다른 나라 사람들에게까지 실시간으로 알려진다. 특히 1994년 10월 서울 성수대교의 붕괴 사고와 그 바로 다음 해의 삼풍백화점 붕괴 참사는 외신을 타고 전 세계에 우리나라의 '압축성장'이 가져온 부실의 현주소, 그리고 생명경시적·비인간적 발전의 음지를 여지없이 폭로하는 사건이었다. 그런 배경에서 우리는 다음과 같은 국민적 자존심에 상처를 받는 말도 들어야 했다.

> "한국에 작은 기적 일어나다." 정월 초하룻날 제네바에서 제법 읽힌다는 대중 일간지 르 마탱이 세 장의 전송 사진과 함께 보도한 광명 중앙상가 화재 기사의 첫 문장이다. 무슨 이야기냐 하면 한국에서 상가에 불이 나 점포가 2백여 개나 탔는데도 사망자가 나지 않았으니 '기적'이라는 거다. 한국에서 사고가 났다 하면 으레 큰 인명피해가 나곤 하였는데 그렇지 않았으니 대단한 화젯거리라는 비아냥거림이 아닌가 싶다. 자기네들끼리 수군거리며 입을 가리고 웃는 격이니……근년 들어 여기저기서 이런 안타까움을 경험한 해외동포들이 적지 않으리라 본다.……[87]

---

87) 서지원(제네바 주재 유엔대표부 공보참사관), "비웃음거리 된 '한국의 기적'", 동아일보, 1996. 1. 8.

그렇다면 이제부터라도 공공활동가는 국민적 자존심에 상처를 주는 말을 더 이상 듣지 않도록, 후진적인 생명경시나 인간경시의 의식·제도·관행을 과감하게 타파하고 생명존중주의(생명주의)·인간존중주의(인간주의)의 공공활동을 시작함으로써, 생명주의·인간주의의 선진적인 문명사회를 건설해야 한다. 이제부터 공공활동가는 인간존중주의라는 공공활동의 제1명제를 투철하게 내면화하고, '인간주의 공공활동'을 실천하기로 스스로 선언하고 그대로 온전하게 실천해야 한다.[88] 그것은 인간존중의 공공활동을 위해서 생명존중·인간존중을 올바로 의식화하는 일부터 시작할 일이다. 그리고 그런 의식 아래 충분한 주의와 지속적인 관심을 갖고, 모든 공공활동 및 그 직무의 내용·형식·절차 등을 올바로 수행하고 있는가를 일상적으로 반복해 스스로 질문하고 답변하면서 재점검하고 분석·평가해야 한다. 그런 다음 시정할 것을 추출해내고 그 시정에 온몸주의의 노력을 다해 나가야 한다. 그런 관점에서, 인간존중의 구현을 위한 국가의 최고기관인 국가인권위원회의 의견이나 시정 권고는 결코 월권이라고 할 수 없다. 그 타당성, 적실성, 실효성 등에 관한 비판은 가능하지만, 다음과 같은 월권의 비난은 공공활동에 있어서 그 인간존중주의의 최고 규범성에 비춰 볼 때 큰 오해라고 하겠다.

국가인권위원회가 비정규직 법안에 대해 사실상 노동계의 손을 들어준 의견을 제시한 데 대해 노동부가 '월권'이라고 공식 비난하고 나섰다.……정부 일각에서도 인권위의 최근 일련의 권고나 의견이 월권적 소지가 있다는 지적이 나오고 있다. 정부의 한 고위 관계자는 "인권위가 개별 법안에 대해 이런 식으로 의견을 낼 경우 각종 법안에 대해 규제개혁위원회의 심사를 받는 것처럼 인권위의 심의를 거쳐야 한다는 얘기냐"고 반문했다. 정부 법안은 종합적인 고려를 해야 하므로 인권보호 한 측면에서만 판단할 경우 혼선을 초래할 우려가 있다는 것이다. 실제로 인권위는 출범 이후 다양한 분야에서 의견을 쏟아내 해당 부처와 자주 갈등을 빚어 왔다.……[89]

이제 우리 사회 구성원들도 인간존중의 문화를 건설하고 굳건한 반석 위에 올려놓아야 한다. 생명경시적·비인간적인 사건·사고(事故)·의식·행동으로 인하여 더 이상 스스로 부끄럽게 느끼지 않도록, 또 다른 나라 사람들한테 손가락질

---

88) 이에 따라 이 장의 주제는 '인간주의 공공활동론'(또는 '인간존중행정론')이라고 할 수 있다. 그런데 그 중요성을 감안하여 특별히 그 일부인 '생명주의 공공활동론'(또는 '생명행정론')을 강조할 필요가 있다고 본다.

89) 중앙일보, 2005. 4. 16, "인권위 월권행위, ○○○노동(장관), 노동계 편든 인권위 공식 비난" 기사.

을 받지 않도록, 인간존중의 의식·제도·관행을 재점검해야 한다. 그리하여 서울에 사는 독일여성들로 구성된 주한독일클럽 회원 30명이 1996년 5월 17일 서울시청 기획상황실에서 열린 '시정설명회'에서, 서울시장을 비롯한 관계자들에게 '외교적 환담'의 예상을 뒤엎고 여러 가지 느낀 점을 솔직하게 지적하여 관계자들의 얼굴을 붉히게 한 일 같은 것도 없어야 한다. 거기에서 우리의 후진적인 의식·제도·관행을 여지없이 들춰낸, 다음과 같이 항의성 질문이 있었기 때문이다.

응급차가 지날 때 왜 다른 차들도 응급차와 함께 질주하도록 놔두느냐?[90]

요컨대 공공활동에 종사하는 모두들 업무의 분야·성격·경중과 직위의 상하를 막론하고, 자신의 업무가 항상 인간존중의 가치와 연관성이 있음을 알아야 한다. 그리고 자신이 하기에 따라서는 현실에서 생명을 살리거나 아니면 생명을 죽이게 하는 차이, 사람이 존엄과 가치를 갖고 살 수 있는 공동체를 만들거나 아니면 사람다운 대접도 받지 못한 채 살아가는 공동체를 만드는가의 막중한 차이를 낳을 수 있다는 사실을 충분히 인식해야 한다. 그리고 인간존중의 공공활동의 제1과제·공공철학의 제1주제·공공의 제1철학적 명제를 온전히 실천하는 데 온몸주의의 노력을 다해야 한다. 기실 인간존중은 '인간에 대한 예의'를 아는 인간이, 다른 인간에 대한 예의를 지키는 것 그 이상도 이하도 아니다. 그리고 문명사회의 가장 중요한 척도는 그런 인간의 예의를 지키는 인간존중의 수준에서 찾을 수 있다. 후진야만사회에서 인간생명은 대수롭지 않게 취급되고, 그곳에서 인간은 별 대수롭지 않은 존재로 취급된다. 그러나 선진문명사회에서 인간생명은 존귀하게 여겨지고, 그곳에서 인간은 하늘과도 맞바꾸지 않을 정도로 존귀한 대우를 받는다. 인간에 대한 예의와 인간존중의 문화가 생생하게 살아 있고 그것이 모든 일을 최고도로 지배하고 있는 사회가 바로 최고의 문명사회인 것이다.

---

90) 한겨레, 1996. 5. 18, "버스, 택시 왜 그리 무질서 불친절한가. 주한 독일여성 '국제도시 서울' 꼬집어" 기사.

제 2 장

주관적 이익과 객관적 이익

-민주적 공공활동의 원리란 무엇인가?

공공활동가는 생명 존중·인간 존중의 토대 위에서 '현실의 구체적 삶을 영위하고 있는 사람들을 위한' 공공활동을 수행한다. 그러면 공공활동가가 도대체 무엇을 어떻게 할 때 과연 '그들을 위해서' 좋은 공공활동을 수행한다고 할 수 있는가? 공직자를 포함하여 공공활동을 수행하는 사람들은 시민(이하 경우에 따라 국민, 주민, 공동체구성원, 주주, 또는 소비자를 의미함)에게 무엇을 어떻게 해 주기에 감히 그들을 '위하여' 자신의 직무를 올바로 수행하고 있다고 말할 수 있는가? 과연 공공활동가들은 시민을 '위한다는 것'의 의미가 무엇인가를 진실로 잘 알고 있는가? 시민을 위하는 것을 '민주적'이란 개념으로 표현할 수 있다면, 그 민주적인 좋은 공공활동 또는 민주정치·민주행정·민주관리·민주경영·사회책임경영이란 무엇인가? 지배와 피지배란 각각 무엇인가? 지배(자)와 피지배(자)의 관계의 본질은 무엇인가? 이와 같은 아주 근본적인 일련의 의문들에 대한 심층적인 논의를 하고자 하는 것이 이 장의 목적이다.

1. 사례의 검토

1) 상황의 개요

1950년 6·25 전쟁이 발발한 후 부모가 돌볼 수 없는 고아, 혼혈아, 버린 아동이 급증하였다. 그들 중 일부 아동은 국내에 설립된 아동보호시설에 맡겨져 수용·보호되었고, 나머지 많은 아동은 해외 양부모에게 보내졌다. 그렇게 우리나라 해외(국외)입양정책은 시작되어 지금까지 우여곡절을 거치며 계속돼 왔다. 다음은 이와 관련된 상황의 개요이다.

우리나라 입양정책은 전쟁에서 생긴 고아와 혼혈아 대책의 하나로, 1954년 보육원의 동의 없이도 해외입양을 할 수 있도록 허용한 '고아양자특별조치법'을 만들면서부터 시작됐다. 61년 고아입양특례법이 만들어질 때까지 혼혈아 2,601명과 함께 4,190명이 해외로 입양됐다. 그 뒤 북한이 "고아를 수출한다"는 외교공세를 펴자 이에 자극받아 75년 12월 입양특례법을 만들어 국내입양 활성화 5개년 계획을 세우고 할당제를 도입해 82년까지 해외입양의 전면 금지 쪽으로 방향을 정하고 시행했다. 그렇지만 입양의 질적 저하만 가져오자, 82년 이후 이민 확대 및 민간외교 차원에서 해외입양이 전면 개방되고 할당제가 폐지됐다. 이 시기 연간 7천~8천여 명 수준의 어린이가 해외입양됐다. 88년 서울올림픽을 전후해 다시 국내입양 활성화 쪽으로 돌아서 96년부터 해외입양을 전면 금지하려고 했으나, 95년과 97년 7월 입양특례법이 개정되면서 점진적인 해외입양 축소정책으로 바뀌었다. 이처럼 정부는 해외입양의 개방과 금지의 정책을 반복해 왔다.

90년대 이후 시험관아기 기술이 보급되면서 해외에서 입양아를 받아들이는 수가 크게 줄어들고 있고, 그래서 90년대에는 연간 2천 명대의 수준으로 줄더니 2006년 1,899명으로 처음 2천명선 아래로 떨어졌다. 그렇지만 1958년부터 2000년까지 유럽 각국에 입양된 동포는 모두 4만 4천여 명에 이르고, 해외입양 50주년이 되는 2004년 현재 한국 출신 해외입양인은 모두 합하여 20여만 명으로 추산된다. 국내입양을 보면, 경제적 여유와 편견의 개선에 힘입어, 1993년 1,154명, 97년 1,412명, 1999년에는 전체 입양자 4,135명 중 국내입양 비율이 처음으로 40%를 넘어선 41.7%의 1,726명, 2006년에는 1331명(41.2%)으로 국내입양 아동의 숫자가 꾸준히 증가하고 있다.[1]

이처럼 해외로 입양된 아동들은 세월이 흘러 어느덧 성년이 되었다. 그리고 그들 중 상당수(2000년대 들어 매년 3천여 명 수준)는 모국을 방문하기도 하고, 입양인 단체도 결성하여 상부상조의 활동을 하고 있다. 그들은 1999년 미국 워싱턴에서 제1차 세계 한인 입양인 대회를 개최한 것을 계기로, 2001년 노르웨이 오슬로에서 제2차 대회, 그리고 2004년 8월에는 15개 국 450여 명이 참가한 제3차 대회를 모국 서울에서 개최할 정도로 활발하게 활동하고 있다. 모국 방문자 중에는 국내 혈육을 찾아 극적인 상봉을 하는 이도 생겨나고 있다. 그래서 그들의 아픈 과거 사연은 국내 언론에 소개되는 일이 많아졌다. 그중에는 영화로 제작돼 관객의 눈시울을 적시게 하는 일도 있었다.[2]

2) 질문과 정책방향의 선택

과거와 달리 경제적으로 크게 발전하였음에도 불구하고, 아직도 한국이 '해외입양자수 상위 국가'를 기록하고 있는 데 대하여 국내외의 따가운 비판을 받고 있다. 특히 국내 언론은 세계 한인 입양인 대회의 개최를 계기로 해외입양 관련 특집 프로그램을 만들어 보도하면서, 국민의 관심을 환기하고 정부에 좀 더 적절한 대책을 요구하고 있다. 이에 만약 귀하가 우리나라 해외입양정책을 책임지고 있는 담당자라면, 앞으로 어떤 정책방향을 채택해 추진하는 것이 바람직할 것인가에 대하여 제시하기 바란다. 그러면 다음에서 이 질문의 답변을 위하여 차근차근 관련 사항을 검토해 보기로 하겠다.

어떤 정책방향을 채택할 것인가를 결정하기 위해서는, 다음과 같은 기본 현황과 문제점을 파악해야 할 것이다. 우선 우리 사회에서 부모나 가족의 보호를 받을 수 없는 아동의 발생 원인과 추세, 그런 아동의 발생 억제 정책과 실효성, 공·사 수용시설의 수용 실태, 국내외 입양 현황과 추세, 외국의 정책사례 등을 면밀히 파악해야 할 것이다. 특히 해외입양정책과 관련된 문제인 만큼 해외입양의 대

---

1) 한국일보, 2000. 4. 26, "국내 입양 크게 늘었다" 및 동아일보, 2004. 8. 2, "고국이 못 기른 20만 명 고국을 그리며 산다" 기사, 그리고 한겨레, 1997. 8. 23, "'개방-금지' 오락가락 입양정책" 및 조선일보, 2007. 5. 11, "아직도 58%가 '해외로'" 기사 참조.
2) 1989년 26세의 스웨덴 입양인 '수산 브링크'의 한국 방문과 모녀 상봉 이야기는 방송과 영화를 통하여 우리의 심금을 울리고 해외입양문제에 관심을 갖게 한 계기가 되었다.

상 국가·가정·양부모에 관한 자료, 입양의 알선기관·알선과정·사후관리에 관한 실태, 입양의 성공과 실패 사례, 입양국가들의 입장(정책방향)과 그 국민의 여론, '해외입양자수 상위 국가'로 알려져 있는 데 따른 국가적 평판, 그리고 해외입양에 관한 국민여론을 집중적으로 파악해야 할 것이다.

그다음 어떤 대책을 마련할 수 있는가를 결정하기 위하여 다음과 같은 사항을 더 검토해야 할 것이다. 유기(遺棄)되거나 입양기관에 맡겨지는 아동의 발생을 억제하는 대책, 대상아동의 대부분이 미혼모의 자녀라면 미혼모에 관한 종합적인 대책, 즉 청소년 성교육, 상담기관, 상대 남성의 공동 육아책임 부과 등의 방안과 그 실효성, 중앙정부와 지방정부의 아동수용시설의 지원 확대 가능성 등을 검토해야 할 것이다. 또 국내입양의 인식 개선을 위한 정부의 실효적 대책, 국내입양의 국가적 지원정책의 확대 가능성, 양육비 외에 주택지원비와 같은 외국의 지원사례 등에 대하여 제도·문화·관행·실제의 측면에서 면밀히 검토해야 할 것이다.

그렇다면 이상의 여러 가지 사항을 파악하고 검토한 후 2007년 현재 어떤 정책방향을 채택하는 것이 옳을 것인가? 이에는 크게 두 가지 정책방향을 생각할 수 있을 것이다. 즉 ① 조기에 해외입양을 완전 중단·금지하고, 그 대상 아동을 국내의 시설수용과 가정입양으로 흡수하는 내용의 '조기 종결'의 정책방향 이 그 하나이다. 그리고 ② 시한(時限)을 못 박지 않고 지금과 같이 해외입양을 계속하되, 국내 가정입양의 촉진에 맞춰 해외입양을 축소시켜 나가는 내용의 '점진 감축'의 정책방향을 채택하는 것이 다른 하나이다.

그러면 세계경제 10위권의 국가로서 국위실추를 더 이상 방치해서는 안 되므로, 국내의 시설수용과 가정입양으로 모든 대상 아동을 흡수하는 획기적인 정책을 통하여 '조기 종결'의 정책방향을 채택하기로 했다고 하자. 이러한 획기적인 정책방향의 전환은 과거의 실패를 반복하지 않기 위하여 이번에야말로 다음과 같은 강력한 정책의지를 표명하여야 어느 정도 가능할 것이다. 즉 국가의 청소년과 미혼모 대책을 강화하여 입양아 발생요인을 원천봉쇄하고, 대폭적인 정부지원에 의하여 국내입양을 적극 활성화하며, 국내입양이 안 된 아동은 아동수용시설을 확대하여 전원 수용하고 충분히 지원하겠다는 정도의 정책의지이다.

이 조기 종결의 정책방향은 국민의 무거운 짐을 벗어던지게 하고 국민 자존심과 국위의 실추를 막아주는 신선한 결단처럼 보인다. 그러면 과연 그렇게 좋은 결정인가? 그러나 유감스럽게도 이는 실현 가능성도 낮고 좋은 정책방향도 아니다. 우선 아동은 가정에서 양육되어야 바람직하다는 아동정책의 관점에서 볼 때,

아무리 시설수용 아동을 충분히 지원한다고 하더라도 시설보호를 확대하는 것은 결코 좋은 정책이 아니기 때문이다.3) 거기에다 이 정책의 집행과정에서 버려지거나 입양기관에 맡겨진 아동의 획기적인 감소는 현실적으로 기대만큼 나타나지 않은 데 비하여, 국내입양의 획기적인 증가도 기대하기 어려운 것이 정당한 평가일 것이다. 이는 정책의지로 문제를 해결할 수 있는 '정책변수'(policy variable) 외에도, 정책의지와는 거의 무관하게 환경여건이 정책효과(정책문제의 해결)를 좌우하는 '환경변수'(environmental variable)의 요인을 많이 내포한 문제이기 때문이다. 국내입양만 해도 웬만큼 큰 지원이 없다면 기본 양육비 외에도 우리 사회 특유의 높은 교육비와 결혼비용 등으로 인한 경제적 불안감이 높고, 혈연을 중시하고 공개입양을 꺼리는 사회분위기가 큰 걸림돌이다. 결국 이 정책방향은 당초 기대와는 달리 국내입양의 부진으로 복지시설의 수용보호를 대폭 확대하는 길을 밟는다면, 가정보호 방법의 하나인 해외입양보다도 못한 결과를 초래하고 말 것이다.

그렇다고 '현상유지'의 대안은 너무 정책변수의 측면까지도 포기한 소극적인 대안이므로 이를 소위 '정책'이라고 내놓을 만큼 어리석은 담당자는 없을 것이다. 그래서 여러 가지 사항을 감안할 때, 정부가 좀 더 적극적인 내용의 정책을 내놓게 될 것이다. 즉 정부의 적극적인 대책으로 보호대상 아동 자체를 줄여나가고 국내 가정위탁이나 가정입양의 가정보호는 늘릴 수 있는 여지가 있는 만큼, 그에 맞춰 해외입양은 점진적으로 감축을 하겠다는, '점진 감축'의 정책방향을 채택하게 되는 내용이 그것이다. 분명히 그것이 현재로서는 가장 현실성 있고 신뢰할 만한 결정이라고 할 수 있겠다.

---

3) 시설보다 가정에서 보호하는 것이 아동에게 긍정적인 영향을 미친다는 사실이 많은 연구에서 확인됨에 따라, 아동을 양육시설에 두는 것은 필요한 경우에만 최후의 수단으로 인정되지 최선의 수단이 아님은 아동복지정책의 기본이다. 유엔 아동권리협약에도 '가족이 없는 어린이를 특별히 보호하기 위해 우선 적절한 위탁가정이나 입양가정의 보호를 받을 수 있도록' 해야 한다고 규정하고 있다. 그래서 정부도 국내입양을 활성화하기 위해 2007년 1월부터 '국내입양 우선추진제'를 도입해, 입양아동은 적어도 5개월 동안 국내입양을 추진한 뒤 입양이 안 될 경우에만 해외로 보내도록 하고 있다. 또 앞으로 18세 미만의 전체 입양아동으로 확대할 계획아래 우선 13세 미만 아동의 입양시 입양가정에 매달 10만원의 양육수당을 지급하고 있다.

3) 추가 질문, 검토와 답변 및 시사점

해외입양 정책방향의 결정과 관련하여 추가 질문을 제기해 보자. 앞의 어떤 정책방향을 채택하든 그 결정에서 누구의 의사를 우선적으로 고려할 것인가? 다시 말하면 해외입양정책은 어떤 정책대상자를 '일차적 당사자'로 하는 '누구를 위한 정책'인가? 해외입양정책은 우리 국민이 그와 관련하여 직접적이거나 간접적으로 영향을 받게 되는 공적 관심사이다. 즉 일반국민은 정부의 청소년·미혼모 대책이나 국내 입양지원대책에 관한 재정적 부담을 지는 납세자이다. 그런가 하면 수용시설과 입양기관 종사자는 이해관계자이다. 또 다른 정부기관의 관계자는 관련 정책에 대하여 일정한 전문적 의견을 제시할 수 있고, 이 분야의 전문가나 시민단체 종사자는 정부정책에 대한 비판과 대안을 제시할 수 있는 자이다. 기타 해외 외국인과 관련, 정부·기관·입양부모는 한국의 입양아를 받아들이는 수요국(需要國)의 정부·기관·관련 당사자이다.

정부담당자는 일방적인 판단이 아니라 일반국민을 비롯한 이상의 관련자들의 의견을 수렴·반영하여 해외입양정책을 결정해야 하는데, 그중에서도 누구의 의사를 우선적으로 고려할 것인가? 이는 해외입양정책이 '가장 직접적·일차적으로 누구를 위한 정책인가'를 묻고 있다. 그러나 그 질문에 대하여 답변을 할 수 없다. 앞에 열거돼 있는 관련자들의 선택지(選擇支)에서는 바로 부모가 양육할 수 없는 아동, 즉 '입양대상이 되는 아동'이 빠져있기 때문이다.

해외입양정책의 논의와 관련해, 그들 '입양대상이 되는 아동'의 집단보다 더 직접적·일차적인 영향을 받는 다른 대상 집단은 따로 없다. 그들이야말로 그 누구보다도 해외입양정책의 결정 여하에 따라 운명이 바뀔 정도로 '직접적·일차적인 이해관계를 갖는 당사자'이다. 국가적 이미지, 국가 위신, 국민 여론, 관련 이해관계자, 전문가 등의 의견도 중요하지만, 그것은 그들에 비할 바가 못 된다. 요컨대, 해외입양정책은 직접적·일차적으로 '입양대상아동의 행복한 삶'을 목적으로 삼고 있는 정책이다. 그럴진대 어떤 정책방향이 입양대상아동들에게 더 행복한 삶을 보장할 수 있겠는가를 생각하고, '그들의 처지에서' 그들이 가장 행복하다고 할 '주관적 마음'을 파악하여 그들의 의사를 최우선적으로 고려하고, 그들의 의사가 정당하고 합리적이라면 이를 입양정책에 우선적으로 반영해야 한다. 그래서 다음과 같이 국가인권위원회도 정부 관계기관에 그와 비슷한 취지의 권고를 한 바 있다.

    국가인권위원회는 앞으로 국내 및 해외입양을 할 때 관계 당국의 심사를 받도록 관련 규정을 개정할 것을 아동정책조정위원회 위원장인 국무총리에게 권고했다고 밝혔다. 지금까지는 친부모나 친족 등 법정대리인의 동의를 얻은 뒤 호적법에 따라 신고만 하면 입양이 가능했다. 인권위는 이 같은 규정이 아동 입양 시 권위 있는 기관의 허가를 받도록 하는 유엔 '아동권리협약' 제21조를 위반한 것인 만큼 입양에 앞서 양부모에 대한 아동복지사의 조사와 상담, 관계기관의 심사과정을 거치도록 민법을 개정할 것을 권고했다.……

    인권위는 이와 함께 현행 민법이 만 15세 이상의 아동에게만 입양 의사를 묻도록 하고 있으나 연령 기준을 만 12세 이상으로 낮추도록 권고했다. ……인권위 이명재 법제개선담당관은 "입양 아동이 성장 후 친부모에 관한 정보를 열람할 수 있도록 권리를 보장하는 등 입양 아동을 최우선으로 고려하는 관점에서 관련 규정을 전반적으로 바꿔야 한다."고 말했다.……4)

    그런데 대부분의 해외입양 대상 아동들이 아직 어려서 정작 자신의 행복에 중대한 영향을 미치는 정부정책의 결정에 대하여 의견을 밝힐 수 없는 문제가 대두한다. 그래서 조심스럽기는 하지만, 아동의 의사를 대변하는 부모가 있는 경우─엄밀하게 말하면 아동과 부모의 의사가 다를 수 있으나, 일단 그 차이를 무시한다면─부모의 의사나, 실제로 해외입양을 체험하고 이제는 성인이 된 해외입양아 출신자들의 의견이 중요하다. 부모를 알 수 없는 경우가 많은 것을 전제한다면, 성숙한 판단으로 자신의 의견과 처지를 밝힐 수 있는, 성인이 된 해외입양인의

---

4) 동아일보, 2005. 4. 13, "아동입양 당국허가 받도록" 기사. 1989년 유엔총회에서 채택된 아동의 권리에 관한 협약(우리나라 1991년 가입)에도 제3조 1 공공 또는 민간사회복지 기관, 법원, 행정당국 또는 입법기관 등에 의하여 실시되는 아동에 관한 모든 활동에 있어서 아동의 최선의 이익이 최우선적으로 고려되어야 한다. 제7조의 1 아동은 출생 후 즉시 등록되어야 하며, 출생 시부터 성명권과 국적취득권을 가지며, 가능한 한 자신의 부모를 알고 부모에 의하여 양육받을 권리를 가진다. 제9조의 1 당사국은 사법적 심사의 구속을 받는 관계 당국이 적용 가능한 법률 및 절차에 따라서 분리가 아동의 최상의 이익을 위하여 필요하다고 결정하는 경우 외에는, 아동이 그의 의사에 반하여 부모로부터 분리되지 아니하도록 보장하여야 한다. 제21조 입양제도를 인정하거나 허용하는 당사국은 아동의 최선의 이익이 최우선적으로 고려되도록 보장하여야 하며, 또한 당사국은……해야 한다고 규정하고 있다. 법제처, 대한민국 현행법령집, 제48권, 1280-41~58 참조. 여기서 아동의 이익을 최우선으로 고려하는 정책이란, 국가 간 입양과 관련한 아동보호 및 협력에 관한 헤이그 협약의 규정과 같이, 가족의 환경 속에서, 행복과 사랑, 이해의 분위기에서 성장해야 함을 인정하는 것이다.

의견은 '입양 대상아동'에게 대입해도 좋을 정도로 가장 중요하게 고려할 필요가 있다.

해외입양인들 자신이 그들의 체험 결과, 국내 시설수용이 낫지 해외입양만은 안 된다고 주장할 수 있다. 이와 반대로, 국내입양이 최선이지만 그렇지 못한 경우 국내 아동수용시설에 수용하는 것보다는 그래도 지금과 같은 해외입양이 낫다고 주장할 수도 있다. 그렇다면, 실제 성인 해외입양인들은 최근에 어떤 의견을 갖고 있고, 따라서 앞에서 2005년 현재 해외입양 정책방향과 관련하여 조기 종결 대신 점진 감축을 선택한 결정은 정말 타당한 것인가를 검토해 볼 수 있다. 다음의 인터뷰 및 취재 기사는 해외입양인들의 마음을 전하고 있다.

덴마크, 스웨덴, 노르웨이 등 북유럽 국가들은 해외입양을 많이 하기로 유명하다. 특히 한국 고아들의 입양이 많다. 부끄러운 일이지만 지난해에도 한국은 나이지리아와 함께 최고의 입양기록을 세웠다. 1996년 현재 스웨덴에는 약 9천 명의 한국입양아가 있고, 최근 많이 줄었지만 아직도 한 해에 1백 명가량 입양된다고 한다. 노르웨이에는 약 8천 명, 덴마크에는 약 1만 명의 한국 입양아가 있다. 기자가……취재 중 코펜하겐에서 만난 피아 브란스네스(29, 여)는 이들 한국 입양아 중 한 명이다……해외입양이라는 막연한 선입견 때문에 기자는 브란스네스와의 인터뷰를 매우 조심스럽게 시작했다. 혹시나 마음의 상처를 건드리지나 않을까 하는 소심함 때문이었다. 그러나 대화가 진행되면서 이런 생각이 전혀 기우였음을 곧 알게 되었다. 그만큼 그는 스스로에 대해 자신감이 넘쳤고 자신의 뿌리에 대한 애정도 깊었다. 코펜하겐 대학에서 고대 역사학 박사과정을 밟고 있는 그는 스칸디나비아 각국의 고대사와 구석기 시대 한국의 역사도 함께 공부하고 있다.

(질문) 덴마크에는 언제 입양됐나?
(답변) 생후 9개월 때인 지난 67년이다. 양부모는 당시 스칸디나비아 항공사에 근무하고 계셨다.……
  (문) 자라면서 심리적 갈등이 많았을 텐데……
  (답) 어렸을 때 애들한테 놀림을 받기도 했다. 또 말 못할 슬픈 추억도 많다. 그러나 이제는 괜찮다. 나는 성격이 활달한데다 덩치도 커서 잘 이겨냈는데 동생은 더 어려웠던 것 같았다.……내가 예쁘게 잘하고 크면서 적적해 하는 것 같으니까 양부모가 한국 동생을 또 입양했다. 동생은 4살 때 왔는데 내 나이 6살 때다.……
  (문) 양부모가 아주 잘해준 모양이다.

(답) 아주 좋은 분이다. 나를 입양하기 위해 6년 전부터 신청했다고 한다. 주위 사람들한테 좋게 이야기해서 한국 고아들을 많이 입양하게 만들었다.

(문) 이곳의 입양 절차는 어떤가?

(답) 입양신청을 하면 해당 부처에서 입양 동기나 가정환경, 재정상태, 부모의 건강 등을 여러 차례의 가정방문을 통해 직접 파악하고 허용 여부를 결정한다. 입양아가 도착한 뒤에도 입양신청인과 입양아의 적합 여부를 검토하는 시간을 갖고 모든 것이 통과돼야 비로소 국적을 취득하게 된다.……자녀출산율이 높지 않다는 이유도 있지만 이혼율이 높고 핏줄을 크게 따지지 않는 사회풍토도 한몫을 한다. 루터복음교 특유의 박애정신으로 고아를 맡아 키우는 것이 존경받는 사회인식도 큰 몫을 한다. 그러나 입양아를 데려다 키우더라도 경제적으로 큰 부담이 되지 않는 사회제도가 이를 촉진하는 가장 큰 역할을 하고 있을 것이다. 입양을 하면 정부에서 수당이 나오고 장애인이라도 생활에 큰 불편함이 없는 여건이 보장돼 있다.

(문) 코리아클럽의 회장을 맡고 있다는데……무엇을 하는 단체인가?

(답) 18세 이상 된 한국 입양아들의 모임인데 70명쯤 된다.……대부분 잘 지낸다. 이곳은 인종 편견이 적은 편이다.……일부가 자기중심을 잃고 주위에 피해를 끼친다.

(문) 한국이 옛날에 비해 엄청나게 발전했는데도 여전히 '고아 수출국'이란 부끄러운 평판을 듣고 있다. 최근 정부에서 해외입양 중단을 검토하고 있는데 입양아의 처지에서 어떻게 생각하는가?

(답) 오스트리아대학에서 공부할 때 부모 없이 한국 고아원에서 자랐던 여자 친구를 사귄 일이 있다. 살아온 이야기를 들으면서 몇 번이나 울었다. 그렇게 내팽개쳐 둘 바에는 차라리 해외입양이 낫다고 본다. 나라 창피를 말하기 전에 개개인의 인생을 우선적으로 생각해야 한다. 가장 좋기로는 한국에서도 이곳처럼 사랑으로 입양하고 잘 키우는 것을 보람으로 생각하는 그런 여건이 마련됐으면 한다. 그런 여건을 만들지도 않은 채 해외입양을 당장 중단하면 아이들은 어떻게 되나. 잘 생각하고 결정해야 한다.……5)

"어려운 시절 외국에 보낸 고아들이라고 동정하진 마세요. 우리 모두 훌륭한 세계시민으로 자랐으니까요." 워싱턴에서 열린 제1회 '한국계 입양아 대회'(Korean Adoptees Gathering)를 주관한 홀트 국제 아동복지회 본부 홍보담당 부회장 수잔 순금 콕스(43) 씨는 "행사 마지막 날 참가자 400명이 함께 한국전쟁기념비까지 걸어가는데, 가슴이 뭉클해서 혼났다"고 말했다. 콕스는 "참가자 상당수가 의사, 변호사,

---

5) 한겨레, 1996. 1. 23, "내팽개칠 바엔 해외입양이 낫지요" 기사.

기자, 예술가 등 전문직이었고, 국제인권운동 단체나 구호기구에서 일하는 사회운동
가도 많았다"면서 "한국 정부나 교민사회에서 입양아들을 불쌍하게 여기는 게 가장
싫다"고 말했다······ "······참가자들이 이번 모임의 의미를 충분히 이해할 수 있을 만
큼 성숙하길 바랐기 때문에 참가연령을 21세 이상으로 제한했다······이 세상이 완벽
하다면 어린이는 친부모와 함께 자라는 게 가장 행복하다. 그러나 불행히도 세상은
완벽하지 못하다. 어린이에게 가장 필요한 것은 사랑하고 보호해 주는 가족이라고
생각한다······언젠가 이 세상이 완벽해 져서 국제입양이 필요 없어지는 것을 보는
것이 내 꿈이다."[6]

해외입양인들은 쉽게 지우기 힘든 사춘기의 정체성 위기, 인종 편견과 차별,
양부모의 학대 사례를 겪었을 수 있다. 또 그들이 국내 실정을 잘 알고 있다고
볼 수도 없다. 그런 사실에도 불구하고 위에서 입양인 대표들의 말을 통하여 알
수 있는 것은, 그들 대다수 성인 해외입양인이 국내입양의 여건이 안 되면 국내
시설수용보다는 차라리 해외입양이 더 낫다고 여기고 있음이 분명하다는 사실이
다. 그런데 성인 해외입양인이 없는 과거 해외입양 초창기에는 입양아의 의사를
이렇게 추정할 수조차 없었을 것이다. 그렇지만 그 경우에도 정책담당자는 당시
의 상황에 비추어 인도적·실제적으로 해외입양을 허용하지 않을 수 없었을 것이
다. 당시 국내에서는 기본적인 의식주도 해결하기 어려운 상황에서, 의식주 해결
은 물론, 그래도 대부분 양부모의 사랑 속에 양육되고, 좋은 교육기회를 갖고 사
회에 진출할 수 있는 해외입양의 가정보호가 국내 시설의 수용보호보다 비교할
수 없을 정도로 나았을 것이기 때문이다. 이는 다음에서도 확인된다.

······한국출신 입양인에 관련된 전반적인 실태조사가 이뤄진 적은 거의 없다. 이들
이 전 세계에 흩어져 있는 데다 저마다 인생역정이 워낙 다양하기 때문. 하지만 몇
가지 조사결과를 토대로 이들의 특성을 추정해 볼 수는 있다. 1999년 제1차 세계한
인입양인대회 조사결과에 따르면 응답자의 70%가 대졸, 25%가 석사학위자로 미국
의 평균 대학진학률 45%를 웃도는 고학력자다. 또 경영이나 행정(30%), 인사(20%),
공연예술(9%) 등 다양한 분야에서 활동하고 있는 것으로 조사됐다.
　자신을 한국계로 인식하는 것은 거의 성인이 되고 난 후(64%)로, 주로 한국으로
의 여행이나 한국인과의 만남, 입양관련 기관에서의 활동 등을 통해 한국에 대한
관심을 키워온 것으로 조사됐다. 2002년 설문조사에 따르면 한국에 대한 이들의 생

---

6) 조선일보, 1999. 9. 23, "고아라고 동정 마세요, 우린 훌륭한 세계시민······" 기사.

각은 대체로 긍정적(85%)으로 응답자의 67.2%가 입양에 대해 '이해한다'고 답했다. 입양으로 인해 '버려짐'을 느꼈다는 응답자는 3.3%에 불과했다.……7)

이렇게 보면, 해외입양정책이 직접적·일차적 당사자로 설정하고 있는 대상 아동들은 국내의 가정위탁이나 가정입양을 최선으로 생각하지만, 그런 여건이 안 될 때 해외입양이 좋다는 의사(意思)를 갖고 있다고 간주할 수 있다. 여기서 그 의사가 옳지 않다면 모르되, 학문적·실제적으로 아동복지의 관점에서도 일반적으로 옳다고 인정되므로, 그들의 의사는 최우선적으로 존중되어야 한다. 그러므로 정책담당자는 그 의사를 존중하여 해외입양을 계속하면서 국내 여건을 갖춰나가는 '점진 감축'의 정책방향을 채택하는 것이 옳다고 보아야 한다. 그렇지 않고 국위실추를 막는다고 해외입양을 '조기 종결'하는 정책방향을 채택하고, 그러나 그것이 결국은 여건도 무르익지 않아 시설보호만 확대하는 결과를 초래한다면, 그것은 '당사자인 아동'이 결코 원하는 것이 아님을 확인할 수 있는 것이다. 그렇다고 불가피한 여건과 아동의 희망을 내세워 떳떳한 마음으로 해외입양을 계속할 수는 없다. 그래서 2004년 제3차 세계한인입양인대회에서 김근태 보건복지부장관도 다음과 같은 기념사를 할 수밖에 없었을 것이다.

"……'사랑한다'고 말하고 싶었습니다. 하지만 망설였습니다. 과연 그렇게 말할 자격이 있는지 고민하지 않을 수 없었습니다. 여러분이 감당했던 고뇌와 상처를 짐작하기에 쉽게 '사랑한다'고 말할 수 없었습니다. 그래도 말해야겠습니다……. 여러분 사랑합니다."8)

공공활동가는 단편적인 정보에 의거해 자신의 일방적·독단적인 생각에 의해서가 아니라, 공공활동 대상자의 절실한 속마음을 올바로 알고 그에 바탕을 두고 정책·법령·제도·사업 등을 만들고 집행해야 한다. 그것이야말로 좋은 공공활동이 목표로 삼고 있는, 진정으로 '위할 사람을 위해 주는' 공공활동을 수행하는 것이다. 그것이 민주정치, 민주행정, 민주적 지배, 주관적 이익을 기초로 한 좋은 공공활동의 요체이다. '국민을 위한 행정'이라는 민주행정의 원리는 바로 국민의 '주관적 마음' 또는 '주관적 이익'을 정확하게 읽어서, 이를 정책의 수립과 집행

7) 동아일보, 2004. 8. 2, "고국이 못 기른 20만 명 고국을 그리며 산다" 기사.
8) 경향신문, 2004. 8. 6, "이제 조국을 용서합니다" 기사.

등에 적절하게 반영하는 것이 그 첫 출발이라고 할 것이기 때문이다.

기본적으로 민주정치와 민주행정이 '국민을 위해서'라면서 그 '국민의 마음'이 무엇인지도 모르면서 어떻게 국민을 위한 일을 한다고 할 수 있겠는가? 물론 국민의 뜻과 마음을 정확하게 파악했다고 하더라도, 그것을 현실 여건, 올바른 정책 방향, 기타 여러 가지 이유 때문에 정책·법령·사업 등에 그대로 수용·반영할 수 없는 경우가 있을지 모른다. 그렇지만 최소한 국민의 뜻과 마음에 대하여 정확하게 파악한 연후에, 왜 그 파악한 바대로 정책 등에 그대로 반영할 수 없었는가를 설득하고 그것이 수용됐을 때에만 비로소 '국민을 위한' 민주정치와 민주행정을 펼쳤다고 할 수 있다고 하겠다. 이는 소비자인 고객의 마음을 알고, 고객의 마음을 존중함으로써 결국 고객을 감동시키는 기업경영에도 그대로 적용된다.

2. 주관적 이익과 객관적 이익의 개념과 공공활동에의 적용

좋은 공공활동을 위해서는 공공활동 대상자들의 주관적 이익을 올바로 파악하는 것이 중요하다. 그러면 주관적 이익이란 무엇인가? 그리고 그것은 왜 그렇게 중요한가? 이를 정확하게 이해하기 위하여 다음에서 주관적 이익과 객관적 이익의 개념부터 논의하기로 하겠다.

1) 주관적 이익과 객관적 이익의 개념

사람들은 날마다 다양한 그 무엇인가를 추구하면서 삶을 영위한다. 대표적인 것들을 들자면, 욕구, 편익, 효용, 쾌락, 건강, 안락함, 권력, 부, 명예, 행복 등이라고 표현되는 것들을 추구하며 살아간다. 이처럼 사람이 추구하며 살아가는 그 무엇을 다양하게 표현하는 만큼, 이를 단순화하여 하나의 개념으로 표현하는 것은 적절하지 않을지 모른다.

그렇지만, 앞으로 우리의 논의의 편의를 위하여 사람이 추구하며 살아가는 그 무엇을 총칭하여 '이익'(interest)이라는 용어로 표현하고자 한다. 말하자면 여기서 '이익'이란 사람이 살아가면서 추구하는 모든 것, 즉 욕구, 효용, 만족, 편익, 쾌락, 건강, 권력, 부, 명예 등, 유형적이거나 무형적인 것, 또는 정신적이거나 물질적인 것 등 무엇을 막론하고 사람이 추구하는 것을 모두 '이익'이라고 통칭하기로 하는 것이다. 이와 같은 포괄적 의미의 '이익' 개념은 전통적으로 서양의 철학이나 정치학 논의에 등장하는 '선'(좋은 것, the good)과 동일한 개념으로서, 흔히 공동체가 추구하는 공공선, 공동선, 최고선 등의 개념과 관련돼 많이 사용돼 왔다. 그러다가 근대 민주주의사상이 시작된 17~18세기 이후 구체적이고 실질적 의미를 내포하는 '이익' 개념이 더 많이 사용되고 있는 편이다. 이제 정치학 논의에서는 '이익집단'이나 '공공이익'의 개념을 비롯하여, 시민의 선호·욕구·욕망 등이 표출되고 결집되어 대표되는 정치과정을 설명하는 데 있어서 '이익표출' '이익결집' '이익대표' 등과 같은 '이익'의 개념이 널리 사용되고 있다.[9]

'이익'을 이렇게 규정하고 보면, '사람이 이익을 추구한다'는 명제는 하나의 공리(公理)라고 할 수 있다. 더 이상의 설명이나 증명이 필요하지 않은, 그 자체로

---

9) 미국정치학자 로버트 달(R. Dahl)은, 인간의 가장 근본적인 '이익' 혹은 '선'으로서 자유, 개인적 발달, 유용한 이익의 증진 등 세 가지 측면에서 다원주의적 민주주의를 옹호하면서, 이익은 선호, 욕망, 필요, 희망, 풍습, 권리 등을 포함한 개념으로 이해한다. 또 그는 선(good), 이익(interest), 복지(welfare) 등의 용어가 흔히 동의어로 사용되고, '공동'(common) '일반'(general) '공공'(public) 등의 수식어와 함께 사용된다고 지적한다. '이익'과 관련된 그의 정의와 설명은 Robert A. Dahl, *Democracy and its Critics*, New Haven: Yale University Press, 1989, 민주주의와 그 비판자들, 조기제(역), 문학과지성사, 1999, 180, 189, 206, 345-370, 525; William Connolly, "On 'Interests' in Politics," in Ira Katznelson, Gordon Adams, Philip Brenner, and Alan Wolfe, eds., *The Politics and Society Reader*, N. Y.: David McKay, 1974 참조.

그런데 '이익'(interest) 개념은 그 용어의 포괄성 때문에 학술적 분석 개념으로서는 적절하지 않다는 비판도 있다. 사실 학술적 분석 개념도 일상적 의미와 너무 동떨어지면 오히려 분석 개념의 기능을 다 하지 못하기 때문에, 제한적 개념으로 한정시킬 필요가 있는 경우 '이익'이란 용어 앞에 한정적인 형용사를 붙이고, 개별이익(개익), 사적이익(사익), 공공이익(공익), 자기이익(자익), 집단이익, 정당한 이익(정익), 정당하지 않은 이익(부정익) 등과 같이 분화시켜 그 의미를 한정할 필요가 있다. 이에 관한 설명은 박정택, 공익의 정치행정론, 대영문화사, 1990, 48-51 참조. 공익과 관련한 대표적 문헌으로는 Glendon A. Schubert, *The Public Interest*, Illinois, Free Press of Glencoe, 1960, 176, 224; Richard Flathman, *The Public Interest*, N.Y.: John Wiley & Sons, 1966, 13-18, 31; Virginia Held, *The Public Interest and Individual Interests*, N.Y., Basic Books, 1970, 19-33 참조.

서 자명한 사실이기 때문이다.(그리하여 사람은 누구나 이익을 추구하면서 살아가는 존재라는 뜻에서, 이 실존적 사실을 '이익 추구 존재의 공리'라고 부를 수 있겠다.) 이제 내가 살아가면서 추구하는 온갖 것을 이익이라고 부른다면, 나의 이익에 관한 인식의 주체가 '나 자신'인가, 아니면 나 이외의 '다른 사람'인가에 따른 구분이 중요하다. 나의 이익을 나 자신이 스스로 판단하고 인식한 이익이라면, 그것은 주관적 의미의 이익, 즉 간단히 '주관적 이익'이다.[10] 이에 비하여, 나의 이익을 나 이외의 다른 사람이 판단하고 인식한 이익이라면, '나'를 기준으로 볼 때 그것은 객관적 의미의 이익, 즉 간단히 '객관적 이익'이다.[11]

이 주관적 이익과 객관적 이익의 개념상의 구분은 정치철학, 행정철학, 사회철학, 경영철학, 경제철학 등 '공공철학'의 측면에서 본질적으로 중요한 의미를 갖는다. 이를 좀 더 자세히 논의해 보기로 하겠다.

개개인은 당연히 주관적으로 인식한 이익을 추구한다. 이것은 곧 각자 추구하는 이익의 종류와 내용, 추구하는 이익의 범위와 정도, 추구하는 이익에 부여하는 가치(의미)의 정도 등이 다를 수밖에 없음을 의미한다. 어떤 사람은 물질적 풍요를 더 원하는가 하면, 어떤 사람은 정신적 만족을 더 원한다. 동일한 것을 원하면서도, 거기에 부여하는 의미(가치)는 주관적 판단에 따라 다르다. 일란성 쌍둥이 형제라도 서로 다른 가치의 이익을 추구한다. 이와 같이 사람이 각자 추구하

---

10) 이 장에서 철학적 전문용어로 쓰는 '주관적'(subjective), '객관적'(objective)의 의미는 일상적 의미와 다소간 혼동하여 오해하기 쉽다. 철학적 인식론에서 '주관적'이라 함은 '인식하는 대상에 속하지 않고 인식하는 주체의 인식에만 속하는' '개별 주체의 의식과 그 의식에 의존하는' '주체에 의해 규정되고 제약되는'의 뜻을 갖는다. 따라서 본문의 '주관적 이익'(subjective interest)은 순수하게 인식의 주체가 누구인가에만 초점을 맞춰 '인식의 주체가 남(대상)이 아닌 자기이고, 그 자기가 직접 느끼고 인식한 이익'의 의미로, 그 이익 내용에 대한 가치평가 없이 사용한 것이다. 이에 비해 흔히 일상적으로 사용하는 '주관적'이란 의미는 가치평가적인 의미에 초점을 맞춰 '널리 통용되지 않고 개인적인, 실제적인 사태와 부합하지 않는, 일면적인, 자의적인, 객관성이 결여된'의 뜻을 내포하기 때문에, '주관적 이익'을 '보편타당하지 않는 자의적인 개인적 이익'이란 의미로 받아들일 여지가 있으나, 여기서는 그런 의미로 사용하지 않는다.

11) 마찬가지로, 인식론적으로 '객관적'이란 '인식하는 주체에 속하지 않고 인식 대상(객체)의 인식에 속한' '개별 주체의 인식과 그 의식에 의존하지 않고 그 의식으로부터 독립적인'의 의미를 뜻한다. 본문의 '객관적 이익'(objective interest)이란, 인식주체인 '나'를 기준으로 '주체인 자기가 아닌 객체인 남이 관찰하여 판단하고 파악한 이익'이란 의미로 사용하고자 지칭한 개념이다. 통상적으로 '객관적'이란 말도 '보편적으로 타당한'의 의미로 많이 사용하므로, '객관적 이익'을 '보편적으로 타당한 이익'이란 의미로 받아들이기 쉬우나, 여기서는 그런 의미로 사용하지 않는다.

는 이익의 가치는 고유하고 다르다. 그래서 이를 '이익 가치 고유성의 공리'라고 할 수 있다.[12)]

주관적으로 인식한 고유한 나의 '주관적 이익'에 대하여, 내가 아닌 '남'이 인식하고 평가한 이익은 '나'를 기준으로 볼 때 '객관적 이익'이다. 나의 이익을 남이 판단·인식한 이익이므로, 나로 보아서는 나의 객관적 이익이 되는 것이다.[13)]

여기서 이익 가치 고유성의 공리로 볼 때, 내가 나의 이익으로 인식한 '주관적 이익'과 남이 나의 이익으로 인식한 '객관적 이익'이 서로 정확하게 일치하지 않을 수 있음을 알 수 있다. 그리하여 경우에 따라서는, 나의 주관적 이익과 객관적 이익이 서로 일치하지 않는 불일치(괴리·간극)의 범위나 정도 등이 크므로 문제가 될 수 있다. 그 대표적인 경우가 다른 사람이―나를 위하여 또는 나를 대리하여―나의 주관적 이익을 추구해 준다고 할 경우다. 나를 위해 준다(또는 대리한다)는 사람이 파악한 나의 이익(객관적 이익)이, 나의 진정한 이익(주관적 이익)과 일치하지 않고 나의 진정한 이익이 아닌데도 불구하고, 그가 주장하는 바를 나의 이익이라고 우기면서 억지 쓰고 실현해 주겠다는 경우를 생각해 보라. 그 경우 나는 얼마나 황당해 하겠는가? 그래서 나는 그의 호의(好意)나 대리를 사양하거나, 잘못을 교정해 주고 예의 관찰하면서 확인하거나, 심지어는 아예 거부하기까지 해야 할지 모른다.

이상과 같이, '주관적이거나 객관적인 기준'은 다름 아닌 '공공활동의 대상자'가 가지는 관점이다. '공공활동의 대상자'인 시민·구성원·주주·소비자의 관점

---

12) 일상 경험으로도 사람마다 그가 추구하는 주관적 이익이 다를 수 있음을 알고 있다. 그런데 현대의 서양철학자들도 인간의 '육체'(몸)에 대한 새로운 발견과 더불어, 이를 강조하고 있다고 할 수 있다. 즉 육체를 존재론적인 토대로 한 욕망이 대대적으로 분출되는 포스트모더니즘 사회에서 인간은 육체를 가진 유한한 주체이고, 육체의 수만큼이나 많은 주체가 서로 다른 진리, 언어, 세계, 문화, 이성을 가지고 서로 다르게 사유하고 말하는 존재임을 새롭게 인식하게 되었다. 그리하여 인간을 다 똑같은 이성의 능력, 언어, 문화, 사회를 형성해 가는 절대적·초월적인 하나의 주체로 상정할 수는 없다고 보게 되었다. 모리스 메를로-퐁티, 지각의 현상학, 류의근(역), 문학과지성사, 2002 참조.

13) 구 한 말 역사학자 단재 신채호(1880-1936)가 1931년 당시 조선일보(학예 면)에 연재한「조선상고사」총론에서 "무엇을 아(我)라 하며, 무엇을 비아(非我)라 하느뇨, 깊이 팔 것도 없이 얕게 말하자면, 무릇 주관적 위치에 선 자를 아(我)라 하고, 그 외에는 비아(非我)라 하나니,……그러므로 역사는 아(我)와 비아(非我)의 투쟁의 기록이다."라는 유명한 역사관을 제시한 것을 비유하여, 아(我)가 본 아(我) 자신의 이익을 주관적 이익, 비아(非我)가 본 아(我)의 이익을 객관적 이익이라고 구분할 수 있다. 단재 신채호전집, 상, 형설출판사, 1977, 31 참조.

에서 판단하고 평가하는 공공활동 대상자의 이익이 '주관적 이익'이다. 그리고 '공공활동가'의 관점에서 판단하고 평가하는 공공활동 대상자의 이익은 '객관적 이익'이다.(흔히 공공활동가 위주로 생각하는 관점에서 주·객관적 이익을 혼동하기 쉬운데, 적어도 이 책에서는 결코 그런 혼동이 있어서는 안 된다. 결국 이 책에서 '주·객관적 이익'은 그 앞에 '공공활동 대상자의'가 생략된 주·객관적 이익이다.)

그러면 '좋은 공공활동'이란 무엇인가? 그것은 공공활동 대상자의 주관적 이익을 정확하게 파악하고 최대한 실현하는 것이다. 그렇다면 다시 그 목적·목표를 달성하기 위한 수단·방법으로 주관적 이익과 객관적 이익 중 어느 것을 우선하는 것이 좋은 공공활동인가? 더 이상 의문의 여지가 없을 것 같은 이 문제에 대하여 '공공활동가의 관점'에서 판단하는 '객관적 이익 우선설'과, '공공활동 대상자의 관점'에서 판단하는 '주관적 이익 우선설'이 대립하는 견해 차이가 생겨났다. 그리고 이 문제는 지금도 명시적이나 묵시적인 형태와 내용으로 공공활동가의 의식 속에 갈등을 일으키고 있고, 현실의 구체적인 공공활동을 지배하고 있다. 따라서 이 중요한 문제에 대하여 다음에서 검토하고자 한다.

2) 객관적 이익의 우선설

객관적 이익의 우선설이란 공공활동 대상자의 '주관적 이익'을 실현하기 위해서는 그 대상자 자신들이 판단하는 것보다는 '지도자나 대표자를 비롯한 공공활동가의 판단', 즉 현명한 공공활동가가 판단한 '객관적 이익'을 우선하여, 객관적 이익을 중심으로 공공활동을 펼치는 것이 옳다는 주장을 말한다. 그래서 공공활동가와 공공활동 대상자가 판단한 이익이 각각 서로 다르고 대립하는 경우, '최종적으로는 공공활동가가 파악하고 판단한 바의 객관적 이익을 우선'하는 의미를 함축하고 있는 것이 객관적 이익 우선설이다. 여기서 '최종적'의 의미는 '여러 가지 합리적인 설득과 조정의 과정을 거친 후까지도 주·객관적 이익이 서로 다른 경우'를 함축한다. 그러므로 객관적 이익 우선설은 공공활동가가 공공활동 대상자로부터 '최종적 독립성'을 지니고 직무를 수행함을 의미한다.

이 주장은 기본적으로 '주관적 이익을 인식하는 주체의 자격과 능력에 대한 불신'과 '지도자·대표자 등 공공활동가의 능력과 선의(善意)에 대한 과도한 신뢰'가 그 바탕에 깔려 있다고 할 수 있다. 그리하여 이를 주장하는 측은 주관적 이익의 주체가 어리석거나 충분한 정보를 가지고 있지 않기 때문에, 그가 주장하는 주관적 이익이 그에게 진정한 이익이 된다고 믿을 수 없다고 본다. 그에 비하여 지식·능력·경험이 많은 현명한 지도자는 더 장기적이고 더 좋은 것을 본인 자신보다 더 잘 알고 더 잘 이를 실현해 줄 수 있다고 주장함으로써, 공공활동가와 공공활동 대상자 사이의 불평등(차별)을 전제한다.

역사적으로 객관적 이익의 우선성을 주장한 대표적인 인물이 있었다. 고대 그리스 철학자 플라톤(Platon)은 객관적 이익 중심의 정치를 주장한 철학자였다.[14] 그는 그의 「국가론」(공화국, the Republic)에서 철인(哲人)인 수호자(guardian)가 온 시민의 이익을 지혜롭게 판별하여 실현해 주는 것이 가장 좋다는 '철인왕'(Philosopher King) 개념을 주장한 것으로 유명하다.

플라톤은, 공동체 구성원들이 '좋은 것'(선, the good)의 존재는 인식하고 '좋은 것'을 추구하고 있으나, 대부분의 사람들은 거의 대부분의 경우에 무지로 인하여 무엇이 '좋은 것'이며, 어떻게 '좋은 것'에 이르는가를 알지 못한다고 본다. 그는 공동체가 추구하는 '가장 좋은 것'(최고선, the greatest good)인 실체적 공익이 형이상학적·선험적으로 존재한다고 전제하고, 최대의 능력을 지닌 수호자인 철인왕이 그 공익의 실현에 가장 합당한 적격자라고 본다.[15]

이와 같이 객관적 이익 우선설은 기원전부터 있었지만, 현대에 들어와서도 강력한 이념(이데올로기)으로서 세계를 뒤흔들어 놓을 정도의 위력을 떨쳤고, 그 이념에 동조한 사회주의 국가체제가 널리 확산되고 있으며, 그 파장은 지금도 우리 한반도에서 계속되고 있다. 바로 마르크스(Karl Marx)와 레닌(Nikolai Lenin), 그리고 그를 추종하는 사람들(단순화할 때 마르크스주의자)이 꿈꾸고 시도한 공산혁명이 그것이다. 그들은 노동자와 농민 등 피착취 계급이 느끼고 주장하는 현실의 주관적 이익(주관적 계급이익)과, 그들에게 진정으로 이익이 되는 것을 알고 이를 실현해 줄 수 있는 사람들이 파악하는 그들의 이익, 즉 객관적 이익(객관적 계급이익)을 구분하였다. 자본가 등 착취 계급에게 착취당하고 있는 노동자와 농민은, 사회진화과정에서 자신들의 위치를 자각하였다면 마땅히 느끼고 주장했을 주관적 이익을 깨닫지 못하고, 착취당하는 가운데 아직 깨우치지 못하고 무지몽

---

14) Richard Flathman, 앞의 책, 24 참조.
15) Plato, 앞의 책, 459. 462-464. 506; Virginia Held, 앞의 책, 137-139 참조.

매한 상태에서 느끼고 주장하는 주관적 이익 때문에, 계속 착취의 굴레에서 벗어나지 못한다는 것이다.

따라서 그들은 절대 다수인 노동자와 농민을 위해서 그들 약자(弱者)가 사회진화과정에서 자각했다면 원했을 이익, 그것은 곧 양심 있는 소수 지식인이 그들 약자를 위하여 앞장서서 쟁취할 수밖에 없는 이익(객관적 이익)을 추구하지 않으면 안 된다고 본다. 결국 노동자, 농민 등 소외되고 착취당하는 다수가 사회의 주도권을 쥘 때까지는 소수 공산주의자가 그들 노동자와 농민의 진정한 이익, 즉 객관적 이익을 실현하기 위해 진정한 이익이 아닌 그들의 이익, 즉 주관적 이익을 무시해 버리라는 교의를 선언하였다.[16]

이와 같이 지도자(군주, 통치자, 지배자, 대표자)를 비롯한 공공활동가의 판단이 공공활동 대상자의 판단보다 더 중요하다는 주장은 객관적 이익 우선설이라고 할 수 있다. 이는 전제주의, 전체주의, 독재주의, 사회주의의 이념·체제가 주장하는 바와 동일하거나 상당히 유사하다. 그리고 동양의 대표적인 사상인 유학(儒學) 사상도 대체로 동일한 맥락에서 이해할 수 있다. 유학의 큰 줄기는 백성의 주관적 이익을 실현한다는 선의(善意)의 목적·목표를 실현하기 위한 수단·방법으로서, 군주를 비롯한 관료와 지식인인 치자(治者)계급이 피치자(被治者)인 무지몽매한 백성을 지도하고 교화할 의무와 책임이 있고, 치자의 판단이 피치자의 판단보다 우선한다고 주장하는 것이기 때문이다. 그리고 오늘날 현대 민주적인 정치행정체제에서도 공공활동가나 전문가의 능력과 판단을 앞세우는 권위주의적 체제·사고방식 속에서 객관적 이익 우선설을 볼 수 있다.

3) 주관적 이익의 우선설

주관적 이익의 우선설이란, 공공활동 대상자의 주관적 이익을 실현하기 위해서는 그 지도자나 대표자를 비롯한 공공활동가의 판단보다는 '공공활동 대상자 자신들이 판단하는 바의 주관적 이익'을 우선하여, 주관적 이익을 중심으로 공공활동을 펼치는 것이 옳다는 주장을 말한다. 그래서 이는 여러 가지 합리적인 설득

---

16) J. P. Plamenatz, "Interest" in *A Dictionary of the Social Sciences,* edited by Julius Gould and William L. Kolb, N.Y., The Free Press, 1964, 344 참조.

과 조정의 과정을 거친 후에도 공공활동가와 그 대상자가 판단한 이익이 각각 서로 다르고 대립하는 경우, '최종적으로는 공공활동 대상자가 파악하고 판단한 바의 주관적 이익을 우선'하는 의미를 함축하고 있다. 그러므로 주관적 이익 우선설은 공공활동가가 공공활동 대상자의 '최종적 구속성(기속성)' 아래 직무를 수행해야 옳은 것을 의미한다.

주관적 이익 우선설은 기본적으로 '주관적 이익을 인식하는 주체의 자격과 능력에 대한 신뢰'와 '지도자 · 대표자 등 공공활동가의 능력과 선의(善意)에 대한 과도한 신뢰의 위험성에 대한 인식'을 그 바탕에 깔고 있다고 할 수 있다. '주관적 이익을 인식하는 주체의 자격과 능력에 대한 신뢰'와 '지도자 · 대표자 등 공공활동가의 능력과 선의에 대한 과도한 신뢰의 위험성에 대한 인식'은 인간의 본성과 경험적 사실에 대한 이해 · 학습 · 각성에서 비롯된다.

인간은 각자 자신에게 고유한 가치(의미)의 이익을 추구하고, 그런 자신의 이익을 일반적으로 가장 잘 알고 추구한다. 따라서 어린이나 특수한 경우를 제외하고는, 일반적으로 나 아닌 다른 누군가가 나를 대신하여 내 자신의 이익을 추구해 주는 것은 내 스스로 추구하는 것보다는 좋은 방법이 아니므로, 타인이 나보다 나의 이익을 더 잘 안다는 것은 매우 의심스럽고, 또 의심스러워해야 한다. 그리하여 그러한 인간의 본성적 이익 추구 성향을 인정하고 그에 맞게 주관적 이익을 충족시키도록 해 주면, 그것이 곧 각 개인의 행복을 증대시키고 더 나아가서 공동체의 복지를 증대시키는 원천이 된다는 인식이 주관적 이익 우선설의 바탕에 깔려 있는 것이다.

인간의 본성에 대한 가정 · 신념 · 원칙은 다음과 같이 표현된다. 즉 '일반적으로 어느 누구도 자기 자신의 이익을 자기보다 더 잘 판단할 수 없고, 또 이익을 실현하기 위해 자기보다 더 잘 행동할 수 없다'는 것이다. 또는 '내 자신의 이익을 이해하는 데 있어서 타인은 나보다 더 불리하고, 내 이익을 추구하고자 하는 타인의 유인(誘因, incentives)은 나 자신보다 더 약하다'는 것이다. 혹은 '결정 전 예상 결과와 실제 결과가 모두 나에게 이익이 될 것인지를 판단하는 데 있어서 어느 누구도 나보다 더 능력이 있을 수 없다'는 명제가 그것이다.

물론 개개인이 자유의사로 자유롭게 판단하고 선택 · 결정하는 바와 같이, 자율성을 발휘하는 과정에서 때로는 자질과 능력이 부족하여 실수를 저지르고 부당하게 행동할 수 있다. 그러나 그런 자질과 능력의 불완전함과 실수 때문에 자신의 자율권을 타인(지도자, 관료 등의 공공활동가)의 후견적 권위에 넘겨주는 사람은 항구적으로 아동기(兒童期)를 벗어나지 못하고 의존적 상태에 머물면서, 스스로 시행착오의 과정을 통하여 학습하고, 책임감을 형성할 자질과 능력을 성장시키고 성숙시킬 기회를 얻지 못한다. 더욱이 인류역사를 통하여 자신의 이익을 방어하고 보호하며 진보시키는 데 있어서, 타인에게 그것을 위탁하는 것이 불안전하고 위험하며 치명적으로 허약하기까지 하다는 것은 이미 경험적으로도 충분히 입증된 사실이다.(이 '공공활동가의 대표성'과 관련된 문제는 후술함)

이상의 설명은 인간의 존엄과 가치, 그리고 인간의 본질적 평등을 최고규범으로 전제하고, 개인의 자기결정(자결, self-determination)의 자유와 자율성(freedom and autonomy), 주도성과 창의성(창발성, personal initiative and creativeness), 그리고 그에 따른 책임성(responsibility) 등의 미덕이 개인의 자유는 물론, 개인과 공동체(결사체, 사회) 발달의 요체임을 말해 주고 있다. 이는 곧 '공동체구성원이 자기 자신을 통치할 능력이 있다'는 '민주주의사상'의 기본 뼈대를 이루는 가정·신념·원칙을 말하는 것과 다름없다. 그리고 그 민주주의사상이, 공동체구성원의 주관적 이익을 최대한 실현하는 목적·목표에도 가장 적합한 수단·방법임을 의미한다. 요컨대 다른 비민주적인 대안(代案)보다 더 많이 자유를 실현하고, 인간 개개인의 발달을 더 많이 도모하며, 개인적 이익을 더 많이 보호하는 등, 전체적으로 실현가능한 최선의 체제를 만들어내는 경향이 있다는 가정·신념·원칙에 바탕을 두고 있는 민주주의의 사상·제도·체제야말로 주관적 이익 우선설의 굳건한 토대가 되고 있다.[17]

그러므로 설령 지도자(대표자)나 공공활동가가 그의 탁월한 능력과 순수한 선

---

17) 이상은 다원적 민주주의 정치학자 로버트 달이 불완전하기는 하지만 다른 어떤 비민주적 대안(예컨대, 무정부주의나 플라톤·마르크스가 주장하는 '수호자주의'와 같은 전체주의)보다 우월하다고 옹호하는 민주주의 정당성의 근거이다. 그는 각 개인이 자신의 이익을 스스로 판단할 권리가 있다는 각 개인의 고유한 타산적 가치전제를 '개인적 자율의 추정'(the presumption of personal autonomy)이라고 부르고 있는데, '본질적 평등'의 사상과 함께 이들이 민주주의를 지탱하는 토대라고 본다.

그리고 그는 이상적 형태의 민주주의와 구분하여, 미완성의 불완전한 모습이지만 다음 일곱 가지 요건, 즉 선출된 공직자, 주기적으로 자유롭고 공정하게 실시되는 선거, 사실상 모든 성인의 광범위한 선거권과 공직 피선거권, 표현의 자유, 다른 대안적 정보원(情報源)의 접근권, 결사의 자유 등을 충족시키는 현실의 민주주의체제를 '폴리아키'(poliarchy, 다두지배체제)라고 하고, 이와 같이 권력이 분산되고 민주적 사상에 우호적인 태도와 신념이 살아 있으며, 다양한 이익집단 속에 합의를 추구하는, 현대의 역동적인 구미 선진 다원주의사회의 지배체제를 적극 옹호하고 있다. 이와 같은 내용은 Robert Dahl, 앞의 책, 169-212, 419-420, 468-469, 476 참조.

의(善意)를 바탕으로 '결과적으로' 구성원의 최선·최대의 이익을 실현한 경우라도, 그것이 합리적인 설득과 상호 조정의 과정을 통하여 전체 또는 대다수 공동체구성원(공공활동 대상자)의 '자유의사에 의한 동의'를 얻지 못하고 확보한 결과라면, 그것은 결코 바람직한 것이 아니라고 본다. 이성적·쌍방적인 공공토론 등을 통하여 공동체구성원(공공활동 대상자)이 공공활동의 목적·내용·효과 등을 충분히 안(인지한) 상태에서 자유롭게 판단하고, 자유의사에 의해 선택·결정(자유로운 결단)한 것을 포괄적으로 '인지적 동의'(informed consent or agreement)라고 규정한다면, 공공활동 대상자의 인지적 동의에 의한 공공활동의 수행은, 주관적 이익을 존중하고 주관적 이익을 우선한 것으로 간주하게 되는 필수요소라고 하겠다. 그러할 때 인지적 동의는 각자의 존엄과 가치, 이익의 평등한 배려와 같은 인간의 평등을 보장하고, 공공활동가와 공공활동 대상자 사이에도 평등(무차별)을 전제하고 있는 사상 위에서 가능하다고 할 것이다.

이상과 같이, 주관적 이익 우선설은 민주주의사상을 토대로 삼고 있다. 대표적으로 민주주의사상가 루소(J. J. Rousseau, 1712–1778)는 사회계약, 일반의사 등의 개념을 전개하면서, 주관적 이익을 우선하는 '국민주권론'을 천명하였다. 그는 인간이 본래 '자연상태'에서 자유·평등을 누리던 행복한 생활을 하던 중 사적 소유제도가 생기고 불평등 상태가 조성되면서, 더 이상 자연상태를 유지할 수 없는 '사회상태'를 맞이하게 되었다고 전제한다. 그리하여 사회구성원들이 자신들의 인격·재산·자유 등을 보장받기 위하여 국가와 정부의 구성·운영이라는 '사회계약'을 맺게 된 것이라고 주장하였다. 그리고 그는 국가와 국민의 중간에서 국가의 '일반의사'(volonté general, general will)인 법률을 집행하는 기관이 '정부'라고 하면서, 다음과 같이 '주관적 이익에 기초한 국민주권의 원리'를 주장하였다.

주권은 이를 구성하는 개인들로 형성된 것이기 때문에, 그 개인들의 이익에 반하는 어떤 이익도 가지지 않으며 또 가질 수도 없다.[18]

이와 같은 민주주의사상이 널리 확산되고 수용되는 과정에서, 미국의 링컨(Abraham Lincoln) 대통령은 민주주의사상을 그보다 더 잘 할 수 없을 정도로 간명하게 표현한 것으로 유명하다. 그가 남북전쟁에서 희생된 장병을 추모하는 연설에서 밝

---

18) Jean Jacques Rousseau, *The Social Contract,* Charles Frankel(ed.), N. Y.: Hafner, 1947, Book Ⅰ, 17.

힌 '국민의, 국민에 의한, 국민을 위한 정부'라는 명제는 '국민을 위한' 것이란 목적·목표를 달성하기 위하여 그 주체·수단·방법까지도 '국민의, 국민에 의한' 것을 강조한 것이기 때문에, 그보다 더 주관적 이익 우선설을 더 구체적으로 천명하고, 더 확고하게 옹호한 사람도 없을 정도이다.

그런데 잘 살펴보면 조선시대 후기 학자인 다산(茶山) 정약용(丁若鏞)도 「목민심서」를 비롯한 그의 많은 저서에서, '목민관'(牧民官)인 수령들이 최일선 관청의 아전들과 더불어, 도탄에 빠진 백성의 실생활을 철저히 알고 백성들이 원하는 행정활동을 하도록 구체적인 자세와 방법을 제시하였다. 일찍이 위당(爲堂) 정인보(鄭寅普)는 "다산 선생 일인(一人)에 대한 고구(考究)는 곧 조선사의 연구요, 조선 근세사상의 연구요, 조선 심혼의 명예(明翳−밝음과 그늘짐의 뜻−저자) 내지 전 조선 성쇠 존망에 대한 연구"라고 극찬했고, 다산 자신도 직접 편찬한 「자찬묘지명」(自撰 墓誌銘)에서 "만약 하늘이 목민심서의 뜻을 받아주지 않으면 목민심서를 불 질러 버려도 좋다"고까지 말할 만큼 필생의 심혈을 기울여 완성한 '현장중심의 민주행정의 안내서'가 「목민심서」를 비롯한 그의 저서들이다.[19] 그의 「여유당전서」에서도 그는 오직 관료들의 자의적인 목적과 이익을 좇아서 법을 제정·시행하던 당시의 악폐와 악정(惡政)을 다음과 같이 통렬히 비판하고, 백성의 의사와 이익을 존중하는 주관적 이익 우선설을 주장하였다.

> 백성을 위해서 목(牧)이 존재하는가, 백성이 목을 위해서 태어났는가?(牧爲民有乎 民爲牧生乎)······태고시대에는 백성만이 있었을 뿐이니 어찌 목이 존재하였을 것인가.······[20]

이러한 '현장 중심의 주관적 이익 우선의 정신'은 '다산 정신'이라고 부를 수 있고, 공공활동가들은 다산 정신을 배우고 실천해야 마땅하다. 주관적 이익 우선설은 지도자(군주, 통치자, 지배자, 대표자)를 비롯한 공공활동가가 공공활동 대상자의 판단을 존중하고 우선해야 한다는 주의·주장이다. 비록 과거 군주시대라 하더라도 공공활동가가 백성의 주관적 이익을 실현한다는 목적·목표를 투철하게 인식할 뿐만 아니라, 실제로 목적·목표를 실현하기 위한 수단·방법도 백성의 편에서서, 백성의 삶의 현장 구석구석을 파악하고 그야말로 실질적인 '민주' '민본'(民

---

19) 민태식(역주), 正解 牧民心書(上), 문선각, 1975, 33 참조.
20) 한영우, "정약용의 與猶堂全書," 실학연구입문, 역사학회 편, 일조각, 1973, 334−335.

本)의 공공활동을 주장하고 실천했다면, 이는 주관적 이익 우선설의 정신에 입각하여 실천하였다고 해도 좋을 것이다.

각자의 고유한 주관적 이익을 존중하고 주관적 이익에 기초한 공공활동인 민주행정·민본행정을 수행하는 것은 행정가가 봉사의 대상으로 삼는 국민, 시민, 주민 위에 군림해서는 결코 이룰 수 없는 이념이다. 그것은 인간 대 인간으로서, 가슴을 열어 마음 속 이야기를 털어놓고 교감(交感)할 수 있는 동등한 위치에서, 속마음을 파악하여 성실하게 봉사하겠다는 자세를 가져야만 구현이 가능한 이념이다. 이제 현대민주주의의 정치·행정·경영체제에서 주관적 이익 우선설은 공공활동가가 위주가 아니라 공공활동 대상자 위주로, 탁상·수직적 계층·일방적 결정 위주가 아니라 현장(現場)·수평적 동반 참여·다자적(多者的) 합의 위주로, 관리(통치·지배, governance)의 이념·체제·제도·방식을 전환하고 이를 실천하는 것을 요구한다.

4) 비판적 평가

주관적 이익 우선설의 민주주의사상을 부정적으로 비판하고, 그 대안으로서 주장되는 가장 강력한 것이 '공동체를 통치할 자는 그만한 자질·능력·덕성을 지닌 소수 엘리트에게만 국한되어야 한다'는 권위주의(authoritarianism)사상이다.[21] 이 권위주의적 사상과 체제를 정당화하는 모든 종류의 이론은 객관적 이익 우선설에 속한다.

민주주의 옹호론자인 정치학자 달(Robert Dahl)은 권위주의체제를 정당화하는 가장 통속적인 형태의 사상을 '수호자주의'(守護者主義, guardianship)라고 부른다. 그러면서 그는 무정부주의와 함께 민주주의를 부정적으로 비판하는 사상의 하나로 수호자주의를 지목하고, 민주주의가 극복하기 가장 어려운 대안적 경쟁 사상인 수

---

21) 사회에서 권력과 지배권을 장악해서 행사하는 소수를 흔히 '엘리트'(elite), 그 엘리트의 지배를 받고 있는 대다수의 사람들을 '대중'이라고 부른다. 하나의 정치사회는 소수의 엘리트와 다수의 대중으로 구성되어 있는데, 정치사회를 지배하는 중요한 원칙의 하나는 고금을 막론하고 사회를 지배 통치하는 사람은 소수이고 대다수 사람들은 그 소수에 복종하고 있다는 사실이라고 한다. 진덕규, 현대 정치학, 제2개정판, 학문과 사상사, 2003, 267-287 참조.

호자주의를 깊이 있게 검토한다.[22] 다음은 수호자주의에 대한 그의 설명이다.

> 공동체를 통치할 수 있는 뛰어난 자질·능력·덕성의 소유자로서, 자질·능력·덕성이 결여된 대다수 일반 공동체구성원의 통제를 벗어나 있는(민주적 과정에 종속되어 있지 않은) 자를—민주적 통제를 받는 '지배자' '지도자' 또는 '대표자'와 구별하여—특별히 '수호자'(guardian)라고 할 때, '일단의 소수 수호자들만이 공동체를 통치(지배·관리)할 수 있다'는 관념이 수호자주의사상이다.
>
> 이는 과거 인류역사에서 세습적 군주, 귀족, 관료 등 특권계급이 여자, 노예, 무산자, 문맹자 등에게는 완전한 시민 신분을 주지 않고 지배하고 통치한 예와 같이, 유사 이래 거의 끊임없이 모습을 바꿔가며 지구상의 많은 지역에서 매우 다양한 정치사상가와 지도자들의 흥미를 끌었고 실천되었다. 20세기만 해도 독일의 나치즘, 이태리의 파시스트정권, 소련과 동유럽정권들, 군사독재시대의 남미의 정권들, 중국이나 북한의 공산정권들, 그리고 한국의 군사독재정권 등이 이에 속한다.

그러나 수호자주의가 하나의 이상(理想)이나 실현가능한 체제의 측면에서 민주주의보다 우월하다고 주장하는 것은 합당하지 않고, 그런 주장은 다음과 같은 비판을 견뎌내지 못한다.[23] 즉 ① 수호자주의의 설득력은 기본적으로 일반인들의 도덕적·지적 능력이 낮다는 견해에서 생겨났다. 그리하여 수호자주의는 과거 인류역사에서 여자, 노예, 무산자, 문맹자 등에게 완전한 시민 신분을 주지 않은 예와 함께, 현대에서도 민주주의제도에 '어린이'를 배제하고 '성인'만 포함시키고 있는 사실을 정당성의 논거로 든다. 그렇지만 그런 사실과 논거에서 명백하게 우월한 도덕적·지적 능력을 지닌 수호자들이 존재한다거나 창출될 수 있다거나, 공공이익을 위하여 그들에게 지배를 믿고 맡길 수 있다는 논리가 필연적·자동적으로 도출되지는 않는다.

또 ② 수호자주의는 공개적이든 암묵적이든 공공이익과 그것을 이루기 위한 최선의 방법에 대한 지식은 객관적으로 타당한 진리들로 구성된 '과학'이고, 그런 지식은 단지 소수 성인들만이 획득할 수 있다고 주장한다. 그러나 이성적으로 의문의 여지가 없는 객관적인 진리로 구성된 제왕학(royal science)이나 통치학(science of ruling)의 지식과 도덕이 따로 존재한다는 주장은 유토피아일 뿐 그에 대한 타

---

22) Robert A. Dahl, 앞의 책, 제4장 및 제5장(번역서 112-168 쪽) 참조. 이하 수호자주의에 대한 설명은 이를 참조함.
23) Robert A. Dahl, 앞의 책, 제5장 수호자주의 비판을 참조함.

당한 근거가 없다. 또 교육훈련을 통하여 필요한 지식과 능력을 획득하는 것이 소수의 수호자에게만 가능하다는 것도 타당하지 않다. 더욱이 전문성이란 것도 본질상 제한적이므로, 항상 그 이외의 관련성에 대한 무지와 편견의 위험성이 있고, 따라서 전문가의 판단과 경험에만 의존하는 것은 위험하다. 또 당면한 정책문제를 분석하고 판단하며 해결방안을 선택하는 데에는 객관적이고 절대적이며 확실한 것과, 순전히 주관적이고 임의적이며 불확실한 지식과 도덕이 뒤섞여 있다. 그렇기 때문에 흔히 객관적인 분석의 대상이 되는 과학기술분야나 환경보건의료분야에서조차 전문가들 사이에서 정반대의 의견의 대립과 논쟁이 있다.

또한 ③ 수호자주의에서 지배자의 권위는 '위임'된 것이 아니라 '영원히 양도'된 것을 의미한다. 그런데 그런 절대적인 권력을 지닌 수호자가 부정적인 이기적 목적을 취하지 않고 대다수 구성원을 위하여 공공이익을 추구하는 것을 보장할 절대적인 수단·방법이 없으며, 그런 기대는 비인간적인 잘못된 가정에 근거하고 있다. 수호자도 자신 스스로, 또는 하급자의 왜곡된 정보보고와 같은 오류에 의하여, 부패하고 비리를 저지르며 권한을 남용하고 이기적인 목적을 취할 수 있다. 그래서 "권력은 부패하는 경향이 있고, 절대권력은 절대적으로 부패한다"는 영국 역사학자 액튼(Acton, 1834 – 1902)[24]의 경구가 유명하게 되었다.

그리고 ④ 역사적 경험으로 볼 때 전체주의체제, 군사독재체제, 공산독재체제와 같은 수호자주의가 인권유린, 부정부패, 무능 등 인류사의 가장 나쁜 실책의 사례들을 보여주었음은 수호자주의의 정당성이 의심스럽다는 사실을 증명하고 있다. 아울러 ⑤ 수호자주의는 수많은 다양한 이익(numerous divergent interests)과 그 이익의 주장을 위하여 자유로운 이익집단의 조직과 적극적인 이익의 표출·결집·대표와 같은 활동의 자유를 인정하지 않는다. 특히 마르크스주의의 경우에 있어서 다양한 주관적 이익이 존재한다는 것을 인정하면 다음과 같이 '두 계급 모델'(two-class model)을 통하여 사회를 보는 그들의 사회관(社會觀)의 토대가 흔들리게 된다. 그들은 자본주의 사회에는 '착취의 자본가 계급'과 '피착취의 노동자·농민 계급'이라는 두 계급만이 존재하고, 그들 두 계급의 이익밖에 없다고 단순화하고 있기 때문이다.

---

24) 액튼의 본명은 John Emerich Edward Dalberg – Acton인데, 남작의 작위를 받은 후 액튼 경(Lord Acton)으로 통용되고 있다. 그의 사상은 사후 출판된 Acton, *Lectures on Modern History*, ed. with an Introduction by J. Figgis and R. Laurence, London: Macmillan & Co Ltd., 1906 참조.

마르크스주의가 다양한 주관적 이익이 존재한다는 것을 인정할 경우, 그것이 주장하는 필연적 역사 법칙의 이념적 토대도 흔들리게 된다. 왜냐 하면, 자본주의 사회가 필연적으로 두 계급의 사회를 극복하고 사회주의의 계급 없는 사회로 발전하게 되어 있다고 주장할 때, 그 사회주의는 곧 다양한 주관적 이익이 존재할 필요가 없는 사회를 말하기 때문이다.

그리고 다양한 주관적 이익의 존재를 인정하게 되면, 정치사회문제에 있어서 공산당의 주도적 역할을 주장하는 실천적 토대마저 흔들리는 결과를 빚게 된다. 왜냐 하면, 자본주의 아래에서 신음하고 있는 피착취 계급의 해방과 계급 없는 사회주의를 이룩하기 위하여 불가피하다는 혁명을 공산당 일당이 주도해 나가야 한다고 주장하는데, 이는 곧 사회 내의 이익을 하나로 파악할 수 있고 그 파악된 객관적 이익을 배타적·독점적으로 실현할 수 있는 실체를 하나만 인정할 경우에 한하여 타당하기 때문이다.[25]

이상과 같이 수호자주의는 이념적·역사적·경험적으로 그 정당성을 입증해 주지 못해 왔다. 사실 전체주의의 원조이고 대표적인 수호자주의 옹호자로 알려진 플라톤도 그의 노년기 저서에서 '철인독재'를 배척하고 현대자유민주주의 정부형태와 유사하게 자유선거로 '원로회의'를 구성할 것을 주장하였다. 이에 따라 그 노년기의 수정된 주장이 원숙한 플라톤의 사상을 대표한다는 견해로 볼 때,[26] 플라톤도 원숙한 노년기에는 객관적 이익 우선설의 수호자주의를 옹호하지 않은 것으로 이해할 수 있다.

또 마르크스도 그의 이론에서 객관적 이익 우선설의 수호자주의는 과도기적 목표일 뿐 주관적 이익 우선설이 궁극적인 목표임을 드러내고 있다. 그는 노동자·농민의 프롤레타리아 계급이 착취당하는 자본주의사회에서 착취와 지배의 종말을 위해서 과도기적으로 불가피하게 소수 각성된 공산혁명가인 수호자가 필요할 뿐이지, 일단 공산혁명을 통하여 자본주의사회를 타도하고 최종적으로 승리한 후 도래하는, 프롤레타리아가 주체가 되는 공산주의사회에서는 더 이상 수호자가 필요하지 아니한 유토피아적 낙관주의를 주장하였다.[27]

---

25) Klaus von Beyme, "Interest Groups—Social Organizations" in C. D. Kernig(ed.), *Western Society and Marxism Communism: A Comparative Encyclopedia*, N.Y., Herder and Herder, 1972, 325 참조.

26) T. K. Seung, *Intuition and Construction*: 김주성 외(역), 직관과 구성, 45−50, 385−395 참조.

27) Robert A. Dahl, 앞의 책, 498, 504 참조.

이에 비하여, 민주주의사상은 기본적으로 공동체구성원 각 개인의 존엄과 가치, 자유·자율, 능력, 주도성, 창의성, 책임감, 그리고 평등을 존중하고 증진하는 사상이다. 이는 개개인의 다양한 주관적 이익을 인정하고 존중하며 그 실현을 최대한 지원하고 권장하고 고취한다. 따라서 이는 개인의 발달과 공동체의 발전, 개인의 이익과 공동체의 전체 이익을 보호하고 증진하는 데 가장 확실하고 현실적인 사상이다. 이를 보장하기 위하여 민주주의사상은 제도적으로 공동체구성원이 참여하여 공동체의 문제를 직접 해결하거나(직접민주주의), 대다수 구성원의 동의를 전제로 대표자나 대리인에게 권한을 위임하여 그 권한이 항상 구성원의 뜻에 부응(반응)하도록 행사되게 하되(간접민주주의), 위임된 권력을 통제할 수 있는 구성원의 권리(민주적 통제권)가 행사되는(민주적 통제) 제도적 장치의 뒷받침이 필요하다. 그리고 이러한 민주주의 이념의 가치와 정당성은 실제 역사적 경험에 의하여 입증돼 왔다.[28]

---

28) Robert A. Dahl, 앞의 책, 581-582 참조. 학문적으로도, 미국의 경우이기는 하지만, 큰 틀에서 구성원의 판단과 능력에 대하여 대체로 긍정하고 신뢰할 만하다는 실증적인 연구결과가 나온다. 즉 일반인의 관심, 지식과 사고능력에 회의를 표하거나 심지어 비하(卑下)하는 일반의 통념도 있고, 또 그래서 일반인의 여론이 비합리적이고 변덕스러워서 허깨비(유령, 환영)에 지나지 않고 민주주의는 이상에 불과하다고 비판하는 학자들도 많다. 그러나 페이지와 샤피로는 1935년부터 1990년까지 50여년 이상 동안 미국 시민에 대하여 실시된 과거의 여론조사 결과를 종합·분석·재검토한 연구를 통하여, 일반인이 '개인적으로는' 무지하고 정책선호(policy preferences)의 수준이 낮고 불안정한 것을 인정할 수 있지만, '전체적·집합적 수준에서는' 합리적이고 안정적이며 일관성을 지닌다는 유명한 실증적 연구 결론을 도출한 바 있다. 그들은, 과거의 여론조사에서 단편적인 사항에 대한 질문(예컨대 미국 상·하원의 숫자나 임기)의 오답을 이유로 흔히 전체적으로 일반시민의 능력과 의견에 대해서도 일반화하여 폄하하고 불신하는 근거로 삼았지만, 그것은 큰 테두리에서 국내외 주요 정책에 대한 선호를 판단·선택하는 데 크게 중요하거나 영향을 미친 것은 아니라고 판단하였다.

두 학자는 그렇게 보고 개별 조사의 측정상의 오차를 제거한 통계처리를 통하여 전체적·장기적으로 분석해 본 결과, 개인적으로는 무관심·무능력한 사람이 있을 수밖에 없지만, '전체적·집합적으로는' 신뢰할 만한 주요 매체와 인사, 주변 사람들을 통한 정보를 토대로, 일반시민의 여론이 합리적이고 안정적이며 일관성을 지닌 정책선호를 보여준다는 실증적 결과를 도출할 수 있었다.(그래서 일반시민의 능력에 대한 회의론이나 비하는 확실한 근거가 있는 것은 아니라는 결론을 내리고, 그들의 저서에도 가장 가혹한 비판론의 대표자인 리프맨의 '허깨비 대중'에 대응하여 '합리적 대중'이란 이름을 붙였다.) 물론 정보를 제한하는 외교정책 등에서 시민들이 다소 비일관적인 선호의 경우를 보이거나 여론조작에 속기도 하지만, 그것도 정치인, 정부당국자, 정보제공자의 책임이므로, 그럴수록 그들이 시민을 신뢰하고 항상 올바른 정보를 제공하며, 시민의 의견에 높은 반응성과 책임성을 보이는 '민주주의 실천'의 강화가 필물론 로크, 루소, 밀과 같은 민주주의사상가도 그 당시 여자, 노예, 무산자, 문맹자 등에게 완전한 시민권을 부여하지 않은 것을 암묵적으로든 공개적으로든 받아들였다.[29] 또 20세기에 들어와서야 여자에게 투표권이 부여되었다. 이에서 알 수 있듯이, 민주주의는 아직도 진화 과정에 있는, 이념적으로나 제도적으로 불완전한 것 또한 분명하다. 특히 민주주의가 보통사람들의 차별 없는 참여를 보장하는 데서, 감정에 휩쓸리는 다수 대중에 의한 중우(衆愚)정치나 그들에 영합하는 대중영합주의(포퓰리즘, populism)정치의 취약성을 안고 있고, 그런 위험성이 나타날 수 있다는 점에서 수호자주의를 옹호하는 사람들에게서 비판을 받는다. 또한 공동체의 규모가 커지고 업무가 많아질수록 지도자나 대표자를 포함한 소수 엘리트집단이 공동체구성원을 지배·관리하는 간접민주주의 방식을 취하지 않을 수 없다. 그런데 바로 그 '소수 지배방식'은 필연적으로 지도자나 대표자가 파악하는 객관적 이익과 공동체구성원의 실제 주관적 이익 사이에 불일치(괴리, 간극)의 가능성이 내재한 근원적인 취약점과 위험성을 안고 있다. 그리고 실제로 그런 취약성과 위험성이 자주 현실로 나타나고 있다.

그러면 이상의 논의를 종합 정리해 보기로 하자. 객관적 이익을 우선하는 수호자주의는 탁월한 자질과 능력을 갖춘 자에 의하여 사심 없이 공동체구성원 전체의 이익을 추구하므로, 그런 목표를 달성할 수 있는 한 아주 이상적이고 매력적인 이념임에 틀림없다. 그렇지만 역사적 경험에 비춰보면 지배권을 통째로 '양도'할 수 있는 신뢰할 만한 수호자, 피지배자와 완전한 공동운명 의식을 갖는 수호자의 존재는 극히 드문 일시적·예외적인 경우에 불과하였던 사실을 쉽게 찾아볼 수 있다. 역사상 거의 대부분의 수호자는 선정(善政)보다는, 독선·무능·부정부패·억압·인권유린 등의 악정(惡政)·학정(虐政)이나 폭정(暴政)을 보여주었다.

<hr>

요하다고, 많은 민주주의 옹호론자와 같이 두 학자는 균형 있는 결론을 제시하였다. Walter Lippmann, *The Phantom Public*, N.Y.: Macmillan, 1925; Benjamin Page and Robert Shapiro, *The Rational Public*, The University of Chicago Press, 1992, 서문과 1-17, 285-288, 383-398 참조.

29) Robert A. Dahl, 앞의 책, 256 및 제9장 포함의 문제(236-259) 참조. 그뿐만 아니라 민주주의이론의 아버지 중 한 사람인 존 스튜어트 밀은, 그의 대의민주의이론(1861년)에서 일반인의 능력에 대한 불안, 특히 노동자계급의 능력에 대한 회의와 계급 이해를 대변하는 입법(class legislation)을 주장할 가능성 때문에, 아주 제한적인 투표권, 비밀투표보다는 공개투표, 부자와 교육받은 자에게 투표권의 추가, 대부분의 공직자에 대하여 선거보다는 능력에 따른 임명, 선거구민에 대한 공약 금지, 그리고 입법부에 대한 매우 제한적 기능 부여 등을 주장하였다. Benjamin Page and Robert Shapiro, 앞의 책, 386 참조.

따라서 절대권력을 허용하는 수호자주의는 우리의 행복과 운명을 순전히 지도자나 공공활동가의 선의(善意)에 내맡기고, 그러면서도 정작 수호자가 배신·배반·일탈(逸脫)·변신(變身)할 수 있는 가능성을 억제하고 통제할 수 있는 효과적인 방어 수단과 방법(민주적 통제수단)을 갖지 못하기 때문에, 공동체구성원의 처지에서 수호자주의는 가장 위험한 이념이 아닐 수 없다.

이에 비하여, 주관적 이익 우선설을 대표하는 민주주의사상은 분명히 인간의 본성에 자연스럽게 부합하고, 이념적·경험적·역사적인 측면에서 그 정당성이 입증되고 있으며, 제도적인 안전장치에 의하여 통제되고 있으므로, 완벽하고 완전하지는 않지만 객관적 이익 우선설을 대표하는 수호자주의보다 상대적으로 더 신뢰할 만하고 더 안전한 것이 분명하다. 그래서 세계 모든 국가의 정부들이 한결같이 민주주의를 지향하고 민주주의정부를 표방하고 있고, 설혹 권위주의체제를 채택하고 있는 국가나 정권이라 하더라도 그것은 과도기적인 조치일 뿐임을 변명하고 있다. 이렇게 보면, 공동체구성원의 진정한 주관적 이익이 무엇인가를 정확하게 파악하고 가능한 한 그것을 실현하고자 노력하는 민주주의사상이 상대적으로 우월한 것이 명백하다. 그러므로 좋은 공공활동의 보편적인 근본이념·사상·체제·원칙으로서 '민주주의사상에 입각한 주관적 이익 우선설'이 채택되어야 한다고 결론지을 수 있겠다.

3. 민주적 공공활동의 본질

공동체의 지배·관리 방식인 공공활동이 '민주주의사상'을 기초로 한 주관적 이익 우선의 공공활동이어야 한다고 할 때, 좋은 공공활동을 수행하기 위해서는 그 '민주적 공공활동'의 본질에 대하여 더 깊이 이해할 필요가 있다.

1) 소수 지배의 불가피성과 주·객관적 이익의 불일치 가능성

인류역사에서 사람들은 어떤 형태의 공동체를 이루고 살든 일단 공동체를 이루는 곳에서는 스스로 그 공동체를 지배·관리하는 방식(governance)을 강구하지 않을 수 없었다. 그런 공동체의 지배·관리('지배'로 통칭)방식은 여러 가지로 나눌 수 있겠지만, 대표적으로 공동체구성원이 모두 동등한 자격으로 직접 공동체 일에 관여하여 처리하는 방식(직접 자기 지배방식)과 공동체구성원을 대표하는 대표자나 지도자(그중 민주적 통제를 받지 않은 경우에는 '수호자')를 내세워 그의 지도 아래 간접적으로 공동체의 일을 처리하는 방식(간접 지배방식)으로 나눌 수 있다. 그렇게 나눠놓고 보면, 동서고금을 통하여 공동체는 대부분 지도자나 대표자를 포함한 '소수 지배집단'이 공동체구성원을 지배하는 '간접 지배방식'을 채택해 왔다고 할 수 있다. 민주주의사상을 바탕으로 한 민주적 공공활동의 경우에도 그런 간접 지배방식에 의하여 수행돼 왔다.

간접 지배방식에서 공동체구성원을 대표하는 대표자·지도자와, 그에 의하여 임명되고 통제를 받는 사람들 즉 전문관료집단을 통틀어 '소수 지배집단'이라고 한다. 그 경우 공동체구성원의 선거로 선출된 대의기구(代議機構)의 선출직 지도자(대표자)는 그들을 선출한 공동체구성원의 직접적 대리인이라면, 전문관료집단은 공동체구성원의 간접적 대리인 또는 복대리인(複代理人)이 된다.[30] 정부의 경

---

30) 본래 기업경영에서 소유와 경영의 분리로 인한 책임성의 문제를 설명하기 위하여 주주와 경영자의 관계를 '주인-대리인의 관계'(principal-agent relationship)의 모형으로 설정하고 설명한 것이 '대리인 이론'(agency theory)이다. 경영자는 주주를 위해 기업을 경영해야 하지만 실제로는 경영자 자신의 이익을 위해 일하기 쉽다. 그렇게 대리인의 책임성을 확보하지 못하는 것은 주주가 경영자보다 정보를 더 적게 가지고, 경영자는 그런 '정보의 비대칭'(또는 불균형, asymmetry of information)을 이용(착취)하기 때문이다. 그리하여 주주에게 불리한 정보를 숨기므로 그 불완비(不完備, incomplete, 즉 감추어진 특성·유형에 관한 부족한) 정보로 인하여 역선택(불리한 선택, adverse selection-원래 더 적은 정보를 가진 주인으로서의 구매자나 고용자는 자신에게 불리한 거래의 계약 등의 선택을 하게 됨을 의미)이 일어나거나, 통제를 피해가므로 그 불완전(imperfect, 즉 감추어진 행동에 관한 부족한) 정보로 인하여 도덕적 해이(도덕적 위해, moral hazard)가 발생한다.
　이상은 국민과 공직자의 관계를 설명하는 데에도 원용되고 있다. 대통령, 시장, 국회의원, 지방의회의원들을 선출하여 민의(民意)를 헤아려 공적 살림을 꾸리게 하는 것은 국민인 주인이 자신들의 대리인(대표자)을 두고 일을 맡긴 것과 같다. 그리고 다시 선출된 대리인들이 자신의 지휘 감독하에 자신을 대리, 즉 복대리(複代理)와 복복대리(複複代理)의 관계에서 일해 줄 차하위의 대리인들을 임명한 것이 그들의 부하 직원이

우 소수 지배집단은, 국민이 선출하는 대표자와 그들에 의하여 임명되는 전문관료집단이라는 '정부의 공공활동가'를 말한다. 그리고 주식회사의 경우 그것은 주주가 회사경영을 맡겨 경영하게 하는 경영자와 회사원 또는 근로자라는 '기업의 공공활동가'[그중에서 이사회와 같은 상부 지배집단의 구조를 흔히 '기업지배구조'(corporate governance structure)라고 하는 경향이 있음]를 말한다. 이렇게 보면, '공공활동의 본질'은 무엇보다도 '지도자(대표자)를 비롯한 소수 지배집단인 공공활동가가 공동체의 구성원을 위하여 공적 직무를 수행하는 활동'이라고 규정할 수 있다. 요컨대 민주주의시대에도 지배방식은 보편적으로 그런 간접 지배방식이 불가피하다.

비록 간접 지배방식일지라도 그것이 민주주의적 이념을 충실하게 구현하고 있다면, 지배의 주체는 형식적으로는 소수 지배집단에 속한 '공공활동가'이지만, 실질적으로는 다수 피지배집단인 '공동체구성원이나 공공활동 대상자'일 정도로, 모든 것이 그들 공동체구성원 위주로 그들을 위해서 이루어질 것이다. 그러나 '이념과 제도' 못지않게 중요한 것이 '현실과 사람'이다. 현실적으로 소수 지배집단의 공공활동가가 다수 피지배집단의 공동체구성원이나 공공활동 대상자를 지배·관리하는 위계적 질서·구조·형태·상황에서 실제로는 어떤 일이 일어나는가? 쉽게 알 수 있고 항용 보고 듣고 있는 바와 같이, 그런 위계적 질서의 형태를 갖는 간접 지배방식에서는 필연적으로 소수 지배집단인 공공활동가가 생각하는 바(객관적 이익)와 공동체구성원(공공활동 대상자들)이 생각하는 바(주관적 이익)가 서로 일치하지 않는 '생각(이익 실현)의 불일치·괴리·간극의 가능성'이 내재해 있다.

그 불일치의 가능성은, 비단 군주나 수호자를 포함한 소수 지배집단이 다수 피지배집단 위에 군림하고 억압하며 착취하는 군주주권(君主主權)시대나 권위주의 독재정권시대에만 국한된 문제가 아니다. 국민이 국가의 주인이므로 주권도 국민

고 공무원이라고 본다. 그런데 공무원이 시민보다 더 많은 정보를 가지고 있어서, 통제가 미치지 않는 곳에서 공무원이 사적 이익을 취하는 도덕적 해이가 발생하고, 실제 감사가 이루어지더라도 자신에게 불리한 정보를 숨기면서 역선택의 문제를 일으키는 결과를 빚는다. 성과측정 등이 더 어려운 공공부문에 있어서 책임성 확보는 기업보다 더 어렵다. 대리인 이론과 관련, Terry Moe, "The New Economics of Organization," *American Journal of Political Science, vol.*28, 1984, 739-777; Kathleen M. Eisenhardt, "Agency Theory: An Assessment and Review," *Academy of Management Review*, 14, 1989; 김영세, 게임이론, 박영사, 1998, 11-12, 378-379 참조.

에게 있고 국가권력도 국민으로부터 나온다는 '국민주권'의 민주주의시대에도, 그런 불일치의 가능성은 항상 존재하고 현실적으로 큰 문제가 되고 있기 때문에 아주 중요하다. 다시 말하면 공공활동가가 공공활동의 수행과정에서 그 대상자의 욕구·요구·기대·위임·위탁을 배반·배신할 위험성을 배제할 수 없다. 거기에다 설령 공공활동가가 선의를 가지고 있다 하더라도, 공동체구성원이나 공공활동 대상자의 주관적 이익을 '해석하고 파악하는 필연적 과정'을 거쳐 정책·법률·제도·사업 등을 형성하고 집행하는데, 바로 그 과정에서 공공활동가가 공공활동 대상자들의 실제 욕구·요구·기대·위임 사항을 온전히 파악하지 못하거나 잘못 파악할 수도 있다. 요컨대 보편적으로 채택되고 있는 간접 지배방식에서는 언제라도 '주관적 이익과 객관적 이익 사이에 불일치(괴리, 간극)의 문제'가 발생할 수 있다.[31]

이 간접적·공적인 대표·대리 실현이라는 공공활동의 본질적 속성 때문에, 공공활동은 거의 필연적으로 '주관적 이익에 기초'하거나 '주관적 이익을 존중'하는 '민주적인 공공활동'을 표방하면서도, 실제로는 '객관적 이익에 기초한 권위주의적이고 관료주의적인 공공활동'을 벗어나기 어려운 본질적 취약점을 지닌다.

공공활동은 그런 '현실적 제약조건'이란 태생적 한계를 지니고 있다. 특히 위계적 질서·관념을 갖기 쉬운 여건에서 다양한 이익을 수렴하고 반영해야 하는 정부의 행정활동이 기업의 경영활동보다도 더 그러한 한계와 취약점을 갖는다. 그래서 정부나 공직자에 대한 시민들의 인식이 여간해서는 긍정적일 수 없는 근본원인이 거기에 있기도 하다.[32] 그런 속성 때문에 다음과 같이 고객 중심이나 수

---

31) 이처럼 공공활동가가 해석·판단한 대상자의 객관적 이익과 그 대상자가 주관적으로 느끼는 주관적 이익 사이의 괴리를 '공공활동과정의 괴리'(간단히 '공공의 괴리' 또는 '공적 괴리')라고, 그리고 그 괴리로 인한 상호 간의 긴장을 '공공활동과정의 긴장'(간단히 '공공의 긴장' 또는 '공적 긴장')이라고 규정할 수 있겠다. 이 긴장에는 개개인이 느끼는 '개인적 괴리'와 '개인적 긴장', 그리고 개인들이 모여 집단으로서 느끼는 '사회적 괴리'와 '사회적 긴장' 등 다양한 종류와 분야의 괴리와 긴장이 있을 수 있겠다.

32) 그래서 기본적으로 동서양이나 시대를 불문하고 행정서비스의 성격상 시민의 평가가 긍정적이기 어려운 속성이 있다. 이와 관련, 시민이 공직자와 개별적인 접촉이나 만남을 가진 후 갖게 되는 긍정적 효과가 반드시 정부 전체에 대한 긍정적인 인상으로 연결되지는 않는다는 실증적인 조사 결과(C. T. Goodwill, *The Public Encounter: Where State and Citizens Meet*, Bloomington: Indiana University Press, 1981)도 있고, 시민들이 개개 공직자를 좋은 공직자라고 느끼면서도 공공관료제에 대하여는 비난의 대상으로 삼는 것이 시대정신(*Zeitgeist*)이라는 지적(B. Guy Peters, *The Future of Governing*, University Press of Kansas, 1996, 53-54)도 있다.

요자 중심의 혁신적 공공활동은 정부가 기업에서 배우는 경우가 많다.

……대구지방검찰청(지검장 정동기)이 민간기업의 최첨단 품질관리 기법인 '6시그마' 제도를 도입한 뒤 모든 민원절차를 민원인 편의 위주로 확 뜯어고쳐 호평을 받고 있다. 정부조직 내에서는 극히 일부 기관이 이 제도를 도입하고 있기는 하지만 단기간에 이런 업적을 낸 것은 매우 드문 현상이라는 평가다. 6시그마는 겉으로는 100만 회 중 3~4회(인간이 통제 불가능한 오차 수준)만 결함이 발생할 정도로 불량률이 낮다는 의미지만 궁극적으로 최상의 품질경영을 통해 고객만족 극대화를 추구하는 기법이다.

대구지검은 6시그마 운동을 통해 모든 민원서류 발급기간을 이틀에서 1시간 이내로 줄이고 5일 가량 걸리던 불구속사건 배당 소요시간도 당일 배당제로 바꾸는 효과를 올렸다. 종합병원처럼 '사전예약 민원상담제'도 시행해 민원인들은 형사부 검사들과 원하는 시간에 면담하는 기회를 제공받는 한편, 검사들도 정해진 상담시간에만 민원인들과 만난 뒤 나머지는 수사에만 전념할 수 있어 업무부담이 오히려 줄어드는 등 일거양득 효과를 내고 있다. 대구지검은 모든 문제가 검사들의 과도한 업무부담에서 발생한다고 보고 통계조사를 통해 업무부담이 한쪽으로 쏠리는 병목현상을 줄였다. 또 집중근무시간제를 시행했고 업무별 매뉴얼을 작성해 업무를 표준화하는 작업도 병행했다.

대구지검의 이 같은 색다른 시도는 검찰조직이 정부조직 중 가장 보수적이고 권위적인 곳이라는 불명예(?)를 씻어보자는 취지에서 비롯됐다. 각종 부담이 만만찮아 민간기업에서조차 도입을 꺼리는 6시그마를 성공적으로 정착시키게 되면 그동안 따라다니던 각종 오명도 자연스럽게 떨쳐버릴 수 있을 것이라는 판단이 섰던 것. 지검에서 가장 뛰어난 검사와 직원들을 선발해 6시그마 분야 선두 기업인 포스코 전문가에게서 76시간 동안 교육을 받았고 교육 후 이들로 구성된 전담팀도 만들었다. 처음에는 일부 직원들 사이에서 '가뜩이나 할 일이 많은데 업무부담만 늘어나는 것 아니냐'는 반발도 있었지만 업무가 능률화되고 각자 부담이 줄어들자 요즘은 직원들이 더 적극적으로 참여하고 있다는 후문이다.……[33]

이와 같이 공공활동에는 '소수 지배(또는 지배 소수, dominant minority)의 문제'가 대두하는 것이 필연적이다.[대리인 이론에서 이는 대리인 문제(agency problem)가 된다.] 특히 '민주적 공공활동'을 생각하고 이를 구현하고자 하는 한, 소수 지배

---

[33] 매일경제, 2005. 3. 24, "대구지검, 기업 품질관리기법 도입, 권위 벗고 봉사기관 됐어요" 기사.

의 문제는 아주 중요한 공공철학적 주제가 되지 않을 수 없다. 그래서 그것은 지금까지 계속 논쟁의 대상이 되어 왔다.

다시 환기하자면, 수호자주의 옹호자는 처음부터 아예 소수 지배집단이 공동체를 위하여 바람직하다고 주장한다. 이에 비하여, 민주주의 옹호자는 소수 지배집단이 존재한다는 사실이 공동체를 위하여 바람직하지는 않지만 불가피하다고 본다. 그러면서 그들 민주주의 옹호자들 사이에도 그 불가피한 특권적 소수 지배 때문에(그래서 객관적 이익이 우선되기 쉬우므로), 그리고 일반시민의 자질·능력에 대한 회의 때문에 여간해서 민주주의의 실현이 쉽지 않다고 보는 비관론에 더 기울어지는 쪽과, 불가피한 소수 지배에도 불구하고 민주적 통제제도를 잘 작동시키면—주관적 이익이 우선될 수 있으므로—불완전하지만 민주주의를 실현할 수 있다는 낙관론에 더 기울어지는 쪽의 편차를 보인다.

민주주의사상의 실현에 비관적이거나 비판적인 사람들의 주장을 극히 단순화하면 다음과 같이 요약할 수 있다. 즉 일반시민은 자신의 이익과 가치 및 공동체의 공동선에 대하여 잘 알고 판단·선택·결정할 능력이 부족하므로, 그들의 자기지배에 바탕을 두고 있는 민주주의는 하나의 이상에 불과하다고 본다.[34] 또 인류사회(공동체, 결사체, 조직)에는 자질·능력·성향·신념·습관·욕구 등의 원인 때문에, 사람들의 선택, 기회, 자원, 권위 등을 분배하고 결정하는 권력을 갖는 소수 엘리트의 지배계층이 위계질서의 정점에 있고, 그 아래 대다수 사람들이 속한 피지배계층으로 구성된 불평등한 피라미드 형태의 권력구조가 형성·유지되는데, 인간의 본질로 볼 때 소수 지배 엘리트는 다수보다는 그들 소수의 이익을 추구하

---

34) 현대에 들어와서도, 너무 비현실적이고 불필요하게 높은 시민의 정치적 지식과 능력을 요구하는, 근거가 모호하고 미심쩍은 '고전적 민주주의이론'에 대하여 이를 수정하고자 하는 '전면적 수정론'(a wholesale revision of classical democratic theory, revisionism)이 계속 제기되고 있다. 일반인의 능력을 불신하는 데 근거한 민주주의 비관론을 보면, 일반시민의 머리 속 고정관념이나 생각과는 현실이 너무 다르다고 가혹하게 시민의 능력을 비난하는 리프맨(W. Lippmann), 개개인의 의견이 확정적이거나 독립적이거나 합리적이지도 않고 개개인의 뜻과 사실 파악과 추론 방법에 있어서도 결함이 있다고 한 슘페터(Joseph Schumpeter), 그래서 민주주의의 위기를 주장하는 크로지어, 헌팅턴, 그리고 정치 무관심, 무식, 인구통계학적 집단이나 정당 선호에 따른 투표성향이 드러난 각종 여론조사들의 결과를 종합한 연구로 일반시민의 능력이 낮다고 결론을 내린 콘버스(Philip Converse) 등 많은 수정주의자들(revisionists)이 그 예이다. W. Lippmann, 앞의 책; Michael Crozier, Samuel Huntington, and Joji Watanuki, *The Crisis of Democracy*, N.Y.: New York University Press, 1975; Joseph Schumpeter, *Capitalism, Socialism and Democracy*, N.Y.: Harper and Row, 3rd ed., 1975(1942); Benjamin Page and Robert Shapiro, 앞의 책, 제1장 및 386-389 참조.

는 것이 필연적인 상황에서 소수가 소수를 위하여 다수를 지배할 뿐이라면, 거기
에 '다수인 구성원 자신이 자기를 지배한다'는 민주주의는 전혀 존재하지 않거나
민주주의가 존재한다는 사실이 위협을 받는다고 하지 않을 수 없다.[35]

　　이러한 주장은 대체로 일반시민의 자질과 능력을 폄하하고 무시하는 견해이다.
그러나 인간의 본질적 평등, 존엄과 가치를 전제로, 개개인에게 자기결정의 자유
와 자율성, 주도성과 창의성, 그리고 그에 따른 책임성 등 그만한 자질과 능력이
있다는 것이 역사적으로나 실증적으로나 입증돼 왔다고 하였다. 또 역사적으로
일반시민의 능력에 결함이 있었던 것처럼 보였을 때도, 그것은 시민의 잘못이라
기보다는 정보를 독점하고 민주적인 공공토론을 제한하거나 억압하며, 정치구조
와 기능을 자신들에게 유리하게 설계하고 운영한 소수 지배자들의 잘못이었다.[36]

　　그리고 또한 민주주의사상에 대해 비판하는 측은, 소수 지배집단이 그 내부에
서는 근본적으로 동질적인 이익을 추구하므로 그 구성원 사이에 경쟁이 없고, 외
부적으로는 피지배집단의 이익과는 이질적인 이익을 추구하므로 그들과 갈등을
겪을 수밖에 없다고 전제한다. 그렇지만 이는, 피지배계급이 정치엘리트들 사이에
조직적 경쟁을 유발하는 영향력을 지니고 있음을 거의 고려하지 않고 있다는 비
판을 받는다. 현실에서는 지배계급도 서로 이질적 이익을 추구하면서 각각 집단
별로 다른 정당을 결성하고 지배소수 구성원 사이에도 서로 경쟁을 하며, 그들도
다수 피지배계급의 지지를 얻기 위하여 그들 피지배계급 다수와 같은 동질적인
이익을 추구하고 증진한다. 그래서 최고 공직을 담당하는 자는 선거의 승리자인
바와 같이, 다수 유권자의 선호를 고려하고 따르지 않을 수 없으므로, 완전한 민
주주의를 구현할 수 없다고 해서 민주주의를 포기하게 오도하고 비관할 필요는
없다고 한다.[37] 각종 선거제도에 의한 심판, 권력 내부의 견제와 균형, 정당 간

---

35) 소수지배이론의 가장 영향력 있는 이론의 대표자는 마르크스와 레닌이다. 그러나 이들
　　과 그람시(A. Gransci) 등은 수호자주의 옹호자들로서 우리의 관심 대상이 아니므로 생
　　략한다. 그 외 소수지배의 불가피성 때문에 민주주의사상의 실현에 회의적인 견해를 객
　　관적·과학적으로 전개하려 한 대표자는, 모든 정치적 조직에서 소수 지배계급과 다수
　　피지배계급의 존재와 소수의 권력 독점 경향을 주장한 이태리의 모스카(Gaetano
　　Mosca), 통치계급으로서의 엘리트의 순환을 주장한 정치경제학자 파레토(Vilfredo
　　Pareto), 독일 사민당의 소수지배 경향을 일반화하여 모든 조직에 있어서 '소수지배의
　　철칙'(과두제의 철칙, the Iron Law of Oligarchy)을 주장한 미헬스(Robert Michels), 미국
　　사회를 지배하는 정부, 기업, 군부의 고위 인사 등 권력 엘리트(power elite)의 연립과 유
　　착을 고발한 밀스(C. Wright Mills)를 들 수 있다. 이상 R. Dahl, 앞의 책, 제19장 소수지
　　배는 불가피한기(494-522) 및 진덕규, 앞의 책, 267-287 참조함.
36) Benjamin Page and Robert Shapiro, 앞의 책, 390 참조.

경쟁, 각종 이익집단의 견제와 균형, 보완적 참여제도, 언론의 자유와 집회결사의 자유에 의한 여론의 통제를 비롯한 다원주의사회의 민주적 통제장치를 과소평가할 수는 없다는 것이다.

요컨대, 일반인의 능력에 대한 불안과 소수 지배 때문에 민주주의의 실현을 너무 비관적이거나 비판적으로 볼 필요까지는 없다. 다만 그런 비관적·비판적 견해만 해도, 자칫하면 민주주의가 껍데기뿐인 민주주의로 전락할 수도 있는 가능성을 강하게 경고해 주는 순기능적(順機能的) 의미를 지닌다. 그것은 민주주의사회에서도, 또 민주주의를 지향하고 실천하면서도, 언제라도 소수 지배자가 다수 피지배자를 배신하고 소수 지배자의 이익을 우선할 수 있고, 그런 악의(惡意)가 아니라 선의를 가지고 있더라도 다수 피지배자의 주관적 이익을 어설프게 파악하거나 잘못 파악하고 반영할 수 있는, 민주주의의 한계와 결점, 관료제의 한계와 병리현상, 민주적 공공활동의 본질적 취약성을 다시 환기시켜 준다. 특히 성숙한 민주주의를 실천하고 있는 사회에서도, 소수 지배집단의 대표·대리에 따라 언제라도 민주주의의 이념과 실천은 크게 훼손되고 변질되며 공허해질 수 있는 본질적 취약성이 존재하므로 자만하지 않고, 다수 피지배자가 소수 지배자의 배반·배신의 여지를 조금도 허용하지 않도록, 또 소수 지배자가 자신들의 이익이 아니라 다수 피지배자의 이익만을 위하여 수임된 직무를 잘 수행하도록 제도를 완비하고 통제·감독을 잘 해야 한다는 사실을 명심하게 해 준 점에서 아주 중요하다.

---

37) R. Dahl, 앞의 책, 504, 515-516, 522 및 Benjamin Page and Robert Shapiro, 앞의 책, 383-398 참조. 파레토, 모스카, 미헬스의 고전적 엘리트이론은 자유민주주의에 대한 반발과 의회주의의 금권적 타락에 대한 반격으로 등장하였지만, 국가사회주의자들에 의해서 이용되고 파시즘과 결합되는 한계를 보여주었다. 20세기에 들어 다시 대중민주주의의 한계를 극복하고 현대 민주주의의 기본사상과 접합시키면서 민주주의를 이성적이고 합리적인 정치체제로 발전시키려는 시도가 나타났다. 그것이 슘페터(J. Schumpeter)와 달(R. Dahl)의 이른바 다원적 엘리트이론 또는 민주주의 엘리트이론이다. 특히 달은 단일적이고 피라미드 형식의 권력구조를 보여주기보다는 다양한 유형과 성격의 엘리트들, 시민의 자발적 정치참여, 전문영역에서의 각자의 영향력 행사가 존재하는 복합구조의 다두체제(polyarchy, 폴리아키)를 주장하였다.

그러나 밀스(C. W. Mills)는 미국사회에서도 다원적 엘리트는 존재하지 않고 권력과 사회적 가치를 독점적으로 차지하고 있는 군부, 행정관료, 기업체의 3영역에서 연대를 구축하여 자신들의 이익을 앞세우는 단일적 지배집단인 '파워엘리트'(power elite)가 존재할 뿐, 다원주의 엘리트이론은 서구 선진사회의 민주주의를 합리화하기 위한 논리에 불과하다고 주장하였다. 그런가 하면, 비서구 제3세계에서도 서구 제국주의의 침탈과 식민지 상황에서 제국주의 국가의 하수인 역할을 하는 매판(買辦) 엘리트와 군부엘리트가 등장하고 이에 저항하는 민족 엘리트와의 갈등을 겪고 있다고 한다. 진덕규, 앞의 책, 267-287 참조.

결국, 민주주의이념 아래에서도 공동체구성원을 대표하고 대리하는 소수 공공활동가의 지배가 불가피하다. 그리고 여러 가지 현실적인 제약조건 때문에 민주주의의 실천이 그렇게 완벽할 수만은 없다. 그렇지만 민주주의가 그처럼 완전하지 않다고 해서 다른 더 좋은 대안이 있는 것도 아니다. 이에 민주적 공공활동은 공공활동가의 객관적 이익과 공공활동 대상자의 주관적 이익 사이의 불일치·괴리·간극의 문제에 대하여 올바로 인식하고 이에 잘 대처하여 해결하는 것이 된다. 소수 지배가 최대한 다수의 이익을 위하도록, 즉 실질적인 민주주의의 결과를 창출할 수 있도록, 다양하고 복합적인 민주적 참여와 통제의 제도를 설계하고 충실하게 민주적 과정과 절차를 운용하는 것이 필수 불가결하다.

이를 위하여 국가주의적 대의제 방식의 '능률성'과 공화주의적 참여제 방식의 '민주성'을 적절하게 조화시켜야 한다. 더 구체적으로는 공동체의 소수 지배집단인 공공활동가 및 공공활동기관의 권력(정부 같으면 의회의원의 의회권력, 대통령을 비롯한 관료의 행정권력, 판사나 헌법재판관의 사법권력)과 공동체의 다수 구성원인 공공활동 대상자의 권력(공공부문에서는 시민권력) 사이, 또는 대의민주주의와 참여민주주의 사이의 상충적인 관계를 조화롭게 설정하고 능률성과 민주성의 가치를 바람직하게 적용하는 것이 중요하다. 모든 공공활동가는 바로 이 과제에 대하여 끊임없이 고민하고 상상력을 발휘하여 조화롭게 해결해 내야 한다. 그러할 때, 좋은 공공활동으로서 '다수 공공활동 대상자가 요구하는 주관적 이익과 소수 공공활동가가 파악하는 객관적 이익의 불일치(괴리, 간극) 가능성을 최대한 줄이는' 민주적인 공공활동도 가능해 질 것이다.

2) 민주적 공공활동의 본질 – 주관적 이익 존중의 상호작용

어느 사회에서나 민주주의를 지향하고 실천하는 공동체의 구성원들은 간접적인 소수 지배방식을 당연하게 받아들이면서, 그들을 대표하거나 대리하는 공공활동가가 가능한 한 최고의 자질·능력·덕성을 갖춘 자이기를 바라고 요구한다. 공동체구성원들은 최고로 유능하고 윤리적인 자질·능력·덕성을 갖춘 대표자(정부의 경우 대통령과 의원)를 선출하려고 하고, 능력주의(meritocracy)의 공개 경쟁방식으로 구성된, 최고로 유능하고 전문적인 관료집단(행정부의 경우 장관 이하 공

무원, 기업의 경우 경영자와 회사원 등)을 적극적으로는 요구한다.[38]

그렇다면 왜 공동체구성원은 가능한 한 최대로 유능하고 윤리적으로 올바른 대표자나 대리인을 원하고 요구하는가? 탁월한 자질과 능력을 가진 자일수록 그보다 못한 다른 대부분의 구성원들을 무시하고, 자신의 판단과 생각을 더 중시하고 우선할 가능성이 높은데도 말이다. 그러나 일반 공동체구성원들이 최대로 유능하고 윤리적으로 올바른 공공활동가를 원하는 것은, 공공활동가가 공동체구성원의 동의와 통제를 전제로(이 '구속성'이 수호자주의와 다름), 공동체구성원의 주관적 이익을 좀 더 잘 파악하고, 무엇이 진정으로 더 좋은 것인가를 판단하고 제시해 주기를 바라며, 구성원의 이질적인 이익 사이의 대립·갈등이 있는 경우 공정한 중재자(심판자)로서 좀 더 잘 조정하고 심판해 주기를 바라기 때문이다. 이는 곧 공동체 또는 공동체의 지배방식이 요구하는 '공공활동가의 전문적·윤리적 역할'이다. 복잡다단해지고 있는 공동체의 공공문제에 대처하여, 공공활동가가 공동체구성원의 주관적 이익을 잘 파악한 후, 그에 기초하여 정책·법령·제도·사업 등을 최대한 전문적이고 공정하며 책임 있게 형성하고 집행해 주는 역할 수행이 공동체와 공동체구성원의 기대와 요구인 것이다.

이러한 현실에서 '주관적 이익 우선'의 민주적 공공활동의 본질은 무엇인가? 그것은 바로 '공동체구성원의 동의와 자유로운 결단'을 전제로, 그리고 '민주적 통제에 종속'돼 있는 '최종적 구속성'을 전제로, '공공활동가와 공공활동 대상자가 서로 협력하는 상호작용'에 의하여 '주관적 이익 우선의 공공활동을 공동으로 수행'하는 것이다. 더 구체적으로는, 공공활동가와 공공활동 대상자가 상호 의사 소통을 통하여 대상자의 주관적 이익을 파악하고 규정하며 이질적인 이익을 조절하되, 최종적으로는 공공활동 대상자 다수가 동의하고 선택·결단하는 바의 주관적 이익에 기초한 공공활동을 수행하는 것을 말한다.

그런데 공공활동 대상자들의 주관적 이익은 공공활동가들이 관찰하여 해석하기를 기다리고 있는 자연세계의 '물질'과 같은 단순한 관찰대상이 아니다. 후술하는 주관적 이익의 특성을 보면 알 수 있듯이, 주관적 이익은 그것의 인식 주체인 사

---

38) 능력과 경쟁에 의하여 선발되고 구성되어, 적어도 명목상으로는 선출된 지도자들(정부의 경우 내각, 총리, 대통령, 입법부 의원 등)의 완전한 통제 아래, 즉 민주주의체제 안에서 작동하는 관료제(bureaucracy)를 로버트 달은 '능력주의'(실력주의 또는 능력자 통치제, meritocracy)라고 부르고, 이는 그 관료기구를 통제하는 선출직 대표자들과 구별함은 물론, 민주적 과정에 종속되지 않은 대표자인 '수호자'와도 구별한다. 이것과 직접적·간접적 대리인의 내용은 R. Dahl, 앞의 책, 121-122 참조.

람의 의식 작용 여하에 따라서 변할 수 있는 '사람'의 '의식' 속에 있고, 의식하는 주체인 '사람'을 떠나서는 성립할 수 없는 개념이다.

그리하여 주관적 이익은 주관적 이익의 소유자와 주관적 이익을 파악하는 관찰자가 서로 주–객의 입장이 뒤바뀌어 얽히고설키는 상호작용 과정에서, 구체적으로 형성되고 구체화하고 의미가 부여되기도 하며 파악된다. 곧 공공활동가가 대상자의 주관적 이익을 파악하는 과정에서, 공공활동 대상자는 그들대로 그들의 주관적 이익을 파악하려는 공공활동가의 의도와 맥락 등을 파악·해석하면서 공공활동가에게 반응하기 마련이다. 그러면 공공활동가는 다시 그런 공공활동 대상자의 반응이 투영된 주관적 이익을 파악하여야 한다. 이렇게 보면, 공공활동가와 공공활동 대상자는 어느 한 편이 주체이고 객체인 관계가 아니라, 계속적으로 주체와 객체의 반전(反轉)의 상호작용 속에서, 그리하여 쌍방이 모두 주체인 관계에서 공공활동을 위한 대상자의 주관적 이익이 드러나고(현시, 顯示) 규정되는 것이라고 할 수 있다.

여기서 공공활동가와 공공활동 대상자 사이의 의식의 상호작용은 서로 '자신의 의식을 상대에게 침투시키는 과정의 상호작용'으로 이해할 수 있다. 그런 의미에서 의식의 상호작용이 일어나고 있는 장(場)은 '상호 삼투적 의식의 장'이고, 그런 과정은 '상호 삼투적 의식의 교감과정'이라고 부를 수 있다. 또 그것은 주관적 이익의 소유자인 공공활동 대상자의 주관성과 공공활동을 수행하는 공공활동가의 주관성이 상호 만나는 세계 속에서 이루어진다는 의미에서, 그 세계를 다음과 같이 '상호주관성'(간주관성, intersubjectivity)의 생활세계라고 부를 수 있다.

철학적인 의미로 '주관성'(subjectivity)의 개념은, 인식주체인 개인의 의미나 지식이 다른 사람이나 인식 대상과 관계없이 자율적으로 창조되는 개인적 산물이라는 관념을 말한다. 이는 상호주관성과 비교할 때, '내부주관성'(intrasubjectivity)을 의미한다. 그러나 외부와 독립한 자율적인 지각활동을 생각할 수 있는데, 그 경우마저도 다른 사람과 의미를 공유하고 있는 '언어', 따라서 사회적 맥락 속에서만 가능한 '언어'를 반드시 사용해야 하기 때문에, 내부주관성을 주장하는 순수 주관주의(subjectivism)를 수용하기는 어렵다.(주관주의는 '밖에 보이는 세계·대상은 모두 다, 보는 내 속에서 만들어진 것이다. 그래서 주체가 인식할 때 인식의 그물망을 던져 대상을 능동적으로 건져 올린다'는 관점으로서 주관론, 관념론이라고도 한다.)

한편, 개인의 의미나 지식은 개별 주체의 인식과 의식에 의존하지 않고 그와 독립하여 존재하는 인식 대상(객체)을 기초로 형성된다는 관념이 '객관성'(objectivity)의

개념이다. 그러나 개인의 자율적・주관적인 의미나 지식의 창조행위를 부인하므로,
순수한 객관주의(objectivism)도 수용하기 어렵다.(객관주의는 '밖에 보이는 세계・대
상은 그것을 보는 나와 관계없이 보이는 그대로의 세계・대상이다. 그리하여 주체가
인식할 때 그저 사물을 마주하며 수동적으로 주어지는 자료만을 받아들인다'는 관점
이다.)

　그런데 대상에 대한 인식은 너무 객관적이거나 너무 주관적인 성격을 부각시키기
보다는 '상호주관적으로 타당해야 한다'고 말할 수 있다.(상호주관주의) 개인의 의미
나 지식은 사람들 사이에 공유하고 있는 의미와 지각에서 나오는, 그리하여 사람들
사이의 묵시적이거나 명시적인 동의(합의)의 결과인 사회적 산물(a social product)이
라는 생각・관념이 바로 '상호주관성'(intersubjectivity)의 개념이다. 여기서 객관성을
포함하고 있는 상호주관적인 상징체계인 '언어' 없이는 주관성을 갖는 자율적인 지
식 창조가 불가능한 것만 보아도, 주관성을 토대로 하되 사회적 맥락의 객관성이
혼합된 상호주관성의 개념이 중요함을 이해할 수 있다. '상호주관성'은 곧 인간의
사회성, 인간의 자유와 창의성, 우리 관계, 상호 의존성, 자아와 사회의 통일성
(unification of self and society)을 설명해 주는 개념이다. 그리하여 현대에 들어와서
는 주체와 주체 '사이'의 교통, 주체와 객체의 '사이'에 관심을 집중하고 있다. 현상,
언어, 의미, 구조, 비판, 해방이라는 전문용어와 현상학, 분석철학, 해석학, 구조주의,
비판이론 등의 철학사조가 그것이다.[39]

　이렇게 보면, 공공활동가와 공공활동 대상자, 그리고 공공활동에 참여하는 사람
들의 주관성이 상호 교감하여 합치될 수 있으면 있을수록, 그리하여 서로 공동운
명의 의식을 느끼면 느낄수록, 민주적인 좋은 공공활동이 가능함을 알 수 있다.
그래서 좋은 공공활동은, 특히 공공활동에서 주관적 이익의 파악은 공공활동가와
공공활동 대상자 사이의 상호주관성의 소통과 교감 속에서 전개된다고 말할 수
있다.

　관계된 사람들 사이에 대화를 통한 의미의 합의적 구성을 얻어내기 위해서는 그

---

39) Michael M. Harmon, *Action Theory for Public Administration*, N. Y.: Longman, 1981,
　　40-48; 이기상, 철학노트, 까치글방, 2002, 224-225 참조. 객관주의자도 '상호주관성'
　　의 개념을 사용하지만, '상호주관적 타당화'(validation)나 '상호주관적 전이 가능
　　성'(transmissibility)과 같이 주로 형용사적으로 사용하면서, 연구자의 부정확한 관찰에
　　대하여 방법론적인 오류를 교정하는 방안이나 대비책을 의미하는 것으로, 주관주의자
　　와는 다르게 사용함에 주의해야 한다. 이에 비하여 주관주의자는 사람들 사이에 서로
　　공유하고 있는 주관성에 의하여 사회세계가 창조, 유지, 변화하게 되는 의미로 '상호
　　주관성'의 개념을 사용한다.(47 쪽 각주 37 참조)

사람들 사이에 상호주관적 성찰(intersubjective reflection)이 요구된다고 한다. 이처럼 개인들이 사회 속에서 상호 관계를 맺고 있는 관계를 슈츠(A. Schutz)와 같은 현상학자는 '우리 관계'(We-relation)라고 하면서, 상호 간에 서로의 경험을 알고 이해하고 교감을 나누는 관계라고 이해한다. 요컨대 '우리 관계'는 생생한 현재에서 일상생활을 함께 영위하는 사람들의 공통감각적 사고에 의해 경험된 사회문화적 세계이다. 그것은 곧 사회학자 버거와 행정학자 하몬 등이 이어받은 '대면적 관계'이기도 하다.

이러한 해석학적 접근론자들은, 이해할 대상의 행동도 단순히 밖으로 드러난 행동(흔히 행태, behavior)이 아닌, 그 속의 주관적 의미·의도를 지니고 있는 행동(흔히 행위, action)이라고 본다. 그래야만 의도된 행동의 다양한 의미를 근본적으로 이해할 수 있고, 개인은 단순히 수동적·반응적이 아닌 능동적이고 목표지향적이며 창조적인 존재로 정당하게 이해할 수 있다는 것이다.[40]

이와 같은 상호주관성의 세계에서는 주관적 이익의 소유자인 공공활동 대상자도 수동적인 '관찰의 대상자'가 아니다. 그는 주관적 이익의 실현을 위하여 함께 참여하여 노력하는 '참여자'이다. 그리고 공공활동가도 공공활동 대상자를 대상으로 주관적 이익을 파악하는 일방적인 '관찰자'가 아니다. 그는 공공활동 대상자와 함께 주관적 이익을 구체화하고 구현하는 '참여자'이다. 그 결과, 진정으로 모두 능동적·쌍방적인 동반 참여자의 입장으로 주관적 이익의 실현에 관여한다. 요컨대, 공공활동과정에서 주관적 이익의 파악은 엄격하고 경직된 주체와 객체(대상), 주관성(주관주의)과 객관성(객관주의)의 이원주의의 패러다임이 아니라, '주체와 주체' '상호 주체성' '주객 일원주의'의 패러다임이 타당함을 말해 주고 있다.

만약, 공공활동가(한 당사자)가 외적·자의적·폐쇄적 관계에서 자신의 주관성만으로 공공활동 대상자(다른 당사자)의 주관적 이익을 드러낸다고 할 경우, 그것은 필연적으로 공공활동 대상자(다른 당사자)가 '의식' 또는 '주관성'을 갖는 존재임을 무시하거나 부정하는 것이 된다.[41] 그 반대의 경우도 동일한 논리가 성립

---

40) Alfred Schutz, *The Phenomenology of the Social World,* translated by G. Walsh & F. Lehnert, Chicago: Northwestern University Press, 1967, 164; M. Weber, *The Theory of Social and Economic Organization,* translated by A. M. Henderson & T. Parsons, N. Y.: Free Press, 1947, 88; Michael Harmon, 앞의 책, 38-39, 45-67 참조.

41) 공공활동의 '대상자'(對象者)라는 용어는 공공활동가가 일방적으로 주도하는 공공활동에 수동적이고 종속적으로 따르는 공동체구성원, 시민, 고객, 수요자 등의 어감을 지니므로, 그 대신 공공활동에 능동적·주도저·쌍방적으로 대등하게 참여하는 의미에서 공공활동의 '당사자'(當事者)가 좋을 듯하다. 그러나 '당사자'라고 하면 보통 '제3

한다. 이것은 어느 일방만의 의식 또는 주관성만이 존재하는 유아론(唯我論) 또는 독아론(獨我論)에 빠진 것을 의미하고, 의식의 일방통행만이 존재하는 비현실적・비인간적인 세계를 상정한 것이 된다.

예컨대, 정치인을 비롯한 공직자들이 국민 또는 시민을 '위한' 공공활동을 수행한다고 하면서, 정작 시민들이 진정으로 원하는 바를 모르거나, 알면서도 무시하고 일방적・독선적으로 판단한 시책(법령・정책・제도・사업 등)을 추진하는 경우가 많이 있다. 그 경우 이는 시민들의 진정한 주관적 이익과는 어긋나는 시민의 이익, 즉 '공직자가 판단한 바의 객관적 이익'을 중심으로 펼친 공공활동이기 때문에, 그 괴리와 상충에 따른 크고 작은 공적 긴장과 문제점이 드러날 수밖에 없다. 물론 공직자가 판단한 객관적 이익이 시민들이 판단한 주관적 이익보다 더 바람직할 수도 있다. 그러나 그것도 설득과 이해를 통하여 시민들이 자신들의 이익으로 수용하고 동의하며 결단한 바탕 위에서 추진하는 것이 민주주의의 이념에 충실한 '민주적 공공활동'이라고 할 것이다.

이렇게 보면, 공공활동가가 주관적 이익을 파악한다는 것은 '공공활동가 자신의 자의적인 판단과 단일 방향의 폐쇄적인 관계에서 파악'하는 것이 아니라, '주관적 이익의 소유자와 공공활동가가 직접적이고 개방적이며 쌍방향적인 소통과 교감의 관계에서 파악'하는 것이다. 그리하여 현실적으로 좋은 '민주적 공공활동'이란 공공활동가와 공공활동 대상자가 상호 직접적・개방적・소통적으로 의미 있게 관계하면서, 공공활동 대상자의 주관적 이익에 기초한, 주관적 이익을 존중하는 공공활동을 말한다. 그것은 곧 공공활동가가 공공활동 대상자가 지니고 있는 주관적 이익의 본질, 숨은 속마음과 그 맥락까지도 드러내는 공공활동이다. 그것은 공공활동가가 공공활동 대상자의 처지와 예상되는 반응・효과를 추체험의 정신으로 미리 선체험하고, 동일한 방식으로 대상자의 체험과 동시에 그대로 동시체험하며, 나중에 대상자의 체험을 추체험하는 등 생생한 체험과 영혼의 교감에

자로서가 아닌 직접 이해관계를 갖고 일에 당하는 자'를 의미하므로, 거기에는 공공활동에 관여하는 공공활동가도 포함하게 돼 이를 구별할 수 없는 문제점이 있다.(더 나아가 공공활동가 사이에도 당사자와 제3자의 구별이 있을 수 있다.) 또 널리 간접적인 이해관계를 갖는 자나 영향을 받는 자는 포괄하지 못하기도 한다. 그렇다고 '공공활동을 수행하는 주체로서의 당사자'와 '객체로서의 다른 당사자'를 구별하기도 복잡해진다. 이에 본문에서는 관행대로 공공활동가와 구별하여 공공활동의 '대상자'라고 쓰지만, 그것은 현대 민주주의 이념에 따라 능동적・주도적・쌍방적으로 대등하게 참여하는 의미의 대상자이다.

바탕을 두고 펴는 공공활동이다.

이러한 관점에서, 현대 민주적인 좋은 공공활동은 '공공활동가의 객관적 이익의 관점'이 아니라, '공공활동의 대상자인 시민·구성원·주주·소비자의 주관적 이익의 관점'에서 판단하고 평가해야 한다. 그렇다면 정부행정이나 기업경영 등 수많은 공공활동에서 얼마나 공공활동가와 공공활동 대상자 등 참여자들이 '주체－객체'가 아닌 '주체－주체'의 관점·의식·패러다임을 내면화한 상태에서 진정한 '참여적 공공활동', '진정한 의사소통이 가능한 현장참여적 공공활동'을 중시하고 그 수단·방법을 개발하고 고민하면서 실천하고 있는가를 비판적으로 성찰해 볼 필요가 있다.42)

정부의 공공활동의 경우, 참다운 민주행정은 공직자가 우선적으로 시민의 '주관적 이익', 즉 주관적 뜻·마음이 어디에 있는가를 아는 일, 즉 '민의(民意) 알기' 또는 '시민의 마음 읽기'에 있다는 점을 명확히 인식하고 지속적으로 실천하는 행정이다. 공직자들이 시민의 마음을 잘 읽기 위해서는 예민한 공공감수성을 발휘하여 '공적 역지사지의 관점'에 서서 시민의 마음을 읽고 삶을 선체험·동시체험·추체험할 수 있어야 한다. 그 마음은 겉으로 드러난 마음뿐만 아니라, 문화·관습·배경·역사·정서·감정·욕구·소망·원인·이유·의도·의미·동기 등 '겉마음 뒤에 숨어있는 속마음'이 있다면 그 '속마음'까지도 읽을 수 있어야 한다. 그것이 한 번으로 끝나는 것이 아니라 지속적으로 그렇게 해야 한다. 이 '행동 뒤에 있는 의미'(the meaning behind the action)43)의 속마음을 이해하는 것, 그것도 일회적이 아니라 지속적으로 이해하는 것이 공공활동가의 기본 임무이다. 이렇게 보면, 주관적 '이익'은 우리의 일상용어로는 주관적인 '마음'으로 통할 수

---

42) 예컨대, 농어촌 개발사업에서 정부 당국, 전문 연구기관과 정부의 정책개발에 참여한 농어업 전문 학자 등이 농어민을 다만 개발사업의 객체인 대상으로만 보았는가, 아니면 농어민 스스로 자신의 세상을 바꿀 능력이 있는 주체로 보고 대화를 통하여 그 능력을 발견하고 계발·함양해 주었는가의 차이는 현격하다고 한다. 실제로 브라질의 저명한 교육철학자 프레이리는 브라질의 농업개간사업의 경우 농민을 다만 개발사업의 객체인 대상으로 전환시킴으로써, 농민이 세상을 바꿀 능력이 있는 존재임을 부인하고 농민을 길들였을 뿐이라고 지적하였다. 프레이리는 '대화'야말로 주체－객체 간의 관계를 인간화할 수 있는 유일한 수단이라고 하면서, 참여자(정부 당국자, 농업학자, 교육가, 그리고 농민)의 비판적 의식과 태도, 성찰적 능력을 활성화시킴으로써 그들이 모두 주체의 입장에서 현실을 개혁할 수 있다고 주장한다. Paulo Freire, *Education for Critical Consciousness,* N. Y., The Seabury Press, 1973, 88, 115.

43) Dennis L. Dresang, "Foreword", *Action Theory for Public Administration,* Michael M. Harmon, N. Y.: Longman, 1981, ix.

있음을 알 수 있다.

교통표지판을 설치하는 일을 예로 들어 보자. 운전자치고 익숙하지 않은 곳에서 행선지 안내 표지판을 보고 목적지를 찾아가다가 당황한 경험을 해보지 않은 사람이 없을 것이다. 이미 지역 지리(地理)에 익숙한 사람을 전제로 표시해 놓은 안내판 때문이다. 그런 경우를 예상하여, 담당 공무원은 '자신이 생각하기에 적합한' 곳과 표시 방법으로 안내판을 설치하기보다는, '초행길인 운전자를 포함한 익숙하지 않은 사람의 처지'에서 당황하지 않고 목적지를 찾아갈 수 있도록, 초행자를 앞세워서라도 그런 역지사지의 마음으로 안내판을 설치하는 것이 '시민의 속마음 알기'의 좋은 행정이다.44) 다음 예를 보자.

> 미국에서 삼십 년 가까이 살고 있는데 서울을 방문해서 자가 운전하는 일이 잦다. 서울을 자주 다녀 어느 정도 지리에 익숙하지만 가끔 도로 안내 표지판이나 신호체계를 보면 관계 당국이 직접 도로 사정을 잘 모르는 운전자가 되어 한 번쯤 도로 안내 표지판을 시험해 봤는지 의심이 갈 정도이다. 한 번은 경기 성남시 분당에서 서울 송파구로 가려는데 분당 쪽에 하남과 송파 방향을 가리키는 도로 표지판이 나왔다. 그런데 조금 지나자 하남과 남한산성 방향으로 바뀌고 송파 방향은 아예 없어져 버려 한참을 헤매다가 올림픽대로까지 와서야 찾아갈 수 있었다.……관계 당국은 도로가 복잡해질수록 초행자들도 쉽게 알아차릴 수 있게 신호와 도로 표지판에 세심한 노력을 기울여야 한다.45)

또 주관적 이익에 기초한 행정은 정책을 형성하고 집행할 때도 그렇지만, 정책효과를 판단하고 평가할 때도 국민이 일상생활에서 체험하는 주관적 느낌을 파악하는, 국민 중심적인 '민본효과'를 판단하고 평가하는 데 초점을 맞춰야 한다고

---

44) 교통안내 표시는 '목적지 안내 표시형'과 '도로표시형'이 있는데, 우리의 교통표지판은 '시청, 공항과 같은 목적지를 가려면 이렇게 가십시오'의 의미를 담은 '목적지 안내형'이었다. 이 경우 운전자가 현재 있는 위치를 알 수 없고, 안내표지를 한 번이라도 놓치거나 안내표지판의 거리가 멀리 떨어져 있는 경우에는 당황해 하고 다른 곳으로 가게 된다. 그래서 외국과 같이 '도로표시형'으로 바꿔야 한다는 주장은 강승필(서울대 공대 교수, 교통경제학), "교통월드컵……표지판부터 바꿔야", 한국일보, 2001. 5. 14, '월드컵 이렇게' 칼럼 참조. 건설교통부는 2005년 말, 시설 이름 위주의 안내체계로 표시된 도심의 도로표지판을 미국·유럽처럼 도로명 위주로 인천 송도 경제자유구역에 시범 설치한 뒤 점진적으로 다른 도시로 확대하겠다고 발표했다. 서울신문, 2005. 10. 6, "도로표지판 바뀐다" 기사.

45) 피터 홍(미국 캘리포니아주 플러턴시 거주), "서울 도로표지판·신호체계 엉성……길 잃어", 한국일보, 2001. 10. 6.

하였다. 흔히 정책평가에서는 정부가 수행하는 국정(도정, 시정, 군정)의 '관청성과'를 평가하는 데 그치고 있다. 즉 법안의 통과나 정책·사업의 확정 발표(정책 채택의 1차 산출), 이를 집행할 기구와 인력의 확보, 실제 예산을 확보하고 지출한 금액(집행 행동의 2차 산출), 그리고 집행 후 명시된 목표를 얼마나 달성하였는가의 성과(정부성과의 3차 산출)와 같이, 실제 '관청성과 영역의 정책효과의 차원'[이 차원만을 '산출'(output)이라고 하기도 함]을 발표하고 내세우는 데 치중하는 경향이 있다.

예컨대, 시민이 중앙 정부나 지방정부의 책임자에게서 흔히 듣는 바와 같이, 얼마나 어렵게 어떤 법률·조례·규칙을 통과시켜 입법에 성공했다거나, 어떤 정책이나 사업을 확정했다는 것을 비롯하여, 많은 노력 끝에 어떤 기관·기구를 설치했다거나, 얼마나 많은 예산을 확보하고 지출했다는 실적을 홍보하는 것이 그것이다. 그리고 얼마나 많은 사람에게 어느 정도의 서비스를 제공했다는 예로서, 치안행정의 경우 범인 검거율이 얼마나 증가했다거나, 건설행정의 경우 도로개설의 거리가 얼마나 연장되었다는 등의 발표와 홍보가 그것이다.

그러나 그런 정부성과의 통계를 작성하고 발표하며 홍보하는 것도 중요하지만, 그보다도 더 중요한 것이 있음을 인식하여야 한다. 바로 국민의 삶의 질에 미친 구조적 영향(사회적 영향의 4차 산출)과, 더 나아가 개개인의 실제 행복감에 미친 효과(인본적 영향의 5차 산출)와 같이, 민본효과 영역의 '정책효과의 차원'[이 차원만을 '영향(impact)이나 결과(outcome)'라고 하기도 함]이 그것이다. 어떤 법률·기관·예산·서비스를 통하여, 최종적으로 실제 시민 대상자에게 어떤 영향과 결과를 미쳤는가의 정책효과의 차원이 본질적으로 중요하다.

예컨대 치안행정의 경우, 범인 검거율의 증가(관청성과)로 인하여, 실제 국민의 삶의 질에 미친 사회적·구조적 영향(이는 범죄 만 건당 피해자의 신체·재산·명예 피해액, 인구 만 명당 범죄피해 건수와 같은 사회지표로 나타낼 수 있음)과, 더 나아가서 개개인의 행복감에 미친 영향[이는 야간 귀가(歸家)나 집 문단속 등에서 개개인이 얼마나 안전하다고 주관적으로 느끼게 되었는가의 체감치안, 안녕감(安寧感)과 같은 주관적 사회지표로 나타낼 수 있음]이 얼마나 좋아졌는가가 초점이 되어야 한다. 건설교통행정의 경우, 도로 개설로 인하여 얼마나 교통 편의가 나아졌다고 도로 이용자가 느끼는 느낌을 측정하고 평가하는 것이 중요하다. 그것도 관청의 일방적인 조사·발표가 아니라, 국민(도민, 시민, 군민)이 참여하여 수행하는 '국민참여의 토론식 정책평가'의 방법에 의한 의식조사와 사회지표의 작성 등이 중요하다. 다음 설명과 같이, 공공활동 대상자 각자에게 좋은 영향을 미친 최종 결과가 있을 때, 비로소 그것이 진정으로 좋은 공공활동임을 올바로 인식하고 이에 대하여 노력을 집중해야 하는 것이다.

> 정책효과의 평가에서……정책효과를 주로 관청이 관심을 가지는 정책채택(제1차 산출), 집행행동(제2차 산출), 그리고 정부성과 및 서비스(제3차 산출) 등으로 인식하여 왔다. 이와 같은 정책효과의 관청 중심적 인식은 정책효과의 국민 중심적 해석을 사실상 배제시킨다.……
>
> 일상생활 차원에서 국민의 원초적 관심은 항상 인간 삶의 질의 향방에 있다. 국민은 삶의 질이란 관점을 통해서 정부정책에 접근한다. 그러므로 일상생활 차원에서 국민이 자연스럽게 관심을 가지는 정책효과는 정책채택, 집행행동, 그리고 정부성과 및 서비스 그 자체가 아니라, 이와 같은 정부의 정책, 행동, 그리고 성과 및 서비스가 인간 삶의 질에 미친 영향이다. 인간 삶의 질에 미친 영향을 민본효과로 부른다면, 그것은 가시적인 성과가 아니라 국민이 체험하는 주관적 느낌이다. 민본효과는 인간 삶의 질에 미친 영향이 집단적인 것인가 또는 개인적인 것인가에 따라서 각각 사회적 영향(제4차 산출) 또는 인본적 영향(제5차 산출)으로 나눌 수 있다.……
>
> 민본효과는 국민이 일상생활에서 체험하는 주관적 느낌이기 때문에……민본효과에 접근할 수 있는……길은 평가자가 느낌을 함께하는 사람들 가운데 한 사람(one of us)이 되어서 그 느낌(understanding)을 공유하고 그 의미(meaning)를 해석(interpretation)하는 것이다. '국민이 수행하는 기관평가'를 민간인으로 구성된 (정부의ㅡ저자 첨가) 정책평가위원회에 맡긴 개혁 취지는 민간 위원들이 국민의 느낌을 공유하고 그 의미를 해석하여 정책평가에 적용함으로써 국민 중심 국정평가를, 한 걸음 더 나가서는, 국민 중심 행정을 구현하려는 것이다. 그러므로 정책평가위원회의 정책평가는 마땅히 그 대상 영역을 <정책채택＋집행행동＋정부성과> 등의 관청성과 영역을 넘어서 <사회적 영향＋인본적 영향> 등의 민본효과 영역까지 확장시켜야 할 것이다.46)

이렇게 보면 '주관적 이익에 기초한 민주적 공공활동'이란 무엇보다도 그 공공활동의 대상자들이 무엇을 어떻게 해 주기를 바라고 요구하거나, 무엇을 바라지 않고 거부하는가 등의 생각·마음을 아는 공공활동이다. 그리고 그것도 지속적으

---

46) 허범, "정부기관평가제도의 개혁취지와 발전과제 그리고 실천모형의 모색", 한국행정연구원 정책평가센터(편), 정부개혁과 정책평가, 2003, 60-62에서 인용. 이와 관련된 설명 등은 허범, "민주주의와 공직윤리", 내무부 지방행정연수원(편), 명강의 선집, 1992, 189-224를 참조. 산출과 영향의 구분 등은 David Nachmias, *Public Policy Evaluation: Approaches and Methods*, N.Y.: Martin's Press, 1979, 3 참조.

로 진정한 속마음·속뜻을 알지 않으면 안 된다는 '지속적인 속마음 알기의 공공활동원리'를 말한다. 그렇게 속마음을 안다는 것은 공공활동 대상자의 겉으로 드러난 의견·요구·행동뿐만 아니라, 그 배경·맥락·환경·문화·역사까지도 심층적으로 이해하는 것이다. 또 각 개인·집단의 욕구나 일이 거의 다 같다고 치부해 버리는 것이 아니라, 그 하나하나가 독특한 차이를 가질 수 있음을 고려하는 것이다.[47]

　행정에서 주관적 이익에 기초한 민주행정의 원리는, 경영에서 고객의 마음을 알고 고객을 만족시키거나 감동시키는 사기업 경영의 원리와 동일하다. 판매할 목적의 상품을 생산하는 기업의 경영자는 자기 기호에 맞는 것이 아니라, 고객이 좋아하는 것(what the customer likes), 소비자가 원하는, 소비자의 기호에 맞는 제품이 무엇인지를 알아야 한다.[48] 소비자가 어떤 상품을 선호할 것인지에 대해서는 신경도 쓰지 않고 제멋대로 상품을 만들어 판매하려는 기업은 소비자가 외면함으로써 종국에는 실패하게 된다. 그래서 근래 기업이 소비자의 욕구, 선호, 수요 정도 등을 정확하게 파악하여 제품의 생산·판매 및 사후 관리에 반영하는 이른바 '고객 우선'(Putting Customers First) '고객 만족'(client satisfaction) '고객 감동'의 경영원리가 강조되고 있다.[49] 그리고 그런 용어는 공공부문에까지 전파되

---

47) 그래서 행정학자 하몬은 업무수행과정에서 내재적 동기요인(intrinsic motivational factors), 의도(intentions), 주관적 의미(subjective meanings)를 파악하고 능동적으로 대처할 수 있는 '얼굴을 맞댄 만남·관계·상황'(face-to-face encounters, relations or situations)을 강조하고 '행동'(행위, action) 개념을 특별히 중시한다. 그리하여 그는 비인간적인 동일성(depersonalizing sameness)을 경계하고, 욕구나 일의 독특성을 고려(regard for the uniqueness of individual needs or projects)하는 일, 역지사지의 처지에서 존중과 관심(empathetic respect and concern)을 기울이는 일, 사람들의 복지에 대하여 그들 처지에서 고려(empathetic consideration for the wellbeing of people)하는 일, 또 그런 헌신의 기반(empathic bases of commitment)을 갖추는 일 등을 강조한다. Michael Harmon, 앞의 책, 제4장과 84, 86, 108-109 참조.

48) 윤석철, 경영학의 진리체계, 경문사, 2001, 48-49 참조.

49) 소비자의 아이디어 공모, 불만 사항 수집, 체험 프로그램 실시, 모니터링(점검)요원 운영 등과 같이 제품의 아이디어·디자인부터 광고·모니터링 등까지, 소비자인 고객의 욕구·기호 등에 맞춘 제품을 개발·제조·판매하기 위하여 소비자를 생산과정에 참여시키는 마케팅 기법을 프로슈머 마케팅(prosumer marketing)이라고 한다. 프로슈머(생산소비자)는 생산자(producer)와 소비자(consumer)의 합성어로서, 미래학자 토플러가 산업혁명 이전의 제1의 물결 시대는 생산과 소비가 통합된 자급자족의 융합경제(fused economy), 산업혁명을 거친 제2의 물결 시대는 생산과 소비가 분리된 분리경제(split economy), 그리고 지식정보사회의 제3의 물결 시대는 다시 생산자와 소비자기 합쳐지는 경제가 도래하는데 이를 프로슈머 경제(prosumer economy)라고 한 데서 쓰이게 되었다. Alvin Toffler, *The Third Wave*, New York: William Morrow and

어 정부개혁과 행정서비스 개선에 널리 사용되고 있다.[50]

이상의 논의를 통하여 알 수 있는 바와 같이, 현대의 보편적인 형태의 공공활동은 공공활동가(대리인, 대표자, 관리자, 경영자, 공직자 또는 근로자)가 대상자(시민, 주식회사의 경우 주주와 소비자 또는 공동체 구성원)의 '주관적 이익'을 존중하고 파악하여 실현하고자 하는 공적 성격의 활동이다. 여기서 주관적·객관적 이익의 관념은 현대의 민주정치, 민주행정, 민주경영, 사회책임경영 등 공공활동의 본질과 관련하여 중요한 기초를 제공함을 알 수 있다. 즉 ① 좋은 공공활동의 기준을 '공공활동가'로부터 '공공활동 대상자'로 전환할 것을 요구한다. 또 ② 민주적 공공활동의 목적을 '공공활동가의 객관적 이익의 실현'으로부터 '공동체구성원 또는 공공활동 대상자의 주관적 이익의 실현'으로 전환할 것을 요구한다. 그리고 ③ 민주적 공공활동의 원리와 방법을 '공공활동가의 객관적 이익의 일방적 실현'으로부터 '공공활동가와 공공활동 대상자의 쌍방적 상호교감에 의한 대상자의 주관적 이익의 실현'으로 전환할 것을 요구한다.

이러한 전환은 모두 좋은 공공활동을 구현하는 데 있어서 일종의 '코페르니쿠스적 전환'(Copernican revolution)[51]에 해당하는 의의를 갖는다. 그리하여 민주적

Company, Inc., 1980, 27, 53−61, 282−305 참조.

50) 최근 일련의 주관적 이익 존중관의 정부 구호는 1980년대 영국 보수당의 대처 수상을 시작으로 1991년 메이저 수상의 시민헌장제도(The Citizen's Charters) 등의 정부개혁, 또 역시 1980년대 미국 공화당의 레이건 대통령을 시작으로 1994년 민주당 클린턴 행정부의 국가성과평가위원회(National Performance Review)에서 발간한 '고객최우선'(Putting Customers First)의 지침서 등의 정부개혁, 그리고 D. Osborne, T. Gaebler, P. Plastrik 등의 정부개혁전략서 등을 통하여 전 세계에 급속하게 확산시켰다. Reinventing Government National Performance Review, *Putting Customers First*: *Standards for Serving the American People*, Washington DC: Executive Office of President, 1994; David Osborne & Ted Gaebler, *Reinventing Government*: *How the Entrepreneurial Spirit is Transforming the Public Sector*, Reading, MA: Addison−Wesley Publishing, 1992; D. Osborne & Peter Plastrik, *Banishing Bureaucracy*: *The Five Strategies for Reinventing Government*, Addison−Wesley, 1997, 최창현(역), 정부개혁의 5가지 전략, 삼성경제연구소, 1998 참조.

51) 폴란드 천문학자 코페르니쿠스(Nicholas Copernicus, 1473−1543)가 지구 주위를 태양이 돈다는 당시까지의 진리인 '천동설'(지구중심설, geocentric theory) 대신, 태양을 중심으로 지구가 그 주위를 돈다는 '지동설'(태양중심설, heliocentric theory)을 제창한 데서 비롯되어, 정반대라고 할 정도의 사고의 뒤바뀜, 발상의 전환을 코페르니쿠스적 전환(혁명, 전회)이라고 한다.

이는 본래 철학자 칸트가 객관(인식대상, 보이는 것, 객체, 세계)이 주관(인식주체, 보는 것, 주체, 이성)을 구성한다는 전통적인 생각을 뒤바꿔, 주관이 객관을 구성한다(인식의 판단 기준이 객관세계에서 이성 내부로 바뀐다)고 생각하여, 순수이성비판과

공공활동의 본질이 '주관적 이익을 존중하는 공공활동'인 것을 정확히 인식하지 못한다면, 공공활동가가 스스로 아무리 잘 하고 있다고 자부하더라도 끊임없이 '탁상행정', '행정편의주의', '권위주의적 행정', '졸속행정' 등의 비난과 비판에 시달리지 않을 방도가 없다.

공공활동가가 공공활동 대상자와 상호작용에 의하여 '주관적 이익 우선'의 공공활동을 훌륭하게 수행한 하나의 예는 우리 역사에서 가장 영명한 군주의 칭송을 받고 있는 세종대왕(世宗大王)에게서 찾을 수 있다. 세종대왕이 한글을 창제한 것은 당시 일반 서민들이 일상생활에서 가장 큰 어려움을 겪는 사항 중 하나인 '문자생활'의 불편에 대한 깊은 연민(憐憫)에서 비롯되었다. 당시 일반 서민들은 입으로 말해지는 언어인 '구어'(口語)는 있으되, 문자로 작성되는 언어인 '문어'(文語)는 없는 불편한 생활을 하는 처지에 있었다. 이러한 때 세종대왕은 일반 백성 위주로, 백성을 위하여, 백성의 마음을 읽고 '문어'인 '한글'을 창제하여, 일반 서민들을 문자생활에 참여시키고 생활의 불편을 덜게 한 것이다. 이는 한글 창제의 동기를 밝힌 「훈민정음 서문」(訓民正音 序文)에서 확인할 수 있다. 이를 현대 우리말로 쉽게 표현하자면 다음과 같다.

> 우리나라 말소리가 중국과 달라서 한자(漢字)와는 서로 통하지 않으므로 일반 백성들은 말하고자 하는 바가 있어도 마침내 제 뜻을 펼 수 없는 사람이 많다. 그래서 내가 이를 딱하게 여기고 새로 스물여덟 글자를 만들었는데, 이는 사람들로 하여금 쉽게 익혀 나날이 쓰기에 편토록 하고자 할 따름인 것이다.[52]

같은 비판서에서 자신의 '대상구성이론'을 전개한 데 대하여 칸트 스스로 붙인 말이다. 칸트는 "지금까지는 모든 우리의 인식이 대상들에로 향해야 한다고 가정해왔다. 그런데 대상들에 대해서 (그렇게 해서) 우리의 인식을 넓혀볼까 하는 모든 시도들은 허사로 돌아갔다. 그러므로 이제 우리는 한번 대상들이 우리의 인식에로 향해야 한다고 가정할 때 형이상학의 과제를 더 잘 해결할 수 있지 않을까 시도해볼 만하다"(순수이성비판 제2판 XⅦ)고 하면서, 하늘이 도는 것이란 여태까지의 생각을 바꿔 지구가 도는 것으로 생각해보자고 하였다. 우리의 인식이 대상들을 향해야 한다고 생각하다보니 선험적인(경험적 지식 이전의) 인식들을 올바르게 설명할 수 없었다. 그러니 그 반대로 대상들이 우리 인식에로 향하는 것으로 생각해 보니 모든 것이 훨씬 더 쉽게 설명이 된다는 것이었다. 이기상, 앞의 철학노트, 108, 260-262, 271-274 참조.

52) 강신항, 훈민정음연구, 증보판, 성균관대학교출판부, 1990, 89 참조. 세종대왕이 백성을 '고객'으로 정립하고 고객의 필요, 아픔, 정서가 무엇인지를 감지하는 위대한 감수성을 발휘한 것으로 해석하는 예는 윤석철, 경영학의 진리체계, 경문사, 2001, 53-55 참조. 즉 조선왕조실록에 의하면, 세종대왕은 즉위 후 수년간 가뭄이 계속되었다고 한다. 흉년으로 고생하는 백성의 아픔을 목격한 세종은 농사에 도움이 되도록 측우기

군주인 세종대왕이 한글 창제를 주도한 당시, 그리고 그 후에도 이를 완강하게 반대한 사람들이 있었다. 그 반대자들이 일반 백성의 주관적 이익을 무시한 것이라고 한다면, 세종대왕의 한글 창제는 누구보다도 군주가 일반 백성의 주관적 이익 우선관(優先觀)을 지니고, 백성의 편에 서서, 선체험·동시체험·추체험을 하면서 백성의 주관적 이익을 파악하고 실현시킨 '군주시대의 민주적 공공활동'의 예를 보여준 획기적 사건이었다.[53] 여기에 '공공활동가가 자신의 객관적 이익 우선관보다는 철저하게 공공활동 대상자의 주관적 이익 우선관을 앞세우는 실천'을 '세종대왕의 관점과 실천'이라고 부를 수 있고, 그럴진대 공공활동가들은 세종대왕의 관점과 실천을 본받아 마땅하다고 하겠다.

요컨대, 주관적 이익에 기초한 민주적 공공활동의 원리는 원시시대부터 구현해야 할 원리이고 공동체적 삶의 지혜였다. 그렇지만 대체로 그 중요성을 올바로

를 만들었고, 정초(鄭招), 변계문(卞季文) 등을 시켜 각 지방을 돌며, 각 지역의 노련한 경험자들에게 물어 지역별 영농의 특성을 정리한 최적영농(最適營農)의 방법서, '농사직설'(農事直說)을 펴내게 했다. 그러나 농사직설이 한문으로 돼 있어서 농민이 직접 읽을 수 없다는 사실을 알고, 무식으로 고생하는 백성들을 도와주기 위해 세종은 훈민정음 창제를 생각하고, 우선 '제품개발조직'으로 '정음청'(正音廳)을 설치, 집현전 학자들을 중심으로 '개발팀'을 구성하여 한글 개발에 나섰다. 그러면서 이 분야의 '첨단정보'를 수집하기 위해 중국 요동성에 와 있는 음운학자 황찬(黃瓚)에게 성삼문(成三問)을 파견하여 전문지식도 배워오게 했다.

오늘날 세계 어문학자들이 한글을 접하면서 ① 훌륭한 성능과 배우기 쉬운 점, ② 왕정시대 한 군주에 의해 계획적으로 개발된 사실, ③ 훈민정음 반포문에 나오는 '민연'(憫然)이란 단어에 놀란다고 한다. 이처럼 백성의 필요, 아픔, 정서를 감지하는 감수성의 정수가 바로 '답답하고 딱하고 불쌍하게 여기는' '민연' 또는 '연민'에 있다고 하겠다.

53) 언어를 장악한 자가 세상을 지배한다. 가장 확실한 권력의 징표는 언어이다. 그리스·로마 시대에는 그리스어·라틴어를 아는 사람만이 사람이었고, 그렇지 못한 사람은 야만인이었다. 지난 천년 동안 인류사 최고의 사건은—서양 중심으로 생각할 때이지만—1517년 종교개혁이라고도 말한다. 자세히 보면 이는 마르틴 루터(Martin Luther, 1483-1546)가 당시 라틴어로만 쓰여 있는 성서를 독일어로 번역하여, 성직자와 귀족계급에만 속하였던 언어를 민중에게 돌려준 언어혁명이었다.

그리고 이 언어혁명으로 근대화가 시작되었다. 당시까지 성직자와 귀족을 제외한 일반 민중은 성서를 읽지 못함은 물론, 기도를 드리려면 신부와 수도자를 찾아가 부탁해야만 했다. 그들은 하느님에게 가는 다리 역할을 하는 막대한 권한을 가졌다. 동양에서도 한문을 아는 사람만이 사람대접을 받았다. 그래서 권력자는 언어를 배울 수 있는 사람을 극도로 제한하였다. 언제나 언어는 권력의 상징이었고, 권력과 밀착되어 있었다. 서양에서도 라틴어의 굴레에서 각 국가들이 자국어로 해방된 순서가 영국, 프랑스, 독일 등의 근대화의 순서이다. 그리고 민중이 언어에서 해방되어야 민주주의가 될 수 있다. 이상 이기상, 앞의 책, 239-243 참조.

인식하고 실천한 것은 인류사에서 비교적 최근의 일이라고 하겠다. 근대에 들어와서 정부활동이든 기업경영활동이든 공공활동은 '본질적으로 그 봉사할 대상자의 주관적 이익을, 그 대리인이 객관적 이익의 형태로 파악하여 반영 · 실현하고자 하는 공적 성격의 활동'이라는 속성에 대한 성찰도 활발해졌기 때문이다. 이러한 공공활동의 본질적 속성을 인식하고 나면, 현대 민주정치 · 민주행정 · 민주경영 · 사회책임경영의 궁극적 목표는 어떻게 하면 그 봉사하고자 하는 주인(공동체구성원, 공공활동 대상자)의 실질적인 주관적 이익을 정확하게 파악하여, 이를 가능한 한 최대한 존중 · 반영하는 공공활동을 할 수 있을까 하는 데 모아진다. 이는 간단히 '객관적 이익을 주관적 이익과 일치시킬 수 있는 공공활동(정치 · 행정 · 경영)'이라고 할 수 있고, 더 쉽게 '주관적 이익에 기초한, 주관적 이익을 존중한 공공활동'이라고 요약할 수 있다.54)

물론 공공활동가가 공공활동과정에서 그 대상자의 주관적 이익을 온전히 반영하고 실현시켜 주지 못할 수 있다. 그러나 공공활동가가 처음부터 아예 주관적 이익을 파악하고 존중하고자 하는 관심 · 의지 · 노력도 없어서 그런 일이 발생한 경우와, 그렇지 않고 진지한 관심 · 의지와 성실한 노력에도 불구하고, 불가피하게 주관적 이익을 파악하고 반영하는 데에 부족함이 있었던 경우는 완전히 다르다. 즉 주관적 이익과의 불일치의 경우가 '주관적 이익의 비존중관(非尊重觀)'에 의하여 발생했느냐, 혹은 '주관적 이익의 존중관(尊重觀)'에 의하여 발생했는가의 차이는 근본적인 질적인 차이를 갖기 때문에 '민주적 공공활동의 평가'에 있어서 매우 중요하다고 하겠다.

이러한 맥락에서 볼 때 한편에는, 시민, 정책 대상자들이 어떤 생각 · 욕구 · 소망을 갖고 있고, 그것을 어떻게 하면 가장 정확하게 알 수 있으며, 그것을 어떻게 하면 최대한 반영하면서, 그들에게 가장 가깝게 다가선 행정, 그들과 함께 하는 행정, 그들에게 기쁨을 주는 봉사 행정을 할 수 있는가를 고민하는 자가 있다

---

54) 여기서 '주관적 이익에 기초한 공공활동'과 대비되는 표현은 '객관적 이익에 기초한 공공활동'이 되겠다. 그런데 이 '객관적 이익에 기초한 공공활동'이란 표현은 민주행정의 원리에 어긋나지 않고, 오히려 정확하게 '위임' 또는 '대리'활동인 행정의 속성을 묘사한 것이라고 오해할 여지가 있다. 그러나 '객관적 이익에 기초한 공공활동'이란 주관적 이익을 무시하거나 소홀히 취급하고 자기 나름의 일방적 · 독선적으로 판단한 바에 의하여 '주관적 이익과 완전히 동떨어진 공공활동'을 의미하는 표현으로 한정하고자 한다. 그리히여 이는 민주적인 좋은 공공활동에 어긋나는, 좋지 못한 공공활동의 한 기준으로 사용하고자 하는 특수한 표현이므로, 이 점 유의하기 바란다.

고 하자. 그리고 다른 한편에는, 시민, 정책 대상자들이 어떤 생각·욕구·소망을 갖든 어차피 그대로 해줄 수도 없고 그대로 해서도 안 되는 바에는 크게 개의할 것도 없다고 생각하는 사람이 있다고 하자. 그리고 이 사람은 자신의 뜻대로 그들에게 최대한의 이익만 주면 되는 행정, 수용 자세가 되어 있는 사람만 그만큼 배려하는 행정, '그렇게 한다고 누가 알아주나' 하면서 할 수 있는 만큼의 행정으로 자신의 할 일을 모두 다 했다고 생각하는 자가 있다고 하자.

그렇다면 시민들은 어느 편의 공직자를 원하겠는가? 공직자들은 어떤 직무관(職務觀)이나 공공철학을 갖는 자가 되고 싶은가? 공공활동 대상자(대상 집단)의 겉 주장·요구·희망뿐만 아니라, 그들의 진정한 속마음·속뜻까지 헤아려 가면서 직무를 수행하겠다는 마음가짐을 가져야 한다는 것이 바로 '주관적 이익에 기초한, 주관적 이익을 존중한 민주행정 원리'의 요체라고 하겠다.

3) 대표·대리와 관련된 공공활동의 이론들

공동체구성원 각 개인의 존엄과 가치, 자유와 평등, 개인적 이익과 전체 공공이익을 존중하고 실현하는 민주적 공공활동의 대부분이 공동체구성원을 대표·대리하는 소수 공공활동가에 의한 간접적인 지배방식으로 구현되고 있다고 하였다. 그런데 거기에는 공동체구성원을 대표·대리하는 민주적인 좋은 공공활동을 수행하는 데 있어서 누가, 무엇을, 어느 정도, 어떻게 대표·대리해야 좋은가라는 핵심적인 쟁점을 내포하고 있다. 이 문제에 대하여 ① 공공활동의 범위와 정도 ② 대표·대리 행위의 독립성과 구속성 ③ 지역·인종·소수·양성(兩性) 등의 대표성에 관한 문제를 중심으로 간단히 검토해 보기로 하겠다.

① 공공활동의 범위와 정도

우리의 삶에서는 우리 개개인이 직접 자신의 주관적 이익을 실현하는 영역과 범위도 넓지만, 공공활동을 통하여 공적으로 우리의 주관적 이익을 실현하는 영역과 범위도 넓다. 사람들이 개개인의 주관적 욕구·소망 등을 자신이 직접 실현하기보다는 입법·사법·행정의 정부와, 기업, 단체 등 공공기제(public mechanism, 또는 공공체제, public system)의 공공활동을 통하여 간접적으로 대리 실현하는 간접적·

공적인 대표·대리 실현이 더 좋다고 보는 범위와 정도는 한결같지 않다.

과거에 비하여 현대 '간접민주정치' '간접민주행정' '간접적인 기업지배구조'의 원리에 따라 우리의 주관적 이익을 대신 실현해 주는 공공활동의 영역과 범위는 매우 넓어졌다. 그런데 인류역사에서 공공활동의 기능과 역할은 이념에 따라 확대되기도 하고 축소되기도 하면서 부침을 거듭하여 오늘날의 모습에 이르렀다. 예컨대, 20세기만 해도 초반에는 복지국가(welfare state) 개입주의(interventionism)의 이념이 득세하면서 공공활동의 기능과 역할이 확대·심화되었다. 그러나 후반이후 21세기로 넘어 가면서는 공공활동의 비대화에 대한 반작용으로 신자유주의(neoliberalism)의 '작은 정부' '경쟁과 효율 위주'의 이념이 득세함으로써 공공활동의 기능과 역할이 감축되는 것이 바람직하다고 여겨지고 있다.

이와 같이 공동체구성원을 대표·대리하는 공공활동의 범위와 정도, 규모와 기능, 한계와 병폐, 또 그것을 좌우하는 이념의 부침(浮沈) 등은 공공활동의 가장 중요한 쟁점의 하나임에 틀림없다. 그런 만큼 이에 대하여 공공활동가가 올바로 이해한 바탕 위에서 실제 공공활동에 적용할 필요가 있기 때문에, 특별히 '사적 자치와 공공개입'의 장(章)을 할애하여 넓고 깊게 검토하기로 하겠다.

② 대표·대리 행위의 독립성과 구속성

공동체구성원(시민·대상자)의 주관적 이익을 실현하도록 선출되거나 임명되어 권한을 부여받은 공공활동가(대표자·대리자·수탁자·공복)가 어떻게 대리, 대표 또는 수탁 활동을 해야 하는가와 관련된 고전적인 정치철학상의 논쟁이 있다. 이는 대표·대리 행위의 '독립성'과 '구속성'(拘束性), 또는 (재량)권한의 위임 범위에 관한 '공공활동가의 역할 정체성'(role identity)의 논쟁이라고 할 수 있다.

한편의 견해에 의하면, 공공활동가는 그를 선출하거나 권한을 부여한 공동체구성원에게서 포괄적인 재량권을 위임(mandate)받은 만큼, 공동체의 공공문제를 처리할 때 공동체구성원의 구속에서 벗어나 독립하여 그의 소신·양심·능력에 따라 독자적으로 판단하고 행동해야 한다고 본다. 이와 같이 공공활동가의 대표·대리 행위에 대하여 '독립성' 또는 '독자성'을 인정하고, 그런 의미에서 그런 포괄적인 재량권을 행사하는 사람을 '대표자'나 '독립적 수탁인'(independent trustee)이라 부르기도 한다.

다른 한 편의 견해에 의하면, 공공활동가는 그를 선출하거나 권한을 부여한 공동체구성원의 의사를 충실히 대변할 권한만을 위임받은 만큼, 어디까지나 공동체 구성원의 주관적 이익을 충실히 파악하고 전달하며 실현하는 단순 심부름꾼 또는 도관(導管, vessel)에 지나지 않으므로, 독자적으로 판단하고 행동해서는 안 된다고 본다. 이와 같이 공공활동가의 대표·대리 행위는 구성원에게 구속돼 있는 성격 때문에, 단순 대리와 관련된 재량권만을 행사해야 하는 사람을 '대리인'이나 '단순 대리인'(simple agent)이라 부르기도 한다.

그러나 앞에서 논의한 바에 비추어 위 상반된 견해를 평가해 보면, 어느 편의 견해도 민주적 공공활동가의 본질적 역할을 정확하게 대변하지 못한다. 먼저 공공활동가가 포괄적인 권한을 위임(위탁)받았기 때문에 공동체구성원에게서 독립하여 독자적인 대표·대리 행위를 하는 자라는 '절대적 독립성'의 견해는, 자칫 '위임'의 성격이 '양도'로 간주되어, 민주적 통제를 벗어난 객관적 이익 우선설의 수호자주의와 다를 바 없게 변질될 소지가 다분하다. 그런가 하면, 공공활동가가 공동체구성원의 의사를 충실히 대변할 권한만을 위임받았기 때문에 공동체구성원에게 구속되어 단순히 그 의사를 대리할 자에 지나지 않은 자라는 '절대적 구속성'의 견해는, 공공활동가의 전문적이고 창의적이며 능동적인 직무수행을 절대적으로 부정하는 비현실적이고 바람직하지 못한 견해에 지나지 않는다. 두 편의 견해 모두가 극단론인 셈이다.

공공활동가는 일단 선출되거나 임명되면 그 선출자나 이념적 임명권자인 공동체구성원에게서 완전히 독립해서 독자적인 소신과 판단에 의하여 직무를 수행해야 한다는 '절대적 독립성'의 주장은 옳지 않다. 민주적 동의와 통제의 '구속성'의 끈은 민주주의의 최후 보장수단으로 공동체구성원에게 남겨두어야 하기 때문이다.55) 또한 현실적으로든 이념적으로든, 공공활동가는 순전히 단순 심부름꾼의

---

55) 독립하여 법률의 위헌 여부를 심사하는 미국 대법관의 직무수행에 대하여 로버트 달은 일종의 준수호자주의(의사수호자주의, quasi-guardianship)라고 부른다. R. Dahl, 앞의 책, 301-302. 이러한 관점에서 법관과 같은 독립적 직무수행자는 흔히 불편부당하고 공정하게 직무를 수행하기 위하여, 또 널리 전문가는 전문적 식견(정보, 지식)·소신·양심에 따라 판단하고 전문적 견해를 제시하기 위하여, 일반인의 간섭이나 여론으로부터 초연해야 한다고 보는 것은 좋으나, 어떤 대표·대리 행위도 완전히 민주적 동의와 통제를 배제한 것이어서는 곤란하다. 위헌심사권을 발전시킨 미국 연방대법원의 경우도 많은 잘못된 결정에 대해 치열한 사후 검증과정을 거쳐 시정함으로써 오늘날과 같은 사법왕국을 구축해냈다고 한다. 대표적으로 흑인노예는 재산일 뿐 인간이 아니라는 1857년의 드레드 스콧 결정은 남북전쟁을 겪은 후 시정됐고, 흑인과 백인을 공공시설에서 분리수용하는 것을 합헌으로 결정한 1896년 퍼거슨 결정도 많은 시행착오 끝에 "미국 헌법은 색맹"이라는 정신에 따라 교정됐다. 김종철(연세대

대리인 역할에만 국한해서도 곤란하다. 좋은 공공활동가는 사안과 경우를 헤아려서, 때로는 단순 대리 행동만 충실히 이행해도 좋고 바람직한 경우가 있다. 그렇지만 대체로 전문적 지식·정보·비전·열정·헌신을 가지고 사람들의 주관적 이익을 능동적으로 파악하고, 서로 이해상충의 이익들 사이에서 공정하게 조정이나 심판도 행하며, 진정한 이익을 위한 미래의 청사진도 제안하고 설득하여 동의를 확보하면서 좋은 정책이나 제도를 추진해야 한다.

결국, 민주적 공공활동가는 대리인(agent), 대표자(representative), 수탁자(trustee, steward), 공복(public servant) 등 그에 붙여지는 여러 가지 이름과 상관없이, '주관적 이익에 기초'하고 '주관적 이익을 존중'하는 한, 전문성·소신·철학·열정에 바탕을 두고 공동체구성원 개개인에게서 '상대적 독립성'을 갖고 전문적·창의적·능동적으로 직무를 수행하는 사람이다. 다만, 그것이 공동체구성원의 동의와 민주적 통제를 벗어나지 않는 '최종적 구속성'의 전제 아래 인정되는 역할임을 명심하고 그의 역할을 올바로 수행해야 한다. 따라서 공공활동가는 공동체구성원의 의사(민의, 民意)의 '상대적 구속성'(이는 결국 '상대적 독립성'에 해당하지만 '상대적 구속성'이 민주주의이념에 더 합당함) 아래, 주관적 이익을 존중하는 공공활동을 수행하는 역할을 담당하는 사람이다.

③ 지역·인종·소수·양성(兩性) 등의 대표성

공공활동가가 '주관적 이익에 기초한 공공활동'을 올바로 수행하는 데 있어서 대두하는 중요한 문제의 하나, 공공활동가의 출신 지역·인종·성(性)·직업·종교·신분·계층 등 여러 기준에 의하여 분류되는 부문별 인구통계학적 특성이 중요한가 중요하지 아니한가의 문제이다. 이를 편의상 '주관적 이익의 대표성'의 문제라고 한다면, 공공활동과정에서 명시적으로든 묵시적으로든, 지배집단의 이기적·편파적·비합리적·불공정한 대리·대표 행위가 많았던 역사적·경험적 증거 때문에, 특히 지역·소수 인종·성·종교 등과 관련된 대표성이 쟁점으로 대두하고 있다.

역사적으로 귀족·남성·자본가 중심의 지배집단은 역시 노예, 여성, 노동자 등에게 차별 대우를 해왔었다.[56] 과거 남아프리카공화국의 소수 백인정권이 다수

교수, 헌법학), "헌재도 국민으로부터 위임받은 권력", 중앙일보, 2004. 11. 22, '내 생각은' 칼럼에서 인용 참조.

56) Robert Dahl, 앞의 책, 207-209 참조.

흑인을 차별한 인종차별정책(apartheid)의 예가 그렇고, 미국의 백인·남성 중심의 연방정부가 흑인·여성의 주관적 이익을 정당한 몫만큼 반영하고 실현시켜 주지 못하고 있는 것이 사실이다. 이에 인적 구성이나 정책지향 측면에서 국가공동체 전체의 인적 구성 비율에 맞게 관료조직의 직위들이 채워져야 한다는 원리가 중요해졌다.

그리하여 입법부의 의원을 인구비례의 지역구별로 대표하도록 구성하고, 연방제국가에서는 양원 중 상원 의원을 각 지역(주)에 균등 배분하여 대표하도록 정치적 지도층의 국민대표적·지역대표적 역할을 강화하고 있다. 더 나아가 근본적이고 의도적인 '진보적 평등'의 이념하에, 사회적 배경이 되는 집단의 대표성이 그 집단의 이익을 표출해 줄 수 있다는 '정책적 대표성'을 전제로, 또한 개인의 직업적 성공에는 사회적 출신 배경이 큰 영향을 미친다는 전제에서, 정부의 전문관료집단의 구성도 출신 지역·인종·성(性)·직업·종교·신분·계층 등의 인구통계학적 구성비율을 반영한 사회 전체의 축도(縮圖, cross-section)가 되어야 한다는 '대표 관료제'(representative bureaucracy)이론이 등장하였다.[57] 구체적으로 공직의 채용·승진 등 인사상의 차별을 받아온 여성·소수 인종·장애인 등 비수혜(非受惠, underprivileged) 집단에 대하여 차별적 관행을 불식함은 물론, 더 적극적으로는 비례적 대표성을 강화하기 위한 우대를 강제하는 임용할당제(employment quota system), 적극적 우대조치(affirmative action)와 같은 특별한 제도가 시행되고 있다.

이는 모두 공공활동 수행과정에서 어떻게 하면 공공활동가가 공동체구성원의 주관적 이익을 공평하게 대표할 수 있도록 직무수행을 담보할 수 있는가에 대하여 고민한 결과로 창안한 최근의 방법들이라고 할 수 있다. 그러나 여기에도 단순히 형식적으로 인구 비례적인 '소극적(피동적, 형식적) 대표성'(passive representativeness)을 보장하면, 그것이 그대로 출신집단의 이익을 표출하고 반영하는 '적극적(능동적, 실질적) 대표성'(active representativeness)으로 직결될 수 있는지, 설령 그렇다 하더라도 자기 출신 집단만 대표하는 것이 바람직한지, 전문성과 생산성을 저하시킬 염려는 없는지, 역차별(reverse discrimination)로 사회적 분열과 갈등을 초래하지는 않는지 등에 관한 비판과 논쟁이 계속되고 있다.[58]

---

57) 모든 사회집단들이 한 나라의 인구 전체 안에서 차지하는 수적 비율에 맞게 관료조직의 직위들을 차지해야 한다는 원리가 '대표관료제'이다. 이는 '사회 내의 중요한 세력들을 반영하는 관료제'를 대표관료제라고 규정한 J. Donald Kingsley, *Representative Bureaucracy*, Antioch Press, 1944이란 문헌에서 출발하여, 하나의 중요한 이론이 형성되었다.

4. 주관적 이익의 특성, 해석 및 관련 문제

시민을 위한 좋은 정치나 좋은 행정도 우선 민심(民心)의 소재와 내용을 알아야 한다. 공공활동가가 좋은 공공활동을 펼치기 위해서는 공공활동 대상자의 실질적인 주관적 이익·속마음·속뜻을 정확하게 알아야 하는 것이다. 그래야 그것을 정확하게 반영하고, 그들을 상대로 설득도 하며 조정과 합의도 도모할 수 있다. 이에 공공활동가가 주관적 이익에 기초한 민주적인 공공활동을 수행하기 위하여 주관적 이익을 어떻게 정확하게 파악할 것인가의 방법론과 실천론의 문제가 중요해진다. 그런 관점에서, 주관적 이익의 특성을 비롯하여 해석 과정에서 발생하는 문제 등에 대하여 다음에서 논의하기로 하겠다.

1) 주관적 이익의 특성

주관적 이익 자체의 특성은 다양한 측면에서 검토할 수 있다. 여기에서는 공공활동과정에서 공공활동가가 알아야 할 중요한 주관적 이익의 특성으로서 누구나 삶 속에서 경험할 수 있는 ① 고유성, ② 다원성·복합성, ③ 사회성·역사성·문화성, ④ 가변성·구체적 결정성, ⑤ 명시성·잠재성, ⑥ 상대적 동질성·이질성 등에 대하여 간단히 살펴보기로 하겠다.

① 고유성
사람은 각자 그 생김새와 성격이 다르듯이, 그 추구하는 이익의 종류와 내용, 추구하는 이익의 범위와 정도, 추구하는 이익에 부여하는 가치(의미) 등이 제각각 다르다. 그런 만큼 각자의 주관적 이익은 고유하거나 독특하다(unique, ad hoc)고 할 수 있고, 따라서 이를 '이익 가치 고유성의 공리'라고 규정한 바 있다.
이와 같이 주관적 이익은 고유성(독특성, uniqueness)의 특성을 갖기 때문에, 민주사회에서는 어린이나 특수한 사람의 경우를 제외하고는, 일반적으로 어느 누구

---

58) 이상 오석홍, 행정학, 나남출판, 1998, 575−580 참조.

도 자기 자신의 이익을 자기보다 더 잘 판단할 수 없고, 또 이익을 실현하기 위해 자기보다 더 잘 행동할 수 없다고 본다. 다른 사람은 나 자신의 이익을 이해하는 데 있어서 나보다 더 불리하고, 나 자신의 이익을 추구하고자 하는 타인의 유인(incentives)은 나 자신보다 훨씬 더 약하다는 것이다. 이 신념, 가정, 그리고 이에 반하는 역사적 시도들이 실패하였던 경험에서 얻은 교훈이 민주주의사상과 민주사회를 떠받치고 있는 가장 중요한 주춧돌이 되고 있기도 하다.[59] 이 고유성·다원성·이질성을 갖는 주관적 이익의 특성은 곧 각 개인의 '존엄과 가치'를 존중한다는 헌법의 규정으로도 나타나고 있다.

그런데 현실에서는 공공활동을 수행하는 사람들이 여러 가지 이유로 주관적 이익을 실질적으로, 정확하게 파악하려고 하지 않거나 경시함으로써, 결과적으로 주관적 이익과 일치하지 않는 공공활동을 하는 경우가 많이 있다. 그런 일은 공공활동가가 그 대상자들의 능력, 식견, 또는 판단을 불신하고 지나치게 자신이나 전문가의 능력과 판단을 과신하는 경우에 흔히 발생한다. 예컨대, 주관적 이익의 주장이나 표출이 충분히 정제되지 않아서, 무지하므로, 비합리적인 논거에 의존하고 있으므로, 근시안적이므로, 이기적인 사고방식에 얽매어 있으므로, 비현실적이므로 등등의 이유를 거론하면서, 대상자들의 주관적 이익을 무시 또는 경시하는 것이다. 그러나 이는 옳지 않다. '아동'이 그 대상이라도 그의 주관적 이익을 최대한 존중하는 것이 중요하다. 그런데도 미숙한 아동, 청소년, 학생이라고 해서 함부로 무시하는 경향이 있다. 다음 사례를 보자.

> 나는 안양에 있는 한 중학교 3학년 학생이다.……나는 비교적 편식하지 않고 어떤 음식이나 잘 먹는 편인데, 요즘 우리 학교 급식 도시락은 거의 먹을 수가 없는 수준이다. 심하게 말하면 '개밥'처럼 느껴질 정도다. 선생님들은 우리들의 도시락과 좀 다른 교사용 도시락을 드시므로 "뭐가 어떠냐? 그 정도면 먹을 만하다"고 하신다. 하지만 아이들은 급식 도시락을 더는 먹기 싫어한다. 그래서 우리 반 아이들은 다른 상표의 도시락을 11명이 먹기로 결정했다. 급식 도시락은 월 3만 6천~4만 원인데, 우리가 산 도시락은 3만 8천~3만 9천 원 정도다. 아이들은 이 도시락을 먹으며 "눈물나게 맛있다"고 말한다.
>
> ……담임선생님께서는 학교는 정수기 설치, 무료급식 각 반 2명, 장학금 등을 조건으로 학부모 회의에서 그 도시락 업체를 급식업체로 선정한 것이라고 한다. 그렇

---

59) R. Dahl, 앞의 책, 200−201, 206−207 참조.

기 때문에 다음날부터 부모님이 싸주시는 도시락 외에 다른 도시락을 사오는 것은 안 된다고 하셨다.……선생님은 우리가 다른 도시락을 먹고 있는 걸 급식업체 사람이 보면 어떻게 생각하겠느냐고 하시는데, 나는 차라리 그 사람들이 보고 무언가를 깨달을 수 있는 계기가 되면 다행이라고 생각한다.……반갑지 않은 상황일 땐 바로잡을 수 있어야 한다고 생각한다. 학교에서 정수기를 설치할 필요가 있으면 그 비용을 거두면 될 것이고, 무료급식자가 필요하면 그 나름대로 다른 대책을 만들면 될 것이다. 우리가 비용을 내면서 형편없는 도시락을 계속 먹어야 한다는 건 보이지 않는 폭력이다.[60]

이렇게 보면, 어떤 공공활동이 그 대상자의 이익에 최선인가 아닌가를 판단할 최종 권리는 그 주관적 이익의 소유자인 공공활동 대상자에게 있다. 이 사실은 공공활동가가 어떤 대상자의 고유한(독특한) 주관적 이익을 정확하게 파악하고 실현한다는 것이 결코 쉬운 일이 아님을 알게 해 준다. 따라서 무엇보다도 주관적 이익을 정확하게 파악하겠다는 의지와 동기를 가져야 한다. 그리고 고유한 주관적 이익과 결부된 현장 상황을 직접 보고 들으며, 만지고 느끼며 경험(체험)하면서 직접 대면하여 고유한 주관적 이익을 파악할수록, 그만큼 더 오류나 오차의 여지를 줄일 수 있을 것이다.

이런 이유로, 고유한 주관적 이익을 정확하게 파악하고 최대한 실현하는 '민주적인 좋은 공공활동'을 위해서는 공공활동가가 공적 감수성을 발휘하여 역지사지의 자세로 공공활동 대상자가 겪게 될 체험을 미리 '선체험'하고, 대상자가 겪고 있는 체험을 함께 '동시체험'하며, 대상자가 겪고 난 체험을 다시 재현하여 그대로 '추체험'할 수 있어야 한다. 공공활동가는 상상의 미래, 바로 현장의 현재, 그리고 지나간 과거에 걸쳐서 대상자와 대면(對面)하고 대화(의사소통)하는 것과 같은, 대상자의 체험을 그대로 체험하는 것이 주관적 이익의 파악과 실현에 필수적이다. 그런 측면에서 대상자와 직접 대면하고 대화하며, 대상자의 참여를 보장하여 다양한 의견을 제기할 수 있도록 해주며, 적극적으로 그 의견을 수렴하고 반영하는 것은, 여러 시점(時點)에서 행해야 할 것 중 '현재'에 한정된 일임을 알 수 있다.[61]

---

60) 정주은(가명, wndmsql@hanmail.net), "맛·위생 형편없는 급식 먹어야 하는 이유," 한겨레, 2002. 10. 12.

61) 공공활동가가 그 대상자와 상호작용하는 '상호성'(mutuality)을 규범적 전제로 삼고, '직접 대면'(대면적 만남, 대면적 관계, the face-to-face encounter)이라는 일차적이고 핵

② 다원성·복합성

사람은 저마다 추구하는 주관적 이익이 고유하고 독특할 뿐만 아니라, 일생을 살아가면서 필연적으로 아주 다양한 주관적 이익을 추구한다. 욕구, 효용, 만족, 편익, 쾌락, 건강, 권력, 부, 명예 등, 유형적이거나 무형적인 것, 또는 정신적이거나 물질적인 것, 정치적이거나 경제적인 것, 사회적이거나 문화적인 것 등과 같이, 사람이 추구하는 주관적 이익의 종류·내용·범위·정도·질·양 등은 아주 다양하다. 그리고 그렇게 다양한 주관적 이익은 서로 결합된 복합적인 성격을 띤다. 예컨대, 사람은 명예·존경·높은 직위 등의 정신적인 가치와 함께 재산·금전·의류·주택과 같은 물질적인 가치가 결합된 복합적인 주관적 이익을 추구한다.

③ 사회성·역사성·문화성

사람의 주관적 이익은 필연적으로 그가 사는 사회, 역사, 문화와 따로 떼어 생각할 수 없다. 주관적 이익은 사회, 역사, 문화 속에서 형성되고 유지되며 소멸한다. 또 주관적 이익은 다음 설명과 같이, 사회, 역사, 문화 속에서 권장되기도 하고 제약을 받으며 존재하고 평가되는 사회적·역사적·문화적 산물이다.

프로이트는 의식에 영향을 끼치고 의식이 사고할 수 있게 지도하면서도 의식의 접근이 봉쇄돼 있는 일종의 블랙박스인 '무의식'의 발견으로, 근대 철학의 기초였던 어떤 정형화된 '주체'를 해체하는 데 결정적인 역할을 하였다. 이로써 주체란 통일적인 중심이 아니라 매우 이질적인 복합체이고, 자명한 출발점이 아니라 하나의 결과물이라는 결론에 이르게 된다. 그리고 현대 서양철학자들은 육체(몸)의 수만큼이나 많은 인간(주체)이 서로 다른 진리, 언어, 세계, 문화, 이성을 가지고 서로 다르게 사유하고 말하는 존재임을 인식하게 된다. 프랑스 철학자 푸코와 같은 포스트모더니스트는 우리의 욕망, 본능 등이 이미 무엇인가에 의하여 프로그래밍되고 있다는 것을 파헤쳐 보여주었다.

심적인 분석단위에 의하여 능동적이고 사회적인 존재(active-social being)인 공공활동 대상자의 독특한 주관적 의미(unique subjective meanings)를 정확하게 이해하고 해석함으로써, 소극적·수동적(passive·reactive)이 아닌 적극적·능동적(active·proactive)인 공공활동의 수행과 그 책임의 이행이 가능하다는 것을 강조하는 이론이 해석학 계열의 '행위이론'(행위패러다임, Action Theory 또는 Action Paradigm)이다. 이와 관련, Peter L. Berger and Thomas Luckmann, *The Social Construction of Reality*, Anchor Books edition, 1967(초판은 N.Y.: Doubleday & Company, 1966), 28-34 및 Michael M. Harmon, 앞의 책, 4-7 참조.

마르크스도 물질적인 토대, 생산력과 생산관계의 상태, 생산가치 등의 경제적인 하부구조의 상태가 사회의 윤리, 법, 예술, 철학 등의 상부구조를 결정하고 그렇게 사람의 생각, 태도, 삶의 방식을 모두 규정한다고 주장하였다. 마르크스는 "물질적 생활의 생산양식이 사회적·정치적·지적 생활의 일반적 과정의 조건이 된다. 인간의 의식이 그들의 존재를 규정하는 것이 아니라, 그 반대로 그들의 사회적 존재가 그들의 의식을 규정한다"는 유명한 사적 유물론의 공식을 제시하였다. 사실 노동자 집안과 부르주아 집안에서 태어난 사람이 각각 현실에 대해서 가지는 태도, 삶의 자세는 다른 바와 같이, 객체에 따라 주체의 의식이 형성되는 것이 입증되기도 한다. 주체가 대상이나 세계를 구성한다고 오만스럽게 말할 수 없고, 오히려 구성되는 것은 주체라고 말할 수 있게 된다. 대상, 사물, 환경, 문화, 권력, 사회가 주체를 구성한다고 할 수 있는 만큼, 절대적인 주체는 이제 '구성된 주체'가 되는 것이다. 거시적이거나 미시적인 권력에 의해서 조종되고 통제되는 존재가 인간이기도 하다.[62]

이처럼 사람의 주관적 이익은 사회적·역사적·문화적 맥락 속에서 다른 사람과 상호작용하는 과정을 통하여 그 종류, 내용, 범위, 정도 등이 달라질 수 있다. 이러한 '주관적' 이익의 '사회성'의 특성은 사람과 사람이 상호작용하는 의미의 '상호성'(mutuality)의 요소를 포함하고 있다. 그런 만큼 주관적 이익은 누가, 언제, 어디서, 어떻게, 왜 파악하는가에 따라서 달라질 여지가 많으므로, 주관적 이익을 수렴하고 설득하며 조정하는 사람, 시기, 장소, 방법, 동기, 상황 등에도 특별한 관심을 갖고 대응할 필요가 있다.

이렇게 보면, 주관적 이익에 초점을 맞춘 공공활동은 순수하게 '개인적' 수준과 관점에서 전개되는 활동일 뿐이라는 인식은 잘못이다. 주관적 이익을 존중한 공공활동은 엄연히 사회적·역사적·문화적 수준과 관점에서 전개되고, 마땅히 그렇게 되어야만 하는 공공활동이다.[63]

---

62) 진석용, 칼 마르크스의 사상, 문학과지성사, 1992, 108 참조.
63) 공공활동에서 '주관적 이익'이란 핵심 개념을 제기하는 것은 분석단위와 분석수준의 측면에서, '개인'도 아니고 개인보다도 더 특수하고 더 구체적인 '개인의 주관적 이익'에 초점을 맞추는 것처럼 보인다. 따라서 이는 인식론적으로 지극히 개체론적인 접근방법이라고 규정하고 그 한계를 들어 비판하기 쉽다. 그러나 존재론적으로 주관적 이익 자체의 사회적·역사적·문화적인 특성 때문에 그런 비판은 타당하지 않다. 개인보다도 더 포괄적인 '사회, 역사, 문화'라는 분석단위와 분석수준을 적절하게 반영해야 주관적 이익의 특성을 온전히 파악할 수 있기 때문이다. 이는 마치 행위이론의 '대면적 만남'(the face-to-face encounter)에 가해지는 비판과 그 반박의 논리와 같다. 연구자에게는 '개인의 독특한 주관적 이익 속에서 사회·역사·문화뿐만 아니라 우주까지도 볼 수 있는 정도'의 관찰, 분석 및 추리의 능력, 그리고 그런 통찰력·

④ 가변성·구체적 결정성

사람은 필요·상황·시간·공간 등에 따라 자신의 주관적 이익을 다르게 느끼고 표현하는 존재이다. 그래서 주관적 이익은 동일한 사람의 그것인데도, 시간과 장소, 상황과 여건, 사안, 개인이나 집단, 관련된 지식·정보·자원의 양·질 등에 따라 변하는 경우가 많다. 사람의 주관적 이익은 고정된 것이 아니고 가변적(유동적·불확정적)인 특성을 보이는 경우가 많은 것이다. 앞의 해외입양아의 주관적 이익과 관련, 앞에서 성인이 된 해외입양인들이 해외입양에 대하여 대체로 긍정적인 대답을 한 것을 보았다. 그런데 만약 한창 방황하고 번민하며 갈등에 휩싸여 있는 사춘기의 해외입양 청소년에게 해외입양에 대한 의견을 묻는다면, 그 시기의 그들은 대체로 부정적인 반응을 보일 가능성이 높을 것이다. 이에 주관적 이익의 특성을 가변성(可變性)이라고 규정할 수 있다.

이처럼 주관적 이익은 추상적·일반적 수준에서는 가변적이고, 구체적인 경우마다 비로소 특정한 내용의 것으로 구체화하면서 확정된다. 이 때문에, 공공활동가들도 그들이 파악할 대상인 시민의 주관적 이익이 저 멀리 뚝 떨어져 존재하는 고정불변의 객관적 파악 대상만은 아니라는 것을 알아야 한다. 또 시민의 주관적 이익은 관찰자인 공공활동가들의 판단과 상호작용하면서, 얼마든지 그 내용·성격·형태 등이 다르게 변화할 수 있는 속성을 지니고 있다. 따라서 정확하게 주관적 이익을 파악하기 위해서는, 개별적인 경우마다 특정 사안과 관련하여 구체적으로 정해진다고 이해하고 파악할 필요가 있다.

이와 같이 가변성의 특성을 지니기 때문에, 주관적 이익을 정확하게 파악하고 최대한 실현하는 '민주적인 좋은 공공활동'을 위해서는 단순히 최대·최선으로 실현하는 '주관적 이익의 내용인 결과'만 중요하다고 보아서는 안 된다. 그 내용과 아울러, 공공활동 대상자를 만나고 의견을 수렴하고 조정하며 설득하여 동의를 얻어내는, '주관적 이익을 파악·실현하는 과정·절차·방법'을 중시하는 활동이 필수적이고 핵심적인 일임을 알 수 있다.

⑤ 명시성·잠재성

주관적 이익의 소유자가 어떤 사정·상황·이유 등으로 인하여 자신의 주관적 이익을 드러내거나 드러내지 않을 수 있다. 밖으로 드러나 표출(表出)된 것은 명

상상력이 필요하다. 이와 관련, Michael Harmon, 앞의 책, 30−31 참조.

시적 주관적 이익이고, 밖으로 드러나 표출되지 않은 것은 잠재적 주관적 이익이다. 이와 같이 주관적 이익은 명시성과 잠재성을 지니고 있다. 그리고 당연히 감춰진 잠재적 주관적 이익은 명시적인 것보다 다른 사람이 파악하기 더 어렵고, 파악하는 데 오류를 범하거나 오차를 낳기 쉬운 것은 정한 이치이다.

앞에서 관련 공직자가 해외입양정책을 재정립하기 위하여 그 직접적인 정책대상자의 의견을 수렴한다고 하는 경우, 일차적이고 직접적인 정책대상자인 입양대상아동들의 주관적 이익에 관한 조사가 가장 중요한데, 유아인데다 미성숙한 아동의 주관적 이익은 표출되지 않으므로 파악하기 어려울 수밖에 없다. 그래서 그나마 앞에서 본 바와 같이, 성인이 된 해외입양인단체의 회장의 의견은 중요하다고 하겠다.

공공활동가가 주관적 이익을 파악한다는 것은 '사람이 대상'이고, 그 사람의 '의식이 서로 상호작용하는 관계'와 관련돼 있다. 그렇기 때문에, 그 상호작용 관계 여하에 따라서는 주관적 이익의 실체가 유동적으로 변화할 수 있고, 모호할 때도 많으므로 주관적 이익의 파악이 쉽지 않은 일임을 말해주고 있다. 더구나 명시적인 주관적 이익도 경우에 따라서는 온전하게 표출된 것이 아니므로, 그대로 신뢰하기 어려운 문제가 있는 점에 유의해야 한다. 주관적 이익의 표출이 진정한 표출이 아닌 높이거나, 낮추거나, 보태거나, 빼거나, 꾸미거나 하는 등의 허위·과장·변질·왜곡된 것일 수 있다. 우리말에 본심, 속마음 등의 말이 있듯이, 겉으로 드러난 것(표현)을 보고 전체 또는 진정한 것(표현)이라고 속단해서는 안 되는 경우가 있는 것이다. 설문조사의 결과와 실제 사실과의 차이의 경우도 그 예가 될 수 있다. 이는 설문조사에서도 표본 선정의 오류 외에, 대표적으로 응답자가 허위 또는 과장으로 응답할 수 있는 점을 충분히 인식해야 하는 것과 같다. 다음 사례를 보자.

> 새 한-일 어업협정과 최근의 쌍끌이 조업 관련 추가 협상은 정부의 전근대적 어업관리와 이에 따른 부실한 수산통계, 그리고 마구잡이로 이뤄져온 우리 수산업계의 불법 어업관행 등 수산행정의 총체적 난맥상이 빚어낸 결과라는 비판이 나오고 있다.……어민은 조직화가 덜 되어 있는 데다 어업 관련 행정도 체계화되어 있지 않아 각종 통계치가 허술하기 짝이 없는데도 전형적인 '탁상행정'만으로 주요 협상을 계속해 온 것이다.……
>
> 우리 선박회사들과 각 업종의 수협들이 어업협상을 앞두고 과세문제 때문에 자신

들의 장비와 조업 구역, 어획량 등을 정확하게 공개하지 않은 것도 실무협상 과정에서 일본 쪽에 일방적으로 이끌려 다니게 하는 요인이 된 것으로 밝혀졌다.……그동안 한국 어선들은 어장 독점과 과세 회피 등을 이유로 어장을 공개하지 않거나 어획량을 낮춰 보고해 왔으나, 수산당국은 이를 전혀 문제 삼지 않은 것으로 드러나 객관적 근거를 가진 기본적인 수산통계조차 확보하지 못하고 있는 것으로 드러났다.……64)

1998년과 그 이듬해 초에 걸쳐 한일 간 새 어업협정의 체결을 둘러싸고, 수산업계의 격렬한 반발 시위가 있었다. 이는 특히 쌍끌이 조업 부문의 누락에 대한 어민들의 분노로 일본에 굴욕적인 추가 협상까지 요구함으로써, 전 국민을 허탈하게 하고 분노하게 했던 사건이었다. 이 사건에서 문제의 중요한 원인의 하나는, 어민들이 세금문제가 염려되어 쌍끌이 어획량을 보고하지 않았거나 과소 보고한 것이었다. 말하자면, 다른 주관적 이익(세금)이 관련된 정보의 노출을 염려하여, 정작 대상 문제의 주관적 이익(어획량)을 정확하게 표출(보고)하지 않은 것이 심각한 상황을 초래한 중요한 원인이 된 것이다. 이처럼 공공활동가는 주관적 이익의 표출과 관련하여, 그 한계에 관한 분명한 인식과 대응이 필요함을 알 수 있을 것이다.

⑥ 상대적 동질성·이질성

사람의 주관적 이익은 고유하고 독특하므로 사람마다 그 주관적 이익이 다르다고 하였다. 그렇다고 사람의 주관적 이익은 함께 묶어 취급할 수도 없을 정도로 완전히 이질적인 것이라고만 단정할 필요는 없다. 농어민들, 중소기업인들, 의사들, 교사들과 같이, 상대적으로 동질적인 성격을 갖는 것으로 묶을 수 있는 이익, 즉 '집단이익'을 추구하기도 한다. 그리하여 사람들은 동질적인 주관적 이익을 추구하는 사람들끼리 집단을 형성하여, 그와 이질적인 주관적 이익을 추구하는 집단과 대립·갈등을 겪기도 한다. 이처럼 주관적 이익은 기본적으로 사람마다 독특한 고유성을 보이지만, 그것은 큰 틀 내에서 상대적으로 동질적이거나 이질적인 집합으로 묶어서 취급할 수 있다.

결국 주관적 이익은 기본적으로 사람마다 독특한 고유성을 보이므로, 공공활동은 기본적으로 그 고유한 주관적 이익의 특성에 알맞게 대응해야 한다. 그런데

---

64) 한겨레, 1999, 3. 16, "현장조사 없이 지시만, 어민의견 수렴 소홀, 일본선 협상준비 치밀" 기사.

주관적 이익은 큰 틀 내에서 상대적으로 동질적이거나 이질적인 성격을 띤 것으로 묶어서 취급할 수 있으므로, 공공활동가는 공공활동 대상자를 사안·상황·여건·의도·동기에 따라 전체적으로 묶어서 대응하는 것이 적합할 때는 그렇게 대응해야 한다. 그리고 개인이나 집단별로 나누어서(분할하여) 대응하는 것이 적합할 때는 또 그렇게 대응해야 한다. 특히 공공활동에서 지나치게 전체로 묶어서 보는 관점을 경계하고, 개별적으로 나누어서 보는 보완 노력이 필요하다.

2) 주관적 이익의 해석과 관문

공공활동과정에서 주관적 이익은 공공활동가와 공공활동 대상자의 상호 삼투적 의식작용 과정을 거쳐 드러난다고 하였다. 그런데 바로 그 과정에서 공공활동의 현실적 제약조건이 작용한다. 즉 공공활동가와 공공활동 대상자의 상호 삼투적 의식작용 과정에서 주관적 이익은 개별적으로 구체화하여 드러난다. 그래서 공공활동가의 의식작용에 초점을 맞추어 보면, 만약 공공활동가의 의식작용이 강하면 강할수록 그것은 공공활동 대상자의 주관적 이익을 규정하는 데 있어서, 서로 다른 농도의 액체 사이에 삼투압 현상이 작용하는 것처럼, 공공활동 대상자의 주관적 이익에 더 강하게 침투하여 작용한다. 그것이 지나쳐서 공공활동가가 공공활동 대상자의 주관적 이익을 일방적·독선적으로 파악하고 실현하는 공공활동을 수행할 수도 있다. 그 경우, 그것은 공공활동 대상자가 느끼는 주관적 이익과 아주 크게 동떨어짐으로써 '탁상행정'이나 '편의주의행정'과 같은 불만과 비판을 받기에 이른다.

이와 같이 주관적 이익의 파악과 실현과정에서 공공활동가는 자신의 가치관·이념·관점·패러다임·선입관·고정관념·의견·취향 등과 같은 각종 이성적·감성적 지향성을 지니고, 공공활동 대상자의 주관적 이익을 인지하고 체험하며, 해석하고 판단하는 일련의 의식활동(여기서는 '해석학'도 있음을 감안하여 '해석'의 의식활동으로 통일함)을 전개한다. 이 '공공활동가의 주관적 이익의 해석활동'이 작동하므로, 공공활동에 있어서 '공공활동 대상자의 주관적 이익과 공공활동가의 객관적 이익의 불일치(괴리, 간극) 가능성'이라는 현실적 제약조건이 나타난다. 따라서 이 제약조건의 장벽을 충분히 이해하고 극복하려는 노력 없이는 좋은 공공활동을 기대할 수 없다. 그렇나면, 공공활동은 공공활동가가 반영·실현하고

자 하는 대상자의 '주관적 이익' 자체를 공공활동가가 어떻게 파악하고 어떻게 규정하는가에 달려있다고 규정할 수 있다. 또 그것이 공공활동에서 핵심적인 중요성을 갖는 주제의 하나가 된다. 이것이 곧 '공공활동가의 주관적 이익의 해석의 문제'이다.

공공활동 대상자의 주관적 이익은 공공활동의 본질상 표출된 명시적인 것이나 표출되지 않고 잠재된 것이나, 모두 '공공활동가의 선별적 지각기제(perceptive mecha-nism)에 의한 해석의 과정'을 거친다. 모든 사람은 자기 자신의 이익의 최선의 판단자로 가정돼야 하는 민주주의의 기본 가정도, 자기가 제3자와 같은 해석 없이, 자신의 의식에 직접 접근할 수 있다는 점에 바탕을 두고 있다. 그런데 우리가 관심을 갖는 공공활동은 제3자에 의한 대리·대표 활동이므로, 그런 점에서 공공활동과정에서 '해석되지 않는 주관적 이익은 없다'는 명제가 중요하게 등장한다. 그래서 표출된 주관적 이익마저도, 드러난 그대로 파악하고 해석하는 과정을 거칠 수도 있지만, 그것만으로는 불충분·부정확하다. 그 숨겨진 의미, 즉 대상자의 '속마음'까지 파악하는 해석의 과정을 거쳐야 하는 경우도 발생한다.[65] 그래서 모든 해석과정에 본질적으로 내재한 문제가 바로 '주관적 이익의 해석에 따른 일치 또는 불일치의 문제'이다.

그런데 당연히 공공활동과정에서 주관적 이익이 해석되는 단계를 많이 통과할수록, 그만큼 더 많은 공공활동가가 관여하여 각자 선별적 지각기제(知覺機制)를 작동하면서 그만큼 해석상의 오류나 오차의 여지는 커진다. 여기서 주관적 이익의 해석 단계를 '주관적 이익의 해석 관문'(關門, 또는 인식의 여과 장치)이라고 하자. 그러면 관문이 많을수록 각 관문을 통과할 때마다 주관적 이익은 선택적으로 지각(selective perception)돼 걸러지고, 또 인식된 내용도 조금씩 다르게 해석될 가능성이 커진다는 일반론이 정립된다.

시민들이 어떤 특정 정책·사업·법령·제도·서비스 등을 바라고 요구한다고

---

65) 이는 흔히 행위자의 행동을 그 드러난 '행태'(behavior)라는 결과로만 이해하는 것은 불충분하고 순진한 것이므로, 행위자가 그 행동에 부여하는 의미·의도·동기·취지·목적도 결부된 '행위'(action)로 이해할 필요가 있다는 사회행동(social action)의 관점이다. 이는 아리스토텔레스의 실천(*praxis*), 칸트, 마르크스를 거쳐, 막스 베버의 이해의 사회학(*Verstehen* sociology), 슈츠와 마이클 하몬의 행위이론(action theory) 등의 주장을 통하여 널리 알려지게 되었다. 하몬은 사회과학의 연구에 있어서 관찰자가 감각기관에 의하여 관찰된 것을 그대로, 그 근저(根底)에 있는 것을 간과하고 무비판적으로, 그 결론으로서 받아들이는 것은 '자연과학적 인과모델을 순진하게 수용하는 것'(naive acceptance of a causal model)으로서, 그것이 반드시 틀렸다고 할 수는 없지만 불충분하고 순진한 것이라고 지적한다. Michael Harmon, 앞의 책, 52-53 참조.

하자. 그러면 그것은 처음 인지하거나 접수한 기관의 담당자에 의하여 상위나 하위 기관의 담당자에게 전달되고, 정부 내부적으로 적절한 전달경로(의사결정계층, 지휘명령계통)를 따라 전달되고 조정되는 과정을 거칠 것이다. 이렇게 해서 최종적으로 어떤 특정의 정책이 완성되고 발표되기에 이른다. 그러면 이상의 전달과 조정의 과정에서 당초 요구를 한 시민들과 접촉하고 대화하는 일이 빠진 중간 단계를 거치면서, 최종적인 정책이 나오고 집행될 때쯤이면, 시민의 당초 욕구·요구·기대를 정확하게 수용·반영하는 데 오차나 오류가 없다고 할 수 없게 된다. 사안이 미묘하고 복잡할수록 당초의 요구와는 차이나 오류가 발생할 가능성이 높다. 그 오차나 오류의 원인은 여러 가지가 있을 수 있으나, 우선 가장 중요한 것 중 하나는 이성적·감성적 지향성을 지닌 공공활동가의 '해석 관문에서의 해석'이라는 의식작용하에서 미래, 현재, 그리고 과거의 추체험의 내용인 것이다.

공공활동가의 해석의 관문은 정책형성단계에서도 구상–목표 설정–대안(방안)의 분석–대안의 선정 등의 각 단계마다 놓여 있지만, 정책이 집행되는 단계에서도 다시 집행정책(지침)이 형성되고 정책행동이 전개되는 일련의 과정에서도 몇 단계가 더 있을 수 있다. 그리고 정책이 평가되는 단계를 거쳐 다시 특정 정책이 보완돼 나오는 과정의 각 단계마다 공공활동가의 해석의 관문이 존재한다. 그리고 그 관문에서 그만큼 주관적 이익의 해석은 변화를 겪는 일이 발생할 수 있다.

특히 정책(법령·제도·사업)의 형성과 집행의 단계는 그 담당기관이나 담당자가 분리돼 있는 경우가 대부분이다. 그 경우 정책형성과정에 참여하지 않은 집행기관의 집행담당자들이 그 전 정책형성단계에서 파악된 시민들의 욕구와는 정확하게 일치하지 않은, '자기 식대로 해석한' 바에 의한 정책을 집행할 가능성은 매우 높다. 집행 도중이나 집행 후의 평가 단계에서도 평가자가 자기 나름대로 해석한 평가기준에 따라 평가를 한 경우, 시민들의 주관적 이익의 실현에 대한 평가는 또 달라질 수 있다.

이상은 공공활동기관의 '수직적' 계층을 따라 주관적 이익의 해석과 그에 따른 문제가 발생되는 현상을 지적하였다. 그런데 그 현상은 '수평적'으로 관련이 있는 기관과 담당자들 사이에서도 동일하게 나타난다. 예컨대, 앞에서 '수직적 해석 관문' 중 '정책형성' 단계에서 행정부의 3개 부(部)가 관련된다고 할 경우, 3개의 '수평적인 주관적 이익의 해석 관문'이 더 존재하게 된다. 여기에 관련 집단이나 단체의 침여를 더 추가하면 주관적 이익의 해석 관문은 더 많아지고, 그만큼 주관적 이익의 불일치 가능성은 더 커진다. 정부기관의 수평적인 해석 관문만을 표시해도 다음과 같다.

주관적 이익의 해석 관문의 예

[예 1]   주관적 이익   →   정책구상   →   정책형성   →
(관문 1)   (관문 2)   (관문 3)

→   정책집행   →   정책평가   →   (환류)
(관문 4)   (관문 5)

[예 2]   정부기관 1   →   관련 정부기관 2   →   관련 정부기관 3
(관문 a)   (관문 b)

이처럼 현실에서 주관적 이익을 해석하는 관문이 많은 것은 다수의 기관과 사람이 참여하는 '협동(협력) 행위인 공공활동'의 본질에서 비롯된다. 정책·법령·제도·사업을 입안하는 기관의 담당자와 그것을 집행하는 기관의 담당자가 분업적으로 상호 협력해야 한다. 그때 참여기관의 담당자들 사이에 목표와 수단, 성격과 내용, 완급과 경중, 상황과 여건 등에 대하여 이성적·감성적 지향성이 같고 인식을 일관되게 공유할 수도 있다. 그러면 아무리 많은 협동행위의 해석 관문을 거치더라도 주관적 이익의 해석상의 오차나 오류의 가능성은 없을 터이다. 그러나 현실에서는 그것을 기대하고 보장할 수 없다.

정책·제도의 입안 책임자가 아무리 대상 시민들의 주관적 이익을 정확하게 파악하여 반영한 정책·제도를 만들었다고 하자. 그렇더라도 그 정책·제도를 집행하는 단계에서 집행자가 제대로 인식하지 못함으로써 적절한 수단을 강구하지 못하고, 여건과 시기를 맞추지 못하기만 해도 일을 그르칠 수 있다. 이와 반대로, 현장 집행자가 아무리 현장 시민의 속마음을 잘 알고 최선을 다해도, 당초 입안된 정책·제도가 현장 시민의 속마음과는 동떨어진 목표를 추구하고 부적절한 수단을 채택하고 있으면 그 역시 잘 될 리가 없다. 처음에는 환영받은 정책·법령·제도에 관한 계획이 집행단계에서 외면되고 불만의 대상이 되는 경우가 적지 않은 이유도 거기에 있다. 학생과 학부모가 대부분 찬성하는 가운데 초등학교에 이어 중·고교까지로 확대된 학교급식도 그런 사례의 하나이다.

이처럼 협동행위인 공공활동의 본질적 제약조건은 공공활동가의 인식과 자세가 주관적 이익에 기초한 민주적인 좋은 공공활동을 구현하는 데 있어서 얼마나 중요한 역할을 하는가를 말해 준다. 그리고 또 공공활동 대상자(집단)가 많고, 그 대상자의 주관적 이익이 아주 다양한 경우에는, 그 다원적인 주관적 이익을 파악하고 실현하기 위하여 다양한 주관적 이익을 수렴하고 합의를 도모하는 공공활동이 얼마나 중요한가를 말해 준다. 그런데 시민 각자가 서로 다른 상충된 이익을 추구하는 경우가 수없이 많은 것이 현실이다. 그런 상황에서 당연히 좋은 행정은 그런 다양하고, 때로는 상충되는 이익을 수렴하여, 적정 수준에서 가장 합리적인 방향과 내용에 대한 적절한 합의를 통하여 '공동의 주관적 이익'을 도모할 수 있어야 함을 알 수 있다.(이에 대하여는 다음 장에서 논의한다).

3) 의사소통과 언어, 신뢰와 책임, 참여의 문제

공공활동가에 의한 '주관적 이익의 해석'과 관련하여 중요한 문제는 의사소통과 언어, 신뢰와 책임, 참여 등의 문제이다. 따라서 이에 대하여 간단히 논의하기로 하겠다.

① 의사소통과 언어

공공활동가가 공공활동 대상자의 주관적 이익을 파악한다는 것은 곧 공공활동가와 공공활동 대상자가 서로 만나서 복합적인 상호작용 과정을 거치는 경험을 하는 것을 의미한다. 그래서 좋은 공공활동은 공공활동가와 공공활동 대상자가 상호 간 직접적·개방적·소통적인 관계를 형성하고 공감대를 유지하는 형태의 공공활동이라고도 말할 수 있다. 이는 한 마디로 '의사소통'(communication), 그것도 직접적·개방적인 '대화'(dialogue)의 중요성을 강조하는 것이다.

공공활동 현실에서 주관적 이익이 드러나는 가장 직접적·일차적인 계기는 공공활동가와 공공활동 대상자 사이의 대화를 통해서이다. 특히 고유하고 독특한 주관적 이익은 주관적 이익이 존재하는 현장의 대화에 의해서 왜곡·변질 없이 파악되고 해석될 수 있다. 따라서 대화는 주관적 이익이 올바로 드러나서 주관적 이익에 기초하고 주관적 이익을 존중하는 공공활동을 가능하게 해 주는 '현장 중심의 공공활동'의 핵심적 요소의 하나이다.

그런데, 대화도 '언어'로 이루어지고, 공공활동의 전체 과정도 언어라는 수단에 의해서 수행된다. 사유 자체도 언어를 통해서 이루어진다. 따라서 공공활동에서 주관적 이익은 '언어'를 매개로 하여 파악된다고 말해도 된다. 사유과정에 영향을 주고 사람들 사이의 상호작용을 매개하는 언어를 빼놓고는 우리 삶 자체와 공공활동을 생각할 수 없을 정도이다. 그래서 일찍부터 학자들은 의사소통의 상징체계인 언어에 대하여 관심을 가져 왔는데, 특히 20세기에 들어와서 언어는 철학의 최대 관심사항의 하나가 되어 '분석철학'(analytic philosophy)이란 학파를 탄생시켰다.66) 이처럼 의미를 담고 의사소통을 매개하는 도구인 '언어'의 분석을 통하

---

66) 사람은 생각하는 동물이다. 사람들의 생각할 수 있는 사유능력은 사유의 대상에 대하여 추상화시켜 '개념'을 형성하는 능력을 말하는 것과 다름없다. 예컨대, 구체적인 사람들의 행동을 보고, '사람은 이기적이다'라는 개념을 형성할 수 있다. 그런데 이 추상적인 '개념'이나 '정의'는 결국 '언어'로 표현할 수밖에 없다. "너 자신을 알라"나 "나는 생각한다. 고로 존재한다"와 같은 철학적 명제와 과제도 언어로 표현돼야 가능하기 때문이다. 그런데 일찍이 서양 철학자들은 언어로 표현되기 이전의, '이성'에 의해서 파악된 실체 또는 본질의 파악이 주된 관심사였다. 그래서 언어의 문제를 괄호 안에 넣고, 언어로 지칭된 것의 의미를 찾는 의미의 지칭설(reference theory) 또는 명칭설(name theory)이란 언어 이론을 전제로, 이성의 차원에서 탐구하는 철학적 전통을 근대까지 이어왔다.

그런데, 현대에 들어와서 언어의 밖에 이성이 따로 존재하지 않고, 이성은 결국 언어의 그물망으로 짜여진 사유의 틀이라고 보는 '언어론적 전환'이 일어났고, 이는 의미의 지칭설의 전제를 뒤흔들어 놓았다. 이성은 하버마스가 주장하듯이, 어쩔 수 없이 "생활세계적 이성"이다. 이성이 각기 다른 역사와 문화 속에서 각기 다른 언어의 문법에 의하여 짜여진 사유의 틀이기 때문에, 언어가 다른 데 따라 사람들의 이성도 달라진다. 언어가 대상을 지칭할 뿐만 아니라 다른 중요한 기능을 수행하는 것이다. 즉 언어는 스티븐슨(C. L. Stevenson)처럼, 발언자의 성향이나 태도를 표현하거나, 현대 언어철학의 대부인 비트겐슈타인(Ludwig Wittgenstein)처럼, 어떤 맥락에서 어떤 목적으로 쓰이는 데 초점을 둔 의미의 성향설(disposition theory)이나 활용설(use theory)의 중요성을 주장하고 나왔다. 이 새로운 의미론에 입각하여 "모든 철학은 언어 비판이다"라고 선언하면서, 언어의 본질 즉 언어의 논리적 구조를 밝히고 개념의 의미를 명료화하는 한편, 언어의 한계가 곧 철학의 한계임을 명확히 밝혀주고자 한 일단의 학파가 나타났다. 그것이 비트겐슈타인을 비롯한 일상언어학파(ordinary language theorists)의 '분석철학'이다.

분석철학자들은 언어의 정상적인 상태에서는 단어의 필요충분조건을 따져서 개념을 정확하게 정의할 수 없는데, 정의할 수 없는 개념을 만들어 그 개념을 지칭하는 본질을 찾아내고자 언어를 무규제적(無規制的)으로 활용한 것이 전통적인 철학적 과제였다고 주장하면서 이를 비판하였다. 그렇지만 그들은, 철학적 질문이나 개념이 단순히 경험적으로 검증할 수 없는 것에 관한 물음이므로 무의미하다고 무시하는 (논리)실증주의자들과는 입장을 달리한다. 그들은 철학적 질문이나 개념에 직접 대답하는 방법에 의하기보다는 그것을 무수한 '언어게임'(말놀이, language game)의 하나로 인식한다.

그리하여 어떤 종류의 언어게임에서 어떤 개념이 어떻게 쓰이는지 일상언어의 면밀한 분석을 통하여 그 질문이나 개념의 정체를 밝혀내면 철학적 문제들이 자연히 해결

여, '보편성의 본질' 등 전통적인 철학적 문제들을 해결 또는 해소할 수 있을 것으로 기대한 분석철학자들의 노력은 그 문제들을 좀 더 명료하게 해 준 성과를 거두었다. 그럼에도 불구하고, '언어'가 예상보다 훨씬 더 복잡하고 유연하며 잡기 어려운 도구라는 사실과 한계를 깨닫게 해 준 것도 사실이다.

주관적 이익의 파악과 실현이라는 공공활동의 현실에서 언어의 문제는 공공활동가가 사용하는 언어의 기능적 중요성 자체를 비롯하여, 많은 관련 문제에 대하여 올바로 이해할 필요가 있음을 말해 준다. 명시적으로 표출되거나 잠재적으로 숨어 있는 주관적 이익을 공공활동가가 파악하고 해석하는 데 언어가 어떤 기능을 하는가, 어떻게 공공활동 대상자가 이해하고 서로 공감할 수 있는 바탕 위에서 잠재적인 주관적 이익, 숨은 속마음까지 털어놓을 수 있는 언어를 사용할 수 있는가 등의 문제는 중요하다. 이를 시사하는 예로서, 일제의 압제에서 해방된 후 대한민국이 수립될 때까지 2년 11개월간의 미군정(美軍政) 기간(1945. 9. 8 - 1948. 8. 14) 중 한국어를 알지 못하는 한 미국 군인 신분의 미군정 관리가 한국의 실정을 어떻게 파악하고 있었는가를 보여주는 실례가 있다.

　　미국도 전쟁으로 넉넉히 못 먹고 식량을 외국에 보내고 있다. 한국의 식량이 부족한 것은 채소와 사과로 보충함이 좋을 것이다.[67]

한글과 한국어가 없는 줄 알고 일본어로 포고(布告)를 할 정도로 갑자기 군정을 실시하게 된 상황에서, 직접 사람들을 만나 정확하게 한국민의 현실과 주관적 이익을 파악하고자 하는 의지가 부족하였던 군정 당국이었다. 그 군정 당국의 미국군인은 순전히 자기 기준으로 '식량은 부족하더라도 채소, 과일 같은 것은 풍족하다'는 의미의 유명한 말을 한 것이었다. 그런가 하면, 공공활동가가 그 대상자들의 입장에서 그들의 처지와 마음을 헤아리지 못하는 말을 함으로써 발생할 수 있는 문제를 생각해 보자.

(solution)되는 정도를 넘어서 아예 해소(dissolution)된다고 본다. 그러나 이 언어분석도 쉽게 눈에 파악되는 표층어법(표층문법, surface grammar)과 이와 달리 파악되지 않는 심층어법(심층문법, depth grammar)이 있고, 이 심층어법은 밝힐 수 없어 그냥 받아들일 수밖에 없는 삶의 양식(forms of life)에 기초를 두고 있다는 정도로 한계를 보이고 있다. 이상 엄정식, "철학에서의 언어," 비트겐슈타인과 분석철학, 엄정식(편역), 서광사, 1983, 13 - 31 및 이기상, 앞의 책, 19 - 23 참조.

67) 1945년 8월 15일 해방 후 미국의 군정하에 있던 1946년 9월 19일 군정청 식량행정처 책임자 미국인 스탑 소령이 한 말임. 동아일보, 1962. 8. 19, "해방이력서"에서 인용.

초등학교에 다니는 자녀를 둔 학부모다. 5월 가정주간을 맞이해 각급 학교에서 소규모 체육대회를 많이 하고 있다. 내 아이가 다니는 초등학교도 지난 9일 체육대회를 열었다. 아이들과 어울리며 선생님의 노고도 한 번쯤 생각해 보는 기회를 갖고자 했던 내 기대는 교장 선생님의 대회사에서 여지없이 깨지고 말았다.

"지금 여기에 부모님이 안 나온 사람은 부모님이 여러분을 사랑하지 않기 때문이다. 너희를 사랑한다면 열 일 제쳐두고 왔을 텐데……" 시내 중심부에 위치한 학교의 스피커에서 반말로 쏟아져 나온 말이 폭력이 되어 내 가슴을 쳤다. 부모님이 참석하지 못한 아이는 저 말에 얼마나 상처를 받을까 생각하니 더 있기가 싫어졌다. 자식을 사랑하지 않는 부모가 어디 있겠는가. 맞벌이 부부가 늘고 있는 요즘 사회적인 대안도 없이 아이들의 가슴에 못을 박고 있는 저 사람이 정녕 이 시대 한 학교의 최고 책임자란 말인가![68]

이 예는 말의 적극적 관념과 기능을 알 수 있는 예이다. '대상자들의 입장에서 그들의 처지와 마음을 온전히 헤아려서 수행하는 공공활동'은 곧 '사용하는 말(언어)'부터 가려서 할 줄 아는 일이다. 말은 말하는 사람의 생각을 담는 그릇으로 비유된다. 사람은 항상 무엇인가를 의식하는데, 그 의식은 일정한 주관적 의미, 적극적 또는 지향적 관점(active or intentionalist view) 혹은 지향성(intentionality)을 포함하고 있다. 그리고 사람들 사이의 주관적 의미를 연결해 주는 역할을 언어가 담당한다.[69] 어떤 말을 어떻게 하느냐에 따라 전혀 다른 의미와 현실을 보여주고, 전혀 다른 상대방의 반응을 얻을 수 있다. 따라서 말은 단순히 남에게 어떤 의사를 전달하는 표현도구 이상의 의미를 내포하고 있다고 한다.

행정학자 덴하트는 공공활동가가 사용하는 언어는 크게 두 가지가 있다고 한다. 하나는 관료적 언어(bureaucratic language)이고, 다른 하나는 비관료적 언어(non-bureaucratic language)이다.[70] 관료적 언어는 관료적 사고방식을 띤 공공활동가가 '규칙'(법령 등)에 있는 어려운 용어 그대로(관료적 어투로), 상대방을 이

---

68) 이순심(가명, 전북 군산시 중앙로 2가), "학생, 부모 상처 주는 초등교장 막말 한심", 한겨레, 2000. 5. 13.

69) 이는 현상학자 후설이나 슈츠의 경우 '의식은 항상 지향적이다'는 명제로 나타내는데, 사회학자 버거 등은 '현실은 사회적으로 구성된다'(Reality is socially constructed.)고 이를 확대 발전시켰다. Peter L. Berger and Thomas Luckmann, 앞의 책, 1 및 Michael Harmon, 앞의 책, 31-40 참조.

70) Robert Denhardt, "Action Skills in Public Administration Education," in Robert Denhardt and Larry Jennings, *Renewing Public Administration*, Columbus, MO: University of Missouri Press, 1986 참조.

해하고 배려하지 않고 '일방적이고 수직적'인 태도로 말하는 언어이다. 이는 대화와 의사소통의 진정한 의의와 기술을 잘 모르고 있으므로 이를 습득하고 연마해야 할 사람의 언어이다.

이에 반대되는 비관료적 언어는 대화와 의사소통의 상대방을 '수평적'인 상호관계에 놓인, 나와 동등한 '주체'라고 보고, 상대방을 이해하고 배려하는 바탕의 '쌍방적'인 관계에서 '규칙'(법령 등)에 있는 용어를 바꾸어 이해할 수 있는 쉬운 말로써 전달하는 언어이다. 진정한 대화와 의견수렴은 바로 이런 비관료적 언어를 통하여 기대할 수 있다. 따라서 공공활동가는 공공활동 대상자와 접촉하고 대화하는 과정에서 언어의 중요성을 확고하게 인식하고, 공공활동가에게 필수 불가결한 대화와 의사소통의 기술을 학습하고 연마해야 한다.

② 신뢰와 책임

공공활동가가 공공활동 대상자의 주관적 이익을 파악하고 실현하는 상호관계에서 중요한 문제는 '신뢰'이다. 신뢰하지 않는 공공활동가에게 공공활동 대상자가 자신의 진정한 주관적 이익, 즉 속마음을 털어놓을 리 없다. 마찬가지로 신뢰하지 않는 공공활동 대상자에게 공공활동가가 그의 진정한 주관적 이익, 즉 속마음을 파악하겠다고 성심성의껏 다가서며 대화할 리도 없다. 따라서 신뢰는 공공활동가와 공공활동 대상자가 상호 관계를 맺는 관계에서 양편 당사자 모두에게 필요한 필수 요소이다. 그렇지만 공동체구성원의 공적 위임을 받아 공공활동을 수행해야 하는 지위와 의무를 가진 공공활동가가 먼저 공동체구성원으로부터 신뢰를 받을 수 있도록 공정성, 전문성, 성실성, 도덕성, 책임성 등을 보여주는 것이 필수적이다.

특히 공동체구성원의 공적 위임을 받아 공공활동을 수행할 권한을 행사하는 공공활동가에게는 공동체구성원에 대한 책임성이 중요하다. 앞의 공정성, 전문성, 성실성, 도덕성 등은 한 마디로 책임성의 내용이기도 하다. 그래서 민주적인 좋은 공공활동은 공공활동가가 공공활동 대상자의 주관적 이익을 파악하고 실현하는 책임을 이행하는 행동이라고 할 수 있다. 다음은 공공활동가가 공공활동 대상자와 이질감이 아니라 일체감의 신뢰관계를 형성하고, 그들이 수용하는 개혁적 정책이나 제도를 성공적으로 추진할 수 있기 위해서, 어떻게 신중하게 말하고 신뢰를 확보하며, 책임을 이행할 수 있는가에 대하여 성찰하게 해 주는 한 예이다.

"교사가 노동자로 전락하는 것에 회의적이다." 이는 노사관계개혁위원회 위원장

○○○씨가 취임 기자회견에서 밝힌 의견이다. 출근길 자그마한 희망 만들기를 다짐하며 하루를 시작하는 평범한 노동자로서 '○○○신문'을 통해 이런 기사를 접하고 나니 침통함이 찾아드는 것을 어쩔 수 없다. 이 말은 교사의 단결권이 보장돼야 한다는 당연한 진리에 반하는 것은 물론, 생산의 주역이고 인류 발전의 원동력인 노동자들을 멸시하고 차별하는 위험스런 발상이라고 생각한다. 다른 사람도 아닌 노사개혁위원회의 위원장을 맡고 있는 사람이 기본적인 노동자의 가치를 이해하지 못하고 있다는 데 대해 심한 실망감을 느낀다. 미래를 짊어지고 갈 우리 아이들에게 모두들 열심히 공부하지 않으면 '노동자'가 된다는 한심스런 교육은 이제 막을 내려야 한다. 나라를 이끌어 갈 미래의 노동자들에게 노동만큼 신성한 것이 없노라고 가르치는 교육이 없이는 세계화도 국제경쟁에서의 승리도 없다고 생각한다.[71]

소수 지배집단에 속한 공공활동가는 다수 피지배집단인 공동체구성원에 최종적으로는 구속돼 있다고는 하지만, 상대적으로 독립하여 직무를 수행한다고 하였다. 그렇기 때문에 공공활동가의 책임성을 확보하는 것은 이념적으로나 현실적으로 쉬운 일이 아니다. 공동체구성원이 직접 투표에 의하여 선출하는 공공활동가에 대해서는 그 투표의 주기마다 책임을 물을 수 있기는 하다. 그렇지만 그것도 복합적인 사안의 일괄적인 심판이므로 투표할 당시, 그리고 투표주기 사이의 개개 사안에 대한 통제는 어렵다.

예컨대, 2004년 3월 12일 당시 한나라당, 새천년민주당, 자유민주연합(자민련) 등 야권 3당 절대다수 정파가 연합하여, 소수 열린우리당의 반발과 국민 다수의 여론을 무시하고 노무현 대통령에 대한 탄핵소추안을 국회 본회의에 전격 상정, 재적의원 3분 2를 넘긴 193명의 찬성투표로 가결한 후 헌법재판소의 심판에 넘겼다. 이에 국민은 한 달 뒤 실시된 제17대 국회의원 총선거에서 다음과 같이 민의(民意)의 구속성을 부정한 국회 다수세력을 심판하고 국회 다수당을 교체하였다.

17대 총선에서 열린우리당이 막판까지 박빙의 혼전 끝에 한나라당을 제치고 제1당으로 부상한 배경은 무엇일까. 각 정당의 전략가들과 여론조사 전문가들은 일단 "한나라당이 '거여 견제론'을 앞세워 선전했으나, 결국 '탄핵 역풍'의 높은 벽을 넘지 못한 결과"라는 분석을 내놓았다.……[72] 탄핵에서 출발해 탄핵으로 끝난 레이스

71) 정성훈(서울시 종로구 평창동), "노동자 멸시 발언 ○○○씨에 실망", 한겨레, 1996. 5. 31.
72) 한겨레, 2004. 4. 16, "4·15 민심, 탄핵역풍이 '박풍·노풍'보다 셌다" 기사. 총 299석 (비례대표 포함)을 뽑는 총선의 공식 개표 결과는, 탄핵에 반대한 열린우리당의 의석은 선거 전 49석에서 152석으로 대폭 늘어 원내 제1당이 되고, 민주노동당은 새로 10

였다.······다소 차이가 있지만 탄핵 반대 여론은 대략 70%를 넘었고, 그것은 곧 열린 우리당 예상 의석수였다.······73)

  ······이번 총선은 3월 12일 대통령 탄핵소추안 가결과 함께 사실상 막이 올랐다. 이후 탄핵 반대 촛불시위가 전국을 뒤덮으며 열린우리당에 대한 지지율은 50%대를 넘나드는 초강세를 보였다.······그러나 한나라당은 '거대여당 견제론'으로 나름대로 선전했다.74) 17대 총선의 함의(含意)는 단순히 국회의원을 뽑는 선거 이상이다. 이번 총선이 실질적으로 대통령 탄핵과 재신임이란 두 가지 이슈에 대한 국민투표 성격을 띠고 있었다는 것은 공지의 사실이다. 결과적으로 국민들은 노무현 대통령을 재신임했고, 탄핵안에 사망선고를 내렸다. AP통신은 "한국 유권자들이 노 대통령 탄핵 사태에 대해 복수했다"고 전 세계에 타전했다.······국민이 보여준 분노와 질타는 새삼 다시 언급할 필요도 없다.······75)

  위 탄핵문제는 초대형 쟁점이고 마침 총선거가 실시됐기 때문에, 탄핵찬성의 소수 지배집단(정당과 의원들)의 민의 배반에 대하여 그 책임 추궁이 가능하였다. 그렇지만 선거도 없는 시기의 작은 쟁점들의 처리는 민의와 괴리된다 해도 그 책임을 추궁하기 어렵다. 더구나 주기적 투표제도도 없는 임명직 공공활동가(전문관료집단)에 대한 통제와 책임성 확보는 그보다 더 어렵다. 그렇기 때문에 상대적 구속성을 확보하기 위한 선거, 구성원투표(국민투표, 주민투표, 주주총회), 청원, 청문회, 집행부 정책의 심의와 의결이 중요하다. 또 정보공개 요구, 이의신청, 감사청구, 사법부 소송의 길을 열어주는 것도 필수적이다. 그리고 표현과 집회의 자유 확보, 대중매체에 의한 감시와 여론 형성, 정당제도, 이익집단의 상호 감시 활동, 시민단체의 활동 등의 통제와 책임성 확보 제도나 참여활동은 민주적 공공활동에 아주 중요하다고 하겠다.

  석을 얻어 원내 진출에 성공한 반면, 탄핵을 가결한 한나라당 의석은 137석에서 121석으로 줄고, 민주당은 61석에서 9석으로, 자민련은 10석에서 4석으로 대폭 줄어드는 결과를 보여주었다.
73) 중앙일보, 2004. 4. 16, "탄핵風에 요동······老風에 흔들" 제하의 신창운 여론조사전문위원의 '선거기간 표심 변화' 기사(제목 중 '노풍'은, 노인은 투표하러 나올 필요가 없다는 뜻으로 읽힐 열린우리당 지도급 인사의 실언이 알려지면서 노인들의 반감을 샀던 것을 의미함).
74) 동아일보, 2004. 4. 16, "지지율 요농······탄핵風이 가장 거셌다" 기사.
75) 경향신문, 2004. 4. 17, "한나라, 수건을 던지라" 기사.

③ 참 여

공공활동가는 공공활동 대상자의 주관적 이익에 기초한 민주적인 공공활동을 수행한다고 주장하고 표방한다. 그렇지만 '간접민주정치' '간접민주행정' '간접적인 기업지배구조'의 원리의 본질적 속성 때문에, 공공활동은 거의 필연적으로 '객관적 이익에 기초한 권위주의적이고 관료주의적인 공공활동'을 벗어나기 어려운 본질적 취약점을 갖는다고 하였다. 따라서 이 본질적인 제약조건을 보완할 수 있는 직접민주정치, 직접민주행정, 또는 직접적인 기업지배구조(corporate governance structure)의 장치가 필수적이다. 이 보완적인 필수장치가 공동체구성원(공공활동 대상자)이 그 주관적 이익을 표출할 수 있고 '인지적 동의'(informed agreement) 여부를 표현할 수 있는 '참여'의 제도나 방법이다.

공공활동가의 공공활동의 수행을 보완하는 참여제도는 다양한 형태와 방법을 취할 수 있다. 각종 선거·국민(주민)투표의 투표제도와, 각종 공청회·회의·위원회 등의 공공토론의 제도화와 참여의 보장 제도, 그리고 언론·집회 결사의 자유를 보장하고 언론매체를 통한 각종 의견의 표출과 토론의 활성화가 대표적이고 전통적인 참여의 형태와 방법의 예이다. 그렇지만 어떤 분야의 어떤 형태와 방법을 막론하고, 직접민주주의적인 요소를 적절하게 구현할 수 있는 것으로서 대표성·합리성·효율성이 있는 제도와 방법이라면, 그것은 원칙적으로 필요하고 도움이 된다. 그리하여 일반 사법재판이나 헌법재판제도에도 배심제, 참심제, 이해당사자의 변론제 등을 신중하게 도입하고 활성화하는 것, 또 과학기술정책의 수립이나 사회적 갈등 사안의 해결을 위하여 (시민)합의회의(consensus conference) 제도 등을 도입하는 것도 필요하고 도움이 된다.

4) 주관적 이익의 해석에 관한 방법론[76]

주관적 이익 존중의 민주적인 좋은 공공활동을 위해서 필수적인 과정의 하나가 공공활동 대상자의 주관적 이익에 대한 공공활동가의 해석의 과정이라고 하였다.

---

76) 이 부분은 다소 전문적인 이해가 필요한 압축된 내용으로 구성돼 있으므로, 일반인은 생략하고 넘어가도 전체적인 이해에는 지장이 없다. 해석학, 비판이론은 '가치의 선택·창조와 그 실현'의 장에서 추가로 설명한다.

그런 만큼 어떻게 공공활동가가 정확하고 효율적으로 공공활동 대상자의 주관적 이익을 해석할 수 있는가의 문제는 중요한 학술적 논쟁의 대상이 된다. 물론 그 이전에, 도대체 사람이 다른 사람의 마음을 알 수 있는가라는 중대한 철학적 문제, 그리고 인간 인식의 한계와 같은 문제부터 논란의 대상이 된다.[77] 그러나 이에 관한 본질적 탐구는 전문 철학자에게 맡기고, 일상적 철학을 지향하는 공공활동가는, 완전하고 완벽하게는 아닐지 모르지만 어느 정도 알 수는 있다고 전제하고, 공공활동 대상자의 주관적 이익에 대한 해석과 관련하여 좀 더 많은 이해를 도모하는 데 관심을 기울이기로 하겠다.[78]

공공활동 대상자의 주관적 이익을 해석할 수 있는가에 관한 논쟁의 한 축에는 눈부신 발전을 이룩한 자연과학의 과학주의(과학중심주의, scientism; 정확한 자연과학의 방법론에 대한 절대적 권위를 부여하는 믿음)를 이상적 모델로 신봉하는 실증주의(實證主義, positivism)의 인식론이 자리 잡고 있다. 그리고 이에 대항하는 다른 축에는 과학적 인식의 본질이 그렇지 않다거나, 사회과학의 특수성을 주장하는 반실증주의(反實證主義, anti-positivism)의 인식론이 자리 잡고 있다. 그리고 이들 상호 간의 관점의 차이로 인한 논쟁은 20세기를 넘긴 지금도 변형된 형태로 계속되고 있다.[79] 여기서는 실증주의적인 접근방법과 반실증주의적 접근

---

77) 이는 '상호주관성의 초월적 문제'(the transcendental problem of intersubjectivity) 또는 '초월적인 (상호)주관성의 문제'라고 한다. Alfred Schutz, *The Phenomenology of the Social World,* translated by George Walsh and Frederick Lehnert, Chicago: Northwestern University Press, 1967, introduction(G. Walsh) 및 43-44 참조. 중국의 장자(莊子)는 친구 혜시(惠施, 혜자는 존칭)와 이미 이에 관한 다음 논쟁을 전개하였다. 장자: 물고기가 자유롭게 노닐고 있으니 그것이 물고기의 즐거움일세. 혜시: 자네는 물고기가 아닌데 물고기가 즐거운지 어찌 아는가? 장자: 자네는 내가 아닌데 내가 물고기의 즐거움을 모른다는 것을 어찌 아는가? 혜시: 내가 자네가 아니니 본래 자네를 알 수 없네. 자네도 물고기가 아니니 물고기가 즐거운지 알 수 없는 게 분명하네. 장자: 처음으로 돌아가 말해 보세. 그대가 방금 말하기를 '자네가 어찌 물고기가 즐거운지 아는가?'라고 말했을 때 그대는 이미 내가 그것을 알고 있음을 알아차리고 물은 걸세. 나는 다리 위에서 물고기와 일체가 되어 마음속을 통해서 그 즐거움을 알고 있다네.(장자 추수 편). 노자·장자, 장기근·이석호(역), 삼성출판사, 1982, 340-341 참조.

78) 베버는 연구자가 반드시 행위자 그 사람이 되어 볼 필요는 없다 함을 "케이사르(시저)를 이해하기 위하여 케이사르가 될 필요는 없다"(One need not have been Caesar in order to understand Caesar)라고 표현하였다. Max Weber, *The Theory of Social and Economic Organization*, 90 및 "*Verstehen*" 제하로 베버의 저서를 발췌한 책, Raymond Boudon and Mohamed Cherkaoui(eds.), *Central Currents in Social Theory*, vol.Ⅲ, London: Sage Publications, 2000, 359-360 참조.

79) 실증주의의 positivism은 라틴어 positum(포지툼)에서 유래하는데, '주어져 있는 것' 또는 '정립되어 있는 것'을 말한다. 여기서 주어져 있는 것은 감각(기관)에 주어져 있는

방법을 적용하는 차이를 밝히되, 이들의 변증법적(辨證法的)인 종합을 통하여 주관적 이익을 좀 더 온전하게 해석할 수 있다는 관점에서 논의하고자 한다.

자연과학의 연구방법론을 따르는 실증주의 또는 경험주의(empiricism)[80] 접근방법의 목표는 무엇인가? 이는 관찰자와는 독립하여 실재하고 객관적인 인식이 가능한 '사실'(fact)에 대하여, 우리의 감각기관이 인식하고 검증할 수 있는(경험주의적인) 방법에 의하여, 객관적이고 인과적이며 결정론적으로 '설명하고 예측'하는 것이다. 이에 따른 주관적 이익의 해석은 먼저 주관적 이익이 객관적인 사실로서 실재한다고 본다. 그리고 그런 주관적 이익은 보편타당하게 원인과 결과의 구조로 인식할 수 있으므로, 주관적 이익을 정확하게 설명하고 예측할 수 있다고 본다.

후기경험주의(post-empiricism)를 포함하여, 실증주의적 방법론에 반대하는 반실증주의 접근방법의 목표는 그와 다르다. 즉 실증주의의 설명과 예측 대신에, '이해, 해석, 비판'을 중시한다. 관찰의 대상(피지각자, 객체)인 사실은 관찰자(지각자, 주체)와의 상호작용에 의하여 규정된다. 그래서 객관적이라고 하는 사실이나 지식도 사람들 사이에 마치 그렇게 객관적으로 참인 것처럼 명시적·묵시적으로 동의(합의)한 사회적 산물(a social product)일 뿐이라고 본다. 따라서 과학적 연구의 목표는―해석학(hermeneutics)의 입장에서―의사소통을 본질로 하는 인간의 주관적 의도·의미를 사회적·문화적 맥락 속에서 이해하고 해석해야 한다는 것이다.

또―비판이론(critical theory)의 입장에서―인간의 이상과 의지에 따라 이상가치, 규범이상을 실현해야 하는 측면에서, 여러 가지 왜곡된 체제와 구조를 시정하여 여러 가지 지배에서 인간을 해방시키는 가치비판이 있어야 하는 것도 중요하다. 이에 따른 주관적 이익의 해석은 우선적으로 주관적 이익이 객관적인 사실로서 실재하지 않고 표준적인 해석을 하기도 어려우므로, 원인과 결과의 인과모델로 설명하고 예측하기를 주저하고, 오히려 각 주관적 이익마다 그 숨은 의도와 맥락,

---

것이다. 그래서 감각에 주어져 있는 것만 감각적인 경험에 의해서 검증이 가능하므로, 감각적인 경험에 주어져 있는 것만 인정하는 것이 실증주의이다. 이는 경험적 검증이 가능하지 않은 모든 형이상학적인 것은 이론적이나 실천적으로 무의미하다고 주장함으로써, 이에 반대하는 반실증주의와 충돌하게 되었다. 이기상, 철학노트, 63, 168, 309 참조.

80) 감각기관에 의한 감각적 경험이 유일한 지식·인식의 원천이라는 견해를 취한다. 그래서 오직 감각기관에 주어진 것만을, 경험만을 타당한 것으로 주장하고, 모든 형이상학적인 것은 이론적으로나 실천적으로 무의미하다고 주장한다.

독특성, 잠정성, 무한한 가능성을 인정하고 해석하고 비판하려는 개별적인 노력을 기울여야 한다고 본다.

이렇게 보면, 실증주의 사회과학의 목표는 주로 객관적으로 드러난 '행태' (behavior)에 대하여 관찰하고 분석하여 설명하고 예측하는 것에 있다. 전통적인 관료제이론이나 주류 행정이론이 공공활동에서 공공활동 대상자 전체를 '하나의 집단'으로 취급하고, 대상자들의 주관적 이익을 일률적(획일적, uniform) · 객관적 · 비정의적(非情誼的, 비친분적, impersonal)으로 취급해야 하는 것으로 본 것도 그런 방법론을 적용한 데 있다. 이는 공공활동가가 공공활동 대상자에게 개인적 친분관계를 내세워 사사롭게 특혜를 베풀지 말고, 누구나 평등하게 대우해야 하는 평등행정 · 객관행정 · 표준행정을 확립하는 데 기여하였다.

이에 비하여 반실증주의 사회과학의 목표는 사람들이 일상적으로 자신이나 타인의 '행동'(행위, action)에 부여하는 '일상적인 주관적 의미'(the everyday subjective meanings)를 이해하고 해석하며 비판하는 데 초점을 두고 있다. 그리하여 현대 행위이론(action theory), 비판이론, 포스트모더니즘이론과 같은 반주류 행정이론은 공공활동 대상자를 '개인이나 소집단'별로 구분하고, 대상자 개개인의 개별특수적이고 독특한(idiosyncratic and unique) 사정(욕구 · 의도 · 동기 등)을 고려하여, 개별적 · 상호주관적 · 대면적 관계(face-to-face relations)에서 대우해야 한다고 주장한다. 이는 형평행정 · 합리적 차별행정 · 상황적응행정의 필요성을 제기한다고 할 수 있다. 예컨대, 해석학 계열의 '행위 패러다임'(action paradigm)은 행정에 관한 이론의 일차적인 분석단위(primary unit of analysis)가 '얼굴을 맞댄 상황 또는 만남' '대면적 만남' 혹은 '대면 관계'(the face-to-face situation, encounter or relation)가 되어야 하고, 이는 개인보다도, 그리고 그보다 더 포괄적인 분석단위인 집단, 국가, 체제보다 더 우선한다고 주장한다.[81]

앞에서 공공활동가가 공공활동 대상자의 주관적 이익을 해석한다고 지적한 바와 같이, 주관적 이익은 공공활동가의 관점 · 지식 · 가치 등의 '의식'이 작용하면서 '의미'를 갖고 이해되고 평가되어 지각되는 인식의 대상이다. 그런데 이 의식의 문제에 대하여 깊이 있게 천착하고 있는 것이 '현상학'(phenomenology)이다. 이는 우리 의식이 체험의 대상과의 관계에서 외적이고 자의적이며 폐쇄적인 관계가 아니라, 지향성을 가지고 경험적 대상과 직접적이고 개방적이며 소통적인 관

---

81) 본문의 내용은 M. Harmon이 제시한 18개 명제(proposition) 중 제4번부터 제7번까지 '명제'에 해당한다. Michael M. Harmon, 앞의 책, 4-7 참조.

계를 갖고, 즉 타성·편견·무의식·주관적 성향에서 벗어나 누구에게나 보편화 될 수 있는 의식으로 경험적 대상을 만나서, 의미나 의의를 부여하고 '구성하여 나타난' 대상, 곧 '순수 현상' 혹은 '순수 경험'(순수 체험)을 탐구하고 밝히려는 철학적 접근방법이다.82) 따라서 현상학적 접근방법을 원용함으로써, 공공활동가는 가능한 한 타성·편견·무의식·주관적 성향 등을 벗어난 보편적인 관점·지식· 가치 등으로 무장하여 공공활동 대상자의 주관적 이익을 직접적·소통적으로 파 악해야 한다고 하겠다.

이상 주관적 이익의 해석 방법론을 종합해 보기로 하겠다. 주관적 이익은 주관 적·관념적인 영역이므로 다른 사람이 절대로 접근하여 인식하는 것이 불가능한 것은 아니다. 주관적 이익은, 사람들 사이에 상호 공통적인 인식이 가능한 상호주 관적인 성격을 갖기도 하기 때문에, 그런 주관적 이익의 부분을 인식하는 것이 논리적으로나 현실적으로 가능하다. 더구나 주관적 이익의 소유자(공공활동 대상 자)와 그 주관적 이익을 파악하고자 하는 공공활동가가 서로 노력하기에 따라서 는 어느 정도 정확하게 주관적 이익을 표출하고 또 파악할 수 있다.

또한 앞에서 주관적 이익이 동질성을 갖기도 하고 이질성을 갖기도 한 데서 알 수 있듯이, '동질적·일반적인' 주관적 이익의 부분은 실증주의적 방법으로 충 분히 파악되고 해석될 수 있다. 그렇지만 '이질적·독특한' 주관적 이익 부분은 역시 반실증주의적 방법으로 더 잘 파악되고 해석될 수 있다. 결국 각각의 방법 론은 주관적 이익을 파악하는 데 있어서 부분적이고 제한적이며, 상대적이고 불 완전한 타당성·정확성·효과성만을 갖는다고 할 수 있다. 그런 점에서 현대 반 실증주의·반주류의 행정이론도 전통적인 주류 행정이론에 대한 반작용으로 나온 것으로, 그것을 대체하는 것이라기보다는 보완하는 것이라고 이해하는 것이 정당 할 것이다.

결론적으로, 주관적 이익의 해석이 자연과학과 같은 엄격한 인과적 설명과 예측 방식으로 충분한 경우가 있고, 반실증주의적인 이해와 비판의 방식으로 보완해야 할 경우도 있다. 그리하여 주관적 이익의 '온전한 해석'은 실증주의적인 방법과 반 실증주의적인 방법을 변증법적으로 종합하여 사용할 때 가능해 진다고 정리할 수 있다.83) 예컨대, 조사자가 설문대상자들에게 표준적인 문항(행태적 척도)으로 구성

---

82) 현상학에 대하여는 '가치의 선택·창조와 그 실현'을 다룬 장에서 더 자세하게 설명 한다.
83) 이를 부분과 전체의 문제로 놓고 볼 때, 실증주의자나 반실증주의자나 그들의 방법만

된 '설문지'를 배부하고, 그 설문지에 표시된 내용을 중심으로 설문대상자들의 의견을 양적으로 집계하여 분석하는 '설문지법'(질문지법)이란 실증주의적 방법이 주관적 이익의 조사방법으로 가장 많이 활용된다. 이는 시간·노력·비용 등을 절약할 수 있는 방법이고, 설문대상자의 동기·의미·목적 등이 단순하고 대체로 별 의심의 여지없이 액면 그대로 수용할 수 있는 보편적인(universal) 성격의 조사의 경우 선호되는, 편리하고 능률적인 계량적(양적, 정량적) 조사방법이다.

그러나 조사자가 미리 설정한(생각한, 구상한, 예측한) 의미의 범주만으로 단순하게 관찰·서술할 수 없는 독특한(unique) 성격의 조사대상에 대해서는 질적(정성적) 측정방법이란 반실증주의적 방법론으로 보완해야만, 특정 주관적 이익이 형성된 이유, 조건, 배경과 맥락 등 독특하고 숨겨진, 전체적이면서도 세부적인 내용까지 훨씬 더 정확하고 효과적으로 조사할 수 있다. 즉 조사목적과 관련된 여러 가지 자유로운 추가 질문(이를 '개방형 질문'이라 함)에 의한 자연스런 대화 속에서, 설문조사로는 파악되지 않는 응답자(표적 집단)의 자세하고 속 깊은 이야기(심층 정보)를 수집하는 형식의 '심층 면접법'(depth interviewing)에 의하여 조사 내용의 전체와 세부 모습을 추론·해석하는 데 보완적으로 활용할 수 있다.[84]

더구나 좋은 공공활동을 위해서라면 연합학문적(interdisciplinary)이거나 다학문적(multidisciplinary) 방법에 의한 공공활동도 마다하지 않아야 하므로, 지금까지 공공철학의 논의에서 순수·응용 철학의 이론이나 인문학의 방법론도 적극 도

으로는 대상의 부분적인 모습밖에 파악하지 못한다. 본문의 주장은 실증주의자가 파악한 부분에 더하여, 그 부분이 놓여 있는 전체적인 배경·조건·맥락에 초점을 맞춰 반실증주의자가 파악한 부분을 씨줄 날줄로 종합 교직(交織)할 때, 비로소 그래도 '대상을 안다'고 말할 수 있는 셈이다.

그런데 해석학에서는 실증주의자가 부분에 초점을 맞추는 데 비하여 해석학자는 전체에 초점을 맞춘다고 하면서, 부분과 전체의 문제 곧 '해석학적 문제'를 다음과 같이 설명한다. 전체를 모르고는 부분을 제대로 알 수 없고, 또 부분을 모르면 전체를 알 수 없다. 문장(부분)을 알아야 전체 책의 내용을 이해할 수 있지만, 그렇다고 문장을 잘 이해하였다고 해서 책 전체를 잘 이해하였다고 할 수는 없다. 또 책 전체를 잘 이해하였다고 해서 문장들 개개를 다 잘 알고 있다고 할 수도 없다. 이처럼 부분과 전체의 관계는 해석학적인 순환(맴돌이)관계에 놓여 있기 때문에, 부분을 아는 것과 함께, 그것이 놓여 있는 전체적인 배경·조건·맥락을 제대로 이해한 후 그 둘을 종합해야만 전체 속의 부분의 의미를 제대로 해석하고 이해하게 된다. 철학은 부분과 전체를 종합한 '전체로서의 부분' 그리고 더 나아가 그것의 궁극적 조건과 근거에 대하여 물음을 던지고 대답을 추구한다. 이상의 설명은 이기상, 앞의 책, 180-185 참조.

84) 구체적으로는 각 응답자 개인별로 면담하는 방법도 있고, 5~8 명의 참석자를 일정한 장소에 모아 좌담회 형식으로 심층정보를 수집하는 '표적 집단 심층좌담'(focus group discussion)을 이용하는 방법도 있는 바와 같이, 다양한 방법을 적용할 수 있다.

입·원용해야 한다. 그 한 예가 제1장에서 논의하였던 미술사 연구의 '추체험'의 방법론을 공공활동에 도입·확장시켜, 공공활동가가 공공활동 대상자의 체험을 선체험·동시체험·추체험하고 그 체험에 바탕을 둔 공공활동을 수행하는 것이라고 하겠다.

5. 주관적 이익 존중의 공공활동의 원칙

지금까지 주관적 이익을 정확하게 파악하고 존중하는 것이 민주적인 좋은 공공활동을 위하여 필수적이라는 점을 설명하였다. 그러면 그러한 좋은 공공활동을 위한 원칙을 몇 가지로 정리하기로 하겠다. 이는 곧 '세종대왕의 관점과 실천' 및 '다산 정신'을 풀어 정리한 것에 불과한 것이다.

1) 현장 밀착화의 원칙

시간·장소·상황·논리·인식·정서 등의 측면에서, 공공활동가가 그 대상자들로부터 멀리 떨어져 있으면 있을수록 그에 비례하여 대상자들의 주관적 이익과 괴리된(일치하지 않은) 공공활동을 수행할 가능성은 높아진다. 시간적·공간적·논리적·상황적·인식적·정서적인 측면에서 대상자들과 떨어져 있는 거리 또는 간격을 간단히 '현장과의 거리'라고 해 보자. 그러면 현장과의 거리가 있다는 것은 그만큼 대상자에 대하여 관심을 갖기 어렵고, 이해하기 어려우며, 정서를 공유하는 데도 한계가 있음을 의미한다. 그리하여 대상자의 (미래에) 체험할, (현재) 체험하고 있는, (과거에) 체험한 삶의 현장과 동떨어진 만큼, 그와 관련된 공공문제의 해결도 실제에서 동떨어지게 마련이다.

공공활동에서 '현장'은 '주관적 이익이 있는 곳'을 상징한다. 반면에 '탁상'(책상)은 '주관적 이익과 멀리 떨어져 있는 곳'을 상징한다. 여기서 현장과 탁상은 현재뿐만 아니라, 미래와 과거도 포함하는 넓은 의미로 사용한다. 그래서 현재뿐

만 아니라, 미래나 과거의 어느 시점에 놓여 있을 예정이거나 놓여 있었던, 주관
적 이익이 있는 곳이 여기서 말하는 '현장'이다. 그리하여 '현장주의' 또는 '현장
대화주의'의 '현장중심의 공공활동'은, 눈·귀·손·발·머리·가슴으로 공공활동
대상자의 음성·말·몸짓·표정·감정·모양·색깔 등 대상자의 욕구와 기대, 뜻
과 마음, 그 이유와 배경 맥락, 환경 여건과 조건 등 현장 사정을 직접 보고 듣
는 것을 말한다. 상상으로나 실제로 그대로 겪어 선체험·동시체험·추체험함으
로써, 최대한 정확하게 주관적 이익을 파악하여 반영하는 것을 말한다.

그렇게 해서 민주행정, 민본행정, 위민(爲民)행정, 또는 현장 중심의 경영(MBWA)[85]
등 '시민 또는 공공활동 대상자를 우선하는 행정'의 좋은 공공활동을 펼치는 것을
의미한다. 그 반대로 '탁상중심의 공공활동' 또는 '탁상행정론'은 공공활동 대상자
의 욕구와 기대, 뜻과 마음, 그 이유와 배경 맥락, 환경 여건과 조건 등을 직접 파악
하고 체험하는 데 크게 신경 쓰지 않는, 비현실적인 나쁜 공공활동이다. 그것은 머
리와 서류만으로 관청이 일하기 편리하고, 상사(上司)나 상급기관이 좋아할 바를
우선하는 관청행정, 위관(爲官)행정, 편의주의행정(행정편의주의), 나홀로행정, 상급
자나 상급기관을 우선하는 행정, 또는 고객과 동떨어진 경영을 의미한다.

현실적으로 조직의 상층부로 올라갈수록 업무는 추상적·정책적인 성격을 띠고
현장의 구체적·실제적인 데서 멀어져 간다. 따라서 상층부의 공공활동가가 의식
적으로 노력하고 현장중심의 철학을 확고히 내면화하지 않으면, 그는 자신도 모
르게 현장으로부터 멀어질 수밖에 없다. 백성들의 문자생활의 불편을 모른 채 한
글 창제·사용을 반대한 조선시대 조정의 학자·관료들이 그 예이다. 그리하여
그의 선의(善意)와 노력에도 불구하고 탁상행정, 권위주의행정, 일방행정 등의 비
난과 비판을 듣는 일이 발생한다. 이를 방지하기 위하여 명심하고 적용할 철학적
자세가 '주관적 이익에 기초한 민주적 공공활동'이고, 좀 더 직접적으로 표현하면
'속마음 읽기의 공공활동'이다. 그리고 그 방법이 세종대왕이 보여주었던 현장에
밀착한, '몸 따로 마음 따로'가 아닌 '몸과 마음이 함께 가 있는' '현장중심의 공
공활동(행정)'이다. 다음의 예를 보자.

---

85) '현장 중심의 경영'은 MBWA(Management by Walking Around)라는 용어가 말해주듯
이, 현장 구석구석을 돌아다니면서 고객의 욕구·필요에 올바로 반응하는 좋은 경영
을 강조하기 위하여 경영학자 톰 피터스 등이 제창한 경영원리이다. Tom Peters and
Robert Waterman, In Search of Excellence(1982), 이동현(역), 초우량기업의 조건, 더난
출판, 2005, 102, 126, 239, 406 등 참조.

"퇴근시간이라고 검사를 그만하겠다니, 힘없는 우린 어쩌란 말입니까." 밤중에 서울 서초구 우면동 택시미터기 검사장 부근 도로를 점거한 택시운전사들은 분통을 터뜨렸다. 택시요금이 오를 때마다 손님과 요금 실랑이를 벌여온 운전사들은 이날 '돈벌이'도 마다하고 검사장으로 차를 몰았으나 그들을 맞은 것은 꽉 막힌 '시 행정의 벽'이었다. 이 같은 사태는 이미 예견돼 있었다. 미터교체업소가 부족하다며 서울시가 택시별로, 택시회사별로 날짜까지 지정, 내달 20일까지 미터기를 교체토록 한 행정편의적 발상이 이를 뒷받침한다. 시는 그만큼 태평이었고 택시운전사와 시민이 겪어야 할 고통과 불편은 안중에 두지도 않았다.

"요즘이 어떤 세상인데, 한 달 이상 요금 조견표를 보고 택시비를 내느냐" "요금을 25%나 올리는 대신 서비스를 대폭 개선하겠다더니, 미터기 교체도 제대로 못하느냐"는 게 택시요금 인상 닷새째를 맞은 성난 시민의 목소리다. 불만이 쏟아지자 시는 뒤늦게 다른 시·도의 미터기 교체업소를 이용할 수 있도록 협조를 구하고 검사시간을 연장하는 등 대책 마련에 허둥대고 있다. ○○○시장도 담당 실·과장을 불러 "왜 이런 사태에 미리 대비하지 못했느냐"고 호통 치기도 했다.……86)

이 사례에서 보듯이, 택시 운전사들과 승객들이 변경된 시책에 대하여 어떤 반응을 보일 것인가에 대하여 담당자들이 좀 더 진지하게 현장 사정을 검토하고 대비했어야 했다. 그렇게 뒤늦게 시정한 대책을 처음부터 마련하여 시행했더라면, 비판과 질책을 듣지 않아도 됐을 것이다.

'현장중심의 공공활동'에 대해 즉각 그것은 역지사지의 자세로 충분하다거나, 이상(理想)일 뿐 비현실적이라고 하거나, 아니면 부분적으로만 타당성이 있다는 반응을 보일 수 있다. 대표적인 반론을 들어보자. 정책·계획·제도 등을 입안(형성)하는 입장에서는 장기적·거시적·추상적 관점에서 어느 정도 현장과 거리를 두고 일할 수밖에 없지 않는가? 그것은 구체적인 정책을 집행할 때에 필요할지 모르지만, 그것도 어떻게 낱낱이 현장사정을 헤아려 일할 수 있겠는가? 필요 이상으로 현장에 집착하면 오히려 능률적인 일 처리에 방해가 되는 사실을 알고 있는가? 한꺼번에 통일적으로 일관성 있게 많은 일을 처리해야 할 상황에서 개개 현장사정을 모두 고려하여 처리할 수 있다고 보는가? 기타 타 관련 기관이나 부서와 장시간 협의·조정할 문제, 예산 등 필요한 조치, 당장 상관이나 상급기관 등의 독촉이나 눈치를 보아야 할 사정, 언론의 조급한 재촉, 업무량에 비하여 턱없이 인력이 부족한 사정 등이 얽혀 있는 상황 속에서, 그렇게 이상적으로 여유

---

86) 한국일보, 2001, 9, 6, "'미터기 대란' 부른 행정" 기사.

를 가지고 현장사정을 파악하며 일할 수 있다고 보는가?

그런 질문에 대하여는, 도지사·장관·국무총리 등 다양한 실무경험을 거치면서 '행정의 달인'(達人)이란 평을 듣는 고건(高建) 전 서울특별시장과, 일본에서 가장 친절한 택시회사를 운영하여 유명해진 재일동포 유봉식 회장의 다음과 같은 철학과 경험담으로 대신할 수 있다고 본다.

고객감동에 대한 시민의 욕구와 수요는 행정 쪽에서도 폭발적으로 분출하고 있다. 이와 같은 시민감동행정(市民感動行政)의 핵심은 무엇인가? '현장행정'(現場行政)이다. 책상머리에서 알 수 없는 문제의 핵심과 해법이 현장에 있다. 그래서 나는 취임 초부터 '시장의 집무실은 시장실이 아니라 현장'이라고 생각하고 현장행정을 적극 펼쳐왔다. 우선 시민이 일하고 움직이며 살고 있는 현장으로부터 시정을 시작한다. 현장에서야말로 정확한 문제의식을 가질 수 있다. 이처럼, 시정의 구상은 현장에서 마련된다. 이 구상을 또한 현장에서 적용하는 시뮬레이션 과정을 거친다. 이 과정에서 또 한 번 주민의 의견을 듣는다. 이처럼, 현장에서 시민과 함께 확인하여 시정이 결실되는 '실천행정'(實踐行政), 그리고 시민들이 피부로 생생하게 느낄 수 있는 '체감행정'(體感行政)을 펼치려고 힘써 왔다.

지하철 서비스를 획기적으로 개선하기 위한 방안을 마련할 때였다. 나는 시민들과 '지하철 데이트'를 시작했다. 대학생들, 주부들, '지하철에 목숨 건 사람들'을 비롯한 인터넷 지하철박사그룹들과 각각 지하철 내에서 데이트를 했다. 지하철 서비스 개선에 관한 생생한 얘기가 나왔다. "시장도 지하철을 더 자주 타봐야 지하철 서비스를 더욱 열심히 개선해 나갈 것이다. 찜통 지하철을 언제까지 다 새것으로 바꿀 것인가?" 등등, 거침없는 얘기를 들었다.[87]

친절서비스로 유명한 일본 MK택시의 유봉식(77세) 회장이 한국경영자들에게 쓴 소리를 했다. 유 회장은 "한국 기업인들이 현장을 멀리하고 편한 것만 찾기 때문에 일본과 경제력 격차가 점점 커지고 있다"며 "경영자가 해야 할 가장 중요한 일은 현장을 지키는 것"이라고 강조했다. 그는 MK택시에 친절교육을 받으러 온 한국 경영자들의 자세를 보고 깜짝 놀랐다고 한다. 고려대에서 서비스 정신을 강의하기 위해 한국에 온 그를 고려대……에서 만났다.

교토에 있는 MK택시 본사에는 매달 삼성·LG 등 대기업과 중소기업 사장·공무원 등 300여 명이 찾는데 "사장·임원들에게 '매일 현장을 챙겨라'고 당부하면 '그건 아래 사람들이 할 일'이라고 반문한다"는 것이다. 유 회장은 "편해지니까 고생하

---

87) 고건, 행정도 예술이다. 매일경제신문사, 2002, 70−71.

지 않으려 하는 모양인데 그러면 절대 일본을 따라잡을 수 없다"고 못 박았다. 요즘 한국 젊은이들이 쉬운 것만 찾으려 하는 자세도 꼬집었고 일본에서 부는 한류(韓流) 붐도 경제력이 뒷받침 못하면 거품이 될 것이라고 충고했다.……88)

그러면 왜 현장을 무시한 비현실적인 탁상행정을 하는가? 공공활동가가 나태하고 성실하지 못한 데 그 일차적 이유가 있다. 그러나 단기간의 업적과 성취를 강조하는 행정문화에서는 근면하고 성실한 공공활동가도 현장주의를 경시할 위험이 있다. 무엇인가 좋은 목표를 설정하면, 그는 그것을 달성하기 위해 사명감을 가지고 조급하게 서두르기 쉽다. 또 어떤 수단도 정당화하면서 여론수렴도 거추장스럽게 여기고, 비판도 무시하게 된다. 그리고 흥분 속에 비판의식이 무뎌지고 판단력이 흐려져, 전체를 조망하는 시야도 좁아지고, 차근차근 세부내용을 따져보는 치밀성도 흐트러지기 쉽다. 그 결과 그는 복합적이고 다양한 주관적 이익을 추구하는 복잡한 현실을 경시하기 쉬운 것이다. 여기에 단순한 근면과 성실의 문제가 아니라, 현장 중심의 행정문화와 공공철학이 중요한 이유가 있다.

요컨대, 좋은 공공활동은 진심으로 성심성의를 다하여 개개 현장 사정을 직접 선체험·동시체험·추체험하고, 가능한 한 최대한 그 실상을 정확하게 파악함으로써, '현장의 실상에 동떨어지지 않게 현장중심으로 일하겠다는 자세'의 공공활동이다. 그런 사람을 인정해 주고 정당하게 평가해 주는 것이 좋은 상관·상급기관·관련기관·부하·동료이다. 그런 관점에서 공공활동을 감시하고 비판하는 언론이 좋은 언론이다. 무엇보다도 시민이 그런 현장중심의 공공활동을 원하고 요구한다. 현명한 상관·상급기관은 부하·하급기관이 자기 쪽을 바라보고 일하게 하는 것이 아니라, 봉사할 현장의 대상자를 바라보고 일하게 한다. 그는 그것이 종국에는 자기 쪽에도 좋은 결과를 가져다주는 것도 안다.

이처럼 국민의 뜻과 마음에 맞는 행정이 곧 공공기관의 구성원들에게도 동시에 이득이 되는 논리가 성립하고, 또한 그래야 한다. 진실로 현장대상자의 주관적 이익을 존중하는 정책이나 사업을 입안하고 집행하는 자를 우대하고, 그 기준에 의하여 공직자의 능력을 평가해야 한다. 그래서 그 기준에 상응한 상벌을 엄정하게 하는 인사행정, 조직관리, 행정문화, 그리고 인센티브 제도가 작동하도록 해야 한다.

---

88) 중앙일보, 2005. 11. 28, "한국 기업인들 현장 너무 안 찾아" 기사. 유봉식 회장은 16세 때 일본으로 건너가 1960년 차량 10대로 '미나미 택시'를 창업한 후, 도쿄·교토·나고야·오사카 등에서 2005년 현재 3000여 대의 택시를 운영하고, 금융기관 등 10개의 계열사를 거느린 매출액 5000억 원 규모의 MK그룹을 이끌고 있다.

2) 현장 동등화·동류화의 원칙

현장중심의 공공활동을 수행하기 위해서는 우선적으로 공공활동을 수행하는 사람의 의식 속, 심리 속에 내재한 '현장과의 심리적 거리'부터 없어져야 한다. 현장에 있는 사람들이 자신들과 '같다고 느낄' 만큼의 동등한 의식 또는 동류(同類) 의식을 느낄 정도의 겸손한 자세·의식·언행을 보여주지 못하면, 공공활동가가 아무리 현장에 가서 대화하고 현장의 목소리를 '있는 그대로' 듣고 적절한 대처를 하고자 해도 소기의 목적을 거둘 수 없다. 이를 우리는 '현장 동등화·동류화의 원칙'이라고 부르기로 하겠다.

공공활동을 수행하는 담당자가 현장과 공간적·시간적으로 아주 가까운 거리에 있는데도 불구하고 '심리적으로는' 아주 멀리 떨어져 있는 경우도 있다. '그 사람들 만나봐야 귀찮기만 해', '그 사람들 자기주장만 하지 뭘 알기나 하나', '내 이미 다 알고 있으니 더 들어볼 필요도 없어', '윗사람이 싫어하는데 그 사람들 말 들어서 뭘 해' 등의 의식을 갖는 것이 그 대표적인 예이다. 이 경우 공직자는 비록 '현장' 바로 옆에 사무실을 두고 있다 해도, 심지어 지금 현장에서 사람들을 만나고 있다고 해도 '현장과의 심리적 거리'를 좁히지 못하고 있는 것이다. 그러니 애초부터 그는 그가 봉사하기로 돼 있는 사람들과 어떤 현안에 대해 동일한 인식과 감정을 공유할 수 없는 처지에 있는 것이다. 철저하게 역지사지의 자세로 선체험하거나 동시체험하거나 추체험할 수 없는 것이다. 그런 공공활동가는 우선 현장중심의 공공활동이 무엇이고, 이를 실천하기 위하여 어떻게 '역지사지의 선체험·동시체험·추체험 훈련'을 해야 하는가부터 학습하고 훈련해야 한다.

좋은 공공활동(행정)은 공공활동가가 시민 또는 구성원 등 관련 대상자와 '능동적인 주체와 주체로서 만나는' '만남의 사건'을 통하여, 한 주체가 다른 한 주체의 주관적 이익을 가장 가까운 우리 관계(We-relationship), 대면 관계(face-to-face relationship), 함께 나이 먹어 감(growing-older-together)의 관계에서 함께 찾아 교류하고 조정함으로써 최대한의 합치점을 찾아 공유하기 위한 공적인 영혼의 교류활동이다.[89] 이것은 곧 미술사학가의 추체험의 개념이 적용되는 상황이기

---

89) 이는 사회과학철학자 알프레드 슈츠(1899-1959, 오스트리아 출신으로 미국에서 활동)가 '사회행위'(social action)와 '이념형'(ideal type)의 개념을 통하여 사회과학의 본질을 설명하면서 제시한 개념들이다. '우리 관계'(Wirbeziehung)는 사람들이 상대 동반자를 구체적으로 알 수 있는 쌍방적인 '대면관계'에서, 아무리 짧은 시간 동안이라도

도 하다.

예컨대, 다산 정약용은 누구보다도 현장파악에 열성을 보이고 현장사정에 정통하였다. 원래 그는 그런 현장주의자였다. 그런데 강진에서 18년간 유배생활을 하는 '비천한 처지'에 있어 어려운 삶을 살아가는 서민들이 그에게 흉금을 털어놓을 수 있었기에, 그는 더더욱 생생하게 삶의 바닥현장의 상황을 보고 들을 수 있었다고「목민심서」머리말(自序)에 다음과 같이 적고 있다.

……먼 변방 귀양살이 18년 동안에……남쪽 변두리 땅에서 나오는 전세(田稅)와 공부(貢賦)를 서리들이 농간하여 여러 가지 폐단이 어지럽게 일어나고 있었는데, 나의 처지가 이미 낮았기(所處旣卑) 때문에 듣는 바가 자못 상세하여 이것 또한 종류별로 기록하고 나의 얕은 견해를 덧붙였다.……90)

원래, 이념적으로 시민은 주인이고, 공직자는 공공의 심부름꾼(종)이란 뜻의 '공복'(公僕)이므로 영어로도 'public servant' 또는 'civil servant'라고 일컬어진다. 그러나 현실적으로 그 반대의 상황으로 바뀌는 경우가 허다하다. 주인인 시민이, 심부름꾼이어야 할 공직자를 오히려 주인으로 섬겨야 할 상황의 반전(反轉)이 행정과정에서 발생하는 것이다. 다음의 지적은 우리의 오랜 의식과 관행을 보여준다.

……옛날에 서울시장은 연초에 이른바 '연두순시'라고 해서 구청에 갔다. 행사 때에도 시장자리는 단상에 마련돼 있고, 참석한 시민들은 단하에 앉아있었다. 옛날 동아일보에 '단상단하'(壇上壇下)라는 고정칼럼이 오랫동안 연재된 적이 있다. 이와 같은 단상단하체제하에서는 시민들이 진솔한 대화를 하지 않는다. 그래서 나는 구청순시를 하지 않는다. 대신에, 노인복지관이나 정보문화센터 같은 시설을 개관할

동시에 '함께 나이 먹어' 가면서(살아가면서) 서로 상대방의 삶에 동일한 감정으로 (sympathetically) 참여하여, 삶의 의식의 흐름을 직접 체험해 보는 사회적 관계 (directly experienced social relationship)이다. 이에 비하여, 서로 추상적으로만 알고 서로 주관적 의미 맥락(subjective meaning-contexts)의 삶의 현실을 직접 체험하고 공유하지 않는, 쌍방적이지 않은 관계는 '그들 관계'(They-relationship, Ihrbeziehung)라고 부른다. Alfred Schutz, *The Phenomenology of the Social World,* Introduction(G. Walsh) 및 103, 163-167, 185, 219 참조.

90) 다산연구회 역주, 역주 목민심서 I, 개역 판, 창작과 비평사, 1988(초판 1978). 10에서 인용. '전세'는 논밭의 세금, '공부'는 백성이 조정에 바치던 물건과 세금을 말한다. 다산은 1801년 강진으로 유배된 후 오랫동안 강진읍내 한 주막집에 거처하다가 나중에 귤동(橘洞)으로 옮겨갔다. 그 자신 "내가 십여 년 동안 읍내 바닥에서 귀양살이 해 보매 그 실정을 알게 되었다"고 적고 있다. 위 책, 82 쪽 참조.

때 구청에 가서 구청이 지원을 요청하고 있는 사업현장 바로 그 자리에서 시민들과 대화를 나눈다. 그러면, 시민들은 자신들의 애환을 솔직하게 시장에게 이야기한다. 그 사업을 꼭 할 필요가 있는지, 정답이 바로 나온다.

나는 안전관리현장을 수없이 갔다. 안전관리는 과학적인 체계화도 중요하지만 일상적으로 상시 점검하는 것도 중요하기 때문이다. 헐거워진 볼트나 녹슨 베어링을 발견해서 제때에 바꿔주는 것이 필요하다.……달동네와 같은 복지의 사각지대를 수없이 방문했다. 그때마다 최소한 한가지씩은 개선과제를 발견해 내고 실천했다.……이처럼, 책상머리에서는 알 수 없는 해법이 현장에는 있다. 한자를 잘 모르는 신세대가 '서울市長'을 '서울市場'이라고 표기한 적이 있다. 그러나 어떤 의미에서는 서울市長은 시민의 생생한 삶의 현장에서 생활행정을 해야 하는 서울市場인지도 모른다.[91]

누구나 부탁을 들어주고 청원을 해결해 줄 수 있는 쪽은 부탁하고 청원하는 쪽에 비하여 심리적으로 우월한 의식을 갖는다. 또 강제할 수 있고 영향력을 행사할 수 있는 자는 그에 복종하고 따라야 할 처지에 있는 사람에 비하여 심리적으로 우월감을 갖기 마련이다. 이처럼 법령·정책·제도에 의하여 강제나 영향력을 발휘할 수 있고, 청원이나 부탁을 받아 해결해 줄 수 있는 권한·직분을 갖고 있는 위치에 있는 공직자는 '권력관계의 일상화' 속에서 점차 부지불식간에 시민이나 민원인보다 우월하다는 착각에 빠지기 쉽다. 그리고 그것을 당연시하고 체질화하며 자긍심의 근거로 삼는 '직업병'에 걸리기 쉽다. 그 결과, 공공서비스를 신청하거나 공공문제의 해결을 원하는 시민들에 대하여 권위주의적인 태도를 취하고, 시혜를 베푸는 듯한 고압적이거나 짜증내는 듯한 언행을 하기 쉽다. 이러한 처지에서 상하의 권력관계, 우월한 자와 열등한 자의 관계, 지배하는 자와 지배를 받는 자의 관계가 반전하여 '역(逆)의 수직적 관계'가 발생하는 것이다. 이는 권력기관의 경우에 더 두드러지게 나타나고 있는 현상이므로, 당사자는 더욱더 경계해야 할 일이다.

시민은, 스스로를 낮추기는커녕 우월감에 사로잡혀 있는 공직자에게 마음을 터놓고 현장의 실상을 말할 느낌을 가지기 어렵다. 체험을 있는 그대로, 앞으로 있을 그대로, 전개되고 있는 그대로 공유하기 어렵다. 거드름을 피우면서 현장시찰을 하는 사람에게 무슨 말을 하고 싶고, 말을 한들 무슨 소용이 있다고 느끼겠는가? 이와 비슷한 상황은 공공활동의 도처에서 발견된다. 일상적 우월감 속에서

---

91) 고 건, 앞의 책, 71-72.

만성적 직업병을 병으로서 인식도 못하고 근무하고 있는 공공활동가는 대상자들의 속마음에 간직하고 있는 주관적 이익을 파악하고자 하는 인식과 관심이 있을리 없다. 또 주관적 이익을 실현하고자 봉사와 헌신을 다할 리도 없다. 그래서 공공활동가는 항상 초심·기본·철학을 되돌아보고 반성해 보는 성찰적 자세가 필요하다. 항상 시민의 편에 서서 겸손하게 자신을 낮추고, 봉사할 대상자가 동류의식을 느낄 만큼 동등하거나 더 낮은 자세로 다가가는 의식과 행동이 필요한 것이다. 그가 봉사할 대상자가 언제, 어디서, 무엇을, 어떻게 해 주기를 바라겠는가라는 '역지사지' 또는 '감정이입'의 자세를 갖추고 실천하는 것이다. 그래서 엄혹한 군사독재 시절 민주화운동의 대부(代父)이자 농민운동·생명운동을 이끈 장일순(1928-1994)과, 도시빈민운동을 이끈 제정구(1944-1999)는 사회운동 지도자를 비롯한 공공활동가에게 각각 다음 증언과 같은 가르침을 주었다.

> ……무위당 선생님께서 깨우쳐 주신 가장 큰 가르침은 저에게 누구라도 스승일 수 있다는 사실입니다. 풀 한 포기, 나무 한 그루도 위대하다는 선생님의 생각에 비춰 보면 이건 너무도 당연한 일일 것입니다.……사회운동의 여러 지도자들에게 '기어라', '바닥 놈들과 어울려야 오류가 없다' 하신 말씀도 다 하나로 통하는 것이라고 생각합니다.[92]

(문) 양평동 주민들이 집단이주 신청과정과 집을 지을 때 아주 복잡했다면서요?

(답) 예. 아주 혼났죠. 집단이주에 같이 가겠다고 계약했다가 해약하는 일이 수백 건이 넘었어요. 양평동 판자촌은 안양 천 뚝이었기 때문에 동네가 길었어요. 나와 제정구 선생은 긴 판자촌의 중간 지점에 살았어요. 아마 경기 시흥 신천리의 '복음자리'로 집단 이주한 170세대 가운데 약 30%는 나와 제정구 선생이 알았던 사람들이에요. 이분들은 중간 지점에 살았던 사람이 대부분이지요. 또 30% 정도는 천변 남쪽에 살았던 주민들인데, 우리와 잘 알지 못했던 사람들이고 집단이주 사업이 있다는 것을 알고 따라온 사람들이죠. 또 30% 정도는 경인고속도로가 있는 쪽에서 살았던 사람들인데 역시 잘 모르는 주민들이었어요. 그래서 170세대 집단이주한 사람들 가운데 3분의 2는 제정구와 나를 무슨 건축회사로 보았어요. 그래서 우리를 믿지 않았지요. 신천리에

---

92) 윤형근(모심과 살림 연구소 사무국장), "장일순 선생님", 한겨레, 2003. 12. 4. '무위당'(无爲堂)은 장일순의 호인데, 그는 사회운동의 지도자들이 자칫 민초들과 유리돼 오만, 독선, 오류에 빠지기 쉬우므로 '밖으로 나가 밑으로 흘러라' 즉 현장의 바닥사람들과 어울리라는 뜻의 '개문하류'(開門下流)를 써주면서 독려했다고 한다.

서 집을 지을 때, 양평동 판자촌에서 서로 알았던 주민들은 특별히 문제가 없었는데 다른 사람들은 계속 문제를 일으키고, 우리를 의심했지요. 거의 매일 주민들 간에 서로 싸웠어요. 나하고는 직접 안 싸웠지만 제정구하고는 아주 많이 싸웠어요.

(문) 주로 싸우는 이유가 뭐였어요?

(답) 우선 우리를 믿지 못해서 싸웠어요. 혹시 자기들의 돈 또는 외국에서 지원된 돈을 나와 제정구가 개인적으로 쓰지 않는가, 그 의심 때문에 힘들었죠. 제정구는 계속 굉장히 당했죠. 또 주민들이 서로서로 믿지 못하니까 싸움이 일어나죠.

(문) 제정구 선생은 그런 문제에 어떻게 대응했나요?

(답) 계속 앉아서 술 마시고, 계속 설득하고 했어요. 가끔은 잔치를 벌여서 놀면서 풀죠. 시간이 많이 걸리죠. 맨 처음에는 쉽게 못 믿죠. 가난한 사람들은 맨 날 당했잖아요. 아무리 여러분들 집 짓는다 얘기해 줘도, 우리는 돈 한 푼도 우리를 위해서 안 쓴다고 계속해서 얘기해도 안 믿죠. 그러다가 몇 개월간, 몇 년간 함께 살다 보니까 믿게 되었어요.

(문) 그럴 때면 주민들한테 화도 나고 그럴 텐데, 제 선생이 화도 내고 그랬나요?

(답) 물론이죠. 화를 낼 때 화를 내고, 그 다음에는 또 술 마시고 함께 놀고 했지요.[93]

한 번 생각해 보자. 지금 부탁하듯 내 앞에 긴장하며 서 있는 시민이나 사회적 약자를 두고, 우월감·유력감(有力感)을 느끼는 대신, 연민과 동정, 이해와 공감, 봉사와 헌신의 의무감을 느낀다는 것은 반성적 성찰이 많지 않는 보통인간으로서는 쉬운 일이 아니다. 따라서 그 어느 누구보다도 공공활동가는 그런 상황 속에서도 스스로를 낮춰, 시민·사회적 약자의 아픈 곳, 가려운 곳, 소중한 것을 알고 해결해 주는 구도자적 자세를 견지하고, 반성적·비판적 성찰 노력을 게을리 하지 않아야만 진정으로 성숙한 인격의 공공활동가가 될 수 있다고 할 것이다.

훌륭한 연기자일수록 자기가 맡은 배역의 인물(character)과 완전히 동화된 몰입된 연기를 펼친다고 한다. 이와 마찬가지로 공공활동가도 현장 사람들과 동류의식을 느낄 정도로 겸손하고 낮은 자세·의식·언행을 보여주어야, 그들 현장 사람들의 처지에 서서, 그들의 생각·의지·삶을 완전하게 선체험·동시체험·추체험하고 파악하여, 그들을 위한 좋은 공공활동을 펼 수 있다.

---

93) 앞의 "정일우 신부의 제정구 2", 사단법인 제성구기념사업회, 가짐 없는 큰 자유, vol.04 (2005, 여름), 17-18에서 인용.

그렇다고 이 '현장 동류화'를 공공활동가로 하여금 대상자의 요구나 이해관계를 일방적으로 옹호하는, 분별없는 대변자, 중개자, 또는 로비스트가 되라는 것으로 오해해서는 안 된다. 또 현장중심의 공공활동을 실천한답시고 직접 이해관계자들을 만나는 과정에서 그들과 유착하여 각종 부정부패의 공범 또는 주범이 되라는 것은 더더욱 아니다. 실제로 투철한 공복의 자세를 견지하고 그런 개연성을 철두철미 경계하지 않는 공공활동가는 현장중심의 공공활동을 실천하면서 부패·비리의 함정에 빠질 위험이 크다.[94] '현장 동류화'를 포함한 현장중심의 공공활동을 하라는 것은 엄정한 자기 규율 속에 그 대상자와 가능한 한 동일하게 느끼고 인식할 정도로 속마음을 완전히 파악하고, 그렇게 파악된 요구나 주장에 대해서는 시비곡직(是非曲直)을 분별하여 그에 따라 적절하게 대처해야 하는 것을 전제하고 있음을 명심해야 하겠다.

3) 속마음 알기의 원칙

공공활동가가 최선의 노력과 성실성을 발휘하여 주관적 이익을 충실하게 파악한다는 것은 공공활동 대상자의 겉으로 쉽게 드러난, 피상적인 마음·요구·욕구·기대 등만을 파악하는 것에 그치지 않는다. 그것은 그들의 속 깊은 곳에 감춰져 있는 마음·요구·욕구·기대 등—이를 총칭하여 '속마음'이라고 한다면—'속마음'까지 읽어내야 하는 것을 말한다. 이는 미술사학자가 작품과 작자를 연구하고 감상할 때 작자의 삶의 세계 속으로 들어가 그대로 살아보는 추체험의 목표이기도 하다. 공공활동가가 속마음의 주관적 이익을 파악하는 데 얼마나 온몸 노력을 기울였는가에 따라 당해 공공활동의 과정과 결과가 크게 달라진다. 그래서 우리는 이것을 '속마음 알기의 원칙'이라고 부를 수 있다.

국민을 위한다고 하면서도, 실제로는 그 국민이 진정 무엇을 원하는지도 모르

---

94) 1990년대 초반 교육부는 학년 초 학생들의 가정환경을 파악하기 위하여 실시하는 교사들의 가정방문이 '촌지'(寸志)라고 불리는 돈 봉투, 접대 문제의 말썽을 일으킨다고 해서 이를 자제하도록 일선 학교에 공문을 보내 사실상 가정방문을 금지시켰다. 그러나 '좋은 교사운동' 소속 교사 5천여 명은 2005학년도 초 학교폭력, 왕따, 결식 학생 등의 문제를 파악해야 올바로 대처할 수 있다는 생각에 가정통신문을 보내, 촌지와 접대는 받지 않음을 밝히고 가정방문을 실시하였다. 한겨레, 2005. 3. 24, "가정방문 '좋았어요'" 기사.

고 있다면 그것은 잘못돼도 한참 잘못된 것이다. 마찬가지로 '학생을 위한 학교'나 '수요자 중심의 교육'을 부르짖으면서, 실제로는 '학생' '학부모' '수요자'의 속마음을 정확히 알지 못한다면 어떻게 그들을 위한 일을 하고 있다고 할 수 있겠는가? '아파트 주민을 위한 관리사무소'를 표방하면서, 실제로는 '주민'은 눈에 안 보이고, 유관 업자만 보인다거나, 관리사무소 직원만 보인다면 옳은 일이겠는가? 그것은 사기업에서 '고객'을 보지 않고 '고객 만족' '고객 감동'을 외치는 것과 같은 것이다.

공공활동가가 지금 현재 진행 중인 문제의 현장에 있는 대상자들의 마음을 읽어 알고 충분히 공감한 상태에서 최선의 노력을 하고 있다고 하자. 그래서 그것을 그들도 알고 있다면, 그들의 문제가 자신들의 희망·기대·요구대로 해결되지 않는다 하더라도 그 대상자들은 그렇게 섭섭해 하지 않는다. 그러한 '일체화'의 자세가 갖춰지고 그에 기초한 성실한 노력이 있다면, 그 경우 그 공공활동가의 위치는 현장과 밀착되어 있고, 대상자들과 동류의식 속에서 그들의 속마음을 파악한 상태의 활동일 것이다. 설혹 그가 현장으로부터 시간적·공간적으로 멀리 떨어져 있다고 해도, 그에게 그 현장과 심각한 심리적 거리까지 있는 것은 아니다. 공공활동가가 현장 대상자의 속마음까지 알고 상호 '신뢰'가 형성돼 있는 일체화 상태에 있다면, 거기에 '현장'과 '탁상'의 구별의 의미도 없어진다.

사회의 산업화·국제화·개방화·정보화·전문화의 진행과 공공활동 대상자의 욕구·기대·요구 등의 복잡화·고도화는 서로 밀접하게 연계돼 있다. 이러한 상황에서 공공활동가는 점점 더 복잡해지고 높아진 공공활동 대상자의 속마음을 읽어내는 데 어려움을 겪게 된다. 그런 만큼 그는 공공활동 대상자의 속마음을 읽어내는 데 더 예민한 감수성을 가지고 더 전문성을 키우며 더 겸손하게 온몸주의의 성실성을 발휘해야 한다.

흔히 공직자들은 장기간에 걸쳐 경제, 농림, 복지, 국방, 외교, 도시계획, 상수도, 건축 인허가, 세무 등등의 한 분야에 근무하면서, 더구나 그 분야의 세부 부서를 두루 거치면서 자·타가 공인하는 그 분야의 전문가가 돼 있다. 그런데 바로 그 사실이 '독단·독선·자만의 마음'을 갖게 만들고, 이것이 시민으로부터 멀어지는 위험 요인으로 작용한다. 그리하여 자신은 이미 정책대상자의 주관적 이익을 정확히 파악하고 있다고 자만하기 쉽다. 그리고 관련 기관의 담당자들의 의견을 간단히 무시하거나 경시하면서, 서로 정보를 공유하지 않고 협동 작업에 적극적으로 참여하지 않는 일이 많다. 그러나 전문가라 해도 조금만 무관심하거나 자만하면 해당 대상자(집단)의 '속마음 읽기'에 실패하여 대상자에게는 정반대의 결과를 초래할 수 있는 것이 공공활동이다. 다음 예를 보자.

> 부산지역 최대 폭력조직인 ㅇㅇ파의 두목 ㅇㅇㅇ씨와 부두목 ㅇㅇㅇ씨 등이 성인 오락실 운영권을 빼앗은 혐의로 기소됐다 항소심에서 무죄를 선고받았으나, 대법원이 유죄 취지로 파기 환송함에 따라 다시 재판을 받게 됐다.……ㅇ씨 등은 2000년 3월 임대료를 내지 않고 ㅇ호텔 성인오락실의 운영권을 빼앗은 혐의로 1심에서 징역 1년의 실형을 선고받았으나, 호텔 업주가 "평소 교분과 거래관계가 있어 임대료 없이 월세를 받을 생각으로 오락실 운영권을 넘겨줬다"고 진술을 번복함에 따라 항소심에서는 무죄를 선고받았다.
>
> 그러나 검찰은 이에 불복해 즉각 상고했고, 대법원은 "피해자의 법정진술보다 검찰진술 내용이 더 신빙성이 있어 원심이 인정한 교분 및 거래관계가 있었다 하더라도 피해자가 강요와 무관하게 임대를 승낙한 것이라 보기 어렵다"며 유죄취지로 사건을 부산 고법에 돌려보냈다. 검찰 관계자는 "폭력조직들이 성인오락실 업주를 협박해 아예 오락실을 빼앗기까지 했으나 오락실 업주들이 보복을 우려해 제대로 진술조차 못하는 바람에 폭력조직을 처벌하는 데 어려움이 있었다"며 "대법원의 이번 판결은 불법 성인오락실 운영을 통한 폭력조직의 자금 확보를 막는 중요한 계기가 될 것"이라고 말했다.[95]

> 대법원 2부(주심 이강국 대법관)는 자신의 얘기를 바탕으로 한 영화 <친구>의 흥행 성공을 빌미로, 영화감독 곽경택 씨 등을 협박해 돈을 뜯어낸 혐의(폭력행위처벌법 위반)로 구속 기소된 '칠성파' 조직원 ㅇ아무개(40) 씨 등 2명에게 무죄를 선고한 원심을 깨고 유죄 취지로 사건을 부산지법 항소부에 돌려보냈다고 밝혔다. 재판부는 판결문에서 "곽씨가 협박받은 사실을 법정에서 부인했지만, ㅇ씨가 곽 씨를 협박한 사실이 인정된다"고 밝혔다.[96]

그러나 디지털 시대, 정보통신 혁명의 시대, 자유 언론의 시대라는 특징을 보이는 현대 지식기반사회(knowledge-based society)에서는, 공공활동가들이 독선적 아집이나 전문가의 자만을 부릴 사치를 허용하지 않는다. 일반 구성원들 중에도 공공활동가들에 버금가는, 또는 그들보다 공공문제에 더 정통한 전문가들이 많이 있다. 또 일반인들이 인터넷을 통하여 정부의 정책 중 쟁점이 되는 사안에 대하

---

95) 한겨레, 2003. 11. 27, "2심 무죄 오락실 강탈 조폭, 대법 유죄취지 파기 환송" 기사.
96) 한겨레, 2005. 7. 29, "곽경택 감독에게 돈 뜯은 조폭 무죄 원심 깨" 기사.

여 자신의 의견과 비판을 봇물처럼 쏟아내고 있다. 그래서 과거와 같이 공공활동
가의 사소한 실수나 실책이라고 해서 그냥 묻히거나 별 탈 없이 지나가지 않는
다. 그것들은 곧장 노출되고 비판되는 시대이기도 하다. 정부와 공공활동가에 맞
서는 공동체구성원과 시민사회의 '대항력'(countervailing power)은 무시할 수 없을
정도로 커지고 있다. 이와 같이 공공당국의 처사에 싫어도 따르는 과거의 순응
문화가, 이제 적극적으로 관여하여 잘못된 점을 비판하고 시정을 요구하는 비판
문화로 빠르게 변하고 있다. 이러한 사태의 발전은 좋은 공공활동을 위하여 역기
능적인 측면도 있지만, 참여민주주의의 이념을 견고하게 해주는 순기능적인 측면
이 더 많다.

　이런 변화 속에서 현장에 있는 평범한 사람들이 그들 나름대로 생각하는 상황
을 설명하고 문제점을 지적하며 대책을 제시하는 경우, 그것을 무시하거나 경시
하는 잠재의식과 태도를 갖는 공공활동가는 그 의식과 태도 자체부터 고쳐야 한
다. '너희가 무엇을 알겠느냐,' '그 문제는 그렇게 간단한 문제가 아니다,' '우리는
그 문제에 관한 한 전문가다'라는 식의 독선적 아집·고정관념·편견·자만 등을
경계하지 않으면 안 된다. 그런 만큼 공공활동가는 겸손한 자세로 부단히 자기
개발에 힘쓰면서, 항상 모든 공공활동의 문제에 대하여 그 대상자(집단)의 뜻을
정확히 파악하려고 노력하지 않으면 안 된다.

　공공활동가가 그 대상자들의 속마음 알기를 소홀히 함으로써 잘못을 범하는 사
례를 들자면 수없이 많다. 외국 관광객을 많이 유치하려고 한다면, 관광 관련 정
책과 업종의 관계자들이 '자기 처지'에서가 아니라 '외국 관광객들의 처지'에서
보고, 듣고, 먹고, 놀고, 느끼는 바를 헤아릴 수 있어야 한다. 즉 관광객들의 속마
음을 읽어내야 한다. 국내에 거주하는 외국인이 서울의 최고 관광 명소의 하나인
창덕궁(비원)과 관련하여 제기한 다음 의견을 보자.

　　외국관광객들을 가득 태운 관광버스 한 대가 서울의 유혹적인 비원의 담 옆에 정차
　한다. 차 문이 자동으로 열린다. 관광객들은 야구 모자를 쓰고, 선글라스를 끼고 줄줄
　이 따라 나선다. 공기는 따갑고 후텁지근하다. 역겨운 악취도 풍긴다. 비원 옆문에서
　몇 미터 떨어진 곳, 그곳 바람이 불어오는 곳에 쓰레기수집장이 있다. 청소원 아저씨
　들이 녹색 쓰레기수레를 끌고 와서, 쓰레기처리장으로 운반되기 전까지 그곳에 수거
　한 쓰레기를 쌓아둔다. 이 쓰레기들은 길 위쪽에 사는 내가 버린 것도 있지만, 인근
　현대 빌딩과 식당들이 버린 쓰레기들이고, 비원 담벼락 옆에 쌓인다.……

관광과 쓰레기가 함께 한자리에 있는 것에 나는 놀라지 않는다. 롯데호텔 파업 때문에 500명의 전경들이 도심에서 빈둥거리는데도 태평한 나라가, 다른 나라에서 온 사람들이 어떻게 생각할 것인가에 생각이 미칠 리가 없을 것이 분명하다. 비원 쓰레기장을 보면서 괜히 멍해지기는 하지만, 좋은 쪽으로 생각해 보면 전부 다 부적절하다고만 볼 수는 없다. 이런 장면은 색다르면서 의도하지 않는 방식으로, 방부 처리하여 보존한 다른 관광명소들보다는 좀 더 있는 그대로 실감나게, 대대로 이어져 내려온 한국을 관광객들에게 보여줄 것이기 때문이다.……[97]

다소 냉소적으로 서울의 한 관광명소를 묘사하고 있다. 이와 비슷한 느낌을 갖는 외국 관광객들은 많은 모양이다. 왜 우리는 '관광입국' '굴뚝 없는 문화산업' 등을 외치면서, 또 외국 관광객들을 유치하기 위하여 대통령까지 광고방송에 출연하는 열성을 부리면서도, 그들 외국인들의 속마음을 알아내는 데에는 실패하고 있는 것일까? 그 일차적인 원인은 바로 앞의 예에서 보듯이, 그들의 처지에서 그들이 바라는 관광이 무엇인가에 관한 '외국 관광객의 마음 읽기의 실패'라고 해야 할 것이다. 어찌 관광에만 국한된 일이겠는가?

현장중심의 공공활동을 수행하겠다고 해서 무턱대고 현장에 얼굴만 내밀면 되는 것이 아니다. 현장으로 나아가 그 실상을 체험적으로 알고 역지사지의 자세에서 무엇을 어떻게 할 것인가를 진정으로 고민하는 모습을 보여주어야 한다. 그렇지 않고 현장 대상자의 마음을 읽고 실질적인 대책을 강구하는 일에는 소홀히 한 채, 현장에 얼굴만 내미는 것으로 중요한 일을 다 한 것처럼 하는 것은 오히려 대상자들의 불만과 원성만 살 뿐이다. 고위 공직자들의 '전시용 행보'도 그래서 비판받는다. 고위층의 단순한 확인·독려 목적의 방문이 오히려 현장 관계자들과 근로자들을 불편하게 하고 업무를 방해함으로써, 오히려 불만, 불신, 비판의 대상이 되는 경우가 얼마나 많은가! 다음의 두 사례를 보자.

"구제역(口蹄疫－가축 전염병의 하나로서 전염의 속도나 범위가 심각함, 저자 주)으로 장관님이 한 번, 차관님이 두 번, 그리고 차관보님까지 네 번 방문인데 차라리 별다른 지원도 안 해 주실 바에야 그 경비로 약품이라도 살 수 있게 보내 주는 게 낫지 않겠습니까." 구제역 현장 방문을 한 농림부 간부에게 김경회 진천 군수가 뱉

---

97) Michael Breen, "Where Does All the Garbage Go?", The Korea Times, 2000. 8. 18. 이 필자는 20여 년간 영국 주요 일간지 한국 특파원을 지낸 후 한국에서 홍보사업체를 운영하고 있음.

은 뼈 있는 말이 화제가 되고 있다.

　그날 저녁 7시 20분께 구제역 발생으로 돼지를 처분하는 현장 지휘를 하던 김 군수는 농림부 간부가 방문한다는 소식을 듣고 군청으로 돌아왔다. 도착 예정 시간보다 40분이나 늦게 도착한 농림부 ○차관보는 어려운 점을 묻고 국비지원에 한계가 있다는 사정을 전했다. 김 군수는 "어찌 어려움이 없겠냐"고 말을 받은 뒤, 지원된 8500만 원으론 턱없이 모자라는 현실과 농민과 공무원, 군인 등에게 야식 한 번 사주지 못한 형편을 전했다. ○차관보는 "이것은 인재 반 재해 반인 상황이니 공무원들은 사명감을 갖고 일해 달라"고 덧붙였다. 이에 김 군수는 "농민·공무원·군인 등은 잠을 자라고 해도 안 자는데 농림부 직원들은 뭐 한 게 있습니까. 확인하고 감시하는 게 고작입니까?"라는 말과 함께 의미 없는 방문보다는 그 경비로 약을 사는 게 낫겠다는 소신을 밝혔다.

　김 군수와 농림부 간부가 주고받은 대화는 주변에 있던 한 직원이 진천군청 홈페이지 자유게시판에 올렸고, 이 글은 '축산인의 입장을 대변해 속 시원하다', '단체장으로서 할 말을 했다', '군수님 파이팅' 등의 답변글과 함께 인기를 끌고 있다.[98]

　밤 10시께 대구지하철 화재 참사의 실종자 가족들과 사망자의 유족들이 뜬눈으로 밤을 지새우고 있는 대구시민회관 합동분향소에서 고함이 터졌다. 분향소에는 이날 아침부터 국무총리, 각 정당 대표, 장관, 시·도지사, 국회의원 등 각계각층에서 보내온 100여 개의 대형 조화들이 빼곡히 들어 차 있었다.

　그런데 10여 명의 공무원들이 조화를 이리저리 옮기기 시작했다. 고위관료가 보낸 조화를 가장 잘 보이는 맨 앞자리에 놓는 등 이른바 '계급' 차례로 조화를 재배치하는 것이었다.……처음에는 묵묵히 지켜보던 유족들이 공무원들이 무엇을 하는지 사태를 파악하자 분노를 터뜨렸다. 이들은 "꽃이 무슨 소용이냐, 사람이나 살려내라", "차라리 조화를 다 걷어치워라"며 흥분했다. 한 유족은 "우리들은 답답하고 억울한데 공무원들은 윗사람들에게만 신경 쓰는 것 아니냐"고 쏘아붙였다. 원성을 온몸으로 받아낸 공무원들은 고개도 못 들고 조용히 자리를 빠져나왔다.……

　시민회관에 파견된 공무원들은 대부분 말단 공무원들이다. 이들은 식사도 제때에 못하고 늦은 시간까지 이리저리 뛰어다니지만, 격앙된 유족들로부터 하루 종일 욕을 얻어먹을 수밖에 없다. 한 공무원은 "유가족들의 항의를 견디는 것은 공무원이 당연히 할 일"이라면서도, "그러나 현장보다 윗선에서 내려오는 불필요한 지시가 더 부담스럽다"고 털어놓았다. 20일 분향소 사무실에는 "(우리) 기관장님 조문 간다. 방문할 때 기관장이 보낸 조화의 리본만이라도 맨 앞 조화에 붙여 달라."는 전화가 이어졌다.[99]

---

98) 한겨레, 2002. 5. 18, "내려올 경비로 약값이나 주세요" 제하의 오윤주 기자의 기사 인용.

4) 현장중심의 공유와 협동의 원칙

공공활동은 많은 공적 직무수행자들이 함께 관여하여, 관심, 인식, 준비, 헌신, 정보를 체험적으로 공유(共有)하고 협력할수록 좋은 결과를 산출하는 협동행위이다. 공공활동가는 대외적으로 대상자(시민)와의 관계에서 '동류화의 원칙'을 지킬 필요가 있다. 그리고 또 대내적으로도 협동행위에 함께 나서는 상하좌우의 관련 기관과 담당자와의 관계에서 '공유와 협동의 원칙'을 지킬 필요가 있다.

상급과 하급의 수직적 담당 또는 관련 기관 또는 사람 사이, 그리고 협의하고 협력하는 수평적 기관 또는 사람 사이에는, 주관적 이익을 해석하는 관문이 많을 수밖에 없다고 했다. 그러한 여건에서 어느 한 기관이나 담당자만의 '주관적 이익 존중의 직무수행'으로는 소기의 공적 목적을 달성하기 어렵다. 여기에 여러 기관의 각 담당 공공활동가들 모두가 가능한 한 주관적 이익을 정확하게 파악하고 실현하기 위한 관심, 인식, 준비, 헌신, 정보를 공유하고 상호 협력해야 하는 것이 '공유와 협동의 원칙'인 것이다.

이와 같이 공공활동이 협동행위라는 본질을 전제한다면, 좋은 공공활동을 수행하기 위해 '공유와 협동의 원칙'이 필요한 것은 너무나 당연하다. 그런데 이 공유와 협동이 '현장을 중심으로' 이루어져야 진정으로 '주관적 이익 존중의 공공활동'이 성공할 수 있다. 상부 기관이나 담당자끼리만, 또는 하부 기관이나 담당자끼리만, 수평적으로 관심, 인식, 준비, 헌신, 정보를 공유하고 상호 협력하는 것만으로는 좋은 공공활동을 수행할 수 없는 것이다. 수평적·수직적으로, 상·하·좌·우 담당 및 관련 기관이나 담당자 사이에서 막힘없고 오류 없이 '현장중심의 공유와 협동'의 정신이 구현되어야 진정으로 좋은 공공활동이 가능하다. 다음과 같이 현장의 문제를 속속들이 파헤쳐 '현장조사 보고서'를 발간하고, 관련 부처 간 담당과제를 제시한 후 공동 협력으로 문제해결을 하였다면, 그것은 좋은 공공활동의 한 본보기라고 하겠다.

"경기 북부에서 수도권을 벗어나는 데 걸리는 시간이 수도권 밖에서 부산까지 소요되는 시간보다 더 걸린다." 재정경제부는 '물류 경로별 현장조사 보고서'에서 "우

---

99) 한겨레, 2003. 2. 21, "'윗분'들에 치이는 말단 공무원" 제하의 석진환 기자의 '취재파일' 기사 중 인용.

리나라는 도로·철도·해운 등의 물류 이용료가 비싸고 시간도 많이 걸리며, 행정 서비스 체계가 미흡해 국가경쟁력을 떨어뜨리고 있다"고 밝혔다. 인천에 있는 전자 회사 ㄷ사는 부산항을 통해 수출을 하고 있다. ㄷ사는 주로 트럭으로 물건을 실어 나르는데 운임이 컨테이너(40피트 기준) 한 개 당 평균 50만 2천 원이 들어 회사 경영에 상당한 부담이 되는 실정이다. 철도를 이용하면 비용은 39만 8천 원으로 20% 정도 낮출 수 있지만 시간이 문제다. 트럭은 10시간 정도 걸리는 데 비해 철도는 14시간이 걸린다.……게다가 화차가 부족하고 항만 등과의 연계가 미비해 불편이 뒤따른다. 또 운송 예약도 하루 2차례뿐이어서 도로사정이 나쁜 날 급한 수출 화물을 실어 나르려 해도 이용이 어렵다. 서울·수도권과 부산 주변에서는 교통난 때문에 거리는 짧아도 운임 비용은 이만저만 높은 것이 아니다.……창원에 있는 ㄹ사는 부산항에서 회사까지 컨테이너 한 개당 물류비가 47만 9천 원에 이르는 것으로 나타났다.

이번 조사에서 외항 선박들은 정부부문에 대한 개선 요구가 많았다. 선박이 입·출항할 때 해양수산부, 세관, 검역소, 출입국관리소에 각각 신고를 해야 할 정도로 정부 위주의 행정을 펴고 있기 때문이다. 유사한 서류를 중복 제출하는 데 따른 시간과 비용이 많이 드는 것……하역 생산성도 낮아……정책통합기능도 취약해 부산신항과 남해고속도로 등을 잇는 배후도로의 경우 해수부, 건교부, 부산시 등이 각각 따로 사업추진중이다. 이에 따라 일부 구간은 올해 말, 다른 일부는 내년 말, 나머지 구간은 2008년에 완공되는 등 정부 스스로 효율이 떨어지는 도로를 만들고 있는 것으로 나타났다.[100]

국가와 민족이 백척간두(百尺竿頭)의 위기에 놓인 임진왜란 당시, 조선 조정이나 군 최고지휘부는, 이순신 장군과 그가 지휘하는 수군(水軍)의 현장 활약상을 올바로 알고 현장중심의 공유와 협동의 원칙 아래 서로 협력하고 지원해도 부족한 형편이었다. 그런데 그들은 오히려 이순신 장군을 모함하고 박해한 다음 사실(史實)을 보고, 모두 큰 교훈을 얻어야 할 것이다.

갑오년 2월 25일(양력 1594년 4월 15일) <장계>에서……임진년에 적세가 매우 날카롭던 무렵에 영남의 여러 성들이 연달아 무너지고, 연해안 일대에 사는 사람들의 그림자가 아주 끊어졌을 때, 고성·사천·하동·남해는 호남에 연접한 지방으로서 무려 이백여 척의 적선이 연속해서 들어왔는데, 우리 수군은 서른 척 미만의 전선(戰船)을 가지고서도 용감하게 돌진하여 쳐서 무찌르고 하나도 빠져 돌아가지 못하

---

100) 경향신문, 2004. 3. 8, "열악한 물류, 경쟁력 떨어뜨려" 기사.

게 하여 그 날카롭고 민첩한 기세를 꺾었다.

그 뒤로 전선이 조금씩 더 준비되어 전라 좌·우도는 모두 여든여 척으로써 매양 삼도의 수사 및 여러 장수들과 함께 적을 섬멸할 계획을 세우고, 죽음으로써 맹세 하고, 물길을 가로막아 전라도로 침범하지 못하게 한 지 삼 년이 되었다. 호남이 보 존된 것은 수군에 힘입은 것이며, 요즘에 와서는 의논이 분분하여 수군에 소속된 좌·우도를 아울러 열 아홉 고을 중에서 아홉 고을이나 육군에 소속시켰을 뿐 아니 라, 원래 배정된 입방수군마저도 전혀 보내지 않으므로, 수군의 고약함이 전일보다 훨씬 더 심하여 참으로 민망스럽고 걱정이 된다……

갑오년 9월 초3일(양력 10월 16일)……새벽에 임금의 비밀분부가 들어왔는데, "수 군과 육군의 여러 장병들이 팔짱만 끼고 서로 바라보면서 한 가지라도 계책을 세워 적을 치는 일이 없다"고 하였다. 세 해 동안이나 바다에 나와 있는데 그럴 리가 만 무하다. 여러 장수들과 맹세하여 죽음으로써 원수를 갚을 뜻을 결심하고 나날을 보 내지마는, 적이 험고한 곳에 웅거하여 있으니, 경솔히 나아가 칠 수도 없다. 하물며, 나를 알고 적을 알아야만 백 번 싸워도 위태하지 않다고 하지 않았던가!……초저녁 촛불을 밝히고 홀로 앉아 스스로 생각하니 나라 일은 어지럽건만 안으로 건질 길이 없으니, 이를 어찌하랴!……

정유년 1월 21일(양력 1597년 3월 9일)……도원수 권율이 와서, "일본에서 가등청 정이 다시 온다고 하니, 수군은 꼭 요시라의 말대로 왜군을 바다에서 맞아 무찔러 라. 그래서 기회를 잃지 말라"고 명령하였다. 그러나 일본군의 속임수라고 판단하고 출격하지 않았다. 권율은 나더러 명령에 따르지 않아서 일본군에게 뜻대로 상륙시 켰다는 죄를 주어 조정에 보고하였다.

정유년 2월 초6일(양력 3월 23일) <실록>에서……"이순신을 잡아올 때, 선전관의 표신(標信)과 밀부(密符)를 주어 잡아오게 하라. 그리고 또 원균과 교대한 뒤에 잡 아오도록 하라고 일러 보내라. 또 이순신이 만일 군사들을 거느리고 적과 대전하여 싸우고 있는 중이면, 잡아오기가 불편할 것이니, 싸움이 끝나고 쉬는 틈을 보아 잡 아오도록 하라"고 일러서 보냈다.

정유년 3월 13일(양력 4월 28일) <실록>에서……"이순신은 조정을 속였으니, 임금 을 업신여긴 죄가 있고, 적을 놓아주고 잡지 않았으니, 나라를 저버린 죄가 있다. 또 남의 공로를 빼앗고 또 남을 죄에 빠뜨렸으니, 방자하고 거리낌이 없는 죄가 있 다. 이러한 여러 가지 죄상이 있으므로, 법으로서는 구할 수 없고, 마땅히 법률대로 사형을 하려니와, 이같이 남의 신하로서 임금을 속인 자는 반드시 사형에 처하고 용서할 수 없으므로 이제 고문하여 그 사실을 알고자 하니, 어떻게 처리해야 함이 좋을지 대신들에게 물어보라"고 하였다.

정유년 4월 초1일(양력 5월 16일) 옥문을 나왔다. 남문(숭례문) 밖 윤간의 종의 집에 이르니, 조카 봉·분과 아들 울(蔚)……더불어 같이 앉아 오래도록 이야기했다.……더해지는 슬픈 마음을 이길 길이 없다.……101)

정유년 8월 3일(양력 9월 13일) 이른 아침에 선전관 양호(梁護)가 뜻밖에 교유서를 가지고 왔다. 명령은 곧 겸 삼도수군통제사의 임명이다.……저물어서 구례현에 이르니, 일대가 온통 쓸쓸하다. 성의 북쪽 문밖에 전날의 주인집으로 가서 잤는데, 주인은 이미 산골로 피난 갔다고 했다.……

정유년 8월 15일(양력 9월 25일)……<행록>에서……이제 제계는 아직도 전선 12척이 있으니, 죽을 힘을 내어 항거해 싸우면 오히려 할 수 있는 일이다. 이제 만일 수군을 모두 폐하여 버린다면, 이것은 왜적이 만 번 다행한 일로 여길 뿐더러, 호우(湖右: 湖西)를 거쳐 한수(漢水)에까지 갈 것이다. 바로 이것이 내가 가장 걱정하는 것이다. 그리고 비록 전선은 적지만, 내가 죽지 않는 한 왜적이 감히 우리를 업신여기지 못할 것이다.(이 내용을 장계로 써서 선전관 박천봉에게 바로 적어서 보냈다.)102)

---

101) 최두환(편), 충무공 이순신 전집 제1권, 완역 초서체 진중일기, 우석, 1999, 181-183, 226, 380, 421, 427-428 참조. 본문 중 출처로서 날짜 다음에 밝힌 <장계>, <실록>, <행록>은 위 편자가 난중일기에 빠진 내용을 보충한 자료의 이름이다. <장계>는 이순신 장군이 전투 결과보고서 형식으로 조정에 올린 공문으로서 <이충무공전서>에서 뽑아 보충한 것이고, 선조실록에 실린 내용이 <실록>이며, <이충무공전서>에 실린 이충무공의 행적에 관한 글이 <행록>이다.

'도원수'(都元帥)는 전쟁 때 임시로 군권을 주어 군대를 통할하게 한 군 최고지휘관이다. 권율(1537-1599)은 1593년 전라도순찰사로서 한강을 건너 행주산성에서 배수진을 치고 일본군 3만여 명의 대군을 맞아 2만 4천여 명의 사상자를 내게 한 대승(이는 김시민의 진주대첩, 이순신의 한산도대첩과 함께 임진왜란의 3대첩의 하나)을 거두었는데, 1596년 도원수로 임명되었다. 그러나 이순신 장군과 관련, 그는 고니시 유키나가(小西行長)의 막하 간첩 요시라(要時羅)의 권유를 조정에 보고하고, 1597년 1월 이순신 장군이 있는 한산도에 가서, 정유재란으로 침입한 왜군(가토 기요마사, 加藤清正 부대)이 이미 엿새 전에 서생포 등지에 상륙했음에도 이를 알지 못하고, 이순신에게 해상 요격을 지시하였다. 이때 이순신 장군은 "왜놈 요시라의 말을 다 믿을 수 없으며, 설사 왜적을 치러 간다 해도 우리 군사를 적에게 보내면 기습을 당할 우려가 있고, 많은 군사가 가면 이 또한 왜적이 모를 리 없습니다. 신중히 대처해야 합니다"고 하였다. 그러자 그는 1월 21일에 항명이라는 장계를 올림으로써, 원균 일파의 중상과 모함으로 조정 분위기가 심상치 않은 판에, 일본의 이간책에 빠져 이순신 장군을 구속하게 한 결정적인 잘못을 저질렀다.

이순신 장군은 1597년 2월 26일 서울로 압송돼 3월 4일 투옥되고, 가혹한 고문 후 사형을 받게 된 것을 판중추부사(判中樞府事) 정탁(鄭琢)이 올린 신구차(伸救箚: 구명 진정서)에 크게 힘입어 겨우 사형이 면제되고, 28일간의 옥고 끝에 도원수 권율 휘하의 백의종군(白衣從軍)의 특사를 받아 4월 1일 석방돼 권율의 진영으로 길을 떠났다. 이상 앞의 책과 이홍직(편), 증보 새국사사전, 1015-1016, 1126-1128 참조.

102) 이순신 장군을 대신하여 통제사가 된 원균은 일본군과 대항하여 싸웠으나 대패하고 전사하니, 이순신이 정비했던 전선은 대부분 파괴되고 12척만 남은 수군은 전멸상태

이러한 국가적 재난을 겪고 교훈을 얻었음 직한데도, 현장중심의 공유와 협동의 원칙은 내팽개치는 때가 많았다. 다산 선생이 필생의 심혈을 기울여 완성한 '현장중심의 민주행정 안내서'인「목민심서」에 대해서도 그러하였다. 당시 부패한 조정 당국자들은 이를 귀하게 여기고 배우고 실천하기는커녕 자신들의 비위를 거슬렀기 때문에 그것을 소각하였고, 다산을 모함하고 따돌렸다.[103] 이제 그런 역사적 교훈을 바탕으로, 또 다음과 같은 외국의 선례를 배워서, 현장중심의 공유와 협동의 공공활동을 수행해야 한다.

프랑스에서 고속열차 테제베를 4시간 쯤 탔습니다. 그런데 앞자리에 앉은 사람이 출발 때부터 도착 때까지 노트북으로 게임을 하더군요. 배터리가 꽤 오래 버틴다는 생각에 넘겨봤더니 전원을 연결해 쓰고 있었습니다. 그때까지는 몰랐는데 모든 자리마다 전원코드가 설치돼 있었습니다. 우리나라 케이티엑스도 같은 업체(프랑스 알스톰)에서 제작됐는데 왜 전원 코드가 없을까 생각하며 차량 안을 둘러보니, 여기저기서 테이블 위에 노트북을 펴놓고 일을 하거나 게임을 즐기고 있었습니다. 충전기로 휴대전화기를 충전하는 모습도 눈에 띄었습니다. 노트북 제조업체들은 배터리로 3시간 가량 사용할 수 있다고 선전합니다. 하지만……게임을 하거나 동영상을 보면 1시간도 안 돼 배터리가 바닥납니다.……정부는 그동안 우리나라가 정보화가 앞서 있다고 자랑해 왔습니다.……하지만 전원 시설이 없어 고속열차 특실에서도 노트북을 사용하지 못하는 것도 사실입니다. 앞섰다고 자랑하려면 이용자 눈높이에서 봤을 때도 그래야 하지 않을까요.
자전거를 갖고 기차를 탈 수 있다는 것도 눈길을 끌었습니다. 일부 열차에 자전거를

에 빠졌으며, 일본군은 경상도는 물론이고 전라도 일대까지 점령하였다. 속수무책 다급해진 조정에서는 8월 3일 이순신을 다시 통제사로 임명하였는데, 이순신 장군은 9월 16일 명량(鳴梁, 해남과 진도 사이 울두목)해전에서 단 13척(당일에 참전한 전선 수)으로 서해로 진출하려던 일본수군 200여척과 사력을 다해 싸워 133척을 격파하고 해협 통과를 저지함으로써 다시 제해권을 장악하였다. 이 출전에서 유명한 "병법에 이르기를, 죽고자 하면 오히려 살고 살고자 하면 도리어 죽는다(必死則生 必生則死) 했거니와, 한 사람이 길목을 지킴에 넉넉히 1,000명도 두렵게 할 수 있다"라고 각 전선의 장령들에게 엄명했다. 임진년의 한산대첩과 그 전략적 의의가 같을 정도인 정유년의 명량대첩을 접하고, 선조는 이순신 장군에게 서훈하려 했으나 중신들의 반대로 그렇게 하지 못했다. 이순신 장군은 1598년 11월 18일 노량에서 명나라 장군 진린과 함께, 도요토미 히데요시의 사망으로 철군을 시작한 500여척의 일본의 대군을 섬멸하고 7년간의 전쟁을 마무리지었으나 유탄에 맞아 장렬한 최후를 마쳤다. 이상 이홍직(편), 증보 새국사사전, 1015-1016, 1126-1128; 최두환(편), 앞의 책, 478-479, 541 참조.
103) 민태식(역주), 앞의 책, 33.

실을 수 있는 공간을 따로 마련해 자전거를 갖고 여행을 할 수 있게 하더군요. 물론 자전거를 갖고 타면 요금을 더 내야 합니다. 우리나라 열차에도 자전거 칸을 설치하면 어떨까요? 하루 한 대씩에만이라도. 여행 행태가 달라질 것으로 봅니다.……

그럼 우리나라 기차에는 왜 전원코드나 자전거 칸이 설치되지 않았을까요? 저는 정책을 결정할 때 다른 부처의 의견을 듣는 절차가 미흡했기 때문이라고 봅니다. 철도청이나 고속철도는 철도차량을 설계할 때 안전성과 비용 등을 먼저 생각할 겁니다. 전원코드 설치는 국가 정보화를 추진하는 정보통신부, 자전거 칸 설치는 여행과 국민체육을 담당하는 문화관광부나 국민건강을 챙기는 보건복지부에서 낼 수 있는 아이디어라고 봅니다. 정통부 관계자에게 이 얘기를 했더니 "그거 몰랐네"라고 하더군요. 고속철도 관계자도 "거기까지는 생각 못했다"고 말했습니다. 차량을 설계할 때 정통부에는 의견을 낼 기회조차 주지 않았다는 것을 뜻하는 게 아닐까요. 이용자 눈높이에서 살피는 절차가 부족했다는 지적도 가능하고요.……[104]

5) 참여에 의한 보완의 원칙

공공활동가가 공공활동 대상자의 주관적 속마음을 역지사지의 관점에서 선체험 · 동시체험 · 추체험하여 알 수 있다고 하지만, 거기에는 한계가 있기 마련이다. 그것은 간접민주정치, 간접민주행정, 간접적인 기업지배구조의 원리상, 소수 지배자가 상상적 추체험으로 대상자의 주관적 이익을 파악해야 하는 대표 · 대리 행위의 본질적 속성 때문이다. 그래서 공공활동가가 공공활동 대상자의 '주관적 이익에 기초하거나 주관적 이익을 존중하는 민주적인 공공활동'을 표방하면서도, 자칫하면 현실적으로는 '객관적 이익에 기초한 권위주의적이고 관료주의적인 공공활동'을 벗어나기 어려운 본질적 취약점을 갖는다.

그럼에도 불구하고 입법부의 의원, 행정부와 사법부의 공무원, 기업의 경영자와 근로자, 기타 각종 기관 · 단체의 공적 직무수행자는 최선의 노력을 기울여 객관적 이익에 기초한 일방적인 직무수행을 탈피해야 한다. 이를 위하여 가능한 한 최대한 공동체구성원(공공활동 대상자)의 주관적 이익을 존중하는 공공활동을 구현할 수 있도록, 그들 대상자들이 직접 대표성 있게 참여하는 각종 제도적 장치와 방법을 강구하고 효율적으로 실효성 있게 운영하여야 한다.

---

104) 한겨레, 2004. 9. 20, "대통령님께" 기사.

결국 공공활동가의 공공활동 수행을 보완하는 공공활동 대상자의 참여제도는 직접민주주의적인 요소를 반영하는 제도, 형태와 방법을 말한다. 따라서 전통적인 것, 새로운 것, 공식적인 것, 비공식적인 것 등 그 형태와 방법을 막론하고, 사안과 여건에 맞게, 새로운 형태와 방법의 참여제도를 선택하고 창안하여 보완하는 것이 필요하다. 각종 선거나 국민(주민)투표와 같은 투표제도, 공청회·회의·위원회 등의 개최에 의한 공론의 수렴과 토론제도, 그리고 언론매체나 집회를 통하여 각종 의견을 표출할 수 있는 언론·집회결사의 자유의 보장제도가 대표적이고 전통적인 참여의 제도와 방법의 예이다. 더 나아가 공동체구성원의 아이디어를 공모(公募)하거나 제안제도를 활성화하는 것은 가장 구체적이고 세부적인 사항과 관련된 참여적 보완제도이다. 그 외에도 과학기술정책이나 기타 사회적 갈등을 겪는 쟁점에 대한 시민합의회의의 제도화와 같은 새로운 제도도 도입할 필요가 있다. 또 일반 사법재판이나 헌법재판제도에도 배심제, 참심제, 이해당사자의 변론제 등을 신중하게 도입하고 활성화하는 것이 필요하다.

그런데 공동체구성원의 직접 참여에 의한 보완 제도와 방법도 대표성 있고 효율적이며, 합리적이고 실효성 있게 운영되어야 한다. 사실 많은 공청회나 심의·자문위원회가 형식적으로 운영되거나 들러리에 불과하다는 비판이 많이 나오는 것을 보아도 그것이 중요한 이유를 알 수 있다. 더 구체적으로는 제안제도 하나도 제대로 운영할 수 있어야 한다. 그래서 국내 공항을 자주 이용하는 한 외국인이 공항의 먼지 쌓인 '제안함'에 매번 고칠 점을 써 넣었는데도 고쳐지지 않고 있다고 힐난하면서, 그래도 희망을 버리지 않고 '외국인을 고용하여 문제점을 찾아내 고쳐 보라'는 공개 제안을 하는 일이 발생하게 해서는 안 된다.105)

6. 현장 중심의 주관적 이익 존중주의의 실천

공공활동가는 공공활동 대상자들이 있는 상상의, 현실의, 그리고 과거의 현장에 밀착하여, 대상자들이 심리적·시간적·공간적·문화적·논리적 거리를 느끼지

---

105) Leslie Miller, "Airport Service", The Korea Times, 2001. 2. 15, 'Reader's Voice'.

않을 정도의 분위기에서, 가능한 한 그들의 체험을 그대로 체험(추체험)하고 그들의 뜻을 헤아리고 속마음까지를 읽어내야 한다. 그리고 그는 가능한 한 그들 대상자들의 참여하에, 다른 유관 기관·부서와 협동으로 공유하고, 그 속마음을 반영할 수 있는 한 최대한 반영하는 방식으로 직무를 수행해야 한다. 이와 같이 현장 중심으로, 주관적 이익에 기초하고, 주관적 이익을 우선하며, 주관적 이익을 존중하는 좋은 공공활동을 '현장 중심의 주관적 이익 존중주의' 공공활동이라고 이름 지을 수 있겠다.

이제 공공활동가는 현장 중심의 주관적 이익 존중주의의 공공철학적 명제를 철저하게 내면화하고, 날마다 지속적으로, 낱낱의 업무마다, 처음부터 끝까지 이를 실천해야 한다. 그렇게 공공활동가가 속마음까지 읽어내서 반영하겠다는 '다산 정신'을 내면화·체질화하지 않으면, 어느 틈에 과거 '객관적 이익 위주'의 편의적·관료적인 발상·타성·관행·관례가 다시 고개를 들고 그 영역을 넓혀가므로, '세종대왕의 관점과 실천'을 본받고 따라갈 수가 없게 된다.

공공활동가가 '시민을 위해서' '수요자 중심' '고객 만족' 등의 말을 일상적으로 듣다 보면, 그 말 자체의 진정한 의미에 대해서도 둔감해 지기 쉽다. 그렇지 않아도 지금까지 일해 온 타성과 관례에 익숙하여 자신의 공공철학적 자세를 바꾸기도 쉽지 않기도 하다. 또 공공활동 대상자들의 뜻과 마음을 잘 알고 있는 것 같지만, 사실은 그렇지 못한 여건과 환경에 처해 있기도 하다. 목적과 취지에 맞게 규정을 해석하고 적용해야 할 법규(규정)에 대하여 문자 그대로만 경직되게 해석·적용하면서 그것이 법치행정, 원칙준수이고, 내부·외부 감사에서 자신이 다치지 않는 길이라고 굳게 믿는 분위기나 문화가 그에 속한다. 또 자신의 지위나 연고관계를 이용하여 일반인과는 다른 위치에서 손쉽게 자신의 민원을 해결하는 경험 때문에, 평범한 일반인들이 민원사항의 해결과 관련하여 때로는 얼마나 당혹스러워하고 난감해 하는지, 얼마나 분통이 터지는지를 정말 그런 민원인의 처지에서 헤아리지 못하고 느끼지 못하기 쉽다.

그런 저런 이유로 그는 비현실적인 규정임을 인정하면서도 법령·규정이므로 어쩔 수 없다고 뒤돌아서고, 자기 소관 밖이라는 말과 함께 규정을 개정하려는 노력에도 관심을 갖지 않으려 하기 쉽다. 또 그는 담당 기관 간 법규의 해석이 달라도 그쪽 기관에 가서 알아보라고 하고, 사후 면책을 위하여 불필요하거나 과도한 자료 제출·의견 조회·보완 요구 등도 당연시하며, 촉박한 일정을 호소해도 딱하지만 그것은 본인의 사정이라는 식으로 무시하기 일쑤다.

　이처럼 공공활동을 수행하는 과정에서 자칫하면 자신의 사고와 행동이 경직되어 '현장 중심의 주관적 이익 존중주의'의 공공철학적 명제로부터 멀어지고, '객관적 이익 우선의 행정' '군림하는 행정' '권위주의 행정'을 펴는데도 이를 의식하지 못할 수 있다. 어떻게 이런 상황에서 시민·대상자들이 공공활동가에게 '마음'을 줄 수 있고 '신뢰'를 가질 수 있겠는가? 거기에서 공공활동 대상자는 '우리들의 천국'이 아니라 '당신들의 천국'[106]이라는 인식 속에, 공공활동가를 불신하

---

106) '당신들의 천국'은 5·16 쿠데타 직후인 1961년 현역 군의관 조백헌 대령이라는 야심 많고 정열적인 인물이 소록도의 병원장에 취임하여, 그곳 나환자들의 생활터전을 마련해 농사를 짓게 하자는 취지로, 전남 고흥군 소록도 북쪽 봉암반도와 풍양반도의 한 가운데 있는 무인도 오마도(五馬島)를 육지와 연결하고 안쪽 득량만 바다 330만 평을 매립하는 대규모 간척공사를 하면서, 원장과 나환자들 사이에 대립·갈등을 빚은 실화를 바탕으로 첨삭·변경·재구성해, 작가 이청준이 1974년과 75년에 걸쳐 월간잡지 「신동아」에 연재했던 장편소설의 이름이다.(따라서 작가는 창작이 실제와는 전혀 별개라고 하면서, 원장 이하 원생들에게 위로와 보탬은 되지 못할망정 행여 다른 바람직스럽지 못한 누를 끼치지 않기를 바라고 강조한다.) 그것은 한국문학의 대표적 고전이 되었는데, 그 제목의 우의적(寓意的) 함축성으로도 유명하다.
　다만, 창작이 실제와는 전혀 별개라고 하면서, 원장 이하 원생들에게 위로와 보탬은 되지 못할망정 행여 다른 바람직스럽지 못한 누를 끼치지 않기를 바란다고 강조하는 작가의 말에 유의할 필요는 있다. 실제로 역대 원장과 직원 중에는 환자들의 치료와 봉사에 헌신한 훌륭한 이들이 많았다. 원생들을 강제노역시키고 자신의 동상을 세우고 참배를 강요하다 1942년 원생에게 살해당한 일본인 원장 수호 마사토(周防正季, 소설 속에서 주정수 원장)와 같은 나쁜 인물도 있었지만, 1920년대 일본인 하나이 젠기치(花井善吉) 원장은 신앙의 자유를 보장하고 8년 동안 원생을 극진히 보살피면서도 원생들의 공덕비를 완강하게 거절했다. 그러나 결국 병으로 순직한 이듬해 공덕비가 세워졌고, 해방되고 일제 청산 과정에서 행여 공덕비가 파괴될까봐 원생들이 몰래 공덕비를 땅에 묻었다가 나중에 다시 세울 정도로 존경받았던 인물도 있다. 또 조백헌 원장의 실제 모델인 조창원 원장을 비롯하여, 1980년대를 전후로 20여년간 환자의 손톱·발톱까지 깎아주며 나병(한센병)은 낫는다는 희망을 심어준 신정식 원장, 43년간 봉사를 마치고 70대가 되자 주변에 폐를 끼친다며 아무도 모르게 편지 한 장 남겨놓고 함께 조용히 고향인 오스트리아로 떠나 은퇴한 마리안 슈퇴거와 마가릿 피사렛 간호사(수녀) 등 인간 상록수도 많았다.
　일본은 1907년 '나병 예방법'을 제정하고 나병(한센병) 환자를 강제 격리수용하기 시작했는데, 조선총독부는 식민지 한국에도 이를 그대로 적용하여 1919년 소록도에 수용시설을 만들고 1935년 '조선나예방법'을 공포하여 환자들을 강제 수용하였다. 1961년 9월 당시 군사정권은 나환자 재활촌 건설을 추진하기 위하여 현역 대령인 군의관 조창원(趙昌源)을 병원장에 임명하고, 1962년 2월부터 환자 5000여 명 중 작업 가능한 음성환자 2000여명을 투입하여 맨손으로 여의도 3배 규모의 바다를 메우는 간척사업을 시작하였다. 그러자 육지 주민들은 간척사업으로 육지와 연결되어 나환자들이 소록도에서 나오는 것을 결사반대하였다. 그렇지만 투석작업 80%, 갑문공사 90% 정도가 완성될 무렵인 1964년 3월, 공화당정권은 그 전해에 실시된 제6대 국회의원선거를 계기로 육지 주민의 반발에 굴복하여 조창원 원장을 경질하고, 나환

고 그와 갈등을 빚으면서, 공공활동가의 보람과 자아실현, 그리고 공공활동 대상자의 주관적 이익의 실현과 삶의 질의 향상도 기대할 수 없게 된다. 그 우의적(寓意的) 함축성 때문에 유명한 소설 「당신들의 천국」의 작가 이청준, 그리고 그 평론가들은 다음과 같이 좋은 공공활동과 관련하여 공공활동가에게 큰 깨우침을 주는 말을 하였다.

> 소설의 제목 '당신들의 천국'은 당시 우리의 묵시적 현실 상황과 인간의 기본적 존재 조건들에 상도한 역설적 우의성(寓意性)에 근거한 말이었다. 그러면서 나는 어느 땐가 그것이 '우리들의 천국'으로 바뀌어 불려질 때가 오기를 소망했고, 필경은 그때가 오게 될 것을 확신했다. 그리고 아마도 그때가 오게 되면 '당신들의 천국'이라는 사시적(斜視的) 표현이나 그 책의 존재는 무용지물이 될 것이었다. 그렇다면 과연 이제 우리에겐 한 작은 섬의 이름으로 대신해 불렀던 그 '당신들의 천국'을 '우리들의 천국'으로 거침없이 행복하게 바꿔 불러도 좋은 때가 온 것인가. 대답은 사람에 따라 다를 수 있을 것이다. 그리고 그것은 각자의 자유이다.[107]

> '당신들의 천국'의 당신들은 누구를 가리키는 것일까. 그때의 당신들은 소록도에 천국을 세우겠다는 의욕을 가진 원장들을 지칭하는 것이 확실하다.……조백헌(소설 속 병원 원장이란 지도자-저자 주)은 "인간의 천국을 지어 주시려는 것이 아니라, 문둥이의 천국을 지으려" 하고 있다. 섬을 문둥이의 천국으로 만든다는 것은, 환자를 더욱 환자답게 만든다는 것을 뜻하며, 그런 의미에서 "원장님의 천국의 윤리에 섬사람들의 생각이나 욕망이 스스로 한정당하고 익숙해지기 시작하는" 것을 뜻한다. 소록도에 진정으로 세워져야 하는 천국은 환자들의 자생적 운명에 근거한 힘의 행사, 자유와 사랑에 기초한 힘의 행사에 의한 천국이다. 그 천국은 이상욱(소설 속 병원 보건과장이란 지식인-저자 주)까지를 포함한 환자들 모두의, 일인칭 복수 우리들의 천국이다. 그러나 그 자생적 운명에 의거하지 아니한, 원장의 윤리에 기초한 천국이란, 환자를 환자답게 만드는 이인칭 복수 당신들의 천국이다.[108]

자들을 작업장에서 쫓아내며 간척사업을 중단하였다.

그 후 정부는 1989년 공사를 완료하고, 환자들을 배제한 채 간척지를 일반 주민에게 분양하였다. 이로써, 이 사업은 권력이 사회적 약자를 착취유린한 대표적 인권유린사건의 하나가 되었다. 1963년 강제수용제도는 폐지됐는데, 한때 6천여 명이 살던 소록도수용소에는 2004년 현재 고령의 7백여 명이 살고 있다. 대한변호사협회를 중심으로 '오마도 사건'의 진상 규명과 보상이 추진되고 있다. 동아일보, 2004. 8. 24, "'오마도 사건' 진실은" 기사 참조.

107) 이청준, "개판본을 다시 꾸미년서", 당신들의 천국, 문학과지성사, 1984(단행본 초판 1976), iv에서 일부 인용.

이청준의 「당신들의 천국」은 인간역사의 가장 중요한 문제 중의 하나인 지배와 피지배의 관계를 다루고 있는 작품이다. 그것을 위해 작가는 소록도라는 나환자들의 공간과 현역 군인 원장을 등장시킨다. 소록도는 인간 소외, 따라서 피지배의 양상을 극단적으로 제시하는 곳이며 현역 군인 원장은 그 출신과 직함 자체로 지배의 성격을 가장 두드러지게 함유하고 있다. 즉 그 두 개의 주요 변수는 지배와 피지배의 구조를 가장 명료하게 보여줄 수 있는 압축된 공간이며 인물이다. 「당신들의 천국」이 많은 평자들에 의해 일종의 알레고리 소설로 이해되어온 것은 그 때문이다.……

작가가 보건과장 이상욱을 통하여 보다 중요하게 환기하고 있는 것은……조 원장과 환자들의 관계가 다스리는 자-다스림을 받는 자의 관계인 한 배반은 필연적이라는 사실이다. 조 원장은 낙토를 만들자는 약속과 호소를 하면서 만일 원생들이 따라주지 않는다면 "강제로라도 하겠다"고 선언하며, 다양한 개선 조치를 단독의 권한에 의해 실시하고 축구팀을 강제로 창설해 일반 시합에 출전시킨다. 이러한 사실은 지배자/피지배자의 대립 관계를 이루는 현재의 세계 구조를 조 원장이 전적으로 신뢰하고 있고 지배자의 의도가 선하기만 하다면, 다시 말해 자신을 희생해 봉사할 각오를 진심으로 하고 있고 동상 따위를 세우려는 사심이 없다면 충분히 이 세상을 행복하게 만들 수 있다고 생각한다는 것을 말해준다. 그러나 바로 그러한 생각이 그를 동상의 소유자로 만든다.……

그가 원생들에게 호소한 것은 '정정당당, 인화 단결, 상호 협조'였다. 그러나 그것을 실현하기 위해 그가 자기 권한을 강제적으로 발동했을 때, 원생들은 이미 정정당당히 자기 삶을 스스로 꾸밀 기회를 박탈당해 버린 것이며 상호 협조, 인화 단결은커녕 명령과 복종, 마지못한 따름을 학습했던 것이다. 그럴 때, 그 그럴싸한 민주적 내용들은 원생들 사이의 일일 뿐, 조 원장이 그들 위에 군림하여 자의적으로 조정하는 것이어서 사실상 그 내용 자체를 훼손하고 있는 것이다.……

그가 원장이라는 직함을 버리지 않는 한, 즉 환자들보다 우월한 존재로서의 인간의 한 대표자임을 버리지 않는 한, 결코 환자들의 자유에 의해 스스로 만들어야 할 천국의 건설에 올바로 참여할 수 없으며 오히려 추악한 방해를 할 뿐이라는 것을 가리키고 있다. 조 원장이 개인의 자격으로 섬으로 돌아가는 것은 그러한 상욱의 지적을 겸허하게 받아들였기 때문이다. 그는 소록도 내의 평범한 주민이 됨으로써 그곳의 주민인 나환자들과 운명을 같이할 근거를 마련한 것이다.109)

---

108) 김 현, "자유와 사랑의 실천적 화해", 문학과 지성사, 당신들의 천국 초판 해설, 1984(단행본 초판 1976), 444-445에서 일부 인용. 결국 김현이 말하는 '자유와 사랑'은 다스림을 받는 자의 자유와 다스리는 자의 사랑이다.
109) 정과리, "모범적 통치에서 상호 인정으로, 상호 인정에서 하나 됨으로-'조백헌'이라는 인물", 문학과지성사, 당신들의 천국 신판 해설, 1996(제3판 1993), 447-459에서 일부 인용.

좋은 공공활동은 공공활동가가 현장 중심의 주관적 이익 존중주의의 원칙을 철저히 내면화하지 않고는 가능하지 않다. 그런 조직(기관)문화로 바뀌지 않으면, 구성원들이 '민주행정을 위한 사고의 유연성과 다양성'을 갖도록 조직의 상층부에 의하여, 또는 외부적인 충격에 의해서라도 그렇게 바꿔 주어야 한다. 조직 속에서 일하는 구성원들이 자연스럽게 좋은, 올바른 조직문화에 적응하면서 일할 수 있도록 해 주어야 한다. 더 나아가 이러한 문화는 사회 전반적으로 열린 사회, 개방적 사회, 민주 사회의 체제와 문화와 동떨어진 것이 아니므로, 그런 문화를 정착시키고 전반적인 사회 민주화를 가속화해야 한다.

물론 현장 중심의 주관적 이익 존중주의 공공활동이라고 해서, 공공활동가가 대상자들의 주관적 이익을 파악하고 그것을 '언제' '어디서나' '그대로' 반영·실현해야 함을 의미하지는 않는다고 하였다. '주관적 이익의 존중관'에 입각하여, 공공활동 대상자들의 뜻·마음·요구 등을 정확히 알고도, 그것이 옳지 않다거나, 너무 다양한 의견의 대립·갈등, 수단·방법·절차의 문제, 재정적 한계, 대내외적 여건, 기타 요인 때문에 그 각자의 뜻 그대로 반영·실현하지 못할 수 있다. 그 경우 주관적 이익의 존중관을 내면화한 공공활동가는 최소한 그대로 반영할 수 없는 불가피성의 논거·정당성·타당성 등을 제시하고 설득해야 한다. 그처럼 가능한 한 올바른 공공활동에서 벗어나지 않으려고 최대한 노력하는 점에서, 그것은 그렇지 않은 경우와는 관점·자세부터 확연히 다르다고 하겠다.

이제 공공활동가는 무엇을 어떻게 하는 것이 그 대상자의 마음을 성실하게 읽고 그 마음에 맞는 행정, 그 공공서비스에 감동하는 행정, 민주적 공공활동을 하는 길인가를 철저하게 인식하고 앞의 여러 원칙들을 철저히 내면화하고 실천해야 한다. 사기업의 구성원들도 마찬가지이다.[110] 그리고 항상 자신의 관점과 태도에 대한 성찰적 자세를 견지하고, 다산 정신을 본받아 구현하고 실천해야 한다. 아무리 교육당국이 '수요자 중심'을, 세무당국이 '납세자 중심'을 외쳐도, 그 구성원들이 무엇을 어떻게 해야 진정으로 수요자 또는 납세자를 위해주는 것인지도 모르면, 그것은 그저 듣기 좋은 구호에 불과할 뿐이다. 진정으로 학생과 학부모들이

---

110) 고객의 필요(need), 아픔, 기호(like)가 무엇인지를 파악할 수 있는 경영자의 인식능력을 감수성(sensitivity)이라고 정의한다면, 감수성을 기르기 위해서는 우선 오만(arrogance)에서 벗어나, 낮은 곳으로 임해야 한다고 한다. 고층건물 속의 호화로운 사무실, 고급승용차의 검은 유리창 속에서, 가진 자의 오만 속에 사는 사람이 일반소비대중의 필요, 아픔, 정서를 느끼기는 어렵다고 한다. 그래서 경영자의 감수성은 고객이 존재하는 현장에서 그들과 직접 접촉하는 가운데서 형성된다고 한다. 윤석철, 앞의 책, 48-62 참조.

생각하는 바가 무엇이고, 어떻게 해야 할 것인가를 파악하고 고민하며 '세종대왕의 실천'과 같은 철저한 노력이 없다면, 그런 구호와 그에 따른 섣부른 개혁이나 개선 조치는 오히려 현장을 혼란에 빠뜨리고 불편만을 야기한다. 우리는 '큰 것'의 '개혁'만이 중요하다는 생각으로, 거창한 제목의 공공활동을 포장·발표하는데 익숙해 있는지도 모른다. 그렇지만, 다음과 같은 '기본적인 것' 또는 '기초'부터 충실히 점검하여 고민하고 개선하는 노력이 앞서야 좋은 공공활동을 하는 것이라고 할 것이다.

> 이른 아침……초등학생 아이의 등교 채비를 거들어 주다가 학습 준비물이 빠진 것을 알고……아이를 꾸짖고 이어 자책도 한 애 엄마가 다음으로 원망했던 것은 우리의 교육 시스템이었다. '왜 학교에 가져오라는 준비물들을 예외 없이 하루 전날에서야 통고하느냐'는 것이다. 최근 해외 근무를 마치고 돌아온 중앙부처 관리와의 사석에서도 이와 비슷한 이야기가 오갔다.……귀국해서 가장 스트레스를 받는 것이 자녀 교육 문제인데,……아이들 학교 준비물 때문에 시도 때도 없이 집과 문구점을 오락가락 한다는 것이다. 그렇지 않아도 준비물 홍수에 시달리는 판에 시간적 압박까지 가하는 것은 누가 봐도 심하지 않느냐는 이들 주부들의 하소연은 백번 지당한 것이다.
>
> 사실 웬만한 교육 선진국에서 이런 것은 상상도 할 수 없는 일이다. 예컨대 프랑스 초등학교의 경우 학기 수업이 끝나는 날에 다음 학기에 필요한 준비물 일체의 목록이 편성돼 나온다. 부모들은 이 리스트를 받아 방학 중 준비물을 장만해 두었다가 개학 날 자녀를 통해 학교에 보내면 더 이상 신경 쓸 일이 없다. 준비물들은 학교 측의 대조검사를 거쳐 학생 사물함에 보관돼 필요할 때마다 꺼내 쓰도록 되어 있다. 선진 교육 시스템이란 뭐 그리 거창한 것이 아니다. 학생과 학부모 입장에 서서 명백하게 불합리하고 비경제적인 관행부터 고쳐가는 것이다. 더욱이 시장자본주의가 사회 질서양식처럼 되어버린 오늘날에는 '교육 소비자'에 대한 '서비스 정신'을 망각할 경우 큰 코를 다치게 되어 있다.……[111]

아무리 경찰서 정문이나, 관공서 민원실 문 앞에 "무엇을 도와 드릴까요"라고 써 붙여놓아도, 진정으로 실제 그렇게 하고자 하는 다산의 목민정신과 같은 투철한 마음과 자세, 저 낮은 곳을 향하는 세종대왕의 실천, 장일순의 자세, 충무공 정신으로 준비와 노력이 없으면, 날마다 비민주적·권위주의적 행정을 하면서도 그것을 인지조차 하지 못하는 일이 계속될 수 있다. 건설현장에서도 민주행정의

---

111) 한국일보, 2001. 2. 26, "교육소비자 주권" 기사.

'기초'는 건축감독을 엄격히 하면서도 양심적인 건축업자나 건축 민원인을 도와 주어야 하는 일일 것이다. 다음 인터뷰 기사를 보자.

(문) 한국에서 관청 때문에 불필요한 애를 먹은 적이 있습니까?

(답) 세안빌딩을 지으면서 공사 자체보다는 그 사람들과 싸우는 게 더 힘들었어 요. 처음에는 재개발하라고 해놓고 막상 일을 하려니까 발목을 잡는 일이 한 두 가지가 아니었습니다. 진짜 제대로 된 빌딩을 지어보려고 2-3배의 공사 비 부담을 감수하면서 일본에서 번 돈을 쓰려는데도 투기를 하려 한다면서 제동을 걸었어요. 국내건설회사가 재개발하는 것은 투자이고 국내 돈을 한 푼도 안 쓴 내 경우는 투기입니까. 첨단건설기술을 한국에 이전해야겠다는 사명감으로 일본기술진의 힘을 빌리고 그에 적합한 기자재를 도입하려니까 웬 규제가 그리 많습니까. 그것 때문에 1년간 씨름했어요. 준공검사 때도 죽 을 고생을 했습니다. 집을 그렇게 잘 지어놓고 나니 외국산 자재를 많이 썼 다고 트집이었어요.……

(문) 일본의 감독관청은 다릅니까?

(답) 재일교포들이 일본에서 살아가면서 차별받는 일은 많습니다. 한국국적을 고 집하면서 일본에서 제대로 된 사업을 한다는 것은 더더욱 쉽지 않습니다. 그 러나 일본공무원들은 불필요하게 애를 먹이거나 민간에 피해를 주는 일은 하지 않습니다. 법규를 얼렁뚱땅 적용한다는 이야기가 아닙니다. 가장 중요 한 안전을 위한 감리 감독은 설계 시공 단계에서도 철저하게 하지만, 법률을 억지로 까다롭게 걸어 붙여 일이 안 되도록 하지는 않습니다. 필요하다고 판 단하면 방향을 보완해서 대안을 제시해 일이 잘 되도록 도와주는 것이 일본 공무원들입니다.……112)

올바른 의식과 태도의 민주적 공공활동의 철학 없이, 더 이상 과거 구시대적 관념·타성·관행 그대로 행동하는 탁상행정은 안 된다. 주관적 이익에 기초한 민주행정이란 철학적·추상적 원리('철학'의 부분)가 '공직자 등의 공공활동의 실 제 행동의 영역에서 구현'('행동'의 부분)됨으로써, '공공활동에서 철학과 행동이 통합'돼야 한다. 그래서 '대상자에 대한 역지사지의 속마음 알기'를 통하여 자동 차 번호판 분실 신고자의 처지에서 번호판 제작소를 안내해야 한다. 초행자의 입 장에서 거리 안내판을 설치하고, 외국 관광객의 처지에서 관광지를 발굴해야 한

112) 동아일보, 1995. 7. 16, "관 자세 안 바뀌면 '제2산풍' 못 막는다" 제하의 재일교포 건설회사 박종한 회장과의 인터뷰 기사.

다. 청소년들의 입장에서 청소년축제 청사진을 만들어야 한다. 그 과정에서 공적 감수성과 공적 상상력을 발휘하여 선체험·동시체험·추체험을 해 보아야 함은 물론이다. 이것이 좋은 공공활동을 위한 주관적 이익에 기초한 세종대왕의 위민행정, 다산의 목민행정, 장일순의 바닥정신이다. 이처럼 현장 속 사람들의 속마음 알기에서 공공활동가에 대한 대상자의 진정한 신뢰와 대상자와의 상호 협력관계도 형성된다.

공공활동가들은 주변의 사물, 사람, 현상을 대하면서 선입관·편견·관례·선례·타성 등 사고의 경직성이나 획일성을 갖기 쉽다. 바로 그 전형적인 '닫힌 사고'의 한 예가 '현장중심의 민주행정은 지지부진하게 지체만 초래하는 비능률 행정'이라는 구태의연한 사고이다. 이러한 사고의 경직성이나 획일성을 타파하고 '사고의 유연성과 다양성'을 갖고 '열린 사고'를 하기 위해서, 개개 공직자는 부단히 자기반성의 성찰적 자세를 내면화·체질화해야 된다. 바로 이것이 공직자가 일상 업무를 통하여 철학하는 자세를 실천하는 것이다. '내가 과연 시민들이 요구하는 뜻·마음에 부응(반응)하는 일을 하고 있는가'라고 스스로 묻고 스스로 대답해 보는 일상적 자세를 견지해야 하는 것이다. 그래서 이것을 '현장 중심의 주관적 이익 존중주의에 대한 성찰적 공공활동의 일상화 또는 성찰적 공직관(公職觀)의 내면화'라고 할 수 있을 것이다.

참고문헌

강신택, 행정학의 논리, 박영사, 2002.

강신항, 훈민정음연구, 증보판, 성균관대학교출판부, 1990.

강우방, 인문학의 꽃 미술사학, 그 추체험의 방법론, 열화당, 2003.

고 건, 행정도 예술이다, 매일경제신문사, 2002.

과학사상연구회 편, 온생명에 대하여-장회익의 온생명과 그 비판자들, 과학과 철학, 제14집, 통나무, 2004.

권영성, 헌법학원론, 신정판, 법문사, 1989.

권혁범, 민족주의와 발전의 환상, 솔, 2000.

김 현, "자유와 사랑의 실천적 화해", 문학과 지성사, 당신들의 천국 초판 해설, 1984(단행본 초판 1976).

김광수, 논리와 비판적 사고, 철학과 현실사, 1990.

金 九, 白凡逸志, 서문당, 1973.

김민수·고영근·임홍빈·이승재(편), 국어대사전, 금성출판사, 1991.

김석준 외, 뉴거버넌스 연구, 대영문화사, 2000.

김영세, 게임이론, 박영사, 1998.

김철수, 비교헌법론(상), 박영사, 1973.

김충렬, 중국철학사: 1 중국철학의 원류, 예문서원, 1994

김태길, 윤리학, 수정증보판, 1968.

김학주(역주), 대학·중용, 서울대학교출판부, 2000.

김홍우, 현상학과 정치철학, 문학과 지성사, 1999.

노명식 엮음, 함석헌 다시 읽기, 인간과자연사, 2002.

노자·장자, 장기근·이석호(역), 삼성출판사, 1982.

단재 신채호전집, 상, 형설출판사, 1977.

대한성서공회, 성경전서, 표준새번역 개정판, 2001.

_____, 성경전서, 개역한글판, 2002.

모리스 메를로-퐁티, 지각의 현상학, 류의근(역), 문학과 지성사, 2002..

민태식(역주), 正解 牧民心書(上), 문선각, 1975.

박동서, 한국행정론, 정정판, 법문사, 1972.

박정택, "Jeff Weintraub의 공·사 개념의 구분모형", 오석홍(편), 행정학의 주요이론, 제3판, 법문사, 2005, 144-158.

_____, "Stanley I. Benn 과 Gerald F. Gaus의 공·사의 개념", 오석홍(편), 행정학의 주요이론, 제3판, 법문사, 2005, 159-175.

_____, 공익의 정치행정론, 대영문화사, 1990.

_____, 국제행정학, 대영문화사, 1996.

박종현(역주), 플라톤의 국가(정체), 서광사, 1997.

박흥식, "윤리적 내비보고제(Whistleblowing)의 조건-일반규범윤리학적 접근법을 중심으로," 한국행정학보, 제32권 제1호, 1998 봄, 195-209.

백완기, 행정학, 박영사, 1984.

_____, 행정학, 박영사, 2006(신판).

사단법인 제정구기념사업회, "정일우 신부의 제정구 2", 가짐 없는 큰 자유, vol.04(2005, 여름).

完譯 小學, 김성원(역), 명문당, 1995(중판).

엄정식, "철학에서의 언어," 비트겐슈타인과 분석철학, 엄정식(편역), 서광사, 1983, 13-31..

오석홍, 행정학, 나남출판, 1998.

유민봉, 한국 행정학, 박영사, 2005.

윤석철, 경영학의 진리체계, 경문사, 2001.

이강수, "원시유가의 인간관," 동양철학의 본체론과 인성론, 한국동양철학회 편, 연세대학교 출판부, 1982.

이기상, 철학노트, 까치글방, 2002.

이정균·김용식, 정신의학, 제4판, 일조각, 2001.

이진경, 철학의 모험, 푸른숲, 2000.

이진우(편), 하버마스의 비판적 사회이론, 문예출판사, 1996.

이청준, "개판본을 다시 꾸미면서", 당신들의 천국, 문학과 지성사, 1984(단행본 초판 1976).

이홍직(편), 증보 새국사사전, 교학사, 1983.

이희승(편저), 국어대사전(제3판, 민중서림, 1994년.

張基槿·李錫浩(역), 老子·莊子, 세계사상전집 3, 삼성출판사, 1982.

장회익. 삶과 온생명, 솔, 1998.

정과리, "모범적 통치에서 상호 인정으로, 상호 인정에서 하나됨으로-'조백헌'이라는 인물", 문학과지성사, 당신들의 천국 신판 해설, 1996(제3판 1993), 447-459.

정약용, 목민심서, 다산연구회(역주), 역주 목민심서 II, 창작과 비평사, 1979.

정인흥·김성희·강주진(편), 정치학대사전, 증보판, 박영사, 1983.

정치학대사전편찬위원회(편), 21세기 정치학대사전, 아카데미아리서치, 2002.

진덕규, 현대 정치학, 제2개정판, 학문과 사상사, 2003.

진석용, 칼 마르크스의 사상, 문학과지성사, 1992.

차주환(역), 新完譯 맹자(상), 명문당, 1984 및 맹자(하), 1992.

최두환(편역), 충무공 이순신 전집 제1권, 완역 초서체 진중일기, 우석, 1999.

코시바 마사토시, 하면 된다, 안형준(역), 생각의 나무, 2004.

프란시스 베이컨, 신기관(Novum Organum), 진석용(역), 한길사, 한국학술진흥재단 학술명저
　　번역총서 서양편 1, 2001(1620).

한영우, "정약용의 與猶堂全書," 실학연구입문, 역사학회 편, 일조각, 1973.

함석헌, 씨올이란 무엇인가, 씨올의 소리, 1970.

허 범, "가치인식과 정책학," 「현대 사회과학의 이해」, 성균관대학교사회과학연구소 편, 대왕
　　사, 1982.

＿＿＿, "공공정책결정과 공직윤리," 한국정신문화연구원(편), 한국 산업사회의 구조와 가치관
　　의 제문제, 1991.

＿＿＿, "민주주의와 공직윤리", 내무부 지방행정연수원(편), 명강의 선집, 1992, 189－224.

＿＿＿, "정부기관평가제도의 개혁취지와 발전과제 그리고 실천모형의 모색", 한국행정연구원
　　정책평가센터(편), 정부개혁과 정책평가, 2003.

홍승직(역해), 논어, 고려원, 1994.

東漢 許愼, 湯可敬(撰), 說文解字今釋(上), 兵麓書社, 1997.

李樂毅(編), 漢字演變五百例, 北京語言文化大學, 1992 및 그 속편(2000년 편).

野田正彰, 戰爭と罪責, 岩波書店, 1998; 노다 마사아키, 전쟁과 인간: 군국주의 일본의 정신
　　분석, 서혜영(역), 도서출판 길, 2000.

기상청, 2002년 8월 기상월보(2002. 10) 및 2002년 기상연보(2003. 4).

Acton, *Lectures on Modern History*, ed. with an Introduction by J. Figgis and R. Laurence,
　　London: Macmillan & Co Ltd., 1906.

Allison, Jr., Graham T., "Public and Private Management: Are They Fundamentally Alike in
　　All Unimportant Respects?"(1980) in J. Shafritz and A. Hyde(eds.), *Classics of
　　Public Administration, 2nd ed.*, Chicago: Ill., The Dorsey Press, 1987.

Arendt, Hannah, *The Human Condition*, Chicago: The University of Chicago Press, 1958.

Argyris, Chris and Donald Schön, *Theory into Practice*, San Francisco: Jossey－Bass, 1974.

Argyris, Chris, *Action Science: Concepts, Methods, and Skills for Research and Intervention*,
　　San Francisco: Jossey－Bass, 1985.

Beanchamp, Tom L. and Terry P. Pinkard(eds.), *Ethics and Public Policy*, Englewood Cliffs,
　　New Jersey: Prentice－Hall, 1983.

Beauchamp, Tom L., *Philosophical Ethics*, N. Y.: McGraw-Hill, Inc., 1991.

Beck, Ulrich, Anthony Giddens and Scott Lash, *Reflexive Modernization*: *Politics, Tradition and Aesthetics in the Modern Social Order*, Stanford, Stanford University Press, 1994.

Beiner, Ronald, *Lectures on Kant's Political Philosophy by Hannah Arendt*, The University of Chicago, 1982; 한나 아렌트 칸트 정치철학 강의, 김선욱(역), 푸른숲, 2002.

Benn, Stanley I. and Gerald F. Gaus(eds.), *Public and Private in Social Life*, New York, St. Martin's Press, 1983.

Berger, Peter L. and Thomas Luckmann, *The Social Construction of Reality*, Anchor Books edition, 1967(초판은 N.Y.: Doubleday & Company, 1966).

Bernstein, Richard J., *Praxis and Action*, Philadelphia: University of Pennsylvania Press, 1971.

Beyme, Klaus von, "Interest Groups-Social Organizations" in C. D. Kernig(ed.), *Western Society and Marxism Communism*: *A Comparative Encyclopedia*, N.Y., Herder and Herder, 1972.

Blumer, Herbert, *Symbolic Interactionism*: *Perspective and Method*, Englewood Cliffs, N. J.: Prentice Hall, 1969.

Bozeman, Barry, *All Organizations Are Public*, San Francisco: Cal., Jossey-Bass Publishers, 1987.

Calhoun, Craig, "Nationalism and the Public Sphere", Jeff Weintraub and Krishan Kumar(eds.), 앞의 책.

_____, *Critical Social Theory*, Cambridge: MA, Blackwell, 1995.

Connolly, William, "On 'Interests' in Politics," in Ira Katznelson, Gordon Adams, Philip Brenner, and Alan Wolfe, eds., *The Politics and Society Reader*, N. Y.: David McKay, 1974.

Crozier, Michael, Samuel Huntington, and Joji Watanuki, *The Crisis of Democracy*, N.Y.: New York University Press, 1975.

Dahl, Robert A., *Democracy and its Critics*, New Haven: Yale University Press, 1989, 민주주의와 그 비판자들, 조기제(역), 문학과지성사, 1999.

Denhardt, Robert, "Action Skills in Public Administration Education," in Robert Denhardt and Larry Jennings, *Renewing Public Administration*, Columbus, MO: University of Missouri Press, 1986.

Dewey, John, *The Public and Its Problems*, Chicago, Swallow Press, 1954.

Dimock, Marshall E., *A Philosophy of Administration*, N.Y.: Harper & Row, 1958.

Dresang, Dennis L., "Foreword", *Action Theory for Public Administration*, Michael M.

Harmon, N. Y.: Longman, 1981.

Dworkin, Ronald, *Law's Empire*, Cambridge, Mass., 1986.

Eisenhardt, Kathleen M., "Agency Theory: An Assessment and Review," *Academy of Management Review*, 14, 1989.

Elshtain, Jean Bethke, "The Displacement of Politics", J. Weintraub and K. Kumar(eds.), 앞의 책.

Farmer, David John, *The Language of Public Administration*: *Bureaucracy, Modernity, and Postmodernity*, Tuscaloosa: Alabama, The University of Alabama Press, 1995.

Fischer, Frank, *Politics, Values, and Public Policy*: *The Problem of Methodology*, Boulder, Colorado: Westview Press, 1980.

Flathman, Richard, *The Public Interest*, N.Y.: John Wiley & Sons, 1966.

Forsyth, Donelson, *An Introduction to Group Dynamics*; 서울대학교 사회심리학연구실(편역), 집단심리학, 학지사, 1996.

Frankena, William K., *Ethics*, 2nd ed., Englewood Cliffs: Prentice−Hall, 1973.

Freire, Paulo, *Education for Critical Consciousness*, N. Y., The Seabury Press, 1973.

Garcelon, Marc, "Public and Private in Communist and Post−Communist Society", J. Weintraub and K. Kumar(ed.).

Goodsell, C. T., *The Public Encounter*: *Where State and Citizens Meet*, Bloomington: Indiana University Press, 1981.

Habermas, Jürgen, *Knowledge and Interests*, trans. by Jeremy J. Shapiro, Boston: Beacon Press, 1968.

_____, *The Structural Transformation of the Public Sphere*: *An Inquiry into a Category of Bourgeois Society*, [1962] translated by Thomas Burger and Frederick Lawrence, Cambridge: MIT Press, 1989.

_____, *The Theory of Communicative Action I · II*, translated by Thomas McCarthy, Boston: Beacon Press, 1987.

_____, *Theory and Practice*, Boston: Beacon Press, 1973.

Harmon, Michael M., *Action Theory for Public Administration*, N. Y.: Longman, Inc, 1981.

Hayek, Friedrich A.(ed.), *Collectivist Economic Planning*, London: Routledge & Kegan Paul, 1956(초판 1935).

_____, *The Road to Serfdom*, The University of Chicago Press, 1944.

Hegel, G.W.F., *The Philosophy of Right*(1820), in *Great Books of the Western World*, vol.46, Encyclopaedia Britanica, Inc., 1980.

Heimlich, Henry J., "히임리크 응급 구명법," 가이드 포스트(한국어판), 1995년 9월호, 116−127.

Held, Virginia, *The Public Interest and Individual Interests*, N.Y., Basic Books, 1970.

Hodgkinson, Christopher, *Towards a Philosophy of Administration*, New York: St. Martin's Press, 1978.

Hondeghem, Annie, "Introduction" in *Ethics and Accountability in a Context of Governance and New Public Management*, edited by A. Hondeghem and European Group of Public Administration, Amsterdam, 1998.

Hood, Christopher, "Remedies for Misgovernment", in *Ethics and Accountability in a Context of Governance and New Public Management*, 1998.

Husserl, E., *Ideas Pertaining to a Pure Phenomenology and to a Phenomenological Philosophy*: *Second Book*, tr. by Richard Rojcewicz and André Schuwer, Dordrecht / Boston / London: Kluwer Academic Publishers, 1989.

Jun, Jong S. & Richard VrMeer, "Toward a Reflexive Public Administration," *Philosophy of Administration*, 1994; 윤재풍·정희남(역), 행정철학, 대영문화사, 2001.

Jun, Jong S., *Philosophy of Administration*, Seoul: Daeyoung Moonhwa International, 1994.

_____, *Philosophy of Administration*, 윤재풍·정희남(역), 행정철학, 대영문화사, 2001.

Katsiaficas, George, *The Imagination of the New Left*: *A Global Analysis of 1968*, Boston: South End Press, 1987.

Kim Dae Jung, "Is Culture Destiny? The Myth of Asia's Anti-Democratic Values-A Response to Lee Kuan Yew," *Foreign Affairs* 73(1994).

Kingsley, J. Donald, *Representative Bureaucracy*, Antioch Press, 1944.

Ku, Agnes S., "Revisiting the Notion of 'Public' in Habermas's Theory", *Sociological Theory*, 18:2 July 2000, 216-240.

Lasswell, Harold D., "The Policy Orientation," in Daniel Lerner and Harold D. Lasswell(eds.), *The Policy Sciences*: *Recent Developments in Scope and Method*, Stanford: Stanford Univ. Press, 1951.

Lippmann, Walter, *The Phantom Public*, N.Y.: Macmillan, 1925.

_____, *The Public Philosophy*, Boston, Little, Brown and Company, 1955.

Luard, Evan, *The Globalization of Politics*, London: Macmillan, 1990.

MacIntyre, Alasdair, *After Virtue*, 2nd. ed., University of Notre Dame Press, 1997; 마이클 슬롯, 장동익(역), 덕의 부활, 철학과현실사, 2002.

Mankiw, N. Gregory, *Principles of Economics*, 2nd ed., 김경환·김종석(공역), 맨큐의 경제학, 제2판, 교보문고, 2001.

Markovic, Mihailo, *From Affluence to Praxis*: *Philosophy and Social Criticism*, Ann Arber, M.I.: The University of Michigan Press, 1974.

Merleau-Ponty, Maurice, *Phenomenology of Perception*, tr. by Colin Smith, London:

Routledge & Kegan Paul, 1978.

Moe, Terry, "The New Economics of Organization," *American Journal of Political Science*, vol.28, 1984, 739−777.

Morris, Charles W.(ed., *Works of George Herbert Mead*, vol.1, *Mind, Self, and Society from the Standpoint of a Social Behaviorist*, Chicago: Univ. of Chicago Press, 1934.

Nachmias, David, *Public Policy Evaluation*: *Approaches and Methods*, N.Y.: Martin's Press, 1979.

Ohm, R. E. and W. G. Monahan(eds.), *Educational Administration*: *Philosophy in Action*, University of Oklahoma, 1965.

Osborne, David & Peter Plastrik, *Banishing Bureaucracy*: *The Five Strategies for Reinventing Government*, Addison−Wesley, 1997, 최창현(역), 정부개혁의 5가지 전략, 삼성경제연구소, 1998.

Osborne, David & Ted Gaebler, *Reinventing Government: How the Entrepreneurial Spirit is Transforming the Public Sector*, Reading, MA: Addison−Wesley Publishing, 1992.

Page, Benjamin and Robert Shapiro, *The Rational Public*, The University of Chicago Press, 1992.

Perrow, C., *Normal Accidents*: *Living with High Risk Technologies*, N. Y.: Basic Books, 1984.

Peters, B. Guy, *The Future of Governing*, University Press of Kansas, 1996.

Peters, Thomas J. and Robert H. Waterman, *In Search of Excellence*, New York: Harper and Row, 1982.

Peters, Tom and Robert Waterman, In Search of Excellence(1982), 이동현(역), 초우량기업의 조건, 더난출판, 2005.

Plamenatz, J. P,. "Interest" in *A Dictionary of the Social Sciences*, edited by Julius Gould and William L. Kolb, N.Y., The Free Press, 1964.

Plato, *Plato's Republic*, trans, G. M. A. Grube, Indianapolis: Hacket, 1974.

Popper, Karl R., *The Open Society and its Enemies*, London, 1945.

―――――――, *The Poverty of Historicism*, 2nd. ed. London: Routledge & Kegan Paul, 1960(1957).

Rawls, John, *A theory of Justice*, Cambridge, Mass: Harvard University Press, 1971.

Reinventing Government National Performance Review, *Putting Customers First*: *Standards for Serving the American People*, Washington DC: Executive Office of President, 1994.

Robertson, David, *A Dictionary of Modern Politics*, 3rd ed., London, Europa Publications, 2002.

Rousseau, Jean Jacques, *The Social Contract*, Charles Frankel(ed.), N. Y.: Hafner, 1947, Book Ⅰ.

Savas, E. S., *Privatizing the Public Sector*, Chatham, N. J.: Chatham House, 1982.

Schubert, Glendon A., *The Public Interest*, Illinois, Free Press of Glencoe, 1960.

Schumpeter, Joseph, *Capitalism, Socialism and Democracy*, N.Y.: Harper and Row, 3rd ed., 1975(1942).

Schutz, Alfred, *The Phenomenology of the Social World*, translated by George Walsh and Frederick Lehnert, Chicago: Northwestern University Press, 1967.

_____, *Collected Papers I: The Problem of Social Reality*, edited and introduced by Maurice Natanson, The Hague: Martinus Nijhoff, 1973.

_____, *On Phenomenology and Social Relation*, Selected Writings edited by Helmut R. Wagner, Chicago: The University of Chicago Press, 1970.

Sen, Amartya, *Development as Freedom*(1999), 박우희(역), 자유로서의 발전, 세종연구원, 2001.

Seung, T. K., *Intuition and Construction: The Foundation of Normative Theory*, New Haven: Yale University Press, 1993; 직관과 구성, 김주성 외(역), 나남출판, 1999.

Simon, Herbert A., *Administrative Behaviour*, N. Y.: Free Press, 2nd ed. 1957.

Tead, Ordway, "Foreword", in Marshall E. Dimock, *A Philosophy of Administration*, N.Y.: Harper & Row, 1958.

The 9/11 Commission Report: Final Report of the National Commission on Terrorist Attacks upon the United States,(authorized edition), W.W. Norton & Company, New York, 2004.

The Holy Bible, New International Version, East Brunswick: NJ, International Bible Society, 1984

The Oxford English Dictionary, vol.Ⅶ, London: Oxford University Press, 1978(1933).

The Random House Dictionary of the English Language: the Unabridged 2nd Edition, 1987, Random House; 시사영어사/ 랜덤하우스 영한대사전, 시사영어사, 1992, 1996.

Thomas, Rosamund M., *The British Philosophy of Administration*, London, Longman, 1978.

Toffler, Alvin, *The Third Wave*, New York: William Morrow and Company, Inc., 1980.

Weber, Max, *The Theory of Social and Economic Organization*, translated by A. M. Henderson & Talcott Parsons, and edited with an Introduction by T. Parsons, N. Y.: The Free Press, 1947, 1964(독일어 원본 출판년도 1922).

_____, *The Theory of Social and Economic Organization*, in Raymond Boudon and Mohamed Cherkaoui(eds.), *Central Currents in Social Theory*, London: Sage Publications, 2000, vol.Ⅲ.

Weintraub, Jeff and Krishan Kumar(eds.), *Public and Private in Thought and Practice: Perspectives on a Grand Dichotomy*, Chicago: Ill, The University of Chicago Press,

1997.

Weintraub, Jeff, "The Theory and Politics of the Public / Private Distinction", Jeff Weintraub and Krishan Kumar(eds.), *Public and Private in Thought and Practice: Perspectives on a Grand Dichotomy*.

Whyte Jr., William H., *The Organization Man*, N.Y.: Simon and Schuster, 1956.

Williamson, Oliver, *Markets and Hierarchies*, New York: Free Press, 1975.

Wolfe, Alan, "Public and Private in Theory and Practice: Some Implications of an Uncertain Boundary", J. Weintraub and K. Kumar(eds.), *Public and Private in Thought and Practice: Perspectives on a Grand Dichotomy*, Chicago: Ill, The University of Chicago Press, 1997.

Zakaria, Fareed, "Culture Is Destiny: A Conversation with Lee Kuan Yew," *Foreign Affairs* 73(March / April 1994).

찾아보기

박정택
(朴正澤)

〈학력 및 경력〉

● 성균관대학교 행정학과 졸업
● 서울대학교 행정대학원 졸업
● 영국 The University of Leeds, Nuffield Center(보건행정대학원) 졸업
● 성균관대학교 대학원 졸업(행정학 박사)
● 제15회 행정고등고시 합격(1974년)
● 보건사회부, 외무부 서기관 역임
● 현재 대전대학교 행정학부 교수

〈저서〉
● 「공익의 정치행정론」(대영문화사, 1990년)
● 「국제행정학」(대영문화사, 1996년)
● 「행정학개론」(공저, 고려출판사, 1998년)
● 「시민사회와 행정」(공저, 형설출판사, 2002년)
● 「인생은 게임으로 통한다」(앨피, 2006년)

[행정철학시리즈]

일상적 공공철학하기 1

● 초판 인쇄   2007년 8월 30일
● 초판 발행   2007년 8월 30일

● 지 은 이   박정택
● 펴 낸 이   채종준
● 펴 낸 곳   한국학술정보㈜
              경기도 파주시 교하읍 문발리 526-2
              파주출판문화정보산업단지
              전화 031) 908-3181(대표)·팩스 031) 908-3189
              홈페이지 http://www.kstudy.com
              e-mail(출판사업팀사업부) publish@kstudy.com
● 등   록   제일산-115호(2000. 6. 19)
● 가   격   38,000원

ISBN   978-89-534-7135-1 ○○○○○) (Paper Book)
         978-89-534-7136-8 98350 (e-Book)